工商人类学通论

田　广　周大鸣　编著

中国财政经济出版社

图书在版编目（CIP）数据

工商人类学通论/田广，周大鸣编著．—北京：中国财政经济出版社，2013.5

ISBN 978－7－5095－4382－5

Ⅰ.①工… Ⅱ.①田…②周… Ⅲ.①工商行政管理－研究 Ⅳ.①F203.9

中国版本图书馆 CIP 数据核字（2013）第 060158 号

责任编辑：刘五书　郭美红等　　责任校对：胡永立
特约编辑：周自满　　版式设计：董生平
封面设计：陈　瑶

中国财政经济出版社 出版

URL：http：//www.cfeph.cn

E－mail：cfeph@cfeph.cn

社址：北京市海淀区阜成路甲 28 号　邮政编码：100142

营销中心电话：88190406　北京财经书店电话：64033436　84041336

涿州市新华印刷有限公司印刷　各地新华书店经销

787×960 毫米　16 开　38.25 印张　572 000 字

2013 年 7 月第 1 版　2013 年 7 月涿州第 1 次印刷

定价：53.00 元

ISBN 978－7－5095－4382－5/F·3552

（图书出现印装问题，本社负责调换）

质量投诉电话：88190744

反盗版举报热线：88190492　88190446

前 言

2012 年 5 月，首届国际工商人类学大会在中山大学召开，来自于世界 20 多个国家的 60 余位专家与学者出席了会议。与会专家学者一致认为，以工商人类学为标志的人类学应用研究，将全面提升作为行为社会科学之人类学的社会影响力。该次会议之后，部分与会国外学者前往北京，参加了由中央民族大学“985 工程”民族学人类学理论与方法研究中心、北京市重点学科人类学学科建设团队、中国人民大学人类学研究所、中央民族大学民族学与社会学学院联合主办的“文化咨询与工商人类学论坛”，就人类学在工商界的广泛应用问题，与中国学者进行了对话交流。这两次国际性学术活动的成功，无疑对中国人类学的未来发展具有积极意义。中国共产党新闻网、人民日报网、中国日报网等中国主流媒体，以及美国人类学协会官方媒体都对这两次学术活动进行了追踪报道，引起了一定的反响。2012 年 6 月 29 日，《中国民族报》以“中国需要工商人类学”为标题，发表了由该报记者吴艳撰写的专题采访报道。2012 年 7 月 20 日，《中国社会科学报》发表了钟哲与刘宁采写的专访稿“工商人类学拓展人类学研究疆域”。2012 年 12 月，《管理学家》杂志策划发表了封面文章“人类学来了”，我国工商管理界和人类学界的专家学者，共同就人类学在工商管理中的具体应用，进行了深入广泛的讨论。这一系列的学术活动和报道，使得工商人类学这门新学科在中国学术界受到广泛的关注。

工商人类学是近年来在西方经济发达国家，特别是在美国新兴发展起来的一门交叉边缘学科，既属于管理学学科，也属于人类学学科，是应用人类学学科群体的重要组成部分。自20世纪80年代以来，工商人类学的发展态势引人注目，受到学术界和工商界的共同关注。我们认为，工商人类学的学科属性就是将人类学的理论和方法应用于发现、研究并解决工商界存在的现实问题，其应用性的特征非常显著。据美国劳动统计局的预测，在未来的20多年中，劳动力市场对包括工商人类学家在内的应用人类学家需求的增长，远远高于对其他任何职业需求的增长。正因为如此，在美国和欧洲已经有不少大学在其教学规划中，增加了工商人类学专业或课程。

改革开放以来，人类学学科在我国得以迅速恢复与发展，各相关高校的人类学系或专业，为全国培养了大量的人类学专业人才，出版了一批较有影响力的科研成果，社会影响力日增。我们认为，人类学在我国的发展已经相对成熟，可以说具备了一级学科条件。只要我们努力，人类学一定会在中国扎下根来，而以工商人类学为代表的应用人类学学科群体，一定会在中国根深叶茂。因此，对我国人类学界而言，加速人类学在各方面的具体应用与发展，应是我们当前主要目标，而工商人类学在人类学应用方面是未来的发展方向之一。

所有人类的工商业行为，说到底都是人与人之间的关系，自然属于人类学研究范畴，而人类学与工商管理学相结合自然是一个新方向。本书编著者近年来的科研教学实践活动本身，就体现了这种结合的可能性与成效性。田广博士具有人类学、经济学和工商管理学的学科背景，多年来，他身体力行，努力致力于将人类学的理论和方法贯穿于工商管理教学和研究之中，为工商管理学科增加了人文色彩。周大鸣博士在其人类学教学研究中，始终注重理论联系实际。他从人类学的视野出发，对当代民营企业和农民工进行了长达20余年的研究，为人类学在中国工商管理世界的具体应用，奠定了非常好的基础，并引起了国际学术界的广泛关注。

基于上述的认识与实践，我们认为，在中国从事工商人类学的教学与科研是非常必要与可行的，中国30多年改革开放的实践，也为我们发展具有中国特色的工商人类学提供了可能。令人欣喜的是，现在汕头大学商学院等已经开设了工商人类学选修课，北方民族大学等院校已经计划开设这门课，而云南大学已决定从2013年开始招收工商人类学方向的研究生。但目前国内还缺乏一部比较系统的介绍工商人类学理论与方法的教科书，鉴于此，我们便着手编写这样一部教材，以供我国相关高校开设工商人类学课程选用。

本教材的编写，主要依据田广博士主笔、李里斯（Lillis）博士与马利捷克（Marrewijk）博士参与编写，美国北美商务出版社于2010年出版的《工商人类学概论》（*General Business Anthropology*）；安·乔丹（Ann Jordan）博士所著、美国Waveland出版社2003年出版的《工商人类学》（*Business Anthropology*）；田广博士、周大鸣博士与马利捷克博士主编，美国北美商务出版社于2011年出版的《工商人类学高级读本》（*Advanced Readings in Business Anthropology*）；以及巴伯（Baba）博士所著、美国全国应用人类学学会于1986年出版的《工商人类学概述》（*Business and Industrial Anthropology: An Overview*）等文献。

本书除绪论外，共有14章。绪论简要论述了工商人类学的重要性及在中国发展的前景。第一章从不同的角度，对工商人类学进行了阐述。第二章概括了工商人类学在美国的发展历史。第三章阐述了工商人类学在美国以外的国家和地区发展历史。第四章讨论工商人类学的方法论问题。第五章探讨了工商界与文化的关系问题。第六章从人类学的角度论述组织文化与组织变革过程。第七章介绍工商民族志的研究过程及其特点。第八章讲述人类学视野下的市场与市场营销问题。第九章阐述人类学对消费行为的研究及其主要贡献。第十章讲解人类学在产品设计和发展中的应用问题。第十一章论述人类学在竞争情报与知识管理过程中的具体应用问题。第十二章展示了人类学在全球化背景下的国际经济贸易往来中的作用和贡献。第十三章讲述人类学对企业家和企业家精神的研究及其贡献。第十四章探讨工商管理教育与人类学的关系，并对工商人类学的发展前景进行展望。

编写这样一部大容量的教科书，没有一个坚强的积极向上的团队是不可能的。我们的同事麻国庆博士、杨小柳博士、陈刚博士、段颖博士、李德宽教授、王天津教授、綦晓光博士等，自始至终参与了对本书编写工作的正式与非正式讨论，对本书的篇章布局与结构提出了宝贵的意见。我们的学生兰雪华、龙升、方琪、陈敏、黄伊伊、李珊珊、曾小霞、杜海州、陈铃铃、李涵格、苏丁板、陆宝霞、易梦露、陈华超、范丽婷、黄子豪、胡瀚龙、黄楚君、陈如生、杨帅等协助我们做了许多英语资料翻译初步工作。杨小柳、陈敬胜、禹虹、龚霓、赵华鹏、戴琴琴等协助我们做了部分技术性修订初步工作。总之，没有上述人士的积极参与和无私奉献，我们现在还不可能完成这部教科书的编写工作。汕头大学教务处教材出版基金为本书的正式出版提供了资助，在此特意鸣谢！

本书可作为高校商学院、管理学院、人类学系和社会学系高年级学生选修工商人类学课程的普通教材，也可作为从事工商管理教学研究以及从事人类学教学和研究的学者的参考资料，同时也可以供工商管理界的仁人志士作为管理学的辅助材料阅读。

我们虽然希望尽力做好本书的编写工作，尽力减少错误，但我们也深知本书的漏洞一定还不少，对此我们恳请广大读者不吝赐教。

田　广　周大鸣

2013 年 1 月 1 日

目　录

绪论

中国需要工商人类学

人类学是以人类及其文化为研究对象的专业学科，作为一门跨越自然和社会科学的交叉学科，大致可分为广义的和狭义的人类学。狭义人类学主要是指对人类体质和体形发展规律的研究，通常称为体质人类学。广义人类学研究范围广泛，可以说囊括人类社会发展的各个方面，包括人类社会生活，即由人类创造并由社会继承下来的技术、经济、社会结构、政治法律、风俗习惯、交易行为等等。广义人类学又可细分为文化人类学或者社会人类学，经济人类学、城市人类学、教育人类学、管理人类学、环境人类学等。

当然，由于学派的不同，人类学家们对自己学科结构的划分与分析也有所不同，但基本上都称体质人类学、文化人类学、考古人类学与语言人类学为传统的四大分支。人类学因为其研究方法的独特而成为20世纪西方发展比较快的一个学科。到了20世纪末，人类学的发展受到工业和科技文明的冲击较大而放缓了速度。但近几年来又开始了较大和较快的发展，特别是以施政和解决实际问题为导向的应用研究，即应用人类学的发展更是引人注目，以致在美国许多人类学家都将应用人类学列为人类学的第五个分支。其实，应用人类学是一个泛称，包括所有以人类学的方法为手段进行施政和解决实际问题研究的领域，比如当我们应用人类学方法研究解决教育领域的问题时，我们就将这类研究统称为教育人类学。同理，当我们将人类学理论与方法应用于解决城市问题时，我们就将之称为都市人类学（也被称做城市人类学），而当我们将人类学的理论和方法应用于研究解决工商管理的实践问题时，我们就将其称之为工商人类学。

工商人类学的早期发展

人类学在工商管理领域的应用，说起来也有一个比较长的历史了。以美国为例，早在20世纪的20—30年代，美国哈佛大学的人类学家便开始了对坐落于芝加哥的西电公司（Western Electric’s Hawthorne Works）的雇员间人际关系与劳动效益进行研究。参与该项研究的主要研究人员埃尔佟·马犹（Elton Mayo）和黎尤德·沃耐尔（W. Llyod Warner），他们依据人类学功能学派的理论，运用参与观察等人类学研究方法，得出了一个影响工商管理界长达数十年的结论：即雇员的劳动效益会随着管理层对他们的关注程度的提高而提高。该项研究成果被誉为人际关系学派的奠基石，标志着工商人类学（当时被称做工业人类学）的诞生①。

此后，人类学家们便开始广泛从事应用方面的研究，从工商管理到妇幼保健，从军事行动到国际援助，从幼儿教育到通俗文化等无不涉及。1941年应用人类学学社在哈佛大学成立，1946年勃雷·贾德纳（Burleigh Gardner）和黎尤德·沃耐尔（W. Llyod Warner）等脱离了大学环境组建了社会研究合作公司（Social Research Incorporated），开创了人类学工商管理咨询业务的先河。社会研究合作公司的业务囊括了工商管理的各个领域和部门，成功地为数百家大中型工商企业提供了咨询服务，至今依然是美国非常活跃的工商企业管理咨询服务公司之一②。

在20世纪50年代，著名人类学家埃德沃德·豪尔（Edward T. Hall）受雇于美国国务院主持的一个培训项目，旨在教育那些将被派往北美以外工作的工程技术人员如何有效地进行跨文化交流。在其名著《沉默的语言》一书中，豪尔博士首次提出了非言语交流的特性及其重要性，并且指出在跨文化交流过程中，一个很小的失误很可能会导致一个工程项目或一个和平协

① Baba, M. (2005). Anthropological Practice in Business and Industry. In Kedia, S. and Willigen J. (Eds.) *Applied Anthropology: Domains of Application*. Santa Barbara, CA: Greenwood Publishing Group. pp. 221 – 261.

② Bruce, K (2006). Henry S. Dennison, Elton Mayo, and Human Relations Historiography, *Management & Organizational History*, Vol. 1, No. 2, pp. 177 – 199.

议的彻底毁灭。他的理论成为20世纪中期以来美国从事国际经济贸易的工商企业主管们所必须熟识的重要内容之一①。后来，人类学家格雷·费拉若（Gary Ferraro）博士等延续了豪尔的研究，并逐步形成和完善了跨文化交流与国际经济贸易的规范模式②。

20世纪60年代，随着美国军事势力在国际社会的不断扩张，美国国防部开始计划公开招募人类学家为其在拉丁美洲和越南的军事行动服务。1968年，美国人类学学会在其会刊上登载了美国国防部招募人类学家为在其越南参谋部与心理学家合作研究越南文化与越南人行为模式的广告，此举无疑引起了有正义感的人类学家们的批评和抵制。他们认为，美国人类学学会的这种行为有违人类学家的职业道德底线。鉴于全美国的人类学家的强烈反抗和抵制，美国人类学学会不得不撤除该则广告以平息持续不断的抗议。到了1970年，有可靠消息说有个别人类学家曾秘密受雇于美国国防部，在泰国从事与军事行动有关的秘密研究项目。此消息的确极大地震惊了整个美国人类学界。大家普遍认为，人类学家作为一个整体，正面临着一场职业道德危机③。

在此背景下，美国人类学学会于1971年表决通过了《职业责任守则》。该守则明确规定，人类学家在任何情况下都不得签署秘密雇佣协议，任何人类学研究报告都不得只交由研究委托方而不提供给普通大众。该《职业责任守则》无疑束缚了工商人类学家们的手脚，因为工商人类学研究项目一般都涉及委托方的商业机密，而出资委托研究的厂商家们，是绝对不情愿将研究报告公布于众的。由此，工商人类学便进入了长达十余年的冬眠状态，鲜有成果与进展④。

时至20世纪80年代，由于教育和学术领域的吸收力度有限，从事应用研究的人类学家日益增多，他们当中不乏受雇于工商企业的人类学家。而受雇于工商企业自然就要恪守企业的商业机密。这种现象再次引起了美国人类

---

① Brown, Nina (2009). Edward T. *Hall: Proxemic Theory*. Retrieved in Feb. 2011 from http://www.csiss.org/classics/content/13. 2009.

② Ferraro, Gary P (2006). *The Cultural Dimension of International Business*. 5th *Ed.*, *Upper Saddle River*, NJ: Pearson Prentice Hall.

③ Baba, M. (2006). Anthropology and Business. In Birx, H. J. (Ed.) *Encyclopedia of Anthropology*. Thousand Oaks, CA: Sage Publications, pp. 83 – 117.

④ Holzberg, C. and Giovannini, M. (1981). Anthropology and Industry: Reappraisal and New Directions, Annual Review of Anthropology. No. 10, pp. 317 – 360.

学界关于职业道德的争论，学会最终同意职业性研究，从而使得工商人类学有了法理依据，更多的人类学家开始了他们的工商管理咨询业务生涯。与此同时，“文化”这样一个人类学最常用的词汇成为社会关注的热点，而大众传播媒体和工商企业家们，也突然变得对人类学的原理和方法有了极大的兴趣。

促使这种变化的直接原因就是日本经济的崛起和日本企业管理模式的成功。根据工商人类学专家安·乔丹（Ann Jordan）博士的研究，日本的经济崛起加速了全球化的进程，而伴随着日本成为世界经济的重要力量，美国、欧洲甚至亚洲的其他国家和地区，都对日本文化尤其是日本的企业文化产生了极大的兴趣。出于国际经济贸易的需要，学习研究日本文化和日本企业文化成为欧美许多工商企业管理层的首要工作。而人类学家对文化研究的特殊本能正好借此机会得以充分发挥。在此期间，许多以人类学研究为主的工商管理学术著作问世，比较著名的有理查德·帕斯科勒（Richard Pascale）和安塞尼·安塞斯（Anthony Anthos）合著的《日本管理之艺术》（The Art of Japanese Management），特兰斯·迪尔（Terrence Deal）和埃蓝·肯尼迪（Allan Kennedy）共同发表的《企业文化》（Corporate Culture）等等①。

工商人类学的近期发展

1987年，美国成立了学习研究研究所（the Institute for Research on Learning），简称IRL，旨在研究学习的自然过程以及如何建立更加有效的学习环境。虽然该研究所是一个综合研究机构，但其主要研究方法是人类学的参与观察，深度访谈及互动分析。IRL的研究成果被广泛应用于工商企业管理实践当中，以提高工人的学习能力为手段从而提高工人的劳动效率。自20世纪90年代以来，工商人类学家的贡献被越来越多的企业管理高层认可，成为工商管理研究领域的中坚力量。特别是近年来，在市场经济高度发展的西方国家，许多跨国的大中型工商企业出于公司盈利的需要，开始正式雇用人类学家为公司的管理提供可操作的研究。比如著名的电信设备公司摩

① Jordan，A.（2003）. *Business Anthropology*, *Prospect Heights*, *IL*: Waveland Press.

托罗拉、著名的电器制造商通用公司、著名的金融跨国财团花旗银行、著名的汽车制造商丰田公司、著名的电脑软件开发公司微软等都正式雇用了人类学家，有的甚至雇用一个人类学家团队为企业内部的长期正式从业职员，为公司的战略发展而从事人类学方面的应用研究①。

与此同时，越来越多的人类学家出于学术目的开始参与工商管理领域的研究，比如哈佛大学的杰瑞·撒尔特曼（Jerry Asltman）和格兰特·马克侩肯（Grant McCracken）教授、西北大学的约翰·雪利（John Sherry）教授等。此外，越来越多的商学院教授也开始采用人类学方法从事工商管理研究，比如儒特格斯大学（Rutgers University）商学院教授卡洛·考夫曼—斯卡伯若（Carol Kaufman - Scarborough）博士等。澳大利亚沃隆贡大学（University of Wollongong）商学院的凯西·陆德肯（Kathy Rudlkin）博士与赫曼特·迪欧（Hemant Deo）博士应用人类学参与观察和深度访谈等方法，在2005—2006 年对当地数家银行分支机构进行了以提高顾客满意度为目标的研究，并得出结论说，人类学的实地参与观察研究方法，对于银行业来说是最为有效的研究方法，应该大力推广②。

自 20 世纪 90 年代中期以来，国外许多人类学系正式开设工商人类学课程，并开始培养工商人类学硕士或博士。比如美国韦恩州立大学（Wayne State University）、奥尔根州立大学（University of Oregon）、北得克萨斯州立大学（University of North Texas）、丹麦的哥本哈根大学（University of Copenhagen）等。美国的科罗拉多州立大学布尔德分校（University of Colorado at Boulder）更是于最近开设了工商管理学与人类学双硕士学位，颇受学生欢迎。根据安·乔丹（Ann Jordan）博士的研究，人类学对商学院教学大纲的影响力，自从 20 世纪 80 年代中期以来日益增大，特别是在组织行为、消费者行为、市场营销与管理、商业竞争情报学等课程的教学中，商学院的教授们在其教学实践中，已经大量引入人类学原理和方法，提高了其教学质量和效果③。

2003 年，安·乔丹（Ann Jordan）博士发表了她的重要著作《工商人类

---

① Jordan, Ann (2009). *Practicing Anthropology in Corporate America: Consulting on Organizational Culture*, Hoboken, NJ: John Wiley & Sons Inc.

② Tian, Robert, Michael Lillis, and Alfons van Marrewijk (2010). *General Business Anthropology*. Miami, FL: North American Business Press.

③ Jordan, A. (2003), *Business Anthropology*. Prospect Heights, IL: Waveland Press.

学》（Business Anthropology），标志着工商人类学作为人类学的分支学科地位得以正式确立。工商人类学作为一门独立的课程也开始在一些商学院系开设。目前在工商管理领域比较一致的观点是，人类学的理论和方法在企业研究中，对以下一些特定的方向具有很大的实际意义。如企业文化与组织行为、人力资源管理、市场营销、消费行为、产品设计与开发、商业竞争情报、跨国经营管理等①。鉴于工商人类学的迅速发展和崛起，为了更好地促进工商人类学的发展，我们于2009年创办了第一份以工商人类学为主题的学术刊物《国际工商人类学期刊》（*International Journal of Business Anthropology*），该学术期刊现已编辑到第3卷第6期。国际知名的工商人类学家Ann Jordan博士、Allen Batteau博士、Brain Moeran博士等相继在这个刊物上发表论文，成为国际工商人类学的一面旗帜。

某些学者预测，在不久的将来，许多公司都将不得不设立一个新的高层管理职位——首席人类学家。正如同近年来出现的首席信息分析师一样，首席人类学家将同公司的其他高级主管一道为企业的长期发展战略出谋划策，特别是要为企业内部员工之间的和睦相处而齐心协力，从而提高他们的工作效率。中国国家领导人不断强调要建立和谐社会，而企业内部员工的和谐相处是建立和谐社会的基础。首席人类学家职位的设立，将是一个特别符合中国国情的企业人力资源配置。所以说，在中国努力发展具有中国特色的工商人类学对于国家利益而言也是具有战略意义的。

对工商人类学在中国发展的期望

虽然工商人类学还是一门比较新的边缘学科，但由于其发展迅速，在西方市场经济比较发达的国家，已经积累起大量的研究成果和文献资料，对人类学学科的发展作出了重要贡献，并已经在工商业中起到了重要作用。相比之下，在我国关于工商人类学的研究成果和文献还比较匮乏，很多人对工商

---

① Robet Guang Tian (2010). The Unique contributions and Unique Methodologies: A Concise overview of the Applications of Business Anthropology. *International Journal of Business Anthropology*, Vol. 1 (2), pp. 70 - 88.

人类学知之甚少，因此，工商人类学作为应用人类学的一个分支，目前在中国还是一片有待开垦的处女地。为了促进工商人类学在中国的发展，我们专门筹集资金，于 2012 年 5 月在中山大学召开了第一届国际工商人类学研讨会，60 多位国际著名工商人类学家与国内工商人类学学者齐聚一堂，为发展具有中国特色的工商人类学群策群力。我们深切感到，当今中国工商社会的发展，急切需要我们人类学家的研究贡献。我们推断，随着中国社会经济的发展，特别是在我国确定将文化软实力的发展作为国家战略重点的大背景下，未来的中国劳动力市场，对人类学家特别是对应用人类学人才的需求，比如工商人类学家等的需求，将会有快速的增长。

如果说中国需要工商人类学的话，那么中国的企业一定需要工商人类学家。让我们看这样一个文化冲突实例：宁夏某企业中的一个营销团队，由汉族和回族员工组成，工作成效以每月翻倍的销售额增长。但后来却突然出现停滞现象，考察其原因既不是市场饱和也不是产品方面的原因，而是团队沟通出现了问题。一位工商人类学工作者在与团队成员的访谈中发现，出现沟通与协调障碍的原因非常简单。在一次庆功宴上，丰盛宴席上按照回族餐馆菜品格式，上了一种油炸食品，回族叫油香，而汉族叫油饼，汉族员工拿起就吃，而回族员工则一点一点掰着吃，汉族员工就调侃说男人女相，吃东西都不讲效率，为此双方有了争执。原来油香在回族文化传统中，只有节日或举办宗教仪式时才制作的一种食品，更主要体现为一种文化符号，有很深的文化内涵。小的争执背后隐藏着心理文化冲突而产生隔阂，极大地影响到成员之间的合作“间距”，使团队效率受到影响。

中国石油天然气集团公司作为大型国企，其国内油气基地主要在西北民族地区，因为利益关系常常发生各种各样的纠纷和冲突。但工商人类学认为，这些冲突不全是经济利益问题，更主要的是文化沟通问题。例如西北的一个采油厂，也招收了部分维吾尔族、回族等信伊斯兰教的员工，在与当地人处理冲突问题时，这些员工由于与当地村民有千丝万缕的联系，可以更有效率地协调厂民关系，但一来工厂未必委派这些员工，二来这些员工似乎也不太积极。人类学家的研究分析发现，一些采油厂竟然不设清真灶，说是他们人数少，设一个餐厅还要配厨师、采购等等，会增加企业的成本。面对这些棘手问题，传统管理知识和工具、无差异化的模型似乎效果不佳，或者说管理学的传统学科范式遇到了盲点。这类企业管理中的问题，只能借助于人类学的方法才能予以认识和解决。

因此，中国的企业管理者需要借助一只“文化之眼”来反观组织中的文化异质现象，借助一只“文化之手”来促进组织绩效、产品设计、市场营销。谁是这只眼，谁是这只手呢？自然是工商人类学家，因为研究文化及导致人们行为差异的符号密码、特殊市场的消费偏好，人际合作文化心理契约等正是人类学的长项。因此工商人类学在我国的未来发展具有广阔的前景①。

我们希望中国的管理学界和人类学界的同仁们，都能够充分意识到中国30多年来的改革开放，特别是具有中国特色的市场经济的大力发展，以及管理学学科和人类学学科本身的不断发展，为我们将人类学的原理和方法应用于中国的工商管理界，创造了极为良好的条件。我们有理由相信，中国的管理学界和人类学学界一定能够抓住时机，面临西方国家正在迅速重新将人类学应用于工商管理现实的发展，我们决不会落后，也不应该落后，而且我们也有信心后来居上，利用中国经济发展模式的奇迹力量，努力发展具有中国特色的工商人类学，使中国的管理科学更富有自己的特色。

---

① 禹虹：“工商人类学的兴起与发展”，载田广、周大鸣主编：《工商人类学》，宁夏人民出版社2012年版，第91－104页。

第一章
导 论

内容提要

商业是将时间、精力以及资金整合在一起，以求营利的实体。要掌握现代商业的基本知识，需要从现代商业所包含的类型、功能、影响因素、企业的商业计划、业务流程以及商业责任等方面进行了解。人类学作为一门学科，在现实商业中所得到的应用越来越多，为现实商业界作出了巨大的贡献。如今，人类学的理论与方法作为在商业教育中的新方法，已经被商学院越来越广泛地采用。而使用工商人类学做出的商业研究成果，更加符合现代商业需要，在商业实践中得到了成功的运用。通过对人类学基本情况的描述，可以更好地了解到这门学科，并认识到工商人类学与现代商业的联系，将学习到的工商人类学知识更好地利用到商业实践当中去。

学习目标

1. 了解现代工商企业的基本知识及其主要功能。
2. 学习现代人类学的基本知识及其发展历程以及人类

学的学科定位。

3. 学习和理解从传统人类学走向应用型工商人类学的过程及其特征。

4. 学习和理解工商人类学在现代工商世界所取得的成就及贡献。

5. 学习工商人类学家如何在工商世界中发挥自己独特的作用。

引　言

高等教育有一个主要功能，即让毕业生通过学术理论的学习，能够以一种实用的方式运用他们所学的知识，满足个人需要，并且创造收入。在当今这个真实的竞争激烈的全球化商业界中，无论是公共组织还是私营机构，都在寻求那些能够理解商业文化环境的雇员和研究者——从消费者行为到人力资源管理，从市场营销到跨国经营策略都需要熟悉①。由于人类学方法得到了越来越多的运用，其研究方式最终会转变，因此商业教育者有必要调整其课程，以便能更好地反映出商业界的变化。尽管人类学方法并不是没有使用过，但它在商业研究和商业教育中的运用是很有潜力的。在对管理进行的多学科研究中，无论是概念还是方法论，人类学方法的运用都值得探索②。

人类学在现实商业界中已经作出了巨大的贡献③。比如，在消费者行为研究这一领域中，人类学的定性研究法占据着越来越重要的位置，并且影响

---

① Emery, C., Kramer, T., & Tian, R. (2001). Customers vs. Products: Adopting An Effective Approach to the Business Students. *Journal of Quality Assurance in Education*, 9 (2), 34 -41.

② Fernie, S., & A. Thorpe (2007). Exploring change in construction: supply chain management. *Engineering Construction and Architectural Management*. 14 (4), 319; Lillis, M. (2008). From Theory to Practice: An Anthropological Approach to Consumer Science. *Business Review*, *Cambridge*, No. 1, 2008; Linstead, S. (1997). The Social Anthropology of Management. *British Journal of Management*, 8 (1), 85 -98.

③ Jordan, A. (2003). *Business Anthropology*. Prospect Heights, IL: Waveland Press.

力日益增大①。然而，事实上这个可以被纳入而且早该被纳入的定性社会科学的理论和方法并没有广泛地被纳入商业课程中②。为了改变这一局面，本书将探讨人类学如何能够更好地与商业实践整合。我们的计划是：系统地将现代商业原则和现代人类学原理结合、整合，并进而使其成为一个新产生的，但是注定发展前景广阔的学科领域，这个新兴领域就是"工商人类学"③。

在这一章中，首先，我们将会简要地叙述现代商业界中的重要原则和议题，并重点讨论什么是商业以及商业的主要功能。其次，我们将通过一些材料来让读者理解什么是人类学，并展示人类学领域中的新进展。最后，我们将简要讨论什么是工商人类学以及工商人类学在现实商业中的运用情况。同时，我们也将讲述几位当代工商人类学家以及他们的著作，以此表明工商人类学家是能够在商业实践中作出独特贡献的。在这一章里，我们还将回顾商业、商业教育与人类学的关系以及人类学是如何在商业实践中被成功运用的，并进一步探讨人类学在商业教育中运用的可能性。本章的目的是介绍工商人类学的相关概念，用一种通俗的方式向商业教育者提供可供参考的视角——尤其是那些在课堂上很少涉及人类学和定性研究方法的教育者。

第一节 现代工商企业基础知识

一、什么是工商企业？

关于工商企业，有很多不同的定义。其中一个传统的定义是，工商企业

---

① Sunderland, p., & Denny, R. (2007). *Doing Anthropology in Consumer Research*. Walnut Creek, CA: Left Coast Press, Inc.; Tian, R. (2007). From Theory to Practice: Anthropology in Business Education. In S. Demirdjian, T. Senguder, and R. Tian. *Perspective in Consumer Behavior: An Anthropological Approach*. Fort Worth, TX: Fellows Press of America, Inc.

② Tian, R. (2002). Anthropological Approaches to Marketing: The New Practices in the 21st Century". Practicing Anthropology, 24 (1), pp.39 -40.

③ Baba, M. (2006). Anthropology and Business. *Encyclopedia of Anthropology*. H. James Birx, Ed. Thousand Oaks, CA: Sage Publications. pp. 83 - 117; Jordan, A. (2003) *Business Anthropology*. Prospect Heights, IL: Waveland Press.

是一个将时间、精力以及资金整合在一起的实体，其目的在于营利。根据维基百科·自由百科的定义，“工商企业”（business）一词，从词源上可以与“忙碌”（busy）的状态相联系，同时也代表作为整体的个人或社会所做的可行的营利性质的工作。“工商企业”一词至少有三种用法，视其使用范围而定，上文中单一的用法是指某个公司或者企业，而更普遍的用法则是指某一特定的市场部门，比如“音乐事业”以及一些合成词如“农业综合经营”；最广义的用法则是包括了一切提供商品和服务的共同体。然而，关于工商企业的准确定义，正如工商企业哲学中的其他问题，仍然未有定论①。

同样，企业（a business）也有另外的称谓，比如公司等（firm，enterprise）：它是一个合法的组织，它为消费者、政府或其他企业提供商品以及/或者服务。企业需要市场。一个消费者也是一个企业的基本组成部分。企业在资本主义经济中占主导地位，绝大部分是私有的，是为了增加所有者的财富而创立的。值得注意的是联营企业和国有企业。社会系统则包括最大型企业的政府、公众，或者工人的所有权②。当今社会，企业无所不在。这些企业是组成我们社会中绝大部分经济活动的单元。大多数企业是以营利为目的，当然也有一些企业主要是为了实现某种功能，例如合作社和一些非营利性的组织。

工商企业和产业是现代市场社会中组织经济活动的基本方式，目的是满足人类的基本需求。工商企业是指在市场（或者说商务、贸易）中购买和销售商品及服务，而产业则是指大规模地、有组织地生产商品和服务③，它包括所有的生产或者销售同种服务商品的个体企业。作为一门学科的工商企业研究在许多高等院校中都设有课程，它主要是研究企业对人员共同生产的管理，这种管理的目的是要完成某个有创造力的、有效用的目标——通常是为了营利④。关于企业的分类，有许多种不同的方式，本书中我们将企业分为8种基本类型（见表1-1）。

---

① Wikipedia, The Free Encyclopedia, accessed in Dec. 2008: http://en.wikipedia.org/wiki/Business.

② Ibid.

③ Baba, M. (2006). Anthropology and Business. *Encyclopedia of Anthropology*. H. James Birx, Ed. Thousand Oaks, CA: Sage Publications. pp. 83-117.

④ Tian, R. & Walle, A. (2009). Anthropology and Business Education: Practitioner Applications for a Qualitative Method. *Journal of International Management Education*, Vol. 7 (2), pp. 59-67.

表 1－1 工商企业类型总结

类 型	内 容	个 例
制造业	用原材料生产成品以供销售	汽车制造商、钢铁厂
服务	并不生产实物产品，而是向消费者提供服务	医院、宾馆、律师楼
零售商及经销商	从生产商或者批发商处购得产品，并以更高价格销售给顾客	沃尔玛、凯马特、美元树
农业与矿业	从土壤中收获产物，或从地表获取原材料	林业、渔业、矿业
财经	营利性的，为客户和其他企业提供金融产品或服务	银行、保险公司、投资基金
公用事业	为家庭、企业及其他社会组织提供重要的公共服务	供水站、煤气公司、水耕供应
房地产	购买、销售以及开发土地和建筑	21 世纪房产、新城镇开发
交通运输	在世界范围内运载人和货物	巴士或出租车公司、航运公司、航空公司

企业可以是私有的，也可以是公有的或国有的。政府通常出于各种原因来规范企业，包括征收企业税。同样地，某些企业如果对公共利益构成威胁，也需要被规范。有一些企业，特别是加工业和制造业，对环境有很严重的影响。如果不规范这些企业，它们就可能在营利的同时对环境造成不可挽回的危害。另外，还有些企业，例如制药业和药品，必须被管理，以获得安全和健康标准。药物必须得到强有力的监控，一旦某种药物引起了任何严重的副作用，它们就应迅速从市场中撤出①。

工商企业能从不同方面为社会作出贡献。企业的存在目的是为顾客提供商品和服务，以满足他们对这些特定商品和服务的需求。如果一个企业能够有效地管理和运营，那么这个企业的所有者将会从他们的投资中获取合理回报的同时为社会提供更多的就业机会。若想成功地运营一家企业，就有必要去了解该企业所具有的基本功能以及工商企业环境和业务流程。

① Kenny, J. (2008). How to Define a Business. Accessed in Dec. 2008: http: //ezinearticles.com/? How－to－ Define－a－Business&id = 108146.

二、工商企业的主要功能

企业组织是一个具有经济和社会性质的整体，在这个整体中，一群相关联的人有着共同的目标。工商企业即是以营利为目的制造或分配产品。企业家为个人利益而引导这一生产分配过程。企业无论大小、法律结构以及行业情况怎样，绝大多数企业都必须具备一些相似的功能。这些功能通常被分配到各个部门。表 1－2 中列出了工商企业一些常见的部门，当然部门的种类并不仅限于此。

表 1－2　　工商企业功能/部门/职责

功能/部门	职　责
人力资源	负责雇用、解雇、工资表、福利等
财务部	负责管理企业的财务资源
预算制定与财务预测	计划企业如何运营
现金及财资管理	保证企业在需要的时候有足够资金
应付/应收账款	确保企业得到应收账款，以及支付应付账款
纳税筹划/申请和报告	负责企业对政府的义务
风险管理	保证企业在遇到不可预料发生的事时不会失措
海外部/国内部（管理）报告	通过财务报告和其他形式的报告向所需要的人提供企业情况
市场营销	负责向顾客销售企业产品或服务，并管理企业与顾客的关系
生产	将需要加工的原材料转变为成品
客户服务	为客户提供相关的产品和服务帮助
采购	负责订单及相关业务
研究与发展	研发新产品，检验其可行性（例如实验工厂）
信息科技	管理企业的计算机和信息资产
通讯／公共关系	负责与外部的交流
管理	为其他部门提供行政管理（比如打字、填表等等）
内部审核	一般对董事会负责，向董事会报告其他部门的正常运行

管理层有时候也被列为一个“部门”，但是一般来说，管理层是指企业

的高级领导层，这样忽略了他们的功能角色。对于任何类型的企业来说，计划和控制功能是最重要的功能之一，它与工厂的策略决定紧密相关，工厂依照这些策略进行生产。人事的功能则是由人力资源管理部门掌握，人事部门主管组织的构建策略、员工前途发展、晋升制度、培训项目、薪酬、通过工会实行的关系方案以及咨询服务等。

大型企业的工程部扮演了非常重要的角色，它为公司的技术问题提出建议。研究、开发和设计产品的功能也通常是由工程部主导。制造功能主要是将原材料转变为中间品或者成品。换句话说，制造功能是形式效用的创造者。采购功能是生产组织的一个非常重要的功能。采购部往往集中了该领域的专家，而采购部的工作还可以提高工作效率，保持产品的合理价格。

会计是对公司财经状况的总结和分析，同时影响公司的各种决策。会计科（室）为一个企业提供职业服务。会计或者会计主任管理这个部门，而会计科（室）监管公司的融资、成本计算、预算以及财务记录。财务管理是公司用来获取和使用资金进行工商企业运营的方式。在私人企业当中所有的活动都由财务引导，这是其最重要的一个功能。信息系统包括信息科技、人员以及能提供信息的规程，以便于为那些需要作出工商企业决策的员工提供适当的信息①。

市场营销部通常是负责宣传企业的产品或服务，吸引顾客的兴趣，扩大其需求量，并给出产品和服务在市场中的定位。市场营销部门的销售人员则是要去发现潜在的顾客，并获取他们对产品或服务的认可。

三、工商企业环境

环境可以定义为一个系统周遭的一切。企业环境则是围绕这个工商企业组织的所有事物。它影响到企业的策略、决定、进程和业绩②。企业环境包括一系列因素，比如政治、经济、社会和科技的力量（PEST），这些力量都是公司所无法控制的，它们对公司既有正面影响，又有负面影响。当今的世界是飞速变化着的。一系列因素的发展将会对一个企业或一个产业产生影

① Madura, J. (2007). *Introduction to Business* (4th edition). Mason, OH: Thomson South - Western.

② Aguilar, F. J. (1967). *Scanning the Business Environment*. NY, New York: McMillan.

响。经典的 PEST 框架即是外部因素的四个主要类别，这一框架影响着公司生存和发展的能力①。

一个企业的成功通常取决于企业环境。甚至当一个企业建立之后，企业家和管理者仍应当密切关注其环境，由此来预测产品的需求量和产品价格的变化。杰弗·马杜拉在他的《商学导论》中将工商企业环境分成四个部分：社会环境、行业环境、经济环境和全球环境。在本书中我们将采用马杜拉对工商企业环境分析的四分法。

（一）社会环境

社会环境包括人口分布、消费者偏好等等，代表的是一个社会对企业期望的趋向。人口分布或称人口特性，是随着时间而改变的。当一个人群中的儿童、青少年、中年人及老年顾客的分布在改变时，企业产品的需求量也会发生变化。因此，某一个公司产品的需求量就可能随着人口分布的变化而上升或者下降。例如，老龄人口的增长就导致了对多种处方药需求量的增加。

随时间而变化的消费者偏好同样能够影响到产品的需求量，比较显著的是科技发展就深深影响了购物者的品位。例如，按次收费的电视频道开通后，可能导致许多顾客停止租用 DVD；又如，顾客可以从网上下载音乐，可能他们就不再从零售商那购买 CD 了。随着科技的发展，有些商品的需求增加了，而另一些产品的市场则变小了。许多公司能够密切关注顾客偏好的改变，这样它们就能够适应顾客需求的变化，从而最终提高利润率②。

教育水平的提高以及高薪工作机会的出现，使得人们有机会转变成更高的社会阶层。由于社会阶层和消费水平之间正相关——社会阶层越高，消费商品的需求也就越大，所以这样对于工商企业就有更多可能的机会。人们的生活习惯也许能成为有价值的工商企业资源，尤其是当购买力很高的时候，因为产品在市场中的成果取决于产品是以什么样的人群为目标对象。因此，能够理解社会阶层和相应生活方式，就肯定有利于工商企业的成功。

在不同国家的社会阶层特性之间有着显著的差别，然而，我们可以作出一个明确的分类，这种分类可以为理解生活方式提供指导，即使这些特征并

---

① Wood, R. (2000). *Managing Complexity: How Businesses can adapt and prosper in the connected economy*. The Economist Books. London: Profile Books Ltd.

② Madura, J. (2007). *Introduction to Business* (4th edition). Mason, OH: Thomson South – Western.

不能完全与某一社区的特点相吻合。已经有许多这一方面的研究活动了，其中，对价值观和生活方式的研究（VALS）曾在几个国家进行[①]。不清楚某一社会的人们的生活方式，可能会导致工商企业上的失败。国际商品未能进入当地市场往往是因为这些产品并不迎合当地人的需求。举个例子，飞利浦的电动剃须刀在日本市场并不成功，是因为这一产品的型号相对于日本人的手来说太大了。同样的，飞利浦生产的咖啡壶对于日本的厨房来说也太大了，因为绝大多数日本人的住宅比较小。另一个例子是，美国的橘子汁引入法国也不成功，因为法国人没有早餐喝橘子汁的习惯。豪玛电影的贺卡在法国市场也未能成功，因为法国人创造了他们自己的贺卡。凯洛格的煎饼在英国遇到了同样的问题，因为要吃煎饼就必须用烤面包炉加热——而事实上大部分英国人都没有烤面包炉[②]。

（二）行业环境

行业环境是指企业所在的行业内部状况的特征。每一个行业的情况都因需求和竞争而不同。企业若是在一个产品有着较大消费者需求的行业，就会受益。例如，手机的需求量很大，这样对所有手机生产商都有利。然而，有着大需求量的行业同时也会有激烈的竞争，因为企业会将价格相对压低以便和其他企业竞争，而企业竞争可能会导致收入减少，进而利润也降低。

公司之间的激烈竞争是行业环境的一个表现。竞争性动态包括公司之间的互相竞赛。对行业环境的分析包括了对竞争公司之间的策略和招数的研究，以及评估企业可能获得的机会以及受到的威胁。为了取得竞争优势，企业必须进行竞争分析，仔细研究竞争对手所采用的举动和策略。这一类的分析有利于明确企业在行业环境中的定位——相对于其他竞争对手所处的位置[③]。

---

① Sudbury, L. & Simcock, P. (2009). Understanding older consumers through cognitive age and the list of values: A U. K. -based perspective. *Psychology and Marketing* 26: 1, 22-38.

② Ancok, D. (2008). Social Environment and Business. Accessed in May 2009: http://ancok.staff.ugm.ac.id/h-23/social-environment-and-business.html.

③ Erkman, S. (1997). Industrial Ecology: An Historical View. *Journal of Cleaner Production*. Vol. 5, Issues 1-2, pp. 1-10. Welford, R. & Gouldson, A (1993). *Environmental Management and Business Strategy*. London, UK: Pitman Publishing Limited.

（三）经济环境

对于一个企业而言，其经济环境包括以下因素：生产力、收入、财富、通货膨胀、国际收支平衡、价格、贫困、利率、信贷、交通以及就业等。经济环境指的是，会影响到一个企业市场和机遇的所有经济事务和条件[1]。任何企业都在一定的经济环境下运营，而经济环境对于每一个企业的业绩都有重大影响。

当经济繁荣、就业率高时，雇员的报酬也高。人们在良好的经济状况下会有相对较好的收入，这样一来，他们也具有购买大量商品的能力。那么，生产这些商品的企业就会从大的市场需求量中获益，从而获得更多利润。当经济景气、企业利润增加时，企业就需要雇用更多员工来生产足够多的商品以满足市场需求。同样地，当企业最有可能营利时，它们就倾向于支付员工更高的薪水，这样会激励员工更有效地工作，提高工作或生产质量，从而为企业带来更多的利润。

当经济不景气时，企业可能会辞退部分雇员，并且不能支付员工较高的薪水。在这样的经济状况下，人们的收入相对较低，他们的购买力也就变弱，只需要较少量的商品。这对于生产这些商品的公司是一种负面影响，因为它们不能把所有生产的商品都销售出去。因而它们需要解雇部分员工。在这种情况下，有些企业只能倒闭以减少进一步的损失，而企业所有的雇员则会失去工作，最终失业率上升，整体经济状况进一步恶化，这就对仍在运营的企业造成新的强力冲击。可以明确的是，企业的收益绝对是受经济环境所影响。

（四）全球环境

进入21世纪后，全球化已经影响到全球所有人。由于高速交通的实现和信息科技的普及，世界各国的经济文化疆界越来越模糊。产品和服务的市场营销广泛地运用现代科技，比如电视和网络，因此生活方式可以迅速地从一个国家传播到另一个国家。我们可以看到，不同地区的人们使用的商品和食用的食物有着许多相似之处。西方文化的生活方式已进入东半球包括发展中国家。肯德基、麦当劳、必胜客还有汉堡王等快餐店，我们可以在很多国

---

① Sloman, J. (2005). Economic Environment of Business. Harlow: Pearson / Prentice Hall.

家看到①。

全球环境可以被定义为，与企业所在本土环境有外延关联的其他主权国的环境，这些都影响着企业在资源的使用和能力方面的决策。这一环境包括社会、政治、经济、监管、税收、文化、法律和科技状况。全球环境直接或间接地影响着所有企业。有些企业依靠国际市场，因为它们的供应来源或者产品销售市场在不同的国家。有些甚至可能在国外设立子公司、在国外生产、在国外销售。甚至也许一个公司并没有计划将商品销往外国市场，它也必须关注全球环境，因为它在本地的销售可能会受到来自外国公司的竞争②。

世界上所有国家都有各自的法律。一个外国公司只要在某一国家运营就必须遵循该国家的法律系统。科技环境包括了与原料和机器在生产商品和服务中的使用等相关的因素。企业对新技术的接受和消费者对新技术的采用都会影响企业决策。因为企业不能控制外国环境，它们的成功就取决于它们能够在多大程度上适应外国环境。一个企业是否具有能力设计和调整其内在变因以利用外国政府所提供的机会，以及它是否有能力应对这一环境所带来的威胁，都决定了这一企业是否能够成功。

除此之外，全球环境还可以影响到地方经济状况。如果其他国家的经济状况不景气，那么美国产品的海外需求量就会减少，就会导致美国国内部分人员失业。那么，美国民众普遍收入水平就会降低，这样美国消费者的购买力也会降低。从而所有商品的需求量都减少，甚至那些仅在美国出售的商品也是。由此看来，那些没有国际业务的企业也会受到全球环境的影响。我们将在第十一章中进一步讨论全球环境。

四、工商企业计划、业务流程以及工商企业责任

（一）工商企业计划

一个工商企业计划是一种正式的陈述，包括一系列的工商企业目标、目标可行的理由、实现目标的计划等。它也许还包括了企业的背景信息或者努

① Ancok, D. (2008). Social Environment and Business. Accessed in Dec. 2008 from: http://ancok.staff.ugm.ac.id/h-23/social-environment-and-business.html.

② Madura, J. (2007). *Introduction to Business* (4th edition). Mason, OH: Thomson South-Western.

力实现目标的团队情况。工商企业计划可能是为了营利，也可能是非营利的。营利性质的工商企业计划关注的是财务目标，而非营利组织和政府单位的工商企业计划则是关注服务目标——尽管它们同时也可能会关注利润的最大化。工商企业计划也可能会关注企业在消费者、客户、纳税人或者更大社区中的口碑变化。把改善口碑作为首要目标的工商企业计划，被称做市场营销计划。

工商企业计划分为内部关注计划和外部关注计划。关注外部的计划，它的目标对于外部利益相关者——尤其是财务利益相关者是很重要的。这些计划通常包含了关于参与目标实现的机构或团队的详细信息。对于营利性质的实体而言，外部利益相关者包括投资者和消费者①。非营利组织的外部利益相关者则包括捐赠人和非营利组织服务的客户。对于政府机构来说，外部利益相关者是纳税人、更高级别的政府机构以及国际借贷机构（例如国际货币基金组织、世界银行、联合国的各种经济机构、发展银行等）。

关注内部的工商企业计划，它的目标是为了实现外部目标而设立的中间目标。这些目标可能包括一个新产品的开发、一项新的服务、一个新的资讯系统、财务调整、工厂的整修以及机构的重组等。一个关注内部的工商企业计划通常包括一个平衡记分卡，或者关键的成功因素列表，这样就可以用一种非财务的标准来测评企业的成功。那些关注内部目标，但仅仅提供一个基本指导的工商企业计划被称做战略规划。运作计划包含了内部组织、工作组或部门的计划②。项目计划，有时被称做项目框架，给出的是一个具体项目的目标。项目计划也可能会强调该项目在更大层面上关涉企业战略目标中的定位。

（二）业务流程

业务流程，或称业务方法，是指为特定顾客生产特定产品或提供特定服务（为实现特定目标）的一系列相关联的、有组织的活动。达文波特（T. Davenport）将业务流程定义为：为某一顾客或市场生产特定产品而设计的一系列有组织的标准活动。相比以产品为中心作为重点，业务流程的重点是

---

① Small Business Note. Accessed in Dec. 2008: http://www.smallbusinessnotes.com/planning/sbabusplan.html.

② Louisiana State Government. Accessed in Dec. 2008: http://doa.louisiana.gov/opb/faf/OP-FormatWord_FY01MWLayout.pdf.

在组织内部如何完成一项任务。因而一个业务流程就是在一定时空内的一系列特定的工作活动，有开端和结尾，并且有严格界定的投入和产出：即生产活动的结构。采取一个业务流程就表示采用了顾客的观点①。

业务流程是一个组织为其顾客生产必要价值的结构，这一定义里包含了其必须包含的特点。而之所以会有这样的特点是因为它关注的是业务流程（即工作如何完成）逻辑，而产品视角（完成了什么）则没有关注这一点。根据达文波特对业务流程的定义，我们可以得出这样一个结论，即一个业务流程必须有非常清晰的界定范围以及投入和产出，它是在一定时空内安排有序的较小部分的活动组成，而产出的流程必须有一个接受者——顾客，并且业务流程中的变化必须为顾客创造更多的价值。

汉默（M. Hammer）和钱皮（J. Champy）将业务流程定义为“用一种或多种投入来生产符合客户利益的产品的一系列活动”。我们注意到，汉默和钱皮的定义更具有可变性：他们很少把重点放在结构组成上——流程界限和活动的时空秩序，这样可以把他们的定义看做是达文波特定义的一个子集②。拉姆勒和布拉奇使用的定义非常明确地将重点放在企业的外部顾客上，他们认为，一个业务流程是生产某种产品或服务的一系列步骤，大多数的流程是跨功能的，跨越组织结构图中格子之间的“空白区”。有些业务流程是为组织的某些外部顾客生产产品或服务，我们将这些称做初级流程。其他业务流程对于外部顾客来说是无形的，但对于企业的有效管理却是极其重要的，我们称这些为支持流程③。

上面的定义中将业务流程分作两类，初级流程和支持流程，一个是直接参与创造顾客价值，一个是涉及企业内部活动。从这个角度来看，拉姆勒和布拉奇的定义是继承波特的价值链模式而来④，其模式也是建立在对初级和次级活动的分类上的。依据拉姆勒和布拉奇的定义，一个成功导向企业的进程的典型特征是没有初级价值流中的次级活动，并且这一价值流是由以顾客

---

① Davenport, T. (1993). *Process Innovation: Reengineering Work through Information Technology*, Boston, MA: Harvard Business School Press.

② Hammer, M. & Champy, J. (1993). Reengineering the Corporation: A Manifesto for Business Revolution, Harper Business.

③ Rummler, G. & Brache, A (1995). *Improving Performance: How to manage the white space on the organizational chart*, San Francisco, CA: Jossey - Bass.

④ In his 1985 book *Competitive Advantage*, Michael Porter introduced a generic value chain model that comprises a sequence of activities found to be common to a wide range of business firms.

为导向的初级流程所创造的。业务流程可以跨越组织图中的格子之间的“空白区”。这一特征表明，业务流程是某种组织结构中的一部分。同样地，一个业务流程应当是跨功能的，换言之，它包含了多种不同的工商企业功能。

约翰森（H. Johansson）等人将业务流程定义为将投入转变为产出的一系列相关活动。理想的情况是，流程中出现的任何改变都应算作投入的价值，并创造出对于接受者，或是反过来说是对于生产者更有效的产出。这一定义强调了活动之间的联系和流程中的变化。在他们的模型中也包括了价值链的反向效应，也是作为流程产出的一种可能接受者①。为了总结以上四种定义，我们可以在下面这个表格中列举业务流程的特征。

一个业务流程是因客户需要而产生，满足客户需要后也就结束了。以业务流程为导向的组织可以冲破部门结构之间的障碍，并尝试避免结构性的分割。一个业务流程可以分为多个子流程，每个子流程都有自己的特性，同样也是有助于达到超流程预期的目标。对业务流程的分析通常包括流程和子流程的制图，以及活动水平。业务流程有三个分类：（1）管理流程。它是指操控一个系统的运作的流程。典型的管理流程包括“公司管理”和“战略管理”。（2）经营流程。它组成了业务的核心，并参与创造初级价值流。（3）支持流程。它是辅佐核心业务的，包括会计、人才招聘和技术支持（表1-3）。

表1-3　　业务流程特征表

特　　征	描　　述
可定义性	必须有明确定义的界限，投入和产出
秩序	必须包括一系列有序的活动，依据其时空中的位置
客户	流程的产出必须有接受者，即客户
增值	流程中的变化必须有所增值，无论是面向客户还是企业本身
嵌入性	一个流程不能独自存在，它必须嵌入某一组织结构
跨功能	一个流程通常能够跨越几种功能，但不是必须

① Johansson, Henry J. et. al. (1993), *Business Process Reengineering: Break Point Strategies for Market Dominance*, John Wiley & Sons.

业务流程是为客户创造更多价值而设计的，并不包括一些不必要的活动。一个设计得很好的业务流程的产出增加了效能（客户的价值），并提高了效率（企业减少成本）。业务流程可以通过大量的方法和技术来形成一种模式。比如说，业务流程建模表示法就是一种业务流程建模技术，它可以用来在工作流程中绘出业务流程。在20世纪90年代早期，美国公司以及之后全世界的公司，都开始采用业务流程重新设计的概念，从而重新获得它们在80年代中失去的竞争力。而业务流程重新设计（BPR）的一个关键特征就是关注业务流程本身①。

（三）工商企业道德和责任

一直到最近几年，许多公司都仅仅把工商企业道德视作是与行政命令相关的法律标准和内部规定。不过，在当今工商企业世界中情况却有所不同，全世界已经越来越多地关注工商企业道德。许多公司意识到，若想要成功，必须赢得消费者的尊重和信任，这是前所未有的。现在我们的社会要求、鼓励和推动企业改善其经营方式，强调法律和道德的行为。公司、专业事务所，还有个体户也一样更加需要为自己的行为负责，因为企业社会责任感的标准在不断提高②。

工商企业道德，或称为企业道德，是一个涵盖很多领域的话题，几十年前弗里德曼（M. Friedman）发表了他那篇论述企业社会责任就是营利的文章后，这一话题就一直有争议③。从根本上说，我们都有责任关爱他人、动物和环境。企业作为社会经济组织更是有这样的责任。而且，在许多情况下，企业在这些领域是起主导作用的，因为它们有资金也有能力来完成这些事。关键的是要意识到工商企业责任这一概念，并且真正地承担起这些责任④。

企业的行为是由其工商企业道德，或者说是由一系列道德价值观所决定

---

① Smith, H. and Fingar, P. (2003). *Business Process Management*, The Third Wave, MK Press; Barnes, D. (Ed. 2000). *Understanding Business: Processes*. The Open University.

② Madura, J. (2007). *Introduction to Business* (4th edition). Mason, OH: Thomson South - Western.

③ Friedman, M. (1070). The Social Responsibility of Business is to Increase its Profits. *The New York Times Magazine*, Sep. 13, 1970.

④ Friedman, M., Mackey, J. & Rodgers, T. (2005). Rethinking the Social Responsibility of Business. *Reason*, Oct. 2005.

的。而且，每一个企业都有其社会责任，这体现了企业对其工商企业决策是如何影响社会的一种认知。“社会责任”这个词有时是指企业对其所在地区和环境的责任。同时它也有更广泛的意义，可以指企业对顾客、员工、股东和债权人的责任。虽然一个企业主要是为了增加利润和价值而制定工商企业决策，但这些决策并不一定违背其道德和社会责任。

企业有责任生产安全的产品，并且在销售过程中不应有欺骗误导行为。企业对顾客的社会责任可以通过发布职业道德规范、追踪消费者意见和收集顾客对购买产品的反馈等措施来保证。企业还有责任为员工提供安全的生产环境、合理的待遇和平等的机会，它们可以通过执行安全指引、提供多元讨论会以及建立可以让员工报告和提意见的申诉程序等方式来满足员工需要。同时，企业对于其拥有者或股东也有责任，因为他们为企业提供资金，企业要保证管理者的决策符合股东的最大利益。

首先，对于其债权人，企业有责任承担财务义务。这项责任不仅仅包括支付子公司的欠款，还包括不能向债权人提供关于财务状况的误导信息。其次，企业必须对环境和所在地区负责。它们有责任在运营企业时保护环境的清洁，尽管保持清洁环境需要额外的支出，这也许会降低企业的利润。最后，所有企业在吸引顾客和员工的同时都应对所在地区负责，它们应当提供捐赠和福利，为当地的发展作出贡献①。

第二节 现代人类学基础知识

一、什么是人类学？

人类学研究的是人们生存的社会环境以及社会环境对人的情感、态度、行为等方面的影响。尽管人类学作为“象牙塔”学科常常被忽视，但它对于一些当代问题的研究有很大的贡献，例如都市生活、民族冲突和后现代主义等。虽然人类学作为一门学科和方法论最近才被工商企业研究者采用，但

① Madura, J. (2007). *Introduction to Business* (4th edition). Mason, OH: Thomson South - Western.

事实上，在工商企业研究中采用人类学方法已有很长的历史。例如，爱德华·霍尔在20世纪五六十年代就提出他的创造性的“无声的语言”理论①。传统的人类学研究方法例如民族志、参与观察、访谈等等，都证明对于工商企业的研究是可行的②。

科学方法其实是一个实验过程，用来探究观察到的现象并解决问题。科学家使用科学方法来研究自然现象的起因和相互影响的关系。换言之，他们是在以一种可预知的方式设计通过一个事物的变化从而引起其他事物变化的实验。最近这些年在消费者研究中兴起的“自然主义方法”就很明显是学习了人类学方法③。这一方法的基本策略就是进行参与观察，并且通过观察解释人们在真实生活环境中通常做的事。如同人类学的田野调查一样，自然主义方法要求研究者从信息提供者的角度来解释某种行为，并且不应受调查者的感受和观点影响。使用以信息提供者为中心的方法，研究者就能更有效地意识到什么能够打动消费者，以及什么会影响到他们的反应。

尽管因为这一方法并不符合“科学方法”④的原则和科学所要求的严格性，而遭到了一部分人的批评，但是这一定性的自然主义方法的结论被广泛认同。在许多方面，贝尔克等人使用的自然主义技术反映了人类学的民族志方法⑤。与此相关的是被伊丽莎白·赫希曼称做“人文主义”的市场研究工作，与人类学方法相类似，这一研究是建立在研究和分析的定性方法之上的。这样看来，市场和消费者研究中的现代人类学的运用，可以被视作这一

---

① Hall, E. (1988). The Silent Language in Overseas Business. In Baker, J., Ryans, J., Howard, D. (Eds.) *International Business Classics*. Lexington, Mass.: Lexington Books, pp. 89 - 102; (1959). The Silent Hall, E. (1988). The Silent Language in Overseas Business. In Baker, J., Ryans, J., Howard, D. (Eds.) *International Business Classics*. Lexington, Mass.: Lexington Books, pp. 89 - 102; (1959).

② Jordan, A. (2003) *Business Anthropology*. Prospect Heights, IL: Waveland Press; Walle, A. (2002). *Exotic Visions in Marketing Theory and Practice*. Westport, Connecticut: Quorum Books; (2000). *Rethinking Marketing*. Westport, Connecticut: Quorum Books.

③ Belk, R., Sherry, J. & Wallendorf, M. (1989). A Naturalistic Inquiry into Buyer and Seller Behaviour at a Swap Meet. *Journal of Consumer Research*, *14*, 449 - 70.

④ Walle, A. (2002). *Exotic Visions in Marketing Theory and Practice*. Westport, Connecticut: Quorum Books.

⑤ Belk, R., Sherry, J. & Wallendorf, M. (1989). A Naturalistic Inquiry into Buyer and Seller Behaviour at a Swap Meet. *Journal of Consumer Research*, *14*, 449 - 70.

领域的定性和人文主义研究工作更高层面的一部分①。

关于这点，应当解释一下民族志方法。民族志方法是一种描述文化的过程，它从主位视角出发，关注那些属于被调查人群中起关键作用的成员感受②。基于调查对象的感受，评判其是否合理，人类学界对此争论已久。在20世纪60年代，这些差异性导致了人文主义研究倡导者和科学严谨性倡导者之间的一场激烈的争论③。

引起这一争论的创造性著作是肯尼思·派克（K. Pike）的《人类行为结构统一理论中的语言》，在这本书里派克认为所有的研究特征都可分为两个语言学词汇：语音和音位。语音研究是语言学的一种方法，客观科学地分析语言形式；音位学并不研究实证现象（可观察语言），而是关注可以被观察到的人类思维中的分类。举一个简单的例子来表明两者的不同：从语音学上来说，一个有语言障碍的人会有一种可以得到实证的独特表达方式。而从音位学的角度来看，人们仍然可以理解这个人的话语，因为说话人和听话人具有共同的语言理解结构。然而这种方式并不能直接观察到④。

派克因此将严谨可实证的研究称做“客位”研究，而将更加具有人文主义且不能如此实证的研究称为“主位”研究。通常，社会和行为科学学者用“主位”和“客位”来代表两种不同关注信息的人类行为。一个主位报告是用对调查对象有意义的语言来描述其有意或无意的行为或者信念。而一个客位报告，则是用可以应用于其他文化的语言，来描述观察者的行为或信念。对这两种对立研究方法的优缺点的讨论就引起了人类学内部的主要争论。虽然一开始各个派别都很强硬地坚持各自的观点，但是，学者们最后还是意识到两种方法都有其价值⑤。

那些采用民族志方法的学者倾向于关注报导人的主位感受。他们常常通

---

① Hirschman, E. (1986). Humanistic Inquiry in Marketing Research. *Journal of Consumer Research*, August 237-49.

② Mulroney, C. (2002). Anthropology in the workplace: Cultural context proves just as crucial to improving business as tech solutions. *The Globe and Mail*, Monday, November 25, 2002, p. B13.

③ Baba, M., & A. Batteau (2003). Wayne State University, Department of Anthropology homepage, http://www.anthro.wayne.edu/ant3150/, accessed in Feb. 2003.

④ Pike, K. (1967). *Language in Relation to a Unified Structure of Human Behaviour.* 2nd edition, The Hague: Mouton.

⑤ Walle, A. (1998). *Cultural Tourism: A Strategic Focus.* Boulder, Colorado: Westview Press; Pike, K. (1967). *Language in Relation to a Unified Structure of Human Behaviour.* 2nd edition, The Hague: Mouton.

过尽可能地与所在地区居民的交流中获取信息，并且试图成为这个社会关系网中的一部分。这种民族志方法的策略就是为了发现研究对象隐含的主位结构从而真正地融进居民之中。在自然主义的消费者研究中，这些主位方法被采用并被提上研究议程。举个例子，为了研究跳蚤市场究竟是如何运作的，研究者也参与了这种集会，并且观察消费者和卖家之间的交流①。尽管这种方法也许并不是非常可靠的科学方法，然而它能够提供有用的信息，这些可能是那些要求研究者绝对中立并且与所分析事项保持距离的正式方法所不能提供的。

人类学同样为研究具体文化提供了有用的方法。比如说，哈里斯和莫拉认为文化告诉人们自己是谁，让人们有归属感，规范人们的行为，并且让人们知道什么样的目标是重要的。文化提供了可学习的、共享的、相互关联的象征、法则、知识和价值观，这些能够评判和鼓励人们的行为②。近年来，许多有国外经历的人撰写了一些关于外国的文章和书籍，这些可以帮助那些涉及国际工商企业的人去理解不同的文化，以便于在国际工商企业环境中更有效率地工作。这些就通常是主位导向的③。

尽管那些关于消费者行为的教科书中时常包括对文化的讨论，然而这类教科书的内容大部分不但简短且不全面，并且与其他议题一同讨论，很容易使其中的文化研究被忽视或低估。事实上，文化的概念和它与消费者研究的关系常常被误用。然而，文化对消费者反馈的重大影响是可以观察到的，这点不可否认④。教授市场营销、消费者研究和广告学的老师们可以浏览一下他们过去使用的教科书，看看这些话题是否讨论充分。如果没有的话，老师们应该考虑增加一些补充性的材料。

人类学使用文化的概念来描述和分析人类行为、价值观、选择、偏好、

---

① Belk, R., Sherry, J. & Wallendorf, M. (1989). A Naturalistic Inquiry into Buyer and Seller Behaviour at a Swap Meet. *Journal of Consumer Research*, *14*, 449 - 70.

② Harris, p., & Moran, R. (1987). *Managing Cultural Differences*. 2nd ed. Houston: Gulf.

③ Sunderland, p., & Denny, R. (2007). *Doing Anthropology in Consumer Research*. Walnut Creek, CA: Left Coast Press, Inc.

④ Douglas, S., & Craig, C. S (1995). *Global Marketing Strategy*. New York: McGraw-Hill. Griffith, D. & J. Ryans Jr. (1995). Strategically Employing Natural Channels in an Era of Global Marketing. *Journal of Marketing Practice: Applied Marketing Science*, *1* (4), 52 - 72.

实践、信仰和态度①。根据经典的人类学理论，文化是所有社会和所有社会生活的基本组成部分。所有的人类行为，包括消费，都是在一定的文化情境下发生②。拥有文化的信仰和价值观是人类的本质需求。事实上，正是文化让社会生活和经济合作成为可能并且有意义。因此，文化的概念对于那些研究消费的人来说是极其重要的，特别是当研究者研究一个现代工业国家或者一个偏远的小村庄时。

巴伯和巴托指出，20世纪30年代以来文化人类学家已经对工业和企业环境进行了大量研究，他们主要的关注点是美国的企业文化。例如，20世纪三四十年代组织研究中的人际关系学派，撰写了大量的民族志，并阐明了非正式的文化模式和同辈群体是如何影响组织的③。后来的企业文化研究，则表明了企业内部价值观的具体内容是如何影响到企业成败的。对于此类研究，人类学作出了很大的贡献。采用人类学传统的参与观察方法，工商人类学家就能够在基本的企业文化中收集信息④。

例如，施乐公司请一位人类学家来为它们的服务技术员提供更有效的培训计划。朱利安·奥尔即是这一项目中的人类学家，他们先是接受了企业原本对技术员的培训，然后到服务中心去了解员工与客户交流时的情形。这一研究表明，对于施乐公司而言，教会人们如何使用复印机是相当重要的。奥尔发现有大部分的服务电话并不应当用机械的观点来应答——人们只是不知道如何操作机器。这个通过参与观察获得的结论，让施乐公司在培训员工时加强了与客户关系的训练⑤。

简言之，人类学是一门社会学科，它研究人们生存的社会环境以及这个社会环境对情感、态度、行为等等的影响。尽管它常常被误解为“象牙塔”学科，但不可否认的是，人类学对于研究工商企业问题，比如文化管理、企

---

① Costa, J. A. (1995). The Social Organization of Consumer Behaviour. In J. F. Sherry *Contemporary Marketing and Consumer Behaviour: An Anthropological Sourcebook*. Thousand Oaks, CA: Sage Publications, Inc.

② Harris, p., & Moran, R. (1987). *Managing Cultural Differences*. 2nd ed. Houston: Gulf.

③ Baba, M., & A. Batteau (2003). Wayne State University, Department of Anthropology homepage, http://www.anthro.wayne.edu/ant3150/, accessed in Feb. 2003.

④ Baba, M. (2006). Anthropology and Business. *Encyclopedia of Anthropology*. H. James Birx, Ed. Thousand Oaks, CA: Sage Publications. pp. 83 – 117; Jordan, A. (2003) *Business Anthropology*. Prospect Heights, IL: Waveland Press.

⑤ Orr, J. (1996). *Talking About Machine: An Ethnography of a Modern Job*. Cornel University Press.

业行为的民族冲突还有消费者行为等研究，还是有其独特贡献[①]的。总之，人类学是从自然和社会两个方面来研究人类，其研究囊括从我们的前人类祖先的出现直到当今时代的所有历史。

二、结构主义和后结构主义

过去人类学很强调社会结构研究法。用这种方法，人类学家将文化想象成思想、情感和行为的独特方式。尽管创造思维方式的社会化过程是隐蔽的，个人仍然被认为是文化中的一部分。在工商企业和消费研究中这样的观点也很普遍。这样的方法是假设有一种被理解为“国民性”的东西：一个社会中大部分人所具有的思考和反应方式，一种相对的潜意识。不论何时，作者们都会使用一些特定术语，比如以“美国人”作为参照物来比较“日本人”的文化，这是作者在使用国民性格模型的一种变体。在微观角度的应用中，“企业文化”的构想将这种方法运用于区别不同的组织[②]。

社会结构的方法一度成为社会学艺术的主要方法，但是到了20世纪60年代，这一范式不再流行。尽管长期受到不同理论的攻击，瓦利（A. Walle）仍认为结构模型中的新进展将会使这一方法重新发挥作用[③]。即便没有这一申明，这种方法依然也是有用的，虽然没有学者先前认为的那样有效，但是社会结构的存在很明显。在20世纪，哲学的现象学派崛起，用以观察人类的有意识思维和它对行为、情感和世界观的影响，成为一种主要的方法。结构方法强调的是将文化模式转变为潜意识思维方式的社会化过程，而现象学则是研究有意识思维，它关注的是个人，而非群体。

这一哲学派别的兴起引起了存在主义、后结构主义和后现代主义的产生。这些方法并非社会结构主义学家所摒弃的文化整体思维视角，而是用一种分解的角度来替代它。其结果是产生了一种用来分析个体模型的设计，它被运用来模拟有限群体的反应，并且分析他们是如何与主流群体（如果有

---

① Tian, R. & Walle, A. (2009). Anthropology and Business Education: Practitioner Applications for a Qualitative Method. *Journal of International Management Education*.

② Kuznar, Lawrence A. (2008) Reclaiming a scientific anthropology (2nd Ed.). Lanham, MD: AltaMira Press.

③ Walle, A. (2002). *Exotic Visions in Marketing Theory and Practice*. Westport, Connecticut: Quorum Books.

主流群体的话）相区别。因为这些方法对于研究特定群体（目标市场）很重要，因此后结构主义和后现代主义在市场研究者中成为流行的方法论。

尽管社会结构主义和后结构主义（后现代主义）是不同的，但它们都是从民族志方法中所获益。这样看来，尽管上面所提到的研究者们有着不同的哲学基础，但是这些差异并不在于对民族志方法的认同上。事实上，这些派别的目标都是想找出对研究人类最合适的方法，而且这种方法要能避免纯粹科学分析的畸变和盲点。

三、作为自然科学和社会科学的人类学

尽管许多人现在觉得将人类学归为人文主义学科更为恰当，但是在人类学历史上其曾经被视作自然学科——它通过以下方式来获取知识：学习研究某一特定对象，使用一致的数据法和检验方法检验发生在研究对象身上的现象[①]。大多数的科学家没有因为其研究对象而被认定是“自然学科”或者“社会学科”。自然科学是由一系列的学科组成，包括解剖学、地理学、天文学、动植物学、岩石和星辰的进化、现状和未来等等。

而社会科学是研究社会现象的——它们的关注点是人类在社群中生存的某些行为（如社群交流的行为、语言行为、思维行为、经济行为等方面），包括政治学、经济学、历史、心理学和社会学等等。一方面，人类学研究的对象跟社会学科一样是人类；另一方面，它是将人类视作自然的生物，同时也是社会的生物[②]。

有一种观点很有说服力，认为文化人类学应当属于人文主义学科而非科学中的一种。事实上，“即便是那些承认科学是文化人类学‘主要来源’的科学家们，理智地说，也常常并不认为它是唯一来源”[③]。那些更倾向于人文的文化人类学的实践者用其他的名称来指代它，例如其主要支持者克利福

---

① Kuznar, Lawrence A. (2008). *Reclaiming A Scientific Anthropology* (2nd Ed.). Lanham, MD: AltaMira Press; Lett, J. (1997). Science, Religion, and Anthropology. In Glazier, S. (Ed.): *Anthropology of Religion: A Handbook*. Westport, CT: Greenwood Press, pp. 103 - 120.

② Kuznar, Lawrence A. (2008). *Reclaiming A Scientific Anthropology* (2nd Ed.). Lanham, MD: AltaMira Press.

③ Kuklick, H. (1997). After Ishmael: The Fieldwork Tradition and its Future. In Akhil Gupta and James Ferguson (eds.) *Anthropological Locations. Boundaries and Grounds of a Field Science*. Berkeley: University of California Press, pp. 47 - 65.

德·格尔茨，就将这种文化人类学命名为“阐释人类学”，同样的，这门学科还被称作解释人类学、符号人类学、结构主义人类学、后现代人类学、批评人类学、反思人类学等等①。

然而，不管用什么样的名称，这一观点的辩护者都认为寻求文化人类学的知识更像是寻求事实的意义，并且在这一过程中事实通常会被改变及重新诠释，并受特定时间地点甚至研究者本身的影响。再者，那些支持人类学成为一个更加人文学科的学者认为，文化人类学家对客观知识的科学探求注定是失败的，因为他们不可能做到真正客观的描述②。

关于文化人类学学科定位的争论仍在进行，阐释人类学家认为传统人类学家追求科学客观是“幼稚的和不现实的”，反过来，科学人类学家认为阐释人类学家的目标是“微不足道和不值得的”③。这本书采纳了经过实践检验的观点，即不管文化人类学可能会是什么，它都是一门科学，因此在面对学科对象的多样性和可变性时，科学研究的原则可以并且应当最大限度地运用④。

如果文化人类学是一门科学，那么毫无疑问它是一门社会科学，因为它的关注点是人类在社群中的行为和信仰。语言人类学通常也被分在这一类。考古学通过对物质遗存的精细分析（这种分析通常在实验室里）理解过去人们的文化，因此考古学结合了社会和自然科学的特点。体质人类学是人类学中必须明确划分为自然学科的一个分支。值得注意的是，在人类学中，自然和社会科学的区别并不是很清晰，人类的许多方面也不完全是社会或者自然的产物。例如人类的历史和语言发展以及他们的认知和符号能力⑤。

---

① Lett, J. (1997). Science, Religion, and Anthropology. In Glazier, S. (Ed.) *Anthropology of Religion: A Handbook*. Westport, CT: Greenwood Press, pp. 103 - 120; Kuznar, Lawrence A. (2008). Reclaiming A Scientific Anthropology (2nd Ed.). Lanham, MD: AltaMira Press.

② Lett, J. (1997). Science, Religion, and Anthropology. In Glazier, S. (Ed.) *Anthropology of Religion: A Handbook*. Westport, CT: Greenwood Press, pp. 103 - 120.

③ Kuznar, Lawrence A. (2008). Reclaiming A Scientific Anthropology (2nd Ed.). Lanham, MD: AltaMira Press; Lett, J. (1997). Science, Religion, and Anthropology. In Glazier, S. (Ed.) *Anthropology of Religion: A Handbook*. Westport, CT: Greenwood Press, pp. 103 - 120.

④ Lett, J. (1997). Science, Religion, and Anthropology. In Glazier, S. (Ed.) *Anthropology of Religion: A Handbook*. Westport, CT: Greenwood Press, pp. 103 - 120.

⑤ Kuznar, Lawrence A. (2008). *Reclaiming A Scientific Anthropology* (2nd Ed.). Lanham, MD: AltaMira Press.

四、人类学的四个传统领域

作为一门传统的学科，人类学与许多其他学科有相同的内容，包括科学和人文学科。例如灵长类动物学、人类体质形态学、人类心理学还有社会学等等。然而，人类学与其他所有学科又有所不同，因为它关注人类的各个方面，它用多样化的角度来观察人类的存在，而且人类学研究所用的获取人类知识的某些方法与众不同[①]。

从自然和社会的角度来研究人类是非常普遍，这就要求我们必须有不同的出发点。这样一来，不同类型的人类学家所关注的就是人的意义（或者从历史的角度看人的意义）中的不同方面[②]。有些人类学家主要是对当代人类的观点和生活方式感兴趣，而有些人类学家则是通过研究实体物件或其他古老人群消失或迁徙后留存下来的线索，来研究人类的过去。还有些人类学家关注从灵长类中前人类的最初出现直到今天的人类的体质进化，关注人类现今的体质状况以及与其他灵长类成员的关联。另外，还有相对比较少的一些人类学家研究人类从古至今借以交流的各种语言[③]。

总之，人类学家对研究任何可以解释人的生存、发展、形貌、行为和信仰的东西都有兴趣。于是，人类学可以分成几个次分支，传统上主要是四大分支，被称为四大领域，它们反映了人类学家对人类的多样兴趣。每个领域都关注人类生活的不同方面：

（1）文化人类学（也被称为社会文化人类学）；

（2）考古学；

（3）体质（有时称做生物）人类学；

（4）语言人类学。

尽管在单一的学术概念下人类学的议题包括了所有四个分支，这四个领

---

① Gwynne, M. (2003). *Applied Anthropology: A Career - Oriented Approach*. Boston: Allyn & Bacon.

② Bohannan, p. and Glazer, M. (1988). *High Points in Anthropology*. New York, NY: A. A. Knopf.

③ Gwynne, M. (2003). *Applied Anthropology: A Career - Oriented Approach*. Boston: Allyn & Bacon. Campbell, D. (1983) The two distinct routes beyond kin selection to ultrasociality: Implications for the Humanities and Social Sciences. In Strategies D. Bridgeman (ed.): *The Nature of Prosocial Development: Theories*, pp. 11 - 39. New York, NY: Academic Press.

域也有一定程度的重叠，但是因为它们的知识基础和方法论有所不同，于是我们依然可以区分出四个领域。虽然大部分人类学家都经过了四个领域的专业训练，但是每一个人类学家通常在其职业生涯中只会专注于某一领域。人类学的传统四分法表明并延续了这些知识上的“地盘”之分。

（一）文化人类学

人类学的最大领域，或者按照从业者的数量来看，是文化人类学，按英国传统称为社会人类学。它是人类学的一个分支，本书的著者认为它对于工商企业实践的应用最有意义，因为文化人类学将“文化”开发并提升为有意义的科学概念，它研究人类文化的多样性，考察全球经济和政治发展对当地文化实体的影响。

大多数的人类学理论都源于对当地（特定文化）和全球（一种普遍的人类本质，或者在不同地区/环境的人们的联系网）之间相互联系又相互区别的兴趣。对于文化人类学家来说，文化是“人类的本质”，所有的人都有能力将其经历分类，赋予分类符号编码（例如语言），并将这种构想传授给他人。由于人们通过濡化和社会化过程来学习文化，所以人们在不同地区和环境下生存，就会产生出不同文化。文化人类学家相信，通过文化，人们能够以非遗传的方式适应他们的环境，因此生活在不同环境中的人们会有不同的文化。

文化人类学是关于社会群体（社会）中的人们行为的学科。它的焦点是文化，本书将文化理解为，在人类社群中可以形成特色的所有的行为、观点、人工制品以及表达系统。在美国文化人类学兴起的同时，社会人类学——其核心概念是社会性，并关注对社会地位和角色、群体、制度和人际关系的研究——在英国发展成一门学科。一个学术词语“社会文化人类学”指的是文化人类学和社会人类学传统①。

自从 19 世纪文化人类学作为一个单独的学科出现后，文化人类学者研究了形形色色的各类文化，他们研究的文化不仅仅包括现存的文化，还包括许多现在已经消失的文化，或者那些已经发生改变、与前人形式完全不同的

① Campbell, D. (1983). The two distinct routes beyond kin selection to ultrasociality: Implications for the Humanities and Social Sciences. In Strategies D. Bridgeman (ed.): *The Nature of Prosocial Development: Theories*, pp. 11 – 39. New York, NY: Academic Press.

文化。这些社会文化人类学家在百余年的研究中所保留的关于所有那些文化的信息和观点的价值，通过各种不同的人类学视角来展现，这些视角随着时间而改变，现在形成了大量的关于人类、历史、全世界的数据概要。这部分知识的分布跨越了许多学科领域，使文化人类学的领域具有高度的可比性①。

在20世纪早期，社会文化人类学在欧洲和美国发展出了一种形式。欧洲的“社会人类学”关注可观察的社会行为和“社会结构”，即关注社会角色（例如丈夫和妻子，或者父母和孩子）之间的关系以及社会制度（比如宗教、经济和政治）。美国的“文化人类学”关注的是人们如何表达他们对自己和世界的认识，特别是以符号的形式（例如艺术和神话）。这两种研究经常有重合（例如亲属关系研究，还有作为符号系统和社会制度的领导功能），并且通常相互补充。今天，几乎所有的社会文化人类学家都会提到以上两派前辈们的工作，他们也都有类似的兴趣研究人们在做什么、说什么②。

到20世纪晚些时候，几乎所有的文化（和社会）人类学家在进行民族志研究时（也就是说人类学家在他的社会中生活相当长的一段时间内并进行其研究），同时参与和观察这一群体的社会和文化生活。马林诺夫斯基曾在特罗布里恩德岛做田野调查，后执教于英国。博厄斯在巴芬岛做田野调查，在美国教学。他们推进了民族志研究。博厄斯的学生依据他的文化概念和文化相对论在美国发展了文化人类学。同时，马林诺夫斯基和拉德克利夫·布朗的学生在英国发展了社会人类学。文化人类学主要是关注符号和价值观，而社会人类学关注的是社会群体和制度。今天，社会文化人类学家倾向于关注所有这些元素③。

社会文化人类学家相信对其他文化的研究可以帮助他们更好地理解自己的文化。社会文化人类学对于收集和分析数据有一套独特的方法。人类学家进入自己所研究的社区中去，用很长的一段时间来观察人们，与他们交流，

---

① Gwynne, M. (2003). *Applied Anthropology: A Career-Oriented Approach*. Boston: Allyn & Bacon.

② For more detailed information please see: Rapport, N. and Overing, J. (2000). *Social and Cultural Anthropology: Key Concepts*. London, UK: Routledge.

③ Lewellen, T. (2002). *The Anthropology of Globalization: Cultural Anthropology enters the 21st Century*. Westport, CT: Bergin & Garvey.

并且参与他们的日常活动，人类学家这种收集信息的方式被称做田野调查。尽管他们也会做一些统计分析，然而他们最重要的贡献通常是定性研究。这一方法被称做“民族志研究”。与社区成员的日常沟通可以让人类学家获得具有洞察力的第一手信息材料，而这些信息用其他方式是不能获得的，因为这一方法具有可归纳、可探究的特点，它尤其适用于理解复杂、动态的情境，并且在这种情境下变化在多个层面同时发生。

（二）考古学

考古学是通过复原、记录、分析、解释物质遗存和环境数据等方法来研究人类文化的一门科学，它包括建筑、人工制品、生物和地形等。因为考古学的目标是理解人类，所以它是一种人文主义的尝试①。考古学实践者（称为考古学家）的具体方式是寻求关于过去人们的问题的答案，这种方法与文化人类学非常不同，因为考古学研究的对象通常是那些消逝已久的人类文化。考古学家发掘、分析和阐释那些制造者死后或迁徙后所丢弃或留下的材料。这些遗存，被称为人工制品，包括所有的东西，从石器到陶器煮锅再到古城墙——或者是这些东西的碎片。因为人工制品通常会埋入地下，又随着时间的流逝而增加土层，所以田野发掘就成为考古学家的主要研究方法②。

考古学也有次级分支，大多数的考古学家专注于其中一个或多个领域。有些考古学家对人类有书写记录之前的史前时代很感兴趣；另一些则对书写发明后的历史时期感兴趣。有些考古学家则关注特定人群（例如尼安德特人、青铜时代的希腊人或者美洲本土居民）的考古，另一些则关注世界的某些特定区域（例如大洋洲、北欧、西南美洲）。许多考古学家专注于文化资源管理——考古研究支持那些倾向于保护人类史前和历史传说的法律的有效实施③。

通常，考古学提供了对过去人类的存在和行为研究的唯一方法。数千年来，无数的文化和社会以及无数的人们曾经来到这个世界上，之后又离去，

---

① Renfrew, C. & Bahn, P. (1991). *Archaeology: Theories, Methods, and Practice*. London: Thames and Hudson Ltd.

② Shanks, M. & Tilley, C. (1988). *Social Theory and Archaeology*. Albuquerque: University of New Mexico Press; Gwynne, M. (2003). *Applied Anthropology: A Career-Oriented Approach*. Boston: Allyn & Bacon.

③ Shanks, M. & Tilley, C. (1987). *Reconstructing Archaeology*. New York: Cambridge University Press; Gwynne, M. (2003). *Applied Anthropology: A Career-Oriented Approach*. Boston: Allyn & Bacon.

他们甚至没有留下书写记录，或者现存的记录不真实、不完整。现在，我们能够了解到的，直到公元前4000年书写才在人类文明中出现，而且产生于相对比较少的、有先进技术的文明中。相比之下，智人至少有20万年的历史，而其他人属的种类则有数百万年的历史。他们在数百年来可供历史学家研究，然而对史前文化的研究直到最近才兴起。甚至在有书写的文明中，许多事件和重要的人类实践并没有正式记录。今天，我们对于早期人类文明的绝大部分知识，包括农业的发展、民间宗教的崇拜、最早的城市的产生等等，都是从考古学得来的①。

许多考古学家今天不仅仅是在大学里任教，也在博物馆、公共机构和营利组织中工作。国家高速公路机构就聘请了一些考古学家来对新规划的路线进行调查，从而探明和发掘将会被损坏的考古遗迹。另外，一个需要考古学家的工作是美国林务局和国家公园管理局，它们聘请考古学家在公共土地上发掘遗迹，这样有关方面就可以决定是否保留这些文化遗存。

（三）体质人类学

人类学的第三个传统分支是体质人类学，产生于19世纪，也被称做生物人类学，这个学科研究生物进化的机制、基因遗传、人类适应和分化、灵长类学、灵长类形态学以及人类进化的化石记录。说得更具体一点，体制人类学家研究人类及祖先的生物发展和现在的体质状况。称其为体质人类学，是因为它所有的数据都是与体质相关（化石，尤其是人类骨骼）的。随着达尔文主义和现代综合进化论的兴起，人类学家可能获得新形式的数据，所以许多人开始自称“生物人类学家”②。

生物人类学主要涉及猿猴的解剖学和行为、不同人类群体的体质差异、人类的生物进化等。灵长类学专门研究进化、解剖学、适应、灵长类的社会行为、人类的分类学归属。我们人类以及智人与黑猩猩有98%的相同基因。

正如考古学一样，体质人类学也有次级分支。一个是灵长类学，即研究非人类灵长类动物（例如猿猴）——人类最近的动物亲属。另一个是古人类学（或人类进化），研究人类是何时以及如何从更早的生命形式进化而来

---

① Greene, K. (2002). Archaeology: An (4th edition) in Dec. 2008, http: //www. staff. ncl. ac. uk. /kevin. greene/wintro/.

② Ryan, A. (Ed., 2002). *A guide to careers in physical anthropology.* Westport, Conn.: Bergin & Garvey.

的。第三个是生物人类学（或人类分化），研究人类的体质差异。第四个是法医人类学，使用人类多样的数据来帮助执法机构来侦破犯罪，调查致命交通事故，或者鉴定谋杀或事故受害人。古人类学、生物人类学和法医人类学都属于“人类进化和分化”的大范围。有些体质人类学家在很多领域中有所建树①。

体质人类学有些早期分支，例如人体测量学的早期研究，受到了批评，它有一些度量，例如头型指数，以前曾用来判断人类行为特征。绝大多数的生物人类学家在大学或博物馆教学做研究，还有许多人则是通过生物人类学培训来运用他们关于人体解剖学的知识解决问题，法医人类学的专家就在执法机关和其他相关部门工作，他们帮助鉴定人类遗存和死亡情况。一个现实的例子，法医人类学家从玻利维亚、危地马拉、塞尔维亚和海地的坟墓中掘出的人类遗存鉴定了政治分配的牺牲者，并确定了他们的死因。

（四）语言人类学

人类学的第四个领域是语言人类学，也被称做人类语言学。这个学科研究人类语言，包括古代和现代、书写和口语以及语言的发展、传播和使用。正如研究一个群体的物质文化可以使人类学家形成某一特定社会的社会性和社会结构的理论一样，研究交流的语言和表达方式也能让人类学家理解文化是如何传递和复制的。语言人类学家运用语言学方法来解决人类学问题，将符号学的分析、特定语言形式和过程的分析，同对社会文化过程的阐释相联系②。

语言人类学专家研究语言和文化的关系以及人类生理、意识和语言之间的联系。他们试图重建现存语言，研究语言历经时空是如何传播和改变的，探究和解释语言和文化其他方面的联系③。正如任何一门学科一样，语言人类学有许多的理论轨迹，它的基础是由许多重要的理论家创立的④。语言人类学是对语言的研究——但不是特定语言，而是作为普遍现象的人类语言。

---

① Buettner-Janusch, J. (1966). *Origins of Man; Physical Anthropology*. New York, Wiley; Gwynne, M. (2003). *Applied Anthropology: A Career-Oriented Approach*. Boston: Allyn & Bacon.

② Duranti, A. (Ed., 2004). *Companion to Linguistic Anthropology*. Malden, MA: Blackwell.

③ Blount, B. (Ed., 1995). *Language, Culture, and Society: A Book of Readings*. Waveland, IL: Prospect Heights.

④ Achbar, M. (1994). *Manufacturing Consent: Noam Chomsky and the Media*. New York, NY: Black Rose Books.

语言引起人类学家的兴趣有很多原因。高效地交流复杂信息的能力也许是人类最重要的一个能力，它将我们区别于与其他灵长类动物。人群中文化和语言是如何影响每个人，这引起了人类学家对语言的兴趣。人类语言学的一个次级分支研究的是语言和人类行为、思维以及其他方面的复杂联系。如人类语言学家关注语言是如何在不同社会情境下使用的：人们在中国如何点一杯饮料？那些有着较高社会地位的人的说话风格是怎样的？我们所学的语言在我们长大后会不会对我们的世界观和我们的思维、感受产生重大影响？

作为一个宽泛的交叉学科，其研究范围包括进化、分布、语言功能与语言文化的关系、社会、意识和体验，语言人类学研究的是语言和人类交流的其他系统是如何影响文化的再生产、传播和改变。它关注语言和其他系统在复制、传播社会某些方面——比如权利关系、意识形态、亚文化表达、社会身份、流行文化、阶层、社会性别和族群鉴别等所扮演的角色①。语言人类学主要包括以下议题：

1. 不同社会形式下不同语言的起源和社会意义，具有不同语言和语言学的社会的历史发展。

2. 人类状况的语言组织力，作为世界构建、意识和身份认同的商议中介。

3. 语言在特定的社会历史情境下的使用，由具体文化角色和扮演重要角色的人对语言的使用。

第三节 从传统到应用：走向工商人类学

一、作为第五个领域的应用人类学

人类学的传统领域更多的是关注根据其分析的单元来建立理论模型，例如社会文化人类学这一分析单元主要是关于社会的不平等、性能、交换、意

① Brenneis, D. & and Macaulay, R. (1996). *The matrix of language: Contemporary linguistic anthropology*. Boulder: Westview.

义等。有时那些属于应用领域的研究之所以被称做“应用型”是相对于学术研究而言，学术研究指的是“基础”研究。工商人类学是“应用”人类学的一个例子。从学术上来讲，应用人类学是指将人类学的理论和方法应用于分析和解决实际问题。

因为人类学包含了四个子学科——文化、语言、考古、生物和体质人类学——任何一个子学科中的实际运用都被称为“应用人类学”。事实上，有些实际问题也许涵盖了所有的子学科。例如，一个美国本土社区开发项目也许就需要对水权索赔的合法性进行考古研究，需要民族志研究来评估这一社区的现在的和不远的过去的文化特征，需要语言学研究来恢复语言的使用能力，还有生物人类学或者更具体点，“医药”人类学也许可以用来确定导致膳食性营养缺乏病的因素等①。

有些学者将应用人类学视为人类学的第五大领域，它运用人类学资料、视角、理论和方法来鉴定、评估和解决当代社会问题②。然而，应用人类学家通常在非学术领域工作，例如政府、发展机构、非政府组织（NGO）、部族民族联合会、利益集团、社会服务、教育机构和企业。他们使用人类学的理论、方法和民族志资料来解决人类社会的问题。在当今世界，多数的应用人类学家都将跨文化知识和人类学方法运用于研究和行动之中，而不仅仅是从学术的角度③。

应用人类学不是简单的研究问题的性质，而是越来越多地关注如何解决问题。实践的应用人类学家通过使用其基本研究工具——民族志研究和参与观察，为工商企业、政府、卫生保健、教育和公共事业领域作出了贡献。他们同样使用文本分析、问卷调查和其他经验方法来研究政策或者营销产品。同时也会为众议院议员、医院、学校、研究和指导企业、国家或当地政府工作，这些人类学家通常是官员、项目总监甚至企业所有人。应用和实践人类学家也许会遇到许多特殊的挑战。他们被要求提供一种人类学视角——一种基于跨文化学术和行动传统的人文主义视角④。

---

① Willigen, J. (2002). *Applied Anthropology: An Introduction*. Greenwood Publishing Group.

② Gwynne, M. (2003). *Applied Anthropology: A Career-Oriented Approach*. Boston: Allyn & Bacon.

③ Podolefsky, A. & Brown, P. (1997). *Applying Cultural Anthropology: An Introductory Reader*. Mountain View, CA: Mayfield Publishing.

④ Baba, M. & Hill, C. (Eds., 1997). *The Global Practice of Anthropology*. Williamsburg, VA: Studies in Third World Societies.

二、应用人类学的范围和局限

相比起自然科学以及经济学的定量信息，人类学的信息主要是定性。人类学家所收集的数据资料是关于人群、居住地、社区、制度、价值观和志向等信息。人类学信息若由定量数据（统计数据）支持是非常适用的，对于决策过程也能起到很重要的作用。定性的社会文化信息包括世界观、交互影响和组织。对构成行为和组织的潜在模式以及传统价值观的研究并不是在传统社会学科（例如社会学、经济学）研究中出现①的。

应用人类学家尝试着将这种潜在的东西变为外在因素，将价值观和模式变成可操作元素。应用人类学家有两种可行的方法可以将他们的人类学知识和技能运用于现实世界。一是将人类学资料信息运用于公共领域。相关的个人和组织也许希望能够对特定的领域、社区或者利益相关的议题进行深度研究。他们也许能够通过人类学家提供的文学资料、视频文件、培训课程和研讨会来提高他们的认识。二是在特定时期内或者长期聘请人类学家进行特殊咨询和辅助服务②。

上面已经讨论的应用人类学的范围比较宽泛，如此一来应用人类学的误用、不恰当和成效少的应用也就难以避免。在人类学咨询已经成为潮流的语境下，许多组织机构可能只是简单地聘请一位人类学家展示给外人看，而没有真正地为这位人类学家提供足够的资源和后勤资源来进行正规的研究，或是忽略了其发现和建议③。

应用人类学的范围广有两个方面：一个是跨学科，一个是跨文化。事实上，人类和社会的所有问题都是跨学科的。单单从一个学科的角度出发想要解决社会或人类问题几乎不可能成功。正式的、受过良好训练的人类学家常常很善于将不同种类的信息和分析资源整合在一起，这样可以创造出新价

---

① Pant, D. & Alberti, F. (1997). Anthropology and Business: Reflections on the Business Applications of Cultural Anthropology. *Liuc Papers*, N. 42, 1997, pp. 1 – 25.

② McCreery, J. (2008). Beyond the Ivory Tower: Collaborations with Business Folk. Accessed in Dec. 2008: Homepage, Institute of Ethnology, Academia Sinica, Taiwan. http://www.ioe.sinica.edu.tw/chinese/seminar/061214/paper9.pdf.

③ Aguilera, F. (1996). Is Anthropology Good for the Company? *American Anthropologist* 98 (4): 735 – 742; Pant, D. & Alberti, F. (1997). Anthropology and Business: Reflections on the Business Applications of Cultural Anthropology. Liuc Papers, N. 42, 1997, pp. 1 – 25.

值。而且，人类学家也善于与其他学科的专家合作。他们在现实生活情境中的参与观察能力，即人类学独特且广为人知的参与观察方法，对于提高团队合作技能是一个优势①。

如今，大多数的工商企业行为越来越受到国家和政府的影响。全球化、移民潮、与政府的相互依存、工业、跨越地理和政治边界的社区，这些使得工商企业的功能多样化，这被称做跨文化维度。企业、政府、政府机关和非政府组织必须用跨学科的角度和跨文化的方法来解决问题，从而创造一个全面理解的运作平台。人们需要研究出具有普遍理解性的概念、方法和程序，角色和关系，而且是有责任的、安全的，可以保证社会运作的顺利进行的良好效果。而人类学家可以帮助分析以及建构组织和企业文化②。

社会结构和文化框架是永远处在变迁的状态之中的，所以应用人类学的方法、数据和理论也需要常常修改和更新。社区和地区的大多数重要议题需要较长期或者长期的积累和比较研究，从而得到更为可信的发现和阐释。这对于很多组织来说是一种负担。有些较大的组织也许有能力聘请一位专职人类学家来解决这一问题。然而，对于许多急需解决方案和只能提供短期研究的组织来说，这种方法却行不通。即使比较有经验的人类学家也难以在较短的时间内完成定性研究。不过，应用人类学必须形成更好的方法、程序和表征以应对短期和中期的应用工作。现实世界的这一要求促进了工商人类学的产生③。

三、走向工商人类学

应用人类学家在面对营利企业在组织上或者操作层面上的问题时，解决了很多的问题并应对众多的挑战，因为绝大多数的工商企业问题也就是人的

---

① Ervin, A. (2000). *Applied Anthropology: Tools and Perspectives for Contemporary Practice*. Boston, MA: Allyn and Bacon.

② McCreery, J. (2008). Beyond the Ivory Tower: Collaborations with Business Folk. Accessed in Dec. 2008: Homepage, Institute of Ethnology, Academia Sinica, Taiwan. http: //www. ioe. sinica. edu. tw/chinese/ seminar/061214/paper9. pdf; Ervin, A. (2000). *Applied Anthropology: Tools and Perspectives for Contemporary Practice*. Boston, MA: Allyn and Bacon.

③ Pant, D. & Alberti, F. (1997) Anthropology and Business: Reflections on the Business Applications of Cultural Anthropology. *Liuc Papers*, N. 42, 1997, pp. 1 - 25.

问题[①]。人类学观点和方法运用于实现实际目标——主要是在私人的营利部门，被称为工商人类学，或者被称之为企业人类学。另一个相关的术语是工业人类学，指的是人类学关于工业的研究，从广义来看，还包括对资本投资和其他标准的研究[②]。

"工商人类学"一词在20世纪80年代变得流行起来，并被广泛使用。那段时期人类学家得到全职聘用，非学术工作者与消费者行为和市场营销相联系起来。在那之前，关于工商企业相关现象的研究和实践更多的是使用"工业人类学"、"工作人类学"或者"工业应用人类学"这些词。后来，"工商人类学"开始更普遍的使用[③]，现在"工商人类学"已被视作应用人类学的一个分支[④]。

巴伯（M. Baba）和巴托（A. Batteau），韦恩州立大学的两位工商人类学专家将工商人类学定义为，应对私营部门组织尤其是工业企业的需要，运用人类学理论和实践的一门学科。现在该领域的主要研究包括：（1）市场营销和消费者研究；（2）组织理论和文化；（3）跨国公司，特别是国际市场研究，跨文化经营和跨文化交流[⑤]。在这本教科书中，我们将工商人类学定义在以实践为导向的学术领域，工商人类学家将人类学理论和方法运用于鉴定和解决日常生活中的实际工商企业问题。

此外，我们将工商人类学家定义为所有那些研究工商企业领域的学者，包括管理、运营、市场营销、消费者行为、组织文化、人力资源管理还有国际业务等等，他们使用人类学的方法来研究问题，尤其是民族志方法，例如参与观察、非正式和结构性访谈以及其他人类学基础研究法。工商人类学在工商企业界可以大有所为，例如帮助企业提升文化来处理与供应商、工商企业伙伴和消费者的工商企业关系；由于现在法律所规定的雇佣机会平等，员工中越来越多的呈现出不同的年龄组、族群和不同性别问题，工商人类学可

---

① Hamada, T. (1999). Practicing Anthropology in Business Organizations. *Practicing Anthropology* 21 (4): 2-4.

② Baba, M. (1986). *Business and Industrial Anthropology: An Overview* (NAPA Bulletin No. 2). Washington, DS: NAPA.

③ Baba, M. (2006). Anthropology and Business. *Encyclopedia of Anthropology*. H. James Birx, Ed. Thousand Oaks, CA: Sage Publications. pp. 83-117.

④ Jordan, A. (2003). *Business Anthropology*. Prospect Heights, IL: Waveland Press.

⑤ Baba, M., & A. Batteau. (2003). Wayne State University, Department of Anthropology homepage, accessed in Feb. 2003, http://www.anthro.wayne.edu/ant3150/.

以帮助公司员工建立顺利的合作关系①。

事实上，工商人类学家几乎研究工商企业的一切东西，从市场营销到企业文化再到工商企业发展。例如，多伦多大学的人类学家维克多·巴拉奇博士与奥马哈互助保险公司合作调整了他们的广告策略，在另一个项目中他与加拿大电影业合作，这个项目是要到电影院去观察每一样东西的，从零食购买方式到哪个海报吸引人们注意以及采访顾客谈谈他们的态度和经验②。工商人类学家也能帮助企业重新调整组织结构，从而得到更大的经济效益和更高的工作效率。在下一个部分我们将讨论关于工商人类学家在现代工商企业界的功能和角色中的更多细节。

正如之前所讨论的，工商企业和工业是组成经济活动的基本结构，从而在现代市场社会中满足人类的基本需求③。对于巴伯来说，工商企业代表着在市场购买和销售产品和服务，同样工商企业可被称做商贸或者贸易，而工业指的是大规模的组织化的产品和服务的生产，它是由生产和销售同样产品的所有企业构成。当工商人类学家在实践中使用这些术语时，通常指的是以下的一种或多种，它们是工商人类学研究和实践的三大领域，包括：(1) 与生产产品和服务以及负责生产企业组织相关的人类学研究；(2) 通过民族志研究调查，为消费者和企业设计新产品、服务和系统；(3) 消费者行为和市场的人类学研究④。

今天，工商人类学作为应用人类学的分支不仅仅是在人类学的研究生项目中安排有课程，在美国许多提供 MBA（工商管理硕士）学位的大学课程中，也安排了工商人类学。这或多或少会让很多人有些吃惊，当今有些学术

---

① Aguilera, F. (1996). Is Anthropology Good for the Company? *American Anthropologist* 98 (4): 735 - 742; Ferraro, G. (1998). *Cultural Dimension of International Business* (3rd ed.), Upper Saddle River, NJ: Prentice Hall.

② Mulroney, Catherine (2002), Anthropology in the workplace: Cultural context proves just as crucial to improving business as tech solutions. *The Globe and Mail*, Monday, November 25, 2002, p. B13.

③ Baba, M., & A. Batteau. (2003). Wayne State University, Department of Anthropology homepage, accessed in Feb. 2003, http://www.anthro.wayne.edu/ant3150/. Hamada, T. (Ed., 1999). Anthropologists and Globalization of Business Organizations. *Practicing Anthropology* 21 (4) (special issue).

④ Baba, M. (2006). Anthropology and Business. *Encyclopedia of Anthropology*. H. James Birx, Ed. Thousand Oaks, CA: Sage Publications. pp. 83 - 117.

人类学家中仍然持有过去那种认为工商人类学缺乏对人类福利的关注的观点[①]。作为一个工商人类学家，巴伯曾说道“工商企业（仍然）……并不能与大多数人类学家相符。”[②] 就有些学术人类学家而言，他们的这种态度也许反映了对工商人类学的技能和贡献在理解和重视方面上的缺乏。如果是这样，这种观点会随着时间的流逝而渐渐淡化。然而，更进一步看，这种态度反映出一个更广泛的现象——有些学术通常除了理论成果，轻视任何形式的知识运用——这种现象也许永远不会消失[③]。

巴伯和巴托，包括其他一些人类学家，已经成功地将人类学和工商企业教育整合在一起，他们在韦恩州立大学开设工商人类学课程。他们的研究表明，许多公司跨国业务的失败往往是因为缺乏理解和适应外国思维和行为方式的能力。进一步说，这个世界正在快速地改变，决策需要能够理解这些发展和这些发展带来的影响。应用人类学和人类学方法对于说明这些议题是个很重要的途径。尽管对国内工商企业文化情境的理解极为重要，但是国际范围内的文化的重要性也许更为关键。最后，在跨国公司中，文化差异的重要性比国内的状况要大得多，所以也更有可能作出误解或者不恰当的行为或决策。当研究国内和国外社会时，人类学家擅长发现和解释影响策略和战术的行为模式[④]。这种关注可以帮助提高企业管理[⑤]。

实际上，安·乔丹（A. Jordan）观察到，自20世纪80年代以来，人类学对商学院的影响一直在增长。由于工商人类学的角色越来越重要，我们需要在工商企业教育中更为全面地引入工商人类学。在工商企业教育中，商学院的人类学家在消费者研究的发展中扮演了重要的角色。例如，哈佛大学的杰瑞·索特曼和格兰特·麦克拉肯、西北大学的约翰·谢利、内布拉斯加大学林肯校区的埃里克·阿诺德、纽约州立大学的巴伯拉·奥尔森、犹他大学的贾宁·哥斯达、康考迪亚大学的安娜玛·乔伊，这些学者是对工商企业教育界产生了影响的人类学家的代表。另外，一些工商企业学者，例如罗恩

---

① Chambers, E. (1989). *Applied Anthropology: A Practical Guide*. Prospect Heights, IL: Waveland Press.

② Corcoran, E. (1991). Anthropology, Inc. *The Washington Post*, Feb. 21, 1993: H1 - H6.

③ Gwynne, M. (2003). *Applied Anthropology: A Career-Oriented Approach*. Boston: Allyn & Bacon.

④ Bennett, J. (1954). *Christian Values and Economic Life*. Manhattan, NY: Harper and Brothers.

⑤ Baba, M., & A. Batteau. (2003). Wayne State University, Department of Anthropology homepage, accessed in Feb. 2003, http://www.anthro.wayne.edu/ant3150/.

·希尔、卡罗尔·考夫曼—斯卡伯勒，他们从商学院获得训练，采纳了民族志方法，并将其运用到工商企业研究中[①]。

第四节 工商人类学能够作出什么贡献?

工商人类学家的地位和所作的贡献已被广泛地认可；实际上，人类学家有能力处理现实经济世界的绝大部分问题。工商企业问题是多种多样，例如，有些工商企业问题是关于不情愿的员工采用新技术工具、方法和过程的。工商企业公司的员工有着不同的教育背景、民族和文化背景，这样，在构建一个和谐企业文化的过程中也许会遇到很大的困难[②]，这时可以聘请工商人类学家来调查问题的来源，并提供解决建议[③]。在某些案例中，工商人类学家成功地调停工人群体和管理者的矛盾，并使双方开展对话[④]。

在实践中，大多数的工商人类学家在所工作的公司中扮演了两种非常不同的角色中的一个。例如，有些人类学家关注企业生产的产品，他们帮助企业设计出有吸引力的畅销产品，并且成功地将产品营销出去，而其他一些人类学家关注的是企业本身的组织，例如，有的帮助企业提高运营效率。不管他们的关注课题或者雇佣状况是什么，工商人类学家都是借助其他应用人类学家常在实践中使用的同样方法，尤其是参与观察、非正式访谈、分组座谈会、各种形式的问卷方法和社会网络分析等[⑤]。他们同时也像其他人类学家一样研究和分析文化的变量，例如信仰和价值观、社会结构、社会性别与行为差异。总之，他们的工作包括了其他应用人类学也有的特色的步骤[⑥]。

---

① Jordan, A. (2003). *Business Anthropology*. Prospect Heights, IL: Waveland Press.

② Schwartz, P. (1991) *Art of the Long View*, New York, NY: Doubleday Currency.

③ Mars, G. (1994). *Cheats at Work: An Anthropology of Workplace Crime*. Brookfield, VT: Dartmouth Publishing Group.

④ Reice, H. (1993). *Occupational Subcultures in the Workplace*. Ithaca, NY: ILR Press.

⑤ Aguilera, F. (1996). Is Anthropology Good for the Company? *American Anthropologist* 98 (4): 735 – 742.

⑥ Gwynne, M. (2003). *Applied Anthropology: A Career-Oriented Approach*. Boston: Allyn & Bacon. Chapter 2.

玛格丽特·格温（M. Gwynne）是一位应用人类学理论家，她将工商人类学视为应用人类学的分支。然而在她看来，工商人类学和其他应用人类学是有较大的方法论上的差别的，因为在大多数案例中，私营部门经济活动的最终目标是销售商品以营利，企业是高度竞争的。格温强调，这个陈述必须强调的是“大多数案例”，因为有些私营部门、私立非营利部门、私营企业、慈善基金、NGO（非政府组织）、PVO（私人志愿组织）或者宗教机构，并不是为了营利，而是为了人道主义目的①。

营利动机通常意味着一个企业所生产的任何物品的“产品周期”——在开发、引入一个产品和该产品的淘汰之间的周期——趋向于相对的短。正因为如此，工商人类学家所做的研究相比起其他学术研究通常时间较短，而且涉及的报导人也很少②。在工商企业界，对于解决人们日常生活的实际问题，有许多种方法，人类学方法试图回答一个无限广阔的问题“为什么人们要这么做?”。我们将在接下来的几个部分中进一步分析工商人类学家所扮演的角色、人类学家的功能以及人类学家可以在现实工商企业界所作的贡献。

一、企业文化

一个企业就像是一个小规模社会或者亚文化，在政府和行业界制定的一系列规则和政策下经营。一个企业由许多个体组成，既有男员工也有女员工，有着不同的年龄层次、不同的教育背景，而且就在同一个企业中，人们也会有不同的技能和能力大小。一个企业也许包括了来自不同族群的员工，也可能包括了不同社会经济阶层的代表。每一个人在企业的制度结构中都扮演着一个独特的角色，而这个角色，反过来，又使得每个人在企业制度中拥有特定的地位。工商人类学家所作的贡献中，或许是最重要的贡献就是他们对于企业或组织文化的系统理解③。

---

① Gwynne, M. (2003). *Applied Anthropology: A Career-Oriented Approach*. Boston: Allyn & Bacon. Chapter 9.

② Hafner, K. (1999). Coming of Age in Palo Alto. *New York Times*, June 10, 1999: G1 - G8.

③ Kotter, J. (1991). *Corporate Culture and Performance*. New York, NY: Free Press; Reeves - Ellington, R. (1999). From Command to Demand Economies: Bulgarian Organizational Value Orientations. *Practicing Anthropology* 21 (4): 5 - 13.

对于人类学家而言，企业不仅仅是以营利为目标的经济组织，同时，企业也是类似传统人类学家所研究的人群中的某一群人[①]。工商人类学家有能力“打入”企业文化之中，并且从中获取正式和非正式的信息[②]。例如，工商人类学家埃莉诺·温（A. Wynn），她已经为许多高科技公司做过咨询工作，关于她在这些公司中的一家，施乐公司所做的事，她说：“进入新几内亚的最内部、最暗处……去看一个 R&D（研究和开发）计算机实验室在做什么……这是我做过的最奇怪的事情之一了”[③]。

工商人类学家倾向于考察企业组织中的如下几个问题的答案：这个企业中谁是领导者，谁是执行者？群体中的成员有什么共同信仰、价值观和态度？根据权利和权威的行使以及责任的委派，企业中的权利等级体系是如何的？信息是如何在群体成员之间传递的？群体中人们相互之间的联系是什么，他们是如何交流的？是什么导致了群体成员的分歧，而这些分歧是如何被解决的？去探寻这些问题以及其他人类学问题的答案，有利于给出企业政策建议，帮助一个企业更顺利地运行，从而获得更大效益，但是这种观点很难让企业领导者理解，因为人类学理论并不是简单地被工商企业人士所普遍采用[④]。

根据格温的观点，一旦管理者意识到工商人类学的价值，那么目标就会大大地复杂化和理论化，因为一个人类学家对于一个企业组织文化的分析，可以以许多不同方式来进行。任何文化人类学家，若是试图探寻和解释一个小规模社会的文化，就会有相当多的可选择的不同模型，例如马林诺夫斯基的功能主义，列维—斯特劳斯的结构主义，格尔茨的符号方法，马尔库斯的后现代主义。还有许多其他的范式，它们中的每一个都可以提供一种不同方式，来构想关于群体文化的调查。每一种方法也都可以作为一种概念性工具来研究企业组织的文化[⑤]。

---

① Gwynne, M. (2003). *Applied Anthropology: A Career-Oriented Approach*. Boston: Allyn & Bacon. Chapter 9.

② Garza, C. (1991). Studying the Natives on the Shop Floor. *Business Week*, Sept. 30, 1991: 74-78.

③ Quoted in Corcoran, E. (1993). Anthropology, Inc. *The Washington Post*, Feb. 21, 1993: H1-H6.

④ Aguilera, F. (1996). Is Anthropology Good for the Company? *American Anthropologist* 98 (4): 735-742.

⑤ Gwynne, M. (2003). *Applied Anthropology: A Career-Oriented Approach*. Boston: Allyn & Bacon. Chapter 9.

格温认为，不管是什么模型，一个工商人类学家将企业视作一个集体的有界限的社区来研究、分析和理解，就像研究其他非经济社区一样[①]。例如应用人类学家朱迪思·班森（J. Benson），她曾为凯撒医疗机构工作过，那是一个医疗保健管理公司，在那里她的职责包括组织分层小组讨论，建立起处理顾客投诉的计算机系统，组织一个当地的呼叫中心。当凯撒公司决定要启动一个“重组工程”项目，为了在企业实行一个重大的组织变动时，班森“使整个变动过程更为顺利，她为团队成员提供指导，告诉他们如何判别将要发生变化的文化情境”。她的一个关注点就是，保证对企业文化所做的任何改变都要适合所涉及的员工，她通过开发一系列策略，来鼓励员工交流、共享观点和合作。“我和那些可能会阻碍流程变革的个人都紧密联系……我花了很多时间去了解这些利益相关者自己的观点。同时，我同团队成员一同工作，从而他们可以以一种可以和现存企业文化相和谐、而非相抵触的方式，来引导流程变革。”[②]

二、隐性知识管理

所有的员工都会逐渐发展出隐性知识，即在做特定工作过程中获得的一种非正式知识[③]。学会了这些隐性知识，人们常常并没有意识到这种知识以及它对于其他人的重要性。隐性知识更有价值，因为它能为人员、位置、观点和经历提供情境。隐性知识的有效传递往往要求紧密的个人联系和信任。隐性知识并不容易被分享。正如波拉尼（M. Polanyi）的一句著名格言：我们所知道的远远多于我们能说的[④]。

隐性知识一般是由我们自己并没有意识到的习惯和文化组成的。在知识

---

① Ibid.

② Benson, J. (2000). Challenging a Paradigm in Two Directions: Anthropologists in Business and the Business of Practicing Anthropology. In *Careers in Anthropology: Profiles of Practitioner Anthropologists* (NAPA Bulletin No. 20), edited by Paula L. W. Sabloff, 23 – 27, Washington, DC: American Anthropological Association.

③ Baba, M. (1998). Anthropologists in Corporate America: — Knowledge Management and Ethical Angst. *Chronicle of Higher Education*. May 8, 1998: B4 – B5, recited from Gwynne, M. (2003). *Applied Anthropology: A Career-Oriented Approach*. Boston: Allyn & Bacon. Chapter 9.

④ Polanyi, Michael. "The Tacit Dimension". First published Doubleday & Co, 1966. Reprinted Peter Smith, Gloucester, Mass, 1983. Chapter 1: "Tacit Knowing".

管理领域中隐性知识的概念指的是，一个人所知道的知识，而这种知识很难与组织内的其他人交流。容易交流的知识被称做显性知识。隐性知识转变为显性知识的过程是约定俗成和清晰化过程。相对于正式知识，隐性知识不是外显的。例如，一个工厂工人也许有许多的关于原材料如何通过制作工序的实际的“非正式金属地图”，这一地图反映的是车间实实在在的情况，也许比制造工序的理想示意图要更准确。工商人类学家要做的很重要的一件事就是找出那些隐藏着的隐性知识①。

一个能够了解员工各种隐性知识的工商企业主管，能够使用这些知识来提供企业运营的效率，最终当然就会有利于增加利润。这项技能被称做隐性知识管理。例如，一个长期的有经验的员工的群体，有时可能会被新进的员工“缠住”，教给他们隐性知识②。这也许会以一种正式的方式完成，通过给新员工定向培训或者提供书面指南，不过更普遍的是，通过非正式渠道，例如通过一个老员工给新员工灌输企业的历史和传统③。

三、文化审核

文化价值观和偏好可以影响一个全球组织的员工、买主或供应商、顾客对于组织的策略、产品、业务和沟通的反应。市场营销策略、培训项目、赔偿计划、广告战、才能项目模式、企业沟通与员工政策，这些在一个文化中的成果也许会在另一个不同的文化中完全无效，那样会导致收入的损失和信誉的受损。文化审核检验的是现存业务、项目和流程，来判断它们是不是对于多元文化或者全球的对象来说有文化上的适应。这就使得全球组织能够调整工商企业流程从而得到预期效果。ITAP国际组织能够帮助组织获得全球视野和策略，通过工商企业化的文化审核，并在结果的基础上制定行动计划④。

格温认为，有时候企业没能达到其生产或销售目标，尽管在资金和人员

---

① Gwynne, M. (2003). *Applied Anthropology: A Career-Oriented Approach*. Boston: Allyn & Bacon. Chapter 9.

② Baba, M. (1986). *Business and Industrial Anthropology: An Overview* (NAPA Bulletin No. 2). Washington, DS: NAPA.

③ Laabs, J. (1992). Corporate Anthropologists. *Personnel Journal* 7 (1): 81 - 87.

④ ITAP International homepage, accessed in Dec. 2008: http://itapintl.com/.

上有合理的投资。有时它们会经历罢工或者其他分歧。在这些案例中，一个工商人类学家也许会聘请来做文化审核，即一种指出企业计划和实际操作的差别的详细研究①。一个文化审核可以由公司的永久职工来进行，但由企业外部咨询员来完成更为容易。无论在哪种情况下，文化审核的结果应当是高度机密的，因为企业——特别是公开交易的公司——通常倾向于不要把自身的问题公布于众②。

格温描述了文化审核的过程，在这个过程中一个工商人类学家也许需要采访企业里每一个层次的员工。文化审核员不仅仅是关注员工正面和负面的观点以及他们对改革的建议，同时也关注他们的价值观、情感、态度、他们对企业的期望和自身位置的期望。受采访者会被问比较广泛的问题，企业的目标是什么，员工追求这些目标的策略是什么？如果这些目标没有实现会怎样？怎样可以最好地形容工作环境？受采访者处于公司的什么位置，他们是如何看待自己对公司成功的贡献的？他们期望如何与他人相处和沟通？这些期望是否符合事实？现存的哪些机制能够保证他们的观点、想法或抱怨能够被了解？有没有绩效奖励机制，如果有，是对谁以及在什么样的情况下？他们工作吗？为什么是，为什么不是？这些问题只是文化审核员问的问题中的几个类型的例子，问题实际上是无限制的③。

有时一个作为文化审核员的工商人类学家也会走出该公司去采访它的董事会或者其股东。通过这种方式收集的信息会形成一份包括详细建议的报告，企业的管理者或董事可以根据工商人类学家所给出的建议来采取具体的改进措施。一个关于通用汽车公司——美国汽车制造业多年的巨头之一——的文化审核，由工商人类学家布莱迪和巴伯所做的，就是一个很好的例子。几年前，管理层发现，有些长期在通用海外分公司工作的员工，在回到美国后似乎很不满意，而且工作效率降低④。许多归国工作者，站在他们的角度来看，认为他们在海外的工作没能得到充分的重视，而且由于他们曾在海外工作，他们在公司的位置受到了负面影响。

---

① Weber, A. (1986). Anthropologists Look at the Office. *Business Monthly*, Dec. 1986: 40-42.

② Gwynne, M. (2003). *Applied Anthropology: A Career-Oriented Approach*. Boston: Allyn & Bacon. Chapter 9.

③ Ibid.

④ Briody, E. and Baba. M. (1993). Explaining Differences in Repatriation Experiences: The discovery of Coupled and Decoupled Systems. *American Anthropologist* 93 (2): 322-344.

通用公司组织内部的全职工商人类学家伊丽莎白·布莱迪就被安排了一个任务，对企业进行一个文化审核，以帮助管理者解决这个问题。布莱迪在通用公司内部对各个层次的员工主持了一系列的访谈。结论很有意思。研究发现，有些通用公司国内的业务运营在管理上与海外业务相联系，或者“相配对”，而其他的业务则没有。那些“未配对”的业务部门的员工则将自己视为是通用的“精英”①。他们的管理者对于海外业务的重要性几乎不理解，或者不重视，而且管理者有时将从海外部回来的员工分到相对难有发挥的职业道路上去。根据所做的文化审核，布莱迪可以提出一些具体的建议，帮助通用公司改善归国人员的工作效率和工作满意度。除了配对业务，她还建议应当建立起一种交换机制，美国和海外的工作人员可以交换工作岗位几年，并且在回到原本工作时并不影响他们的职业生涯②。

四、组织变革

20 世纪的最后 20 年是组织变革的时期，“组织文化”的变革成为主流，这一概念当归功于工商人类学。这些改变，伴随着对不同类型的组织的思考。现在，在公共和私营部门组织，在第一和第三世界里，都关注组织变革是如何实现，本土实践是如何达到最大效应，以及弱势群体尤其是女性的机会如何增加。工商人类学家苏珊·莱特曾经将组织变革作为管理的工具进行研究，她呈现和分析了最近人类学关于组织管理的研究和他们的进展，证明了最近的理论使用，并且检验了人类学可以帮助解决的实际问题③。

正如格温所认为的，企业是动态文化而非静止的，更具体些，大型跨国企业永远处于变迁的状态，不断地扩大规模经济的优势，收缩或者重构以追求更大效益，永远实施革新来提高生产力。在过去的 15 年里，有一个改革变得非常流行，即是从部门结构转变为团队结构。例如有一家航空公司，所有工程师曾经是正式的工程部门员工，成立了新的“综合产品工作组”

---

① Garza, C. (1991). Studying the Natives on the Shop Floor. *Business Week*, Sept. 30, 1991: 74-78.

② Ibid.; Gwynne, M. (2003). *Applied Anthropology: A Career-Oriented Approach*. Boston: Allyn & Bacon. Chapter 9.

③ Wright, S. (1994). *The Anthropology of Organizaiton*. UK: Routledge.

(IPTs)，在这个小组里所有的人员是设计生产一种飞机类型的，从管理者到工程师到车间工人，都是一个单一小组的成员。另一个流行的改革是“自我管理工作团队”(SDWTs)，这个团队的成员管理他们自己（其权限大小取决于公司）。这两种团队都可以提高生产力，并且让员工们感觉到他们是更大模式中的必需一员和重要组成[①]。

工商人类学家所扮演的一个重要角色就是辅助组织变革。团队结果非常适于人类学分析。例如应用人类学家班森，她受聘于波音公司，最近企业创立了综合产品工作小组。班森运用应用人类学的方法和技能，通过采访车间技术人员的方式，帮助改善波音公司的 IPT。她能够为团队领导者如何与团队协作提出具体的改善建议，在这基础上产生了波音公司的计划，即让所有劳动力都可以参与“工作过程的决策”[②]。

五、产品设计和开发

工商人类学家的其他主要作用包括帮助企业改善产品，设计和开发新产品，或者改善产品的推销方式。企业聘请一位人类学家来进行一个内部或外部的民族志研究，通常说来，是为了一个简单目的：开发新方法来获得竞争优势。这就像是有些研究：理解产品或服务的新机会，或者在内部关注组织变革议题以及其他议题。最近这些年，民族志方法被称为产品设计者和技术人员的一个非常流行的方法，他们以此方法来了解使用者的感受[③]。这一研究方法的运用很广，包括这些问题：怎样设计办公室环境，从而鼓励群体的工作和合作？如何设计符合“心理模型”和目标对象的使用方式的网站？如何设计一个博物馆展览可以让游客对展出物有最大化的认可？

---

① Jordan, Ann T. (1999). An Anthropological Approach to the Study of Organizational Change: The Move to Self-Managed Work Teams. *Practicing Anthropology*, 21 (4) 14 – 19; (1997) “Defining Business and Occupational Culture Groupings.” In L. Naylor (Ed.), Diversityin U. S. Culture. NewYork: Bergin &Garvey. pp. 278 – 88.

② Gwynne, M. (2003). *Applied Anthropology: A Career-Oriented Approach*. Boston: Allyn & Bacon. Chapter 9; Benson, J. (2000). Challenging a Paradign in Two Directions: Anthropologists in Business and the Business of Practicing Anthropology. In *Careers in Anthropology: Profiles of Practitioner Anthropologists* (NAPA Bulletin No. 20), edited by Paula L. W. Sabloff, 23 – 27, Washington, DC: American Anthropological Association.

③ McDonough, W. and Braungart, M. (2002). *Cradle to Cradle: Remaking the Way We Make Things*. North Point Press.

对产品开发进行的民族志研究和工作实践研究的价值，已经得到工商企业界广泛的认可，尤其是在设计行业，已经兴起新的公司，专门研究设计，他们中的许多人都使用民族志方法。这些“民族志学者”在多大程度上属于工商人类学家，这还是一个有争议的话题。有时，作为一个“民族志学者”意味着进入一个消费者的视角的意愿和能力，并且使用摄像机来观察他们。对发现进行文本分析确实是可选的，并且它并不能得到设计公司或者客户很好的理解以及足够重视①。

有些工商人类学家擅长于帮助企业设计和开发产品，从而为企业创造盈利。举一个例子，一个工商人类学家最近做了一个研究，关于公司制造的外科器械，来评估医药医生对这些器械的需求。他使用的方法是观察急诊室医生的工作，看看医生们究竟是如何使用这些器械。在之前的访谈中，医生们表示他们最关心的是器械是否精准。然而，这位人类学家通过直接参与观察发现，器械速度事实上比精准性更重要，医生们更喜欢那些能让他们快速工作的器械。这一研究结果，促使企业重新设计它的手术仪器，而它的占有率就明显增加了②。

新兴的高科技领域是人类学研究产品开发的一个特定对象。越来越多的工商人类学家被聘请来指导企业如何共同使用新科技或者新方法，为企业更清晰地了解关于新科技会对消费者产生什么样的影响③。例如，为了给新产品和服务提供创意，应用人类学家邦妮·纳迪（B. Nardi）研究了苹果公司和美国电话电报公司（AT&T）的工人使用技术的方式。珍·卡纳万（J. Canavan）是一位工商人类学家，同时也是摩托罗拉公司文化和技术计划的主管，曾经描述过1996年的一个关于中国乡村纸张使用的研究，电话在中国有很大的需求量，这一研究“促使摩托罗拉认真思考在城市市场之外的双向传呼”④。

在另一个很不同的应用例子中，帕特丽夏·萨克其（P. Sach）在尼尔太平洋公司的工作，表明了人类学对于民族志数据的分析是如何影响工作系统

---

① Baba, M. (2006). Anthropology and Business. *Encyclopedia of Anthropology*. H. James Birx, Ed. Thousand Oaks, CA: Sage Publications. pp. 83 – 117.

② Baba, M. (1998). Anthropologists in Corporate America: — Knowledge Management and Ethical Angst. *Chronicle of Higher Education*. May 8, 1998: B4 – B5.

③ Hafner, K. (1999). Coming of Age in Palo Alto. *New York Times*, June 10, 1999: G1 – G8; Sherry, J. (1999). Real Work. *Anthropology Newsletter* 40 (3): 19 – 20.

④ Hafner, K. (1999). Coming of Age in Palo Alto. *New York Times*, June 10, 1999: G1 – G8.

的重新设计的。尼尔太平洋公司的消费者修理工作变得杂乱而低效，因为引入了一个新的“问题跟踪系统”，而修理工作就被切分为很多小部分，分配给相互不联系的工人个体。如果一个工人在他的轮班中没有完成修理工作，那么工作就会被重新分配给另一个工人，而这两人没有机会互相交流。萨克其所组织的一个分析表明围绕修理工作的所有活动，特别是不同工人之间讨论问题，对于有效地解决客户问题是至关重要的。新的信息系统使得自然的活动方式中断了，从而导致了问题解决过程效率降低①。

六、市场营销

大约20年前，工商人类学的带头人之一约翰·谢利（J. Sherry）指出，市场营销和人类学双方互相提供了独特的机会，可以进行学术合作②。广告学也许就是企业采用的营销技巧中最突出的内容，但是成功地向消费者销售商品和服务还包括了许多其他的程序。涉及市场营销的工商人类学家使用的是标准的人类学田野方法。他们的目标包括帮助私营企业判断一个产品的潜在顾客，提高顾客对该产品的认识度，并且为产品营造需求，例如吸引人的广告，用户友好界面的网站，有吸引力的包装，合适的产品置入和可接受的价格。用一位应用人类学家，同时也是一位市场营销专家的话来说：“没有更好的方法来接近消费者了……比起使用民族志方法。”③

工商人类学家在市场研究领域可以发挥越来越重要的作用了。市场研究是一种对广泛的文化模式和潮流的应用导向的研究，同时也研究亚文化或者族群的多样性，旨在确定影响消费者行为的因素④。市场研究员试图确定多元的文化情境的最显著的特征，以及可能刺激在这种文化情境下购买商品的消费者的因素。相关的问题包括判断消费者期望在什么地方购买特定产品、

---

① Sachs, P. (1995). *Transforming Work: Collaboration, Learning and Design*. New York, NY: ACM.

② Sherry, J., Jr. (1987). Marketing and Consumer Behavior: Windows of Opportunity for Anthropology. *Journal of Steward Anthropological Society*. Vol. 16, Nos. I and 2, Fall/Spring 1986 - 1987, pp. 60 - 95.

③ Sherry, J., Jr. (Ed. 1994). *Contemporary Marketing and consumer Behavior: An Anthropological Sourcebook*. Thousand Oaks, CA: Sage Publications.

④ Baba, M. (1986). *Business and Industrial Anthropology: An Overview* (NAPA Bulletin No. 2). Washington, DS: NAPA.

什么样的包装会鼓励消费者购买以及他们愿意花费多少来购买这些产品。工商人类学家在市场研究中使用的最普遍的技能就是，与潜在购买者进行关于某产品的访谈，或者分组讨论会，从而了解他们的需求、价值观、观点、喜好和不喜欢的东西①。

研究市场的工商人类学家同时也分析消费者附属于产品上恒变的符号意义。有一个重要的因素是消费者自觉或不自觉地期望能创造或者提高他们的形象，或者其社会经济地位的形象。相当一部分受聘于企业的工商人类学家专门帮助企业来开发提升形象的产品②。例如，雪佛兰公司期望能够跻身于有利可图的运动型多功能车（SUV）市场的前列，便雇请了工商人类学家伊尔莎·舒马赫（I. Schumacher）来研究汽车购买者是如何决定购买哪一辆汽车。舒马赫将重点放在汽车公司的象征角色和消费者购买的“无形的激励”，她组织了同汽车购买者的深度访谈，为了发现SUV在潜在购买者心中是什么样的形象。她发现，有些潜在购买者试图超越“性别身份”，尤其是有孩子的女人，相比起旅行轿车更喜欢SUV，因为驾驶SUV不会向世界宣称：“我是个母亲。”其他一些消费者将SUV视为是冒险和安全的结构。雪佛兰使用了这方面的信息，让他们的SUV大大热销。正如营销专家伊尔莎·舒马赫所言，“如果一个营销人员有足够的能力来将产品和其深度象征等同起来，他们就有潜力可以让这个不错的产品变成一个文化符号。”③

七、消费者行为

人类学所做的另一个重大贡献是对构建潜在消费者行为的批评和扩展，它基于对非西方社会的实证研究。例如，在西非做关于市场对象的广泛、长期的民族志研究，埃里克·阿诺德（E. Arnould）是从事消费者行为研究最早的一批人类学家之一。在他早期的一篇文章中，他使“偏好形成”这一概念问题化（例如，一个消费者是如何产生出喜好厌恶的，这是扩散理论的一个核心观念），他是通过作比较的方式来实现的，将西方对该建构的标准看法，同当地建构和伊斯兰民族主义观点相比较——当地建构是与前市场

---

① Gwynne, M. (2003). *Applied Anthropology: A Career-Oriented Approach*. Boston: Allyn & Bacon. Chapter 9.

② Ibid.

③ Shuldiner, H. (1994). Auto Anthropology. *Newsday*, Dec. 9, 1994: C3 - C - 6.

的社会中心价值观兼容的，而持有伊斯兰民族主义观点的个人通过对“麦加”商品的创新而获得地位[①]。自那时起，阿诺德发表了一系列扩展的论文，都是基于民族志资料的，这些论文对市场概念——从跨边界贸易到关系管理有了新的理解，促进了关于营销文献的实证全球化[②]。

要想在工商企业界获得成功，就必须去理解消费者的需求，他们的期望程度，他们购买特定商品或服务的迫切性，以及如何去激发消费者需求[③]。哪些产品是消费者想要购买的？哪些是他们不愿意购买的，为什么？应该如何改进产品的吸引力？有些产品元素很明显地影响了消费者需求（例如价格、使用的简易、功效和吸引力），而其他元素，例如消费者赋予某产品的潜在意义，就没那么明显。为了获得消费者需求的信息，工商人类学家进行民族志研究、访谈以及观察消费者在他们的“自然居住环境”中的行为[④]。他们使用的田野方法包括一对一访谈、分组讨论会甚至摄像。

由于任何社会中的消费者都不可能相同，市场研究者通常将潜在的顾客进行分类，例如按照性别、辈分、年龄、职业和地理环境分类[⑤]。市场研究的这一部分被称做市场划分。例如，工商人类学家试图去理解，什么样的消费者（依据细节特征进行分类了的）会愿意购买某种产品，以及这些消费者对产品性能和产品寿命的期望是如何发生改变的[⑥]。作为一个受过人类学训练的工商企业学教授，罗伯特·田和他的学生将人类学方法运用于一系列关于文化因素和食物消费的研究中。他们的发现表明，要想理解人类的反

---

① Arnould, E. (1989). Toward a Broadened Theory of Preference Formation and the Diffusion of Innovations: Cases from Zinder Province, Niger Republic. Cited in Baba, M. (2006). Anthropology and Business. *Encyclopedia of Anthropology*. H. James Birx, Ed. Thousand Oaks, CA: Sage Publications. pp. 83 - 117.

② Arnould, E. (1995). *West African Marketing Channels*. Cited in Baba, M. (2006). Anthropology and Business. *Encyclopedia of Anthropology*. H. James Birx, Ed. Thousand Oaks, CA: Sage Publications. pp. 83 - 117.

③ Sherry, J., Jr. (Ed. 1994). *Contemporary Marketing and Consumer Behavior: An Anthropological Sourcebook*. Thousand Oaks, CA: Sage Publications.

④ Hafner, K. (1999). Coming of Age in Palo Alto. *New York Times*, June 10, 1999: G1 - G8.

⑤ Burkhalter, S. 1986. — The Anthropologist in Marketing. In Serrie, H. (Ed.) *Anthropology and International Business*, pp. 113 - 124. Williamsburg, VA: Department of Anthropology, College of William and Mary.

⑥ Gwynne, M. (2003). *Applied Anthropology: A Career-Oriented Approach*. Boston: Allyn & Bacon. Chapter 9.

应，我们必须首先理解消费者的文化，因为消费者的行为是在其文化中发生的。消费者的文化理解程度和文化认知，同样会影响行为和购买决策。购买商品对于消费者来说是一种获得文化意义的方式，同时也建立了自我认同。在对消费者行为的分析中，有一种被称做跨文化阐释的方法值得采用，不同的国家之间文化规范和价值观是有区别的，这个通过对食物消费的研究就可以很容易被看出来。一个文化关于食物消费的信仰和态度对于消费者对食物的选择有着深远影响，这对于研究不同族群餐馆的消费者行为很有意义。饮食习惯和消费代表着族群、宗教和国家身份，由于文化的差异，故而每个国家饮食习惯都有所不同[①]。

英国人类学家丹尼尔·米勒（D. Miller）是一个多产的学者，从20世纪80年代晚期到现今，他已经出版了有关消费方面的多种著作。基于西方和发展中国家的众多案例，米勒提供了一种对当代社会的重新解读，将社会视作个人和群体身份认同和行为的产品。他指出，马克思关于原料商品的范围和数量的扩充的诠释，是将人们与他们所生产的物品相分离了，而大量的消费事实上增强了资本主义的本质的分割和个人主义。他发展出一个关于物质文化的更积极的理论，揭示了人与商品之间的关系的创造性潜力。他认为，人们对物质的重新定义让它们表达了他们自己和他们的文化，而不是被物质所决定，日常物品不仅仅反映出个人的状态和态度，同时也反映了道德准则和社会理想[②]。

米勒将购物与祭祀仪式相联系起来[③]。他认为，祭祀有两个主要特征——它是将净化者置于与一个超验的实体的联系之中，因而祭祀前人，它标志着从生产到消费的转变（例如，第一批水果的祭祀）。在购物中，通常是女性购物，购物者联系着对家庭——或者一个存在的家庭，或者她期望某天能拥有的家——的爱的纽带和贡献。是潜在的关系在引导女性的购物，使得其购物是体贴而节俭的。如同祭祀一样，购买商品是将一个生产的物品变成一个可消费的商品。而消费品可能是疏远、歧视或者控制的机制，这一例子

---

① Tian, R. (2007). From Theory to Practice: Anthropology in Business Education. In S. Demirdjian, T. Senguder, and R. Tian *Perspective in Consumer Behaviour: An Anthropological Approach*. Fort Worth, TX: Fellows Press of America, Inc.

② Miller, D. (1997). *Material Culture and Mass Consumerism*. Wiley-Blackwell.

③ Miller, D. (1998). *Theory of Shopping*. Ithaca, NY: Cornell University Press.

表明成熟的人类学并不会作出先验的判断①。

本章小结

工商企业教育负责培养未来的工商企业领导人，人类学方法作为在工商企业教育中的新方法，已经被商学院越来越广泛地采用。现代企业是对促进社会福利负责的社会经济组织。因此一个企业可以被定义为一个为需要的人提供商品和服务的组织。一个企业有许多功能，整合在工商企业流程中。所有的企业都必须在企业的道德界限内运营公司，也必须实行他们的社会责任。不管企业性质的差异，所有的企业都在特定的环境内运营，所有的工商企业活动是在人们当中进行，目的是为了人，并且由人来实行。

传统人类学属于社会科学，但是广义地讲，人类学是对人类的研究，同时从自然和社会的角度，从前人类祖先的最早出现到现今。将人类作为自然和社会生物来研究，要求许多不同的出发点。反映了人类学家对于人类的多样兴趣，传统人类学被分为四个主要领域，称为四个传统领域，包括文化人类学（同时也被称作社会文化人类学）、考古学、体质人类学（也被称为生物人类学）和人类语言学。每一个人类学的传统分支都包括了应用人类学家，这样应用人类学就成了人类学的第五个领域。人类学家关注文化差异和普遍人性的意识。这些，连同跨学科研究方法，可以帮助制定政策、项目和计划，从而促进世界的人类福利。

应用和实践人类学家在不同的文化世界搭起桥梁。他们可以在团队和其他专家一同工作，他们必须跨学科交流。他们制作视频，或者为非专业对象写作对政策或研究的阐释。应用人类学家可以使医药人类学家——调查人类健康、营养、社会环境、社会信仰和实践之间的复杂的相互作用，还有发展人类学家——将他们的专业知识运用于解决人类的实际问题，尤

① Baba, M. (2006). Anthropology and Business. *Encyclopedia of Anthropology*. H. James Birx, Ed. Thousand Oaks, CA: Sage Publications. pp. 83 – 117.

其是在发展世界中——发展人类学家提供关于社区的信息，从而帮助机构的项目适应当地条件和当地需求。发展人类学家为美国国际发展局、世界银行、联合国发展计划署工作，为其政策制定者提供关于当地经济和文化状况的知识，从而避免未预期的问题，并将负面影响最小化。

现在对工商人类学的兴趣始于20世纪80年代早期，那时应用人类学家研究人们是如何与科技相互影响的。自那以后，有许多人类学家研究工商企业界，经常采用的称呼是“知识联络员”、“民族志学者”和“评估员”。最近这些年，工商人类学家越来越多地进入策略和战术项目的研究中，包括消费者研究。在这样的工作中，人类学家常常在科技产品投放市场之前对其进行评估。实际上，工商人类学家研究几乎一切与工商企业相关的东西，从市场营销策略到企业文化而至企业发展。

案例一　伊莱克斯重新自我设计①

那是2003年的一个星期六傍晚，约翰·海尔特森（J. Hjertonsson）在他的斯德哥尔摩郊区的房屋周边闲逛，这时他的老板伊莱克斯的首席执行官汉斯·斯特伯格（H. Straberg）打来电话说：“我们遇到问题了。”38岁的海尔特森回忆到，“事情进展得不够顺利”，销售量在下滑，产品投放市场的时间太长，消费者不确定为什么他们应该购买伊莱克斯的产品而不是竞争对手的。斯特伯格对海尔特森说：“我希望你能解决这个问题。”

过去，这个瑞典电器生产巨头的CEO曾经解决过销售问题，通过将问题转交给公司的工程师，让他们增加一个新的产品生产线。但是这一次，斯特伯格选择了一个更快捷的方式。他这次没有让伊莱克斯的工程师们主持开发项目，而是选择另一个模型——由设计者、工程师、市场营销者和销售热源组成的一个团队共同合作来设计便于消费者使用的产品。

① *Business Week*, Nov. 27, 2006.

这个模型是由海尔特森开发的，那时他是地板产品和小电器单元的市场营销经理，这些产品在20世纪90年代受到了中国产品的重大冲击。以团队为本的方法被称为消费者创新项目。海尔特森重新调整了他的整个部门，过去它是一个工程导向的重型制造厂，在许多国家有全套的运营，现在将它转变为一个整合型全球公司，由团队领导，以消费者洞察的视角作为指导。他引入创新机制或者请设计咨询IDEO来检测他的项目，然后在2001年实行。

在那个时候，整个公司受到了来自亚洲的越来越强的对手的竞争。在2003年，海尔特森，现在是消费者创新的主管，请策略咨询麦肯锡公司来设计一份调查问卷，派发给500位主管。他的团队然后追踪进行了60个深度访谈。四个问题显现了：主管对他们的顾客了解不够，所以他们不能指出什么产品需要开发；产品本身设计得很好，但是并没有迎合消费者需求；研究开发（R&D）并没有与工商企业产品的投产相同步；主管们害怕担风险。海尔特森说到，“这些才是改革最艰难、最困难的部分。”

在2004年早些时候，斯特伯格和海尔特森展开了一场长达6周的路秀，他们去见了数百位公司的管理者，向他们解释消费者创新项目。“对方的回应是：‘上个月我完成了我的配额’，‘我符合预算’，‘什么才是重要的?’”海尔特森说到。正如那些管理者们很快会明白的那样，重要的就是斯特伯格并不仅仅关注每个月的配额，而是，他想要企业获得新生，改变产品的开发、市场投放和销售的方式。他寻求一个全新的企业模型革命，而不是改进。

跳到2006年来看，伊莱克斯已经变成了完全不同的一个公司。它使用一系列创新标准，来衡量未能满足的消费者需求，以及一个新产品究竟多好地迎合了消费者；产品是如何开发和投产；产品和营销经理是否都在合适的位置上。海尔特森将这称为“人才管理”。

海尔特森同时使用了胡萝卜与大棒。他设立了奖金，鼓励那些能很好适应伊莱克斯新系统的主管。评价程序包括了30个问题，旨在了解主管是否很好地适应了制度。伊莱克斯使用三种基本标准。第一个就是被他们称做“市场共享”的标准，即消费者的钱到底有多少用到了伊莱克斯。这是由器械数量乘以平均价格得到的。伊莱克斯同样也关注边际利润的增长和平均价格。这些标准的三个基本标准的目的是为了提高对高价值产品的关注，而减少对那些已经日用化的产品的关注。

那些反对改变的人则受到越来越多的尖锐的告诫。海尔特森说有人若是刚接到新的信息就不理会的话，将会由他的主管给他上一堂有礼貌的课。如果他的行为还是没有改变，那么接下来就是一个更严厉的训斥了。最终，一个雇员的主管被告知，如果那位落后者不立马表现良好，就将被解雇。“如果你还继续在这些人身上花时间，你就会让整个进程慢下来。”

伊莱克斯最大的变化就是，不再像过去那样设计问卷来问消费者他们想要什么，而是实实在在地到消费者家中去拜访，看看他们到底如何使用电器。“我们从不问消费者他们想要什么”，海尔特森说，“我们做人类学调查。我们研究消费者。”

对这一新的消费者中心的关注吸引了一些设计者的注意，例如41岁的亨里克·奥托（H. Otto），他2004年8月被斯特伯格聘请，从沃尔沃汽车公司来到伊莱克斯，成了首席设计师。奥托在沃尔沃使用的是类似方法，他发现将同样的方法运用到完全不同的一个公司中去，不可避免地会遇到挑战。他同时也看到，设计汽车和设计电器是有相似性的。“这不再是仅仅关乎价格和性能了，而是关乎人们能够从产品中获得的满意。”他说，“现在，人们希望电器的使用能反映他们的个性。”

在奥托的领导下，设计部门开始询问，“我们该如何将产品设计得更有人情味？我们能够怎样地摆脱家用电器单调的四四方方的白色形象？”通过与全世界16万个消费者的家庭访问和访谈，产生了几个核心消费者类型。他们被伊莱克斯分为四个原型，并命名为安娜、凯瑟琳、玛利亚和莫妮卡，从而帮助创新团队得到一个视觉化感受，他们究竟是在为谁设计产品。

凯瑟琳是一个有洁癖的人，而安娜只是想尽可能快点把家务事做完。莫妮卡效率极高，玛利亚是一位居家的妇女，她全身心关注她的家庭。海尔特森说这些原型是跨越国界、年龄和社会经济群体而总结出来的。在产品开发的培训期，主管们的作业是将其中一个模型想象成一个真实的人，并给她一个虚构的人生故事。

斯特伯格正在通过消费者创新项目培训700位主管，包括几乎所有的最高执行官。包括设计者、工程师、市场营销者和主管，集合在小团队工作，一同开发他们的原型产品。从一开始就在跨学科团队中的工作，设计者可以避免开发那些不能被工程设计的产品，而工程师不会使用那些视觉上不吸引人的科技方案，市场营销员能够帮助设计产品外形，使得零售商可以有更好的表现。

伊莱克斯要转变成一个创新的、以设计为驱动的企业，还有一段路要走。在培训项目的试用期，两个高层管理团队开发出了各自的原型产品，将它们交给消费者来评论。结果是什么呢？“消费者否定了我们。”一位参与者说到，有些高层管理者还是不明白怎样去吸引消费者。

但是其他人可不是这样。在英国，家庭访问提供了双子真空吸尘器的灵感。消费者创新项目的负责人，40岁的安东尼·福特曾在一位妇女的家里观察到她在使用竞争对手的无袋吸尘机时，是如何为清洁滤尘器而烦恼的。他觉得伊莱克斯可以做出比这更好的东西。

但是他的团队第一次并没有成功。他们设想的原型机器被消费者否定了，因为又大又重。奥托说，问题在于团队仅仅关注的是解决技术问题，而没有考虑吸尘机实际使用情况，或者它的实际尺寸。简而言之，团队在此次民族志研究中失败了。他们确实观察了人们如何使用吸尘器，却没有注意到消费者究竟在操作上遇到了多少困难。在重新设计之后，双子吸尘器2005年在欧洲发售，每个售价295欧元（370美元），但在此前才刚刚在美国发售，每个500美元。

两款新的电冰箱，“冰川”和“源泉”，也是来自家庭访问的灵感。理查德·赛尔斯，制冷电器部门的负责人，认为通过创新流程，包括家庭访问和分组讨论会，他的团队了解到消费者希望他们的冰箱和饮水机能有自动化的制冰设备，而且希望不太占空间。消费者同样喝更多的瓶装水，但他们发现瓶装水过于庞大难以搬回家，同时也担心包装对环境的影响。

伊莱克斯的解决方案是设计更小的水、冰装置和滤水器以及一个小型的碳化系统。“冰川”和“源泉”冰箱装有比平均尺寸小的自动化制冰机，从而腾出了宝贵的冰箱空间。“源泉”还有一个碳化饮水机。2006 年这两款标价 3220 欧元（1600 美元）的冰箱投放欧洲市场。公司的销售量是预计的两倍。

伊莱克斯还用这种设计思维来重新设计旧产品。欧洲销售的台面板洗碗机和无霜低温冰箱就是很好的例子。伊莱克斯在意大利重新投放了一款迷你洗碗机，大约是大型微波炉的尺寸。面向只有一个或两个人的家户。当这些家户有一个全尺寸的洗碗机时，他们总是等到机器满了才用，大概一周一次或者两次。这使得餐具更难清洗。这也意味着那些喜爱的杯子和盘子不能天天使用。伊莱克斯的电器适应了市场，它让这些受喜爱的餐具可以天天使用。弗兰克·道林是北美市场的设计负责人。他认为家庭访问对他的员工很有帮助。“这种方法带来了消费者关注点，设计者常常看不到这些。”他说。这种方法帮助伊莱克斯的工程师为美国市场重新设计了洗碗机，他们在观察了消费者是如何将餐具放入机器后，重新调整了碗框和挂架。

当斯特伯格和海尔特森使用创新机制重新塑造伊莱克斯公司时，他们并没有自欺地认为他们已经完成了。海尔特森相信还需要“很多很多年”来完成这一转变。“你一旦开始了这个追求”，他说，“就开始了一个持续不断的旅程，而不是一场竞赛。”

案例二　广州批发市场中的潮汕商人①

广州地处世界制造中心的珠江三角洲腹地，市内有各行各业的批发市场。目前广州批发市场共有 522 家，其中多是中小型批发市场，较有规模的专业批发市场总数近 150 个。各类批发市场门类非常齐全，商品涉及服饰、饰品、小商品、图书文具、化妆品、玩具、电子、茶叶、酒店用品等等。在这些批发贸易市场中，活跃着一个极富活力的年轻潮汕

① 杨小柳、谢立新：《经营型移民的聚集与创业——以广州批发零售市场的潮汕商人为例》，《广西民族大学学报》2010 年第 1 期。

人群体。潮汕年轻人对创业充满了激情和自信。按他们自己的说法就是潮汕人“只要揣着几十元钱就敢闯天下”，一点一滴积累资金，逐渐就能成就大业。在这个群体中流行的观念是“工字30难出头”。一般人打工不希望超过30岁。30岁之前打工叫“赚行业经验”，30岁后他们就会千方百计尝试去做老板，哪怕只是开个小小的店铺，哪怕赚钱不如打工来得多，他们也喜欢把这当作自己的事业去用心经营。

这一以创业为导向、以无比的热情投入工作，而且成功创业比率极高的年轻移民群体引起了笔者的兴趣。在与他们接触交往过程中，笔者发现以亲属联系为纽带形成的潮汕人的聚集可有效引导年轻人进行创业，为年轻人的创业提供了很好平台和支持，是他们能很快成功的关键。

广州批发零售市场里的潮汕商人，一家一户都有紧密的关系，一个带一个，呈现出典型的“链式迁移”形态。他们在经营上相互合作，在生活上频繁来往，形成十分紧密的社会网络。这种社会网络有两种类型：一种是基于亲友关系的网络，主要是一般的亲戚或者同村的同龄群；一种是经营上的合作网络，主要都是有合作关系的客户。这两种网络的边界是模糊的，既相互之间重叠，又可以在不同的场景下进行伸缩。潮汕年轻人刚来广州，一般都是选择投靠亲戚或朋友。一个人先出来，站稳脚跟了就会再带人出来，以“带”织网，时间一长，就形成了自己的圈子。潮汕商人就是通过这些大大小小、边界模糊、互为重叠的圈子联系在一起，形成了潮汕商人的聚集。以“带”织网的结果，带来了潮汕人聚集，扎堆开店是潮汕人做生意的一大特点。

充满激情的创业憧憬的实现，需要多方力量的支持。以“带”织网编织出的潮汕商人聚集是年轻的潮汕商人在批发零售市场立足最有力的保障。在批发市场中为亲戚铺面打工的年轻人每月收入普遍不高，亲戚家包吃包住后到手的只有几百元，有的年轻人每月甚至没有固定收入。不过，这些年轻人并不太在意打工的收入，他们要在亲戚店铺里尽快积累从工仔到老板转变所需要具备的一系列要素。

在批发零售市场开店做生意，首先要有创业资本。打工期间以赚行业经验为主要目标的年轻人手里并没有多少现钱。创业的第一笔资金往往需要他人的资助。有时这笔钱来自于家里的支持， 更多的时候，自己曾经打工店铺的亲戚多数会伸出援手，他们要么会直接出资帮助年轻人租赁店面，要么会派年轻人打理自己新开的连锁店，然后再慢慢转手。

店铺开起来了，下一步要解决的问题就是货源。广州的批发零售市场都有专人负责宣传，一般档主无需自己打广告，客户自然会找到市场选择卖家，客户不是至关重要的因素。货源质量的好坏和商品的价格是生意成功的关键因素。货源一般集中在某些区域，如果在该行业打过工，那么基本上能了解到一些货源的来龙去脉。潮汕年轻人在亲戚铺面打工期间，就要熟悉货品的各种型号和功能，还有熟悉掌握各种货品的来源和销路。当然，有时一些厂家也会到店里来推广他们的新产品。对于刚刚创业的年轻人，除了靠自己的打工经验进货外，前辈的支持和帮助在他们的起步阶段仍然必不可少。

在商品价格方面，“低价出货，亏小赚大”的技巧是年轻的潮汕人在打工期间必须学会的，而且还要做到灵活运用。他们常常利用出售一些低价商品来带动其他商品的大量出售，从而赚取利润。他们非常愿意与顾客“双赢”，很注意培养自己的客户群体，有很多客户一起和年轻的潮汕商人们从小生意做到大生意。他们视客户为衣食父母，相信只有客户做大了，自己才能做大。他们也从来不会因为客户要的货量少而嫌弃，也不会因为客户对产品不熟悉而调高价格。

被带出来的人对自己的前辈也有道义的要求。被“带”出来的人很懂得处理自己与整体的利益。他要进行投资创业，离不开前辈为自己搭建的创业平台。在道义上，他要铭记前辈对他的恩惠，他决不能为了自己的利益而损害到前辈的利益。为了避免自己与前辈的生意竞争，年轻的潮汕商人往往会到新的市场开始生意。如果没有这样的条件，他们也多会选择经营与前辈不同的产品类型或是产业链上下游的产品，以避免同类竞争。

经营型移民的聚集为后来的移民提供了一种适应方式，它非但没有阻碍新移民融入城市社会，反而能有效地帮助新移民提高社会地位。在潮汕经营型移民所营造的社会经济聚合环境下，一方面有创业志向的年轻人可通过短暂的打工，实地学习做老板所必须具备的找货源、价格策略、经营管理、财务知识等等多种技能；另一方面更是为年轻的创业者克服创业初期可能面临的各种困难提供了良好的后台保障。经营型移民的社会经济聚集所提供的强大支持正是潮汕年轻人能够创业成功的关键因素。

学习思考题

1. 现代工商企业的主要功能是什么？工商企业计划、业务流程以及工商企业责任三者之间的联系和区别是什么？

2. 人类学的学科定位是什么？人类学所包括的四个次分支以及它们相互之间的联系和区别是什么？

3. 传统人类学是如何走向应用型工商人类学的？它们之间又有着怎样的区别和联系？

4. 应用型的工商人类学在现代商界中已经取得了怎样的成就及贡献，它又是如何实现这些成就的？

5. 工商人类学是如何工作以在工商企业研究中发挥自己巨大作用的？

6. 本章所附案例说明了什么？如何应用人类学的原理来理解和分析本章案例？

第二章

工商人类学的发展（上）

内容提要

工商人类学是从经济人类学繁衍而来的，人类学家关于对企业人际关系的研究，为工商管理世界的理论发展奠定了良好的基础。工商人类学家对工业组织的研究具有独特的贡献。人类学对工商世界的独特贡献包括对企业文化的研究，以及对人类社会行为复杂性的研究。从 20 世纪 80 年代以来，大量的人类学家开始从事商业领域的研究，近年来，人类学家更多参与企业经营的战略性及操作性研究。工商人类学家把文化的概念应用于理解工商企业组织，他们强调组织文化变革和文化适应以及这两者结合的过程。工商人类学家关注非正式的和正式的过程，还有认知的、情感的和行为的过程。

学习目标

1. 学习和理解工商人类学与经济人类学的渊源关系。
2. 学习和理解早期工业人类学家的实践与理论贡献。
3. 学习和理解霍桑试验在工商人类学发展史上的重要

作用。

4. 学习和理解人际关系学派在工商人类学和管理科学中的地位。

5. 了解工业人类学衰落的历史过程和原因。

6. 熟悉和掌握20世纪80年代以来工商人类学的最新发展。

引　言

虽然从商业调查人员运用的学科知识来看，人类学似乎是一门新引进的学科，但是作为一种商业研究方法，它有着悠久的历史。我们将在下面几节中讨论从20世纪30年代以来，文化人类学家以美国的企业文化为重点，在工业和企业领域中进行了大量研究。例如，在20世纪30年代和40年代，人际关系学派对组织方面进行了大量的民族志研究，证明非正式的文化模式对商业组织的影响。关于企业文化的最近研究表明，企业内部的文化对其成败有着重大影响。

工商人类学像人类学的其他分支一样，有着自己的发展历程。在这章中，我们首先追溯工商人类学到经济人类学的发展根源，然后以人类关系的运动和人类关系学说为重点，研究工商人类学在工业研究领域中的贡献。学习工业人类的衰落与分裂后，我们会简单谈论工商人类学自20世纪80年代以来的重生。人类学对这项研究议程的进展取得了重大贡献。人类学与定性人类学方法在商业调查的应用中越来越常见。在20世纪90年代中期，有位商学院的教授曾预测：无论人们是否相信，未来许多优胜公司都将聘请人类学家，因此对研究企业的人类学家需求将会激增①。

① Davenport, T. (1996). Joining the Culture Club: If you want to understand employees' behavior, go to the experts. *CIO Magazine*, Oct. 15, 1996.

第一节 追溯经济人类学的根源

经济人类学超越了人类学的其他分支学科，因为它随着人们的日常生活而不断质疑和争论人的实际动机。因此，本书作者认为工商人类学能够把它深厚的根源追溯到经济人类学，换句话说，经济人类学帮助工商人类学应运而生。从广泛的定义来说，经济人类学就是研究人们的社会关系中的物质过程。这是一个分支学科的模糊边界，因为它横跨人类学的理论范例和人类学的其他分支。作为一个研究领域，经济人类学好像人类学的田野调查一样有着悠久的历史，而对经济人类学的初始研究可以追溯到18世纪以后。布罗尼斯拉夫·马林诺夫斯基（Bronislaw Malinowski）的著作《西太平洋的航海者》（*Argonauts of the Western Pacific*，1922）通过列举特罗布里恩岛①居民的库拉交换系统的社会和象征性质，挑战了新古典主义对自私和理性动机的假设。其他早期的人类学家，如弗斯（Firth）、古德费洛（Goodfellow）和赫斯科维茨（Herskovitz），侧重于经济系统的分析。与马林诺斯基的研究方法不同的是，这些人类学家运用了新古典经济学的知识，把经济决策描绘成基于个人动机②的个人行为。

人类学家对于共同财产体制的看法，虽然更多考虑到制度和组织方面，但是共同财产体制却依赖于文化和制度的基础③。价值通常被视为文化的一部分，但在经济分析中，通过把行为视为披露的参数选择和从行为中推理出来的参数选择，其他的则是欺骗的或者自我欺骗的因素且不能用于正式的分析等循环构想，因而价值经常被忽视。这不是完全不合理，无论人们说了什

---

① Malinowski, Bronislaw. (1922, original 1961). *Argonauts of the Western Pacific*. New York, NY: Dutton.

② Firth, R. (1967). *Themes in economic anthropology*. London: Tavistock; Goodfellow, D. (1939). *Principles of Economic sociology: The Economics of Primitive Life as Illustrated from the Bantu Peoples of South and East Africa*. London: G. Routledge and Sons; Herskovitz, M. (1940). *The Economic Life of Primitive Peoples*. New York, NY: Knopf.

③ Bromley, D. (1992, Ed.) *Making the Commons Work: Theory, Practice and Policy*. San Francisco, CL: Institute for Contemporary Studies; Ostrom, E. (1990). *Governing the Commons: The Evolution of Institutions for Collective Action*. Cambridge, UK: Cambridge University Press.

么，他们所做的事情会产生额外的影响。但是，从长远来看，经济分析只是退避了文化的问题。从根本上说，自从政治经济学分裂和采用数学形式化以来，经济的目标一直在有限的资源里探索“选择的逻辑”，通过模型来方便定义人的“选择”。

经过如何看待经济与文化的激烈斗争，经济人类学家们在“形式主义”学派（formalist）和“实质主义”学派（substantivist）的辩论之间作出了不同的选择，这场辩论主要基于卡尔·博兰尼（Karl Polanyi，1886 年 10 月 21 日至 1964 年 4 月 23 日）和乔治·道尔顿（George Dalton）的论战展开。这些早期经济人类学的评论家宣称社会的物质供应嵌入文化中，经济作为生活的单独部分，这种情况显然只存在于现代市场经济。家庭单位或者社会的文化和经济是不可分离的。所以他们辩称，所有社会和时代中对市场实践的经济类似物的寻找是错误的。不用说，这对于那些相信市场作为唯一的社会组织工具是无效的，或者市场必须是有限的或者在某些方面得到约束，又或者可能在所有情况下对不能决定市场分配的人来说是相当有趣的。人类学家普遍总结出文化是强大而重要的，经济交换和决策并不总是有别于其他关系，但是现代经济分析是一个思考交换和关系如何进行的强大工具①。

大多数早期的经济人类学家的工作是大量描述性的，详细描述了生产、分配、交换和消费等经济活动的事实。在 1957 年，卡尔·博兰尼出版的《早期帝国的贸易与市场》（*Trade and Market in the Early Empires*）拉开了形式主义者和实质主义者之间的巨大论战的序幕。这场论战是最出名的，也在很多方面巩固了经济人类学领域②。一方面，形式主义者相信理性选择的原则是普遍的，并对分析“原始经济”是有用的；另一方面，实质主义者则相信不同社会的经济是基于不同的逻辑进程，因此，应该从他们自身的环境条件来了解他们。

卡尔·博兰尼是一位匈牙利知识分子，他因反对传统的经济思想和极具影响力的书——《巨变》（*The Great Transformation*）而出名。他认为，19 世纪前，人类社会的经济体制并不是基于交换的市场原则，而是以互惠和再分配的关系为基础。他的分析是以许多社会研究为基础，虽然在经济学领域

① Plattner, S. (1989, Ed.). *Economic Anthropology*. Stanford, CA: Stanford University Press.

② Polanyi, K. Conrad Arensburg, and Harry Pearson, Eds. 1957. *Trade and Market in the Early Empires*. New York: Free Press.

并没有被视为有效，但其着重于社会与文化环境，对人类学的研究作出了重大的贡献。博兰尼观察到经济过程并没有因果关系，而是顺应社会变革。这虽然没有完全被他那有些缺陷的研究所验证，但其仍可视为具有一定价值①。

广泛意义上来说，经济被定义为生活或配置的经济过程，这些已经嵌入大部分人类历史的社会关系。在某些情况下，社会关系通常会限制个人自我利益的破坏性。例如在 18 世纪，英国实行自动调节的市场（在 16 世纪的“圈地运动”开始）后，个人增益才成为经济的主导性组织原则。从这个角度来看，经济可能会成为社会自治，并当社会从属于经济或在嵌入经济时，经济根据需求和供给的法律来运作。但是，博兰尼发现经济并没有嵌入社会中②。他证明了经济从嵌入（embedded）到脱嵌（disembedded）社会，以及经济和政治从整合到分离的历史过渡都没有反映市场逻辑的自然演化过程③。

有人提出异见，这种正式的原则也许适合于嵌入市场的经济，但对于那些非市场经济的社会是无用的，而这些社会的经济则嵌入其他社会体制中。对实质主义者来说，经济的真正概念是找出从制度化交易到需求的满意度的概念。其根源在于形式主义者与实质主义者的辩论基本上是长期的普遍主义者/相对主义者的人类学辩论。形式主义者，如哈罗德·施耐德（Harold Schneider）、勒克莱尔·爱德华（Edward Le Clair）和斯科特·库克（Scott Cook），认为实质主义者把原始浪漫化了，并反对经济是基于市场和资本主义的意识形态。而实质主义者，如马歇尔·萨林斯（Marshall Sahlins）和乔治·道尔顿（George Dalton），认为新古典主义经济模式的输入是民族中心主义，并不适用于各种社会。在 20 世纪 60 年代，这场辩论推向高潮，一直

---

① New World Encyclopedia contributors (2008). Karl Polanyi. New World Encyclopedia. Accessed in January, 2009 from http: //www.newworldencyclopedia.org/entry/Karl_Polanyi? oldid = 687375.

② The economy became disembedded within industrial capitalism when labor, land and money were turned into commodities, their supply was organized as if they were items produced for sale, and the price mechanism was allowed to determine their allocation and the income of their owners. The conversion of land, labor and money into commodities is the "Great Transformation".

③ Polanyi, K. (1957, original 1944). *The Great Transformation: The Political and Economic Origins of Our Time*. Boston, MA:. Beacon Press by arrangement with Rinehart & Company Inc.

到20世纪70年代初期才得以解决[1]。

在经济人类学领域中，旧的实用主义者与实质主义者的讨论可以通过现代经济地理学者对他们文化转变的响应方式来观察。有些人尝试通过运用现有的经济行为的概念和对文化生活的分析来探索，例如，文化是通过物质产品的生产、交换和消费导致“经济物化”的方式。相反，其他人认为在博兰尼的实质主义的潮流中，经济过程嵌入通过文化媒介——符号、标志、话语、实践和体制来表现的。这两种方法都可以通过采取极端政策和政治立场来建议：一方面，越来越多的资本主义殖民于文化生活；另一方面，经济的竞争力可以通过某一特定的存在或缺乏的“文化”来解释，如“制造文化”、“商业文化”以及“日本传统文化”等[2]。

因此，无论是早期由博兰尼激发的经济人类学作品，还是最近的经济地理学中的“文化转向”，都与实际应用相联系，这证明了考虑市场社会的规划以及区域经济竞争力的文化决定因素等的重要性。这些文学作品能同时提高两种可能性：一是在“外围”背景下的非资本主义经济活动；二是“核心”环境能对资本主义经济提供批判性的观点和产生可供选择未来的想象。由此，他们形成强有力的对正统新自由主义理论统治的挑战，特别是哈耶克（Hayekian）和（或）关于自我调节市场的有效性的信息理论的争论；从“政治”、“社会”和“文化”到“经济”的分离；规划的暴政；社会资本的积累以促进经济增长和良好的治理的远景[3]。

弗里德里希·奥古斯特·冯·哈耶克，CH（Friedrich August von Hayek CH）是奥地利出生的英国知名经济学家和政治哲学家，以坚持古典自由主义和自由市场资本主义、反对社会主义和集体主义而著称。他被认为是20世纪最重要的经济学家和政治哲学家之一。作为奥地利学派经济学的最有影响力的成员之一，他在法学和认知科学等领域也作出了重大贡献。哈耶克在1974年和贡纳尔·默达尔（Gunnar Myrdal）一同获得了诺贝尔经济学奖，以“表扬他们在货币和经济波动的理论的开创性研究，以及他们对于经济、

---

① Rao, V. & Walton, M. (2004). *Culture and Public Action*. Palo Alto, CA: Stanford University Press. Jones; J. (1991). Economic Anthropology by Stuart Plattner, *Economic Geography*, Vol. 67, No. 2, pp. 161 - 164.

② Rankin, K. (2004). *The Cultural Politics of Markets: Economic Liberalization and Social Change in Nepal*. London: Pluto Press.

③ Rankin, K. (2004). *The Cultural Politics of Markets: Economic Liberalization and Social Change in Nepal*. London: Pluto Press.

社会和制度现象的相互依存关系的精辟分析。”在1991年，他还获颁美国总统自由勋章，以表扬他“终身高瞻远瞩”。

在人类学中，传统的实践理论一直特别致力于研究文化生产的过程，探索人类机构在生产、维护和挑战经济实践发生中的文化规范和文化价值的作用。对经济人类学家来说，对文化生产的强调需要从一开始就了解经济价值（如文化价值一样），而不是把它视为一个商品或市场的固有财产，因为这属于微观经济理论的研究范围。例如，大卫·格雷伯（David Graeber）重新思考关于价值和交换的整个世纪的人类学思想，在很大程度上找到当今社会理论的出路，这在目前面对新自由主义的思想崩溃时已经成为决定性的思想。在植根于动态的现实主义的情况下，格雷伯认为文化比较的项目在某种意义上一定是革命性的项目。他试图把卡尔·马克思（Karl Marx）和马塞尔·莫斯（Marcel Mauss）最好的观点合二为一，认为这些人物代表了两种极端思想，但最后能相互补充，而且这样的项目是有可能实现的。格雷伯把交换、价值和经济注入了古典人类学的内容。他反思了易洛魁人的贝壳念珠和太平洋上岛民们的库拉交换、在世界历史进程流动中的夸扣特尔人冬季赠礼节和重铸价值等作为人类有意义的决策等案例，这些远超过了理性主义者或还原经济学家的范例模型①。

阿君·阿帕杜莱（Arjun Appadurai），现代经济人类学家，注重现代性和全球化的他认为物体在不同的价值制度下，通过互动的欲望和需求、互惠的牺牲和权利之间的相互作用，以实现在特定的社会情况下创造经济价值的循环②。例如通过对象征资本的引用分析，皮埃尔·布迪厄（Pierre Bourdieu）把经济分析的延伸超越了物质过程，包含在特定的社会需求下任何形式的象征性价值。

皮埃尔·布迪厄（Pierre Bourdieu）是一位广受赞誉的法国人类学家，他以直言不讳的政治观点和公众参与思想而著称。作为法国知识分子政治和社会活动的主要参与者之一，布迪厄成为20世纪90年代反对法国和其他发达国家或地区的新自由主义和全球化的运动的“知识参考”。他使用从不同学科总结的方法，包括哲学、文学理论、社会学和人类学，进行研究。他最

---

① Graeber, D. (2001). *Toward an Anthropological Theory of Value: The False Coin of Our Own Dreams*. New York, NY: Palgrave Macmillan.

② Appadurai, A. (1986, Ed.). *The Social Life of Things: Commodities in Cultural Perspective*. New York, NY: Cambridge University Press.

著名的书是《区隔：一种趣味判断的社会学批判》，他认为，人的趣味的判断是与社会地位相联系的。布迪厄开创了调查框架和术语，如文化、社会和象征资本，还有常客、领域或位置、象征暴力等概念，揭示了社会生活中的权力关系的动态。他的作品强调在社会动态和世界观建设中实践或体现形式的作用，这往往反对普遍化的西方哲学传统。

包含在布迪厄的象征资本的理解是通过文化知识（"文化资本"）和社会关系（"社会资本"）的各种文化认同。当荣誉是资本的主要形式时，许多社会实践必须通过生产和交换、囤积或挥霍荣誉等方面来解释。因此，市场包含交易这不仅包括土地、资金、劳动力和商品，还包括荣誉和其他形式的社会投资。与其说重点是对供需和信息流的技术过程（虽然这些在民族志调查领域中都是有价值和重要的），不如说是作为一种以社会生产（以社会机制和经济的互动实践方式）的形式环绕市场的文化意义①。

大辩论平息后，经济人类学在一系列不同的方向扩展。突出经济人类学的多样性的方法之一是继续告知对经济现象的现代人类学分析的四个主要的理论模式。第一个理论模型是指新古典经济学与人类学的工作融为一体，如人类学关于需求、博弈论和风险以及生产理论的研究分析。第二个理论模型是指社会和体制的方法，注重社会结构和经济生活之间的关系，继续宣传大部分的经济人类学知识。第三个理论模型是指政治经济学和马克思主义，关注权力和物质活动之间的联系，这对经济人类学有很大的影响。第四个理论模型是关于文化经济学，它使用象征性文化的人类学概念来理解经济行为，通过主观和文化决定的固有观点来探究经济现象。

在21世纪之初，经济人类学家斯蒂芬·古德曼（Stephen Gudeman）在他的著作《经济人类学》（*The Anthropology of Economy*）中，论证了经济是如何嵌入人类生活和社会以及经济是如何在社区和公众、个人和市场中建立的。汲取早期的经济人类学家以及在其他领域的社会科学家的工作，古德曼提出了一种新的经济人类学的方法，突出了公共过程在市场中的中心地位。他举例说明，跨文化和经济可以通过社区和市场力量相结合来理解。他对经济人类学的贡献在于为我们讨论和重新构思当代大多数最重要的问题，如利润的出现和分配、扩大边缘化的人们和环境的资本的影响以及响应全球化市

① Rankin, K. (2004). *The Cultural Politics of Markets: Economic Liberalization and Social Change in Nepal*. London: Pluto Press.

场的增长时我们身份的转变等，提供了新的语言[①]。

最近，理查德·威尔克（Richard Wilk）和丽莎·利吉特（Lisa Liggett）通过追溯人类学和经济学之间的对话历史，把经济人类学从早期辩论的狭隘领域解脱出来，然后直接把这个领域放置在社会科学当前问题的中心领域。他们专注于经济人类学独特的优势，把其视为象征性的和唯物主义的方法相遇的场合以及把人类理解为实际的和文化的。通过这样做，他们认为从经济人类学到应用人类学应具备更广泛的关联，并辨认与经济学、社会学以及其他社会和行为科学的其他互动途径[②]。很显然，通过我们上面的讨论，我们可以自信地说，工商人类学能够从经济人类学中找到它的根源。然而，正如我们将更清晰地看到的，与经济人类学的发展不同，工商人类学的发展有其自己的特色。在接下来的几节中，我们将通过研究不同角度的与商业相关的人类学作品来概述工商人类学的发展过程。

第二节 从工业人类学家开始

在19世纪后期，美国正经历工业革命，同时应用人类学的研究重点从美洲印第安人（美洲原居民）转移到工业的增长和发展上。美国工业的增长和发展伴随着由工程师弗雷德里克 W. 泰勒（Frederick W. Taylor）所创造的“科学管理”组织理论。

根据巴伯（Baba）的研究，泰勒假设工人和管理者之间的互动应该通过科学的方法来决定，即根据相应角色的执行能力要求，对个体工人和管理者的技能和行为进行彻底调查，然后基于他们执行该角色的能力对其进行认真的挑选，最后对该角色制定详细说明来指导每个人的行为。通过这种方法，企业组织将能够用最小的输入实现最大的输出。泰勒认为，在“经济人”理论中，个体员工会合理地回应经济的回报，即通过提高他们的生产力以收益最大化作为自己的奖励。对管理者来说，最关键的是要找到对员工

---

① Gudeman, S. (2001). *The Anthropology of Economy*. Oxford, UK: Blackwell Publishing.

② Wilk, R. & Liggett, L. (2007). *Economies and Cultures: Foundations of Economic Anthropology*. New York, NY: Westview Press.

的合适种类和数量的奖励，这应该足以有效激励工人，但不会过于慷慨以致减少盈利。泰勒觉得这样做将减少劳资纷争，而且所有人将对他们的情况感到满意。

巴伯表示，在20世纪初期到20世纪30年代之前，泰勒不需要担心工会对他的优化劳动力的生产能力计划进行干扰。这不同于20世纪后期，当时制造企业不必面对工会的议价能力。直到20世纪30年代中期，美国工会沿着贸易线路，如木匠、玻璃吹制工和鞋匠，而不是沿着行业，如汽车行业、钢铁行业或纺织业组织起来。巴伯指出，这种工会组织的方式反映了当时常见的以生产工艺为基础的团体。19世纪末和20世纪初，随着制造企业范围和影响力的扩大，管理者极力阻止不太熟练的生产工人加入工会组织。因而，当时日益增长的制造业企业中，不太熟练的生产工人是不被允许加入工会的。

正如巴伯写道，从历史上看，19世纪的美国已经发生了严重的劳资冲突，贸易工会的成员定期对他们的雇主进行罢工，导致暴力冲突。随着工业技术开始取代手艺工人的技能，经理期待着工会影响力下降的到来。然而，管理者仍然担心不太熟练的生产工人（随着大规模生产的国家市场的扩张会越来越多）将组织自己的工会，这是管理者要不惜一切代价去避免的①。

埃尔顿·梅奥（Elton Mayo），原籍澳大利亚，后来前往英国，最终移居美国的精神病学家。他相信当时雇主试图遏制工会力量的做法对于管理者和劳工来说是不明智的而且会产生相反效果。梅奥是一位人道主义者，他对于澳大利亚和英国的管理者和劳动之间的反对意见研究已被涂上彩色的光环。梅奥认为，这样一个政策（即管理者试图打击工会的产生）是基于不合理的恐惧而不是证据，并会重复在英国和澳大利亚曾主导了很长时间的工业关系的阶级战争。梅奥提出，首先需要对工作中的人际关系和个体进行科学研究，然后把获得知识应用于管理工作，使之既人道又有效率②。

在20世纪20年代和30年代，劳资关系极度紧张，但梅奥的观点并没有被广泛采用。在许多工业家眼里，工会被视为渗透活动的工具。管理者企图摧毁工会来避免任何可能的工会联合。布兰德（Brander）认为，避免工

① Baba, M. (2006). Anthropology and Business. In Birx, H. J. (Ed.) *Encyclopedia of Anthropology*. Thousand Oaks, CA: Sage Publications. pp. 83 – 117.

② Trahair, R. (1984). *The Humanist Temper: The Life and Work of Elton Mayo*. New Brunswick: Transaction Books.

会联合的一个有效的方法是被称为福利资本主义（welfare capitalism）的良性管理理论，这成为未来商业和人类学的核心关系的意识形态①。这个假设是：如果管理者友好地对待工人，并确保他们心满意足，劳动纷争就会平息，工会也不会发展壮大。这种方法在20世纪20年代的经济繁荣时期，当雇主花钱改善工人的生活质量时，其作用尤为突出。雇主为工人建立了新的住房、花坛、公园和图书馆，并为工人子女成立了小学。同时，根据巴伯的观点，管理者也成立了公司的工会来谈判达成的私下交易。在这些情况下，工会领导人受到款待，因此他们同意管理层想要的任何事情。其导致的一个结果就是：在20世纪20年代，工会并没有推进，而是处于被统治的相对和平时代。在1929年股票市场崩溃时，缺少技能的产业工人队伍无法通过工会与企业抗衡②。

一、霍桑实验（The Hawthorne Project）

霍桑实验是人类学家进行的有史以来最早和最知名的工业研究项目之一。巴伯在霍桑工厂的开拓性研究工作维持了几十年，整个实验前后经过了四个阶段，同时也催生了人际关系学说的管理理论。在这个实验项目和随后创立的人类关系的学说中，人类学家起到了关键的作用。最初，霍桑研究的目的是调查有关工人的工作条件和劳动生产率之间的关系。西电公司（芝加哥的霍桑工厂及美国电话电报公司AT和T等子公司的所有者）以其高工资和良好的工作条件而远近闻名。由国家研究委员会赞助，霍桑管理团队在霍桑工厂的研究工作开始于1928年的研究实验，即测量一定范围内的厂房的各种物理条件和工人的生产力之间的关系。早期的研究明显表明，小的实验组团队的工人在任何身体状况或心理属性的情况下生产效率都是独立而不同的，但可把整个实验团队看成是一样的③。

芝加哥附近的西方电气公司（现在是朗讯科技公司的一部分），在福利

---

① Brandes, S. (1976). *American Welfare Capitalism, 1880 – 1940*, Chicago, IL: University of Chicago Press.

② Baba, M. (2006). Anthropology and Business. *Encyclopedia of Anthropology*. H. James Birx, Ed. Thousand Oaks, CA: Sage Publications. pp. 83 – 117.

③ Baba, M. (1986). *Business and Industrial Anthropology: An Overview*. NAPA Bulletin 2. Washington, DC: American Anthropological Association.

资本主义和弗雷德里克·泰勒（Frederick Taylor）的科学管理运动的影响下，于1924年开始在霍桑实验中进行了一系列针对提高劳动力的生产率的实验。据巴伯研究，该公司希望找出如何改善工作条件，以减少工人的疲劳和不满。他们认为，工厂照明这一单变量可以被控制来实现科学的管理。然而，从科学管理理论的角度来看，这些特殊实验的结果没有任何意义。实验者发现，当灯光如预期更加明亮时，工人的生产力会增加；但即使当照明变得昏暗时，生产力也增加或保持不变。这个结果肯定不是预期的，并不能通过当时的理论来解释①。

霍桑研究人员策动一系列的测试进一步探索异常现象，其中之一是所谓的“继电器装配试验室（RATR）实验”（the Relay Assembly Test Room (RATR) experiment）。他们希望找出其他变量如何影响生产力。研究人员选择了两位妇女作为实验主体，并要求她们选择其他四位工人加入实验组。这些妇女在一个单独的房间一起装配电话继电器超过5年（1927—1932年）时间。产量是通过计算每下降一个斜槽有多少继电器成品这样机械地测量。把妇女转移到试验室前，工作已经秘密开始了两个星期，并持续整个研究。在试验室，有一位主管负责与工人讨论工作的变化以及有时介绍他们的建议。然后，研究人员花了5年时间测量不同的变量是如何影响团队和个体的生产力。其中有些变量如下：（1）改变团队的薪酬规则，这样团队的薪酬是根据整体的生产，而不是个人的生产而支付的；（2）两个5分钟的休息（在最佳时限与他们讨论后），然后转变为两个10分钟的时间间隔的休息（不是他们的特权）。这种情况下生产力提高了，但他们得到了6个5分钟休息时，他们不喜欢它而产量随之减少；（3）在休息时间提供食物；（4）把工作时间缩短30分钟（产量上升）；缩短更多时间（每小时产量上升，但整体产量下降）；返回到以前的状况（产量达到最高点）。结果表明，改变一个变量通常提高生产力，即使变量只是返回到原来的状态②。

然而，正如一些学者认为，当人们不知道实验的目的时，适应环境是自然的过程。研究人员得出结论：因为工人认为自己被单独监控，所以他们更

---

① Baba, M. (2006). Anthropology and Business. In Birx, H. J. (Ed.) *Encyclopedia of Anthropology*. Thousand Oaks, CA: Sage Publications. pp. 83 – 117.

② Gillespie, R. (1991). *Manufacturing Knowledge: A History of the Hawthorne Experiments*. Cambridge: Cambridge University Press. Mayo, E. (1945) *Social Problems of an Industrial Civilization*. Boston: Division of Research, Graduate School of Business Administration, Harvard University.

加努力地工作。研究人员推测提高生产力的真正原因包括下列各项：选择自己的同事、以团队形式工作、受到特殊对待（如在一个单独的房间工作）和有一个能产生共鸣的管理者。一种情形主要由梅奥（Mayo）得出解释：六个人形成一个团队，这个团队全心全意和自发地投入实验的合作中①。

实际上研究人员还进行过第二个“继电器装配试验室（RATR）实验”，但结果并没有第一个实验那么显著。巴伯认为，在第二个实验中，一群妇女被隔离在一个可以仔细测量她们工作条件和产量的实验室。实验员改变不同的工作条件，让妇女休息、吃小吃、薪酬激励，然后当他们测量每个女人的继电器的产量时，便逐步取消那些条件。再如，同样出现了神秘的结果，无论实验员怎样改变工作条件，生产力维持不变或增加。这种现象被称为“霍桑效应”，即指非实验变量影响着实验结果，但在当时这样的结果是令人费解的②。

有人提出，第一阶段令人费解的研究结果，导致公司的行政人员以寻求埃尔顿·梅奥（Elton Mayo）的意见。正是在这一时间点上，人类学进入霍桑实验。梅奥已跟两位著名的人类学家——马林诺夫斯基和布朗建立了友谊，因此他知道人类学家在物质的社会体系从事这个领域的研究。这是梅奥在霍桑研究的最后阶段要采取的办法。通过他的专业网络，梅奥认识了布朗的一位学生，W. 劳埃德·华纳（W. Lloyd Warner）。当时华纳刚刚从澳大利亚做完关于当地土著居民的田野调查研究返回。华纳与霍桑研究人员商量他们实验设计和实施的下一阶段这种行为，也正由于这次行动，华纳成为工业或组织人类学之父③。

虽然梅奥对工人的后续测量的血压发生变化，这并没有太大的帮助解释产量的变化。他敏锐地观察到工人之间的社会关系比物理环境更重要，这导致一个全新的组织分析学说的创立。虽然许多研究是由公司内部的研究人员所完成的，但梅奥和他的学生在扩大和宣传工作中的作用是不可低估的④。

---

① Sonnenfeld, J. (1985) Shedding Light on the Hawthorne Studies. *Journal of Occupational Behavior*, Vol. 6, pp. 124 – 131. Gillespie, Richard (1991) *Manufacturing knowledge: a history of the Hawthorne experiments*. Cambridge: Cambridge University Press.

② Baba, M. (2006). Anthropology and Business. In Birx, H. J. (Ed.) *Encyclopedia of Anthropology*. Thousand Oaks, CA: Sage Publications. pp. 83 – 117.

③ Jordan, A. (2003). *Business Anthropology*. Prospect Heights, IL: Waveland Press, Inc.

④ Gordon, J. (1998). The Resurgence of Applied Anthropology in a Post – Exotic World: An Australian Perspective. *Human Organization*. Vol. 57, No. 2, pp. 127 – 133.

1929年12月，梅奥在美国经济协会的讲话中以“机械化人类的影响”（“The Human Effect of Mechanization”）为题总结了霍桑的研究实验。梅奥总结出有关项目的五个具体结论，即：休息时间提高总产量；白天工作条件对生产的影响比每周工作天数的影响大；工厂外面的因素会影响工人的情感生活，转而影响生产；监督方法是影响生产最重要的因素；最后，如果工作条件差，薪酬激励机制不会刺激生产。他还建议，未来的工业应该给予人和物质条件一样多的重视①。

梅奥的大多数年轻研究人员都参加了霍桑实验的某个阶段，并作出他们的贡献。然而，劳埃德·华纳被公认为实施该实验的最重要的研究员之一。当他会见埃尔顿·梅奥时，他是哈佛大学人类学系的初级工作人员。梅奥对人类学的兴趣和知识，不仅让他能够在哈佛大学分享与马林诺夫斯基和布朗的友谊，也能与把人类学的方法应用到工业社会领域中的人类学家——劳埃德·华纳相互合作。梅奥于1930年把华纳派到霍桑实验。华纳和他的哈佛大学人类学的学生在西塞罗和伊利诺伊州，即霍桑工作的地点进行社区研究。当规划这项研究时，华纳对“银行接线观察室研究”（the Bank Wiring Observation Room study）作出了重大的贡献。他用社会人类学的方法指导霍桑研究人员，特别是研究同组成员之间的社会关系的技术。霍桑的研究人员，虽然了解对工人生产力的多重影响，但对探索同组内工人之间以及工人和他们的监督者之间的关系更感兴趣②。

在梅奥和他的学生的帮助下，霍桑研究人员认识到，他们不经意间对妇女的工作条件的改变远远超出正常的工作环境。例如，研究人员本身也监督着妇女工作，并因此与他们的研究主题建立了融洽的关系。随着研究的推移，两位在实验中不合作的妇女被两位新的妇女取代了。进一步说，妇女们自己制定了“团队精神”，即她们作为一个团队一起工作、鼓励、有人落后时互相帮助。换句话说，妇女们开拓了一种独特的社会体制，这个体制本身已成为生产过程中的一部分，这毫无疑问有助于提高生产力水平（在实验

---

① Trahair, R. (1984). *The Humanist Temper: The Life and Work of Elton Mayo*. New Brunswick: Transaction Books.

② Gordon, J. (1998). The Resurgence of Applied Anthropology in a Post-Exotic World: An Australian Perspective. *Human Organization*. Vol. 57, No. 2, pp. 127-133.

中观察到的)[①]。

这不仅仅是一个变量（照明）如何影响另一个变量（疲劳）的兴趣，霍桑的研究人员开始对理解的社会体制中的变量之间的关系感兴趣，关注这种变量关系对生产可能产生怎样的影响。正如海伦·施瓦茨曼（Helen Schwartzman）所论述的[②]，霍桑实验的研究者于 1928 年发起了一个大规模的采访项目，其中涉及 20000 名员工，旨在更好地了解影响工人的心理因素。对于巴伯来说，正是这些采访发现了工人存在以团结起来的手段来防御任何可能被视为威胁的倾向。巴伯认为，这种倾向在个体工人之间导致一致的行为，如不请愿要求加薪，否则可能会造成一个工作组断裂。此外，这种倾向逐渐被视为工人的社会体制或社会组织概念化，以及了解这个社会体制的兴趣将促使霍桑实验的下一个和最后阶段[③]。

有了华纳作为设计顾问，霍桑研究人员进行了霍桑实验的最后阶段，也就是"继电器绕线组的工作室（BWOR）实验"（the Bank Wiring Observation Room（BWOR）experiment）。这部分实验旨在探讨工人在工作中实际做了什么，而不是他们在访谈中所说的事情。"继电器绕线组的工作室（BWOR）实验"在西方电气公司的副车间进行，把研究主体安排到其中一个典型的工作组（14 名从事绕线、焊接和检验工作的男职工以及他们的主管）。当一个训练有素的观察员观看和记录他们之间的互动时，工人像往常一样进行他们的任务。这项研究在 1931 年和 1932 年，即大萧条的低谷时期，持续了几个月。为了从工人的角度对工作有更好的理解，没有在观察室出现的第二个研究人员与工人进行定期的采访。华纳鼓励他的合作研究者去读人类学的理论和分析观察资料，正如人类学家研究一个乐队或部落等小型社会中所做的那样[④]。

该部分研究的目的是要找出支付激励是怎样影响团队生产力的。令人惊

---

① Baba, M. (2006). Anthropology and Business. In Birx, H. J. (Ed.) *Encyclopedia of Anthropology*. Thousand Oaks, CA: Sage Publications. pp. 83 – 117.

② Schwartzman, H. (1993). *Ethnography in Organizations*. Newbury Park, CA: Sage Publications.

③ Baba, M. (2006). Anthropology and Business. In Birx, H. J. (Ed.) *Encyclopedia of Anthropology*. Thousand Oaks, CA: Sage Publications. pp. 83 – 117.

④ Adair G. (1984) "The Hawthorne effect: A reconsideration of the methodological artifact", *Journal of Applied Psychology*. vol. 69 (2), pp. 334 – 345. Baba, M. (2006). Anthropology and Business. *Encyclopedia of Anthropology*. H. James Birx, Ed. Thousand Oaks, CA: Sage Publications. pp. 83 – 117.

讶的结果是，这些激励没有任何影响。具有讽刺意味的是，这否定了霍桑效应：虽然工人正在接受特别的关注，但这并没有影响他们的行为或生产力。然而，非正式小组对集体动态的研究在组织行为中成为一个新的里程碑。梅奥和华纳在1931年和1932年之间进行的这项研究是由一组装14个电话开关设备的男职工组成的。研究人员发现，虽然工人根据个人的生产力被支付薪水，生产力并没有上升，因为人们害怕该公司将降低基准利率[①]。对这些人的详细观察发现，这些正式群体中存在非正式团体或派系。这些派系对行为创造了非正式的规则以及机制来强制他们。这些派系是为了控制组成员和主导老板，当老板提出问题时，派系成员会作出同样的回答，即使这些回答是不真实的。这些结果表明，工人更多响应来自他们同伴群体的社会力量，而不是管理层的控制和激励。因此，管理者应该与这些非正式团体合作，为公司的利益来提高凝聚力[②]。

BWOR实验首次以经验证明了分离管理层和工人形成鲜明对比的观点。正如艾略特·查普尔（Eliot Chapple）表示，在继电器绕线组工作室的研究是对产业工作团队的社会组织的首次系统描述[③]。如今看起来似乎不言而喻，但在当时却是一个开创性的发现，是工作组成员之间的非正式关系对生产力有着显著的影响。巴伯认为，霍桑管理人员已接受弗雷德里克·泰勒（Frederick Taylor）的经济人的概念，并因此制定了一个复杂的计件工资激励制度，这项制度保障以最低生产日常标准换取最低小时工资，再加上整个团队的产量超过每小时最低保障工资的额外总和。在这种情况下，正如巴伯所建议的那样，管理层相信该系统将鼓励工人在最大限度内抑制疲劳和不适，尽最大努力达到最高生产力。奖励计划的一部分是工作效率低下的工人将被同组工作更快的人所鞭策，就像他们在早期的RATR实验中所看到的那样。

然而，巴伯的研究发现计件工资制实际上会产生跟管理层的设想完全相反的效果。在计件工资制下，工人对“一天公平的工作”有他们自己的概念，这大大低于计件奖励制度下管理者所设想的理想。工人的非正式标准被

---

① Zdep, S. M. & Irvine, S. H. (1970) “A reverse Hawthorne effect in educational evaluation” *Journal of School Psychology*. Vol. 8, pp. 89 – 95.

② Landsberger, H. (1958) *Hawthorne Revisited*. Ithaca, NY: Cornell University Press.

③ Chapple, E. (1953). Applied Anthropology in Industry. In *Anthropology Today: An Encyclopedic Inventory*. Alfred L. Kroeber (ed.) pp. 819 – 831. Chicago: University of Chicago Press.

转化成每个人白天生产的一定数量的单位，这基本的劳动量正是所要求达到的标准。任何低于这个最低生产标准的情况是令人难以接受的，并得到团队的否定看法。如果一个工人为自己设置了一个快速的工作步伐，并超过最低标准的产量，他也会受到口头虐待（例如被称为奴隶）、“纵乐”（用大拇指抓住第三个手指来捏违规者的手臂）；最终最可怕的惩罚是排斥或实质上的驱逐。通常情况下，工人会在一天很早生产他们的配额，然后巧妙地相应缩减下午的工作量，同时享受彼此的公司（同时观察所有管理者）。这项工作的文化从工人的信念出现了，即较高的日常生产将促使管理者提高“标准”（即每天生产的最低标准）、降低每小时工资率或裁员。巴伯分析出，由于霍桑项目是在大萧条处于低谷时进行的，因此工人担心管理层采取上述行动也不足为奇了①。

显然，霍桑的结果与现有的管理理论存在着冲突。如前面所述，经济人是利己主义的个体，而激励机制是鼓励个人去尽他们最大的努力，并推动他们的同伴做同样的努力。然而，在 BWOR 实验中，工人没有作为个人，而是作为群体的形式来响应。他们已经制定了自己的非正式的管理理论，这是建立在对管理者的不信任，而不是在经济利益的基础上。这是第一个证明非正式组织，也称为职业亚文化或反文化，即被定义为社会交往的实际模式和那些不是由管理层决定的组织成员之间的关系模式的经验证据。研究人员能够量化工人之间的互动来绘制这种非正式的组织，以及生动地描绘不同的工作组或小派系之间的关系网络，就像如今的网络分析揭示个人之间沟通和交流的非正式模式②。

与正式组织相比，非正式组织被描绘得更多。管理层为了追求公司的目标，运用公司的规则和政策定义了人与人之间的相互交流。因此，该公司是由两种没有结盟的组织组成的，其中一个是以工具性为目的的理性组织，另一个则是出于人的内在趣味和需求而自发形成的人类社会交往的模式。正如巴伯声称，这些研究结果清楚地表明工人不是生产中简单的“因素”，如机器，而是有意识和感知能力的生命，他们赋予环境自己的意义，并通过自己设计的机制来保护他们自己的利益。虽然这种见解似乎在现在是很明显的，

---

① Baba, M. (2006). Anthropology and Business. In Birx, H. J. (Ed.) *Encyclopedia of Anthropology*. Thousand Oaks, CA: Sage Publications. pp. 83 - 117.

② Parsons, H. (1974). What happened at Hawthorne? *Science* vol. 183, pp. 922 - 932.

但它在20世纪30年代初是一个惊人的突破，它代表了对泰勒的科学管理理论的严重批判①。

根据巴伯的观点，霍桑实验得出的最显著的结果之一是：工人在工业生产力发挥上具有相当大的影响。只要机器没有控制工作过程，正如他们没有在实验那些日子里那样，工作人员在没有很多监察者监督的情况下，可以通过许多不易察觉的微妙的方式生产来操纵生产速度。作为心理学领域的延伸，管理者已不再完全控制该公司。其次，20世纪30年代大萧条的发生，严重的经济剥夺意味着公司没有继续支持霍桑类型研究所需的资源。因此，几乎没有工业人类学是在20世纪30年代后期在美国进行。1936年，华纳离开哈佛大学去了芝加哥大学，在那里他创立了工业的人际关系委员会。这个组织鼓励和支持许多工业的人类学家和社会学家的工作，如威廉·富特·怀特（William Foote Whyte），其关于各行业定性的实地研究已成为组织理论著作中的经典。在此期间的另一个重要事件是于1941年社会应用人类学（SfAA）在哈佛大学成立。几位创始人都是工业人类学家，他们在SfAA的杂志《应用人类学》（*Applied Anthropology*）（现在的人类组织）上发表了他们的工业研究结果。

巴伯提出，美国从大萧条中恢复，然后进入第二次世界大战，生产压力加剧，工人和管理人员之间的相互残杀的“争斗”再次爆发，成为一个对经济福利和国家的安全日益严重的威胁。任何努力改善这一冲突的做法被视作为了实现国家目标作出的重要贡献。知识分子参与梅奥的人际关系实验的动机是为了这种关键的国家利益，而不是关注个别公司的竞争力或营利②。

巴伯严厉地指出，哈佛大学的人类学家在霍桑实验项目的研究期间明显受到华纳对于现代机制的兴趣的影响。对巴伯来说，20世纪40—50年代的工业人类学家所进行的一系列关于工人和管理人员的重要研究，目的在于发现可以通过操纵达到组织体系的平衡状态的因素和力量，如消除冲突。康拉德·阿伦斯伯格（Conrad Arensberg）、艾略特·查普尔（Elliot Chapple）、伯利·加德纳（Burleigh Gardner）、罗伯·盖斯特（Robert Guest）、梭

---

① Baba, M. (2006). Anthropology and Business. In Birx, H. J. (Ed.) *Encyclopedia of Anthropology*. Thousand Oaks, CA: Sage Publications. pp. 83 - 117.

② Baba, M. (2005). Anthropological Practice in Business and Industry. In Kedia, S. and Willigen J. (Eds.) *Applied Anthropology: Domains of Application*. Santa Barbara, CA: Greenwood Publishing Group. pp. 221 - 261.

伦·金博尔（Solon Kimball）、弗雷德里克·理查森（Frederick Richardson）和伦纳德·塞尔斯（Leonard Sayles）都是把自己贡献给工业人类学领域的著名人类学家。威廉·富特·怀特（William Foote Whyte）是一位被训练为定性研究的社会学家，也是这个团队的主要成员之一。巴伯的研究表明，在此期间的工业领域工作的人类学家曾继续受到埃尔顿·梅奥的治疗或临床实践的社会科学的概念的影响。梅奥认为，为了符合平衡理论，包括人类学，社会科学的关键作用是为了更好地了解工业的人类社会系统，以便能够提出有效的干预措施来减轻劳资冲突等病症，造就更顺利运作的组织系统。对巴伯来说，如果一个社会体制不处于平衡状态，人类学家相信通过识别社会体制的摩擦来源而帮助社会恢复到健康的平衡状态，并提出如何把对抗性或叛逆的关系转化为富有成效的合作关系的建议。但是，人类学家却忽视了企业中不对称权力关系是冲突的主要来源，而这种冲突恰恰是应该给予特别考虑到的[1]。

二、人际关系运动（Human Relations Movement）

在当今世界，各种组织的管理把人际关系定义成使员工适应工作的情况，这样能激励他们融洽地工作。适应一起工作的过程应实现组织的更高的生产力水平，同时这样也给员工带来了经济、心理和社交的满意度。人际关系涵盖了人与人之间的所有类型的互动，如冲突、合作性的努力和团队关系。这是为什么我们的信念、态度和行为有时会导致在我们的个人生活和与工作有关的情况产生人际冲突的研究。近年来最显著的发展之一是已经提高了几乎在每个类型的工作环境的人际交往能力的重要性。对于很多雇主来说，人际交往能力代表着一个工人可带给工作的一类重要的可转变能力。技术能力通常是不足以实现事业的成功的。研究表明，有很多在获得或持有工作方面有难度的人具备所需的技术能力，但缺乏人际交往能力。

人际关系问题不是一个新的课题，然而只有在过去几十年中，工商人类学家与企业管理者逐步意识到，人与人之间的关系可以产生对组织的生产力相当大的影响。正是在这一时期，对人类学家来说，人际关系运动已进入一

---

① Baba, M. (2006). Anthropology and Business. In Birx, H. J. (Ed.) *Encyclopedia of Anthropology*. Thousand Oaks, CA: Sage Publications. pp. 83 – 117.

个独特而重要的研究领域。虽然这是很难确定人类关系运动开始的精确时间，但大多数研究者都同意最早的人际关系运动出现在19世纪中期。一开始，重点主要是提高效率、动机和生产力。但随着时间的推移，这项研究变得更设计给工作性质重新定义和把工人理解为复杂的人类个体①。

工业革命之前，大多数的工作是由个别的工艺工人完成。一般情况下，每个工人自始至终做一个项目。如裁缝、木工、制鞋工，他们花很长的时间来熟练工作，这往往是个人自豪感的来源。很显然，这种体制下的产量比较有限。工业革命深刻地影响了工作性质和工人在生产过程中所扮演的角色。此前，个别裁缝只可以在一定时间内做几件衣服，但工厂可以完成数百件。企业的拥有者开始考虑到劳动力与原材料和资本都是制造业均衡中的独特因素。然而，当时的企业主或管理者没有意识到，工人的需求是怎样影响生产力的。结果只有很少企业主或管理者关注工作条件、安全防范措施或工人的动机。

大约在19世纪与20世纪之交的时候，弗雷德里克·泰勒和其他对工业问题感兴趣的研究人员介绍了科学管理的概念。他们认为，通过把工作分为单独和特殊的任务，再把这些任务分配到具体的工人去提高生产率。科学管理的发展正好与大规模生产的革命性概念相一致。最后为流水作业线铺平了道路。泰勒的工作后来受到了那些认为它剥削工人的反对者的尖锐批评。员工被视为一种商品，如他们生产的零件一样可以是可交换的。泰勒认为，通过增加产量，企业将获得巨大的资金与每个人分享。管理人员将获得更高的奖金；工人拿更多工资回家。他没有料到，他的理论将在非人化的工作场所被应用。

正如上面所述，20世纪20年代后期，埃尔顿·梅奥和来自哈佛大学的其他研究人员发起了被称为位于芝加哥附近的西方电气公司的霍桑工厂的霍桑研究。这次调查研究的目的是探测实际工作条件和提高员工生产力的变化之间的关系。具体来说，梅奥对不同的光线强度对员工的产量的影响比较感兴趣。在一项实验中，提供一组6名女工充足的光线。后来，光量显著地减少，而不是生产率的下降，如预期的那样，生产率实际上增加了。他们把这现象归因于霍桑效应——参与科学研究的员工可能生产更多，因为他们得到

① Bruce, K. (2006). Henry S. Dennison, Elton Mayo, and Human Relations historiography. In: *Management & Organizational History*, 2006, 1: pp. 177 - 199.

研究人员的重视。这一发现对于人际关系运动相当重要，因为它解释了当员工觉得自己重要和得到公认时，他们在工作活动中表现出更大的积极性。

三、人际关系学说（Human Relations School）

人类关系学说是在著名的霍桑研究基础上形成的，而被罗特利斯伯格（Roethlisberger）和迪克森[①]（Dickson）、梅奥[②]（Mayo）和霍曼斯[③]（Homans）详细描述。梅奥和罗特利斯伯格带有泰勒的传统思想，研究工人的疲劳度从而优化他们休息的长度和间隔以达到最大的生产力。如上所述，前期工作遵循科学管理的方法，但令人惊讶的是，他们发现不管他们用什么方式来改变照明，控制室和试验室的产量都增加了。后来，他们发现人们工作更勤奋是因为他们是实验的一部分，他们想尽能力做到最好来回报研究人员和公司。斯科特总结出的这个改变是有趣的以及令人满意的。所有其他的霍桑研究（继电器装配组、分裂云母组、继电器绕线组）表明，工人不是简单地出于自身经济利益，而是有着复杂的动机和价值观。它们被感觉和情绪所驱动，正如受到事实和利益的激励一样……他们也作为社会群体成员的一部分，忠诚度往往比个人私利更重要。正式体制被规范的非正式制度颠覆了，这显示出社会心理的影响往往比经济效应大[④]。

在西方世界，尽管霍桑实验得出了耐人寻味的结果，但在工业中的人类学研究很少有进一步的发展，一直到20世纪30年代末。有人提出，“大萧条”（the Great Depression）可能是限制研究进一步发展的因素之一。然而，随着临床心理学的影响越来越大，在西方电气公司的管理者开始以心理导向的人员辅导方案取代了在工厂的实证研究[⑤]。这是在社会科学的历史中一个共同的主题：社会学和心理学关于解释人类行为的模式的较量。心理学方法

---

① Roethlisberger, F. & Dickson, W. (1939) *Management and the Worker*. Cambridge, Mass.: Harvard University Press.

② Mayo, E. (1933). *The Human Problems of an Industrial Civilization*. New York, NY: MacMillan.

③ Homans, G. (1950). *The Human Group*. New York, NY: Harcourt, Brace & Company.

④ Scott, R. (1998). *Organizations: Rational, Natural, and Open Systems* 4th edition. Upper Saddle River, NJ: Prentice Hall.

⑤ Baba, M. (1986). *Business and Industrial Anthropology: An Overview*. NAPA Bulletin 2. Washington, DC: American Anthropological Association.

在行为的研究中占据主导地位的原因主要是：在大多数西方社会，个人比团队得到更多的特权。这是一个精心打造的主题，特别是美国文化。然而，人类学方法证明，人类的互动模式和他们在生产过程中的影响力在建立作为在未来四分之一世纪中主导组织科学范例的人际关系学说中起到了关键作用[①]。

根据戈登（Gordon）的观点，人类学和参与观察研究重新得到重视，这受到20世纪40年代的四个显著事件的影响：（1）管理者和工人，关于霍桑研究的具有里程碑意义的报告在1939年被罗特利斯伯格和迪克森出版；（2）应用人类学社群成立了，并于1941年在哈佛大学举行第一次会议；（3）劳埃德·华纳于1943年在芝加哥大学被任命为工业人际关系委员会主席；（4）华纳和他的同事伯利·加德纳于1946年成立了社会研究公司等等[②]。这家公司特别值得注意，因为它是第一家民营的社会科学咨询公司。巴伯表明，使用人类学技术，如直接观察和深度访谈，这家管理咨询公司帮助企业客户解决具体的人际问题，特别是与企业的外部人际、社会变革和内部组织相关的问题[③]。在这里巴伯引用了“管理咨询”术语来形容这种社会科学方法的应用。正是在这一时期，工业人类学的值得关注的文件资料出版了，其中有些已成为经典之作[④]。

巴伯对人类关系学说的发展做出了详细的研究。据她介绍，20世纪40年代和50年代，工商人类学家被企业管理者雇佣来解决工厂的具体问题，如高流动率、缺勤、罢工和工人与管理层方面的不良合作。他们研究了工业企业内的社会结构和人际的各个方面，包括工人之间非正式的关系、实际的工作流程、地位层次、工人和管理人员的关系、工会与管理层的互动以及工作场所的志愿团体之间的关系。这些研究结果表明，小的工作团体是工业体制内的一个关键因素，从而拓宽了在社会科学领域研究的新境界，从理论的角度来看是非常富有成效的。西尔斯·罗巴克公司、美国的集装箱公司、国

① Gordon, J. (1998). The Resurgence of Applied Anthropology in a Post - Exotic World: An Australian Perspective. *Human Organization*. Vol. 57, No. 2, pp.127 - 133.

② Whyte, W. (ed.) (1946). *Industry and Society*. New York, NY: McGraw Hill.

③ Baba, M. (1986). *Business and Industrial Anthropology: An Overview*. NAPA Bulletin 2. Washington, DC: American Anthropological Association.

④ Such as: Gardner's *The Factory as a Social System* (1946), Whyte's *Human Relations in the Restaurant Industry* (1948), Arensberg's *Industry and Community: Human Factors* (1947), and Warner and Low's *The Social System of the Modern Factory: The Strike* (1947).

际商用机器公司（IBM）、内陆钢铁集装箱公司、利比·麦克尼尔和利比、邦迪油管公司和东方公司在此期间都聘请了人类学家。

对巴伯来说，这类企业的一些人类学研究，以在完整的社会体制中影响人与人之间的关系的因素为重点，产生了整个公司的工业民族志或案例研究①。例如，华纳和劳（J. Low）对一主要的工业罢工（纽伯里和马萨诸塞州）进行了著名的案例研究，解释了工厂、较大的经济力量、科技和社会力量等促成罢工的因素中的社会体制之间的联系。然而，这些人类学家没有把自己视为"被雇佣者"，而是发现人际交往的规律、建立人际行为科学的基础的科学家。作为工业人类学的创始人，华纳有一个更大的理论议程，即他希望推进现代机制的研究发展，如工业组织的研究②。

就方法论而言，艾略特·查普尔（Eliot Chapple）和其他人类学家一样对获得一份详细的、定量的记录很感兴趣，这是关于在各种工业环境中的工人和管理者之间的相互作用，就像一个自然主义者会记录在田野的一个动物物种的行为。对主体实际行为之间的互动的详细的测量将有助于指出不同产业角色之间的紧张和冲突的来源。反过来，这种类型的知识可以被用来制作有助于减少冲突的互动模式精确的调整③。交互计时表（The Interaction Chronograph），查普尔开发的新技术设备，是用来帮助实时定量记录个体之间的互动④。在巴伯眼里，这个装置可以被视为关于工作场所互动的现代录像带分析的先驱，这后来被第二代的工业人类学家倡导使用。

弗雷德里克·理查森（Frederick Richardson）的工作表明，人际接触是社会人类学家通过观察法的关于社会变量的重要发现，这可用于提高工人的管理者之间的关系。在他的报告中，接触从属于管理者与其下属之间的面对面的行为互动。理查森认为，根据管理者的最后一分钟或更长时间接触记录，可以完全预测一个工作组的表现。表现好的工作单位显示约 90% 的

---

① Baba, M. (2005). Anthropological Practice in Business and Industry. In Kedia, S. and Willigen J. (Eds.) *Applied Anthropology: Domains of Application*. Santa Barbara, CA: Greenwood Publishing Group. pp. 221 - 261.

② Warner, W. &; Low, J. (1947). *The Social System of a Modern Factory*. New Haven, CT: Yale University Press.

③ Baba, M. (2006). Anthropology and Business. In Birx, H. J. (Ed.) *Encyclopedia of Anthropology*. Thousand Oaks, CA: Sage Publications. pp. 83 - 117.

④ Chapple, E. (1949). The Interaction Chronograph: Its Evolution and Present Application. *Personnel*, XXV (1949), pp. 295 - 307.

“适当接触”时间①。巴伯与其他人类学家认为，根据灵长类动物和其他动物的研究，工作组之间的冲突会因实际分离和缺乏持续的接触而加剧。她认为，这种行为模式就是一个管理者花费其二分之一到四分之三的时间来与他人交往。其接触时间很好地分配在该组，即时间平均长度很短，但不草率。通常情况下，其每天有15—30次接触，对组与组之间的接触保持良好平衡。发现表现好的团队的管理者更加健谈、更占主导地位（不能很容易被打断）、在风格上更加灵活以及很少易于兴奋。管理者往往保持自己讲话的节奏，很少有过多的言论或者沉默。巴伯表明，这样的描述是来对行为互动的紧密记录，它被用来建议管理人员如何改善工人的生产力②。

人际关系是一个自人类行为的研究以来的跨学科领域，其中人类行为研究的组织设置吸收了沟通、管理学、心理学、社会学和人类学等领域的学科知识。人际关系是一门重要的研究领域，因为所有工人都参加人际关系的活动。人际关系学说强调工人和老板之间的社会关系和合作。埃尔顿·梅奥的目标之一就是要减少他在工作场所看到的非理性的冲突。第二次世界大战期间，理性合作的工作行为的重要性增加。“人际关系”是战争时期一个可以接受的方法，因为战争中，民族团结会导致努力的生产和接近充分的就业。同样，在相反的原因下，人际关系的方法在萧条时非常奏效，因为失业人数如此之高，人们也许不太热衷于制造冲突来促进就业。然而，一旦战争结束，劳动力与管理层的表面关系再次紧张起来，正因为如此，人际关系的方法开始变得过时，在处理劳资冲突中并不十分有用。方法论的改变再次强调工作场所的环境和它的层次结构③。

事实上，每一个企业组织必须有自己的正式组织结构，如组织结构图或图表，显示组织中每个岗位（包括谁在那个位置上负责报告）以及正式规定管理者的行为并将其合法化和公开化，包括政策、岗位描述等。这些正式结构和规则对企业组织来说尤其重要。然而，非正式的结构和行为方式并没有被写下来或以奖惩的方式表达出来，这些是同样重要的。显然，这些在人

---

① Richardson, F. (1978). The Elusive Nature of Cooperation and Leadership: Discovering a Primitive Process that Regulates Human Behavior, Chapter 4 in E. M. Eddy and W. L. Patridge (Eds.) *Applied Anthropology in America*, New York, NY: Columbia University Press.

② Baba, M. (2006). Anthropology and Business. *Encyclopedia of Anthropology*. H. James Birx, Ed. Thousand Oaks, CA: Sage Publications. pp. 83 – 117.

③ Gordon, J. (1998). The Resurgence of Applied Anthropology in a Post – Exotic World: An Australian Perspective. *Human Organization*. Vol. 57, No. 2, pp. 127 – 133.

际关系学说之前的研究都被忽略了。也许是人际关系学说最重要的贡献是在企业组织中对非正式结构的赞赏①。组织中的这些非正式模式是在正式结构的控制范围之外，这是理解组织的关键。正是人际关系学说带给我们非正式组织的概念②。

由于工作场所的不断变化，人际关系学说的几种趋势具有新的价值。由于大量的兼并、收购、劳工短缺、关闭和不断变化的市场，劳动力市场已成为一个不断变化的地方。这些变化往往伴随着发生裁员和产品线的淘汰现象。即使工业企业注意到职业保障最近已是裁员需要关注的重要方面。因为美国企图应付快速的技术变革和国际公司的新的竞争，我们有充分的理由相信，我们将看到劳动力更多的波动。人际交往能力在未来将变得越来越重要③。

第三节　工业人类学的衰落和分裂

工业和工商人类学中最辉煌的历史记录也许可以追溯到20世纪30年代的人际关系学说，当时一些学术人类学家把自己视为人际关系的专家，深入探究西方工业组织的结构、工作环境和管理。然而，第二次世界大战后，该领域被侵蚀了，部分原因在于企业无法为人类学提供学术工作岗位。20世纪50年代后期开始，一度兴旺的商业和工业人类学领域进入了衰退和停滞阶段。但在20世纪60年代和70年代，应用人类学家似乎觉得为非营利性组织工作显得有些愚钝和不体面，部分原因是由于对非学术性人类学的伦理问题的普遍关注，一些学者更进一步主张一个人不能仅仅在商业或工业行业工作和支持什么是公平和良好的④。在本节中，我们将首先调查工业和商业

① Jordan, A. (2003). *Business Anthropology*. Prospect Heights, IL: Waveland Press, Inc.

② Gamst, F. (1977). An Integrating View of the Underlying Premises of an Industrial Ethnology in the United States & Canada. Golden Anniversary Special Issues on Industrial Ethnology, *Anthropological Quarterly*, Vol. 50: pp. 1 – 8.

③ DeCenzo, D. & Silhanek, B. (2002). *Human Relations: Personal and Professional Development* (2nd edition). Upper Saddle River: Prentice Hall.

④ Chambers, E. (1989). *Applied Anthropology: A Practical Guide*. Prospect Height, IL: Waveland Press.

的人类学实践的衰落，然后我们将讨论工业人类学在学术世界的分裂。

一、工业人类学实践的衰落

美国社会、政治和经济环境的一系列显著变化影响了学术界的发展，并围绕着20世纪60年代的工业人类学轨迹。工业组织人类学没有把本身作为人类学的一个重要的分支，如在过去几十年可能已经预计其良好的开端，而是刚开始出现就进入长期的衰落。这种衰落即与人类学的主流的现代机制的兴趣逐渐减弱，也与工业和商业组织的实践者的不足（无论是调查还是应用，这些人引导着科学和人类学）有关。接下来，我们将着力解释20世纪50年代至20世纪70年代期间美国工业人类学实践衰落的一些原因。

（一）学术环境的变迁

随着第二次世界大战结束和前苏联第一颗人造卫星的发射[①]，美国高等教育在20世纪50年代发生了一些相当大的变化。当时的记录显示，婴儿潮一代进入大学，大学生队伍在数量上猛增。同时，美国政府希望通过持续的技术进步，来帮助盟军赢得战争，结果是国家科学基金会成立以资助学术研究。正如巴伯所称，这些发展意味着学术人类学和实地调查的美国以外的国家的联邦基金，无论在数量和程度上都有所增加。美国人类学家的学术就业岗位数量一直保持增长，而且到国外进行研究的方法变得更加有效。

与此同时，与“真正的人类学家”创建的总体思路相一致，人类学学科强调在美国以外实地考察的重要性，这是必要和首要的选择。巴伯表示，这些在美国进行研究的工业人类学家沦为二等公民的地位，最终推动他们中很多人走出人类学的学术机构到企业界。虽然这些工业人类学家中的一些人成为商学院的教授，例如弗雷德里克·理查森（Frederick Richardson）、威廉·富特·怀特（William Foote Whyte）和伦纳德·塞尔斯（Leonard Sayles）。还有许多人类学家创办企业或成为商业顾问，例如伯利·加德纳（Burleigh Gardner）和艾略特·查普尔（Eliot Chapple）。在变化的学术环境中，培训年轻的工业人类学家是几乎不可能的，因此无法进一步发展工业人

---

① Divine, R. (1993). *The Sputnik Challenge*. Oxford University Press.

类学①。

（二）社会科学理论的转变

据巴伯的观点，随着美国工业界的新兴劳动关系，功能平衡理论（the functional equilibrium theory）和人类关系学说（Human Relations School）逐渐相互矛盾，这是日益严重的劳资矛盾所反映出的问题及其特征。随着工会的劳工运动数量大量地增长，而非人类关系的临床实验得出的平稳的平衡，集体谈判和“工会合同”成了每天的劳动管理关系的答案。结果是，人际关系学派及其实践者慢慢落后了。不幸的是，工业人类学家似乎并没有意识到发生了什么事，而当他们认识到问题的严重性时，已经为时已晚。

这一代工业人类学家被社会科学的历史学家评判，批评他们不能够与工人阶级充分地团结起来，而是过于以管理为中心，因此他们未能预见到工会的兴起及其理论后果。值得一提的是，其他学科如工业社会学，同时也开发新的理论来研究和解释组织行为。巴伯是正确的，其中最突出的仍然是在组织行为学领域为主导的权变理论，其解释了通过正式变量中的相互关系，包括组织结构、技术和环境，可以得知组织里什么正在发生。这一理论的框架内的研究依靠严谨的调查数据的统计模型来进行的大样本调查而得出的定量数据。因此，人类学方法最低限度地主要适用于案例研究，这被怀疑为是不可靠和不可归纳的（没有组织的大量人口）②。

（三）政治和伦理问题

据巴伯的研究，在20世纪60年代和70年代初期，学术在赞助其进行研究伦理正当性的大型机构和组织迅速的扩张，如政府或大型企业，制造了一些严重的问题。当他们发现美国政府的某些机构曾试图使从事研究的人类学家成为发展中国家的反叛乱方案的一部分时（就像当英国民众依赖殖民地行政当局成为市民所诟病的主题时，英国人类学家持否定态度），美国人类学家对其持厌恶的态度。例如，一些参与卡米洛特项目

---

① Baba, M. (2005). Anthropological Practice in Business and Industry. In Kedia, S. and Willigen J. (Eds.) *Applied Anthropology: Domains of Application*. Santa Barbara, CA: Greenwood Publishing Group. pp. 221 – 261.

② Baba, M. (2006). Anthropology and Business. In Birx, H. J. (Ed.) *Encyclopedia of Anthropology*. Thousand Oaks, CA: Sage Publications. pp. 83 – 117.

(Project Camelot) 的美国人类学家成为同行批评的对象。随着美国有越来越多各界人士参加的反战运动的开展，人类学家对为政府提供相关服务感到厌烦，并养成了对任何使用人类学方法，但可能会伤害被研究对象的大型赞助商持有怀疑态度。

巴伯表明，除了政府，当时的跨国公司也被认定为是有潜在危险的赞助商。例如，在20世纪60年代，以国外业务为主导的美国的跨国公司向国外市场进军，并在发展中国家建立工厂以降低其生产成本。学术人类学家在美国企业投资的地方进行田野调查，经常目睹工业化的负面后果，如日益严重的贫困、新疾病的威胁和传统的社会帮助系统的瓦解。这些悲剧的一个臭名昭著的例子是，雀巢的婴幼儿配方奶粉被介绍后，发展中世界发生了营养失调和婴儿死亡的惨剧。第三世界的妇女往往无法负担继续购买推荐数量的婴儿食品，也无法确保瓶子没有细菌或者混合婴儿食品的水是纯净的。据报道，婴儿食品往往是用大量受污染的水稀释的，这反过来又导致婴幼儿腹泻、营养不良和直接饿死。那些依赖婴儿食品而不是母乳喂养的妇女不能轻松地转回用母乳喂孩子，因为其母乳在没有用的时候已经干枯了。

雀巢公司清楚地意识到这些问题，但是他们不会从这些国家撤回，这最终引发了大规模的全球抵制雀巢产品配方的运动。这些不道德的企业行为的例子使工业人类学对其产生了一些负面的印象，进一步疏远了人类学家和工业的关系，并引起一些人开始把工业的任何工作标注为“缺乏职业道德”。1971年，当美国人类学协会颁布的专业责任的原则，严禁研究不能随意向公众散布时，此标签被卡住了。由于工业研究有时是专有的（即属于该公司拥有，未经其许可不得发布），这种道德规范几乎禁止了工业人类学未来20年的发展，我们将在后面的章节讨论。

二、工业人类学在学术界的分裂

由于工业人类学的衰退，那些对商业和社会组织感兴趣的人类学家主要来自学术界，他们关注理论多于商业的实际问题在企业作为社会组织后受到限制。据巴伯的研究，人际关系学说灭亡后，工业人类学开始向不同的方向发展，主要有三个分支，即：（1）马克思主义和新马克思主义对国内外工业的批评；（2）工业职业和专业的民族志；（3）西方以外的工业化进程的研究。正是这些没有从企业内部实践，而是从远处来研究企业的学术人类学家促进了这个时期的大多数研究和概念的发展①。

三、马克思对工业的批评

自20世纪40年代，集体谈判获得了美国工业界的力量，工人和管理者明确看到，为了经济利益，他们单独站在斗争的两侧，就像他们在马克思主义著作中描绘的那样。对于一些人类学家来说，关注国内外工业化的消极后果会导致对现有工业秩序的激进批判，以及马克思主义、新马克思主义和后马克思主义理论的文化分析框架。在这种环境下，人类学家集中在管理者如何使用其权力以提高劳动生产率和工人如何回应的方式。根据巴伯的观点，研究尤为突出的是集中于通过技术创新过程，管理者有策略地减少工人的技能、工作、工资以及他们的权力。另一方面，工会运动在努力改善工资和工作条件方面取得了成功。然而，工会已放弃了其对技术变革到管理的过程的控制。在第二次世界大战之前，工人对工作过程起着重要控制作用，在一些行业中他们几乎可以根据自己的意愿加快或放慢工作的过程②。

与此同时，美国的管理层普遍坚持对技术使用“管理特权”来确保管理者有权利在任何时刻和以任何方式实施新技术。显然，管理者倾向于使用改进生产技术和自动化，以夺取工人对工作过程的控制。由于这种技术被用来减少某种程度的生产以及某些岗位所需一定程度技能的工人数量。机器渐渐取代了以前熟练的手艺工人的工作。1974年布雷弗曼（Braverman）所出版的非常重要的书《劳动和垄断资本主义：二十世纪中工作的退化》（*Labor and Monopoly Capital: The Degradation of Work in the Twentieth Century*）中，工人慢慢丧失工作技能的过程被称为“丧失技能”（deskilling）。“丧失技能”与降低身份的、乏味的以及令人疏远的重复性工业工作的兴起有关③。

“丧失技能”的后果十分严重。他们带工人远离家乡并使他受制于工厂纪律。一旦工人可以控制工作的日期和时间、工作的方式和步伐，甚至在某

---

① Durrenberger, P. (2007). The Anthropology of Organized Labor in the United States. *Annual Review of Anthropology*. Vol. 36, pp. 73 - 88.

② Baba, M (2008). The Anthropology of Work in the Fortune 1000: A Critical Retrospective. *Anthropology of Work Review*, Vol. 8, Issue 4, pp. 17 - 28.

③ Braverman, H. (1974). *Labour and Monopoly Capital: The Degradation of Work in the Twentieth Century*. New York & London: Monthly Review Press, 1974.

些情况下，工人的行为、装扮、特质和技能被模式化，最后工人的自豪感和创造力逐步在资本主义生产中消磨了。结果导致更多的工作量集中，更多的项目被大批量开启，而更多科学和技术被运用到机器和程序中，以替代生产过程中的操作工人①。很显然，一旦管理者控制了工作流程，他们可以加快生产速度以在不增加成本的基础下增加产量，从而提高盈利能力。结果使得工人往往别无选择，如果他们想保住自己的饭碗，只有接受这种残酷的现实。事实上，技术的进步减少了对工业工人的需求，导致许多工人失业。

管理和工会之间的权利斗争，为马克思主义和新马克思主义的传统工业人类学家创造了一个很好的机会和社会环境。人类学家与定性社会学最早进行了实证分析，证明人们在工作中使用的非正式的工作知识，既要完成工作，又要保护他们的工作、技能和收入②。管理者往往假设不太熟练的工人在一个自动化的时代不必进行智慧上的工作，但人类学家的发现正好相反，工人必须运用他们的智慧来解决与工作相关但是管理者没有或不能注意到的问题。人类学家在美国和国外进行了这项研究，深入众多行业，包括采矿业、汽车制造业和服装生产业③。

路易丝·兰菲尔（Louise Lamphere）对新英格兰服装厂的研究为我们提供了由马克思主义为导向的关于产业工业的民族志学的一个很好的例子。她以美国服装行业的发展历史为内容，来开始她的研究，接着解释这个特殊的行业一直保持劳动密集型，并探讨在竞争激烈的情况下管理者达到利润最大化的战略。她的研究结果表明，企业维持低工资是服装行业的管理方法中确保合理的利润的关键。因此，雇佣处于社会边缘的工人主要是妇女和新移民，把工厂定位在低工资的地方是确保低工资的管理策略。兰菲尔还记录了工人和工会的应对策略，记录了他们挣扎反对管理层的通过“科学”的手段来减少劳动力成本的残酷行为，这个“科学”化的过程威胁着他们的工

---

① Young, R. (1974). Braverman's Labour and Monopoly Captial. *Radical Science Journal*. No. 4, pp. 81 - 93.

② Kusterer, K. (1978). *Know - How on the Job: The Important Working Knowledge of Unskilled Workers*. Boulder, CO: Westview Press; Lamphere, L. (1979). Fighting the Piece Rate System: New Dimensions of an Old Struggle in the Apparel Industry. in Andrew Zimbalist, ed., *Case Studies in the Labor Process*, pp. 257 - 276. New York, NY: Monthly Review Press.

③ Baba, M. (2006). Anthropology and Business. In Birx, H. J. (Ed.) *Encyclopedia of Anthropology*. Thousand Oaks, CA: Sage Publications. pp. 83 - 117.

作、工资和技能[①]。

马克思主义和新马克思主义的人类学家经常强调工业中的女工面临的特殊逆境。与性别相关的特质，就是禁止妇女从事最赚钱的工作，使得她们只能从事低地位薪水少的工作。在马克思主义劳动经济学理论中，作为“后备军”的失业妇女，在需要的时候就准备去上班。但他们会发现，当男工人再次可以工作时，她们很容易被替换从而失业。同一时间，女职工继续在家里负责家庭的事务，如家务和抚养孩子，导致一些马克思主义学者提出女性受到“双重剥削”[②]。通过巴伯，工会组织利用妇女的困境来尝试组织工人团体，同时否认妇女在工会劳工运动中的领导作用。这种现象表明，重男轻女的做法不仅限于资本家的做法。人类学家们已经记录了一些妇女克服这些障碍的参与甚至领导工会运动的情况。

人类学家一般不会把他们的分析限制在车间里正在发生的事情等层面，像W. 劳埃德·华纳，他们往往把影响因素从公司追溯到民族国家，甚至全球经济[③]。例如琼·纳什，研究跨国石化公司的马克思主义的人类学家，她的调查工作包括对全球中层管理人员进行的采访[④]。在纳什（Nash）的工作中，她既研究工人又研究管理者，这使得她对传统的马克思主义人类学家提出批评，因为这已经限制了他们分析的影响力。纳什惊讶地发现，管理者一样疏远他们的工作，如没有管理权限的人一样。她的经典研究表述了企业是如何连接到较大的经济、政治和社会力量的。1989年，纳什发表了颇有影响力的专著《从城市到高科技坦克：社区和工业循环的冲突》（*From Tank Town to High Tech: The Clash of Community and Industrial Cycles*），其中她调查发现的一个大规模生产企业向技术密集型防御制造商的转变，如通用电气，侧重于当地马萨诸塞州的皮茨菲尔德的这些变化对社区和家庭的影响。这项

---

① Lamphere, L. (1979). Fighting the Piece Rate System: New Dimensions of an Old Struggle in the Apparel Industry. in Andrew Zimbalist, ed., *Case Studies in the Labor Process*, pp. 257 – 276. New York, NY: Monthly Review Press; Baba, M. (2006). Anthropology and Business. In Birx, H. J. (Ed.) *Encyclopedia of Anthropology*. Thousand Oaks, CA: Sage Publications. pp. 83 – 117.

② Holzberg, C. and Giovannini, M. (1981). Anthropology and Industry: Reappraisal and New Directions. *Annual Review of Anthropology*. No. 10 (1981), pp. 317 – 360.

③ Baba, M. (2006). Anthropology and Business. In Birx, H. J. (Ed.) *Encyclopedia of Anthropology*. Thousand Oaks, CA: Sage Publications. pp. 83 – 117.

④ Nash, J. (1979). The Anthropology of the Multinational Corporation. In: G. Huizer and B. Mannheim (eds.), *The Politics of Anthropology. From Colonialism and Sexism to a View From Below*. pp. 421 – 446. Paris: Mouton.

工作对传统马克思主义的人类学家来说是很重要的，显示了工人不是这种变化被动的观察对象，而是变化进程的积极参与者①。

四、职业和专业（*Occupations and Professions*）

研究表明，许多马克思主义和新马克思主义人类学家，只是跟随研究丧失技能的产业工人的活动。然而，在1960年至1980年之间，其他人类学家将注意力集中在靠着剩余或持续的技能在工作环境中带给他们地位和区别的工人的工业职业或专业。巴伯发现，职业或专业的成员在现实生活中，充满类似于小规模的社会系统中那些实践和语言特别系统的某些特点，这些特色把他们区别于其他工作群体。涂尔干（Durkheim）指出，职业活动是共同生活中最丰富的物质材料。工人在同样的活动中一起合作，共同分享类似的经验，形成一个集体②。

关于职业成员共同生活的人类学工作，艾波巴奥目（Herbert Applebaum）在术语上称其为"工作文化"。他把"工作文化"定义为知识、技术、态度和行为在一个特定的工作环境中相适应的工作表现和社会交往的系统。一个工作文化本身可以增加古典文化概念的应用，并在此期间普遍应用。还有民族志方法，人类学家使用民族志记录许多不同的职业和专业的特色文化③。

对巴伯来说，一个给定类型的工作特点推进了某些行为模式但同时也抑制着其他的行为模式。这些模式通过选择性雇用、正规的培训和新入职的非正式教化得到加强。此外，在巴伯的言语中，工作文化对工作内外都有影响，传统、信仰和行为标准延伸到一般工人的生活和生活方式中。工作文化可能与几个方面进行比较，包括工人之间的社会关系、时间导向（如时间提供了工作过程的规律）、权力结构、同事之间的关系（如友谊）、语言（如行话促进了认同）、穿着和言行举止、性别（如按性别分类的职业）以

---

① Schwartzman, H. (1993). *Ethnography in Organizations*. Thousand Oaks, CA: Sage Publications.

② Baba, M. (2006). Anthropology and Business. In Birx, H. J. (Ed.) *Encyclopedia of Anthropology*. Thousand Oaks, CA: Sage Publications. pp. 83 - 117.

③ Applebaum, H. (1984). *Work in Market and Industrial Societies*. State University of New York Press.

及角色和地位。例如，阿普勒鲍姆研究建筑工人，了解行业的技术要求与其工作文化的性质之间的关系。

作为一名建筑工人，艾波巴奥目通过多年工作中的参与观察，有了直接的工艺知识。作为一名建筑工人他重视民族志生活，描绘了高度熟练的工匠，如木匠、泥瓦匠、电工、水泥工、钢铁工人、钣金工人、管道工和其他人，往往拥有自己的工具、配件和卡车，在许多情况下，它们曾经是自己从事的工作。他们能够在强调质量中控制工作的过程，因为他们知道他们的业务比别人更好。工人通过他们完成工作的质量赢得别人的尊重，德高望重的熟练工认为自己是同行的工程师和其他监察者。在工地，一般是工匠和他们的监督者作大部分决定，因为后者是队伍中的一员，他们通常与工人保持良好的关系。雇用和解雇发生在工地，而不是家庭工作。监察者和工头的个人网络是来源于被选择的工人，这基于以往的经验而定。

艾波巴奥目关于建筑工人的民族志研究向我们展示了这样一个事实：建筑业并未受到日益机械化的工作流程和任务的专业化的影响，但是许多其他行业里却发生了“丧失技能”。相反，建筑工人一直保持高水平的技能，控制的工作大部分过程和在工会有很大的优势。如果管理人员过分强调速度，工人很可能会离开工作。对阿普勒鲍姆来说，工人也决定安全条件是否足够以开始或继续工作。这些条件创造了工作文化，对其成员来说非常满意，他们为自己控制工作而感到自豪。反过来，这些特点都与该行业的技术要求有关，包括各建筑和位置的独特性、某一项目的临时期限、由于天气变化导致工作进程变化以及无法储存产品。所有这些要求阻碍了机械化的推进，并使建筑工人保持自己的独立性和自主权①。

第四节　工商人类学的复苏

安·乔丹（Ann Jordan）指出，在20世纪60年代期间，美国公民反对越南战争的大规模示威活动，实际上是一种对政府的道德清算。年轻的美国

① Applebaum, H. (1981). *Royal Blue: The Culture of Construction Workers*. New York, NY: Holt.

人暂时移居到加拿大来逃避服兵役，学生遍布北美校园进行示威活动。这是一个暴力的时期，马丁·路德·金、约翰·肯尼迪和罗伯特·肯尼迪都被暗杀。正是在这种不稳定时期，人类学群体发生了一些类似事件，这实际上结束了人类学的咨询工作，严重影响企业组织专业人类学家的企业组织研究。美军正式启动“卡米洛特工程”（“Project Camelot”）来聘请人类学家在拉美国家工作。虽然由于整个拉丁美洲的大力防护，这个项目被美国国会取消，但是存在人类学家可能从事秘密研究的可能性，这意味着提供拉美人民的“情报”震惊了人类学界。有人批评人类学家参加“卡米洛特工程”，通过提供他们研究对象——拉丁美洲人的“情报”，他们已用非专业道德的方式行事①。

据透露，人类学家从1967—1969年在泰国进行了与战争有关的研究项目。此信息引起美国人类学协会（AAA）成员的气愤，因为他们认为，这种由美国军方赞助的研究对东南亚人是有害的，这样的工作是不道德的。同时，在20世纪60年代到70年代，学术工作可用性的降低导致许多人类学家寻求其他类型的工作。非学术性就业强迫研究人员面对不常见工作而被训练，来做以传统为导向的民族志工作的实际和道德问题。由政府机构、非营利性基金会和私人咨询公司聘请的人类学家在报告上遇到各种困难，包括关于研究结果报告的政治压力、对赞助商和研究对象的多重责任的影响、提出具体结果的需要以及对研究结果的报告往往设置了严格的最后期限②。

对于上面描述的项目伦理进行怀疑，在人类学界是广泛存在的，1971年，职业责任的原则被AAA采用。新采用的职业道德的规则明确指出，“提供给赞助商的报告也要向公众提供，关于研究结果和最后报告，人类学家应与赞助商之间没有秘密协议。”不幸的是，这种说法产生了负面影响，因为这阻止了人类学家在企业中担任管理顾问或研究职位的行为。商业企业通常限制他们的报告出版，以保护他们的利益，并防止他人获得竞争优势。显然，安·乔丹（Ann Jordan）认为，最初的道德准则是用来防止参与反叛乱行动，这也被商业企业的私有研究拒之门外。因此，20世纪60年代和70年代，人类学家很少在商业组织进行研究③。

---

① Jordan, A. (2003). *Business Anthropology*. Prospect Heights, IL: Waveland Press, Inc. p.14.

② Browner, C. & Chibnik, M. (1979). Anthropological Research for a Computer Manufacturing Company. *Central Issues in Anthropology*, Vol. 1, Issue 2, pp.63-76.

③ Jordan, A. (2003). *Business Anthropology*. Prospect Heights, IL: Waveland Press, Inc. p.15.

一、企业人类学的兴起

20世纪70年代中期，在学术界备受推崇的人类学家——康拉德·阿伦斯伯格（Conrad Arensberg），大力支持工商人类学，这被认为是对这一领域的非学术性努力的鼓励。施乐是聘请人类学家的大型企业之一，他请人类学专家来帮助计算机科学家了解纸上的信息是如何在办公室“流动”的[①]。当然，对人类学看法的转变并不是阿伦斯伯格一个人的责任，导致一些变化的原因毫无疑问是由于对学术人类学家需求的减少和对文化人类学家需求的增加[②]。有两个趋势影响着商业的发展，并发挥着一定作用。首先，美国企业要更加注意日常运作更有效的方式，从而更有利可图。由于满意的工人比不满意的工人表现得更好，公司开始专注于他们的组织如何能够更好地满足员工的需求和期望。因此，许多企业建立新的人际关系部门来帮助人类学研究。其次，美国社会存在越来越多的争论，许多关于工人在工作场所受歧视或受环境危害的看法有时会导致诉讼。一些大公司聘请工商人类学家解决帮助员工在工作中的情绪问题，这是一个明智的预防措施[③]。

20世纪80年代以来，人类学团体更加关注各种主题和重点领域。正是在这个时侯，应用人类学的传奇人物——露西·萨奇曼（Lucy Suchman）和朱利安·奥尔（Julian Orr）在施乐公司的帕洛阿尔托研究中心（Xerox's Palo Alto Research Center）研究人们与技术如何互动，企业人类学从此诞生。从那时起，人类学家、心理学家和其他社会科学家已经丢弃了他们上课的简历或履历表，并渗透到企业的世界，自称“知识联络员”、“人类学”和“评估者”，这带来了企业人类学的兴起。正如安·乔丹（Ann Jordan）所说，行业再次陷入了道德的激烈辩论，AAA决定允许专有的研究合法化，并按照合同开展工作。从此，许多人类学家开始从事顾问工作[④]。

人类学家在商业研究中的角色被确定之后，使得工商人类学研究获得重

---

① Corcoran, E. (1992). Anthropology, Inc. *The Washington Post*, Feb. 21, 1993: H1 - H6.

② Burkhalter, B. (1986). The Anthropologist in Marketing. In Hendrick Serrie (Ed.). *Anthropology and International Business*. pp. 113 - 124. Williamsburg, VA: Department of Anthropology, College of William and Mary.

③ Gwynne, M. (2003). *Applied Anthropology: A Career-Oriented Approach*. Boston: Allyn & Bacon. pp. 205 - 206.

④ Jordan, A. (2003). *Business Anthropology*. Prospect Heights, IL: Waveland Press, Inc. p. 16.

生，从而使得人类学研究成为组织行为研究学科群体的创办者之一。多年来，人类学家、社会学家、民俗学家和其他定性研究的传统工作者对我们的许多不同的专业和职业的工作文化知识作出了很大贡献。尤其著名的是弗雷德里克（Frederick Gamst），他的职业生涯致力于铁路建设的文学作品（例如 1980 年的 *The Hoghead: An Industrial Ethnography of the Locomotive Engineer*）。关于许多不同行业的专业和职业的描述性研究创建了知识的基础，大大促进了我们对组织的文化现象更普遍的理解，并为组织或企业文化的概念在 20 世纪 80 年代的出现打下基础[①]。

20 世纪 80 年代以来，与埃尔顿·梅奥和劳埃德·华纳的时代相比较，一个显著的差异是世界经济日益全球化。要想成功地控制全球化的影响，就需要对跨文化有专业的理解[②]，因此，“文化”这个术语在 20 世纪 80 年代开始流行起来。表面上看，有关组织的文化之间的商业分析者的呼声主要来源于美国对日本企业成功的反应。工商人类学家的作品提供了日本经济“奇迹”的背景和解释。据安·乔丹所说，这种新的发展趋势提供了对非语言沟通的理解，例如不同的文化下的谈判和战略。更重要的是，工商人类学家的作品以及很多在亚洲和其他大洲的早期和原始工作提供了技术的传播模式和跨文化的创新的概念[③]。

这些年来，有国际经验背景的研究者撰写了各国的参考资料帮助那些国际企业理解多元化文化，以便在当地环境取得更有效的成果。所有这些专著往往是以区别性为导向的。据安·乔丹的研究，威廉·大内（William Ouchi）在 1981 年出版了《Z 理论》，理查德·帕斯卡尔（Richard Pascale）和安东尼·阿索斯（Anthony Athos）同年出版的《日本的管理艺术》（*The Art of Japanese Management*）。这两本书展现了文化在日本企业成功中的重大意义。1982 年，特伦斯·迪尔（Terence Deal）和阿伦·肯尼迪（Allan Kennedy）出版了《企业文化》（*Corporate Cultures*），而托马斯·彼得斯（Thomas Peters）和罗伯特·沃特曼（Robert Waterman）出版了《追求卓越》（*In Search of Excellence*）。这两本书给北美人提出了一种新的概念，即成功的企

---

① Baba, M. (2006). Anthropology and Business. In Birx, H. J. (Ed.) *Encyclopedia of Anthropology*. Thousand Oaks, CA: Sage Publications. pp. 83 – 117.

② Gordon, J. (1998). The Resurgence of Applied Anthropology in a Post – Exotic World: An Australian Perspective. *Human Organization*. Vol. 57, No. 2, pp. 127 – 133.

③ Jordan, A. (2003). *Business Anthropology*. Prospect Heights, IL: Waveland Press, Inc.

业必须与他们的文化有关，尽管有些作品已经强调了文化在企业的重要性[①]。这四本畅销书的最大的贡献在于宣传和推广企业文化的概念，并因此吸引了商业界的广泛关注[②]。

20世纪80年代，随着企业越来越多地在国外制造和销售其产品（人类学家的学术工作仍是供不应求），越来越多的公司纷纷效仿。从那时起，工商人类学的就业范围持续扩大，实践人数不断增加。世界经济全球化把人类学和业务重新维系起来，工商人类学也从关注工作场所的社会关系的国内视野（在美国）转移到对社会和关注经济变革问题的国际视野（根据海外田野调查）。在20世纪最后的20多年间，市场营销和消费者行为的人类学研究、更好地设计工程师与技术更好的相互作用的人类学研究以及以市场为基础的工业社会的工作和生活中的众多亚文化和认知文化的民族志研究，对商业实践产生了越来越多的影响。然而，后者的研究获得的知识并没有通过私人顾问反馈到企业，一些人类学家在此期间仍然表现出对商业界的鄙视。另一方面，企业界在其他学科的帮助下创建新的管理咨询领域。然而，在大多数情况下，管理顾问没有能力处理国际化和企业本身以外的文化等问题[③]。

随着文化人类学中概念化的"危机"后焦点的普遍转移，一直致力于研究组织的调查人员以及研究人员更留意围绕知识交换、了解和描述知识建构的实践的过程。"自然的方法"（naturalistic method）在近几年已被普遍用于消费者的研究，这显然受惠于人类学的方法。这种方法的基本方法是参与观察以及观察和解释人在真正的生活环境中实际做了什么。类似人类学的田野调查，这种自然的方法要求研究人员从被调查者的角度，而不是研究者的感情或意见来解释被调查者的行为。这个以被调查者为中心的方法的结果是，研究人员能够更有效地感知消费者的动机和影响他们反应的因素。虽然这种方法不坚持科学方法的原则和科学的严格要求（这已被一些人批评），定性的结果和自然的方法已被广泛称赞。在许多方面，贝尔克（Belk）、谢丽（Sherry）和瓦伦多夫（Wallendorf）运用的自然技术是人类学的民族志

---

① For example, Hofstead G. (1980). *Culture's Consequences: International Difference in Work-Related Values.* Beverly Hills: Sage.

② Jordan, A. (2003). *Business Anthropology*. Prospect Heights, IL: Waveland Press, Inc. p.16.

③ Gordon, J. (1998). The Resurgence of Applied Anthropology in a Post-Exotic World: An Australian Perspective. *Human Organization*. Vol. 57, No. 2, pp.127-133.

方法的反思①。

与自然方法相关的是伊丽莎白·赫希曼（Elizabeth Hirschman）称为“人文主义”（“Humanistic”）的市场调研，像人类学的方法，它是基于研究和分析的定性方法。因此，在市场和消费者研究中的人类学时尚可以被看做是一个更大的定性和人文主义研究议程的一部分②。不仅研究方法，工商人类学研究的形式在20世纪80年代都是不同的。例如，艾波巴奥目（Herbert Applebaum）和帕特里夏·萨克其（Patricia Sachs）进行跨文化研究工作③，杰拉尔德（Gerald Britan）和罗纳德·科恩（Ronald Cohen）发表了他们的正式组织的人类学研究④，以及弗兰克（Frank Dubinskas）编辑了大量高科技公司的民族志⑤。企业人类学在20世纪80年代的兴起不仅使得工商人类学得到重生，也为工商人类学的发展打下了坚实的基础。接下来，我们将讨论工商人类学的最新发展。

二、工商人类学的最新发展

20世纪90年代以来，工商人类学已成为应用人类学中增长最为迅速的分支。统计数据表明，有大约40%的应用文化人类学家在企业界工作⑥。这些人类学家中，有些是独立的咨询顾问，他们为不同企业工作。其他的基本上除了进行学术研究外，还从事一些咨询工作的学者。少量工商人类学家是公司的全职员工，主要被美国大型跨国公司聘用。例如，通用汽车公司、安德森咨询公司、苹果电脑公司、摩托罗拉公司、英特尔公司、利宝互助保险

---

① Belk, R, Sherry, J. and Wallendorf, M. (1989) A Naturalistic Inquiry Into Buyer and Seller Behavior At a Swap Meet. *Journal of Consumer Research*. Vol. 14, pp. 449 - 470.

② Hirschman, E. (1986) Humanistic Inquiry in Marketing Research. *Journal of Consumer Research*. August. pp. 237 - 249.

③ Applebaum, H. (1984). *Work in Market and Industrial Societies*. Albany, NY: State University of New York Press. Sachs, P. (Ed. 1989). Anthropological Approaches to Organizational Culture. Them Issue. *Anthropology of Work Review*. Vol. 10, No. 3.

④ Britan, G. and Cohen, R. (1980). Toward and Anthropology of Formal Organizations. In Britan, G. and Cohen, R. (Eds.) *Hierarch and Society*, pp. 9 - 30. Philadelphia, PA: Institute for the Study of Human Issues.

⑤ Dubinskas, F. (Ed. 1988). *Making Time: Ethnographies of High - Technology Organizations*. Philadelphia, PA: Temple University Press.

⑥ Baba, M (1998). Anthropologists in Corporate America: "Knowledge Management" and Ethical Angst. *Chronicle of Higher Education*, May 8, 1988: B4 - B5.

公司、可口可乐公司、宝洁公司、西尔斯公司和纽约电话公司，它们都聘请人类学家[①]。

在现今的实践中，工商人类学几乎研究所有东西，从营销策略到企业文化，再到企业发展。施乐公司是首批试点聘请内部人类学家的大型企业，它至今为止已经聘请了多名文化人类学家以帮助从其进行市场营销到产品设计。例如，他们聘请一位人类学家来帮助该公司给他们的技术服务人员制定更有效的培训计划。朱利安·奥尔是一位被分配给该项目的人类学家，他作为技术员接受培训，并亲自参与技术工作来弄明白当技术人员与客户面接的时候发生了什么。这项研究发现，教人如何使用复印机是一个重要的任务，因为奥尔发现大量的服务电话并不需要从机械的角度来看。人根本不知道如何操作机器。这次通过第一手参与观察所得的结果鼓励施乐培训技术人员时强调客户关系[②]。

20 世纪 80 年代以来最有影响力的培养工商人类学家的地方之一是美国加利福尼亚州门洛帕克的研究所（Institute for Research），这是一个小型的咨询和研究机构。研究所（IRL）具有民族志导向的研究者，他们在学校和工作场所进行研究。研究所的专家们曾在施乐公司、美国国家半导体公司、太阳微系统公司和世界各地的许多其他公司工作。他们首创了咨询的参与形式，这可能会蔓延到其他主流企业。多数大型咨询公司已经改变了管理的做法，但他们普遍使用传统的人类学方法来了解组织如何工作，如民族志访谈、参与观察和交互分析。强调人类学应用的原因是清晰的：在研究所的研究人员致力于理解学习的概念，这样他们必须观察人们的学习过程，无论在学校还是工作场所的学习。人类学的方法允许他们这样做[③]。

迈克尔·亨德森（Michael Henderson），是一位工商人类学家，他提出阐明个人价值可以导致人们对工作提高 18% 的承诺。他评论说，为了

---

① Gwynne, M. (2003). *Applied Anthropology: A Career-Oriented Approach*. Boston, MA: Allyn & Bacon.

② Baba, M. & Batteau, A. (2003). *What is Business And Organizational Anthropology*? Retrieved February 26, 2003 from Wayne State University, Department of Anthropology homepage, http: //www. anthro. wayne. edu/ant3150/.

③ Jordan, A. (2003). *Business Anthropology*. Prospect Heights, IL: Waveland Press, Inc. p. 18. Davenport, T. (1996). Joining the Culture Club: If you want to understand employees' behavior, go to the experts. 1996 Issue of CIO Magazine, accessed in Feb. 2009 from: http: //www. unt. edu/anthropology/article2. htm.

有效地思考企业在技术领域的显著变化、社会价值观的转变、工作场所的代沟、地缘政治的不确定性以及史无前例的规模的市场经济转型，将需要比传统更要强调逻辑和理性。这一建议带来了企业人类学的经营科学的不断增长。

对亨德森来说，人类学包含了一个更“全面”的办法，即借鉴进化的、文化的、语言学和形而上学的观点，事实上，这与商业本身的日益复杂性相匹配。亨德森解释说，增加一个人类学家到一个商业变更项目或者干预研究小组就像从二维的角度观看世界，然后突然看到和明白了三维和四维的世界。工商人类学家都能够观察到行为的模式和深度以及其意义，而非人类学企业管理者无法看到这些。人类学家理解复杂性以及可以帮助想出反映这种复杂的答案。文化是极其复杂的，然而两个企业之间的战略可能非常相似，但文化始终是截然不同的。事实上，每家公司的文化是不同的。我们的部分角色是提供迅速识别该组织的核心文化的能力。识别文化的核心这可能意味着是团队文化建设而不是个人作为文化构造的基础，任何变化的努力必须围绕团队。工商人类学家还可以支持组织识别出自然的领导人，因为人类学家可以识别组织内真正的社会领袖，并把他们作为最有效的变化冠军。

亨德森认为，在组织变化中工作的人类学的方法反映了商业民主化的普遍发展。旧企业的等级结构主要是来自罗马的军事模型，并由英国东印度公司用自顶向下的方法移植到数以百计的企业，其在合作化与网络化的世界已经过时了。他认为，历史清楚地表明社会网络总是打败结构等级。从人类学家的观点看待文化，变化已成为基础或更多是部落运动。人类学家明白，工作不仅是与过程有关，它也与人相关。任何人如果没有认识到这一点，也就失去了对人的认识。亨德森对组织的建议并不是只把重点放在建设业务上面，更要注重与品牌相关的文化和社会网络的建设①。

汤姆·达文波特（Tom Davenport），巴布森学院的商业教授，写了一个名为“企业人类学的兴起”的哈佛商业专栏，其中他赞扬了人类学的贡献，因为它着重于观察：系统观察有什么优点？关键是要知道什么是工作，什么不是工作；人们在工作日期间如何使用技术和其他工具；工人如何提取其工作的意义或不提取其工作的意义等。我们对这些和其他话题都做出了广泛的

---

① Henderson, M. (2009). What is Corporate Anthropology? Accessed in Feb. 2009 from the homepage of Values at Work: http://www.valuesatwork.org/.

概括，但实际上我们真的不知道真正答案。企业人类学提供了解组织发生什么事和为什么发生的可能性①。例如最近，在多伦多大学的人类学家维克多·巴拉克博士与奥马哈互助保险一起更新其广告策略。他也曾在一个项目中与加拿大电影业限制参观的剧院，观察一切过程，从小吃的购买模式到吸引大家注意力的海报，并采访顾客来了解其态度和经验②。在下文中，我们将向读者介绍更多媒体最近报道的有关案例③：

• 工商人类学家珍妮特·布隆贝格（Jeanette Blomberg）帮助 IBM 扩充了其服务部门，其运行数据、呼叫中心和其他公司的计算机系统。布隆贝格通过网站分析这些公司和他们的文化，确保 IBM 公司提供的服务的确是符合客户需求的。她建议该公司可以通过内部重组来提高生产率的几种方法。

• 为了更好地了解亚洲市场，英特尔聘请人类学家吉纳维芙·贝尔（Genevieve Bell）到跨区域的 100 多个家庭，研究人们如何使用电脑和手机。3 年后，她有了一些令人吃惊的发现：当穆斯林使用全球定位系统技术寻找麦加祈祷时，年老的印度妇女用短信与世界各地的亲属保持联系，在寺庙里用手机收到祝福，可见电脑和手机是一个人的生活和身份的重要组成部分。她在报告说，这些电脑和手机在不同的地方、不同的生活支持不同的经验。她的团队包括其他社会科学家，得出的结论促进英特尔首创了“数字家庭”，推动 PC 在家里作为控制娱乐的中心设备。

在另一个项目中，经过数百个小时的实地调研，贝尔了解到欧洲的家庭和朋友在厨房里花费很多时间，所以家用电脑得足够小以适应那里环境。相比之下，在中国，厨房小而热，人们不留在那里消磨时间。贝尔提出此类型的研究瓦解了一个产品对世界的理念。

• 几年前，通用磨坊食品公司聘请人类学家苏珊·斯奎尔斯（Susan Squires）研究人们早餐的习惯。虽然人们说他们把早餐视为“家庭事件”，当斯奎尔斯在他们家里观察他们时，早餐通常是在旅途中吃的，包括汽车和

---

① Davenport, T. (2007). The Rise of Corporate Anthropology. *Harvard Business*, Accessed in Feb. 2009, from: http: //www. experientia. com/blog/the - rise-Of - corporate - anthropology/.

② Mulroney, C. (2002). Anthropology in the Workplace: Cultural Context Proves Just as Crucial to Improving Business as Tech Solutions. *The Globe and Mail*, Monday, November 25, 2002, p. B13.

③ Ha, K. (2004). Anthropologists dig into business with ideas for easier lving. San Jose *Mercury News*. Accessed in Nov. 2009 from: http: //findarticles. com/p/articles/mi _ hb5553/is _ 200408/ai _ n22214487/.

走廊。她的工作引起了流行的便携式酸奶“古尔”（Go－Gurt）的发展。斯奎尔斯还帮助设计了爱立信的拍照手机和其他技术设备，最近她被太阳微系统公司聘请帮助开发下一代超级计算机工作。

• 工商人类学家被惠尔普公司聘请到人们家里，与那里的人一起相处，最后发现那些家庭在结束繁忙的一天工作后很难再做饭。因此，该公司想出了极地“冷藏烤箱”（refrigerated oven）。食物在烤箱里一直是冷的，当到了设置的时间就会被烹煮。因此消费者回到家就可以吃到美食。

• 例如，摩托罗拉公司在摩托罗拉大学举办人类学教学分析。人类学家指出，青少年把传呼机作为时尚配饰，而不是实用设备。摩托罗拉然后从根本上增加了寻呼机的颜色、范围。在纽约电话公司和瑞士罗氏公司，人类学家帮助其比其他大多数类似项目更针对实际工作行为的方式重新设计业务流程。在瑞士罗氏公司，人类学家也研究科学家们如何使用描述药物开发过程的专家系统①。

• 在沙宾特咨询公司里，位于剑桥、美国马萨诸塞州，并由70个企业的人类学家组成的高科技顾问小组建议客户如何设计用户友好型产品。该小组由沙宾特咨询公司的首席执行官和实验室联合创始人里克·罗宾逊（Rick Robinson）经营，里克·罗宾逊把自己归属于发展心理学家的学术血统。这个小组甚至在公司最近裁员中幸存了下来。

• 在戴姆勒克莱斯勒公司，法国著名人类学家克洛泰尔·拉帕耶（G. Clotaire Rapaille）参与了设计漫步者，这是近年来最成功的汽车之一。斯奎尔斯曾建议工程师不要制造一个需要与干燥机“交谈”的洗衣机，因为洗衣机简单地就能完成那个步骤。另一位人类学家在摩托罗拉公司严谨地阻止工程师生产能被带子磨损的电视，这是个很酷的想法，但也许不是世界所期待的。

人类学家（如斯奎尔斯和贝尔）从会计师和分析师那里的薪水单发现了越来越多的东西。许多他们的学术同事和博士研究生，曾经为了学术职位和科研补助金的缩减而竞争，如今他们在完成自己的学位论文前已经在一些公司找到相应的工作。毕业生为了摩托罗拉和英特尔，避开了新几

① Davenport, T. (1996). Joining the Culture Club: If you want to understand employees' behavior, go to the experts. 1996 Issue of CIO Magazine, accessed in Feb. 2009 from: http: //www. unt. edu/anthropology/article2. htm.

内亚和博拉博拉岛。同时，人类学对商业学校的影响力自20世纪90年代以来一直保持增长。鉴于工商人类学日益重要的作用，它需要在商业教育中得到更充分的介绍。目前，人类学家研究消费者的自然栖息地（通常是家庭），对工业设计团队提出建议。在商业学校的人类学家们已经对商业教育的消费者研究的发展发挥了重要作用。例如，哈佛大学的索尔特曼（Saltman）教授和麦克拉肯教授、西北大学的谢丽（Sherry）教授、内布拉斯加大学的阿诺德（Arnould）教授、纽约旧韦斯特伯里州立大学的奥尔森（Olsen）教授和犹他州立大学的科斯塔（Costa）教授等著名人类学家影响着商业教育界①。

另一方面，企业员工像希尔（Hill）和考夫曼·斯卡伯勒（Kaufman - Scarborough），从商业学校接受培训，都接受民族志方法并把它应用在他们的企业研究中。如今，工商人类学不仅应用于教授研究生人类学课程，它也包含在一些美国大学的MBA学位的课程里。巴伯和巴托及其他人类学家通过在韦恩州立大学提供工商人类学课程，已成功把商业教育整合起来。他们研究表明，在国际商业环境的失败是由无法理解和适应国外的思维和行动方式造成的。此外，世界在迅速变化，决策者需要了解这些事态的发展及其影响②。

利用人类学家和人类学的方法是解决这些问题的重要途径。对国内企业的文化背景的理解固然是非常宝贵的，但是国际领域内的文化尤为重要，因为国际文化差异的幅度大大高于国内形势，因此误解或不适当的行动/决定的可能性会成倍增加。当研究国内和国外社会时，人类学家尤其善于发现和解释影响战略和战术的行为模式。这样的关注绝对可以用于改善商业运作③。

---

① Jordan, A. (2003). *Business Anthropology*. Prospect Heights, IL: Waveland Press, Inc. Tian, R. and Walle, A. (2009). Anthropology and Business Education: Practitioner Applications for a Qualitative Method. *International Journal of Management Education*, 7 (2): pp. 59 - 67.

② Baba, M. & Batteau, A. (2003). *What is Business And Organizational Anthropology*? Retrieved February 26, 2003 from Wayne State University, Department of Anthropology homepage, http: //www.anthro.wayne.edu/ant3150/.

③ Tian, R. and Walle, A. (2009). Anthropology and Business Education: Practitioner Applications for a Qualitative Method. *International Journal of Management Education*, 7 (2): pp. 59 - 67.

本章小结

经济人类学家可以从早期实践中找到工商人类学深厚的根源。人际关系学说表明，工商人类学家为工业研究和组织研究作出了独特的贡献。显然，从上述讨论可得知，工业人类学不仅研究工人，也研究管理人员；弗雷德里克·泰勒的研究是很艰难的，因为管理人员拒绝把那套研究方法应用到他们身上。能够研究工人和管理者意味着人类学家能够与这两个群体建立信任，这在当时工业动荡时期无疑是一个相当困难的壮举。人类学家实质上是唯一能够完成这一壮举的研究人员，虽然后来他们被批评其假设和观点太近乎管理。

人类学对商业的独特贡献包括已制定切实可行的方法来研究文化，以及理解其在研究大小型群体的人类社会行为的复杂作用。目前对工商人类学的兴趣来自于20世纪80年代，那时应用人类学被用于调查人们与科技是如何互动的。从那以后，大量的人类学家开始从事商业领域的研究，他们通常被授予不同的职称，诸如“知识联络人”、“民族志研究者”、“评估员”等头衔。近年来，人类学家更多参与企业经营的战略性及操作性研究，包括消费者研究的项目。此类研究中，人类学家往往在销售技术产品前对其性能及其使用者所可能有的反应进行评估。

工商人类学家把文化的概念应用于理解商业组织。他们强调单一的组织文化变革和文化适应以及这两者结合的过程。工商人类学家关注非正式的和正式的以及认知的、情感的和行为的过程。正是这些因素，工商人类学家专注于这些高级管理人员谈及的因素，他们解释说低估整合文化的重要性和难度有助于解释经营实践的失败。

案例一　苏珊·麦克德美的故事[①]

最近，来自日本媒体公关公司的一个团队，定期为某跨国软饮料生产商东京分公司提供建议，以便该分公司能更加有效地处理有关对国外的消息和报道。在日本，一位加拿大不列颠哥伦比亚的女学者苏珊·麦克德美（MacDermid）是一位职业经理人，她的优秀管理能力，使其能够与总部位于东京的 Infoplus 签订了工作合同。她擅长用日语做演讲，她的演讲生动活泼，富有感召力，结果为公司赢得声誉和生意。她说："在这里其他人讲日文比我好得多，但事实上，我的演讲引人注目，也得到人们的关注。"

麦克德美的上述故事表明，一个异国会讲日语的女人也可以在日本创造职业生涯的奇迹。她批评加拿大人为了日元逃离日本，并鼓励企业和个人在这块给了她"高水平的生活水平和有趣的生活"的土地上寻求财富。

麦克德美在 Infoplus 担任高级管理，这是个位于东京著名的电器区 Akihabara 附近的规模虽小但是很活跃的公司。她本来打算就读于哥伦比亚大学的历史和哲学专业，但最终以教学英语作为第二语言毕业。这种技能使她能够在日本的大学工作，激发了她在 20 世纪在日本报社做研究来传播现代化的想法。虽然她必须学习日语来完成她的毕业作品，麦克德美认为，作为一个加拿大人，只会说日语是不足以在日本顺利地将工作做好的。跨文化交际能力必须与语言技能齐头并进。

麦克德美强调，加拿大人有一定的内在优势以获取在国外工作的灵活性。麦克德美把她自己过去作为"空军顽童"，在世界各地度过童年大部分时光。当她与她的父母短聚在南太平洋时，麦克德美说她不想喝当地牛奶，"因为它的味道是与众不同的"。经过很久之后，她才甘心接受热带地区的奶牛不吃加拿大草的事实。如果一个人没有经历过一些事情，他们以后的生活将会遇到很多困难。

---

① By Andrew Horvat, adopted from: http: //www. cic. sfu. ca/tqj/Experience/index. html.

"我的美国朋友说我对文化问题过于敏感"。麦克德美在日本外国记者俱乐部最近的一次采访中说："他们说，如果人们想与你做生意，他们应该学会用英式的方法与你谈生意，他们应该尝试恪守誓言并将学会与你谈论棒球。"而麦克德美对朋友的回答是："你可以不卖东西给你不能沟通的人。"此外，也有一些朋友说，在日本"没有学习日语的外国人照样能在日本过得很好"，麦克德美对这些朋友回答说："他们没有学习日语也能在日本过得很好是事实，但是如果他们远足他方而又学了语言，他们将取得更好的结果。"

一家美国的汽车跨国公司，聘请麦克德美所在的日本公司翻译了一本小册子，该公司希望用这个小册子来吸引未来的日本员工。麦克德美回忆说，该公司用英语写的草案非常好，可能适应大公司，但却没有基于本地员工的文化期望进行考虑，这意味着"我们能够完成翻译任务的要求，但他们却不会聘请到一个新员工"。总部设在美国的工作人员似乎没想到，日本员工喜欢大公司能够提供终身职业，或从日本人的观点看来，旅游和认识国外人的机会，满足人们在国外大公司工作的经历要求，其价值远超简单的高薪。用英语写的草案，没有提及这家美国公司是世界上最大的企业之一。它只是说，北美风格的公司希望寻找什么样的员工。最终，麦克德美所在的公司所付出的努力远远超出了原来的"翻译任务"，彻底修改美国公司的小册子以适应日本人的期望。

同样，当对一个主要的欧洲电信公司在日本提出媒体策略方面的建议时，麦克德美的公司发现自己必须化解外国公司当地分支机构内部的文化差异。"我们的任务是说服日本员工对他们的外国管理者有更多的信心，同时使客户放心日本员工真的知道自己在做什么。"她回忆说，"该公司拥有其经营所需的所有资源，但他们无法互相沟通"。

麦克德美最近发现自己必须处理自己公司的基于文化的问题。她已晋升为部门负责人，却发现她并没有被要求出席依照她的职位该参加的某些会议。她感觉到自己是故意被排除的，因此她通过一位同事才发现，他竟然一直主张，作为一位单身女人她不应该有参加这种沉闷的深夜会议，因为毫无疑问这样做会不给她带来很大不便。现在，麦克德美参加深夜会议了。

尽管有了这些经验，麦克德美认为，作为一个女人不会总是一种劣势。她说："在一个小的日本公司中，人们清楚地知道被定义好的任务。每个人都可以看到你有没有给公司带来收益。"一次，当许多美国和加拿大的公司在日本裁员或者关闭时，麦克德美属于讲日语的在日本企业工作的外国人之一。麦克德美强调，有一定技能的年轻加拿大人，"可以获得很好的工资、享受良好的工作条件，并可以得到工作经验，这对于他们的未来是一笔巨大财富"。

案例二　在法国的中国温州商人[①]

从20世纪80年代开始，有越来越多的亚洲人特别是华人进入法国。目前，在法国的华人、华侨多达30多万人。尤以来自温州的华人、华侨增加之速，居法国华人、华侨中人数之首（据估计有13万人之多），在法国产生了一种温州现象，更引起法国社会的广泛关注。他们在法国的政治地位和社会影响方面远不如其他移民，但是却在经济领域反而比同期进法国并同法国有着亲近的社会政治文化关系的其他许多移民有更好的表现。而在华人、华侨中温州人又具有一些明显的独特性。

巴黎的温州人聚集区相当大，究竟有多少温州人，谁也说不清楚，法国政府有关管理部门都没有准确的统计数据，估计大约有6万到10万人。这里的原因是绝大多数温州人偷渡到法国，处于非法状态。巴黎温州人的移民方式多先是男性单身偷渡到巴黎，在那里站住脚后，把亲属或亲戚分批、分期地带到法国。这是一种"滚雪球"式移民：开始移民人数很少，随着时间推移，人数越来越多。1978年以后，中国逐渐实行对外开放政策，大量温州人利用随亲带故的社会关系网络进入法国。

① 王春光等：《温州人在巴黎：一种独特的社会融入模式》，《中国社会科学》1999年第6期。

1995年前，温州人基本上以家族式行动去争取合法化，缺乏团体合作式行动。所谓家族化行动，通俗点讲，那就是亲带亲、故带故的做法，一个人不但通过各种方式把其他家族成员弄到法国，而且也更多地借助于家族的力量和资源进行合法化申请行动，来获取合法身份。到了1995年，另一种新的合法化行动在巴黎温州人中出现，那就是团体合作行动，即通过一定的组织形式发动的行动。

绝大多数温州人与其他华人、华侨一样，具有敬业、勤奋的精神，总想闯出一番事业来，以证明自己的价值，也为子孙后代留下一份家业。在温州人看来，当老板是有财富或者说最能获得财富的象征，而且还是身份地位的表现，一辈子当不了老板的人，会被人看不起。巴黎温州人在生活和事业上基本上经历了三个过程：打黑工、当雇工和雇工（即当老板）。

在法国，并不是所有有居留权的人都可以当老板，只有10年期居留权的人才有这样的资格，而那些只有1年期居留权的温州人想开店或办工场，一般请有老板资格的其他温州人或少数很要好的法国朋友出面当他们的老板，每月付给后者一定的报酬，但是，实际上这些店是他们投资和经营的，所有收益也由他们分配，大部分属于他们的。请人当老板，容易出现经济纠纷：有些人不讲信用，他们利用当老板的身份，将别人赚的钱拿去花了，从法律的角度讲，这些钱应该属于他们的，但实际上不是这样，赚钱的人只好自认倒霉。不过，在温州人圈子里，如果一个人不讲信用，就别想呆下去了。因此这样做的人也只是少数。

除了资格条件外，当老板还需要投入较大数量的资金，少则要投入几十万法郎，一般都要上百万法郎，如仅买一间店面的经营权，至少需要四五十万法郎，一般的也要八九十万法郎。大多数温州人不可能一下子拿出上百万法郎投资当老板，主要借助于“会”这样的一种民间融资方式。

所谓“会”，就是指巴黎的温州人借助朋友、亲戚关系建立起来的一种经济互助形式，但是它不是纯粹的友情互助形式，还兼有一些市场成分。朋友亲戚关系是前提，因为这种筹资形式是一种民间的非正式形式，没有现代法律制约，主要依赖于彼此之间的信任度。在巴黎温州人中间，盛行了两种“会”，分别是“干会”和“活会”。“干会”是这样一种情况：如果你急需一笔钱，就告诉朋友“我要呈个会”，比较好的朋友都会参加，每个人一般拿出1万法郎入会，然后大家参加抓阄，确定归还顺序和日期。如果你今天呈会，并抓了阄，3个月后开始每月偿清一位入会朋友的钱，第一个月还归抓到第1号的朋友，依此类推，直到还清所有入会朋友的钱。如果有30个朋友入会，你需要在33个月内还清他们的钱。“活会”的其他情况与“干会”是一样的，只是偿还方式上有所不同。从建会那天开始的第三个月，确定一个固定的时间，比如每月的几号下午几点钟，入会的朋友集中到会主家里，以招标的方式确定当月谁拿回入会款和有关利息。一般来说，最高标底是600元，如果你出标100元，恰巧这是最高的出标数，那么你就中标，其他会员当月都要再拿出500元，交给会主（或叫会首），会主把所有会员交来的钱（即每人500元）收拢来，再加上你入会的那份钱（即1万元），一起归还给你。而你从下个月开始，每月得拿出600元，直到所有的会员都拿回自己的钱和利息为止。会主将你交纳的这笔钱交给下个月的中标者。在下个月的相同时间，会主又召集会员进行投标，但是你已经没有资格参加投标，仅由没有拿回钱的会员参加投标。如果下个月张三出80元的标数中了标，那么该月其他会员要拿出520元交给会主，但你却要交纳600元。会主会将你交的600元和其他会员交的520元，再加上1万元，一道交给张三。到最后一个月，会主分别从每个会员那里拿到600元，再加上1万元，交给一直没有中标过的最后一个没有拿回钱的会员。这样，这个会就宣告顺利结束。

一般来说，温州人倾向于采用“活会”这种形式，因为从经济上看对每个会员来说有一定的相当于利息那样的补偿，比较合理。对会主的经济帮助来说，“干会”和“活会”都是一样的，“活会”对会主来说仅仅多一层麻烦（即每月召集会员招标、收会费等等）。所以他们也乐于采用“活会”这一形式。虽然“干会”没有经济利益的补偿，显得人情关系浓了些，但是却降低了朋友入会的积极性，所以，现在“干会”很少被采用。

但是，“活会”对会员来说，也不是很盈利、很合算的经济活动，这里也就有人情因素。即使是朋友，也不是随便能入会的，这里还取决于其他一些因素：一是会主的呈会目的不是为了买住房、还债等非经营盈利活动，必须是为了投资经营；二是会主还应是个敬业、勤俭持家的人；三是会主还会善于经营，以前做生意，如果一直亏本的话，想呈个会就相当困难，没人会对他还钱的能力有信心。所以，温州人对入会是相当谨慎的，非是朋友不行，甚至非是要好、可靠的朋友不行。但是，即使这样，也有倒会现象发生。所谓倒会，就是会主没有能力还钱。只有极少数、极少数会主为人不地道、不讲信用，卷款逃走，但大多数倒会的会主是因为经营不善、亏损造成的，他们根本还不起。对后一种情况，入会的朋友都会给予谅解和支持，这就是他们所说的“朋友情谊”。

这种“会”借用自温州的台会，但不同于后者。温州的台会是一种利用高利息手段的融资方式，参加者完全出于低投资高盈利的动机，存在着更多的风险，倒会的可能性更大，有许多会主以高利息作诱饵，把人家的钱收进来后，便逃之夭夭。巴黎温州人呈会，很少会发生这种情况，由于在巴黎有相对多些的赚钱机会，同时又是在他乡异地，他们变得更加小心谨慎，不易受高额利息的引诱而冒被欺骗的危险。因此，巴黎温州人把呈会当作是朋友间相互帮助的一种方式，而不是将其作为投机取巧甚至欺骗的手段。在这个前提下，他们适当地考虑到对朋友的利益补偿。在巴黎，呈会大大地加快了将更多的温州人扶上老板宝座的步伐，显示出非正式关系帮助温州人进入市场经济的力量。

温州人在生产经营上，根据自身的条件，充分地开发了其社会、文化和经济资源，收到了一定的效果。首先，他们采取了低利润、低风险的补偿性行业定位战略。用温州人自己的话说，他们拿的是“三把刀”，即菜刀（开餐馆）、皮刀（做皮包和皮衣服）和剪刀（干裁缝）。他们经营的这些行业一方面最适合温州人现有的条件——投资少、技术低以及适宜于家庭经营；另一方面这些行业与人们的日常生活息息相关，在需求上具有相对的稳定性，除非经营者太缺乏经营能力，否则的话，不会亏空多少钱，相反大多还能有稳定的收入。他们开办的是中餐馆，具有独特性，是法国人做不到的，而温州人经营的服装和皮包基本上属于低档商品，利润低，是许多法国商家所不愿经营的，原来犹太人主要控制了皮包和衣服的生产经营，后来温州人通过降低成本，挤进了皮包和服装行业，犹太人主动放弃低档的服装和皮包经营，专门经营高档的服装和皮包。

温州人在经营活动上的一个重要取胜诀窍就是极大地降低生产和经营成本。一是充分调动家庭成员参加生产经营，来降低成本。特别是充分发挥未成年孩子的作用（法国禁止雇佣未成年孩子这种法律在家庭内部是难以发挥效用的），在温州人那里孩子帮父母，是很正常的事，是符合他们的伦理观念的，而孩子参加劳动，不需要签工，不需缴纳雇佣劳工所要缴纳的各种税费（这一费用在法国是相当高的，相当于工人工资的40%到50%）。同时，由于是家庭式的公司、企业，夫妻两人虽然都在自己的公司或企业里干活，但是，他们有可能会少报一个签工名额，或者少报他们的工资收入，因为老板要根据给工人工资的一定比例缴纳税费。另外，家庭成员之间的亲密性和情感性，有利于对外保密，从而有利于温州人降低生产经营成本——即通过隐瞒收入，避免多缴税。

许多温州老板还充分利用非法移民的大量存在以及温州人社会关系圈子，降低劳动力成本即雇佣黑工。以不同方式支付工资，降低雇工税（支票支付工资，要缴纳一定比例的雇工税，用现金支付，可以逃避这一部分所要缴纳的雇工税）。

延长工作时间也是温州老板的赚钱手段。不论是老板还是工人，每周最多休息一天，有的只休息半天，每天的工作时间在10小时以上（法国实行一周5天、每天8小时的工作制度）。当然不同行业的工作时间是不同的，皮包销售店、首饰品商店和超市的工作时间短些，每天在9小时到10小时之间，而皮包和服装等行业的工作时间很长，每天都在12小时以上，有的多达16小时。温州人当工人，每月能拿到7000法郎左右（如ZGX的月工资是7200法郎，ZBY的月工资是7500法郎，CZM月工资是6800法郎，YDQ的月工资是6500法郎），接近法国的普通工资水平（8000法郎左右/月），但是他们工作时间长，他们的小时工资是相当低的，低于法国的最低工资要求。

总之，在巴黎，当老板是温州人的最大追求，但就他们的条件而言，当老板不是一件容易的事，他们充分调动自己的潜能和社会资源——选择合适的行业，利用温州人内群体的社会关系资源以及家庭的传统优势，凭借内群体的劳动力市场以及他们过去的劳动和生活习惯等——来实现老板梦。

学习思考题

1. 经济人类学的基本理论及其特征是什么？经济人类学发展过程中的大辩论指的是什么？

2. 为什么说工商人类学与经济人类学具有渊源关系？工商人类学从经济人类学中吸取了哪些富有价值的理论思想？

3. 早期工业人类学的发展特征是什么？主要贡献者有哪些著名学者？

4. 工业人类学为什么会衰落？其衰落的历史过程有什么特点？

5. 工商人类学复兴的历史背景是什么？

6. 工商人类学的最新发展有什么特点？主要理论贡献者有哪些？

7. 本章所附案例说明了什么？如何从人类学的角度来理解和分析该案例？

第三章

工商人类学的发展（下）

内容提要

在很长一段时间里，美国的人类学家以及研究者已经控制了组织文化研究的话语权。相比较其他地区，特别是欧洲的工商人类学家因为缺少在相关学术刊物上面有规律的学术文章的发表而被忽视。欧洲的工商人类学家投入了很多的时间和精力来研究组织结构和组织文化，然而，他们自己却不在组织之中。目前，工商人类学家的群体更加多元和开放；有些工商人类学家还具有多重的职业身份。本章首先讨论了工商人类学在西方以外的发展历史，然后着重讨论工商人类学在欧洲的发展。本章还介绍有所争议的工商人类学家在欧洲的发展过程，并运用主流的组织研究的方法分析部分主流文化的概念。在欧洲，工商人类学家活跃于多重研究领域，比如管理的多样性、文化变迁、跨文化合作、组织文化以及组织的民族志研究等。最后，本章还讨论和阐述了工商人类学在中国的萌芽与发展状况。

学习目标

1. 学习和掌握工业人类学在非西方国家的发展情况。

2. 学习和掌握工商人类学在欧洲的发展历史和现状。

3. 熟悉和理解欧洲工商人类学的主要理论观点。

4. 学习和掌握工商人类学在中国的发展现状。

5. 学习和理解发展具有中国特色的工商人类学愿景。

引　言

工商人类学毫无疑问是从北美特别是美国开始发展起来的，换言之，正是美国早期工商社会的蓬勃发展，才促使人类学家开设关注工业企业的相关问题。但工商人类学在其他国家的发展，同样也是非常重要的而且是富有特色的。工业化发展的过程是近代人类史的一个重要特点。工业化的过程和结果，不仅改变了人类的生存条件，而且也创造出更多的发展机会，包括人类学的发展机会。在这个历史时期，许多人类学家将研究的重点放在对第三世界的发展研究方面，形成了一些非常有价值的研究成果。

如同在美国一样，工商人类学在欧洲也经历了一个非常有趣的发展过程，而且在不同的历史阶段都具有一定的特色，在研究方法和研究内容方面，都带有一定的时代特征。工商人类学在中国还处于一个最初始的发展状态，中国的学者虽然从不同的角度应用人类学对工商社会进行了一定的研究，但工商人类学作为一门新兴的学科在中国的发展，还需要我们作出更大的努力。

第一节　西方以外的工业人类学

工业化是社会和经济变革的过程，即人类群体是从前工业社会转变为工业社会的过程。这是一个更广泛的现代化进程，社会变革和经济发展及技术变革，特别是与大规模能源和冶金生产的发展密切相关。工业化还引入了哲学变革的形式，人们对性质的认识获得不同的态度。学者们针对关于促进工业现代化建设和企业发展的因素问题进行了系统的研究，并出版了一些非常重要的著作。研究人员发现的积极因素主要包括通过各种丰富的自然资源获得的工业和商业中有利的政治法律环境、相对较低成本的充足供应以及有技能的和适应性强的劳动力①。

20世纪后期，对非洲、亚洲、中东、拉丁美洲和加勒比地区的调查发现，高层次的结构分化、功能专业化和政府自治经济系统可能会极大促进工商业的增长和繁荣。在其他的事情中，对进口货物实行零或低关税的相对开放系统趋于在所有领域刺激工业的低成本和创新。自由和灵活的劳动力和其他市场也有助于提高一般经济业务的效能水平，也加速了大众的学习能力。关于劳动者积极工作的伦理问题，在很大程度上与迅速利用新技术的技能有关，而科学发现可能会提高产量和收入水平。当后者上升时，各种消费品和服务市场趋于扩大和进一步地刺激工业投资和经济增长。到20世纪末，东亚是世界上最成功的经济地区之一，如中国香港的自由市场被广泛地视为世界各地欠发达国家效仿的模型②。

20世纪60年代至70年代间，按照国际化的观点，联邦机构如国家科学基金会，高度支持美国国外的田野调查。此类型的支持使得人类学家能够与其他学科的成员如社会学家，一起探索在国家刚刚开始发展的工业基础设施正在发生的变化。在当时，社会科学的一个重要的理论——被称为“一体化理论”（convergence theory），预言基于工业化的技术需要，世界各地的社会生活方式将变得越来越相似③。“一体化理论”意味着，随着国家经济从传统农业向现代工业生产（如大规模批量生产）的转变，产业化的技术需要适应许多不同国家的社会和生活方式的变化，包括大家庭的分解、从农村迁移到城市地区、城市中心的人口聚集、提高劳动力纪律的必要性、儿童的强制性教育以及类似的职业结构。

有人认为，许多上述的社会变化遵循工业在某些集中的地点（如工厂、矿山和钢厂）组织大规模生产，而这往往会吸引那些寻求生计的人以及为第一产业和劳动力提供相应的产品和服务的较小的供应商。根据巴伯的观点，工业对读写能力的要求和管制个体和团队行为成为社会越来越需要为孩

---

① Hewitt, T., Johnson, H. and Wield, D. (Eds. 1992) *Industrialization and Development*, Oxford, UK: Oxford University Press.

② Kiely, R (1998). *Industrialization and Development: A comparative analysis*, London: UCL Press.

③ Form, W. (1979). *Comparative Industrial Sociology and the Convergence Hypothesis*. Annual Review of Sociology, Vol. 5, pp. 1-25.

子建立正规教育的理由，学校还是为未来的劳动力教育规章制度的一种手段。在这个讨论中，一些理论家认为，每个工业化社会的经济和社会文化系统的发展，不管其历史和文化如何，都必须遵循西方社会相同的发展途径。巴伯进一步批评说，这个假设的民族中心主义的含义是：非西方国家只能将能够工业化的程度在自己的社会体制结构、价值观和行为模式中，达到效仿西方社会的目的。从这个角度来看，传统的本土习俗（如亲属义务、精神取向）被认为是阻碍工业化过渡的障碍①。

工业转变中的社会人类学研究基于历史的特殊性和文化相对主义，提出了对“一体化理论”的批判。卡罗尔·贺兹柏（Carol Holzberg）和莫琳·吉拉尼尼（Maureen Giovannini）在1981年深入讨论了这一体化的主要部分②。对人类学家来说，如巴伯声称的那样，工业化前的社会更加复杂和微妙，这表明其传统的社会结构和生活方式的各个方面可以补充工业③。例如，克利福德·格尔兹（Clifford Geertz）证明了本土企业家在经济发展中发挥了至关重要的作用④。马克斯·格鲁克曼（Max Gluckman）提出，在二元经济中，本土人们跨越两个（村庄和城市中心）经济世界可以有效地与工业共存，这样一来满足人类的需求就是必要的⑤。琼·纳什（June Nash）探讨过传统文化形式的作用，如在释放工业生活的过渡的仪式⑥。

---

① Baba, M. (2006). Anthropology and Business. In Birx, H. J. (Ed.) *Encyclopedia of Anthropology*. Thousand Oaks, CA: Sage Publications. pp. 83 - 117.

② Holzberg, C. and Giovannini, M. (1981). Anthropology and Industry: Reappraisal and New Directions. *Annual Review of Anthropology*. No. 10 (1981), pp. 317 - 360.

③ Baba, M. (2006). Anthropology and Business. In Birx, H. J. (Ed.) *Encyclopedia of Anthropology*. Thousand Oaks, CA: Sage Publications. pp. 83 - 117.

④ Geertz, Clifford (1962). "Social Change and Economic Modernization in Two Indonesian Towns: A Case in Point", in Hagen, E., *On the Theory of Social Change*, Homewood, Illinois: Dorsey, pp. 385 - 410. Cited in Baba, M. (2006). Anthropology and Business. In Birx, H. J. (Ed.) *Encyclopedia of Anthropology*. Thousand Oaks, CA: Sage Publications. pp. 83 - 117.

⑤ Gluckman, Max (1963) [1961]. Anthropological Problems arising from the African Industrial Revolution. In Aidan Southall (Ed.) *Social Change in Modern Africa: Studies Presented and Discussed at the First International African Seminar*, Makerere College, Kampala, pp. 67 - 82. London: Oxford University Press. Cited in Baba, M. (2006). Anthropology and Business. In Birx, H. J. (Ed.) *Encyclopedia of Anthropology*. Thousand Oaks, CA: Sage Publications. pp. 83 - 117.

⑥ Nash, June (1979). *We Eat the Mines and the Mines Eat Us: Dependency and Exploitation In Bolivian Tin. Mines*. New York: Columbia. University Press, 1979. Cited in Baba, M. (2006). Anthropology and Business. In Birx, H. J. (Ed.) *Encyclopedia of Anthropology*. Thousand Oaks, CA: Sage Publications. pp. 83 - 117.

其他人类学家的贡献，如巴伯所说的那样，在几个相关的领域扩大我们的工业化进程中的知识，如：（1）已存在机制的质的变化；（2）新的体制形式的出现；（3）种族划分的作用和种族作为在工业场所内外部组织社会关系结构的因素；（4）妇女在工业化进程中的作用；（5）工业生产转变的相对成本和效益。巴伯还表明，通过人类学在发展中国家研究积累的知识基础支持经济发展的主流模式的激进批评，包括“依赖理论”（dependency theory），表明西方的工业发展和不发达的第三世界都是现代资本主义生产的统一但单一的全球系统的相互依存的部分①。

值得注意的是，人类学家通过在美国以外的国家或地区田野调查，在这个时期为“扩散理论”（diffusion theory）作出了重大贡献。“扩散理论”是包括多种学科的理解所采用的变革方法，如在当时的环境下，不同人群、民族和文化对新的产品或技术创新的影响②。通过巴伯，我们得知“扩散理论”是现代营销学基础理论框架的原则之一，人类学家为扩散理论的传播作出了巨大贡献，也提高了该理论的复杂性。人类学家的一些最重大的发现都集中在新产品扩散到地理区域后的情况，这些地理区域中以具体的技术为基础的商品在以前是鲜为人知的。通常情况下，意外的和消极的后果可能就是最后的结果③。

人类学家颇涕·佩勒托（Pertti Pelto）研究了在拉普兰的乘坐雪地机动车驯鹿的牧民。牧民家庭能够购买和维护雪地车。由于相对传统的滑雪板，更多的驯鹿在雪地车上聚成群，因此也能够增加他们驯鹿的牧群。然而，在同一时间，雪地摩托本身会吓坏驯鹿，这个新的压力源往往也消耗整体牛群。因此，事实上社会的富人和穷人的等级制度在传统上一直显得更加平等。这样的研究是现代强调消费者和消费过程中的先驱④。

根据巴伯被引用最多的工商人类学发展史上的系统研究，其他三个人类学家分别是托马斯·若楞（Thomas Rohlen）、爱德华·霍尔（Edward Hall）和米尔德丽德·里德·霍尔（Mildred Reed Hall），他们的工作值得特别注

---

① Baba, M. (2006). Anthropology and Business. In Birx, H. J. (Ed.) *Encyclopedia of Anthropology*. Thousand Oaks, CA: Sage Publications. pp. 83 – 117.

② Rogers, E. (1962). *Diffusion of Innovations*. New York, NY: Free Press.

③ Baba, M. (2006). Anthropology and Business. In Birx, H. J. (Ed.) *Encyclopedia of Anthropology*. Thousand Oaks, CA: Sage Publications. pp. 83 – 117.

④ Pelto, P. (1973). *The Snowmobile Revolution: Technology and Social Change in the Arctic*. Menlo Park, CA: Cummings.

意。正如巴伯指出，这三个人类学家的研究方式相当独特，并不符合上文所述的任何类别的商业组织，接下来应用于理论建构商业问题。此外，这三位作者对于全球经济和社会系统未来发展的视野是超前或有先见之明的。这三位学者的工作与当前发展工商人类学有关①。

1974 年，托马斯·若楞（Thomas Rohlen）发表了关于中等规模的日本银行的经典民族志，其中展示日本的组织结构和实践的文化联系，其研究方法强烈地吸引了商业学者和西方实践者的兴趣。他的研究方法是：自己作为实习生进入银行，并与新招聘的全员参与培训计划，其中新招聘的员工提供了许多对日本管理方法的看法，否则他不会得到这些信息。例如，若楞把一种培训练习描述为“Roto”训练，新成员被要求离开培训学院，直到他们说服一个陌生人让他们完成一些免费的家庭杂务才能回去，这项任务在一个支持陌生人制造麻烦义务的国家完成是十分艰巨的。新成员终于找到有人愿意让他们履行这项任务时感到非常感激，他们很乐意做任何工作，无论多么危险的工作都可以（如清理户外厕所）。管理者利用这次演习任务去灌输受训人员一些观点，包括一项任务的性质不应该决定一个人对待它的态度；相反，一个人的态度决定了一个任务如何被认识。这些控制雇员的规范方法在西方公司正变得越来越普遍，已经通过自觉地塑造“企业文化”作为一种手段来灌输的价值观和规范，使他们自己产生自我监管的纪律②。

商业学者之间最经常提到的人类学家——爱德华·霍尔，基于人类通过社会交往来扩大和提高自己的“主要信息系统”（primary message systems），发展了作为一个生物系统的文化小说理论。他的兴趣范围远远超出了语言沟通，并达到了沟通非语言和语境方面。他的大部分工作旨在解释空间和时间作为沟通的语境维度的作用；通过这项工作，他提出了许多后来成为国际商业全球标准的概念，包括多维度时间取向和单维度时间取向（如与经历的线性和分段的时间相对应的是周期性和非分割的时间）、高语境和低语境文化。霍尔做了很大的努力来区分信息嵌入的背景变量中的大部分信息性内容

---

① Baba, M. (2006). Anthropology and Business. In Birx, H. J. (Ed.) *Encyclopedia of Anthropology*. Thousand Oaks, CA: Sage Publications. pp. 83 - 117.

② Thomas Rohlen (1974). *For Harmony and Strength: Japanese White - Collar Organization in Anthropological Perspective*. Berkeley and Los Angeles: University of California Press; Baba, M. (2006). Anthropology and Business. In Birx, H. J. (Ed.) *Encyclopedia of Anthropology*. Thousand Oaks, CA: Sage Publications. pp. 83 - 117.

的文化与在语言编码中的大部分信息明确的文化①。

霍尔和他的伙伴米尔德里德·里德·霍尔（Mildred Reed Hall）写了一系列把霍尔的跨文化沟通的理论应用于国际商业领域，尤其是向美国、法国、德国和日本的商人的书籍。他们的兴趣是帮助商人翻译和解释沟通过程和跨越文化边界的事件，防止出现跨文化误解。霍尔的书籍已被翻译成16种语言，他的工作经历经常被商业教科书引用，并且他的思想也已被纳入国际商业词典。

巴伯的研究表明，这些人类学家所开发的主题，特别是对美国以外的企业实体的民族志的探索以及跨文化背景下的沟通，与工商时代产生共鸣，这在下面将会详细描述。在工商世界里，人类学实践复苏是由实践者把人类学知识应用到与商业有关的问题，而不是严格地限于工业利益的学术应用，如1960年到1980年的实例（少数除外，如爱德华·霍尔）。这一重要变化的原因和含义会在下面探讨②。

第二节　工商人类学在欧洲的早期发展

如前两章所述，美国学者的研究，主导了工商人类学的发展。比较著名的有美国人类学会成立的全国人类学应用协会（NAPA，National Association for the Practice of Anthropology）的马琳·乔万尼（Maureen Giovannini）和罗斯盖（Rosansky）在1990年所参与的研究，乔丹（Jordan）在1994年的传记型作品，以及巴伯（Baba）在2001年对工商人类学历史发展的研究著作。此间，美国的工商企业和经济组织也意识到工商人类学研究的应用价值，开始雇佣人类学家参与研究并制定工商业计划，此间有名的参与研究的

---

① Hall E.（1977）. *Beyond Culture* and *The Dance of Life*. Garden City，NY：Anchor Press；Baba，M.（2006）. Anthropology and Business. In Birx，H. J.（Ed.）*Encyclopedia of Anthropology*. Thousand Oaks，CA：Sage Publications. pp. 83 - 117.

② Baba，M.（2006）. Anthropology and Business. In Birx，H. J.（Ed.）*Encyclopedia of Anthropology*. Thousand Oaks，CA：Sage Publications. pp. 83 - 117.

人类学家还有格鲁诺①、米勒②、达文波特③和科贝特④等。

但是，在这个时期中，工商人类学在世界其他国家和地区也开始蓬勃发展，比如在英国、荷兰、瑞典、挪威、丹麦、法国、意大利和其他欧洲的国家或地区，就有很多人类学家对这个学科作出了相当出色的研究和贡献，比如曼彻斯特人类学家在20世纪50年代和60年代对工商人类学的研究等。但是，相对于美国人类学家来说，欧洲各国的人类学家对工商人类学的研究，规模不大。究其原因主要有：第一，欧洲各国使用的语言不同，比如法语、德语、瑞典语、荷兰语和丹麦语等，这使得各国间的学术交流因为语言差异而不易顺畅地进行；第二，欧洲的各个人类组织中也没有成型的关于"工商人类学"或者"组织人类学"的相应协会，甚至没有对这个领域的学术认可。由于以上种种原因的存在，在最近30年里，严重影响了工商人类学在欧洲的发展，甚至在欧洲这个研究领域有两种称谓：一是"工商人类学"；二是"组织人类学"。

一、"工商人类学"还是"组织人类学"

通过研究分析欧洲人类学家在这个领域的学术发展历程，我们发现欧洲对"工商人类学"有诸多不同的称谓，如组织民族志、组织人类学、工商人类学和工业人类学等不一而足。其中，组织人类学和工商人类学的混淆度最大。通过进一步研究发现，在欧洲，更多的人类学家习惯称其为组织人类学；而在美国，则习惯叫做工商人类学。这是因为，在欧洲，人类学家会认为这方面的研究主要是涉及组织的人类学的应用型研究或者是关于营利组织的学术性研究；同时，有时候也被看成是对组织文化进行的人类学跨学科探讨。

无疑，组织民族志的称呼更侧重于使用民族志这个研究方法对人类学进行研究的表述。至于工业人类学，在欧洲极少被使用，而美国学者巴伯则认为这种表述的形成，可能是基于对学术研究领域集中在工业领域的功能性认

---

① Gruener, W. *When Cultures Shape Technology*. Tom's Hardware Guide, July 8th, 2004.

② Miller, B. Anthropology and business come together. *Small Business Bulletins*, November, 2005.

③ Davenport, T. The rise of corporate anthropology. *Harvard Business Review*, November, 2007.

④ Corbett, S. Can the Cellphone Help End Global Poverty?. *New York Times Magazine*. April 13th, 2008.

定。使用工商人类学这个概念，更多的是强调这个学科在研究中对组织的重点研究倾向。也正如著名学者巴伯[1]所指出的那样：工商人类学一直致力于发展对组织研究的科学贡献。在美国，公司组织和国家制度相对比较松散，于是给工商人类学的发展提供了肥沃的土壤；而在这一方面，欧洲就相对比较困难。

二、欧洲经济人类学的渊源

工商人类学没有直接延续一些经济人类学的工作，而是另辟蹊径。工商人类学对人的商业行为的研究应该是嵌合在社会研究之中，和经济人类学实在主义学派的研究假设相吻合。从这个角度上看，工商人类学的研究应该是基于经济人类学研究的历史和理论渊源基础上进行进一步的发展，经济人类学中的嵌合理论同样也是工商人类学研究的学术关注点之一。从马林诺夫斯基的《西太平洋的航海者》到博兰尼的"实在主义革命"，他们在发展着经济人类学理论的同时，也对工商人类学发展的作出了一定的理论贡献。

1957 年，博兰尼出版了他的著作《古代帝国的商业与市场》，该书非常详尽地阐述了实在主义的观点。相信理性选择的形式主义经济人类学又一次受到了巨大的冲击。博兰尼提出在 19 世纪之前，经济系统是建立在互惠和再分配经济系统之上的，而不是建立在市场之上。于是，很多经济学家开始重新思考市场，同时很多人类学家开始更加关注在社会和文化嵌合的基础上重新看待实在主义经济人类学。伴随着博兰尼对经济现象的文化嵌合分析的理论，西方经济理论和实在主义经济人类学开始共同运用自己的视角诠释经济理论和全球化，这也使得工商人类学的萌芽找到了丰富的学术土壤。

在 21 世纪初，工商人类学家史蒂芬·古德曼（Stephen Gudeman）出版了《经济学的人类学》一书，更进一步阐述了经济生活是嵌合在人类生活和社会生活中的观点。他结合一些经济人类学家和社会学家的观点，通过文化的观点谈到经济学可以被看成是社会和市场的结合，他的贡献是找到另外一种对话的语言和视角来看待增长的全球市场。而怎样面对和解决全球市场的问题，就又成为工商人类学的强点。

---

① Baba, M. L. *Uniting Theory and Practice in American Corporations*. Napa American Anthropological Association, 1991.

最近理查德·维尔克（Richard Wilk）和丽萨·莉格特（Lisa Liggett）通过研究人类学和经济学对话的历史，推动着经济人类学向更加广泛和当代的话题迈进。在形式主义经济人类学方面，著名的经济人类学家斯图尔特·普莱特纳（Stuart Plattner）开始涉足对资本主义工业化的研究。除斯图尔特·普莱特纳之外，诺伯特·丹海瑟（Nobert Dannhaeuser）撰写了《发展中的城市区域市场》，书中用了大量的章节重点探讨了跨国公司等新的市场组织机构所扮演的角色及其对传统贸易的影响。在两次世界大战之中，工商人类学开始萌芽并发展，这也得益于经济人类学的新发展和新视野。

三、欧洲工商人类学的早期发展

在欧洲，许多欧洲人类学家在20世纪80年代早期对组织文化研究的兴趣，使得他们在这个时期对工商人类学的研究有所关注，这也使得在欧洲的大学和学院中工商人类学的研究和传统人类学的研究有所对立。这种对立的存在，在各个新型学科的发展过程中，也比较常见。在美国，这方面的研究也经常是商学院涉猎的研究范畴，而相对人类学的学院派研究较远。上面的这些现象，也是在哲学视野中，科学研究中经常碰到的问题。在欧洲，人类学家对这方面研究的涉猎，远远小于工商管理、组织科学、社会学和心理学对这方面的研究。这使得这个研究领域成为多学科涉猎、多视角研究的阵地。

因此，在欧洲，早期的工商人类学家也出自各个不同的研究机构或者持有不同的研究视域，比较有名的是，英国的保罗·贝特（Paul Bate）、苏珊·赖特（Susan Wright）和马丁·派克（Martin Parker），荷兰的汉斯·特尼克斯（Hans Tennekes）和威廉姆·库特（Willem Koot），法国的布鲁诺·拉图尔（Bruno Latour），丹麦的布伦·莫仁（Brian Morean），瑞典的乌尔夫·哈恩兹（Ulf Hannerz），挪威的卡拉达尔—约根森（Carla Dahl - Jørgensen）和迪派克·朋特（Dipak Pant），意大利的阿尔贝蒂·费尔南多（Alberti Fernando）和帕斯夸莱·格拉迪（Pasquale Gagliardi）。上述学者都工作于不同的机构，有着不同的人类学研究背景。在英国20世纪90年代，在这个领域的人类学家的研究重点是社会人类和社会联系的研究①。在讨论

---

① Wright, S. *Anthropology of Organizations*. London: Routledge, 1994.

文化概念的时候，英国的人类学家通常关注于器物层次和场景戏剧的研究。因此，在这个环境下，一些英国人类学家的研究兴趣更多地投向了对组织文化的研究。最值得称道的是，英国人类学家进行的组织文化方面的研究。同时，值得高兴的是，在荷兰，工商人类学家已经逐渐把这个研究领域发展成为人类学的一个分支学科。

四、工商人类学在荷兰的发展

人类学家特尼克斯（Tennekes）和库特（Koot）可算是工商人类学在荷兰的先锋性人物。在1989年，特尼克斯（Tennekes）在阿姆斯特丹大学开始了一个名为文化、组织和管理的研究项目，这个项目一开始，便吸引了成百上千的学生参与。随着两部著作（《企业文化的妙谈》和《图腾和纽带》）的出版，特尼克斯（Tennekes）和库特（Koot）成了荷兰组织人类学领域的发起人。同年，库特（Koot）创立了对企业文化的检验系统，这样，很多人类学家开始以人类学视野对分析组织文化的有益尝试。这些尝试也见诸荷兰杂志《人类学探索》上。

在1994年，特尼克斯（Tennekes）在荷兰创建了第一个组织人类学方面的教授基金，库特（Koot）担任主席。在荷兰乌特勒支大学，组织人类学也在保罗·霍维尔（Paul Werweel）和阿里·德鲁特（Arie De Ruitijer）的组织下欣欣向荣地发展起来了。在阿姆斯特丹，在库特（Koot）在与黑帝·达尔斯（Heidi Dahles）的合作下，成功地开创了组织人类学，特别是组织民族志的研究。库特（Koot）还与马绍尔·维斯威克（Marcel Veenswijk）合作，进行复杂组织文化变化管理的研究。在2009年，奥枫斯·万·马利捷克（Alfons van Marrewijk）成为荷兰工商人类学的杰出主席。因为有稳定的学生参与，在荷兰阿姆斯特丹大学和乌特勒支大学，组织人类学成为一个稳固发展的研究领域。同时，很多有志学者也取得了这方面的博士学位。更值得高兴的是，这些机构的很多毕业生也进入相应的工作场所，成了合格的组织人类学家。在荷兰阿姆斯特丹大学和乌特勒支大学，因为组织人类学研究的健康发展，这项研究也成为学院派研究的新宠。

五、欧洲其他国家人类学家的贡献

不仅是荷兰的人类学家，其他欧洲国家的人类学家对工商人类学也作出了巨大的贡献。英国的马丁·派克（Martin Parker）就是代表之一。苏珊·怀特（Susan Wright）1994年出版的《组织人类学》（*Anthropology of Organization*，1994）一书，成为组织文化研究的杰出著作。在这部书中，工商人类学家特锐斯·尼克森（Thris Nicolson）运用人类学视野以及对文化和管理的敏锐感知批判性地研究了主流组织文化。这部书中同时还有还探讨了英国福利系统、商会、医院和组织中的性别研究等话题。

除了上述著作，在英国，保罗·贝特（Paul Bate）的著作《文化转变战略研究》（*Strategies for Cultural Change*，1994）及其文章《组织人类学研究回顾》（What ever happened to business anthropology），对工商人类学的发展也有着深远的影响。在著作中，保罗·贝特（Paul Bate）批判了主流的战略研究所认为的战略变化和文化变化是组织变化的两方面的不同论调，他成功地指出战略变化和文化变化的相近联系。另外，在《组织人类学研究回顾》（What ever happened of business anthropology）一文中，他给出了什么是人类学视野下的组织研究和不同于管理学视野中的组织研究的答案，并总结出了组织人类学研究的特点——田野工作的研究方法、研究范例和叙述方法。首先，人类学的主要研究方法是通过参与观察而进行的民族志田野工作。鼓励进入田野研究的组织机构中，批评一些人类学家把研究方法过于神秘化或者挑剔。他强调“洞察一直源于深入”（insight always comes from inside）。其次，在人类学家的视野中，组织大多也是一种文化现象；现代的组织也像是一个小“部落”，有她的文化价值和行为方式与员工互动。再次，人类学家对组织研究所书写的民族志也有别于其他组织研究的作品，相对更加有诗情画意、虚构、自传性质的后现代，人类学家书写的民族志集艺术、科学和匠艺于一体。保罗·贝特（Paul Bate）还鼓励人类学家的研究应该更加开放地进行多样化的尝试。

在意大利，杰出的工商人类学家也对主流的组织研究贡献出了自己的研究视角。帕斯贵尔·盖格拉迪（Pasqual Gagliardi）的作品《象征和古器具》，对组织研究中经常被忽略的器物和象征的作用有精彩的论述。在博格（Berg）和格瑞纳（Kreiner）建构的组织大厦里，很少有所自省，她们会对组织进行不连续的有倾向性的描述。在这种情况下，组织的总部总是有美感的象征性地代表着组织的文化价值和组织的有效驱动方向。这部作品对主流的组织文化研究有着杰出的贡献。意大利人类学家盘特（Pant）和阿博蒂（Alberti）的文章《人类学和工商业：人类学对工商业研究的贡献》，对人类学的应用研究有着独特的视角。

在法国，朗·弗兰克斯·彻拉特（Jean Francois Chanlat）描述了法国对组织的分析，有别于美国的主流分析视角。他对法国组织理论的发展有着独特的贡献。他在1994年出版的著作《对组织人类学的分析》对组织文化给出了一个多层次的视角。众所周知，法国人类学家布儒诺·雷特尔（Bruno Latour）的科学视角对工商人类学的发展也作出了杰出的贡献。他用参与观察的方法撰写民族志，提倡运用研究前工业社会的方法对当今社会进行研究，提出了"对称人类学"的理念，研究社会上人和物的关系，即物化混合的社会中各种关系的纠缠和联系。在启蒙教育时期，人文和非人文的研究就像是知识和经验被分开研究一样，这种区分只是人类认识世界的经验性区分，而不是世界本来的样子。

瑞典人类学家乌尔夫·哈恩兹（Ulf Hannerz）的著名工商人类学著作《文化的混合体：对社会组织意义的研究》（*Cultural Complexity: Studies in the Social Organization of Meaning*），对工商人类学在欧洲的发展和传播作出了巨大的贡献。当然，在美国和欧洲，还有学者也对工商人类学在欧洲的发展作出了巨大的贡献，如田广（Robert Guang Tian）、凡·曼柰恩（Van Maanen）、柴泽万斯卡（Czarniawska）、韦克（Weick）、波尔多（Bourdieu）、博曼（Baumann）、斯莫克其（Smircich）、马丁（Martin）和思克恩（Schein）等①。

① 奥枫斯·万·马利捷克（Alfons Van Marrewijk）和綦晓光：《工商人类学在欧洲的发展》，载田广、周大鸣主编：《工商人类学》，宁夏人民出版社2012年版，第105－124页。

第三节 工商人类学在欧洲的近期发展

一、对文化概念的反思

工商人类学在欧洲早期的发展主要表现在人类学家对主流组织思想的反思上。在20世纪80年代，早期的主流理论家和从业者主要讲究文化的整合性，因此，对文化的整合和规范的强调在这个时期尤为盛行。尤其是在荷兰经济人类学家霍夫斯坦德、桑德斯（Sanders）和纽根（Neuijen）等以及之后的绰番诺斯（Trompenaars），在组织文化和跨文化管理研究中对文化整体观的批判。在这场辩论中，霍夫斯坦德的多角度价值模型广泛见诸于各种学术刊物和商业组织中。

荷兰工商人类学家称赞霍夫斯坦德和绰番诺斯关于组织文化和跨文化的理论，主要研究了各种组织怎样理解文化差异背后的深层文化原因，以及这种理解对于一个管理者在这种特殊文化情境中实施不同的管理方法的重要性。然而，对亚文化差异的忽视以及对文化分析的相对稳定性的忽视，是上述理论的不足之处。对工商人类学家来说，通常的文化概念是比较稳定的，以至于可以准确无误地总结出在组织中的人的行为方式等各种情景①。

对主流文化概念的批判来自于巴斯（Barth）② 的研究。巴斯指出，文化应该通过动态的、战略性的和情境下的关注来进行分析。巴斯认为，一个团体的文化不应该只通过身份认同和客观标准进行分析。他的研究展示了人们的多变和环境的多变。他还发现，在不同的人文环境中，为了长远的考虑，人们会通过不同的方式强调他们的文化特质。人们会发现“我们和他们”的定义的流动性和人们的倾向性以及这种现象的重要影响。因此，认识到这

① Koot, W., & Hogema, I. *Organisatiecultuur. Fictie en Werkelijkheid*. Muiderberg: Coutinho, 1990; Verweel, p. Het antropologisch instrumentarium. *Antropologische verkenningen*: *Totems en stropdassen*, *antropologen over cultuur en management*, 1989, 13 (4): 22-39; Wright, S. *Anthropology of Organizations*. London: Routledge, 1994.

② Barth, F. *Ethnic Groups and Boundaries*: *The social organisation of cultural difference*. Sydney: Allen and Unwin, 1969.

种对“边界”的游移，也能够更好地认识组织内部和组织间的不同人群的“应激性”调整。

正如库特（Koot）所说，公众也许并不期待已有的世界观和价值观的往复进行[①]。因此，也许工商人类学家对一个文化现象或者研究对象（团体）的研究，只是通过经验主义，习惯性地对小组的区分和对观点的割裂分析。参照只是为了去掩盖文化差异或者说是尽快消除文化差异。所以，很多人会感觉到是文化整合的时候了。在这种洞察力下，有时候人们会因为太担心研究的对比性的强度，而强化了传统文化的差异。霍夫斯坦德[②]和绰番诺斯[③]的多元文化模型可以被解释如下：

（1）一个过于简单地和静态地处理文化差异的视角；

（2）一个对民族文化的单角度分析；

（3）关注人们之间的不同而不是相同；

（4）指出他者的差异，也是以批判的态度看待“他者”；

（5）一种对文化差异的稳定性和可度量性的不确定假设；

（6）权利的缺失以及对文化差异的情景性分析；

（7）假设文化差异可以被克服。

总之，荷兰以及欧洲的工商人类学家对主流组织研究的范例，提出了文化的情景性和战略性能使职业经理人对所在文化环境的领导力有准确的定义，并且针对这样的领导力制定必要的工作技巧。

二、对方法论的探讨

不只是对文化的概念的探讨，欧洲的工商人类学家对主流的组织文化研究的方法论的探讨也相伴相生。主流文化研究的通常做法，即项目前期准备，由于太宽泛而使得对复杂多变的文化环境的研究显得毫无意义。根据工商人类学家的看法，重点关注的应当是：通过员工和经理在每天的工作环境

---

① Koot, W. *Organisatieantropologie in Nederland: Een belangwekkend nieuw studieveld?*. Antropologische Verkenningen, 8 (4): 1-11, 1989.

② Hofstede, G. *Culture's Consequences: International Differences in Work-Related Values*. London: Sage Publications, 1980.

③ Trompenaars, F. *Riding the Waves of Culture. Understanding Cultural Diversity in Business*. London: The Economist Books Ltd, 1993.

中的互动来理解组织的运转原理①。

然而，当今流行的组织研究学者的理论中缺乏人类学的视角。很多时候，文化被看成组织的一个方面，阻碍着组织与战略、组织历史和社会文本的互动。这种视角是无法完全解释组织中的个人和人与人之间关系的平衡互动。为了全面地研究组织理论，每日的参与观察是值得提倡的；通过研究和观察我们会发现，除了组织的合理目标导向之外，组织内的各种各样的人的互动也成为理解组织文化的一个重要途径。欧洲的工商人类学家提倡加上特殊的、非正式的、图形的、象征的和仪式的因素去考虑目前的文化内涵，分析隐藏在目前文化后的文化，分析记述和实践之间的差异。总之，文化学者应该持有文化观来思考问题②。

工商人类学家们认为，一些人类学的理论方法提供了对文化研究的好的角度或者视野，从而丰富了现有的组织文化研究的观点。另外，也可以在根本上对组织文化的观点加以丰富；增加了对组织中的人的研究兴趣。

三、对组织内的文化分析的关注

工商人类学家对组织文化的再解释，拓展并丰富了主流组织文化研究的视域。从20世纪90年代中期开始，组织人类学的视野和有特点的研究目标的确立，使得研究的视域更加广泛。组织人类学家不只是研究和分析组织文化或者是企业文化的成功方面，他们的兴趣点也转到在组织研究的过程中对文化视角研究。因此，库特的演说便以“每天生活多样性研究：人类学对组织研究的视角”为题。通过每天的实践性研究，研究组织的矛盾、不确定和冲突。在这种研究中，有来有往成为重要的研究角度：“通过他们每天行为的交流，以及行为后的驱动力，犹如一面镜子呈现在他们的面前，使得他们也能更清楚地了解所在的组织”③。

绰番诺斯④的研究从对文化特性的研究转向对文化意义诠释描述的研

---

① Koot, W., & Boessenkool, J. De cultuur van een arbeidsorganisatie: theoretisch uitdagend, voor onderzoekers een ramp! *Antropologische Verkenningen*, 13 (2): 54 – 69, 1994.

② Bate, p. *Strategies for Cultural Change*. Oxford: Butterworth Heinemann, 1994.

③ Koot, W. De Complexiteit van het Alledaagse. *Een Antropologisch Perspectief op Organisaties*. Busssum: Coutinho, 1995.

④ Trompenaars, F. Riding the waves of Culture. *Understanding Cultural Diversity in Business*. London: The Economist Books Ltd, 1993.

究。贝特（Bate）描述了包括内部要求、矛盾和模糊的复杂性等研究的方面。他认为，在开放的系统中，因为情况的不同以及新的意义被加入，有些东西则被替代。在这个观点中，文化不仅成为现实情况的例证，也指导着进行值得承认的价值观的行为的研究，还有就是一个人怎样布局他的相应的行为[①]。贝特一直对管理者单方面操作文化的能力表示怀疑。他认为，管理者的说辞有些时候流露出过度的天真：效果和效率大部分时候非常受到管理者文化视野的影响。同时，他还认为管理者的这些说辞没有足够考虑到组织中的成员、客户、股东以及大环境。这些意念在研究中，有时候会影响在一定的意境中设定的分析范畴和一致性条件下研究文化[②]。

对上述这些方面的研究，在荷兰人类学 *Antropologische Verkenningen* 1994 年卷中，有许多的内容。研究兴趣从研究组织文化成功的单一方面到研究组织怎样在社会场景中进行整体功能的调整，与此同时，这一研究的主要关注点还有对种族差异和国际化差异的研究。很明显，跨文化研究和国际化研究已经成为组织文化研究的重要立足点。这个时期的相关理论研究大多数是关于怎样描述在组织中或与组织相关的人之行为方式的研究。通常所说的文化或者组织文化被看成是动态的研究，通过这种动态的研究，制定战略选择、实战情况分析以及不同的结构和标准的制定。在 1989 年的相关杂志中，人们更加关注权利平衡和组织文化之间的关系，并且，不是所有的人都有机会表达他们对现实社会的定义或者对自己的全部行为作出准确的解释。另外，文化行为经常诠释哪种实践型的权利更重要。库特和博厄森库（Boessenkool）总结到：

“说到文化，我们可以理解，文化是理性的也是非理性的；有正式的一面也有非正式的一面；有静态保守的一面也有动态激进的性格；可以有战略角度考虑的使用也可以被感情或非理性控制；时而有清晰的规则，时而又模糊不可遵循；重塑着一致性、多样性和理想性；有时候表现为同质的，有时候又异质存在。”[③] 当今，组织文化的研究直接贡献于组织行为学的发展与

---

① Trompenaars, F. Riding the waves of Culture. *Understanding Cultural Diversity in Business*. London: The Economist Books Ltd, 1993.

② Koot, W., & Boessenkool, J. De cultuur van een arbeidsorganisatie: theoretisch uitdagend, voor onderzoekers een ramp! *Antropologische Verkenningen*, 13 (2): 54 - 69, 1994; Tennekes, J. *Organisatiecultuur: een antropologische visie*, Leuven/Apeldoorn: Garant, 1995.

③ Koot, W., & Boessenkool, J. De cultuur van een arbeidsorganisatie: theoretisch uitdagend, voor onderzoekers een ramp! *Antropologische Verkenningen*, 13 (2): 54 - 69, 1994.

创新；从而，人类学的研究也同时丰富并发展着管理学的理论和视域。组织文化成为当今应用研究的新领域之一。

四、实质性的管理和管理的实质

从某一个角度看，组织文化的研究应该更多地关注行为者和行为者怎样诠释组织中的事件①。为了保证研究的可靠性，这种内驱力应该成为指导原则。他们认为，研究不应该只是关注于泛泛的研究结果，而是应当分析当地文化场景，分析场景和书面记录的背后之深层含义。强调组织中的人的行为的现实意义，而不是仅仅关注文化指令。有时候，指令在书面记录和人的实际行为面前会完全失效。

荷兰人类学家关注于分析组织复杂性的项目进一步发展了组织人类学的理论。这个联合研究项目的名称是“实质性的管理和管理的实质”，这个项目由来自乌得勒支大学和鹿特丹大学的人类学家联合参与，对这个问题进行了深入的研究和探讨。在这个视域中，社会结构或促进或限制行为者的选择和战略，与此同时，这些社会结构也是由于行为者的行为方式、重要事件和相关资源而重塑的。进而，组织和管理也被看成是对重要理念的追寻，这也应该被理解为社会和文化的产物。

荷兰的工商人类学家研究的组织和管理是复杂的、分层的和异质的，在这种研究中，由于研究对象的不同，使得研究的取向也有所不同。为了分析这种复杂性，应该持有一种多研究对象的视野。在这种视野中，追求效率的观念和对管理和行政的单一性的研究假设一直被尖锐的批判。切换于历史和现代之间成为研究组织中的各种人的研究视角。与早期的研究视角相比较，研究关注于组织怎样被个人主义、全球化、交往技术和社会的跨文化交流等等因素所影响。以人类学的视角看待组织和对组织的管理，也同时为组织和组织管理赋予了新意，成为工商人类学应用研究的又一领域。

---

① Koot, W., & Boessenkool, J. De cultuur van een arbeidsorganisatie: theoretisch uitdagend, voor onderzoekers een ramp! *Antropologische Verkenningen*, 13 (2): 54-69, 1994.

五、工商人类学家和组织中顾问的不同

欧里拉（Olila）和特尤尼森（Teunissen）[①] 指出，工商人类学家和组织中顾问之间有三点不同。

第一点不同，也是最重要的不同，是“你为谁工作”，工商人类学家倾向于为工作阶层（底层劳动者）服务。相反，组织中的顾问则为高层管理者工作，这样可以得到更好的地位、明确的结论和新的委任。工商人类学家惯常使用主位研究或者内部视野：雇员的视野。工商人类学家可以帮助管理层理解“工作阶层”的文化观。他（她）比组织中作为管理层服务的顾问对“工作阶层”的理解和研究更为透彻：“微观研究经常不被管理层或者员工所采纳，甚至是反对。通过宏观研究的呈现，微观研究被质疑。”[②]

第二点不同在于研究时间的选取。对于工商人类学家来说，他可能需要两年去发现或者诠释组织文化，而对于组织中的顾问来说，可能研究时间就比较短了[③]。工商人类学家不仅仅要运用参与观察的人类学的研究方法，而且对历史的、语境的和过程的研究也相当花费时间。研究的“目标”是真正地长期呆在组织内的民族志的研究，而不是贝特[④]所说的所谓的“喷气式飞机”式的民族志研究。

第三点不同在于获取或者挑选的研究数据不同。工商人类学家基于自己对“员工层”的研究使命，倾向于研究敏感的数据。这种数据的收集基于规则和现实的不同，会涉及一些方式变化的窘境，以“员工层”的方式来面对管理层。相反的，组织中的顾问往往是提出一个组织文化的新思路；挑选的材料是管理层所预期的，是反“员工层”的。总而言之，根据欧里拉和特尤尼森的理论，工商人类学家为组织文化拍摄了一场电影而不是只照了一张相片。这场电影是关于组织中的文化进程，是同情“员工层”而不是

---

① Olila, J., & Teunissen, I. *Wie ben ik dat ik dit durf? De antropoloog als organisatie – adviseur.* Antropologische Verkenningen, 8 (4): 1 – 18, 1989.

② Czarniawska, B. *A Narrative Approach to Organization Studies*, London: Sage, 1998.

③ Czarniawska, B. *Exploring Complex Organizations. A Cultural Perspective.* London: Sage, 1992; Bate, p. Whatever Happened to Organizational Anthropology? A Review of the Field of Organizational Ethnography and Anthropological Studies. *Human Relations*, 1997.

④ Bate, p. Whatever Happened to Organizational Anthropology? A Review of the Field of Organizational Ethnography and Anthropological Studies. *Human Relations*, 1997.

管理层。相反的，组织中的顾问是拍摄了一张组织文化的静态照片。这张照片是在外部的静态拍摄，是以管理层的角度拍摄的，为了迎合管理层所照的[①]。

六、工商人类学的不同社群

贝特表达了他的挫败感，抱怨组织人类学的研究应该更关注于“组织”而不是什么足球流氓、酒童或者是朋克。因此，虽然西方社会是研究的主要话题，但是人类学家更倾向于研究怪异的亚文化和边缘群体诸如足球流氓、朋克或者是舞蹈演艺团体等[②]。比如，摩尔（Moore）的著作《人类学知识的未来》（*The Future of Anthropological Knowledge*）探讨在当代西方社会人类学研究的新视域应该是当地的和外围的。贝特[③]谈到对工商人类学缺少研究兴趣是因为：花费太长的研究时间，同时导致文章的篇幅太长而无法发表，进而使得研究者的研究偏离学术场景。

新的组织文化概念时代的到来为组织研究提供了一个崭新的机会。有些学术领域也包括了人类学的理论性概念和组织文化研究中的参与观察的田野研究的方法论。然而，除了所述的欧洲早期的先驱者以外，人类学家持有惯常地反抗和批判的态度，而对协助商业组织探寻文化现象几乎毫无兴趣[④]。民族志作者对商业组织也不太有兴趣。在列维施特劳斯[⑤]的书中，列维施特劳斯指出人类学家的特质使得民族志作者缺少对西方管理学研究的兴趣。

人类学家在他们的研究领域中陶醉而止，仅仅关注异文化。为了和自己居住的社会保持距离，他们选择自己作为观察者的身份。这样，民族志作者就生存在异文化和自己社会的“夹缝”中[⑥]。这使得他们像研究部落社会一样充满热情地回到自己的文化社会开始研究。民族志作者对他们自己的社会

---

① Olila, J., & Teunissen, I. *Wie ben ik dat ik dit durf? De antropoloog als organisatie - adviseur.* Antropologische Verkenningen, 8 (4): 1-18, 1989.

② Bate, p. Whatever Happened to Organizational Anthropology? A Review of the Field of Organizational Ethnography and Anthropological Studies. *Human Relations*, 1997.

③ Bate, p. Whatever Happened to Organizational Anthropology? A Review of the Field of Organizational Ethnography and Anthropological Studies. *Human Relations*, 1997.

④ Jordan, A. *Business Anthropology*. Waveland Publishers, 2003.

⑤ Lévi-Strauss, C. *Tristes Tropiques*. Paris: Plon, 1955.

⑥ Lévi-Strauss, C. *The Savage Mind*. Chicago: University of Chicago Press, 1966.

也是批判性的、不断反抗的；一言蔽之，他们就是叛徒。

第四节　工商人类学在欧洲的未来展望

一、欧洲人类学家在组织中的不同角色

给欧洲的工商人类学家下一个确切的定义是比较困难的，因为他们来自不同的学科和不同的领域[①]。相应地，他们在不同领域的角色的跨越性也非常大[②]。克恩（Cohen ）和瑟菲特（Sarphtie）探讨人类学家在荷兰的商业组织中的工作机会。他们访谈了从事以下工作的人类学家：飞利浦（Philips）、荷兰铁路（Dutch Railways）、THT 咨询公司（Trompenaars – Hampden – Turner Consulting）、番塔斯库泊（Pentascope）、伯仁斯克特·特文森塔·古德（Berenschot and Twijnstra and Gudde）[③]。他们的工作职责涵盖跨文化培训师、组织文化咨询师、跨文化专员、组织经理、当地市场专员、国际人力资源经理、规划性人类学家和市场雇员等各个领域。荷兰的工商人类学家不仅工作在荷兰的各个组织中，还广泛地工作于欧洲的各大机构中，例如诺基亚和伦敦证交所等（Nokia and the London financial market）[④]。

但是，美中不足的是，尽管工商人类学家的数量在不断地增长，但是却没有形成相对固定的职业团体。因此，工商人类学家不能等待相应职位的工作的招聘，而只能主动地去寻找工作。与此同时，商业组织对工商人类学家

---

① Dahles, H. Mc *Business Versus Confucius? Anthropological perspectives on transnational organizations and networks* (Vol. Inaugural speech), Amsterdam: VU Amsterdam, 2004.

② Cohen, M. & Sarphatie, E. Gezocht: *Antropoloog m/v.* Amsterdam: Aksant. 2007; Jordan, A. *Practicing Anthropology in Corporate America: Consulting on Organization Culture* (Vol. 14). American Anthropological Association, 1994; Olila, J., & Teunissen, I. *Wie ben ik dat ik dit durf? De antropoloog alsorganisatie – adviseur.* Antropologische Verkenningen, 8 (4): 1 – 18, 1989; Serrie, H. *Anthropology and International Business* (Vol. 28). Williamsburg: College of William and Mary, 1984.

③ Cohen, M. & Sarphatie, E. Gezocht: *Antropoloog m/v.* Amsterdam: Aksant. 2007.

④ Corbett, S. Can the Cellphone Help End Global Poverty? *New York Times Magazine.* April 13th, 2008; De Ronde, K. Op zoek naar de ziel van de consument. *De Volkskrant*, January 13th, 2009; Miller, B. Anthropology and business come together. *Small Business Bulletins*, November, 2005; Tett, G. Office culture. *Financial Times.* May 20th, 2005.

的认可度比较小，这使工商人类学家觉得自己的长处没有得到充分发挥。所以，工商人类学家也认识到他们还没有完全被他们所研究的社会所接纳。这种反差使人类学家只是成为一个文化翻译者或者是一个理论的巨人，是实践中的旁观者。这种尴尬的位置不能使工商人类学家们的优势被发挥得淋漓尽致①。

当工商人类学家进入观察研究的工商业组织的时候，因为他们的新身份、语言特点、衣着形式、行为方式和非正式的组织角色，工商人类学家常常遭到各种挑战。因此，在荷兰，工作在非学术领域的人类学家已经建立了他们的网络组织。参与在组织中有了相应的认可，这对研究工作有了一定的帮助。在这种环境下，学术型的人类学家也不得不放弃知识型人才的做派。克兹内瑞瓦斯卡②曾经给出了一个例子，那就是自己在田野工作的过程中，迷失了自己的学术身份认同。她的经历可以概括为"哑口无言"和"走进死胡同"。这说明，在很多情况下，工商人类学家其实还没有准备好进入商业组织工作。

尽管少量的学术人类学家进入学术生涯，他们的学术简历不足以使得他们进入工商业的专业领域③。有趣的是，在申请工商业的工作时，人类学家有些能力得到雇主的高度赞赏，例如，灵活、熟知当地知识、可以说当地语言、文化敏感性强。但是，也应该看到，当人类学家在把他们的才能应用到工商领域研究的时候，经常被经济学家、组织行为学家和工商管理专家边缘化。

然而，工商人类学家在研究组织的基本方法上，已经成为组织研究正式的或者非正式的一员。因此，很多人类学家把自己的研究项目和顾问项目结合起来。进而，在研究进程中，应用人类学家和最终应用者之间的合作关系被夯实。工商人类学家欧里拉和特尤尼森看到了工商人类学家在组织中的四个不同角色。第一个角色是跨文化能手，支持组织中的跨文化管理；第二个角色是空降兵，处理实际的危机，快速提供解决方案；第三个角色是组织文化专家，发现和解决文化紧张；第四个角色是管理变化的处理能手，他们为组织设计在文化环境变化下的组织战略。在上述这些理论的支撑下，斯辰

① Lévi－Strauss，C. *The Savage Mind*. Chicago：University of Chicago Press，1966.

② Czarniawska，B. *A Narrative Approach to Organization Studies*，London：Sage，1998.

③ Miller，B. Anthropology and business come together. *Small Business Bulletins*，November，2005；Tett，G. Office culture. *Financial Times*. May 20th，2005.

（Schein）意识到了民族志作者和顾问的不同之处。对民族志作者来说，他们主要是收集组织中各项数据通过学术分析以及内部的视野来理解文化。然而，不论在什么公司被雇为顾问，都是用一种临床的眼光来快速地浏览所收集的数据或进行小范围的访谈。斯辰强调，因为这些研究视野不同，导致了研究对象的不同，进而得出不同的研究结论。在综合考虑民族志作者和顾问的角色不同之后，奥枫斯·万·马利捷克①开始介绍民族志创作者的不同。在这里，人类学家运用民族志数据进一步分析组织文化，然后改变它。

与此同时，很多具有丰富实践经验的商业精英，在工作多年后，对人类学的民族志研究发生了兴趣。他们中的有些人，也开始了学术的生涯，开始系统学习工商人类学的相关理论和研究方法。这些新生力量具有一些优势，比如，工作经验丰富、田野工作点的切入比较容易、对访谈人的理解和交流更加自如、对“他者”的熟悉以及具有丰富的研究资源等等。工商人类学家的群体开始变得多元和开放，有些工商人类学家还具有多重的职业身份。

二、工商人类学在欧洲的未来展望

“库特先生，你在飞利浦做什么？人类学家不是不同文化和异域庆典的研究者吗？一些与众不同的人，他们背着背包在丛林中穿行，大刀阔斧地去研究居住在原始条件下的人群，不是吗？”②。这是在20世纪80年代早期威廉姆·库特（Willem Koot）在进行他的第一次组织文化研究时，飞利浦的人力资源总监对他说的一席话。1995年飞利浦张贴一则广告，招聘人类学家进入他们的公司规划部门进行消费者行为研究。在当时，这件事情对荷兰的人类学家的震动很大③。相比1914年物理学家第一次进飞利浦到人类学家进入飞利浦，直到他们希望人类学家循着物理学家的脚步进入飞利浦并且

---

① Van Marrewijk, A. H., Veenswijk, M., & Clegg, S. R. Organizing reflexivity in designed change: the ethnoventionist approach. *Journal of Organizational Change Management*, 23 (3): 212 – 229, 2010.

② Koot, W. *De complexiteit van het alledaagse. Een antropologisch perspectief op organisaties*. Bussum: Coutinho, 1995.

③ Prud'homme, p. Love is in the air, but what about the struggles for power on the ground? The 'naive' organization anthropologist in the world of strategic cross – border cooperation. In A. H. Van Marrewijk & p. Verweel (eds). *Exploring Organisations, The Development of Organisational Anthropology in the Netherlands*, Utrecht: SWP, 2005.

进行创造性的劳动，确实经历了一个过程。之后，从第四时期开始的30年后，欧洲人类学家开始进入商业组织进行工作。工商人类学家在欧洲参与了非常多的商务领域的活动。从此，人类学家被鼓励进入组织研究的领域开始工作。他们可以毫无担心地帮助工商业组织解决文化演进、身份认定、多样性和跨文化合作的问题的研究①。他们展现了卓尔不群的能力，并且学会在跨领域范畴工作。之后，组织研究领域的“看门人”可以更好地懂得人类学家对组织研究的贡献。

人类学家可以在不同的领域对组织研究有所贡献：跨文化专员、组织文化专员、接洽经理和管理变化经理都是他们的日常工作角色②。捷万尼尼（Giovannini）和罗珊斯捷（Rosansky）认为，工商人类学家应该懂得客户的惯用语和业务习惯。正如乔丹所述，更为重要的是，当人类学家进入工商组织的时候，需要些许的自信：“作为人类学家，我们可以运用我们的全局观、分析技巧来描述我们的研究领域，并运用令人信服的能力支持或弱化跨学科视域的发展。”③

基础设施、教育、福利、健康、卫生和运动等私人或者公共组织的持续性改变都是非常有趣的研究领域。改变国家的角色或者引导客户的预期或拓展服务的新思路已经开始促使组织改变他们的文化。例如，在过去几十年间，在铁路基础设施、公路基础设施、电力基础设施、煤气基础设施和电信基础设施等方面的建设正面临世界范围内的巨大变革。一股自由市场竞争、自由化、私有化和去管理化的倾向在世界范围内蔓延。学术的关注点更多地给了由于这些改变所引起的经济、技术和公共价值观的变化。因此，在组织中的组织文化的转变的研究被稍显忽略。组织不得不为全球化的进程（带来更多的竞争）、个人主义（客户的不同需求和不同的社会形态）以及ICT的运用（迅速的相互作用、差异性的服务技术、空间和时间的分离）服务。这种在组织的外延中的矛盾的发展及释义使得传统和单向性的解决方案黯然

① Prud'homme, p. Love is in the air, but what about the struggles for power on the ground? The ‘naive’ organization anthropologist in the world of strategic cross - border cooperation. In A. H. Van Marrewijk & p. Verweel (eds). *Exploring Organisations, The Development of Organisational Anthropology in the Netherlands*, Utrecht: SWP, 2005.

② Olila, J., & Teunissen, I. *Wie ben ik dat ik dit durf? De antropoloog als organisatie - adviseur.* Antropologische Verkenningen, 8 (4): 1 - 18, 1989.

③ Giovannini, M., & Rosansky, L. M. H., *Anthropology and Management Consulting: Forging a New Alliance* (Vol. 9). American Anthropological Association, 1990.

失色。对市场类学科、消费者价值取向、竞争和自制的释义，大多基于商业的经济学模型而没有尽量考虑到文化发展。在客户服务的定义范畴和雇员发展方面的研究方面，如果能更多地考虑进观察和叙述性分析的话，会对纵深方向拓展和进一步可控有重要的意义。

另一个有趣的研究领域是国际贸易关系和国际贸易网络发展的研究。由于国际化和全球化，组织也被组织的内部网络随时变化结构着。组织可以是跨国的，或者说，组织可以跨越不同的国家和边界。同时，种族识别也成为商业组织中的重要组织原则①。以上种种的混合因素使得组织间和组织内的合作面对着全新的问题。在商业组织中的组织合作的话语也因此变得静态而缺少动态的视野。人类学对组织间和组织内的合作的研究，包含了权力、文化的分裂、模棱两可和复杂性的研究视域，我们可以更好地拓展在这方面的研究。

纵观本章的研究，我们已经大概分析了工商人类学在欧洲尤其是在荷兰的发展。工商人类学作为管理多样性研究、文化转变、跨文化合作、组织文化和组织民族志的研究领域在欧洲发展着。不仅是一个组织研究的中心问题的争论，而且成了研究学者的共识。对当代跨国组织和国际贸易的研究呈现在我们面前。如果不抓住这个就会，那将是一种遗憾。

第五节　工商人类学在中国的发展

工商人类学对中国人类学界来说，还是一个全新的领域，相关的研究团体、研究阵地还正在形成中。但这并不意味着中国人类学界没有工商人类学的研究。改革开放以来，随着工业化、城市化进程的发展，整个中国社会进入了剧烈的变迁转型时代，不同于传统时代的工商时代的到来已是确定的事实。工商时代给中国社会带来了许多新的变化，比如改变了社会组织结构及人与人的关系，促进了新的文化（尤其是工业文化和商业文化）及工业关系的产生，引起了包括家庭、宗教、文艺、传播手段、交往方式乃至思想观

---

① Jordan, A. *Practicing Anthropology in Corporate America: Consulting on Organization Culture* (Vol. 14). American Anthropological Association, 1994.

念的一系列变化。这些变迁都是以文化变迁为研究主题的人类学者关注的问题。因此，工商人类学虽然没有被作为一个分支学科在中国人类学界提出来，但许多学者一直从事相关主题和个案的研究工作，这些研究为中国确立完善的工商人类学分支学科领域奠定了良好的基础。下面选取两个既是中国人类学者非常关注，又能反映中国社会剧变的研究主题，对中国工商人类学的发展进行简单的介绍。

一、农民工研究[①]

改革开放30多年来，城乡人口迁移潮流的出现折射出我国社会在人口结构、社会分层、城乡关系、产业结构等方面的剧变。

20世纪80年代初，中国农村改革的核心内容是把资源配置的基本单位由生产队转换为家庭。家庭承包制既提高了农村劳动生产率，取消了过去强加在农民身上不准离开土地的行政性限制，打破了乡土社会的“不流动性”，也使长期以来人多地少的矛盾突显出来，农业出现了大量的剩余劳动力，总数达2亿多人。80年代农业剩余劳动力的转移，主要是以发展乡镇企业为载体，采取的是“离土不离乡，进厂不进城”的农村内部就地转移方式，据统计，1978—1992年，乡镇企业共吸收了7500多万名农村劳动力。但到了20世纪90年代，乡镇企业由于技术进步加快，资本密集程度的迅速提高，吸纳农业劳动力的能力明显下降。乡镇工业总产值每增长1%所带来的就业增长百分比，从1978—1984年的0.57%，下降到1992年的0.15%。1984—1988年，乡镇企业平均每年吸收1260万名农村劳动力，而1989—1992年平均每年只吸收260万人。因而在20世纪90年代，农业剩余劳动力便采取了“离土又离乡”的进城转移方式[②]。

规模性的农民工群体兴起于20世纪80年代末，至90年代以后急剧扩大，至中期达到高潮，大量的外来人口开始进入广东珠江三角洲地区，形成了“民工潮”。“民工潮”的出现，使一向采取限制人口流动、稳定城市人口政策的输入地城市措手不及，甚至引起了珠江三角洲地区粮食短缺、米价

① 本节的相关论述参考了周大鸣：《渴望生存：农民工流动的人类学考察》第一章，中山大学出版社2005年版。

② 宋林飞：《“民工潮”的形成、趋势与对策》，《中国社会科学》1995年第4期。

飞涨、交通运力紧张。特别是1989年，国家经济发展突然收缩，严格控制基本建设规模，导致成千上万外来民工找不到职业，露宿街头，并引发出一系列问题，也使这一群人成为中国学者关注的焦点。早期农民工研究主要关注流动到工业企业的农村劳动力①，渐渐地“农民工”概念成了每个乡城迁移者的个人身份②，研究者用“农民工”概念泛指进城务工经商的农民③，乃至外来人口整体④。

农民工作为社会的边缘群体，学者们对他们生存和发展的方方面面进行了研究，与工商人类学相关的研究内容包括：

（一）农民工的劳动力市场

其特点：一是典型的次属劳动力市场，市场上的职业结构都是体力劳动型的，其收入明显低于总体工资水平，其待遇和劳动环境是比较差的；二是跨度大，农民工流动遍及全国范围，常常是跨区域、跨省际的；三是循环流动性，即农民工每年从农村流入城市，再从城市流入农村，年复一年地循环往复，又具有明显的季节性；四是长期处于供大于求的状态；五是市场体制不完善，如没有固定的场所，缺乏规范等。

农民工劳动力市场的构成：一是交易双方，农民工一方基本都是受雇者，另一方是雇用农民工的单位或个人。作为受雇者的农民工是一支经济活动能力极强的队伍，在年龄结构、教育程度上比农村一般农民都具有明显的优势，而雇用者之所以愿雇农民工的主要原因是，与正式职工相较，农民工劳动力价格低廉，且无需终身制，从而可以实施真正的自由雇用制度。二是市场中介，虽然在一些城市中，各级政府组织加强了对农民工劳动力市场的管理和服务，但总体上，农民工劳动力的市场中介基本上还没有建立起来。由于没有正常的市场中介，雇主与农民工双方都对对方有不信任感，自身有不安全感。三是交易规则和交易过程，交易场所不固定，交易无契约，规则是非规范的。

---

① 杨宏山：《人口研究》，《珠江三角洲“民工潮”的调研分析》1995年第2期；“外来农民工”课题组：《珠江三角洲外来农民工状况》，《中国人口科学》1995年第4期。

② 陈映芳：《“农民工”：制度安排与身份确认》，《社会学研究》2005年第3期。

③ 李强：《中国大陆城市农民工的职业流动》，《社会学研究》1999年第3期；王东、秦伟：《农民工代际差异研究——成都市在城农民工分层比较》，《人口研究》2002年第5期。

④ 李强、唐壮：《城市农民工与城市中的非正规就业》，《社会学研究》2002年第6期。

农民工进入劳动力市场的机制：农民工进入市场，虽然还处在比较初级的劳动力市场阶段，但绝大多数农民工个人的行为还是理性行为，决不是盲目行为；农民工主要是从先一步进入城市的同乡、朋友、亲属那里获得就业信息的，依靠熟人找工作；政府在农民工进入市场的问题上远远没有尽到自己的职责。

农民工劳动力市场的价格机制：相对于农民工所付出的劳动而言，农民工的收入是较低的，再加上没有医疗住房等各种福利，与城市职工的差距是较大的。因此，我国农民工劳动力市场目前尚处于比较原始的阶段，各方面有待完善①。

（二）农民工的非正规就业模式

学者们认为，非正规就业是农民工就业的主要模式。所谓“非正规就业”是没有取得正式的就业的身份、地位不很稳定的就业。对于农民工来说，主要指两种情况：一是临时工，虽然农民工所在的单位是正式单位，但所做的只是临时的工作，与正式职工在收入、福利上均有明显差别；二是农民工所在的单位本身就是那些低收入、低报酬、无组织、无结构的很小生产规模的生产或服务性的非正式的单位或非正规部门。

中国农民工的非正规就业与农民工劳动力市场的次属性密切相关。其特点主要在于：由于没有城市户口，农民工不能够进入城市的正式就业体系中来，非正规就业主要体现了劳动力市场的分割性，作为临时工的农民工，与单位正式职工处在完全不同的职业和工资体系；除了工资外，农民工不享受任何福利保障；农民工与雇主之间的劳动契约十分松散，雇用纠纷时常发生，且经济收入往往脱离税务管理；就业不稳定，农民工工作更换频繁。

农民工非正规就业的正功能体现在：解决了农业大量剩余劳动力；节省了城市就业的“岗位成本”；劳动效率高；为城市居民生活提供了多方面的服务。

在性质上，非正规就业是符合现阶段我国国情的，不是违法就业，不应该采取打击、压制手段。但由于规范化程度不高，因此应加强“精细”的管理，采取扶持、帮助的对策，加强对农民工的培训，尤其是应解决他们的

① 李强：《中国农民工劳动力市场研究》，《学海》2001年第1期；李强：《我国农民工的劳动力市场》，《大连民族学院学报》2000年第3期。

劳动保障和社会保障问题[①]。

（三）职业等级与层级分化

首先是农民工进城初始的职业不同，其次是经过若干年后，原先同质性极强的农民工，其内部出现了明显的职业等级与层级分化。唐灿、冯小双通过对现已被清除掉的北京市“河南村”的调查与分析认为，“村”里当时靠干“苦力活”的农民工现已分化成有着明显等级关系的若干群体。以废品回收业来说，按收入、资本、生产资料的拥有状况及声望，从业的农民工可分为沿街收购者、货场主、货场雇工和捡拾者，如果从生产资本上来看，以货场主为最高，沿街收购者次之，捡拾者和雇工同属业内的社会下层，但后者名声却要大大好于前者，捡拾者被看做是“最没本事的”。职业等级引起了社会层级分化，在“河南村”，层级间的认同和交往界限已十分清晰，不同层级在价值取向上有着很大的差异性，雇工、捡拾者唯一的自我期待就是尽可能挣些钱，以满足基本的生存需要，沿街收购者的目标是挣够钱回家盖房以光耀门面，而对货场主来说，挣钱已不再是唯一的目标，改变自己身份的愿望日趋强烈[②]。

（四）农民工的劳动权益

农民工由于没有城市户口，因而在劳动就业时只能进入收入低、工作环境差、福利差的次属劳动力市场，劳动权益时常受到侵害，如就业缺乏稳定性，失业率高；大多没有订立劳动合同，或劳动合同签订质量不高，劳动的权利与义务无法明确；劳动时间长，劳动报酬低；劳动保护标准低；就业受到歧视等。

邓可祝、范圣兵认为，形成这些问题的原因在于政府部门的指导思想失误，只重视招商引资，却忽略农民工的合法权益；企业主的利益驱动，把自己的责任减少到最低，以使自己的利润最大化；劳动力市场供大于求及农民工自身素质较低等。要切实维护农民工的劳动权益，首先是政府应转变观念，重视农民工的劳动权益保护；其次是从制定有关法律入手加强对农民工

---

① 甘满堂：《城市外来农民工街头非正规就业现象浅析》，《中国福建省委党校学报》2001年第8期；殷晓清：《农民工就业模式对就业迁移的影响》，《人口研究》2001年第3期；李强、唐壮：《农民工与城市中的非正规就业》，《社会学研究》2002年第6期。

② 唐灿、冯小双：《“河南村”流动农民的分化》，《社会学研究》2000年第4期。

的保护，尤其应注意坚决执行现有法律的规定；最后是提高农民工的法律意识①。

有学者指出还应增强农民工的团队意识，提高他们的组织化程度。因为在目前许多三资企业、私营企业中工会还没有起到很好作用的情况下，农民工要积极采取措施，提高自己的组织化程度，通过建立工会、加入协会等形式，充分依靠组织力量来维护自己的合法权益②。

20多年的城乡人口迁移出现了很多变化。实际上，经济转型和结构调整以及农村人口的大量流入使得外来人口急剧扩大和分化，流动人口“已经完全分属于三个不同的社会阶层即占有相当生产资本并雇用他人的业主、占有少量资本的自我雇用的个体工商业者和完全依赖打工的受薪者”③。早在1991年，我们就注意到外来人口分化的事实，并对其中城市散工这一亚群体进行调查，所谓散工是指外来劳动人口中从事各种“自由”职业的人，既无个体营业证件，亦非各类企业中的合法雇用者④。

人们常说的“农民工”群体内部出现了明显分化，有的农民工不再是暂时居住城市，而是倾向于长期居住；有的在城市居住的时间不断地延长，并且有举家迁移的倾向；“新生代的农民工”几乎没有务农经历，对城市的认同超过了对农村的认同；其中的一部分迁移人群已经不再是一般意义上的打工者，而是在输入地成功实现了资本的积累和身份的转变，成为经营型移民，作为农民工群体中向上流动的成功典范，这部分人群成了新的以亲属为媒介迁移的联结点。除了农民工群体外，受过高等教育的智力型移民成为外来人口群体中必须关注的一个类型。1998年我国的大学扩招后大批受过高等教育的大学毕业生进入社会，他们期望在大城市中工作生活，获得更好的发展前途，为此甚至宁愿“漂”在大城市。

城市新移民的研究概念随之提出。城市新移民参与城市经济生产活动的

---

① 邓可祝、范圣兵：《农民工劳动权益保护之思考》，《广西政法管理干部学院学报》2002年第3期。

② 薛昭：《农民工的权益谁来保护？——由农民工队伍基本状况调查引发的一些思考》，《中国劳动》1998年第10期；阎启义、隋海燕：《保护农民工的合法权益刻不容缓》，《党政干部学刊》2002年第7期；刘家鑫：《农民工权益保障问题初探》，《长江论坛》2002年第4期。

③ 李培林：《流动民工的社会网络与社会地位》，《社会学研究》1996年第4期。

④ 周大鸣：《广州外来“散工”调查研究》，《社会学研究》1994年第4期。

资本主要有体力、智力和资本三种，在借鉴国外移民研究的相关分类的基础上[①]，我们将城市新移民分为智力型移民、劳力型移民和经营型移民[②]。其中劳力型移民的特点有：（教育）未受过高等教育；（工作）有合法收入，但技术含量低；（收入）工资收入低于输入地平均水平；（时间界定）出生地与原户籍都不在本地，在本地居住 2—5 年的新劳工及其家庭成员；（居住）常住输入地，有定居城镇的意愿；（来源）农村劳动力和城镇下岗职工，其中农民工是劳工移民的主要部分。智力型移民的特点有：（教育）受过高等教育；（工作）就业门槛高；（时间）出生地与原户籍不在本地，在本地居住 2—5 年的智力移民及家庭成员；（居住）常住输入地，有定居城镇的意愿。而经营型移民，则是有自己的投资和产业（如小企业、小作坊、商铺、饭馆等等）的一部分人，他们依靠资金或者技能来运作自己的产业。

二、家族企业研究[③]

中国大陆从 20 世纪 80 年代以来，私营企业风起云涌，已经构成中国经济的半壁江山，创造了数以亿万计的国民财富，解决了数以千万计的人口就业问题，对解决农村剩余劳动力也发挥了积极的作用。私营企业中 90% 以上是家族企业。

然而，对家族企业这样重要的社会力量，政府、媒体和学术界的主流基本持否定的态度。代表性的观点是家族企业是乱世英雄，家族企业是一种落后的企业形式，用家族的规则来管理企业是一种落后的管理方法。家族企业的存在，是建立现代市场化的经济制度的障碍，呼吁要走出家族制。学术界似乎把家族企业现代意义的课题给忽略了。大部分经济学和管理学的研究主要是针对公共管理和专业管理的企业，很难看到对家族企业经营问题的研究。社会学或人类学在这方面的研究更是少见，只是在晚近几年，才逐步重

---

① Richard Alba and Victor Nee, "Rethinking Assimilation Theory for a New Era of Immigration," *International Migration Review*, Vol. 31, No. 4; *Special Issue*: *Immigrant Adaptation and Native - Born Responses in the Making of Americans* (Winter, 1997), pp. 826 - 874.

② 周大鸣：教育部哲学社会科学重大攻关项目《城市新移民问题及其对策研究》。

③ 本节内容参考了张华志：《家族企业的人类学研究：视角和方法》，《西南民族大学学报》（人文社科版）2006 年第 3 期。

视家族企业的研究，并引发一些争论。

在家族企业发展的过程中一些非正式的制度起着不同寻常的作用。从20世纪50年代开始，西方所谓理性主义的大牌经济学家，试图进入非经济领域，结果获得了巨大的成功。贝克尔（G. Becker）的《人类行为的经济分析》(1976)、《家庭论》（1981）进入了“非物质方面”，包括婚姻、家庭、生育、歧视等所谓传统的社会学和人类学的领域。视角的转化，使他摘取了诺贝尔经济学奖的桂冠（1992）。莱宾斯旦（H. Leibenstein）对生育行为的分析、舒尔茨（T. W. Schultz）对人力资本的研究，都为我们对现实经济人和理性经济人的研究拓展了基础。

那么，如果人类学触及传统的“经济领域”，会是一个什么样的结果呢？人类学在研究社会组织方面不仅有优良的学术传统，而且有特殊的优势。百年来，人类学对人类文化和行为的认识，总的来讲，已经形成了一些基本的共同的理念。这些理念包括整体观、文化相对性、泛文化的比较等基本的方法和理念。这些对我们理解家族企业很有帮助。家族企业是一种复杂的社会文化现象。它的复杂性在于它的内容和结构的多元性。它在中国社会的变迁中，与许多重要领域（技术的、经济的、政治的）或多或少、或快或慢的变化关联。这种关联性不仅局限于经济领域，而且延伸到社会和其他领域。

许多人类学者就文化与工商业发展问题展开人类学研究，如中国台湾的一些社会科学研究者专门探讨过家族主义和企业的发展问题①。陈其南的《文化的轨迹》对中国、日本和西方三地传统家族企业组织进行了比较，陈明璋的《家族文化与企业管理》、黄光国的《中国式家庭企业的现代化》等多篇论文讨论了家族和工商企业的发展；在中国香港，近期有代表性的研究主要有香港中文大学的张德胜的《滚滚商场的情与意》、钟宏志的《文化整合与经商之道》、李培德的《香港华商史研究的再探讨》等，相对集中地讨论了家族企业经营管理中的伦理等问题②。国外的研究文献则大多集中于东南亚和北美海外华人的研究之上。他们大都从家族制度和亲属关系入手，解释海外华商崛起致富的原因。弗里德曼（Maurice Freedman）描述了海外华人的标会③，施坚雅（G. William Skinner）比较了爪哇与泰国华人经济发展

---

① 杨国枢、黄国光等主编：《中国式管理研讨会论文集》，1984年。

② 《明报月刊》（专题），2001年第9期。

③ Mau rice Freedman, 1959, The Han dling of Money: A Note on the Background to the Economic Sophistication of Overseas Chinese. *In Man*, Vol. 59: 64 -65.

的状况[①]，吴宴和（David Y. H. Wu）研究了巴布亚新几内亚华商[②]，芭苏研究了印度加尔各答华商[③]等。虽然研究的观点和结果各异，但他们都认为，家庭主义是华人成功的主要原因。成功来源于从小家庭的伦理和行为教育，来源于华人的同乡会、宗亲会等华人亲缘网络的支持。对家族企业进行研究的作用和意义是十分明显的，尤其是在中国这样一个家文化传统极为悠久和深厚的国度。学者们纷纷指出，中国文化实质上是“家的文化”；家族不但成为中国人的社会生活、经济生活及文化生活的核心，甚至也成为政治生活的主导。农村中真正有活力的是家庭工业。“家族主义”和“泛家族主义”倾向在中国的各种组织或单位中都惊人地、相似地、普遍地存在着。随着家文化的复兴，家族企业作为解决文化断层的危机和建立新的集体认同的手段就显得十分自然和普遍。

中国家文化之所以重要，不仅是因为它给家庭或家族提供了一套规则，而且因为它泛化到社会经济生活的方方面面，任何家族以外的社群、机构，包括企业或国家都可被认为是家的扩大。这种泛家族主义的作用，被杨国枢简明和准确地描述为：在传统社会内，在家族中的生活体验与习惯常常是中国人唯一的一套团体或组织生活的经验与习惯。因而在参与家族以外的团体和组织活动时，他们自然而然地将家族中的结构形态、关系模式及处事方法推广、概化或带入这些非家族性的团体和组织。也就是说，在家族以外的团体或组织中，中国人会比照家族主义的取向而进行。具体可表现为三个层次：（1）将家族的结构形态与运作原则，概化到家族以外的团体或组织，也就是比照家族的结构形式来组织非家族团体，并依据家族的社会逻辑（如长幼有序）来运作。（2）将家族中的伦理关系或社会角色关系，概化到家族以外的团体或组织，也就是将家族性团体内的成员家人化，成员间的关系比照家族内的情形而加以人伦化。（3）将家族生活中所学得的处世为人的概念、态度及行为，概化到家族以外团体或组织，也就是在非家族性团体或组

---

① William Skinner, 1960, Change and Persis tence in Chines e Culture Overseas: A Comparis on of Thail and and Java, in *Nan Yang Hsueh Pao Journal of the South Seas Society* (Singapore), Vol. 16 (1 - 2): 86 - 100.

② David Y. H. Wu, 1982, *The Chinese In Papua New Guinea*, 1880 - 1980. Hong Kong; Chinese University Press.

③ Ellen Oxfeld Basu, 1985, The Limits of Enterpreneurship: Family Process And Etnnic Role A-mongst Chinese Tanners of Calcuta, Ph. D. Dissertation, Department of Anthropology, Harvard University; 1991a.

织中，将家族生活的经验行为，不加修改或稍加修改概予采用[①]。刘兆明等的研究进一步验证了杨国枢的分析。刘兆明研究发现，在中国台湾的许多大型现代企业中，大都有意无意地形成了家长式的权威，组织内形成类似家庭伦理的特殊伦理关系[②]。樊江春对大陆家族企业的研究也说明了这一问题。

从学理的背景而言，家文化也体现了中国传统文化的突出特征。几千年的家文化与传统的社会心理积淀对家族企业的组织和经营行为产生重大的影响。因此，重视对家族企业的研究，可以帮助人们了解传统文化规则与现代市场规则的衔接点、结合点，进而有助于增强我们对中国家族企业存在的合理性和健康发展的认识，也有助于高效率的中国企业管理的模式建立。

在人类学者看来，家族企业不仅是一种经济现象，更是一种社会文化现象，有着深刻而丰富的社会文化内涵。通过对家族企业的人类学考察，可看到揭示中国地方社会在经济和社会文化变迁中，中国传统的家族制度和家族精神、家族文化的价值观及其取向对人际关系、组织、制度、权力等各种力量是如何通过家族企业作用和表现的，家族企业又怎样实现了这些力量的整合以及由此发生的社会结构的变化；家族企业和乡村社会是如何互动的，家族企业的不断发展对整个社区的真正意义；家族企业和非正式关系的安排，家族利益、企业利益和社会利益的分配组合等等。因此，把握如下几个方面是至关重要的：

首先，把家族企业作为家族行为在企业和经济组织中的延伸，把家族企业作为家族体系的一个重要部分来分析和研究它的结构和功能，研究各种要素的相互作用及其整合。其次，特别突出地分析家族企业内部的各种关系，尤其是家庭成员的关系以及家族企业的权威、企业财产的传递（所有权和继承权）的过程；家族传统和精神与家族企业的行为，家族的价值观和家族企业，性别与诚信和家族企业的选择。再次，在外部环境上，讨论人际关系对家族企业的作用和机理，国家权力和家族企业，社区制度和家族企业，金融机构的歧视和家族企业面临的民间信用和民间借贷问题。最后，在学术界关于家族企业研究反思的基础上，分析家族企业的存在合理性和多样性。

---

① 杨国枢：《社会及行为科学研究的中国化》，台湾“中央”研究院民族学研究所，1983 年。

② 杨国枢：《家族化历程、泛家族主义及组织管理》，载刘兆明：《台湾企业文化的解读与分析》，1995 年。

本章小结

工商人类学在非西方国家的发展，主要是从对第三世界开始工业化过程后而形成的，在这个时期，学者们主要集中研究了发展中国家的发展问题。工商人类学在欧洲的发展具有自己的特点，欧洲的工商人类学家投入很大的精力来研究组织结构和组织文化。同美国相比，欧洲工商人类学家的群体，更加多元和开放，不少工商人类学家都具有多重职业身份。同时，他们也活跃于多重研究领域，比如管理的多样性、文化变迁、跨文化合作、组织文化以及组织的民族志研究等。工商人类学在欧洲的发展，为工商人类学学科的全面发展作出了巨大的贡献。在中国，工商人类学还处于萌芽状态，虽然中国的学者从不同的角度应用人类学理论与方法对中国的工商社会进行了一定的研究，但工商人类学作为一门新兴的学科在中国的发展，还需要我们做出更大的努力。

案例一　顾客为什么使用无线技术?

2000年的夏天，一组人类学家和民族志工作者展开一项无线技术的消费者研究①。这项研究的主办方是位于巴尔的摩（美国，马里兰州）的情景（Context－Based）研究中心，该研究中心拥有1800名人类学者的全球资源，擅长研究消费者以及文化趋势。中心的工作人员采用参与式观察和结构性访谈等调查手段，对消费者的真实需求进行评估。

该中心的一项无线研究计划发现，文化的差异、使用设备的难度和对社会功能关注的缺失，是阻挡无线技术进一步推广的最大障碍。在计

① Two case studies from Context Group homepage：http：//www. contextresearch. com/context/newsroom_article. cfm? ID =22；http：//www. contextresearch. com/context/pdf/theMOBILES. pdf.

划实施过程中，研究者们分别对美国、中国、日本、瑞典、法国和英国的9个城市的180个参与者进行了结构访谈和影像记录。他们发现：

● 对无线网络的使用和知识储备存在许多文化差异，这些文化差异并没有在产品的设计环节中体现出来。

● 无线技术缺乏用户友好性，无线公司在帮助用户使用设备方面做得很少。消费者对无线设备的功能知之甚少，甚至有许多功能都处于闲置状态。情景分析表明，无线公司应该让设备主动具有用法提示功能，让用户全方位了解设备性能。

● 让消费者感到不解的是，无线公司坚持以商用为中心而忽视其无线网络作为社会公共品的价值。

● 一股潮流正悄然在年轻人和某些女性中兴起，他们把无线设备当做伙伴，身份象征和时尚符号。有些人甚至对这些设备进行涂鸦或者配上附件，让它们看起来更有性别特征和人性化。值得注意的是，消费者对无线网络的广告和其他市场信息具有全球认同性。

● 人们希望无线设备能够成为旅行的指引。不过，设备的实际功能和网络营运商提供的信息服务却让消费者感到受挫。至今，无线设备的功能仍然无法与台式电脑相媲美。

● 由于美国在短信（SMS）市场的滞后，短信服务成为美国跨入无线时代需要迈出的第一步。随着移动电话技术的普及，沟通工具逐步从以家庭为单位过渡到以个人为单位，尤其以年轻人为代表。而这些个人的通讯工具如何被使用在各个国家均有不同。

情景研究中心的首席人类学家儒拜·布林克夫（Robbie Blinkoff）表示："虽然每个人都在谈论'无线'，可我们却发现没有人能真正指出消费者需要些什么。在搞清楚消费者需求之前，这些公司就一头扎进无线市场。我们想说的是，别夸大产品的功能，并让这些产品变得简单易用"。

两年后，该公司再次进行一项无线市场的研究。这项研究旨在追踪人们在两年内对无线产品的态度和行为的变化，让无线技术公司更好的了解消费者。这项后续研究的议题集中在：谁是无线的频繁使用者？他们的生活起了什么变化？他们如何与外界（朋友，家人，同事）联系？能否让移动电话充当联系的更主要工具？ 能否让无线运营商为世界范围的用户提供更多的正面用户体验？移动电话的品牌是否存在跨文化的差异？

这项研究由人类学者、商业及市场策略者和技术专家共同开展，对世界范围内7个城市的144位参与者进行研究。参与者被分为三个年龄组：少年、青年和成年人。其中有120位参与者是在公众场合使用无线设备时被随机抽取为访问对象，另外24名则参与了深度访谈。深度受访者都由人类学者挑选而出，同时由移动设备的提供商提供拍摄服务。

研究者们采用不同的方法对这24名受访者进行研究。首先，研究者对他们进行深度访谈，建立起受访者的个人生活档案及对无线设备的态度概况。随后，受访者编写为期5天的设备使用日志，对每次使用移动电话的时间、内容、环境进行记录。5天内，受访者可以挑选一天作为“设备剥夺日”，在这一天内不使用任何无线设备。此外，受访者还必须在这5天内接受影像拍摄，记录下他们的真实体验。最终，在完成使用日志、剥夺体验和影像记录后，研究者与参与者再次会面，回顾活动细节。

这项研究得出了许多有趣的发现，例如无线通讯所扮演的激进角色；又如目标引导型的通讯方式由于无线网络的推广而加速传播。目前出现的“闪客”就是这种通讯方式的产物，一群人于短时间内在公众场合迅速聚集又迅速散开。在某些舆论开放程度较低的国家，移动电话被个人用作非常事件的记录工具。同时，关于使用移动设备的不恰当行为在各个国家均有不同的内涵，人们对无线设备的依赖程度越高，其对使用无线设备的容忍度也越强。正如研究者指出的，无线技术提升了整个社会。

技术创新总比人们习惯的改变来得快。由此，研究者发现，许多人暗中试探着社会规范对新事物的容忍度。例如，关于在公众场合用手机打私人电话总是一个很大的争议。这一场景经常可以在公共交通工具上、餐厅里和电影院里遇到，我们的私人通话甚至是电话铃声都可能给旁人带来困扰。

不过，变迁也在悄悄地进行。例如，社会习俗传统上总是由上一代传给下一代，由年长者传给年幼者。然而，由于无线网络的普及，一些价值观跳过上一代直接在青少年群体中进行传播。 又如实时的通信方式让人们可以在最后一分钟改变行动计划，人们变得更加灵活和自主。同时，由于实时通信的应用，美国人比以往更能接受迟到的行为。

在商业领域中，无线技术也引起对“危机”的重新界定。由于联系某人，搬运救兵变得唾手可得，人们的准备工作被简化了。此外，那些整天忙于工作的人可能因没时间使用无线设备而错过联系的机会，而那些悠闲的人却有大把时间到处联系。

最后，人们在公众场合使用手机前，无论是出于公事还是私事，都会经历一番下意识的思考。这些考虑的因素包括：联系的方式、回复的时间（如果是接到短信的话）、周围的环境、通话时间的长短、通话的内容以及信号的强弱等等。如果决定打电话，他们会无意识地忽略某些传统规范，即使他们中的某些人认为不应该在公众场合使用移动通信设备。

案例二　回族阿语翻译劳务品牌的特点[①]

劳务品牌概念是近年来中国劳动力供给市场上出现的新现象，出现这个新现象的原因，一是劳动力供给方面，即中国劳动力过剩对就业产生的压力持续加大，而各地政府在有效输出劳动力而产生的相互之间的竞争持续加大；二是劳动力需求方的需求变化，全球化加速了全球产业重新分工，发达国家向“价值链”上端移动，把低技能的产业转移到发展中国家，使发展中国家劳动者收入恶化，而发展中国家开始选择产业升级政策后，原本低技能劳动力的需求持续减少，加剧了劳动力就业的压力。

这个现象正在中国出现，对于13亿人的人口大国来说，就业问题更加雪上加霜。而就业在政府政策上被定位为民生之本，是扩大内需之本，是统筹城乡之本。因此，在内在、外在和执政目标多重因素驱动下，产

① 选自李德宽：《中国少数民族人力资源与文化定向》，载田广、周大鸣主编：《工商人类学》，宁夏人民出版社2012年版。

生了劳动力供给的方式创新，这就是引起了“劳务品牌”理念和实践的产生，并成为各地政府管理部门创新劳务输出的重点所在。至今，在全国21个省创建和自发形成的劳务品牌有160多个。其中，阿语翻译劳务品牌不仅具有较大知名度也更有多元意义，也为工商人类学提出拓展劳务文化设计的研究课题。

“劳务品牌”指劳动力供给市场上，一个地区外出务工人员从事某种行业，人员集中形成相当规模，具有专业技能和特色优势，在一定区域范围内具有较高知名度和美誉度的人力资源。一般而言，劳务品牌具有产业性、技术性、地域性和规模性。从阿语翻译劳务品牌，我们能够总结出以下几个特点：

第一有较高知名度。宁夏的阿语翻译已经具有较高声誉，在就业市场上，某种特殊技能的劳动力聚集到专业性较强的产业上，这种技能产生比较效应或者差异性，从而产生就业市场上的声誉，这种声誉积累到一定程度，就形成了较高的知名度。在全国劳务市场上，阿语翻译不仅被官方正式确认为著名的“劳务品牌”，得到地方和国家层面的重视。2007年，国家劳动和社会保障部、中国就业促进会评选吴忠阿语翻译为“全国优秀劳务品牌”称号。学术界和新闻媒体开始对阿语翻译现象进行研究和宣传，受到了新华社专访，中央电视台《财富故事会》栏目进行了播放，使阿语翻译品牌的知名度大获提升。

不仅如此，更为重要的是，阿语翻译集中在与阿拉伯国家的商贸往来行业，因为宗教文化与阿拉伯国家客商相同，能够从商务洽谈到生活习惯没有“区隔”式的密切接触，更容易为客商信任。因此回族阿语翻译的知名度已经广泛扩散到在华经商的阿拉伯商务人士中，为这种专业性极强的劳务可持续扩大化发展，赢得更为广阔的就业市场空间。宁夏固原回族马俊海，在宁夏经学院学习经学和阿语，2000年到浙江义乌市做阿语翻译工作，2002年成立自己的贸易公司，主要充当阿拉伯商人的贸易代理，通过他代理的阿拉伯商人有80多人，代理业务包括：商业谈判、签订合同、验货、出关、结算等，代理公司年贸易额有4亿多元，马俊海公司收取2%—5%佣金，年收入达到1200万元。

第二有较大规模和从业人员。回族阿语翻译主要输出地为宁夏、甘肃临夏等西部穆斯林集中居住地区。现在究竟有多少回族阿语翻译在东部发达地区执业，还没有官方权威统计，仅在输入地的个别调查中反映了阿文翻译从业人数。在义乌，来自宁夏吴忠地区的阿语翻译占49%，到2006年有1000人左右①，而有些新闻报道中称，到2009年吴忠回族阿语翻译在义乌、广州、福建等地从业人数在3000人左右。同心县在浙粤闽等地和中东地区从事阿语翻译的有900多人，另有2700多人从事阿语商务代理和服务相关工作。其他地区如甘肃临夏、新疆等地也有相当数量的阿语翻译在东部发达地区和国外在阿语翻译行业工作。

第三有较深厚的职业文化传统和文化风格。从职业渊源上回族阿语翻译历史悠久，可以认为从回族先民阶段就已产生。伊斯兰教出现后，信仰伊斯兰教的阿拉伯商人就进入中国东南沿海城市经商，在广州等城市留驻形成“番坊”。在与华人商业交易中出现最早的阿、汉语言兼通的翻译，这是回族阿语翻译的原型。此后历经唐、宋、元、明、清，每个朝代史料中都能查找到回族外语人才在中外交通中的身影，并形成回族在中国古代独特的职业优势和就业传统领域。这些古代回族翻译同今天一样，在文化风格上保留着传承，就是不仅起到语言翻译的沟通功能，还因为宗教文化的背景，在信仰和文化方面起到理解和交流的功能。当代回族阿语翻译能够在国内就业，也能够在阿拉伯国家的公司就职或者开办贸易中介公司，实际上也是他们保持着千百年来的文化风格的必然结果。有一个案例较为独特，2006年沙特国王阿卜杜拉上任后访问中国，随员中居然有6个出身甘肃临夏的穆斯林，海欧斯曼博士、祁兆兰女士、马云蔚、法伊兹大夫、高阿卜布等人，以中国侨寓身份随同国王做中国—沙特外交文化沟通的使者。

第四具有主动择业性和创业成长性。阿语翻译在传统国家就业市场上，基本属于偏、冷、窄等领域，就业容量不是很宽阔。随着国际化的加速，大量外国商务活动进入中国，使语言翻译就业空间突然倍数增长。现在每年到中国从事商务贸易的阿拉伯商人在30万人次之多，给早已具备文化语言背景的回族人民带来巨大择业选择，而回族阿语人才也只有

① 金泽、邱永辉：《中国宗教报告》，社会科学文献出版社2009年版。

在与阿拉伯商人交往中，才能发挥独特的综合优势。

因此，从某种意义说回族阿语翻译就是为此而来的，带有明显的主动择业特点。从现今阿语翻译从业实践看，他们不仅是语言翻译，还与语言翻译相关活动领域选择职业，并在此基础上进行创业，这是阿语翻译极为显著的一个特点。在义乌、广州等地的阿语翻译，从事国际贸易、商务代理、航运、海运、汽运、餐饮等各种与阿拉伯商业活动有关的行业和产业，服务项目涵盖为客商定宾馆、订货、验货、整单等内容。使他们熟悉外贸活动的每个环节，并建立起极为活络的人脉关系。

当这些阿语翻译积累起丰富资源后，往往开始创业活动，仅吴忠地区的阿语翻译就创办多家贸易公司，2007年该地持有护照的阿语翻译有126名，从事跨国贸易，阿语翻译创建的跨国公司业务量急剧扩大，从而雇佣更多的回族同胞前来就业。表明阿语翻译不仅是个单纯的职业，而是具有创业成长性的特殊职业，是能够带动异地职业人才产生向“价值链”上端演进，产生连锁式效应的传统而又现代的“流动性”职业。杨彦荣出身缺水地区的宁夏同心县，平日吃水靠拉运，到广州一家外贸公司任翻译，与多家客商建立业务网络，一年后创建自己的“信义国际贸易公司”，年收入百万元以上。这样的案例成为回族阿语翻译成长的规律，多数阿语翻译从翻译到创业，成立公司，并进而带动更多家乡年轻人就业。

回族阿语翻译功利性的概念称作“劳务品牌”。从我们的初步研究中，这个概念远不能反映其内涵和价值。我们至少认为，回族阿语翻译现象，既是职业又是文化，既是人力资源又是历史传承，既是就业又是创业，既是民间又是流动。于水是宁夏泾源县经堂教育培养的翻译，现在常年居住在沙特，把阿拉伯国家慈善基金引入中国的少数人之一，并把阿拉伯投资引入中国，在宁夏建立“中国穆斯林城”大型项目。

回族阿语翻译，是在“国家之间的区域合作变得比较常态化”① 过程中，具体指中国与阿拉伯世界商贸交往中，起到了语言与非语言沟通的

① Robet Guang Tian. The Unique contributions and Unique Methodologies: A Concise overview of the Applications of Business Anthropology. *International Journal of Business Anthropology*, 2010, Vol. 1 (2).

作用。在访谈部分阿语商务人士时，他们表达的一个观点是，回族阿语翻译容易被阿拉伯商人接受和信任的原因，不仅在于语言相通，更重要的是在于当阿拉伯商人需要进行宗教礼拜时，回族阿语翻译能够与他们有同样的宗教行为规范。这些非语言因素，在心理上跨越了文化屏障，迅速从陌生变得像朋友一样熟悉，从而双方在彼此信任中，开展各种商务合作。

这些阿语翻译被称为“草根”，是因为他们在清真寺通过“经堂教育”获得语言知识。这种语言学习目的是因为宗教经文的需要，所以在回族本土中把阿语叫做“经字”。这样的语言学习，是以经文为语言蓝本，因此学会语言的同时，能够背诵大量《古兰经》和《圣训》。这样的阿语翻译，不仅获得阿拉伯商人的信任，甚至在宗教知识上，还被阿拉伯商人佩服。与深得阿拉伯慈善基金信任的于水老板探讨民间阿语翻译的特点时，于水说，民间阿语翻译口语好，比正规学校培养的阿语人才更能与阿拉伯世界在日常生活方面融为一体，虽然这些人在官方语言、报刊语言方面有差距，但在口语和非语言文化方面，同阿拉伯世界交往中更能如鱼得水。

这些民族志考察为回族阿语翻译成功路径的根源提供了解释。用安·T. 乔丹（Ann T. Jordan）的话来说：“我们对群体行为和文化感兴趣。我们一直运用整合的（整体论的）视角来看待人的习惯和信念。我们通过比较世界中不同文化组的人，跨文化地来理解人类的行为，并成为人类不同文化组别的代表研究者（跨文化比较研究）；我们尽可能从参与者的视角而不是我们自己的视角（文化相对主义）来看问题。所有的这些，使得我们对工商业领域的研究贡献自己的价值。”① 这对于用工商人类学视角，反观和解释当代公司人力资源的知识结构和知识管理也是具有价值和前瞻启发的②。

---

① Jorda，Ann T. The Importance of Business Anthropology：Its Unique Contributions. *International Journal of Business Anthropology*. 2010，Vol. 1（1）.

② Robet Guang Tian. The Unique contributions and Unique Methodologies：A Concise overview of the Applications of Business Anthropology. *International Journal of Business Anthropology*，2010，Vol. 1（2）.

学习思考题

1. 工业人类学在非西方国家的发展情况是什么？有何特征？

2. 工商人类学在欧洲的发展历史和现状是什么？与美国相比有何不同？

3. 欧洲工商人类学的主要理论观点都包括哪些内容？

4. 为什么说工商人类学在中国的发展还处于萌芽状态？

5. 你怎样认识工商人类学在中国发展的愿景问题？

6. 本章所附案例说明了什么？如何应用人类学的原理来理解和分析本章案例？

第四章 工商人类学方法

内容提要

工商人类学仍然在不断发展中，其方法越来越受到社会与文化人类学的定性工具的影响。虽然参与观察被认为是首选的研究方法，工商人类学家相比于学术同行用了更多的问卷调查。尽管如此，一些定性的（偶尔定量的）方法对这个领域及其功效还是有贡献的。

学习目标

1. 学习和理解工商人类学方法的重要性。
2. 熟悉和掌握工商人类学家所擅长的工作方法。
3. 学习和熟练掌握实地参与观察的技巧和能力。
4. 学习和理解文化审核的意义和方法。
5. 学习能够基于情境和内容进行有效的分析。
6. 了解定性研究和定量研究的差异。

引 言

工商人类学是用来探索组织文化和社会结构的学科。因此，其调查研究的主要内容包括可被观察的人们的社会活动及交互作用，人们之间相互沟通的信息，以及构成社会实践的物质资料①。为了解释不同社会单元及其成员的文化，工商人类学家通常依赖于长期的实地研究，比如研究者经常使用民族志方法搜集一手资料。

民族志作为一种研究方法，非常依赖于在自然环境中观察人们的行为与互动，也就是说研究人员在不对被研究对象进行干涉的情况下，进行自己的研究。社会结构及其文化特质，具有一定的排外性和潜在性，而人们的社会活动和互动，只有在不受干扰的情况下才能反映出其内在的本质特征和文化含义。汤普森（Thompson）和卢桑斯（Luthans）曾经将文化描述成由个体人反映出来的可见的社会模式特色②。有人也许会认为，这种内部个体模型不仅代表他们居住的社会整体（或社会团体）的共性，还显示了相当多的内在个体的差异③。人类学者则认为这些不同层次的社会构造的现实适合不同的研究方法。鉴于此分层概念，文化的表现变得更加不明显和无意识，非结构化的数据搜集方法变得更为合适。

除了用自然的方法定位他们自己，人类学家还经常依赖于多种信息搜集技术。就像在第二章中所描述的对霍桑实验（Hawthorne）项目的观察一样，信息收集的过程可能会对所收集数据的可靠性产生不利影响。因此，如果没有能利用各种评估方法，会限制我们对从实验中得到的结论的信任。

---

① Rousseau, Denise M. (1990) Assessing Organizational Culture: The Case for Multiple Methods. In *Organizational Climate and Culture*. Edited by Benjamin Schneider. pp. 153 – 192. San Francisco, CA: Jossey – Bass.

② Thompson, Kenneth. R. and Fred Luthans (1990) Organizational Culture: A Behavioral Perspective. In *Organizational Climate and Culture*. Edited by Bnjamin Schneider. pp. 319 – 344. San Francisco, CA: Jossey – Bass.

③ Lillis, M. p. and Hunt, R. G. (2007). Collective Thinking Practices: Inferences from Case Studies of Decision – making Behavior. *The Applied Anthropologist*. Vol. 27 (2), 129 – 138.

在这一章，我们要讨论两个和搜集与分析诊断数据有关的重要问题：我们如何收集数据，我们将用它做什么？就像我们在本章引言所讨论的，我们如何收集数据是非常依赖于我们选择检验的元素，从社会单元的表达性、可见性从高到底排列。虽然这可能代表了选择给定方法的背后决定因素，但还有其他数据收集的相关考虑，如涉及时间范围、可利用的资金资源和样本的数量多少及地理位置。第二个重点是，本章还考虑到从人类学研究获得的数据量应做什么。为此，接下来会讨论到分析数据的技术。

本章将回顾人类学资料收集四个主要方法：参与观察、访谈、问卷调查和隐蔽式观察。鉴于各种方法各有优缺点，单一的方法显然不能充分地测量人类学研究的各种重要变量。例如，在问卷调查可能展示了符合社会期望的回答，参与观察方法可能仅展示了观察者希望看到的而不是真实存在的。由于各种数据收集方法固有的偏差，使用多种的数据搜集方法可以保证所获数据更大的可信性，这个过程被称为“三角测量”。

第一节　参与观察

参与观察是资料搜集方法之一，它提供了关于搜集个人工作、员工和工作环境的定性及定量信息的直接方法。研究者不是依赖于他人对组织的描述，而是根据此方法试图融入组织中进行直接研究。研究者模拟与特定单元成员同等的地位，获得了更佳的研究环境（见表4-1）。

表4-1　不同数据搜集方法的比较

方法	优点	缺点
参与观察	对行为更深入了解 减少反应的可能性 依赖一手数据 高度有效 及时性，而非回顾性、适应性	耗费时间 观察者偏见及观察者效应 成本高 难以记录和解释 抽样不一致

续表

方 法	优 点	缺 点
访谈	表明观察领域 允许不同程度的控制数据收集 对突发状况可以灵活应变 访谈过程可以建立密切关系	访问者偏见及访问者效应 高度依赖于访谈技能 耗费时间 难以编译和阐释资料 不同的访谈问题导致信息集合困难 自我评价中可能存在的偏见
问卷调查	回应数据容易量化与总结 易于使用大量样本 成本比较低 可以获取大量数据 匿名方式让被调查者有安全感 更少的社会意识偏差 没有访问员偏见	被调查者对问题的误解 预先设定问题及遗漏 客观，没有移情 被调查者的不诚实及不够配合 问卷的设计、格式和布局要特别谨慎以保证有效性
隐蔽式观察	减少反应的可能性 数据量大 客观性 高表面效度	很难编译和阐释 研究者偏见 道德问题 存取及检索困难

资料来源：改编自纳德尔博士（D. Nadler）：《反馈与组织发展：用基于数据的方法》，艾迪生—韦斯利出版社（Addison - Wesley Publishing）1977 年版，第 119 页。

参与观察运用自然的方法，让研究者获得比用其他方法对研究对象能有更深入的了解。因为与研究对象一起生活工作，随着时间的推移和发展，能够使人类学家完全融入一种文化，学习语言并观察人们的行为模式。这种参与式观察，提供了一个人类学家可以从“内部人员”的角度观察，使研究者可以直观地了解发生了什么事，从而更好地理性研究这些现象。人类学家作为参与观察者，会逐渐地被接受为社区的普通一员，与被研究对象建立信任，使他们感到舒适，久而久之被研究对象将会把研究人员看作其社区的内部人员。当被研究者知道自己正在被研究时，他们可能会改变其行为，这种现象被称为“反应”，也称“霍桑效应”，而参与观察能减少这种现象的发生。对这种真实行为的记录，能转化成更为有效的研究资料。

让研究者直接面对真实的行为还有许多优点。由于研究对象有时会倾向于修饰他们的工作活动，其报告数据中有很明显的潜在的固有偏差，而通过参与观察得到的数据是基于真实的行为而非夸大其词。因此，参与观察的数据具有更强的数据层面支撑，即你所看到的是真实的行为。参与观察还可以提供实时数据，而不是像其他数据搜集方法那样询问主体再回忆他们的行为。最后，参与观察有很强的灵活性，研究者可以根据情况不同自由选择他们所要研究的内容。

虽然参与观察提供了现场的、基于经验的观点，它也存在着一些缺点。正如早期人类学家，如马林诺夫斯基（Bronislaw Malinowski）、威廉·华纳（William Warner）和比阿特丽斯·韦伯（Beatrice Webb）的研究所展示，完全适应文化是个耗费时间的过程。这种亲临其境的工作特点是需要与被研究者广泛、长时间的接触。正如我们所料，它和识别组织中渗透的基本假设一样，需要很长时间去了解多方面的文化。正因如此，研究者为搜集有效的信息可能要花费好几个月的时间去发展一段必要的亲密关系。另外，一些应用研究者主张更迅速的评估方法，把他们的数据收集活动限制在少数定义清晰的变量①。虽然这种技术可以有效界定狭义的研究问题，但它可能无法发现一些基础广泛的调查所需要的重要的微妙差异和复杂性。

除了观察，研究者还必须回忆、整理并准确报告这些观察结果。数据如何分配偏差常常意味着源于观察者自身寻求的期望值②。大量研究揭示了感性与判断偏差是如何产生对信息感知与理解的重大扭曲。例如，卡尼曼（Kahneman）和特维斯基（Tversky）的研究提供了有关个人的直观判断与偏见，如何帮助解释我们想看到的和事实之间的偏差关键性的信息。为了解决这些问题，编码方案是一种克服收集困难和解释观察背后含义的方案。然而，开发编码方案是一个耗费时间和金钱的过程。

除了数据意义分配的偏差，研究者关于搜集什么数据也存在偏差。由于观察者的个人偏见与主观性，参与观察只有在研究者通过公平的信息收集方式时才有效。例如，有人也许会根据研究者选择观察的特定时间或事件而质疑样本的可信度；另外，一个外部的构思编码方案可能可以加强外部设想的框架，进一步抑制了全面的数据收集工作。为了实现实地观察，研究人员必须意识到自己的观点、经历和价值观可能如何使数据收集工作产生偏差。约

---

① Handwerker, W. p. 2001. *Quick ethnography*. Walnut Creek, Calif.: AltaMira.

② Repp, A. C, Nieminen, C. S., Olinger, E. and Brusca R. (1988). Direct observation: Factors affecting the accuracy of observers. *Exceptional Children* 55: 29 - 36.

根森（Jorgensen）表明，这种客观性要求研究人员能够在内部人士和分析师的立场之间来回切换[1]。最终生成没有偏见的，对观察现象的一个正确、详细的描述。

为了帮助培养参与观察的技能，伯纳德（Bernard）指出了研究者在进入调查之前应该培养的一些能力[2]。

- 学习你所研究群体的语言（例如：单词的发音，语调，手势，其他非语言的暗示等）；
- 有意识地观察日常生活中的琐碎细节；
- 培养记忆技巧以记得你一整天的所见所闻；
- 保持客观，并抑制自己对现场搜集的数据的任何主观判断；
- 利用专长与人们构建密切关系及信任；
- 培养写作技巧以明确而清晰的记录观察内容；
- 通过“闲聊”参与平常的谈话，与领域中的个体建立密切的关系和信任；
- 意识到一个人的经验、观点和价值观会如何阻碍现场的客观的数据收集及评估。

例如，田广教授和他的学生通过工商人类学方法完成“观察和分析大学餐饮服务的效率及其对大学运营的影响”的研究。他们的研究范围主要集中在食堂服务管理方面以及它如何影响整个大学组织。我们可以从学校运营的几个重要领域看到餐饮服务管理的影响。他们采用民族志的定性与定量的研究方法，通过数据分析得出结论，并提出了改善管理服务的意见，随后应用于整个校园。他们使用的研究方法其中一种是直接系统观察。

对于人类学家，直接系统观察行为是最有效的民族志实地调查研究方法之一。直接系统分析，指那些主要依靠研究人员的第一手观测结果而且认真留意取样和测量困难的民族志方法。我们主要在各个进餐时间、各种场合，在食堂进行为期两个月的观察。研究人员每5分钟大致地看一下整个食堂，并注意他们想要记录的一些特别事件或行为，以供日后分析。观察的每个场景中，关于食堂的外在物化方面，用餐者的类型和工人的类型的都要进行大

---

① Jorgensen, Daniel (1989). *Particpant observation*. Newbury Park, Calif: Sage.

② Bernard, H. Russell (2002) *Research Methods in Anthropology: Qualitative and Quantiative Approaches*, AltaMira Press, Walnut Creek, CA.

体的记录。

他们观察到食堂的空间很大，有足够的座位和许多窗口，其顾客包括学生和教师。主要依据种族将工作者进行分类。对有关管理效率的问题还进行更深入的观察。以消费为基础的研究，从他们走进食堂到他们把剩菜倒进垃圾箱，观察研究可以对客户行为做一个有条理的记录以找出他们喜欢什么、不喜欢什么。因此，研究人员尽一切努力以收集准确的数据；每个观察报告都附有观察事件的日期、时间和位置。

具体观察从学生/工作者与用餐者的相互作用到关于食堂的外在特性的进一步观测。频繁的观测会直接影响到食堂的效率。首先，由于种种原因，有的学生不刷卡支付饭菜费。其次，工作人员常常很慢或用空闲时间与对方交流。其他可能影响食堂服务水平的观察结果包括排长队等待食物，食堂入口处学生要为食物等待几分钟。此外，许多学生在吃饭的时候小组聚会交流。迹象表明：高效的餐饮服务能满足学生的各种需求，使他们幸福地生活在校园。另一个观察领域主要集中在顾客的饮食习惯，还有另一个观察是关于食品质量（见表4-2）。

表4-2　　　　餐厅的顾客饮食习惯

日期与时间	观察内容	学术解释
2005年1月27日上午11:59	一些盘子留有剩菜	由于未知原因，一些用餐者没有吃完他们所有的食物
2005年1月27日中午12:30	观察到8分钟内有4人到沙拉吧	一些学生喜欢吃沙拉作为午餐
2005年2月3日上午11:42	人们不慌不忙的吃	人们并不急于完成用餐和离开
2005年2月3日上午11:50	没人在主要的吧区吃炒菜	这个特别的日子，炒菜不受用餐者的欢迎
2005年2月3日中午12:00	观察到数名学生不止一次到食物吧	学生喜欢吃食物吧的几种或各种食物
2005年2月3日下午12:08	在最后8分钟，9个女性和2个男性一直在沙拉吧，没有人在意大利面吧	沙拉吧是受用餐者欢迎的食物来源地
2005年2月3日下午12:10	沙拉吧非常繁忙—现有4人在做沙拉	沙拉吧是受欢迎的区域

续表

日期与时间	观察内容	学术解释
2005 年 2 月 3 日下午 12:19	今天几个学生一直在吃披萨和玉米饼	比萨和玉米饼很受学生欢迎
2005 年 2 月 3 日下午 12:30	45 分钟内（下午 12：30—1:15），只有 7 个新的用餐者进入，他们都在主菜吧吃，没有人在沙拉吧，他们都吃多种食物。	主菜区也是一个繁忙的区域。这里可以为每个用餐者提供多种食物
2005 年 3 月 2 日下午 12:02	观察到 6 名学生在沙拉吧吃	沙拉吧还是很受欢迎的
2005 年 3 月 2 日下午 12:15	几名学生已经第二次返回到比萨队伍	比萨吧是学生喜欢的区域
2005 年 4 月 20 日上午 11:45	队伍排很长，但有几个人是第二趟过来的	学生喜欢吃多几次或分量太少
2005 年 4 月 20 日上午 11:50	比萨再次大受欢迎，坐在我附近的 12 人中，10 人吃比萨饼、2 人吃鸡肉	比萨是一种非常流行的午餐选择

为了获得有关管理效率的有效数据，研究人员划分了几个具体的观察领域。虽然一些有效的观察可能超出了特定研究的具体指导方针，但是人类学的定性研究不应该忽视，这点很重要。此外，一个最初与研究主题可能似乎无关的观察，可能对这项研究有潜在的文化影响。据说对周围的消费行为问题进行研究的人类学家发现，研究人员和顾客都是和他人有互相影响的①。从本质上讲，观察家认为食堂员工和用餐者互相影响对方的行为。因此，许多研究的观察都是这两个群体之间的相互作用。他们将观测数据做成表格，然后基于观察结果作出分析。

从表 4－2 我们可以看到两个频繁的观察结果。首先，由于种种原因，学生没有刷自己的卡支付他们吃的饭菜。其次，工作人员常常很慢或用空闲时间与对方交流。这些观察都直接影响食堂的效率。其他可能影响食堂服务水平的观察结果，包括排长队等待食物以及在食堂入口处学生要为食物等待几分钟。此外，在特定时间涉及用餐者或者职工的数量和种类的观察过程指

① Jordan, Ann T. (2003). *Business Anthropology*. Long Grove, Illinois: Waveland Press, Incorporated.

出一些定量的因素。以下段落展示了更多有关管理效率的观察。

根据人口统计学数据将顾客分为10个小组。表4－3所示的是两个午餐时间对这些小组的观察。食堂的大多数用餐者是学生。观察还表明，这些学生大多2—6人成群结队的吃饭。虽然许多学生是和相同种族和/或性别的人一起吃，但据观察大多数学生是混合性别与种族一起吃饭的。因为食堂的顾客多数是学生，我们也记录这些学生的饮食习惯。

表4－3　　用餐者结构观察

按人口统计学的分类	观察场合特定群体的数量	研究期间观察到的特定群体的总数
成群的学生（2—6人）	5	72
成群的教师	6	12
独自一人的学生	5	12
独自一人的教师	2	4
全为白人的学生群	7	31
全为黑人的学生群	4	10
混合种族的学生群	5	53
全为男生的学生群	4	20
全为女生的学生群	5	23
混合性别的学生群	7	46

他们还观察到许多学生常常因为他们想要的食品跟着流水线走。此外，研究人员观察发现比萨是用餐者最经常吃的。紧随比萨的消耗量其后的是沙拉和玉米饼。最后，观察到许多人以悠闲的方式进餐，表明他们不急于吃完食物。这些发现可以帮助确定合适的食物，以最大限度地提高餐饮服务的有效性。

另一套重要的观察是涉及食品质量/数量问题及与健康相关的行为。这些问题可以大大的影响餐饮服务的效率水平。表4－4显示，关于食品的数量，许多学生返回拿同样的食物，因为食物分量太小。相对应的，顾客在同一时间只允许拿一块比萨饼，结果许多人在返程的时候拿另一块。观察到的一个食品质量问题是涉及餐具的。在很多场合都观察到学生在他们放食物之前把盘子擦干。

表 4-4　在餐厅观察到的食品和健康问题

观察结果	解释	管理建议
观察到一些学生“刮”容器底部的各种沙拉材料。生菜在 2005 年 2 月 3 日中午 12 点耗尽。	顾客可能没有得到他们想要的沙拉，因为材料没有及时得到补充。	工作人员需要设置一张检查表。必须按规定的时间检查和补充沙拉吧。
没有员工在成群的学生之间或在其他任何时间去清洁桌子。此外，食物吧没有保持清洁。	没有在成群的用餐者之间去清洁桌子是不卫生的。食物吧也没有清理，这是个主要的健康问题。此外，肮脏的桌子和食物吧会吓跑那些想来进餐的人。	指定一名工作人员全权负责餐后桌子的清理。也可以是负责在空闲时间擦拭食物吧。
观察到一些学生返回取同一种食物。	某些食物很受欢迎，学生更喜欢吃这些食物。此外，由于分量较小，许多学生返回取第二份。	考虑对于已知的受欢迎的食物给予较多的量。如果学生还是返回取第二次，再增加分量。
观察到学生放任何食物前都要擦干盘子。此外，无意中听到学生讨论湿盘子的问题。	湿的盘子导致用餐者不得不将它们擦干。此外，湿的盘子让用餐者不满。	在放置供学生使用之前，要确保盘子有足够的时间晾干。
在观察的任何时间只观察到一个员工戴着口罩，没有一个员工戴发网。	发网和/或口罩是在餐馆是必须要戴的，因此，食堂也应该是必须戴的。这是一个健康问题，可能影响公众卫生法规和标准的遵守。	更注重健康和卫生程序。要求所有员工在服务/处理食品时必须戴上发网或口罩。还要求用手处理食物时须佩戴手套。

涉及质量的另一个问题是在沙拉吧的食物补充速度。观察到几名学生“刮”装着各种沙拉配料的容器底部。同样可以观察到一些有关健康的问题。注意到一个涉及健康的问题，没有观察到有员工去清洁食物吧或桌。另一个问题是，只看到一名员工戴着口罩，没看到有员工戴发网的。据观察，只有一个垃圾桶让学生倒剩菜，而这个剩菜桶经常没有及时更换，因此常常是满的。

第二节 深入访谈

参与观察不仅仅包括了看和听，还要求与资料提供者在实地进行直接的口头交流。这个交流能够帮助在一个大环境下解释和表达民族志学者所看到的和所经历的。为了追寻外延的意义，和被访问者交流有助于解释相关背景下存在的文化或亚文化的内涵。访谈作为一个数据收集技术，其提供一个在特定领域内探索和阐明观察的直接的方法，提供了一个对人文景观的更深入的理解，这可能是民族志学者通过其他方式无法获得的。

访谈类型的范围从结构式访谈，即每个被调查者面对同一套问题或信息，到非结构式访谈，即调查方式是非正式化、由参与者或者提问者的兴趣所决定。在这两个极端之间是一种半结构化访谈，它遵循开放格式，又趋向于依赖一个包括特定主题的通用剧本。不同类型的访谈会产生不同类型的数据，采访时将会考虑到不同层次的结构或控制。在结构化的模式下，民族志学家从访谈中可以完全控制他们想要的信息，但不能追踪在采访的过程中可能产生的任何新线索。另外，较少结构化的方法能提供更多的灵活性允许民族志学者探讨在数据采集过程中出现的新问题。同时，这种方法还有助于访问者与受访者建立亲密关系。

和参与观察一样，访谈只有当研究人员以公正的方式收集信息才有效。因为结构化面试倾向于将回应塑造成研究者所想要的结果，所以我们最好在研究的中间和结尾阶段执行。关于这点，费特曼（Fetterman，1989）认为，本地人对问题的感知可能比研究人员更真实①。因此，防范来自访谈和被研究者自我报告中可能出现的个人偏见很重要。此外，我们可以合理预期研究员如何执行访谈（移情作用，兴趣水平高，鼓励的语调等等），很可能对被调查者提供的信息种类有很大的影响。因此，访问员的技能将对研究员是否会与被访问者建立密切关系并让他们说出观点，有很大的影响。

在民族志研究中，非结构化面试有助于了解别人想什么、建立和维护与

① Fetterman, David M.（1989）. *Ethnography: Step by step.* Newbury Park, California: Sage Publications.

受访者的亲密关系。伯纳德（2002 年）提供了几个让被访问者继续深聊的谈话技巧。这些战略预计能使受访者继续他们的口头对话，从而有可能引出更丰富的数据。

- 沉默。以沉默等待被访问者继续提供信息。
- 复述。重复被访问者最后阐述的事件，然后要他们继续叙述。
- 回复。做出短的肯定性评论（“是的”，“我明白”，“嗯”），承认被访问者所说的话。
- 告诉我更多。请求提供附加信息，澄清或进一步阐述（“你能告诉我更多吗?”、“你为什么这么说?”、“你觉得这意味着什么?”）。
- 长问题。一个受访者可能会评论，提供多个出发点的问题。
- 引导。使用已经收集到的信息，引导受访者回答相关的问题。
- 声明。假装你已经知道一些信息，以试图让受访者畅谈。

采访的主要问题之一是关于收集和分析数据的所需的时间量。尤其是非结构化格式的非正式性质，访谈者可以适当调整访谈时间的长短。通过这一方法，受访者修饰、详细阐述他们的故事，产生大量需要审查的数据。此外，由于不同受访者之间不同的问题，增加了问题分析的复杂性水平。民族志学家经常要整合一个个访谈资料，不同的面试问题使资料的比较变得极为困难。为此，有一点很重要，就是预先设置一个问题清单和主题，然后等常规的访谈执行后，这张清单可以增加访谈过程中引起的新问题。

在关于高校餐饮服务管理的研究中，田教授和他的学生访问了食堂服务的 37 个定期用户。访谈共包括访谈计划表里面的 6 个问题，都是关于大学的食品服务管理。小组主要由 10 名大学生构成。选择的个体基本可以代表各种各样的全日制大学生，包括种族、居住状况、学生身份、年龄和性别。小组先提前做好准备，一共回答 5 个问题，如有附加问题，访问者会有提示。

他们的研究项目的正式深入访谈的问题包括：（1）您认为高校餐饮服务管理应该保留哪 3 种好东西，为什么？（2）您认为高校餐饮服务管理应该改善哪 3 种不好的东西，为什么?（3）请您分享一下关于高校餐饮服务的一些好的经历；（4）请您分享一下关于高校餐饮服务的一些不好的经历；（5）如果你是大学的餐饮服务经理，你会怎样改善服务，你想完成这些事情吗?（6）如果你是大学的校长，关于餐饮服务你会怎么做，你将如何实施变革呢？这些访谈用来帮助核实在大学食堂观察到的效率问题。表 4 – 5 的受访者的人口统计数据表明了在每个类别的人口统计资料都是相当的。

表 4－5　　被访问者的人口统计学数据（n＝37）

种类	子种类	频率
性别	男	22 (59.5)
	女	15 (40.5)
学生	大一	8 (21.6)
	大二	9 (24.3)
	大三	10 (27.0)
	大四	9 (24.3)
教师	(n/a)	1 (2.7)
种族	白人	21 (56.8)
	黑人	15 (40.5)
	其他	1 (2.7)

有关餐饮服务的积极的事情的典型的回复主要是食堂的各种特色吧。食堂最受欢迎的好东西是比萨（12 个回复），其次是：甜品（10），三明治/熟食吧（9），沙拉吧（7）。早餐排名也高（6 个回应），食堂成为一个聚会的好地方也是重要的要素之一（7 个回应）。食品服务中最差的一点是种类太少，这个问题得到了 26 个回应。对于每周、甚至每天都吃一样的饭，学生感到非常不满。他们希望有更多的食品和种类。其他回复较多的包括：对餐具的干净度不满意：一些学生抱怨食堂的盘子、镀银器具、玻璃器具不干净（表 4－6）。

表 4－6　　访 谈 结 果

问题	最多的结果	频率
餐饮服务应该保留的 3 种好东西	比萨	12
	甜点	10
	三明治吧	9
	沙拉吧	7
餐饮服务应改进的 3 种不好的东西	食品种类太少	26
	食品质量不好	14
	服务不好	9
	盘子不干净	7

续表

问　　题	最多的结果	频　率
关于餐饮服务的好的经历	聚会	35
	夜宵	24
关于餐饮服务的不好的经历	因食物生病	8
	食物不好吃	8
经理可以改进的	听取学生意见	15
	员工行为	7
	食品质量	6
	食品种类	6
大学校长可以改进的	寻求新的承包商	10
	每月开会讨论问题	10
	根据学生意见作出改进	6

此外，受欢迎的回答还有：餐厅的食品质量问题（14）以及餐厅工作人员服务质量差（9）。关于餐厅的好的经历的回答不尽相同，排在第一位的是与朋友聚会（35），第二位是关于夜宵的（24）。关于不好的经历的回复都是差不多的。主要的回答是：因食物吃坏肚子（8），食品很难吃（8）。学生回答说，如果他们是经理，他们要改进的是更多地听取学生的意见（15 个回答）。如果他们是经理还会改进的是：食品质量（6）、食物种类（6），并改进员工的态度和行为（7）。访谈的最后一个问题有几个受欢迎的答案，它涉及如果学生们是大学校长，关于餐饮服务他们会怎么做。前三个答案是：寻找新的承包商（10）；每月开会，与餐饮服务部/经理讨论存在的问题（10）；给学生发问卷调查，并根据学生的需求做出改进（6）。

第三节　问卷调查

问卷调查是一种有效的、相对成本较低还能同时收集大量信息的数据搜集方法。这种方法通常给受访者一套关于组织运作方面相同的问卷。计算机自动程序为问卷调查提供了一个快捷的方法，以量化、分析和报告获得的信息。

收集问卷调查数据通常是以下三种方式之一：（1）亲自面对面访谈；（2）电话访问；（3）受访者自己填问卷[①]。前两种方法都是结构化访谈的形式之一，他们与被访者有一定的互动，这是自填问卷所缺乏的。面对面访谈和电话访谈都给受访者弄明白问题的机会。然而在自填问卷的情况下，由于研究者与受访者之间的隔离，他们对于同一个特定问题可能有不同的理解。

自填问卷可以通过邮寄、小组分发，或编入计算机完成。任一种收集方法都可以以较低的成本，从大量的、具有代表性的受访者样本中收集到数据。这种匿名调查的过程让回答者具有安全感，能最大限度地减少潜在的反应偏差。由于没有访谈者的影响，受访者可能更愿意提供准确的信息，特别是受关注的社会不良行为和特质。研究证据表明，让受访者通过自填问卷的方式回答问题，可能会比通过访谈者提问的方式产生较少的社会期望偏见[②]。

除了可能对问卷特定的问题产生误解，这种测量技术还存在着一些其他的问题。首先，回答仅限于提出的问题。与非结构化访谈不同，问卷调查方法的问题的数量是有限的，研究人员很少有机会探讨额外的资料，或询问被访问者的更详细的信息。其次，可能有人认为这种方法缺乏人情味，从而没有诚实的回答，或不愿意配合。再次，必须精心设计问卷以确保其能提供一个可靠有效的变量研究方法。不管调查是通过访谈者提问还是受访者自己填写，问卷的布局和格式都应该尽量让受访者容易回答。

有人提供了一些能提高问卷设计有效性的方法[③]。包括以下七个策略：

• 一目了然。说明语言应该让受访者容易理解。受访者可能不会花很多的时间回顾这些指示，因此问卷应是一目了然的。

• 标准选项。尽量让受访者只选择或圈出选项。由于开放式的答案通常是不完整的、模糊的、难以编码的，因此我们对测量值进行限定。然而，当回答的类型可能多于呈现给受访者的答案时，或为了获取未曾预料的答案

① Bernard, H. Russell (2002). *Research Methods in Anthropology: Qualitative and Quantiative Approaches*, AltaMira Press, Walnut Creek, CA.

② Hochsim, J. R. (1967). A critical comparision of three strategies of collecting data from households. *Journal of the American Statitstical Association*, 62, September, 976 – 989.

③ Fowler, Floyd J. (1988). *Survey Research Methods*, Newbury Park, California: Sage Publications.

时，开放式问题是适当的。

• 更多选择。更大范围的答案类别有利于增加衡量受访者对更多的变化，从而增加该测量的有效性。

• 措辞清晰。所提问的问题对于所有受访者应该都是同样的意思。避免出现陌生的单词或有歧义的选项。尽量选择简单的、受访者都能理解的词语。

• 重复问题。以下几种因素可能导致受访者在回答问题时有较大的不同：调查问卷问题的立场，措辞的微小变化，备选方案数量的变化等等。为了帮助平衡这种回答的不一致和增加测量效度，应该以不同的形式多次去问同样的问题。

• 预先测试。进行预先测试以找出难以阅读或理解的问题。相关的数据分析可以了解问题能否测量出所需的数据。

• 设计清晰。适当的间距，整洁的外观，清晰的指示，明确的布局。

一些研究机构已经开发和测试了衡量组织各种特点的工具。随着时间的推移这些工具已经得到开发和完善，这对于那些不想从头开始的组织是一个很好的开始。虽然这些工具需要特定组织的添加、修改或修剪，但它们可以结合自定义测量方法，提供组织面对的特定问题的有效、可靠的数据。德尔伯特·米勒（Delbert Miller）的《研究设计与社会测量手册》（第 6 版，2002）提供了一个很好的资源，以识别可适应组织需求的工具。

在大学餐饮服务管理及其对大学运营影响的研究中，田广教授和他的学生设计了一个问卷调查，以收集必要的数据作进一步分析。问卷提到关于校园运营的餐饮服务管理的具体问题。有三个问题旨在搜集有关受访者的人口统计资料，两个问题是关于他们对食堂的使用，两个问题是关于餐饮服务选择要素，还有一个问题关于膳食计划的。其余的问题涉及餐饮服务对校园各运营方面的影响；有 7 个问题衡量其影响的大小，6 个问其有没有影响，6 个问其影响是否是积极的。其中运用了 5 个等级的李克特量表来表示同意程度。

发放这些问卷的是工商人类学课程（BA391，工商人类学）的学生。他们在普通的工作日的午餐时间和晚餐时间在食堂分别随机抽取 15 张和 10 张餐桌发放问卷。共发放了 156 份问卷给占用这些被选定桌子的用餐者，但研究人员只确认了 128 份是有效的。由于只有全日制的大学生在学校使用餐饮服务，因此他们选择的样本不能代表整体的大学生。

调查结果提供定量的信息，可以帮助证实在这项研究中获得的其他的定性数据。问卷给研究人员提供了数据，使其能更好地分析餐饮服务管理对学生和校园运营的影响。表4－7对本研究问卷中的人口统计学部分进行了分类。大学自助餐厅的用餐者56%是男性，44%是女性。样本的性别比例和整体比例不符，因为样本主要由全日制学生构成，而相比学校的有关数据，其男女比例是基本吻合的。其他方面的误差可能是因为没有专门随机选择受访者，而是随机选择餐桌造成的简单抽样误差。

表4－7　　问卷的人口数据

种　类	子种类	数量/频率	百分比
在食堂就餐情况	一天三餐	63	49%
	早餐	15	12%
	午餐	17	13%
	晚餐	14	11%
	午餐和晚餐	14	11%
周末在食堂用餐	是	69	55%
	否	55	44%
膳食计划	喜欢	16	13%
	不喜欢	76	59%
	无所谓	36	28%

根据调查数据，食堂的用餐者有52%是白种人，26%是黑种人。问卷还显示在食堂用餐的人几乎都是学生，有89%的用餐者是学生，有近一半的用餐者在食堂进食三餐、周末在食堂进餐，显然大多用餐者是住宿的学生。而且住宿的学生都必须参加大学提供的膳食计划，这两个因素加在一起揭示了在这项研究的重要发现：由于大多数用餐者都是经常在食堂进餐的住宿学生，有59%的用餐者不喜欢膳食计划显示了他们对食品服务质量方面的关注。这项研究表明，学生不喜欢被强迫在食堂用餐，但是既然他们已经支付了饭菜的钱，他们就会去食堂。这对学校和学生间的关系以及学生对食堂的态度产生了重大影响。

通过调查问卷收集到的数据可以用来帮助增加用餐者态度和行为的普遍性。这可以从表4－8频率表看出。当所有被调查的用餐者都投票，就可以看到几个关键点。首先，几乎所有被问到的人都认为，食品服务质量对学校运营的各个方面有较大的影响。这一要素的平均同意率为64%。同时，58%的人不同意餐饮服务对学校运营的各个方面没有影响。此外，用餐者认为在学校运营方面，食品服务质量对学生与学校之间关系的影响最大。有77%的用餐者同意，表明了用餐者的进食经历影响了他们如何看待这个大学。这是大学行政的一个主要发展，显示了其需要尽可能高的管理效率。

表4-8　问卷中李克特量表的回答频率

问题组	多数回答的平均比例	多数回答的人数	每个组内个别问题的最高比例
餐饮服务对校园运营有很大的影响	64%的人同意	81	77%的人同意对学生/学校关系有很大的影响
在选择大学时，餐饮服务质量是最重要的考虑因素	56%的人不同意	72	(N/A)
餐饮服务对校园运营没有任何影响	58%的人不同意	77	65%不同意其对学校招生没有影响
餐饮服务质量不是选择大学的考虑因素	45%的人不同意	58	(N/A)
餐饮服务对学校运营有积极的影响	43%的人不同意	54	47%的人不同意餐饮服务对学校的声誉有积极的影响

从表4-8的数据中的另一个重要发现是，受访者大多数（56%）不觉得食品服务质量是选择大学的最重要因素。也有45%的人不同意餐饮服务不是选择大学的因素之一，因此可以得出以下结论：虽然餐饮服务质量不是选择一所大学的最重要因素，但它是因素之一。最后，频率表显示，很多用餐者不认为学校的食品服务对学校运营的各个方面有积极的影响。平均有43%的人不同意，这显示了餐饮服务管理结构的明确的问题。约47%的用餐者认为餐饮服务对学校的声誉有负面的影响。

在研究项目中，他们挑出了几个人口统计的类别以作进一步的分析，其中包括：性别、在食堂一天三餐的用餐者和种族群体。用餐学生的性别可能影响到其关于校园食堂管理效率的观点，接着进一步影响到他们关于校园整体以及各运营方面的观点。表4-9展示了一些与男女用餐者最相关的问题。该表显示，虽然男性和女性都一致认为，食品服务质量可以大大地影响学生学习状态和学习成果，但是他们关于有利影响方面的看法不同。此外，49%

的受访男性认为，学习成果受到学校食品服务质量的负面影响，而只有38%的女性这样认为。田教授和他的学生之前的研究发现，由于不同的文化构成，男性和女性往往有不同的饮食习惯和模式①。此外，在这项研究中所收集的数据表明，性别也会影响到对食品及食品服务的态度。所收集的数据表明，男性的食物经历往往比女性更容易影响到他们的学习。另一个关于性别的发现是，比女性多10%的男性认为餐饮服务质量不是在选择大学的最重要因素。

表 4-9　　对餐饮服务的态度及意见

问　题	非常同意	同意	不知道	不同意	非常不同意
餐饮服务质量对学习状态有很大影响	25	55	29	14	5
餐饮服务质量对学习成果有很大影响	22	49	27	22	8
餐饮服务质量对学习状态有积极影响	10	28	34	42	14
餐饮服务质量对学习成果有积极影响	9	28	39	41	10
餐饮服务质量是选择大学的最重要因素	8	28	20	48	24

研究人员认为，为了全面分析这个问题，必须进一步了解三餐在食堂进餐的用餐者的观察数据。这些经常在食堂吃饭的大多是周末也在这边用餐的住宿生。从已经讨论过的数据可以看到，这些用餐者不喜欢当前的膳食计划。从管理效率的角度来寻找是否有让常客感到不满意的设施问题，然后尝试改进是很重要的。因此，从三餐在食堂进食的顾客的问卷中，研究人员分离出了几个关键想法。此信息见表4-10。

表 4-10　　关于餐饮服务的态度

问　题	非常同意	同意	不知道	不同意	非常不同意
对学校声誉有积极影响	5	34	29	42	18
对学生学习状态有积极影响	10	28	34	42	14
对学生学习成果有积极影响	9	18	39	42	10

① Boyce, Tami, Pamela Henry, Pratik Shrivastava, and Robert Guang Tian (2002). "The Influences of Gender and Reference on Food Consumption: A Case Study in the Erskine College Cafeteria." *High Plains Applied Anthropologist* 22 (2): 163-171.

通过三餐在食堂进食的顾客的调查，主要发现之一是用户觉得餐饮服务质量对学校声誉有负面影响。相比于这个类别内的其他用户，三餐在食堂进食的用户占了有该想法的所有用餐者的55%。相比之下，其他用餐者倾向于认为，餐饮服务对学校声誉是好的影响。同意该观点的64%都是不在每天三餐在食堂进餐的。此外，每天在食堂进食三餐的用户比任何小组更强烈不同意在学习状态及学习成果的积极影响。这个数据指出，用餐者越是经常在学校食堂进食，他们的观点就越消极。这说明随着时间的推移，学生对管理效率的态度越消极。此外，可以推断用餐者注重的将不仅仅是食品服务管理，也包括校园的整体运营，而且随着时间的推移越来越不积极。可以从这项研究的数据看出，这明显是一个考虑到效益方面的管理问题。

第四节　隐蔽的调查方法

"隐蔽的调查方法"一词由韦伯、坎贝尔、施瓦茨和塞赫雷斯特（Webb，Campbell，Schwartz，and Sechrest）在1996年所著《隐蔽的方法：社会科学中的非反应研究》一书中首先创造，它是另一种调查方法。韦伯、坎贝尔、施瓦茨和塞赫雷斯特他们描述的调查方法学并不包括用直接诱导的方式从调查对象得到数据。隐蔽的调查方法与观察、访谈和调查问卷相反，主张用间接的方法来获取必须的数据①。

在做直接和参与式观察时，调查者必须身体力行地参与到调查中。这就有可能导致调查对象修正他们的举止，使得在调查者眼中有更好的表现。被要求完成一份调查问卷打扰了调查对象的正常生活，调查对象厌烦填写问卷甚至对所问的问题反感。而隐蔽的调查方法并不要求调查者融入调查中，即调查者能够通过隐蔽的调查方法，在调查对象不知道的情况下研究他们的行为和得到数据。这些数据能从调查对象中直接收集，例如隐蔽的直接观察和跟踪研究，或者是二手资料，如公司记录和档案研究②。

---

① Webb，E. J.，D. Campbell，R. Schwartz，and L. Sechrest（2000）. *Unobtrusive Measures；revised edition*. Sage Publications Inc.

② Lee，R. M.（2000）. *Unobtrusive Methods in Social Research*. Open University Press.

隐蔽的直接观察方法是一种典型的参与式观察，调查者参与到，或者说是假装参与到组织中得到组织的记录或是关于组织人员情况的数据。举个例子，1974 年调查人员大卫（David Rosenhan）就假装自己患有精神分裂症入住了一家精神科医院来观察和记录这家医院是怎样护理病人的[①]。在行为跟踪研究中，调查者从一些残留的证据或人类活动的副产品中推断出意义。举个例子，在 1973 年，亚利桑那大学的考古学家威廉·拉思杰（William Rathje）研究过消费者行为模式，从亚利桑那州图森市一组具有代表性的样本中分析他们的垃圾[②]。最后，档案资料在研究组织活动中特别有用。这样的资料可能包含的记录，如员工旷工或迟到、投诉、产品或服务的数量和质量、财务业绩、会议记录和与关键客户、供应商或政府机构的函电[③]。

二级分析是另一种隐蔽的调查方法，它能利用各种已经存在的资料数据，如以前的研究报告但现在的研究者也感兴趣的课题，政府文件和统计信息。实际上二级分析典型地指向数据而不是原文；它经常涉及整合过的信息，范围从多处数据库到审查研究的问题。例如，几年前一些作者就主持了一个关于“费用对于选择大学的影响：超出经济弱势的手段”这样一个研究。我们并不用刻意地为了这个研究而收集数据，可以简单地重组和重新分析另一个由田广教授的学生研究报告得来的数据。另外，我们也从另外几个相似的研究项目中分析和审查这些数据。根据二级分析我们可以得出结论，低收入群体更少地去申请一些花费更贵的机构，因此这就限制了他们接受高等教育的机会[④]。

相比观察、访谈或是调查问卷方式，二级分析有其独有的优势，像是高效率和低成本。它能使得他人收集的收据能应用在不同的研究报告中，而我们也可以快速地、少花钱甚至不花钱地得到研究所需的收据。但是，二级数据分析也有其明显的劣势。尤其重要的是，二级的数据可能，或者根本上，

---

① Rosenhan, D. L. (1975). The contextual naute of psychiatric diagnosis. *Journal of Abnormal Psychology* 84: 462 – 474.

② Rathje, W. L. (1979). Trace measures: Garbage and other traces. In *Unobtrusive Measurement Today*, edited by L. Sechrest, 75 – 91. San Francisco: Jossey – Bass.

③ Cummings, Thomas G. & Worley, Christopher, G. (2001). *Essentials of Organization Development and Change*, South – Western College Publishing, Cincinnati, Ohio.

④ Lillis, Michael and Robert Tian (2008). "The Impact of Cost on College Choice: Beyond the Means of the Economically Disadvantaged", an article co – authored with Dr. Michael Lillis, the *Journal of College Admission*, No. 200, Summer 2008, pp. 4 – 14.

完全不适用于研究的问题。就像是研究问题中一个特定的答案不可能单从二级数据中得到。二级分析的另一个劣势是其要从众多复杂的数据库中访问和链接数据，这是一个非同小可的工作量。调查者经常要做出要整合哪些数据或是将哪些变量汇集起来组成一个指标这样一些假设。二级分析方式令人担忧的还有一个问题是，二级数据并不是当下的数据，而真正的商业世界瞬息万变，因此根据二级数据做出的分析可能会对现在无效①。

或许我们最少用到二级数据的一个最重要原因是二级分析可能会复制前人的研究成果，而且原始的数据和分析可能存在着潜在的错误之处。那些数据可能经由数月甚至数年的时候才收集起来，但只被以相对简短的方式和一个分析师的视角验证了一次。况且，个人数据分析师倾向使用他们自己独特的视角和熟悉的工具来分析。在大多数研究中，原始的研究团队一般只会一次性分析收集到的数据②。因此商业管理团队更想用另一种分析和看法来研究他们花费大量资源收集到的数据。

隐蔽的调查方法最重要的优势是它能减少反作用的可能性——就是当人们知道他们正在被人研究时，人们会改变他们的行为。除此之外，这类调查方法往往会产生大量的数据以及为人类行为提供一个比较客观的看法。而且，由于这种方法的有效性，这类隐蔽的调查方法比起直接填写资料能更精确地反映人们的行为③。隐蔽的调查方法可以减少来自于调查者或调查方法的偏见和干扰，但是，隐蔽的调查方法减少了调查者对收集数据的控制权，某些情况下甚至得不到任何有用的数据。

我们应该意识到，隐蔽的调查方法并不能代替观察、访谈和调查问卷成为可选择的调查方法，它只能作为调查者在多种方法外额外的一种调查方法。隐蔽的调查方法可以帮助减少已知的选择偏见和实验者的偏见。韦伯（Webb）和他的同事强调从不同的方法中用三角方法得出结论的重要性，这些不同的方法包含了它们自己独有的、通常并为人所知的偏见④。

---

① Marshall, Greg W. and Mark W. Johnston (2010). *Marketing Management*, New York, NY: McGraw－Hill Irwin.

② Trochim, William M. K. (2009). "Research Methods Knowledge Base", retrieved in July 2009 from http://www.socialresearchmethods.net/kb/unobtrus.php.

③ Bernard, H. Russell (2002). *Research Methods in Anthropology: Qualitative and Quantitative Approaches*, AltaMira Press, Walnut Creek, CA.

④ Webb, E. J., D. Campbell, R. Schwartz, and L. Sechrest (2000). *Unobtrusive Measures; revised edition*. Sage Publications Inc.

隐蔽的调查方法存在的众多问题很难用隐含的数据解释清楚。毫无疑问，如果在收集数据过程中没有调查过任何一个提供资料的被调查者，那么这个调查者将不能解释隐藏于数据后的真正意义。源于调查者偏见的第二个问题是，对于正在调查的一个特定的组织，谁将控制调查者他们想得到正在寻找的结果的期望，或者是维持某种程度上的期望。其第三个缺点是涉及保用欺骗。伦理问题始于调查者使用欺骗的策略来从被调查者处获得资料，尤其是当被调查者发现调查者收集了他们非常个人或敏感的资料且可能会伤及他们本身时。例如，在密苏里州圣路易斯市进行的一项关于男性同性恋的研究，劳德·汉弗莱斯（Laud Humphreys）推断出他已经危害了他所研究的人们的社交生活、情感生活和经济生活，因为当他的研究被法庭传票时，被调查者他们的身份也不再受到保护①。

抛开这些缺点不说，隐蔽的调查数据可以作为一种十分有价值的工具为其他调查方法提供另一焦点。作为初步调查的一种方法，隐蔽的调查方法可以提供有用的信息如员工旷工、员工的抱怨或者生产问题，而这些问题的根本原因可由访谈和调查问题等方法稍后得出结论。相反地，隐蔽的调查方法所用的数据可以用作验证以前得到的数据的一个方法。例如，从记录着员工访谈时揭示他们显著不满的文件中可以获得相关信息。档案数据可用于确定影响了劳动力特别的行为这一发现：低质量的工作，更少的产量，较高的营业额，申诉活动增加等等②。

最后，值得一提的是快速增长的网络开启了一个新的时代，它为调查者们提供了用隐蔽的调查方法来获得数据资源这样一个平台。例如，田广教授与吴艳教授（Yan Wu）在用隐蔽的调查方法研究中国互联网用户证明了中国社会中的巨大转变。他们的研究显示出网络交流创造了数字足迹，这就允许了用隐蔽的调查方法获得数据，还得到比任何通过人类书籍等加起来的资料数据都要庞大的数据资料③。

由于网络社区的多样化，工商人类学可以用多种网络方法来分析各种话

---

① Humphreys, L. (1975). Tearoom trade: impersonal sex in public places. Encl. ed. *With a Retrospect on Ethical Issues*. Chicago: Aldine.

② Cummings, Thomas G. & Worley, Christopher, G. (2001). *Essentials of Organization Development and Change*, South - Western College Publishing, Cincinnati, Ohio.

③ Tian, Robert and Yan Wu (2007). "Crafting Self Identity in a Virtual Community: A Case Study of Chinese Internet Users and Their Political Sense Formation", *Multicultural Education and Technology Journal*, Vol. 1, Issue 4, 2007, pp. 238 - 258.

题，如消费者交流活动内容，消费者改变对某产品看法的过程，消费者网络社交网的结构和消费者对网络广告的态度。但是，蜂拥而出的网络资源可能会触及应用隐蔽调查方法获得数据这一伦理问题。例如，是否所有从公众领域中收集的数据都能用于我们的商业研究目的？我们应在什么时候获得允许，或是用隐蔽的调查方式获得数据时，要求得到提供原始资料人们的知情同意是否现实？尽管这些问题没有一个简单的答案，解决的方法应该是一个谨慎的，持续于研究者和这个学科、研究者和社会的对话得出的结论。

第五节 情景与内容分析

情景与内容分析是文本档案的分析，一种广泛应用于社会科学的方法。社会科学家们用情景与内容分析的主要目的是识别文本的模式。情景与内容分析是极为广阔的研究领域，它可以是定量的，或是定性的，或者两者结合都可以。对奥尔·霍尔斯蒂（Ole Holsti）这位美国政治科学家来说，情景与内容分析就是运用任何技术客观地和系统地确定特定消息的特点作出推论①。金伯利·诺伊恩多夫（Kimberly Neuendorf）对情景与内容分析定义为：系统地、客观地定量分析消息的特点。根据诺伊恩多夫的观点，情景与内容分析是一种运用定量或是定性的消息技术，采用科学的方法作深入的分析，它包含了由客观与主观的交互，一个先验的设计，可靠性，有效性，一般化，可复制性和假设检验，但它不限于可衡量的变量或消息被创建或提出的内容②。

对于人类学家来说，当他们收集到有特征的数据时，他们必须分析和总结这些数据。人类学的方法产生了定量的和定性的数据。情景与内容分析是一种评估定量数据通俗的方法，特别是访谈的数据。这种方法提供了一种机制来给人类语言分级、观察行为和各种非语言性的交流，组成一些中心主题可以捕捉到一组受访者沟通的本质意义。尽管组织成千上万的访

---

① Ole Holsti (1969). Content Analysis for the Social Sciences and Humanities. *Reading*, MA: Addison - Wesley.

② Neuendorf, Kimberly (2002). *The Content Analysis Guidebook*. Thousand Oaks, CL: Sage Publications.

谈意见成为几个中心主题可能是一个显著的挑战，情景与内容分析依然极大地促进了使用计算机为助手去捕获一个访谈内容的方法。计算机不仅提供了一种快速分析大量文本内容的方法，它们还有能力捕获言语中的关键词和关键词内容。

情景与内容分析的基本意义是语言提供了洞察个体考虑世界的方式。调查者典型地定义这个过程的三个步骤①：

- 对于一个特定问题的答案，我们再三阅读取得来确定其范围和是否有一种这个答案发生过的熟悉感。
- 基于这次抽样调查的结论，生成主题并得出周期性意见。合并那些不同答案但本质上一样的主题。例如，回答“你最喜欢你工作中的什么?”这一问题时，不同的调查对象可能列举出他们的同事、他们的上司、新机器、工作、良好的工具供应等。最初的两个答案关心的是工作中的社交方面，而接下来的两个则是他们工作中可利用的资源。
- 调查对象的答案可以分门别类。多数回答的类别代表着经常被提及的那些主题。

作为一种调查方法，情景与内容分析是商业人类家们做商业调查时十分有用的工具。例如，尼亚兹·艾哈迈德（Niaz Ahmed）用跨文化情景与内容分析方法完成了对比美国和印度广告的调查。调查考虑了广告战略和表达方式的特征和异同处。该调查发现，两个文化产生的广告信息存在着明显的差异及各自的广告表达了不同的文化价值。从文化差异和其对广告的影响这些根据我们可以得出，标准的全球化广告需要忽略文化的差异并简洁易懂地宣传。因此，调查者建议国际企业，当采用多文化的标准广告和宣传方式时，需要十分谨慎②。

尽管如此，情景与内容分析还是存在些问题，我们也应该小心注意这些问题。首先，调查者可能会被限制于以文本形式提供的信息类型。如果调查者研究用新的媒体报导新闻，他可能要准备一堆新闻用作抽样调查。但是，如果调查者对研究人们对死刑的看法感兴趣，他就不太可能找到合适的文本文档。其次，研究者在调查时需要十分谨慎以避免偏见。例如，现下的一个

---

① Cummings, Thomas G. & Worley, Christopher, G. (2001). *Essentials of Organization Development and Change*, South - Western College Publishing, Cincinnati, Ohio.

② Ahmed, Niaz (1996). Cross - cultural Content Analysis of Advertising from the United States and India. Ph. D. dissertation, the University of Southern Mississippi.

关于癌症的护理方法调查可能会使用出版文献，这就可能导致遗漏了那些研究癌症但因某些原因不能出版的文献或是正在研究还没来得及出版的文献。最后，研究者需要十分注意如何解释自动的情景与内容分析得出的结果。一个计算机程序可能无法适当地确定一个术语或者一个词组所要表达的意思。由于研究者没有考虑到某些意义的微妙之处，它极有可能在一个庞大的分析中曲解某个小结论①。

第六节　文化审核和比较分析

对人类学家来说，所有的商业活动都是以文化为导向，所有的商业经营也是由文化起作用。因此，工商人类学家总是把文化的研究放在首位，这就是为什么我们把文化因素和它们在真实的商业世界的运作作为这本书的主线。在本节中，我们将讨论文化审核和比较分析这两种工商人类学家所采取的最独特、最有效的方法和它们在商业世界中的应用。我们都同意在当前不断发展多元化和全球化的商业环境下，企业想要成功，必须能够理解其他文化。理解其他文化的意思是商业组织价值的多样性不仅体现在理论上，更要反映在实际上，公司的经营必须要与企业利益相关者的多元文化相关并富有意义。作为企业领导，必须学习必要的工具评估管理模式、产品设计、生产过程和组织架构的好坏，以及它们是否与不同的群体相配或是准备与全球的员工互动②。

文化审核是一个十分有价值的组织评估工具，它可以用作指导多样化和全球化的战略计划。（1）文化能力评估战略可以包含在管理动作计划中，使得企业在例行过程时有能力进行文化审核来确保他们正在进行的企业文化是对的。（2）专家们都同意组织文化是改善运营情况的一个重要组成部分。（3）企业中种族文化的多样性进一步将组织文化的概念复杂化了，特别是在大型的企业里。因此，组织文化评估对企业能确保提高文化竞争力更为重

---

① Trochim, William M. K. (2009). "Research Methods Knowledge Base", retrieved in July 2009 from http://www.socialresearchmethods.net/kb/unobtrus.php.

② Klotz, M. B. (2006). Culturally competent schools: Guidelines for secondary school principals. *NASP Journal*, March, 11-14. National Association of School Psychologists (NASP).

要。(4) 文化审核验证了多样化的文化是如何明显地分别反映在总体组织文化的价值和行为中①。

瓦格纳(Wagner)和马德森·可帕斯(Madsen Copas)强调了文化审核在决定组织文化的质量和兴旺的价值，他们提出了对社区利益相关者的五步审核过程：访谈、观察、调查问卷、清单和报告②。

丽贝卡·布斯塔曼特(Rebecca Bustamante)提出反对意见，她认为文化审核应该侧重于一个包含了各种不同群体的组织改善综合的运营，就像是最后的财务审计一样，提示了财务程序和做法的优势和差距，这样才可通过财务来改进战略计划。她建议，要想进行文化审核，应该结合传统的定性和定量方法，完美地混合使用得到数据收集的方法③。

人类学家接受特别的培训后才进行研究人类和文化的工作，因此，工商人类学家成了进行企业文化审核的最佳候选人。实际上，我们并不同意文化审核是工商人类学家从文化角度分析企业运营有效性的最重要方法之一。工商人类学家进行文化审核时应该遵循下面5个步骤：

1. 必须审核文化，且要检验所有的文化组成部分。

2. 收集分析所需数据，收集的数据应包含：

(1) 内外部交流分析文档，课程记录，政策，业务通讯，网站，信函，小册子等等；

(2) 人口统计相关数据的统计分析；

(3) 针对群体和多个利益相关群体的访谈清单；

(4) 会议、聚会、文物、装饰或社会事件的结构性观察，可以检查出实际行为，领导人非正式团体互动图表；

(5) 结合其他方法三分感性数据的调查问卷，周期性或持续进行的数

---

① National Center for Cultural Competence (2009). "Foundations of Culture and Linguistic Competence". Retrieved in Aug. 2009 from http://www.georgetown.edu/research/gucchd/NCCC/foundations/frameworks.html.

② Wagner, C. & Madsen - Copas, P. (2002). "An audit of the culture starts with two handy tools". *Journal of Staff Development*, Summer, pp. 42 - 53.

③ Bustamante, Rebecca M. (2005). Essential features of cultural proficiency in American international schools in Latin America: A Delphi study. Unpublished doctoral dissertation: University of San Diego.

据收集或加上已有的评估[①]。

3. 比较分析收集到的数据，确定已有的需要解决的问题和需要填补的差距；

4. 制造详细的行动计划，说明如何改变或治理审核中的文化；

5. 培训管理层人员，执行详细的行动计划帮助企业建立和维持有竞争力的文化优势，因为说到底，文化对竞争能力和盈利能力有着决定性的作用。

总而言之，文化审核并不需要大量的时间或资源。我们需要把文化因素考虑进企业盈利能力里。企业领导和组织必须做出根本的转变，改善文化的适应能力以及对政策、程序和实际应用的熟悉度。这种转变包括了对文化在人类生存中扮演角色的理解及其对组织或对个人价值、态度和行为的影响。文化审核能够将企业文化因素变得更实际，使得合适的、有效率的运营变得更有目标性、针对性[②]。

综上所述，当进行文化审核时，我们要用比较分析工具确定需要解决的问题。实际上，就像涂尔干（Durkheim）所坚持的说法一样，比较分析仍然是人类学和其他社会科学的一个重要方面[③]。对工商人类学家来说，比较分析占有重要的学术意义和实际价值[④]。因此我们认为，比较分析是一个重要的、强有力的方法，能够有效地和高效地让工商人类学家完成他们的工作。人类学家应用比较分析的方法，将他们的研究发现与人类的大环境相互联系起来，而这个大环境既超越了他们自己的地理和文化内涵，也超越了被研究者的地理和文化。

对人类学家来说，只是研究一个群体是不可能理解广泛的人类。作为一门学科，人类学提出了一个简单但强有力的想法，即我们都能很好地理解任何人类的细节行为，只要我们将其考虑在人类行为这个全方位的大背景下。而比较分析方法能够尝试解释在人类作为一个整体的背景下，人类整体的相

---

① Bustamante, Rebecca M. (2009). The Culture Audit: A leadership Tool for Assessment and Strategic Planning in Diverse Schools and Colleges. Retrieved in Aug. 2009 from: http: //cnx. org/content/m13691/latest/.

② Bustamante, Rebecca M. (2005). Essential features of cultural proficiency in American international schools in Latin America: A Delphi study. Unpublished doctoral dissertation: University of San Diego.

③ Durkheim, E. (1938). *The Rules of Sociological Method*, 8th edition. Glencoe: The Free Press.

④ Sperber, D. (1985). *On Anthropological Knowledge: Three Essays*. Cambridge, UK: Cambridge University Press.

似及不同之处①。这样，比较分析方法为人类学家提供了另一个辽阔的、跨文化的视角，它包含了整个人类行为的范围。

比较分析对工商人类学家特别重要，因为如果没有比较分析，就没有任何方法去发现不同的企业、不同产品的市场不同之处。最后，如果工商人类学家不知道其他文化，那他就没办法理解一个特定的文化，而工商人类学家需要对一个特定的企业和其文化有透彻的理解，田广教授在与人合著的食品消费的文化意义研究中，使用了比较分析方法进行研究分析。他比较了消费者和他们的行为以及不同民族餐馆的文化氛围。他的研究指出了消费者具有文化敏感性，他们的行为会在不同的文化环境下变得不同。据此，管理者应该根据商业环境和消费者的文化意识来调整他们的管理模式②。

本章小结

本章讨论了多种方法，它们各有其适用范围。参与式观察是最有特色的方法，工商人类学家也最常运用。工商人类学在不停地发展，社会和文化人类学激发了它的灵感，它的调查方法通常是应用定性的而不是定量的工具。相比学术的人类学家，工商人类学家更多地在实际中使用调查问题和更为喜欢应用参与式观察方法。本章没有提及的其他方法，如照相和录像，它们也经常在实际中应用。如对这些方法感兴趣，请查阅由安娜·格里姆肖（Anna Grimshaw）和阿曼达 Ravetz（Amanda Ravetz）编著的《可视化人类学：基于图像和实验的人种志》一书③。

---

① American Anthropological Association web site：http：//www. aaanet. org/.

② Tian，Robert（2006）．“Cultural Awareness and Food Consumption：An Interpretive Study of American Perceptions of Ethnic Restaurants”. Paper presented at Business research consortium of western New York，Canisius College，Buffalo，NY，April 26，2006.

③ Grimshaw，Anna and Amanda Ravetz（Eds. 2005）. *Visualizing Anthropology：Experimenting with Image－Based Ethnography*. Bristol：Intellect Books.

案例一　走进田野观察点：台湾 YT 集团家族企业[①]

台湾 YT 集团于 20 世纪 50 年代由 H 先生（以下简称 H 创办人）靠向山东同乡借的几十万元新台币开了一家小小的食品作坊，当时整个企业只有十几个人，自己还要亲自踏着自行车，到乡下去推销产品，生活十分艰辛。但是，创业的梦给了他神奇的力量。目前，他创办的 YT 集团不仅成为中国台湾同行业的领军企业，而且继 20 世纪 70 年代在中国台湾上市后，21 世纪初又在中国香港实现了上市。目前台湾与香港公司分别由 H 创办人二子执掌（以下简称 H 长子与 H 次子），但两公司实权都掌握在二子 H 次子手中，因为中国香港有竞业禁止的规定，H 次子不能同时在台湾与香港两家上市公司任职。

20 世纪 80 年代初期，美国印第安纳州坡尔大学的郑竹园教授（1982）提出建立“大中华经济圈”的概念，主张在中国大陆、香港、台湾扩大经济贸易金融合作，共同繁荣[②]。美国《商业周刊》2002 年月 12 月 2 日报道：人类历史上一个最大经济组合——大中华经济圈正在形成。中国大陆、台湾、香港、澳门经济合作存在重大互补性，且可行性高。世界银行和国际货币基金组织在正式报告中曾把中国大陆、香港、澳门、台湾作为一个整体的分析单元，称之为“中华经济区”，并预期其经济力量今后可发展壮大到能够与德国、日本、美国分庭抗礼，而成为世界经济的“第四发展极”。更为广义的定义则认为，“大中华经济圈”包括所有的华人经济[③]。而“华人经济圈”包括中国大陆、台湾、香港、澳门加上新加坡、印度尼西亚、泰国、马来西亚、菲律宾、越南等华人影响力相当强的国家和地区。

近十年来，YT 集团积极将在中国台湾食品业成功的经验移植于海外

---

① 选自于泳泓：《对中国家族企业治理结构中的“圈子”现象研究》，载田广、周大鸣主编：《工商人类学》，宁夏人民出版社 2012 年版。

② 郑竹园：《“大中华共同市场”的构想与实践》，《台北工商时报》，1992 年 6 月 29 日。

③ 李蜻：《整合港币：中国参与亚洲汇率协调机制的前奏曲》，中国社会科学院国际金融研究中心工作论文 NO. 152003。

华人市场，目前集团据点主要分布在中国东北、华北地区、中国香港以及印度尼西亚、马来西亚、越南、菲律宾。

从前面的YT集团地理空间分布表中我们也可以看出，YT集团的下属公司与产业主要集中在中国大陆、东南亚等地，这个范围也正是华人的主要聚集区，在这个区域的家族企业深受中华文化影响，具有共同的鲜明特征：

第一，伦理本位的管理模式。

华人家族企业在经营理念上从不把商业经营看成一种纯粹的商业活动，而是一种更为广义的社会和生活活动，因而他们在经营中注意把经商之道与处世之道、经济手段与非经济手段结合起来。他们信奉：学做生意先要学做人，明处世之道才能能明经商之道。在这种社会文化背景下，华人就自觉或不自觉地把家庭运作模式引入到企业管理模式中，形成了独具特色的伦理本位的管理模式。之所以如此，是因为他们将“企业”看做是秩序混乱的社会中保障家庭生存和安全的一种途径。

家庭式企业在中国的生存和发展植根于家文化，这种文化一定程度上推动了家族企业的发展。我国著名学者费孝通在其著作《乡土中国》中曾深刻剖析了华人的“家”文化。费孝通把这种文化的特点归结为“差序格局”，其特点是由无数私人关系搭成的网络构成的社会。这个网络像一个蜘蛛网，有一个中心那就是自己。以己为中心，和别人联系成的社会关系像水的波纹一般，一圈圈推出去，愈推愈远，也愈推愈薄。这种“差序格局”的关系反映在企业中就是：企业主是这个企业的核心，环绕着这个核心的是与企业主有血缘关系的管理层，再向外推进，则是更低级的管理人员和具体工作人员。这样一个组织结构的运转靠的不是一般的业务关系，而是特殊的人际关系，亦即依据家族的谱系建构的亲属关系。这些特殊的亲属关系反映在家族企业的运作过程中，就形成了家族企业独特的竞争力——家族精神。

第二，子承父业的继承传统。

华商所经营的企业，一般都是家庭式的。选继承人，一般都在家庭内挑选，如本章研究的YT集团由集团前董事长H创办人创办，就整个YT集团来说，作为家族企业的典型管理方式，由老董事长H创办人的两个儿子分别负责在中国台湾与香港的上市公司。

华人家族企业之所以选择子承父业这样的继承传统，也有着深刻的传统根源。中国的家是一个血缘单位，所以家的终极目的是父母子女之血缘的延续，使人生绵延不绝，将短生命融入长生命，传宗接代便成为家的神圣使命。传宗接代，也就是所谓传“香火”，意即不断有人祀奉祖先。所以，把财产传承给自己的孩子，有助于子孙后代的繁衍，从某一方面确保自己和自己的祖先可以得到后人的祭祀；另一方面，自己未竟的人生理想可以通过后代得到延续。子承父业的继承传统常常危及公司的兴旺，因为创办人的后代能力往往弱一些，或者继承人之间因为合不来而导致企业的分裂，降低了企业的竞争能力。不少华人家族企业已经意识到这个问题，作为YT集团的创始人H创办人从小就为培育出杰出的下一代接班人付出巨大的心血，不仅对两个儿子言传身教、精心培养，而且要求儿子在工商管理方面要学西方的科学管理知识，但在为人处世方面要学中国古代哲学思想，并教育儿子做事更要注重做人。

案例二 泸沽湖地区旅游文化商品市场①

泸沽湖地区民族文化旅游商品市场是随泸沽湖摩梭文化生态旅游的发展，从20世纪80年代末开始逐渐发展起来的。其主要商店类型有小百货、土特产、工艺品和银器店，出售日用百货、副食糖果饮料、民族特色工艺品、宗教特色工艺品、地方特色土产品以及银器、玉器、木器、漆器等工艺品。已形成以大落水村为旅游购物中心的格局。在沿湖村庄中，大落水村人口最多，旅游开发最早，基础设施也最完善，拥有的商铺数量远远多出其他村庄商铺的总和，故旅行社常常安排时间让游客在大落水村自由购物。

泸沽湖位于云南与四川交界处，湖域面积50.4平方公里，湖面海拔2690米，平均水深40.13米，最大能见度12米，周围森林密布，山水相

① 改编自白廷、陈刚：《工商人类学与文化旅游商品市场分析》，载田广、周大鸣主编：《工商人类学》，宁夏人民出版社2012年版，第282－292页。

映，景色迷人，享有“中国西南的最后一片净土”的美誉①。更出名的是居住在泸沽湖周边的摩梭人特殊的“走婚”风俗和“母系”继承制度，以及达巴教和藏传佛教的交融，形成独特的民族文化，吸引众多的国内外游客前来欣赏美丽的山水，领略异族风情文化，品尝独特的摩梭食品，购买具有摩梭文化内涵的商品，带回家馈赠亲友或留着纪念，旅游商品市场随着摩梭文化生态旅游的开发同步发展。

1. 旅游购物店类型

泸沽湖地区旅游购物店主要有四类：以小百货为主的商店，土特产店，工艺品店，银器店（见表4-11）。四类购物店是一个粗略的划分，主要以店内主要的商品来判断。大部分的购物店除了主要商品外，都会兼有其他的商品，如小百货店也会摆上一些工艺品，有的店卖银器、工艺品，也卖土特产，但各购物店都会把主要的商品摆在中心或显眼的位置，这样无论游客还是调查者都能很快辨认出购物店的类型。

表4-11　　泸沽湖地区旅游购物店的主要类型

购物店类型	典型商品
小百货店	烟酒、食品、饮料、日常用品等
土特产店	干野生菌、药材、干菜、干鱼、干肉、果干等
工艺品店	披巾、围巾、挂件、摆件、民族画、皮毛
银器店	饰品、手镯、佛珠、生活用品等

资料来源：笔者2009年8月7—16日在泸沽湖旅游区调查所得。

2. 旅游购物店分布

（1）大落水村。云南省泸沽湖地区沿湖有9个自然村，属于落水村委会。落水自然村是较大的村，据笔者在2009年8月调查统计，落水村共有73户，585人，其中摩梭人口259人。落水自然村是泸沽湖地区旅游业发展最早的地方，现已经成为一个旅游小镇，村内主要大道两侧集中分布着客栈、酒吧和旅游购物店。落水村坐落在泸沽湖西南岸一个较

① 李灿金、罗明军：《泸沽湖旅游开发现状及发展潜力》，《中南民族大学学报（人文社会科学版）》2003年第23期。

大的河流冲积扇和湖滨带上，宁蒗县城到永宁乡的公路把村落分成落水上村和落水下村，旅游区管委会和2个较大规模的宾馆就在公路旁，公路两侧还有2个餐馆和1个小百货店，小百货店主要为村民服务。乌玛河纵贯落水村入湖，在村口与宁永公路垂直相交，村内河道两侧分布有客栈、餐馆和店铺。落水下村主要的一条道路与宁永公路平行穿过村寨。在旅游发展过程中，落水村的建筑逐步向湖边靠近，湖边成为客栈、餐馆、酒吧和店铺最为集中的地方。为了记录的简便，调查过程中把湖边道路、乌玛河沿岸、村内主要道路、宁永公路分别标记为A区、B区、C区和D区。各区的旅游购物店分布和数量情况如表4－12。

表4－12　大落水村旅游购物店分布和数量

区域	小百货店	土特产店	工艺品店	银器店
A	7	7	15	20
B	3	2	1	4
C	2	2	1	
D	1			
合计	13	11	17	24

资料来源：笔者2009年8月7—16日在泸沽湖旅游区调查所得。

（2）洛瓦村、五枝洛村。洛瓦村、五枝洛村是四川泸沽湖地区沿湖分布的两个自然村，村民共有35户，254人，其中摩梭人口220人。五枝洛村坐落在草海西北岸，洛瓦村一面临草海，一面临湖水，两村距离较近。两村是四川泸沽湖地区旅游业发展较早的地方，游客主要从成都、重庆经西昌来，一部分经攀枝花来，从云南方向过来的游客较少。五枝洛村一侧是草海，旅游接待设施分布在公路的另一侧；洛瓦村的旅游接待设施主要也是沿公路分布，近来有新建客栈向洛瓦半岛延伸，旅游购物店基本在公路沿线（表4－13）。

表 4-13 洛瓦村、五枝洛村旅游购物店分布和数量

区域	小百货店	土特产店	工艺品店	银器店
洛瓦村	4	4	4	3
五枝洛村	2	2	1	2
合计	6	6	5	5

资料来源：笔者 2009 年 8 月 7—16 日在泸沽湖旅游区调查所得。

(3) 里格村、小落水村。云南省泸沽湖地区沿湖的里格村、小落水村均属于落水村委会，坐落于泸沽湖的西北角，两村相距 3 公里。里格村村民共有 41 户，172 人，其中摩梭人口 161 人；小落水村村民共有 24 户，134 人，其中摩梭人 131 人。里格村、小落水村的旅游业起步较晚，但发展较快。旅游购物店的数量不多（表 4-14）。

表 4-14 里格村、小落水村旅游购物店分布和数量

区域	小百货店	土特产店	工艺品店	银器店
里格村	4	0	2	1
小落水村	1	0	1	0
合计	5	0	3	1

资料来源：笔者 2009 年 8 月 7—16 日在泸沽湖旅游区调查所得。

3. 旅游商品种类

除了购物店类型同质化外，泸沽湖地区旅游商品也有明显的同质化，也就是同一类商品的款式、工艺、色泽、质量、重量、产地等差别很小，正因为同质化现象突出，所以大致可以把泸沽湖地区旅游商品分为五类：小百货商品、民族特色工艺品、宗教特色工艺品、地方特色土特产品和银器玉器等（见表 4-15）。

这里需要指出，小百货商品主要是为当地人服务，但游客的日常需要也有赖于小百货商品供应。民族特色工艺品、银器以前都是以游客为

表 4－15　　泸沽湖地区旅游商品的主要种类

商品类型	销售对象	来　源
小百货商品	当地村民、部分游客	宁蒗县城、永宁市场、盐源县城进货，个别经营户也直接从昆明进货。大部分为东部沿海工业化产品
民族特色工艺品	游客、当地村民	手工制品大部分是经营者自己生产、永宁摩梭人手工制品；机制品由丽江生产、浙江广东福建等省的乡镇企业生产
宗教特色工艺品	游客、当地村民	大部分从大理来，少部分从东部沿海来
银器、玉器、木器、漆器	游客、当地村民	银器基本是大理鹤庆人经营，都称是鹤庆新华村银器，其实有一部分是东部沿海的产品。玉器、木器、漆器大部分从东部沿海来，少量是大理的产品
地方特色土特产品	游客	以泸沽湖地区出产物品居多，也有从昆明、成都来的云南山货、川西山货

资料来源：笔者 2009 年 8 月 7—16 日在泸沽湖旅游区调查所得。

对象，但现在某些店的村民的消费比例已超过了游客，店主的说法是村民出租客栈获得较高的收入，舍得花钱购买各类当工艺品销售的服饰、首饰，特别是节日庆典活动到来时。

4. 旅游购物店的经营主体

同客栈、餐饮、各类餐吧一样，泸沽湖地区的购物店主要是外地人在经营。小百货店主要由本村人在经营，工艺品店和土特产店主要是盐源、会理、攀枝花等地的人在经营，洛瓦、五枝洛村的工艺品店和土特产店也有泸沽湖镇上的人经营的。银器店的经营者几乎都自称是大理鹤庆的，也有大理古城周边村子去的经营者。

市场和消费者是工商人类学研究的两个主要领域之一①。研究市场的工商人类学者力图找出市场上各种文化背景的突出特征和在这些文化

① Baba, Marietta L. (2005). Anthropological Practice in Business and Industry. In Satish Kedia and John van Willigen, eds. *Applied Anthropology: Domains of Application*. Wesport, CT: Praeger Publishers.

背景下驱动消费者购买特定产品的因素①。而文化旅游特别强调利用文化因素来吸引游客，这些因素可以是物质的，如博物馆、历史遗址、传统建筑和手工艺品等；也可以是非物质的，如宗教活动、文艺表演、传统节日等，吸引游客去体验和探索自己不熟悉的其他民族不同的生活方式、社会习俗、宗教传统、文化遗产等文化内涵。地处文化旅游景区的旅游商品市场应该充分展示景区文化的突出特征，并利用文化因素来吸引游客购物。旅游商品要具有地方特色、景区特色、景点特色和民族特色，强调独具个性，唯我独有，人有我优，人优我特②。

笔者所观察到的泸沽湖地区旅游商品市场，最能表现摩梭文化的特征是手工艺品商店。作者统计到大落水、小落水、里格、洛瓦村和五枝洛村共有商铺96间，其中手工艺品店有25家，占总数的26%，主要销售摩梭妇女手工编织的披巾和围巾，也出售外来的机制工艺品。有些手工艺品商店还安置有织布机，有着摩梭装的妇女表演织布吸引客人。然而，这些商店出售的手工艺品，品种类型单一，在云南丽江、昆明都能买到，不具备“唯我独有”和不可替代性的特征，没有形成品牌摩梭手工披巾和围巾，缺乏吸引力。

除手工艺品店外，小百货、土特产和银器店销售的商品，多数没有摩梭文化或泸沽湖地域特色。银器店基本由大理鹤庆人经营，都称是鹤庆新华村银器。在店里现场打造银器的师傅，多数是大理的白族人。土特产店出售的商品多来自以泸沽湖地区出产物品，如干菌类和苹果干，但也有从昆明、成都、西藏来的外地山货和藏药材。让游客难辨真伪，影响游客的购物兴趣和行为。

笔者在大落水、小落水、里格、洛瓦村和五枝洛村，对旅游业的满意度，在居民和游客中做了随机问卷调查，收回有效居民问卷91份，游客问卷43份。问卷分三个部分：被调查人信息、游客与主人喜欢的互动方式、游客对服务满意程度或居民对游客的满意程度。其中一个问题是

---

① Tian, Robert Guang. (2010). The Unique Contributions and the Unique Methodologies: A Concise Overview of the Applications of Business Anthropology. *International Journal of Business Anthropology* 1 (2),70 - 88.

② 马晓京：《旅游商品消费的文化人类学解读》，《中南民族大学学报（人文社会科学版）》2005年第4期。

与购物有关，即游客是否对购物满意、居民是否对游客消费满意。答案有5个尺度：非常满意、满意、普通、不满意和非常不满意。在43名游客中，23.3%的游客对购物表示满意，7%的游客表示非常满意。两者相加，仅为30.7%。在91名居民中，47.3%的居民对游客的消费表示满意，8.8%的居民表示非常满意，两者相加为56.1%，约过半数。询问游客为什么对购物不满意，得到的回答主要有：商品的款式和价格无吸引力、在别处也能买到、怀疑商品的真实性、不满意商品的质量、不满意导游或服务员的态度。

从上述讨论中可以看出，尽管泸沽湖地区民族文化商品市场发展近20年，现时期旅游商品市场没有统一规划布局和管理，旅游商品的销售仍然主要以商店零售为主，规模较小，同质化现象严重，相互竞争，为争夺客源，经常削价竞争内耗，无力重视旅游购物市场新产品的研发。旅游商品缺乏地方特色与创意，品牌意识差，没有品牌产品。摩梭妇女手工编织的披巾和围巾，甚至没有注册商标，让游客无法知道哪家的工艺和质量好、哪家是正宗的。旅游纪念品种类不多，价格高低不一，难以引起游客的购买欲，增加旅游商品销售收入。国内旅游商品市场存在的问题，如产权问题①。“劣币驱良币”现象②，在泸沽湖地区也普遍存在。

早在20世纪90年代，有学者抽样调查发现，有47.5%的旅游者认为云南的旅游商品较有特色，也有45%以上的旅游者认为云南的旅游商品没有吸引力，品种类型单一，有“走遍云南货一样”之感③。10年后，笔者的调查，也得出相同的结论。如何改变这局面，值得工作在研究与文化相关的产品开发、市场营销和消费者购物行业领域里的工商人类学者，利用人类学民族志的研究方法，进行系统地调查。中国香港发展旅游购物的一些经验，如优质服务，让游客真正放心购物；旅游营销，把旅游购物纳入旅游目的地营销活动中，为发展旅游购物提供保障；整合

① 曹国新：《配景：旅游商品的本体存在：一种基于本体论的考察》，《桂林旅游高等专科学校学报》2004年第5期。

② 杨勇、范方志：《同质化、信息不对称与旅游纪念品市场》，《新余高专学报》2006年第1期。

③ 郑湘昆：《云南旅游商品知识》，云南大学出版社1999年版，第126页。

资源，合力打造旅游购物形象；社会参与，共同促进旅游购物的发展①，值得学习借鉴。

学习思考题

1. 请谈谈你对工商人类学方法学意义的理解？

2. 工商人类学中运用最多的有哪几种方法？

3. 你准备如何使用参与式方法研究当地餐馆的消费者行为？

4. 文化审核的意义何在？怎样完成一次文化审核？

5. 什么是基于内容的分析？你将如何应用基于内容的分析这一方法研究某一项目？

6. 定性的与定量的研究方法有什么不同之处？

7. 你从本章案例中学到了什么？如何从工商人类学的角度来理解和分析本章案例？

① 石美玉、王颖：《发展我国旅游购物的思考：以香港旅游节为例》，《旅游学刊》2007 年第 7 期。

第五章
工商世界与文化因素

内容提要

文化从本质上说是一个群体在其生产发展过程中所凝练出来的价值观系统的高度升华与抽象。对人类学家来说，人们的一起行为和互动，都与文化相关，且是文化的载体和表现。20世纪的80年代以来，随着工商社会的发展和企业的崛起，人们注意到了文化差异对企业管理的影响，进而发现了企业文化是社会文化与组织管理的融合与产物。工商文化反映着一定的工商世界的现实存在，而企业文化，是企业发展到一定阶段，管理人将其在企业创业阶段关于经营理念、基本假设等达成的共识，用于企业管理和新成员教育方面，并在此过程中将企业全体员工的价值认同及行为方式，进行整合成统一，从而形成企业的价值体系和行为准则，发展独具特色的文化管理模式，以文化的力量推动企业的长期发展。

学习目标

1. 学习和理解人类学关于文化的研究及其理念。

2. 学习和理解文化价值要素及其对人们的行为影响。

3. 学习和理解文化差异对人们的工作态度和工作关系的影响。

4. 学习和理解文化商对跨文化管理的重要性和实际影响。

5. 熟悉并掌握文化商的构成及其对个人文化适应的影响。

6. 懂得公司在雇请来自他文化的新雇员时所应注意的匹配问题。

引　言

在政治学、历史学、心理学、人类学、社会学等不同的领域，文化有诸多不同的定义，尽管有不同之处也有相同之处。文化的核心包括传统观念、信仰、偏好、习惯等等。同时，文化制度可以被看做既是人们的社会行为之产物，同时也是人们进一步行动的条件。文化是由一系列符号所组成的，这些符号是对人们外在的或内隐的行为模式之反映，人们可以获取并传播这些组成文化的符号，从而构成了不同的人群所特有的文化成就，正如人们在物品制造方面的成就一样①。

更具体地说，文化是给定的时期内特定群体所持有的传统价值观和传统信仰、观念、习俗、技能、艺术和语言等。文化为人们提供了一种对行为可接受与不可接受的认同和理解。20 世纪，“文化”的出现作为人类学的一种中心思想，不单单包括人类遗传学的结果，它包括了所有人类现象。具体说来，这种文化对于美国人类学家包含两层含义：（1）进化的人类能力指用符号对实践经历进行分类和表现，也指人类想象性和创造性行为的能力；（2）不同的生活方式：生活在不同地区的人们用独特方法把他们经历分类和表现出来，并采取创造性的行动。第二次世界大战以后，尽管在社会学、

① Kroeber, A. L. and. Kluckhohn (1952). *Culture: A Critical Review of Concepts and Definitions*. New York, NY: Vintage Books.

文化研究、组织心理学和管理学研究等其他学科中有不同的意义，文化已经变得非常重要①。

文化在人类学视野下被广泛地运用于商业上的不同领域。对于创业者而言，具备总体上对文化价值观的良好理解以及个体上个性化的文化特色，能够在国际市场和经济全球化中获得成功。反之，文化误解将对个人发展、组织效用及利润获得产生反作用，因为文化因素会影响人们的动机，品牌理解及态度以及购买意愿。因此，作为全球市场的成员，我们必须清楚地懂得，理解并熟悉来自世界不同地方的文化及其表现形式，是对现代企业经营业绩影响最大的要素之一②。

在商业世界中文化扮演了一个重要角色。在任何商业组织中，其地位难以替代，其影响难以忽略。在本章，我们会关注商业世界中的文化问题。在简短的介绍后，我们将首先提出对于文化研究的人类学方法，然后探讨文化与人类行为的关系，文化与组织行为的关系，最后我们会探索分析各类有效方法运用到商业实践中管理文化差异问题。

第一节 人类学对文化的研究

对于人类学家来讲，文化是整合了价值观、信仰和行为准则（即在任何社会中划分出可以接受的行为）的社会系统。文化的差异区分了一个社会与另一个社会的不同。首个人类学上对文化的定义是19世纪晚期爱德华·伯内特·泰勒（Edward Burnett Tylor）提出的③。1952年，阿弗烈·克鲁伯（Alfred Kroeber）和克莱德·克拉克洪（Clyde Kluckhohn）将世界上164

---

① Culture (2009, November 7). In *Wikipedia*, *The Free Encyclopedia*. Retrieved 16:27, November 10, 2009, from http: //en. wikipedia. org/w/index. php? title = Culture&oldid = 324525118.

② Hofstede, Geerz (1980). *Cultural Consequences*, Newbury Park, CA: Sage Publications; Lillis, Michael and Robert Tian (2009). "Cross - Cultural Communication and Emotional Intelligence". *Marketing Intelligence & Planning*. Vol. 27, No. 3, pp. 428 - 438; Emery, Charlie and Robert Tian (2003). "The Effect of Cultural Differences on the Effectiveness of Advertising Appeals: A Comparison between China and the U. S.", *Journal of Transformation in Business and Economics*, Vol. 2. No. 1 (3), pp. 48 - 59.

③ Tylor, E. (1976, originally published in 1871). *Primitive Culture*: *Researches into the Development of Mythology*, *Philosophy*, *Religion*, *Language*, *Art*, *and Custom*. New York, NY: Gordon Press.

种不同的文化定义归纳编撰①。在人类学上，文化本质上包含了规范、习俗、道德观念、语言、宗教信仰等多种因素。每一种因素都在决定特定文化的本质和价值上起着同等作用。

人类学家颇拉若（Perraro）曾经说过，人类学在寻找所有文化中的共同线索和一般规则时，会尝试用文件资料来记录文化形式的巨大变化。人类学，特别是文化人类学，旨在寻求理解世界各国人为何以及有怎样的相同与不同。它不是所有不寻常的人去设想他们的思维方式行动方式是否有问题，合乎常理，或者合乎常人。由于文化的差异，所以文化人类学的研究为我们提供了观察今天在世界上发生的巨大变化的思维和行动，与此同时，人类学文献的记录提供了解决跨文化问题时的许多不同的解决方案。因此，人类学家不只是在简单地记录、识别和描述人类文化的多样性，而且是在发现所有的文化背景下都可能在第一眼就能发现的规律性东西②。

正如我们在第三章所探讨的，人类学家使用传统定性研究方法去研究不同文化中的人类行为。对致力于处理质量和文化领域复杂问题的研究者，这种方法非常适合定性研究，不仅仅是一组数据的搜集方法，更是一种从被观察者的角度去理解事实、活动、规范和价值观；人类学家将定性研究作为主位研究方法。定性研究强调现象背后的环境以及造成这种情境或影响的途径。因为定性研究具有灵活性及可重复性，它允许发现意料之外的重要课题③。

人类学家同样使用一些结构化的数据搜集技术去研究文化。这些数据搜集技术的共同之处包括自由排序、堆积分类和等级排列等方法。这些技术产生数值型、可量化的数据，这些数据被包括在定性研究“工具箱”中，因为它们的目的是要从受访者的角度去识别并分析该文化领域。这些方法在国际卫生健康领域广泛运用，但很少在我国使用。文化共识分析，是人类学家使用的另一种去识别享有同等价值观群体的方法，这种方法同样适用于研究

---

① Kroeber, A. and C. Kluckhohn (1952). *Culture: A Critical Review of Concepts and Definitions*. With the assistance of Wayne Untereiner and with appendices by Alfred G. Meyer. Cambridge, MA: Peabody Museum of American Archeology and Ethnology, Harvard University.

② Perraro, Gary P. (2006). *The Cultural Dimension of International Business*. 5th Ed., Upper Saddle River, NJ: Pearson Prentice Hall.

③ Walle, Alf H. III (2001). *Qualitative Research in Intelligence and Marketing*. Westport, CT: Quorum Books.

组织文化[①]。

工商人类学是对商业组织的企业文化与社会架构的探索。它关注观察的活动与相互作用，信息交流与从物质世界中形成的社会经验[②]。评估技术通常依赖于长期的、密集的实地研究，试图去理解作为社会团体中的成员、人的发展与行为。人类学研究中最常使用的各种类型的方法，试图让研究者亲身体验尽可能经常强调民族志的研究途径和方法的重要性。

鉴于文化在工商人类学中所起着的核心作用，我们必须对文化有一个特别定义。我们建议，必须关注符号、语言、信仰、理想、意识形态和神话所产生的持续的组织维持能力，以便了解个人和团体的行动和承诺[③]。然而，正如在其他作者的著作中所指出的，什么最能代表组织文化的元素和属性还存在着许多争论[④]。许多文化中的领导都重视组织成员的头脑内的思想。上文提出的"一个组织的行为和决定都几乎由该组织存在的基本假设的格局预定。"[⑤] 言外之意便是跟着个人的行为的在很大程度上是控制和认知过程，其中的起决定作用的是方式、是执行活动。

尽管已经有许多途径会形成组织文化，其中大部分途径与重视"观念"的文化人类学家提出的系统的概念是一致的[⑥]。因此，在组织文化的概念认知结构中，组织成员的头脑的产物是一套共享的意义和符号[⑦]。例如，科尼利厄斯·奥斯古德和沃尔特·泰勒描绘了一个由"心理现象"组成的文化承载的是头脑中存在的主要文化[⑧]。同样，比尔斯和霍吉尔写道："文化是

① Weller, S. and A. K. Romney (1988). *Systematic Data Collection*. Newbury Park, CA: Sage Publications.

② Rousseau, Denise M. (1990). Assessing Organizational Culture: The Case for Multiple Methods. In *Organizational Climate and Culture*. Edited by Benjamin Schneider. pp. 153 - 192. San Francisco, CA: Jossey - Bass.

③ Pettigrew, A. (1979). On studying organizational cultures. In J. Ban Maanen (ed.), *Qualitative Methodology*. Beverly Hills, Calif.: Sage.

④ Schein, E. H. (1990). Organizational culture. *American Psychologist*, 45, 2, 109 - 119.

⑤ Ott, J. S. (1989). *The Organizational Culture Perspective*. Chicago, Dorsey Press.

⑥ Allaire, Y. & Firsirotu, M. E. (1984). Theories of organizational culture. *Organizational Studies*, 5, 193 - 226.

⑦ Geertz, C. (1973). *The Interpretation of Culture*. New York: Basic Books.

⑧ Osgood, C. (1951). Culture: Its Empirical and Non - Empirical Character, *Southwestern Journal of Anthropology*, Vol. 7, pp. 202 - 214; Taylor, W. W. (1948). A Study of Archeology, American Anthropological Association Memoir No. 69.

从行为的抽象"① 这种观点一致。埃德加·沙因的文化基本假设模式，认为文化是"感知、思维、感觉和行为"，这提供了一个更好地了解一个组织的视角②。

文化人类学的第二个学派，即为以"拿来主义"的角度审视文化。在这里，文化被看做是一个结果，包括客观和直接观察到的现实③。研究人员的任务就是在这种模式下，识别一个或多个方式的组织的做法。文化则代表那些观察到的不同的组织做法。

从"拿来主义"的角度来看"视觉观察"的诠释，意味着可以增加我们对文化的理解，研究处在我们周围的对象，提供关于研究对象在民众与社会中的位置的独特见解④。例如，作为一个社会的价值观，不只是一种社会的装饰，而且是各种组织环境中的现实存在的事物⑤。另一种对文化的解释，则更注意广泛的"唯物主义"的观点，其中包括以基础变量以解释社会文化系统⑥。根据这种观点，基础设施被视为社会的基础，包括涉及人类生活的物质条件。

因此，要理解任何在行为上的相似性和差异性的原因，并认为人类群体之间找到可以解释个人"生产的食品、工具、住房、技术如何。"⑦ 这里共同的假设是，物质文化研究是由人类作出或定义的对象，会自觉或不自觉地、直接或间接地反映个人，相信信仰的格局也会因此成为更大的社会模式⑧。

---

① Beals, R. L. & Hoijer, H. (1953). An introduction to Anthropology, New York: Macmillan p.210.

② Schein, E. H. (1990). Organizational culture. *American Psychologist*, 45, 2, 109 – 119.

③ Keesing, R. (1974). Theories of culture. *Annual Review of Anthropology*, 3, 73 – 97.

④ Berger, A. A. (1992). *Reading matter: Multidisciplinary perspectives on material culture*. New Brunswick, NJ; Transaction Publishers; Prown, J. (2001). *Mind in matter. In Art as evidence*. New Haven, CT: Yale University Press; Schlereth, T. (1985). Material culture and cultural research. In T. Schlereth (Ed.) *Material Culture: A Research Guide* (pp.1 – 34). Lawrence, KS: University Press of Kansas.

⑤ Feldhusen, M. (2008). The social life of objects: Interpreting our material culture. *Art Education*, 61, 25 – 32.

⑥ Harris, M. (1968). *The rise of anthropological theory*. New York: Thomas Y. Crowell.

⑦ Murphy, M., & Margolis, M. (Eds.) (1995). *Science, materialism, and the study of culture*. Gainesville: University of Floridaa Press. p.2.

⑧ Schlereth, Thomas J. (1999). *Material Culture Studies in America, 1876 – 1976*. AltaMira Press, Oxford. p.3.

最终，要充分了解人们认为在一个组织范围内的行为，人类学家需要从文化的两个角度获得最终见解。保持理想主义的学者的观点是，文化被定义为认知结构，因为它是指示思想的“实践”，需要组织成员的关注。然而，在从“拿来主义”学者的角度看来，文化是要寻找一个逻辑，寻找一种凝聚力以整合无数观察到的行为模式。组织中出现的任何行为模式，是否是反映组织的倾向，也许能够根据有关组织的文化进行推论。通过将文化视为一种认知过程，将会对文化有更清楚的理解。因此，为了理解有着丰富性和复杂性的文化以及组织文化的精髓，势必将各种意见纳入，这些意见包含从有形到无形的思维和行为模式。

文化是由许多要素组成的，其构成过程是从无意识到有意识的连续过渡分层的过程。在图 5－1 中可以看出，这些文化层的范围可以从文化的高度内化到无意识的层面，以及物质、材料和其他直接观察到的表现。这些层次代表了组织文化研究的概念化中发现的主要元素。在最深层次的，无意识的层面，是采取理所当然的信仰、观念、思想、感情，告诉组织的成员如何感知，思考感觉到的事情①。另外相对的，在最外层，人们还可以观察到“具体的文化形式”，其中包括：符号（物理构件、设置等）、语言（术语，手势，幽默，标语）、叙述（故事，神话等）和实践（仪式，禁忌，礼仪）②。

图 5－1 中的内层和外层的价值取向分类，分别代表行为和行动领域中受推崇的标准和看法。图 5－1 中的箭头，价值观代表了有形和无形的文化表达的重要推动力。因此，价值观可以被破译，通过直接观察到的世界以及通过对内隐的含义的理解来引导行为。通常情况下，价值取向通过明确组织的使命陈述来宣布。在这种情况下，研究者必须小心研究这些因子的基本假设是否一致。最终要了解什么是一个组织的价值，研究人员就必须探索跨层次的文化。

在人类学领域中，民族志研究方法的主要贡献在于对文化的理解。但有一个问题在评估组织文化时仍然存在③。如图 5－1 所示，可以认为组成文化的分层模型需调用各种技术援助以帮助对其的理解。例如，在假设的水

---

① Schein, E. H. (1992). *Organizational culture and leadership* (2nd ed). Jossey－Bass.

② Trice H. M & Beyer J. M. (1993). *The cultures of work organizations*. Prentice Hall, Inc. Englewood Cliffs, New Jersey.

③ Bickman L. & Rog, D. J. *The Sage Handbook of Applied Social Research Methods*, (2nd ed). 2009. SAGE Publications, Inc. Thousand Oaks, California.

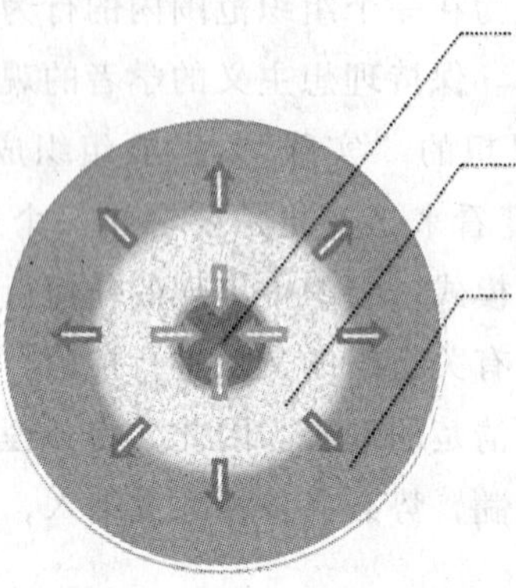

资料来源：Adapted from Edgar H. Schein, *Organizational Culture and Leadership*: *A Dynamic View*. (1985) . Jossey - Bass Inc.

图 5－1　文化的层级图

平，文化可以是一个非常主观的，无意识的过程，因此不适合标准化的评估方法。在这种情况下，组织内公开的行为和实物证据可能没有足够的文化数据来源。资料的难以获得，资料的深度为使用定性的方法提供了良好的支持。为此，一些作家认为，假设可以如此根深蒂固，只有一个复杂的内部和外部之间的联合查询的互动过程，可以为他们带来的表面认识①。显然，这种互动的一种探索文化不太明显的表现是必不可少的。这些意见导致一些结论，作为文化的元素变得更加自觉或不可见，外地人和结构性工具变为更合适的观测②。

第二节　文化与人类行为

我们相信，有许多因素会影响人类行为，如生物因素、遗传因素、心理和环境因素的影响等等，然而，文化的因素发挥了比其他影响因素更重要的

---

① Schein, E. H. (1984). Suppose we took culture seriously. *Academy of Management OD Newsletter*, Summer 1984, 2ff.

② Rousseau, Denise M. (1990). Assessing Organizational Culture: The Case for Multiple Methods. In *Organizational Climate and Culture*. Edited by Benjamin Schneider. pp. 153 - 192. San Francisco, CA: Jossey - Bass.

角色[①]。文化影响人类生活的各个方面。笔者可以用文化来解释人群的相似之处，同组内的人群和不同组内的人群之间的差异。文化既包括主观的也包括客观的因素。态度、价值观、信念、意见、行为是主观的因素，而服饰、食品、器皿、建筑是客观的因素[②]。文化不是一个静态的实体，而是不断发展变化的。我们从俗称为"代沟"的概念中知道，它实际上是指一种文化差异下的不同行为模式，不同的生活方式的人在不同时期的行为。文化提供了对人类生活的规则的解释，告诉人们如何互动，如何共同工作和发挥彼此作用。文化，有利于规定个人应当做什么，为了生存在他们所在的生活环境中，需要文化进行跨代沟通。此外，文化允许行为被创造和约束[③]。

人的行为往往是复杂的。行为学家丹尼斯·奥尼尔（D. O'Neil）博士认为，要理解在各种不同情况下个体之间的相互作用，一个积极有效的方法就是，我们必须分清理想上的不同、实际上的不同和感觉上的不同之间所存在的区别。在奥尼尔博士看来，理想的行为是人们认为他们应该做什么和他们想要别人相信他们正在做的事情。例如，在北美许多丈夫认为，他们大约要做一半的清洗和维护家里清洁的工作，但他们的妻子可能会否认这一说法。这是否意味着，丈夫不说真话？对于奥尼尔的答案是"没有"，它通常意味着丈夫的意见，他们正在做什么。人类学家有兴趣研究人们的实际行为。理想的行为模式可以告诉我们，社会和文化对人的影响。

在文化的定义和描述框架内界定了对社会群体的现实看法。一个关键的问题是微观分析观察和对个人行为的解释，是否可以为有关宏观层面的推论提供基础。这里要提到的是阿莱尔和费瑟洛图的"部分复制的概念"。因此，个体间的行为一致性可能会被视为共同聚集在群体水平的认知结构（信仰、观念、价值观）的指标。个体间行为和组织间行为的一致性则在事实上表现为组织文化。

什么程度上可以被认为是个体间的一致性的显著区别？换句话说，一个单一的个体被认为是一个组织的文化的一部分是否存在争议。一些学者建

---

① Erchak, Gerald (1998). *The Anthropology of Self and Behavior*. New Brunswick, NJ: Rutgers University Press.

② Erchak, Gerald (1998). *The Anthropology of Self and Behavior*. New Brunswick, NJ: Rutgers University Press.

③ Matsumoto, David (2006). "Culture and Nonverbal Behavior," in Manusov, V., & M. Patterson (eds.). *Handbook of nonverbal communication*. pp. 219 – 236. Thousand Oaks, CA: Sage.

议，鉴别它是否属于文化需要一个现象的两个或两个以上的人表现出一种文化的某一种元素[①]。在试图解决这个问题时，一个人的行为是文化的观点，认为它是关系到他人的行为，即是一个有机的整体[②]。这样的推断，提供了理解文化的概念手段，对于理解组织的“文化”，概括组织的“文化”和预测组织的行为很有意义，但没有一个人类学家需要这些现实的“文化的承诺”。

文化的讨论超越学术范围，更多的学者们还讨论了文化的观念。举例来说，霍夫斯泰德的关于文化的书主要讨论的不是学术理论，而是他对 IBM 公司进行跨民族和跨文化界限的实际问题的研究。目的是解决当一位美国老板发现同沙特员工的关系将变得紧张和困难时，如何处理的问题。如果这位老板简单地对待他们，好像当他们是美国人，这往往不行[③]。人类学家们往往将文化的概念作为一个群体水平的现象，“共享”在这个意义上是一个社会系统的成员之间的共识[④]。在组织研究文献中关注的问题是，在有着共同愿景的组织中，对这些共享的理解，是否是经常位于组织的“企业文化”的金字塔顶端[⑤]。格尔茨对文化的论述如下[⑥]：

我信奉的文化概念在本质上而言是一个符号。与马克斯·韦伯对文化的解释意义一致，人类是生活在网络中的动物，文化就是那张网，因此在实验科学里，这种观点是具有意义的诠释之一。

格尔茨“意义的网络”代表一种对个人行为的解释，为了在更广的范围内了解这一过程，彼得斯和沃特曼提出了“强文化”[⑦]的概念，可以作为衡量组织内部部门之间的企业文化强度和集体意义的连贯性强度的指标[⑧]。

---

① Osgood, Cornelius. (1951). *The Koreans and their culture*. Ronald Press Co., New York Durkheim, E. (1938). *The Rules of the Sociological Method*. New York: Free Press.

② Whilte L. A. The Concept of Culture, *American Anthropologist*, Vol. 61. No. 1, 1959, pp. 227 –251.

③ Hofstede, Geerz (1980). *Cultural Consequences*, Newbury Park, CA: Sage Publications.

④ Wright, Susan (1994). *Anthropology of Organizations*, Routledge, New York, NY.

⑤ Deal T. and Kennedy, A. (1982). Corporate Cultures. *The Rites and Rituals of Corporate Life*, Hamondsworth: Pengin.

⑥ Geertz, C. (1973). The Interpretation of Culture. New York: Basic Books.

⑦ Peters, T. J and R. H Waterman (1982). *In Search of Excellence: lessons from America's best run companies*. New York, NY: Harper and Row Publishers.

⑧ Wright, Susan (1994). *Anthropology of Organizations*, Routledge, New York, NY p. 23.

虽然文化经常被描述为一个组织层面的现象，但一些研究人员提出关于文化的轨迹，是在组织层面分析和发现问题的。一些研究人员认为，“当地人”是一个特定的文化观察对象，可通过意见反映人的特点，二人组合的组合，即为群体或组织。同样，一些人认为组织可能会形成亚文化，它代表基层集体的文化，在一个部门中存在①。因此，要充分认识人类行为，是要追溯到个人行为分析水平上的②。换句话说，文化表现形式只有拨开层层的迷雾，如组织变异，提供足够的证据才能证明在一个特定的分析水平上的影响。

我们在前面章节的讨论将在后面的若干章中进行进一步的详细讨论，在评估产品设计、产品采购、产品使用上的文化影响时，人类学的方法是一种非常有效的方法。我们同意马里阿颇斯基（Mariampolski）将文化的重要性作为对人类行为进行描述和分类的原则，用于解释个人选择的结果，是从人际关系的影响到象征普通日常生活的一个分析概念。根据马里阿颇斯基的说法，文化上的物质和非物质的人类经验，是所有人类的集体行为的基础水平。马里阿颇斯基的文化工具是指所有的物理组件的生活经验，其中包括技术和材料以及基本规则与守则，并完成日常事务的技术。文化行为（无论他们是否实际，是否以目标为导向，有感觉的或神秘的）是在同一群组中的成员相关活动的总和。文化的含义是指有意义的决策过程：人们基于智力或情感的理解，对所有人类的行为和个人在日常生活中使用的工具均可定义为文化③。

人类学家亨德里克（为我们提供了一个很好的例子，他了解墨西哥南部在为消费者开发和生产太阳灶时的当地文化模式。通过一个 4 英尺的抛物面反射镜的对太阳光的反射，减少对柴火的使用，这些用来做饭的太阳能灶产生热量能和一个烧柴火炉子相媲美。虽然电磁炉最初不能吸引当地居民的关注和使用，但当地的地域文化特色使得电磁炉这一技术设备得到广泛接受。这说明：（1）在墨西哥部分地区，烹饪的主要时间是清晨和傍晚，在

---

① Louis, M. R. (1985). An investigator's guide to workplace culture. In p. J. Frost, L. F. Moore, M. R. Louis, C. C. Lundberg, & J. Martin (eds.), *Organizational culture*, pp. 73 – 93. Newbury Park, CA: Sage.

② Dansereau & Alutto (1990). p. 217. In *Organizational Climate and Culture*. Edited by Benjamin Schneider. pp. 153 – 192. San Francisco, CA: Jossey – Bass.

③ Mariampolski, Hy (2006). *Ethnography for Marketers: A guide to consumer immersion*. Newbury Park, CA: Sage Publications.

这些时候，恰好是当地太阳辐射的最低水平；（2）虽然太阳能灶能非常有效地煮沸豆汤，但是不足以烹饪玉米饼，而在当地的饮食却是以玉米饼为主食的。因此，由于这些原因，当地政府决定不大规模生产和推广太阳灶，因为即使太阳灶运转良好，它在文化上的意义也很小。

第三节 组织文化与行为

如前所述，文化是住在同一个地方的一群人共享的价值观。例如，当我们提到了一个地方，文化就是其前缀的形容词（如加拿大文化，中国文化，美国文化)，我们现在谈论的那些具有共同特征的人住在这个地方，他们的价值观，他们的生活方式，他们的仪式是共同的。如果我们将这种文化与前缀词“组织”的概念联系起来，那么我们不带有任何偏见的规则的组织的基本价值是不变的，适用于所有组织雇员。这是在同一个组织工作的人的显性和隐性的行为和反应的基础。

这两种观念和材料，为提高人们对文化的理解提供了一个有用的起点。解释文化的一个关键步骤，是确定组织所倡导的重大价值。但是，为什么组织主张的某些价值观对员工行为会有影响？正如人们所预料的，许多企业希望建立规则，以便某些价值观能塑造和影响组织成员的行为方式。例如，在微软和诺基亚公司，工人的努力创新、创造力能力卓著；在戴尔和西南公司，员工尽一切努力向客户提供高品质的服务；在丰田和诺卓斯唐（Nordrstom）公司的工人，追求产品的更新换代，追求产品的可靠性和品质卓越；而思科公司和沃尔玛公司的员工则不断寻找降低它们的成本结构和提高劳动生产率的途径。在这些例子中，员工信奉的组织价值观，转化为实际的行为标准，对一个组织的价值底线产生重大影响。

组织文化的金字塔可分三个层次。最低一层为物质和行为，代表最有形的组织文化方面，即工作场所的物理布局和显示在外的雇员的行为。中间层是价值观影响的愿景和员工的行为，它们也是有形的。最顶层的愿景和信念是最关键的，为无形的组织文化方面。同时，愿景和信念被员工理解与吸收最困难，需要时间来进行。但是，一旦员工认同组织的愿景和信念，组织的愿景和信念反过来又会深刻地影响员工的价值观和行为①。

组织文化还能形塑和引导个体互动。富兰克林大学的组织管理教授罗斯·沃思开发了组织文化的人际交往模式，有助于我们更好地了解一个组织的文化和行为。沃思认为，组织中的员工之间的互动实现了塑造文化、实现文化、支持文化的组织文化作用。

• 资源文化：需要强有力的领导人来分配资源。领导人务必是坚定的、公平的和慷慨的。如果管理不善，会形成领导人对规则的恐惧以及滥用权力、谋取私利和政治阴谋的发生。

• 成就文化：奖励导向，鼓励自我指导的工作团队。有完整的规则和结构、服务系统，靠团队而不是自己。一个可能的缺点是随着时间的推移，精力和热情慢慢消退。

• 支持文化：员工价值是作为一个个人以及一名工人来支持组织运作。雇员的和谐是非常重要的。弱点是可能没有外部的任务重点的内部承诺。

• 角色文化：法治，明确的责任和奖励制度。提供稳定、公正和效率。弱点是客观的操作程序会扼杀创造力和创新②。

组织文化在组织的多层次的存在，增强组织成功的可能性。组织文化提供了一个决策的层次和员工的合作和分工的标准。没有组织文化的运作，组织将是一片混乱。显然，文化可以在组织中发挥重要作用。自从早期对文化的探索以来，研究人员已经确定了这个难以捉摸的无形的力量所产生的重大后果③。

• 对集体的不确定性管理：文化可以帮助减少模糊和帮助员工对待在他们的环境中存在的不确定性的容忍和适应。为此，文化有助于对行为的预期，增加员工了解、指导日常的工作场所行为。

• 对组织社会秩序的管理：文化定义以适当的方式来表现，并导致组织成员谴责违反公认准则的组织成员。文化定义游戏规则，并作为控制机制来引导员工的态度和行为。

---

① Serrie, Hendrick (1986) (Ed.). *Anthropology and International Business*. Williamsburg, VA: College of Williams and Mary. Cited in Ferraro, Gary P. (2006). *The Cultural Dimension of International Business*. 5th Ed., Upper Saddle River, NJ: Pearson Prentice Hall.

② Wirth, Ross (2009). "Business Culture", http: //www.entarga.com/stratplan/culture.htm, access in Nov. 2009.

③ Trice H. M and Beyer, J. M. (1993). *The Cultures of Work Organizations*. New Jersey, Prentice Hall.

• 连续性的创作：文化信仰和习俗正在不断从成员影响另一个成员的过程，被称为社会化，组织的做法有助于确保组织的核心价值观的认同。这个过程大大增强了组织制度的稳定。

• 创建集体认同和承诺：文化提供了一个人对组织的使命的感觉的依恋感，发现比个人的自我利益更大的认同感。

虽然每个组织都有自己独特的文化，但研究者已经提出一些共同的特点。已被文献研究确认的组织文化的一些核心的固有特性包括[①]：

• 客户普遍有着需求的敏感性。

• 渴望员工拥有创新的想法。

• 承担风险的意愿。

• 对人的价值的认可。

• 开放的沟通。

• 同事间的友好。

另外，还有一个独特的方式来确定组织的核心价值观框架与标识，以帮助区分不同文化之间的两个关键方面：（1）控制方式。一定程度上，组织重视稳定与秩序，希望高度控制，反对重视灵活性和低控制。（2）外部定向的程度。当一个组织的价值观发生了变动，原因在其外部环境，而不是内部。

结合以上两个维度，我们可以揭示组织文化的四种可能的类型。在图5－2[②]可以看出，在左下角的“族群文化”内有一个强有力的“低外向型”表述。这时候组织的特点是高度的灵活性和自由控制权，组织提供了一个非常正规的与高度授权的，又有凝聚力的工作环境。凭借其强大的内部灵活性，族群文化注重团队精神和员工的参与，把注意力面向于内部员工的卓越表现的员工队伍的整体福祉。作为非常愉快的工作场所组织形式，族群文化倾向于将超过任何其他形式的文化[③]。

在右下角的“灵活组织文化”强调低控制和对外部环境付出极大的关注。这些组织有能力适应和管理由外部势力在他们的环境中创建特定的情境

---

① Martin, J. (1996). *Cultures in organizations*. New York: Oxford University Press.

② 改编自 Cameron, K. S. & Quinn, R. E. (1999). Diagnosing and changing organizational culture. *Reading*, MA: Addison Wesley.

③ Freiberg, K., Freeiberg, J., & Peteres, T. (1998). *Nuts: Southwest Airlines' crazy receipe for business and personal success*. New York; Bantam Doubleday Dell.

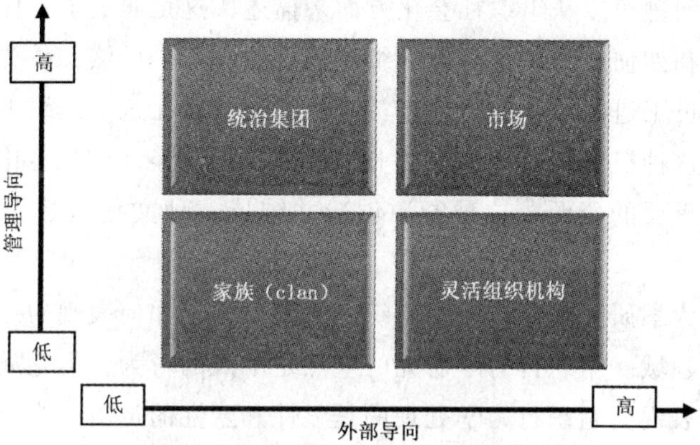

图 5－2 竞争价值模型（Competing Values Framework）

需求和维持自身的竞争优势，能对市场力量带来的威胁作出迅速反应。组织有主动性、灵活性和员工个人自主权，以促进创新文化，鼓励员工创造性和承担风险。灵活组织文化在很大程度上作为一种手段来帮助保护组织的成长和长期生存，以及保护员工的创业精神。

同一个层次的文化组织强调低外部的焦点，并保持了较高的控制方向。这些组织有明确的指挥和控制结构，保持高度的形式化和层次的协调。这种文化的特点，很多都是类似于马克斯·韦伯所描述的组织形式，被称为官僚制。作为一个层次的文化，韦伯认为，有效的组织必须保持行为规范，必须有支持形式，依靠一个正式的层次，一套明确的规则，并严格遵守明确的行为标准来运行。在许多大型企业和大多数地方的州和联邦的政府，我们看到的都是类似于韦伯所描述的这样的一种文化。

市场文化描述的是组织的外部定位和涉及的稳定性和控制力（control）。在这种文化中，外部实体（客户、供应商、监管者等……）代表组织活动的焦点；受到持续关注的市场力量（供给与需求、市场份额、竞争优势等……）推动行为规范。竞争力和生产力的核心价值在于这种高要求、重实效方法的品质证明。一个典型的关于市场文化的例子是通用电气公司（General Electric），杰克·韦尔奇（Jack Welch）曾明确地表达了这样一个愿景，通用电气公司（GE）应该在任何商业领域，任何竞争过的或退出的商业领域里成为数一数二的公司。

组织如何帮助巩固核心价值观的接受程度，确保组织文化能维系其自身仍然是一个重要的问题。此外，组织实践最先帮助员工了解的组织文化是什么呢？这个问题可以从组织社会化方面来描述，这是雇员了解什么行为是他们被期望的和如何成为一个有效的组织成员的过程。虽然，最关键的社会化阶段发生在员工进入组织的时候，员工面临着接触在这个组织中传播文化价值的机制，这种机制贯穿于他们职业生涯中。工具经常被社会化成员用来视为一种至关重要的资源，这种资源创造并维持一种文化贯穿于一个组织生命中。

组织行为学研究的是在一个组织中个人行为是如何表现的。这是管理学中一个关键领域。组织行为学研究的重点是个人的行为，但它局限于组织中的个人行为表现。组织行为学处理的是显性和隐性的员工行为以及他们对某一刺激的反映。它同时也是研究团体和团队动力的一个重要分支。管理者研究组织行为学的要点是了解员工的行为，了解为什么他们是以一种特殊的方式表现，并寻找方法改善员工的错误行为。组织文化和组织行为是相互联系的，组织文化会影响组织行为，反之亦然。同样的，创造一种好的健康的组织文化并被所有组织成员一起追随是非常重要的。管理人员通过组织领导负有责任去创造一种和谐、共生和现实的良好组织文化。一个良好的组织文化是建立在相互尊重、团队合作和高效率的基础之上①。

什么是组织传播文化和社会化劳动力机制呢？图 5－3 描述了就社会化进程而言几个关键的组织要素，包括组织发展、加强组织民俗、档案报告、公司活动、可见的行为和其他有形的人工产品。

组织发展包括在关键组织过程中发生作用的所有文化学习中。决策的制定涉及一个组织要雇佣哪些员工，如何训练这些员工，如何确定薪酬，此外，还要显示出一个组织重要的是什么和有多少价值在这上面。例如，招聘与甄选的过程筛选出不“适合”公司现有文化的求职者。真实工作预览通过为员工提供一个真实或准确的工作/组织描述进一步使其更“合身”。培训职能概述了有关某一任务的期望，从而降低了角色模糊和角色冲突的可能性。最后，奖励和控制系统揭示经营业绩的判断标准和个人绩效的奖励标准。综上所述，这些过程帮助形成关于什么对于组织是最重要的员工期望。

其他几个组织实践通过提供一种手段方式来传播和维护一个组织的文

---

① Kulkarni, Arjun (2009). “Organizational Culture and Behavior”, retrieved in Nov. 2009 from http://www.buzzle.com/articles/organizational－culture－and－behavior.html.

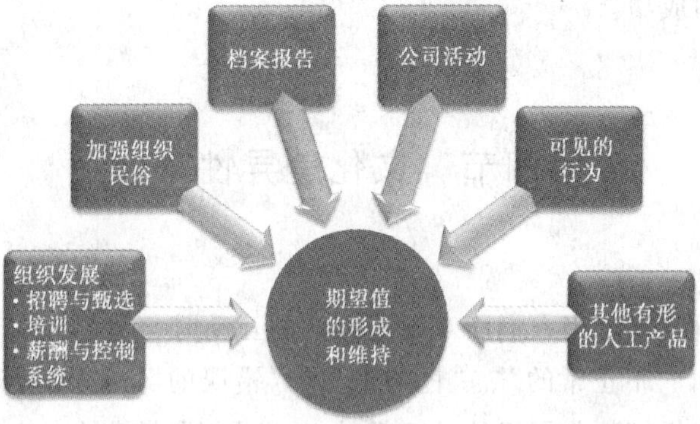

图 5-3　传播文化和组织社会化的工具

化。加强组织民俗是通过公司的各种故事和传说来强调企业希望加强的文化价值。一个典型的例子是 E. I. 杜邦公司会通过讲述员工在工作中因为违反安全规定或粗心大意而受伤的故事来告诫员工。档案报告相当于是一个组织的信仰和价值观的书面认定，它以各种不同的格式传递，包括员工手册、工作准则和工作规程或某一原则的明确书面声明。公司活动通过庆典或特别活动的方式纪念企业价值观以此来确认一个组织的文化。可见的行为通过直接的可观察到的行为来传递企业文化价值，例如决策风格、领导力行为、演讲的方式、情感表现或是其他直接的显著的人类行为模式。最后，文化同样能通过其他可以传递组织文化重要信息的其他有形人工产品、实质象征来传播。例如在教育服务行业，员工办公室通过用书和学术资质证书装饰这种典型的风格来强调他们重视学习和知识获得的价值观。总的来说，所有在图 5-3 中标识出来的文化元素能帮助员工更好地了解作为团体成员的身份并帮助社会系统中重要期望的形成和维护。

尽管在含义上有所不同，但组织文化和组织行为都在人员管理两个非常重要的方面发挥作用。组织文化和组织行为能够用于组织管理中以提高员工的效率和生产力。组织行为是一门主张在管理人员和员工之间真正达到相互满意的艺术和科学，这与传统的劳资双方（two parties）由于不同的愿景而长期对立的观点是截然不同的。尽管关于组织文化和组织行为的人类学研究方法还处于发展阶段，但已经在商业实践中得到了广泛的应用。此外，人们已经提出了各种各样关于组织文化和组织行为的理论以描述各种组织系统模型。过一段时间的改进，组织系统已经能够确保员工满意度并使组织发展与组织文化同步。组织文化和组织行为证明，共同的愿景和员工激励可以引导一个组织走向成功。

第四节 文化差异性管理

人类学研究发现当人们面对不能理解的互动时，他们倾向于解读成其他的含义，诸如“不正常的”、“怪异的”、“错误的”。毫无疑问，在如今的商业环境中，任何商业组织的员工都是由不同文化背景的个体组成的。对文化差异的了解和认识文化差异存在的地方是相互理解和建立积极友好的工作氛围的第一步。对于管理人员来说，在管理文化差异时有两个重要功课需要立刻去做，包括：（1）用文化差异的观点去质疑自己假设的“正确的”做事方法；（2）将文化差异作为契机去学习新的解决问题的方法①。

根据苏珊·莱特（Susan Wright）的观点，文化的概念在组织行为学中可以从四个不同的角度解读。首先，它指的是管理公司的生产过程或由于服务网点遍布全球而具有不同的民族文化的情况下所形成的问题。其次，它运用于组织劳动力中整合不同种族员工的管理。再次，它指的是一种关于劳动力的非正式的概念、态度和价值。最后，它用来描述那些管理人员运用正式的组织价值观和实践作为无形的凝聚力来保持职员团结的企业文化，并使企业能够作为一个整体去适应快速的变化和全球化竞争②。

组织文化通常是其创始人或其他高层管理者的设想、价值观和理想的反映。理想情况下，随着公司的成长，它吸引并选择分享这些价值观的管理者和员工。从管理观点来看，随着人们参与一整套共同的准则和价值观，他们会以最大限度的与管理者进行基础合作的方式表现。结果，通过帮助组织成员间建立和维持有效的工作关系，文化能够最大限度地加强内部组织整合。进一步的，一旦个人主动了解文化的准则和价值观并将其内在化，直接的监督会变得不重要，因为共享的准则和价值观会控制个人行为并激励员工。根据这一系列的推论，文化能够提供一个稳定的社会系统

---

① Avruch, Kevin and Peter Black (1993). "Conflict resolution in intercultural settings: Problems and prospects", pp. 131 - 145, in Sandole and van der Merwe (eds.) *Conflict Resolution Theory and Practice: Integration and Application*, Manchester, England: Manchester University Press.

② Wright, Susan (Ed., 1994). *Anthropology of Organizations*. London and New York: Routledge.

并减少对正式官僚控制的需要，因为个人内在化的价值观随后会直接地作用并引导他们的行为。

然而，我们有理由相信，一个组织的文化不单只是单个领导团队的准则和价值观的产物。除了高层管理的影响，普遍认为这种影响还可以追溯到更大的公司主流社会文化[①]。事实上，有大量的研究机构正在识别在不同国家不同组织中，一个国家表现出的民族文化、风俗习惯和社会规范的显著性。例如，美国管理者都经历过的一个常见问题是在一些亚洲国家处理上级与下属关系的方法不同。在许多亚洲国家，最优先考虑的是保护上级的“面子”问题。相反的，一个来自于美国实用主义传统文化的管理人员理所当然地认为，最应该优先考虑的是如何解决问题[②]。最后，民族文化的主导价值观会反映在一个管理者强加于他（她）的下属的约束和假设上。这些社会层面上的差异会在对组织实现强大的企业形象和集体承诺的能力上施以重大影响产生相异的预期。

一个组织或个人能多大程度地有效处理文化差异是由其文化智商决定的。事实上，文化智商已经成为在管理学和组织行为学方面的一个热点话题，它指的是理解个人文化背景对其行为的影响在有效的商业运作中是必不可少的，此外，文化智能可以用来衡量一个人在任何环境和社会背景中取得成功的能力。托马斯（Thomas）和因克森（Inkson）认为，提高一个人的文化智商关键在于文化差异的有效管理。他们将文化智商的概念定义为来自不同文化背景的人相互作用的能力。具有文化智商的管理者能够利用他们的经验和知识来解决个体之间由于不同文化价值观而产生的问题和冲突[③]。

文化智商最初是在克里斯托弗·厄尔利（Christopher Earley）和洪洵（Soon Ang）2003年斯坦福大学出版社出版的《文化智商：跨文化中的个人交流》（*Cultural Intelligence: Individual Interactions Across Cultures*）一书中的描述和讨论。他们把文化智商定义为一个人适应新文化环境的能力。通过整合多学科的观点、研究数据和实际应用，厄尔利和洪洵为组织行为学的文献

---

① Hofstede, G. and M. H. Bond (1991). “The Confucius Connection: From Cultural Roots to Economic Growth,” *Organizational Dynamics*, Vol. 16. pp. 4–21.

② Shein, E. (1985). *Organizatoinal Culture and Leadership*. p.25.

③ David C. Tomas and Kerr Inkson (2004). *Cultural Intelligence: People Skills for Global Business*. San Fransisco, CA: Berrett–Koehler Publishers, Inc.

方面作出重大的贡献。他们的主要目标是解决人们未能适应和理解新文化的原因[①]。

文化智商的研究主要集中在提升文化感知的对策以区分那些受具体个人文化驱动的行为方面，研究表明利用知识和审美差异来引导反应能够更好地作用于商业实践。托马斯和因克森指出，个体通过学习能够在文化角度上（culturally）变得更加聪明[②]。克里斯托弗·艾尔雷（Christopher Earley）和伊莱恩·莫萨克夫斯基（Elaine Mosakowski）在2004年10月出版的《哈佛商业评论》上发表的《文化智商》一文中进一步描述了文化智商。根据他们的说法，文化智商通过以下几种方法发展：（1）认知方法，了解自己的和其他的文化以及文化多样性；（2）物理方法，通过使用个人感觉官能和适应他人的动作及身体语言来融入；（3）激励手段，通过接受和取得成功来获得奖励和优势。文化智商在某一数值范围内进行测量，类似于个人智商系数的测量。他们认为，那些有着更高文化智商的人与低文化智商的人相比能够更好、更成功地融入任何环境，运用更有效的商业实践[③]。

作为人类我们将经常面对“他人VS自己”的生存本能问题。我们在每天的新闻上都能看到它。这是一个关于我们是谁以及我们能做什么的基本概念。为了克服这个问题，我们需要以开放的态度去看待和接受这些差异。之后我们会发现，其实我们之间没有什么不同。我们都需要食物、住所、爱、仁慈、某种信仰，最后是接受。如果我们总是自以为是，那这可能难以实现，所以要学会停下来倾听，认真地倾听。我们可以不同意对方的观点，也可以保留不同的看法，但我们要明白更重要的是接受它并使其有所进展[④]。下面介绍一个有对研究价值观有帮助的框架，它通过识别五个与工作相关的维度来区分不同的民族文化价值观：个人主义—集体主义、权利距、不确定

① Earley, Christopher and Soon Ang (2003). *Cultural Intelligence: Individual Interactions Across Cultures*. Stanford, CA: Stanford University Press.

② David C. Tomas and Kerr Inkson (2004). *Cultural Intelligence: People Skills for Global Business*. San Fransisco, CA: Berrett - Koehler Publishers, Inc.

③ Earley, Christopher and Elaine Mosakowski (2004). "Cultural Intelligence", *Harvard Business Review*, issue of October 2004, pp. 139 - 146.

④ Salier, Ralph (2009). Personal communication with co - author Robert Tian.

性规避、男性度/女性度、长期定位①。

● 个人主义—集体主义是指个体是倾向于照顾自己的利益（个人主义），还是更多地关注他们的团队（集体主义）。个人主义的文化盛行的国家包括美国、加拿大、新西兰、英国和澳大利亚，而倡导集体主义的社会包括：日本、中国、委内瑞拉和印度尼西亚。

● 权利距指的是对社会成员之间地位和权利多数不平等现象的社会容忍程度。对权利距容忍程度较高的国家包括阿根廷、印度、马来西亚、墨西哥和菲律宾，而那些权利距容忍程度较低的国家包括芬兰、以色列、挪威和瑞典。

● 不确定性规避与一种文化试图减少不明确因素和不确定性的程度有关，它寻求是更大程度上的秩序井然，正规化的程序和结构化的生活方式。高不确定性规避的国家包括：日本、瑞典和德国，而美国和加拿大则对不明确因素和不确定性有更强的容忍度。

● 男性度/女性度是与传统概念中男性度（例如雄心和成就）和女性度（例如养育和交际）的平衡有关。日本、奥地利和意大利是男性度控制的文化的代表性国家，而丹麦、哥斯达黎加和芬兰代表的是女性度控制的文化。

● 长期定位在一定程度上揭示了一个国家面向未来所认同（subscribing to）的一种长期承诺的、坚定不移的和节约资源的价值观。这些国家包括中国、日本、印度和新西兰。短期定位的社会包括加拿大、捷克、巴基斯坦和西班牙。

一个组织如何克服这些不同的影响同时加强对一个更广泛和深入的价值共享体系的共同承诺呢？显然，我们需要注意的是不同种族和文化背景之间的人们所存在的关键差别，通过相应的调整行为，个体能够更有效地和来自不同文化背景的人交流。此外，通过对国家文化差异的敏感度，管理者可以确保他们的行为不违反根本的民族文化中的普遍观点，从而使他们可以识别出一些共同点并开发出一个核心价值的共享集合。相关文献确定了五个增强个人与组织中不同成员接触的能力的发展阶段②。

---

① Hofstede, G. and Hofstede, G. J. (2005). *Cultures and Organizations: Software of the Mind*. New York: McGraw - Hill.

② David C. Tomas and Kerr Inkson (2004). *Cultural Intelligence: People Skills for Global Business*. San Fransisco, CA: Berrett - Koehler Publishers, Inc.

• 对外界刺激的反应。避免盲目地坚持自己的文化规则和规范。尽可能开放地面对可能已经改变的环境。

• 通过识别其他文化的规范和动机来了解它们。需要注意的是对现状的偏离。我们要不断地注意其他人、环境和文化所提供的线索。

• 其他文化规范的调节。增加对不同文化背景做出的适当行为反应的理解和认识。

• 用替代行为同化不同的文化规范。选择适合特定文化背景下的行为。

• 文化行为的主动积极性。关注跨文化交往中的细微差别和调整行为能促进更好的跨文化互动。

正如上面所提到的，在当今的世界几乎每个商业组织都必须面对这样一个事实——他们的员工有着不同的文化背景，因此一般的商业公司经常为了完成特定的任务而建立起多元文化团队。在多元文化团队中的文化差异可能使团队成员在有机会建立互信度之前造成一些误解。研究表明，构成信任的要件（如沟通的有效性、冲突管理和融洽关系）和生产力有着很强的相关性。因此，建立信任的一个关键步骤是创建和发展多元文化团队①。

文化差异在建立信任时发挥关键的作用，因为信任是建立在不同的方法上，并在不同的文化中有不同的含义。例如在美国，信任是“随着时间的推移而证明的表现”，因此个体可以通过获得成功和准时履行承诺来获得同事的信任。在世界上的许多地方，比如阿拉伯国家、亚洲和拉丁美洲国家，建立关系是职业交流的先决条件。在一些国家，建立信任往往包含冗长的非专业性话题讨论以及一起在餐馆用餐。一旦他们感觉与相对应的个人相处舒服，与工作相关的讨论才会开始②。多元文化团队的管理者需要认识到在不同的人之间建立信任是一个复杂的过程，因为每一种文化都有自己建立信任的方式和自己对信任的理解。

---

① Asherman, Ira, John W. Bing, and Lionel Laroche (2000). “Building Trust across Cultural Boundaries”, *Regulatory Affairs Focus*, May 2000, pp. 7 - 10.

② Gesteland, Richard R. (2002). *Cross - Cultural Business Behavior: Marketing, Negotiating, Sourcing and Managing Across Cultures*. Denmark: Copenhagen Business School Press.

本章小结

文化深深根植于组织成员的生活中，它在各种各样的日常活动中发挥着深远的影响，这些日常活动包括决策的制定、资源的分配、职位晋升和适当的行为举止。因此，文化可以对产出发挥深远的影响，这对组织来说是极其重要的，这些产出包括：工作满意度、营业额、生产力和盈利能力。显然，管理者需要了解文化变量要如何有效地提高效率和团队凝聚力。概念化的和善于适应的定义为加强组织文化的理解提供了一个很好的起点。从实践的角度来看，构建一个关于有形和无形文化表现形式的意识是决定如何管理机构关键资源的重要的第一步。

本章揭示了组织中个体差异会对维护组织成员间工作关系的有效性产生重大的影响。实现组织价值观和员工价值观之间的良好契合不只要求组织雇佣与其组织文化相匹配的个人，还需要组织通过解聘不遵守游戏规则的员工来维持其组织文化。对于大多数组织来说，这是一个建立和维持组织文化稳定和秩序的不断努力的过程。这种职员流动的常态使组织文化分析稍微有些挑战性。尽管还有这些挑战，许多组织仍然能在考虑组织核心文化的同时达到高度的一致性和广泛的认同。对一组核心价值观有更强的共享承诺，则这些价值观更有可能在组织中形成偏好和行为。

案例一 拉尔夫·萨利尔（Ralph Salier）的故事①

美国公司 A（一家生产航天航空业零部件的公司）刚刚收购了法国

① Mr. Ralph Salier is a professional business anthropologist, he helps companies enculturate inpats and expats, works with groups with in companies that are newly dealing with recent acquisitions and their integration. He also worked in situations in which American companies are merging and helping them overcome the corporate cultural differences.

公司B。公司B为空中客车和欧洲其他航空公司制造航空零部件。这两家公司在整合的过程中多次爆发了关于人事和公司体制的冲突。

1. 公司体制的不相容性；

2. 术语的使用；

3. 公制测量系统的使用（虽然这两家公司都是标准的航空工业公司，使用的都是广泛应用的度量标准，但是仍然在使用上存在一些意见分歧）；

4. 职称和职位描述的使用；

5. 电话会议和其他会议上使用的语言；

6. 对ISO和AS规则、政策和程序等的解释；

7. 对质量等要求所依据的法律；

8. 公司治理；

9. SOX条例的影响；

10. 文化差异（行为、风俗习惯、节假日等）。

对于复杂的问题，如果不机智地处理并考虑文化的敏感性，可能会拖垮公司。公司A的首席执行官，在与他的法国外长（原公司B的首席执行官，期满后继任（hold over）公司A法国分公司的总裁）进行了一场灾难性的会议后将我带入这样一种过程。

鉴于这种对话产生的消极情绪，在两个负责人之间创造出一种经过改进的新关系是很关键的。一获得首席执行官的允许，我就给法国公司的总裁打了电话，经过长时间的交谈之后我发现他觉得销售协议上的一些要点没有适当的解释，或是没有讨论过，或是讨论过之后没有进一步更改，法国公司的总裁觉得自己好像被欺骗了，觉得在有关的补偿款中存在欺诈并因此使他的公司价值减少。这当然只是灾难性对话背后的部分原因。然后我在两人之间充当起了调解人的角色并就不同的点所达成的一致意见建立一个附录协议并最终定稿。这种直接的个人调解很多时候被用于与公司内部其他成员出现问题。

协议中的一部分同时也确定建立一个工作团队，这个工作团队的成员来自于双方公司中初步接受过合作培训的员工。为确保这个团队能一起发挥很好的作用，每个团队成员除了接受语言培训和大量其他“人力资源”类型的培训课程外，还要接受大量的文化敏感性培训。对于团队成员来说，同时会说法语和英语是很重要的。这有助于使一切透明公开。当冲突发生时，调解的使用起到解决问题和防止冲突升级的作用。

从技术角度来看，这中间的一些问题是相当容易解决的。以公制测量系统的问题为例是第一个要解决的也是最简单解决的。我们成功地使他们逐渐习惯这种用法。然后我们解决了这个术语的使用问题，这增加了我们成功的可能性和团队的成就感和价值。这在开发团队的凝聚力和功能性方面是极其重要的。然后我们解决职称和职位描述的问题，这个问题更难处理，但它同样通过人力资源功能性说明得到克服。

之后最初的团队成员以培训师的身份培训新成员加入到团队中以处理在新的方面出现的一系列问题。第一个需要处理的问题是关于质量要求。在最初团队中的工程师刚刚定义了职称和职位描述，这有助于之后以同样的方法来定义质量术语。当我们经历过这三次成功之后，我们决定以方法质量作为下一个目标。我们知道我们距离成功不远了，但它看起来像一个鸿沟一样无法跨越。这种差异不是在于质量通过何种方法如何被观察，这几乎是一个程序上的/文件上的问题。作为一个团队，我们回顾了两家公司的 AS 文档，发现它们非常相似。程序上的差异在关键质量人员中得到讨论和解决，一本新的质量手册将整合其中最好的部分并印刷成法语和英语。因为这影响到关于 ISO 和 AS 规则解释的主要部分，所以我们在之后完成了对这一揽子文件的回顾和修正。

随着时间的推移，语言使用的问题因为团队成员学习两种语言的人数增长和与其他成员联络的增加而得到了解决。这是一个渐变的过程，但大部分的会议会全程以英语举行。

这之后问题指向一体化最困难的方面：系统、公司治理和文化差异(包括 SOX)。在解决了技术问题和程序性问题之后，团队开始着手解决系统问题。团队通过一个全面的行业研究了解哪些 ERP 系统在航空领域的应用是最广泛的。接下来是选择其中合适的部分并整合到两家公司中。公司的效益大大地超越了两个区域之前的效益，因为它让公司和客户之间的交流更有效，同时也大大地提升了客户服务。这种方法也消除了有关 SOX 的问题，因为现在所有的记录都完全数字化并遵循简单化。它大大提高了使两个地区“管理”更加有效的能力，尽管法国地区的前首席执行官/总裁在这一过程中离开了公司，但它不影响公司职能的发挥。

最后，由于团队双方在两年整合时期的亲密共事，许多文化差异都能从容处理并作为共享的学习经验和在全公司内增加企业文化给予更好的理解和欣赏。这是通过教育和举例的方式慢慢实现的。这其中一个例子是在每次开会的时候提供茶点、饼干、奶酪（法国）和水果；每天晚上都会有文化分享活动，比如举办夜间的歌剧、音乐会或联合举办一场关于法国和美国音乐的四重奏音乐会。这些只花费很小的开支，但它会对文化理解产生巨大的影响，没有这些活动的加入，这两个公司的合并将永远都不会成功。

案例二　跨国公司在中国的跨文化管理比较①

一、日本公司在中国的营销文化

虽然中日两国是同属于儒家文化圈的国家，就其企业文化和管理理念来说，还是具有一定差异的。以日本的航运企业川崎汽船来说，依托它在日本强大的历史渊源和社会关系组织对日本生产和贸易企业进行跨国营销。它在中国设立的分支机构，多数是属于配合总公司的战略与营销方案，体现跨国公司的网络优势，进行整体推进。在企业文化方面，讲究企业口碑、企业信誉、企业整体性。它的企业文化在三个层次体现为：器物层次是对运输产品的全球定位和全球服务理念，对自身产品的定位是：准确、高效和点对点服务。第二个层次是社会组织层次，它认为企业自身就是一个比较完整的社会组织，企业文化的完整性和企业组织的整体配合性是最重要的，一项经营活动是企业的整体行为，是需要企业各个子公司和部门配合完成的集体行为，企业的经营活动目标的成功与否，是整体配合的结果。 第三个层次是价值层次或精神层次，川崎

① 节选自綦晓光：《工商人类学视野中的经济全球化背景下企业文化问题浅析——以日本、法国和瑞典在华企业为例》，《石家庄经济学院学报》2011 年 4 期。

汽船的企业精神和企业文化通过跨文化交流，体现了公司企业文化的价值。

川崎汽船大连公司的主要远洋航线是美国航线和欧洲航线，在其21世纪初的销售队伍中，对这两个航线主要是服务其指定货的客户，例如佳能。佳能是一个典型的日本企业，它在大连有一个比较大的生产基地，主要生产作为打印机配件的墨盒，它的部分原材料来源于从国外进口，同时成品又要按时按需地出口到佳能在欧洲等地的成品机装配工厂。由此，海运物流可以看做是它的工厂生产线的延伸与衔接。航线的准班性对佳能产品的下游生产，甚至产成品的按期上架具有至关重要的作用。

川崎汽船的准确、高效和点对点服务为业务合作方佳能的运输方面的特殊要求提供了保障，成了佳能的全球海运合作伙伴。为了满足佳能在全球范围的不同生产厂家对海运的需求，川崎汽船在全球的各个子公司和部门配合完成对佳能货物的预订舱、舱单录入、按时放箱、准确入港和合理配载等业务操作配合；同时依托川崎汽船在全球的分支机构覆盖和配合，很好地为佳能的货物信息、运输时间及到港时间等技术参数的精确完成打好了基础。由于佳能也是一个跨国公司，它们在各个分公司工作的员工也是分别来自于不同的文化；为了很好地配合佳能的要求，川崎汽船也在各地的销售队伍中，抽调精干力量，配合当地文化，维护和佳能的客户关系，使川崎汽船在服务的硬件和软件上都被佳能啧啧称道。由此可见日本企业的文化的一斑。

总的来说，在日本公司，长期的雇佣关系提高了员工的忠诚度和企业的稳定，企业间的互相持股使营销渠道较为畅通。但相对来说，企业在相对竞争中，由于受到政府的保护等因素的影响，竞争力较弱。

二、法国公司在中国的营销文化

法国和中国在长期的商业交往中，两国的文化也在跨国企业的企业文化的发展和应用中相互磨合和理解。在航运界，著名的法国达飞轮船公司，在1996年前还是一个名不见经传的小支线船公司，全球整体排名在20名开外，在中国只有一名员工和一辆自行车。而经过了短短15年，它便发展成为了世界第三大船公司,只是在中国就拥有几千名员工和几十个分支机构和世界最健全的中国始发航线。取得如此大的成就，与它在华的企业文化构建和成功的跨文化交流密不可分。它的中国区总裁王保才先生，具有良好的学术背景和成功的跨文化交流经验。

法国达飞轮船公司的企业文化在三个层次体现为：器物层次是对运输产品的市场和客户细分定位，按照市场和客户的具体需求，进行航线的配置和细分，按照中国的工厂和贸易商的业务习惯配置物流资源，主要打差异性牌，超越对手，赢得客户。第二个层次是社会组织层次，法国达飞轮船公司在中国区域管理中大胆起用中国人，以中国人的视角审视中国市场，在中国市场范围内，建立有效的中国式管理和沟通机制，良好地发展和控制企业在华的企业文化建构和业务发展；企业内部社会组织层次的完整性和贯通性，提高了各个组织的执行力，使效率有了很大的提高，这也是它能够在短时间内超越竞争对手，跃居前茅的重要原因之一。第三个层次是法国达飞轮船的企业文化通过跨文化交流，体现了公司企业的核心价值；使公司在中国市场成功地建立了完善的组织机构，形成公司的核心价值观和发展理念，同时缔造了市场的良好认知度，使公司形象和产品形象相结合，深入人心。

法国达飞轮船进入中国市场时，选择了与老牌海运公司相对的差异性经营策略。它的销售团队瞄准了预付货市场，利用蚕食的策略进入了中国市场，在培养市场到了一定的阶段的时候，便质变性地影响和控制了市场，也同时影响了指定货的客户。法国达飞轮船公司在中国的各个分公司的沟通中，文化误读的概率降到最小，同时文化理解的张力扩大到了最大。在中国市场上，有效地指导和配合了销售战略的执行。比如公司在发展前期，预付货较多，使得单证和客户服务的工作量较大，但是单位劳动生产利润率比较低，客户主要是一些运价敏感性企业，例如理想食品、华恩食品等。货物结构不甚稳定，货量随市场的变动较大，货物单箱重量较大，船舶的单位重量盈利性较小。

随着预付货市场份额的扩大和航线的稳定，法国达飞轮船跨国公司大客户也日益增多，合作更加稳定，例如著名的瑞典企业宜家便在整个远东到欧洲的航线上与法国达飞轮船合作，法国达飞轮船已经初见成效地在中国的各个分公司和办事处形成了为宜家在华服务网络，成为联系各个宜家中国工厂的根据地，同时，这种公司间的合作，也促使宜家和法国达飞轮船互相熟悉了企业文化和产品特点，使得他们的合作有了独特的亮点。

法国达飞轮船也通过自身的企业文化和产品的魅力，在中国市场相继与一系列的跨国公司开始了合作，比如家乐福、欧尚、沃尔玛等。在与这些国际知名企业的合作过程中，法国达飞轮船也进一步完善了自身在中国的服务网络，并满足了对在华跨国公司的运输产品需求，使得法国达飞轮船的企业美誉度和市场份额大幅度攀升，在短短几年间，从全球20名开外的运输企业跃居到了世界集装箱海运公司的前三甲的位置，这与法国达飞轮船在华企业文化的良好定位和健康发展有着重要的关系。

法国公司对文化的理解和在跨文化交流中的优势比较明显，这与法国民族的浪漫情怀和求异思维密不可分。法国企业文化的当地适应性比较强，同时与异文化的交流障碍也比较少，这是法国企业文化的良好特质所在。然而，法国企业文化的激进性有时会对当地文化有一些反作用。

三、瑞典公司在中国的营销文化

根据瑞典使馆商务处的数据，进入中国的瑞典企业，多半是高科技、高技术含量企业，自身产品的特点明显，可替代性比较弱。瑞典的企业文化在三个层次上体现为：器物层次是科技含量较高，差异性显著，对产品的整体包装和设计的要求比较高，以精益求精取胜；社会组织层次是瑞典公司对员工的意见和建议比较尊重，倾向建立相对民主的企业组织结构；企业文化是建立在尊重个体意见层面上的层次性管理结构方式。第三个层次是瑞典企业往往通过较好的福利待遇和舒适的工作环境，体现公司企业文化和对员工的价值认同。在长期的管理实践中，瑞典企业文化彰显其独特的魅力，是区别于传统社会主义和资本主义模式的“第三种模式”。

瑞典人口比较少，而聪明的瑞典人扬长避短，不去发展劳动密集型企业，而是发展技术密集或者是技术创新型企业或者产品。企业文化也更趋开放和多元。我们还以运输物流业为例，不同于川崎汽船和法国达飞轮船，瑞典国家铁路公司是以产品创新的形式进入中国市场的。它在研究国际运输模式上，发现从中国到欧洲除空运和海运以外，还有一条铁路运输模式，也称欧亚大陆桥运输（或者新丝绸之路）。这条通路的特点是：理论存在、模式新颖，但是由于技术和各个涉及的国家政策的原因，这条通路一直没有成型。瑞典铁路依托欧洲铁路联盟的方案和设计，加之俄罗斯铁路和中国铁路的配合，希望开通此货运的规律性通路。

瑞典铁路于2007年年初在中国设立代表处，配合此项目的开展。在与瑞典管理层的配合中，他们是以开放的心态来细化自己的企业文化，愿意倾听各个员工的意见和建议，即便此员工的工作范畴和这个问题相去甚远，但是只要员工愿意参与，企业是非常鼓励的。他们对外籍员工的信任度极高，也尊重中国员工的意见和建议，使得员工的积极性和归属感大大加强，有利有效地推动了项目的进展。可见，瑞典的企业文化是自然的，更是高效的；从另一个角度，更像是老子的“无为而治”。信任和放权使得瑞典公司的魅力值一直排在各个外资公司的魅力榜前列。中国员工在瑞典企业快乐工作、快乐生活，员工的归属感和忠诚度较高。同时，和瑞典公司合作过的客户也觉得瑞典公司的方案新颖，心情怡然地享受着这种合作和丰厚的回报。

瑞典企业在进入中国时，产品优势和企业文化优势明显，有其显著的文化特征。同时，应当注意其效率性和集中制的控制。

学习思考题

1. 人类学关于文化的研究及其理念是什么？对工商世界的实际意义是什么？

2. 如何理解文化价值要素及其对人们的行为影响？

3. 文化差异对人们的工作态度和工作关系有哪些影响？

4. 什么是文化商？文化商对跨文化管理的重要性和实际影响是什么？

5. 文化商的构成是什么？文化商对个人文化适应的影响有哪些？

6. 公司在雇请来自他文化的新雇员应注意的问题有哪些？为什么？

7. 从本章案例中你学到了什么？如何应用人类学原理来理解和分析本章案例？

第六章

人类学、文化的变迁和干预

内容提要

在企业中，组织文化一直是许多变化和干预方案的重点。这些方案中不同文化变化战略的运用，已取得了广泛的成功。但对文化战略处于支配地位的局面，也有排斥性的回应，例如已被注意到文化抵制现象。这些变化战略，有的已经获得了工作区空间设置在建筑重新设计上的支持。总的来说，人类学家在文化变化方案中的角色和位置，对于方案取得积极的成果是至关重要的。

学习目标

1. 逐步熟悉人类学解决文化变化和干预问题的方法。
2. 理解人类学思维对组织变化问题有何贡献。
3. 理解空间设置是如何促成文化变化的。
4. 逐步了解文化变化战略。
5. 理解文化变化过程中的抵制。
6. 理解人类学家在变化过程中充当的顾问地位和角色。

引 言

工商人类学家使用有关人工制品、正式或非正式的文化实践以及文化价值观的本旨来理解组织内部的文化变迁，此种文化变迁是文化本身[①]。这种做法与我们通常对组织文化变迁的认识是相异的。人类学在组织的态度方法上的不同之处表现为：作为实地考察活动的方法（“做”），作为一种范例（“思”），并作为一个叙事风格（“写作”）[②]。参与观察的方式是“做”，田野调查的人类学家的重大发明。人类学家的“思”，包括一些关于组织文化变迁的人类学概念[③]。

组织是这样的社会世界——员工在与文化体系的不断互动中创建的文化系统[④]。因此，在工商人类学家看来，组织的改变是文化改变的代名词。文化系统的转变，是一种积极的互动，而不是被动的转变。贝特用这个角度来强调，文化思考在组织变革过程中的重要性。文化思考正在采用人类学的观点，来审视组织生活[⑤]。

人类学研究已经显示，文化的变迁经历了一个文化传播的过程，即一种思想体系，一种文化模式，文化行为和手工艺品从一种文化传播到另一种文化的过程。在文化传播过程中，有三项策略可以被分辨清楚。第一种被命名的策略是选择性，即从一种文化里选出少量的文化要素，再传播到另外一种文化里。在被称为“互助”的第二种文化策略里，文化要素在相互依赖的基础上进行着互换。因改进而被广为人知的第三种策略，即是文化要素在形式和功能上得以改进后，被另外一种组织所采纳[⑥]，可以通过改变相互关联来改变组织文化。作为工商人类学家并不假设雇员们会整合和共享组织文

---

① Martin, J. (2002). *Organizational Culture: mapping the terrain*. Thousand Oaks: Sage Publications.

② Jordan, A. (2003). *Business Anthropology*: Waveland Publishers.

③ Bate, S. (1997). Whatever Happened to Business anthropology? A Review of the Field of Organizational Ethnography and Anthropological Studies. *Human Relations*. 50, 9, 1147 – 1171.

④ Tennekes, J. (1995). *Organizatiecultuur: een antropologische visie*. Garant, Leuven/Apeldoorn.

⑤ Bate, P. (1994). *Strategies for Cultural Change*. Oxford: Butterworth Heinemann.

⑥ Ferraro, G. (2001). *Cultural Anthropology, An Applied Perspective*. Wadsworth, UK.

化，一个组织部门里的差异可以改变其他部门①。例如，实施新技术的信息和通信技术部门，可以改变该组织其他部门的组织文化。

意外的发明和创新，会对文化的变迁产生巨大的影响。许多无意间的发明创造没有受到关注，因为雇员有很多替代性选择，这导致了文化系统内的变迁。贝特称这个为转变，即组织发展作为一项组织战略在文化上的转变。他分清了这项文化改变战略与组织转变的区别。当现存的文化不丰富到要补充新的内容时，文化的转变就是必要的，而且必要到须进行根本的文化转变②。人类学的研究显示，发明者和创新者往往是那些能通过新视角引入解决方法的边缘人，他们不受传统和惯例的束缚。上层阶级的人，往往是这些意外创新的最早尝试者。

组织文化中有意的干预是为改变文化体系本身而被设计的。为了改善医疗保健、农业生产、生活质量和创业，在当地的社区中，人类学的发展，有着悠久的被有计划地有意干预的传统。例如哈格和菲斯特本茨，发展出了一项发展中国家的组织文化改变战略。为了把一个尼泊尔发展组织的组织文化，从一个官僚组织转变为一个学习型组织，客户们参加了讨论会③。这些干预很多都失败了，因为它们是基于西方文化视角的，而与当地文化不相符合。一方面，如果把创新和干预嵌入古老的仪式和意义上，是很难成功改变组织文化的。另一方面，设计的过于激进的变革和干预超出了问题的适应度。文化变革是难以避免的，有时甚至是变革所必需的。

第一节　变革的文化策略

是否有组织文化变革和如何进行组织文化变革的问题，在组织研究中是一项重要的争论。组织文化所有被深深隐藏的基本假设是很难改变的吗？或

① Kunda, G. (1992). *Engineering Culture. Control and Commitment in a High - Tech Corporation.* Temple University Press, Philadelphia.

② Bate, P. (1994). *Strategies for Cultural Change.* Oxford: Butterworth Heinemann. pp. 168 - 202.

③ Hage, J. and K. Finsterbusch (1987). Organizational change as a Development strategy. Model and tactics for improving third world organizations. *Studies in Development Management.* Lynne Rienner Publishers, Boulder, USA.

者它们能被视为像接近图书馆（的书籍）一样，可以接近其中的文化要素(的东西)[1]？在组织研究的文献里，两类变化是被区分开的——逐渐的或持续的变化，还有彻底的或干预式的变化。贝特（Bate）把组织文化的保持与发展命名为一致性策略，把组织文化的干预命名为转变性策略[2]。

在一个组织的生命周期内，变化持续不断地发生着，新的文化要素和实践取代了旧的。文化的干预方案是不必要的，而文化的管理可以创造变革。这不是那种组织文化转变的革命式变革的事例。看待变革的静态视角，自我反映能力的低下，内部组织的一个基本目标，还有对市场方向经验的欠缺都会减少持续变化的可能性。如果是这样的事例，来自外部的干预需要被转变成为这一组织的文化。

德莫斯区分了改变组织的四种方法。从整体上，用结构的方法来审视组织，它包括各种相互依赖又相互独立的要素。一种新的文化秩序从这些独立要素的互动中浮现了出来。认知的方式集中在作为信息处理的认知上，或者也如一个共同理解的过程。改变被视作在创造意义过程中的，知识结构的重建。文化方式集中在组织文化，并且想出有本旨的组织。最后政治的方法把组织视作充斥着利益争斗和竞争的政治决斗场[3]。

许多的变化策略是基于刘易斯的建议，即文化的改变是从一种稳定状态转变到一种新的状态。然而，在艾佛森和斯夫森看来，相对于静止于概念，文化更如一个动态的过程[4]。贝特声称，战略变革是文化变迁的代名词。文化体系的转变不是一项被动的转变，而是一项互动的行为，体系作为组织是社会的世界，其中的员工在和文化体系的持续不断的互动中，建设自己的文化体系。不同的看法驱动着组织的转变。已建立的秩序和新秩序在不同时期的冲突，是由组织文化的波浪式变革造成的。

文化策略的转变是具有侵略性的、调和性的、腐蚀性的和灌输性的策略。侵略性的策略是一种对组织的传统价值故意的攻击，因此它被叫做文化的破坏行为。这种策略是一种强制力，并且在它的方式中包含着冲突。没有

---

① Archer, M. (1988). *Culture and Agency. The Place of Culture in Social Theoy.* Cambrigde: Cambridge University Press.

② Bate, P. (1994). *Strategies for Cultural Change.* Oxford: Butterworth Heinemann.

③ Demers, C. (2007). *Organizational Change Theories.* A Synthesis. London: Sage.

④ Alvesson, M. and S. Sveningsson (2008). *Changing Organisational Culture: Cultural change work in progress.* London: Sage Publications.

必要去颠覆通敌行为在传统组织中的地位。一种新的文化价值的设置，被宣称将成为变革的结果，并且由管理强制推行。与侵略性的方法相反，作为协作的活动，调和的方法是有组织的。为了给管理层和雇员之间创造双赢的局面，调和的策略采用中庸的方式解决群体问题。

组织的文化从一体的观念中产生了变化，并且加入了一种连接的方式。腐蚀性的方法带有很强的政治性，并且集中组织竞技场的权力争斗中。同盟是必须的，用来影响变化的方向。此方式没有明确的被计划的改革项目，但是却有在优胜劣汰中产生最优的项目。最后，灌输式的方法，主要用于学习新行为的雇员身上。在这种合用规范的再教育方式中，雇员根据新的文化价值，被训练掌握新的行为。贝特结合以上提到的四种方式，发展了一种看待组织中文化变化的整体观点。这种复合阶段的方式，包含五个不同的阶段。

第一阶段是损毁阶段。在这一阶段里，雇员们得出了这样的结论，即他们是处于文化禁闭状态中，而且需要改变这个状态。一个有建议性的方式具有扩展即将到来的危险的作用，还可能具有降低它的后果的作用。

第二阶段是和谐一致的阶段。在这一阶段里，一家公司必须寻求员工参与文化变革的过程。依据贝特的观点，文化的转变是一项集体的事业；参与，融入和对话交流都是基本的。

第三阶段是一个适应的过程。在此阶段，计划的提出是用来改变组织文化的。这一阶段的初级目标是为了整理，安排和扩散那浮现出的、支撑着新文化的意义和价值。

第一、第二、第三阶段创造的这支劳动大军是负责任并且独立的，他们在非正式和日常的体系中，实践着自己的知识。

第四阶段是一个正式出台的阶段。新发展起来的知识，必须和组织里的日常事务联系起来。管理层会信任雇员们去实践他们的知识，并且相信有必要假以时日去适应和塑造结构。在这种重要的理解之下，潜藏这样一种理论：结构的变化要跟上这过程。

最后，在第五阶段，这一变化过程创造了一项可持久的运作。组织需要回到稳定状态，因此它必须用一种文化的理解程度来规定发展的组织，这意味着不仅需要雇主用必要的知识来阻碍变化，而且这知识还没有坠入相同的文化陷阱。最后，成员们必须明白，这新的组织结构是从他们自己创造的意义中衍生出来的。

这五个阶段具体的实践中，出现了这样的反馈：这个设计小组提出了过程，细化并描述了新的组织的含义，并向组织内的成员介绍了它①。

第二节　萨满与变革顾问

组织的变革顾问展示了与萨满巫师平行般的密切相关性。萨满教是一种以文化为中心的宗教。它通过仪式把神话的过去与世界观和规划紧密联系起来，并把它们引入日常生活和活动中②。

在日常生活中，萨满在他们的社群与环境之间，充当着沟通者与评价者。一个萨满的资源，就是文化资源本身，而且一个萨满的知识就是文化的内容③。充当文化变革者角色的萨满，就如变革顾问一样，帮助社群进行贯穿式的彻底变革，以达到组织的健康。

另外，顾问和萨满都依赖于他们当事人的信念，都知道组织的问题是社会的和体系上的，而非技术上的，并且它们在被置于控制过程中时，都是有效的。顾问和萨满都为他们的当事人，提供了可供选择的对现实的看法，并且都渴望获得参与方的支持。顾问在制造焦虑和不确定的，可控的思想程序及象征时，扮演了魔术师的角色。一个魔术师在仪式扮演重要角色的变迁中，一个魔术师指导和建构的重要转变经历不同的仪式④。

弗若斯特（Frost）和艾格瑞（Egri）为变革与发展的顾问们，探究了萨满巫师的视角在改革式变化上的价值。萨满巫师的视角理解了符咒的仪式、精神上的地位和它们作为变化过程中的一部分是如何运行的。这种视角强调了组织生活的整体深度以及组织和它的成员们的潜在的自愈能力。萨满巫师的视角是整体性的，强调了组织生活的精神深度，并且强调了组织和雇员们潜在的自我修复力。

在弗若斯特和艾格瑞看来，萨满巫师的文化视角包含四重现实意义。

---

① Bate, P. (1994). *Strategies for Cultural Change*. Oxford: Butterworth Heinemann. p. 218.

② Frost, p. J., & Egri, C. (1994). The Shamanic Perspective on Organizational Change and Development. *Journal of Organisational Change Management*, 7, 7－23.

③ Blustain, H. (1992). Consultants as Shamans. *Journal of Management Consulting*, 7, 44－48.

④ Ekman Philips, M., & Huzzard, T. (2007). Development magic? Two takes on a dialogue conference. *Journal of Organisational Change Management*, 20, 8－25.

其一，变革的顾问们带着比常人更强的意识和理解力，生活于符号化的世界里。他理解了巫术的用处。巫术是对压力状态的一种回应，它不能被简单地分析。它是一种在情绪安全与解释上满足人类需要的实践。组织不能为了适应有压力的环境，就去冒着被困于有某种失灵文化之中的风险。在这个“监狱”的场景中，组织受困于这样一种恶性循环之下：挫败的滋生，孤立的加剧，创新的减少，还有为了适应更大的环境所带来的变化的能力的减退。这种情况下，调停在组织中作用就不可避免，而且变革顾问们也会被要求提供帮助①。

其二，在变化中的环境里，为了解释自身，顾问帮助别人进入和逐步理解这个符号化的现实。瑞特尔和麦凯恩认为，解释和预测特别是与投资相联系的活动，是被萨满执行的活动。金融从业者是专业人士，他们被期待能既正直又有洞察力地去解读复杂的信息，去把握有利的投资机会，或者使合作视野的转变更容易变化现实②。贝特论辩道，这种有《圣经》视野的宗教意识，对取得一个变革项目的允诺是很有帮助的。然而，为了适应现代西方社会的理性，整个概念都很不幸地被切除了③。

其三，顾问寻找方法去体验和理解雇员们的活力模式。萨满被视作力量的代言人，并且联系着人类和精神世界。他们能够修复破坏患者与超自然力之间的关系而引起的无序。在学习和自愈的过程中，组织中的顾问使用雇员们的能量。这力量不是单独附在萨满的身上。它是一种在萨满和病人之间产生能量的关系。萨满和他的观众们构建了一个对他们理想环境的巨大质疑。为了群体和个体的利益，萨满们在公共仪式上使用自己的力量。比如说，马夸人的仪式是直接与公共政策相连的。这些群体里的权威是基于仪式的隐秘知识上的。在陶西格看来，由集会、萨满之歌、特殊语言的使用、参与者、笑话还有仪式所组成的东西控制着这种力量。命令的主要内容是通过萨满的仪式被反复呈现的，使得一切明白和被再次创造④。

最后，顾问从整体上来理解变革的过程。在整体视野下，顾问从经济

---

① Frost, p. J., & Egri, C. (1994). The Shamanic Perspective on Organizational Change and Development. *Journal of Organisational Change Management*, 7, 7 -23.

② Reiter, S., & McGoun, E. G. (2000). Shamanism and Investment Analysis, *The fifth Biennial Conference Alternative Perspectives on Finance*. Dundee, Scotland.

③ Bate, P. (1994). *Strategies for Cultural Change*. Oxford: Butterworth Heinemann. p.204.

④ Taussig, M. (1987). *Shamanism, Colonialism, and the wild man. A study In terror and Healing*. London: University of Chicago Press. p.260.

的、宗教的、空间的、符号的内容上理解组织的行为。用整体的视野来理解变革过程中“极微小”、“中间”和“极大”水平之间的关联性是有帮助的①。

萨满是仪式的控制者，他通过仪式的表达而使自己成为一个强有力的先知。依靠群体里的其他领导角色和政治、经济的控制力，萨满的角色已扩张成为文化变革的主导力量。根据沃伦斯的观点，仪式的复兴有不同的功能。

首先是文化创新功能，这种功能可被认为是一种老想法结晶为新的范式，并且排除该种范式不匹配想法的突然努力。复兴运动包括创造一种新的新陈代谢，重新分配组织内部的知识。它还包括适应文化变革的教养。根据沃伦斯：

“复兴运动可以通过减去不必要的东西，并将剩下的部分组合成一种更有序结构的方式，来组织带入一种丰富但无序的境地。”②

其次是解决群体认同困境。发生在同化情况下的复兴，团队并不能获得足够的分辨能力，来与“天然的盟友”结盟抑或辨出“敌人”。团队在既没有分辨出“天然盟友”或敌人的时候会选择“独自行动（一意孤行）”。不同的复兴策略是可以被区分的；本土，是以恢复被认为在过去存在的“黄金时代”为目标；复古，则是消除敌对的文化元素，恢复过去的文化价值。这些运动反对大多数旧文化体系中那些他们受害颇深的，或是新旧习惯相结合的，或是化解社会主导媒体和权力的界限的元素③。

再次是社会的重组。重组运动减少了增加团队内部组织的压力水平。这样的行动可以解决再合成传统文化价值以适应现代的身份问题。

费伦振兴的概念，适用于组织和使用华莱士的六大功能的复兴阶段。第一，在文化失实灵感之后的时期，可以重新安排具有迷津的员工使其想法更符合外部现实。这样的迷津是一个个人的指南，陈述出自身目标和缺陷，团队价值中自身和其他对象获得或避免的值。第二，通过沟通，有魅力的领导者吸引自己的信徒和门徒来帮助自己传递信息。重振老神话的创始，再组织

---

① Chanlat, J. F. (1994). Towards an anthropology of organisations. In J. Hassard & M. Parker (Eds.), *Towards a New Theory of Organisations* (pp. 155 - 190). London: Routledge.

② Wallace, A. (1966). *Religion an Anthropological view*. New York: Random House. pp. 211 - 212.

③ Wallace, A. F. (2003). *Revitalizations & Mazeways. Essays on Cultural Change*. Nebraska: Nebraska University Press. p. 12.

成员有助于对这些神话的理解，新的解释将它放置在当代发生的设置和处理问题的现有水平的个人和/或社会的成熟度①。第三，一个有着门徒的小团队在雇员中可以组织一场针对其追随者的竞赛。第四，门徒可以发展策略或团队行动的项目来克服来自组织中，那些不愿意在充满魅力的领导者指定的计划中分享他们信仰的阻力。第五，通过对复兴运动的常规化，使组织建立成为一个在经济、社会和政治上制度习惯多种多样的常态化组织。最后，一个被沃伦斯称之为“新稳固国家”的新的文化价值观就会成立了②。

费伦建议在复兴科特（Kotter）和赫斯科特（Heskett）所提出的，组织文化转变的程序的阶段中，集沃伦斯的步骤为大成。科特和赫斯科特将这些阶段称之为转变过程；增长的紧急事务，建立一个指南团队，对行动授权，创造短期的团队成就，重复，坚持改变③。

复兴运动目的指向为社会带来新的生命和能量，通常发生在社会在经历剧烈的文化变革，外来殖民，或者是感知缺失的时期。复兴是最为精细和困难的，开发最少，但在社会变革度上的潜能却是最有力的，成为一盏在重建和社会治疗的功能运动中的灯塔④。理解在复兴中的萨满和管理文化变革中的咨询者在角色和地位上的相同之处，就能在细节上理解决定一场成功变革的变数⑤。

第三节　文化抵抗

在关于部落组织的文化变革的讨论中，一个很关键的论点是个人与群体

① McWhinney, W., & Batista, J. (1988). How Remythologizing Can Revitalize Organizations. *Organisational Dynamics*, 17, 46 - 58.

② Phelan, M. W. (2005). Cultural Revitalization Movements in Organisation Change Management. *Journal of Organisational Change Management*, 5, 47 - 56.

③ Kotter, J. p., & Heskett, J. L. (1992). *Corporate Culture and Performance*. New York: The Free Press.

④ Wallace, A. (1956). Revitalization Movements. Some Theoretical Considerations for their Comparative Study. *American Anthropologist*, 58, 264 - 81.

⑤ Phelan, M. W. (2005). Cultural Revitalization Movements in Organisation Change Management. *Journal of Organisational Change Management*, 5, 47 - 56. p. 48.

如何理解、协商或抗拒变化。埃尔尼·索罗得和昆达均认为，在全球化变革后，民族身份成为一个标志性对抗资源，民族身份属于族群兼并中为了独立而战的重要一部分。为了这共同的目标，族群间不停地动员争斗。他们希望去了解作为中介的成员将如何建立他们的身份，以及中介与他们社会进程在文化变化中的关系[①]。

在对待有强大支配权的管理者和他们充满侵略性的变革战略态度上，雇员强调他们的专业、有合作性或民族的独特，跟其他个人及群体比的相似点与不同点，这种强调总是最典型的，所以，相互作为被看做是身份证明的先决条件。证明提供和睦、稳定的地位。在不同位置的人能整合自己的社会身份，创造出社会身份等级。

在宽容协调的变革进程战略里，相互依靠和协同是支配者和那些以协调为口号的地方政权的手段。在一个多民族 IT 公司前后台的研究中发现，荷兰人用文化协调来建立文化同异。亚伯美和拜云强调了这种依赖环境和建立的国际性文化差异[②]。这不对称的权力在前后台中有受激性，因此，突出的文化差异的建造是有战略性的目的。对于前台，荷兰人认为是自然合法的，而且他们总结成唯一的权限关系。这是因为他们害怕在项目管理上失去权力，然后直接走进那些后台印度人的客户端及高端 IT 的活儿。

文化元素总是由人们建立来区分自己与他人，或用于对抗变革。当组织部落的身份以共享的民族身份和文化价值来组成联盟时，我们能说出的是“族裔”[③]。而问题在于用什么去发挥“族裔”为变革而进行战略的攻克，这对于变革顾问们是一个很有趣的事情。

---

① Ailon - Souday, G., & Kunda, G. (2003). The Local Selves of Global Workers: The Social Construction of National Identity in the Face of Organizational Globalization. *Organization Studies*, 24, 1073 - 1096.

② Ybema, S., & Byun, H. (2009). The Discursive Construction of Cultural Differences in Asymmetric Power Relations: Japanese - Dutch Encounters, *International Journal of Cross Cultural Management*, 9 (3), 339 - 358.

③ Marrewijk, A. H. Van (2004). The Management of Strategic Alliances: Cultural Resistance. Comparing the Cases of a Dutch Telecom Operator in the Netherlands Antilles and Indonesia. In: *Culture and Organizations*, 10 (4) pp. 303 - 315.

第四节 空间设置和文化变革

在组织文化变化领域，空间设置已得到了很大重视，例如，公司总部是组织变革目标的审美和象征性代表，已成为公司维持文化价值而变革雄心的标志[①]。根据赫恩斯的研究，组织空间塑造了组织间的活动和相互影响，同时也被这种相互影响所塑造[②]。这个生产和再生产的过程包含了稳定和变革。另外，汉克研究了组织的故事如何通过一系列有表现力的人造物的象征性、审美性结构的应用而被塑造和传播，包括空间安排和设计、建筑选址、内部空间和家具装饰。内外信息空间的设计可用到组织合法性上[③]。总之，空间设置可以支持文化变革[④]。

尽管空间的物理特性有很多贡献，它仍在组织变革研究领域被大大忽视了。当巨额预算花在建筑设计上，建筑师、房地产商关心的是空间设置和组织变革间被假定的相关性，然而缺失的却是对两者之间的实证研究[⑤]。

因此，卡隆博格（Kornberger）和克勒格（Clegg）研究了空间设置和组织行为的相关性[⑥]。对这个社会性和物质性相融合的概念化来说，一个好的出发点是基于物质文化的人类学视角。人类学家已经研究当地社区的物质文化和空间设置很长时间，以一些人类学领域很有名的研究为例，道格拉斯在《纯净与危险》中讨论了村子里女人们的房子在山上的位置要比男人们的

---

① Berg, p. O., & Kreiner, K. (1990). Corporate architecture. In p. Gagliardi (Ed.), *Symbols and artifacts*, pp. 124 - 145. New York: Aldine de Gruyter.

② Hernes, T. (2004). *The Spatial Construction of Organisation*. Amsterdam: John Benjamins.

③ Hancock, P. (2006). The spatial and temporal mediation of social change. *Journal of Organizational Change Management*, 19, 619 - 639.

④ Preoffitt Jr., T. W., & Zahn, L. G. (2006). Design, but Align: the Role of Organisational Physical Space, Architecture and Design in Communicating Organisational Legitimacy. In S. Clegg & M. Kornberger (Eds.), *Space, Organizations and Management Theory*, pp. 204 - 220. Copenhagen: Copenhagen Business School Press.

⑤ Van Marrewijk, A. H., & Yanow, D. (2010). Organisational Spaces. *Rematerializing the Workaday World*. Northampton: Edward Elgar.

⑥ Kornberger, M., & Clegg, S. (2004). *Bringing Space Back in: Organizing the Generative Building Organization Studies*, 25, 1095 - 1114.

低，这可以理解为男人们对女人生殖力量的恐惧[①]。

列维·斯特劳斯从一个巴西中部印第安人的圆形村落里领悟到他们基本的宇宙观[②]。马林诺夫斯基注意到特洛布里安岛上村落的空间设置是其整体和次部落分离的反映[③]。本尼·迪克特研究了普韦布洛（美国科罗拉多州中部城市）印第安人悬崖屋和半圆形村庄的结构与他们的习俗和信仰的关系。这些人类学家研究的成果为研究组织的社会和物质性提供了整体性观点。

纳托想应用人类学丰富的经验和完整的人类学视角研究西方组织实践。代理不仅仅是一种人类能力，也是一种可以通过人类与非人类相互关联和融合的过程中产生的能力[④]。同时，奥利思科（Orlikowski）认为，不可将社会性和物质性作为组织生活独特的独立领域。她以黑莓的无线邮件设备为例，讲述了它的社会和物质配置是如何改变组织的交流，认为这与带有某些社会影响的物质特性无关，而是一个社会——物质实践[⑤]。

一个社会材料的形状就是公司总部对支持文化改革的构思。我曾经参观过的两个公司总部改革项目分别是 National@ Docklands 和 Intrapolis。National @ Docklands 是墨尔本国民银行总部，也是国民银行策略性和文化性改革的一部分。这个小区是由两个比较低矮的房屋以及设置在阳光下、带有很多中庭的紧密相连的高度透明的建筑组成。还有蒂尔堡的一家荷兰保险公司 Intrapolis 的总部的构造形式也显示了它支持新的公司文化在灵活性、透明度、和员工职责方面的采用。十二层的办公楼已经被设计成一个开放式的办公楼，在里面，员工可以带上他们的笔记本，根据自己的职位需要，选择一个合适的工作地方。其中的第一、第二层是比较受欢迎的地方，因为员工可以在里面工作、会谈、休息。酒吧、休息室和娱乐室里配备有音乐和舒服的沙发，设计也符合新的公司文化要求。在这两个例子中，管理人员对交流新的文化价值的空间都是做了很周密的计划。

公司总部的设计也与权力有关，随着权力的增强，建筑也显得更有权威了。公司对权力的操控不是从外部强加进来的，而是从内部彰显出来的，深

---

① Douglas, Mary (1966). *Purity and Danger*, Baltimore: Penguin Books.

② Lévi - Strauss, Claude (1966). *The Savage Mind*, Chicago: University of Chicago Press.

③ Malinowski, Bronislaw (1922). *Argonauts of the Western Pacific: An Account of Native Enterprise and Adventure in the Archipelagos of Melanesian New Guinea*, London: George Routledge & Sons.

④ Latour, B. (1993). *We Have never been Modern*. London: Harvester Wheatsheaf.

⑤ Orlikowski, W. J. (2007). Sociomaterial Practices: Exploring Technology at work. *Organization Studies*, 28, 1435 - 1448. p. 1444.

固于空间组织的心脏。这些空间组织是由构思者、设计者和管理者共同设计实施的。公司计划工程以及重新定位，比如说同时出现的改革程序和空间替换，这都是与办公室的设计紧密相连的，可在里面灵活性工作。这种新的公司文化的引入、集体性的居住体验或者公开的办公空间的存在在减少成本时又增大劳动力的产出。

据戴维（Dovey）所说，对于给组织改变用的这些在空间里放置的设备的管理权有不同形式。第一种形式就是操纵或恐吓，这些设备放在那里就是恐吓参观者和员工的。第二种形式就是熟练的操控，参观者或员工以为每个人对于设备的使用都有各种不同自由的选择，但是，事实上整套设备都是被操控着的。第三种就是运用吸引力，这也是最精密、可以深得人心的一种形式。在里面，他们可以用设备来定位自己，最明显的就是零售店的设计。在里面，顾客可以根据一个牌子来鉴定他们自己。建筑与权力紧密相关是显而易见的①。

人们很容易就会低估日新月异的社会空间安排中存在的重重困难，也容易将重新整修误认为就是一些基础性的改变②。卡隆博格和克勒格所看见的这座创造利润的生成性建筑，其实是灵活的解决方案。一座生成性建筑放映的是波动，而不是静止的状态，如此建筑的变化则是概念的一部分。这种生成性建筑从五个方面讲述自己与机场大厦的区别，分别是：骚乱性、灵活性、问题产生、运动和设计③。建筑师们一直在尝试着去设计出一种永恒的建筑，但是当建筑代表着一种价值观念和道德规范时，它则是折射一种暂时性。

科特和科恩给出一个关于通过空间设置来支持改变组织实践的例子，他们让同一家公司里的办公室职员和工厂工人混合起来以描述文化变革方案。由于业务外包，（公司的）数千平方英尺制造工厂已被闲置。公司决定对工厂进行重新设计：

我们决定把生产线转移到工厂的中心位置，并且（建造）一条宽敞的走廊围绕着生产线。走廊的天花板将用玻璃建造，这样，即使在最多云的冬

---

① Dovey, K. (1999). *Framing Places: Mediating Power in Built Form*. London: Routledge.

② Dale, K., & Burrell, G. (2008). *The Spaces of Organisation & the Organisation of Space. Power Identity & Materiality at Work*. Hampshire: Palgrave MacMillan.

③ Kornberger, M., & Clegg, S. (2004). *Bringing Space Back in: Organizing the Generative Building Organization Studies*, 25, 1095 - 1114.

天也将会有光线（通过玻璃天花板）透射进来。在走廊的另一边，我们会绕着它（建造）我们的行政办公室。因此基本上，工厂将在（整个公司的）中间，外围是办公室，而在两者中间的则是宽敞的走廊[①]。

据科特和科恩所说，让办公室职员和工厂工人混合起来是因为他们都使用诸如洗手间、厕所和咖啡厅等公共场所，而这些场所均坐落在被称为“街”的宽敞走廊。社会物质观由于工商人类学者认真考虑了空间设置（问题）而变得有趣。

第五节　干预导向的人类学家

学术专家们以研究员顾问、变革推动者、跨文化专家或者文化经纪人的身份积极参与管理，帮助组织解决问题[②]。学术专家要诊断组织目前存在的问题，并寻找替代性方案，不仅不能脱离组织，而且还必须继续协助（组织推动）实现变革意义的进程[③]。这样一个对董事会、组织政治、非正式聚会和执行问题的洞察力使学术专家们更深入地了解组织中的变化过程[④]。（然而）这项工作的不足之处也是很明显的。研究人员在接受了组织的薪酬和后勤支援后可能就被限制在了人类学的研究范围，并且可能承担其研究成果不能发表出版的风险。不过，也有一些人，如贝特，他们能够公开地出版（其作品）并且（在其作品中）写出关于他们的顾问角色[⑤]。

工商人类学者（在组织中）所扮演的角色并不同于组织顾问。首先，

---

① Kotter, J. p., & Cohen, D. S. (2002). *The Heart of Change: Real - life stories of how people change their organisations*. Boston: Harvard Business School Press. pp. 155 - 157.

② Giovannini, M., & Rosansky, L. M. H. (1990). *Anthropology and Management Consulting: Forging a New Alliance*. American Anthropological Association.

③ Paton, R. A., & McCalman, J. (2000). *Change Management. A guide to effective implementation*. London: Sage.

④ Jordan, Ann (1994) (ed.) *Practicing Anthropology in Corporate America: Consulting on Organizational Culture*. Napa Bulletin 14, American Anthropological Association. San Francisco: University of California Press.

⑤ Bate, P. (2005). Ethnography with 'Attitude': Mobilizing Narratives for Public Sector Change. In M. Veenswijk (Ed.), *Organizing Innovation. New Approaches to Cultural Change and Intervention in Public Sector Organizations* (pp. 105 - 132). Amsterdam: IOS Press. p. 108.

两者最重要的一点区别是关于（对）“你在为谁工作?”这个问题（的理解）。工商人类学者更倾向于呆在车间与员工一起工作。相比之下，组织顾问通常与高层管理人员一起工作，这样他们能够得到更高的地位、更清晰的结果还有新的佣金。工商人类学者能帮助管理者了解基层的文化进程。他们比那些倾向于采用管理角度的组织顾问更能适应基层的工作。然而，帕克并不对前一种角色感到自在/舒适：

……我被认为是管理层和员工沟通的一个渠道。那些雇佣我向员工做调查的领导者和管理者们期望我能够反馈一些有关员工的信息……①

工商人类学家和组织的咨询顾问们的第二个区别就是他们进行研究所需的时间不一样。一般发现和揭示一个组织的文化，工商人类学家需要花费一两年的时间，而那些咨询顾问们却在一个更短的时间完成。参与观察是一种被工商人类学家用来研究组织文化的方法，但是这种方法（一种历史的、前后关系及基于流程的方法）却很耗费时间。当默兰（Moeran）解释说，他需要一年的时间来研究、学习日本的一家广告代理公司的文化时，这家公司的CEO却很诧异的回答说：“为什么我们不可以在三个月内完成而需要一年呢？一年是一个很长的时间啊!”② 时间的限制导致了原本对于人类学民族志研究感兴趣的组织逐渐减少。因为对于许多大学研究人员来说，短短的几年时间他们做研究的时间是非常有限和分散的。

工商人类学家和组织咨询顾问们被发现的第三个区别就是他们陈述数据的方式。工商人类学家倾向于利用敏感和关键的数据陈述他们的研究，因为他们遵循着严谨这一工作原则。而组织的顾问们却更喜欢用管理者的观点陈述数据。这些差异都产生了对以调查为导向的人类学家的需求。

马里威基科（Marrewijk）、韦恩斯威基科（Veenswijk）和克莱格（Clegg）讨论了可能会被以调查为导向的人类学家使用的四种理想的、典型的方式，包括临床调查、参与观察、民族志的方法、民族志实践家方法③。他们是人类学和民族学进一步发展到最后的一种方法，在多层次方式和涉及

---

① Parker, M. (2000). *Organizational Culture and Identity: unity and division at work*. London: Sage. p.238.

② Moeran, B. (2005). *The Business of Ethnography. Strategic Exchanges, People and Organizations*. Berg Publishers, Oxford.

③ Van Marrewijk, A.H., Veenswijk, M., & Clegg, S.R. (2010). Organizing reflexivity in designed change; the ethnoventionist approach. *Journal of Organizational Change Management*, 23 (3): pp. 212-229.

外部环境的相关数据下组织相应的应对方法，例如外部的新兴社会环境、客户导向；对于内部的组织和管理改变的愿望的影响，涉及控制点、变化问题、相关设备；处理管理部门的积极性如何通过团体的兴趣在项目组内部被证明的权力。

对于民族志实践主义有两种截然不同的情况：一个是在民族方法学的发展；另一个是在人类学。这个术语本身是由“ethno”（一个关注于普通的事务和人们每天的生活，就像在民族方法学）和干涉主义融合的，如同一个人制定战略干预组织成员的日常生活。列维—斯特劳斯和拉图尔都注意到民族志方法学创建的信息，并建议民族志研究者们用其传统的热情，去研究他们自己的社会。民族志实践家就是在别人的组织中寻求做平凡的事，民族志的学者们做的不同于人类学家，民族志学者们寻求以“自然的”或“普通成员”的方式去解释他们的事态——而不仅仅只是记录它们①。

调查导向人类学家运用组织人类学来优化干预策略，以提高组织运作的效率。这些人类学观点适用于参与组织改革的经理和其他利益相关者。例如，贝特在他关于英国国营铁路的文化研究中，分析了该组织在企业文化重建的总体视角，发现各部门在事业发展方面停滞不前。通过重新阐明和界定英国国营铁路的组织视角的变化进程，他帮助英国铁路成功实现管理改革②。一些调查导向人类学理论揭示了组织干预在其建构和在其他领域的应用的原理。以泽尔为例，他从人类学的角度解释来自惠普两个部门的经理们如何利用员工的头脑重新设计建构组织，从而使惠普在市场竞争中屹立不倒。藉此研究她想帮助其他管理者应对创新的变化和设计组织的变化③。这些研究表明调查导向人类学学说与了解组织变化过程的相关性。

研究人员避免参与管理事务，但同时，在一个组织中他们又不可避免而且必须干预其中。在此期间，他们不仅获取强势者提供的官方信息，还关注那些呼声被湮没、被边缘化和被忽视的群体背后的鲜为人知的故事及其受到的侵害，因而业务人类学家不仅要与台面人物和他们的账目打交道，也要接触在组织中、在利益相关者间和在共享社区里受到压迫或排挤的成员。

在研究其他国家和地区时，人类学家为异国文物和仪式倡导保护；然而

---

① Lévi - Strauss, C. (1966). *The Savage Mind*. Chicago: University of Chicago Press.

② Bate, P. (1994). *Strategies for Cultural Change*. Oxford: Butterworth Heinemann.

③ Zell, D. (1997), *Changing by Design: Organizational Innovation at Hewlett - Packard*. Industrial and Labour Relations Press, Ithaca, NY.

他们在自己所处的社会中必须保持批判性，坚决对抗正统，与权力精英的光鲜故事和经常自欺的盛况和典礼唱反调。他们这种与边缘人群的关系将人类学家置于企业政治边缘的“演员”的位置，并因其研究资料的数量和分量获得相应结果。虽然临床医生只要专注于紧急的临床问题，不必为“中立性”或“客观性”这样的命题烦恼，干涉主义学说则积极联系不同的组织群体，以反映关于变化的学说的内涵及其实际影响。

马里威基科、韦恩斯威基科和克莱格看到干涉主义方法的四个主要的特点。

第一个特点，自反性挑战充斥科学领域的严格的主体/客体二维思维方法。主体/客体二维思维方法使人们解决问题的办法局限于两种：客体决定了主体所思考的客观内容，而诀窍就是弄清楚本质的信息或依据约定俗成的观点来论断客体的本质属性。

第二个特点，管理取向使调查导向者收集和求证日常活动中的资料。根据“纯粹实地考察”的定义，人类学者应当尽量少地干涉他们所研究的领域而力求接近“隐身于幕后”的理想原则。但是要人类学者像空气一样“无形”，不去干扰其研究的领域是不可能的。

人类学者一直在影响他们的研究对象。奥内尔（O'Neill）在他以训练有素的急救人员的身份重返自己投身多年的研究领域时就遭遇了困难。据他描述，在他的研究期间发生了一场事故，他必须运用急救知识挽救一个婴儿的生命。当紧急电话打来时，这个出生刚5个小时的婴儿停止了呼吸，而其他急救人员都在为另一个生命与死神周旋。于是，在另一个医学专家的陪同下，奥内尔带着担架，叫喊着跑出医院奔向急救车。此时的奥内尔不再是一个职业观察家，而是这个急救场景中的一个角色，他准备医疗器材，积极应对医疗紧急事故。当他赶到病人家里，随行的医护专员得以对婴儿施救，最终挽救了这个生命。对奥内尔而言，扮演好自己的社会角色、尽自己应尽的义务仅次于做一个人①。

第三个特点是根据斯考恩（Schön）的资料对组织文化的深刻理解。斯考恩热衷于探究研究人员的冥想能力，特指那些研究组织成员“对话”方

---

① O'Neill, M. (2001). Participation or Observation? Some Practical and Ethical Dilemmas. In D. Gellner & E. Hirsch (Eds.), *Inside Organizations. Anthropologists at Work* (pp. 221 - 230). Oxford: Berg.

式的研究人员，他运用两种研究方法中的一个，提出在紧张、矛盾和相关学习方法等条件下的“表演出来的”专注。借助这种方法，研究人员可以超越前面的阶段（信奉的价值观），转而了解文化深处的“实用价值”。组织发展文学强烈宣称“融入”和“关怀”是文化研究中的重要属性。

第四个特点是连结多个层面的语境。语境指的是文化结构的特性，它与驱动或完善语意分配的具体层面和环境相关，尤其与（多样的）背景下发表的演说，及具体情景下的事件、影响和环境相关，因为正是历史、意识形态、活动领域和技术基础设施等因素促成了文化模式的发展和再生产。

最后，人类学的研究方法的重要特点是纵向研究。传统人类学家在全方位研究中已经取得了一系列突破，但是很长一段时间里人类学的研究显得零散。人类学者不得不探讨科研数据怎样反映被研究的组织成员和研究利益既得者情况的频度和形式，这样就能避免在钻研人类学的时候与过去断层。

总之，人类学者对组织内部的纵向变化感兴趣，并且出于组织底层的关注，组织人类学者有将演说中的敏感数据纳入研究对象的趋势。他们的演说热衷于修辞、规则和真实性的不同点，展示出组织的变化进程，并直面他们不太了解的管理问题。与此相反，人类学者展示的是协商探讨新的万众期待的组织文化的发展路径，他们的成果展示出当下人们所渴望的解决方法，管理前景和那些以不寻常的方式咨询的人的坚持。

本章小结

长期以来，人类学家一直都在研究文化在当地的变化。人类学知识产生于对复兴运动的研究、对发展历程的研究、对宗教的研究、对空间的研究以及对当地文化的研究，它对影响组织文化的变化是十分有用的。这些关于文化进程方面的知识结合了著名的人类学的理解力、灵活性和文化敏感性，对那些工商人类学家而言，它是强有力的独特卖点。然而，在许多情况下，工商人类学家很难使自身能力达到商业方面的要求。所以在找工作时，工商人类学家经常败给那些经济学家、组织心理学家以及公共管理学硕士，虽然他们专业知识欠缺但自视较高并且能够熟练掌握商务用语。创造性地将人类学独特的洞察力运用到改变组织文化中是工商人类学家工作的一大领域，而不必一味地依赖于咨询市场。

案例一 IPX公司的人类学家顾问

这一案例讲述了人类学家参与欧洲一IT公司——IPX公司文化复兴的情况，这家公司正在承受着来自于市场变化、新员工流入以及股东利益要求等方面的压力。该人类学家及其助手被聘用，用以推进全员参与的一项变革，因为来自于两个不同亚文化群的员工对公司与其环境的恰当解释与评价以及对未来关注焦点争执不休。自2005年11月至2007年在IPX公司总部的调查一直在员工讨论会上进行，共计组织了26场讨论，每次平均有15位员工参与，这一人数占据了该公司95%的员工人数。该讨论过程均被记录并抄送。在讨论会上，调查要求员工们用一个比喻来描述公司的现行状况，因为比喻有助于研究隐藏的文化架构。所有的比喻都被仔细审阅并用于研究。这些调查一般在公司的中重大活动、接待会以及宴会上进行。此外，在董事会的不同场合，中层管理者以及工会也对调查结果进行了分析，最终，调查结果通过读物以及会议供员工讨论商议。

一、文化扭曲中的一则趣事

早在20世纪80年代，大学和公司都还无法使用网络。当时，电讯供应商仍是垄断者，掌控着整个电信网络，也不以服务为导向，为找到链接网络的路径，世界各地的黑客、无政府主义者以及电脑怪胎们都在寻找避开电信垄断商的方法。在大学调制解调器的技术支持下，私人路径的网络连接建立了，这也是为何第一家网络服务供应商以及电信公司能应运而生。IPX公司于1993年成立，建立在技术无政府者、网络朋客、黑客、电脑程序设计师、无政府主义者、激进主义分子和电脑怪胎的亚文化群的基础之上。

布朗森对于硅谷 IT 产业的人种志学说描述了网络先驱们基于黑客伦理学的亚文化思想①。利维表示，黑客伦理学的核心价值观包括以下几点：共享、开放、分权、电脑存取自由、质疑权威以及改造世界。第一批网络先驱们有一个共同的信念，那就是电脑与网络改进世界，他们共同的梦想就是让每个个体都能使用电脑②。海莫能在他的巨著《黑客伦理与信息时代的精神》中阐明，黑客文化价值观都围绕着激情、努力工作、创造力和快乐创造软件而不是抗议者的职业道德，有趣的是，海莫能将黑客伦理与一些不可思议的事情联系了起来。他的作品受到了声宝（Sampo）芬兰神话的影响。声宝是巫师施的一种魔法，可以给人带来可观的财富③。

IPX 公司的创始人是与网络先驱们的文化有着紧密的联系。这个由受启发的青年激进主义者、电脑程序设计师和黑客组成的小团体是十分成功的，外界也看到了他们长期以来的成长。随着 IPX 公司逐步占据了网络服务业的主导地位，它却很讽刺地被之前的垄断电信操作商所并购。这一并购行为，在带来新的并购其他竞争对手的资金来源的同时，也带来了新的文化认同感的问题。由于高速的发展速度和大量的新引入员工，IPX 公司的先驱文化正受到崩溃分解的威胁。由于股东限制，新员工必须选自从前的那些垄断企业。他们中的许多员工都已经变得社交化，所处的企业文化也与之前的大不相同。所有的成员不再都处于同一种无政府技术者、网络朋克、黑客、电脑程序设计师、电脑怪胎的相同企业文化之中。据前辈们说，我们正面临成为一个普通 IT 企业的危险（网络文件）。

现如今，互联网的接入与服务已大众化，但是由于激烈的竞争，价格正面临着考验。结果，IPX 公司正处于来自股东要求提高利润改变组织架构的重压之下。如果利润持续较低，股东可能威胁合并 IPX 公司。在 2005 年时，IPX 公司在未来是否仍应作为一个独立组织而存在的问题就曾被严肃地讨论过。IPX 员工疾病率急剧上升，由于缺少激励机制企业

① Bronson, P. (1999). *The Nudist on the late Shift*. New York: Random House Inc.

② Levy, S. (1984). *Hackers: Heroes of the Computer Revolution*. Doubleday: Anchor Press.

③ Himanen, P. (2001). *The Hacker Ethic and the Spirit of the Information Age*. New York: Random House.

活力面临威胁，该组织文化正向着功能失调的方向发展。在这种情况下，企业文化不再能充分适应前后关联的一系列变化。企业没有必要去创造一个更大的部分的紧迫性，因为IPX员工经历了改变的需要：IPX公司的活力消失了，一种朝九晚五的心态已经出现（IPX员工会议）。

没有凝聚力，没有方向，不知道企业需要什么，也不知道近些年企业的衰退将走向何方。共同的目标消失了，尽管我们尝试着寻找愿景共识与焦点集中，却尚未成功（IPX员工会议）。

二、组织变化的追随者

尽管许多员工都清楚企业文化的革新是必须的，但是改革的方向却没有一个统一的认识，这些员工可以被分为三类。第一类就是我所谓的“真正的信仰者”，他们定义自己为IPX公司的“第一期收获”，是公司的中坚力量，具有很强的影响力。他们是互联网的先驱，是网络之父网络之母。在IPX建立初期，煽动性聚会、激进主义活动经常在这一类的成员中举办。此外，衣着风格也可将这一类的员工和其他类别的成员区分开来。虽然各种衣着方式随处可见，但在第一类成员中黑色服装、各种穿孔、长头发以及带有公司标志的T恤是十分受欢迎的。他们也会通过邮箱地址被区分出来。因为他们是首批登陆互联网的人，所以他们的地址通常为自己的名字。最后，公事和私事会因为在下班后的私人空间里相遇而被混淆。

IPX公司的员工还可以被分为另外两类。第二类员工以成为“中坚力量”为理想，但其核心思想形成于2000年的网络大爆炸时期，我称他们为“教条信仰者”。第三类员工就以远远背离了黑客伦理，由那些新进员工组成，他们普遍没有强烈的IPX公司特质，对公司实施的事情有着实用主义的态度。这一类员工都是销售人员、金融专员和行政人员，我叫他们“非信仰者”。基于职位、工作环境、工龄的组织分化是十分常见的，但其实是他们内心文化的认同感导致了IPX公司的分化。

IPX公司的发展止步不前。每个人都有自己奋斗方向，一方是保守派（技师），另一方是实用派（销售和商务人员）（员工会议）。

“真正的信仰者”的那一小部分代表了公司的各个阶层，且具有很强的影响力。这种影响力在IXP公司的惯例中显而易见，这一组织广泛讨论政策问题，就像下议院中的政治辩论。这一讨论会上，很明显“非信仰者”是不会出席的，来的那些人也会保持缄默。有些惯例，像是在“季度酒会”中讨论企业发展的结果，会经常被“真正的信仰者”和“教条信仰者”提及。

三、价值观导向的冲突体系

革新研究在IPX公司的两种对立价值观导向中开展，价值观导向是企业文化的体现。通过分析企业成功的项目研究，可以推断并得到企业的价值导向。

第一套价值系统深深嵌入了“真正的信仰者”和“教条信仰者”的思想中，他们认为，创新力和创造力是十分重要的。员工们经常用《星际迷航记》中的名言“大胆地去没有人去过的地方”来描述自己的抱负。激励机制、灵感激发仍然存在，但市场与股东间经济利益要求的冲突也越来越激烈，所以员工们没有时间来进行创新和创造：

我的印象中公司只关注现金流，而忽视了技术创新与企业发展，我们正在冒着失去机会的危险（员工会议）。

提高效率的压力与IPX公司混乱非正式的组织风格产生了矛盾，员工认为自由、混乱是企业文化的重要组成部分。

如果早晨醒来，我还不想去上班，想推迟2个小时，我就可以自主决定晚点完成工作，这对双方都是有利的（员工会议）。

IPX公司是一个拥有很少规则很少程序的混乱体。如果你喜欢一些组织规程，那么你还是别加入这家公司了，这些都是这企业的魅力与活力所在（员工会议）。

“真正的信仰者”和“教条信仰者”是注重发展新产品的积极分子。那些引起销售额上升的所谓的杀手申请，不再在试验中进行，而是在市场中直接产生相互作用。客户们开始使用IPX的产品和服务，但是他们都不知道这些是干什么的，却促进了这一服务的发展。所以，对IPX公司而言，成为一个对社会开放而不是一个封闭的员工组织是十分重要的。

对于“真正的信仰者”和“教条信仰者”这两类员工而言，参与公司策略、发展方向的制定是很重要的。

我们努力的方向是由每个人决定的，就是一个有机的整体。我想你不能在其他人想往一个方向走的时候告诉大家往另一个方向走。

第二套价值系统被“非信仰者”类的员工所接受。这些员工认同的企业文化并非来自黑客理论而是来自股东和其他组织。“非信仰者”认为，缺少效率、部门间困难的合作是有问题的。这在2007年对员工满意度调查中被证实了，该调查发现效率和合作是IPX员工最担心的问题。据“非信仰者”员工表示，“真正的信仰者”类的员工的价值观已不能体现特定经济与市场环境下的商业实际情况。有趣的是，大多数“非信仰者”类的员工在2007年的满意度调查中评分都很低，所以，“非信仰者”类的员工认为存在的问题尚未解决。

由于保持我们老价值观念和错过将取得的实质性发展，我们一直在一个不流畅的组织循环中。

利用收集到的数据，有关两方相互冲突的价值取向可以很容易被区分（如表6－1）。

表6－1　在IPX公司，相互冲突的两个价值取向

主题	价值取向 “真正的教条信仰者”	价值取向 “非信仰者”
成长	小的就是好的	成长要考虑如何生存下去
组织结构	组织结构阻碍了创新	组织的结构是效率的前提
自由	自由是发展的前提	自由导致没有效率
顾客导向	网络专家，书呆子	主流和商业顾客
控制	避免严格，不相信权威	控制是商业流程所必需的
消费者	所有的消费者都是平等的	相对于个人消费者，应该更重视企业消费者
管理	指导和信任员工	控制员工
创新	创新需要自由和时间	创新可以依靠组织和大批买进
变革	慢慢的自我改革	快速的革新
招聘	不是利益相关者	利益相关者
隐私	是一个核心的价值	无关紧要，在销售和商业之后
合作	基于个人的关系网	基于流程和组织结构

四、改革顾问和员工之间的对话

早期干预想要重新革新组织没有成功。管理就在外部寻找了一个改革顾问帮忙。顾问制定了一个战略变革计划，这个计划是基于与大量员工面谈的基础上的。然而，在这些面谈还没结束之前，这个改革顾问就被开除了，因为在改革顾问和员工的面谈中没有什么特别神奇的东西。而且，IPX 的管理想要改革顾问和员工们有一个开放的整体关系。

IPX 的管理体系提出了将经济增长和复兴组织的价值结合在一起的战略计划，这个计划被证明在组织的黄金阶段是非常成功的。在过去有一个非常清晰的参考："那些使我们过去变得强大的旧的价值观将会在我们的品牌有一个很明显的位置。"（内部文件）在战略计划中这个组织的价值被称为：开放资源的开发、安全不是默默无闻、隐私的保护、信息自由、自我监管、放松管制、激进主义和承诺。这些价值都直接和前面讨论的黑客的道德相联系。

我组织了一个小组行动的振兴计划，帮助组织成员和其他人讨论相互冲突的两个价值取向。为期一天的讨论主要集中在研究咨询顾问和员工相互作用。在进入富有建设性意见的讨论之前，员工首先分享自己在组织中的负面情绪。根据一些员工的说法，有一些的价值取向已经不再适合组织。例如，员工不得干预其他人的业务，因为自由组织自己的工作是 IPX 公司的核心价值。让一些人来解释某些事情是十分敏感和没有用的。在讨论中，一些能够自我修复的步骤被采纳了。

五、改编：整合不同方面的价值取向

我的角色是帮助 IPX 管理人员和员工们反思，反思在涉及当代商业现实的不同价值取向时发生的冲突。振兴行动不足以在各种经济、社会、政治机构、海关等重新构建旧的文化秩序。在振兴过程中的这次讨论产生了新的价值取向，这个新的价值更多地考虑了外部真实的环境（见表 6-2）。

表 6-2 不同价值取向的重新合成

主　　题	价　　值
自由	我们有自己的自由去安排自己的工作
品质	我们通过高品质来区分我们自己
创新	IPX 创新的力量很重要
自我解决问题能力	我们创造新的想法，并最终实现想法
决策制定	IPX 公司听取员工的意见
承诺	我们一定保证 IPX 的身份
合作	我们都朝着一个目标努力：IPX 要一直保持最好
认同感	反抗利益相关者也是我们一个重要的角色
真实性	IPX 只有真实
多样化	每一个人都会得到尊重并且拥有自己的个性
平等	我们公平的对待每一位顾客
自我责任	我们导致相互的个人行为
隐私	IPX 有他们的社会理想
成长	IPX 在理想和成长中寻找平衡

六、讨论和总结

这个小案例讨论了人类学家在这个复兴的项目中所起的角色和位置。在 IPX 案例中，一小群“真正的信仰者”们，在经过一段时期的文化扭曲后，为了应对文化扭曲、组织被相关利益者控制、创新的感知被剥夺，他们开始一项振兴运动。这次复兴运动是为了消除相关利益者的文化影响恢复以前让组织强大的文化因素，但是这项运动却得到了“非信仰者”们的阻扰。工商人类学家被聘为顾问，促进复兴活动的进行。改革顾问们用萨满教视角设计和促进一个变化的组织，他们同时关心符号真实、组织和组织中成员自我调整的潜能。员工们被邀请参加讨论，了解自己与变化的经济和组织环境的关系。在组织的转变中，改革顾问让不同的员工采用不同的过渡方式[①]。

IPX 的复兴运动有三个功能：第一个功能，“真正的信仰者”在新的模式中明确了旧的观念，并且要求他人适应这种模式。这种复兴的运动得到了“非信仰者”强烈的反对。非信仰者们不满意真正信仰者的影响和他们代表相反的价值取向。第二个功能，复兴运动致力解决身份问题，“真实的教条信仰者”没有能力保护适当的身份证明，也没有办法和股东还有非信仰者形成联盟。通过一定形式的讨论，我们找到了整合后的价值取向。埃克曼·菲力蒲（Ekman Philips）和胡泽德（Huzzard）比较了改革顾问和员工之间交互作用，比较了巫医和病人之间的相互作用[②]。第三个功能，复兴运动降低了 IPX 的压力水平。在会议讨论过程中员工发表了消极的言论，在这里改革顾问是一种促进自我愈合的角色。复兴运动是一个强大的改变战略，因为它包含了完整的思想、情绪、信仰的体验。

案例二　佛教信仰对企业经营的影响[③]

澳门信仰佛教的华商，他们企业经营受信仰的影响程度不一，表现也各不相同。下文我们将对其分类介绍。

一、佛教信仰与员工管理

C8 先生算得上是一位成功的企业家，早年因为家庭的资本家成分受到冲击，改革开放后从大陆移民澳门。刚开始，C8 先生从基层员工做起，一步步做到老板。其中最关键的一步是旧老板因为经营不善破产时，因为 C8 先生负责的部门得到客户的赞赏，所以他决定自己成立公司，接

---

① Schuyt, T. N. M., & Schuijt, J. J. M. (1998). Rituals and rules; about magic in consultancy. *Journal of Organisational Change Management*, 11, 399 - 406.

② Ekman Philips, M., & Huzzard, T. (2007). Development magic? Two takes on a dialogue conference. *Journal of Organisational Change Management*, 20, 8 - 25.

③ 王春霞：《宗教与企业经营》，载田广、周大鸣主编：《工商人类学》，宁夏人民出版社 2012 年版。

下原有的业务。刚开始公司运作十分艰难，凭着坚持和努力，终于打开了一片天地。回想起往事，C8 先生感慨地说："其实做生意，为什么我能够从一个员工做到老板，那时候是一个机会来了，突然老板倒闭了。我在公司负责的部门，得到我们客户的赞赏。说实在的，这受到我父辈的影响、家庭的影响。就是做事要尽力而为，问心无愧，我们要对得起人家、对得起自己。我是没有什么资产的，白手起家，咬紧牙关，慢慢地一步一步走下来，生意就越来越好了。"

接着我们聊到 C8 先生的企业具体管理工作，他认为，虽然自己公司的规模已经比较大了，但仍然是传统的经营方式。他总结说："做生意首先要想到员工，这很重要。跟他们打成一片，了解他们的需要，尽量放手给他们做，信任他们。（员工做）错了，严肃指正他们。在我来说，我们是一个比较传统的经营方式，好像一个家庭，作为一个家庭，应该我自己来作为一个所谓长辈，我希望你们好。所以我们请人，我很喜欢请用新人，慢慢来教。公司做事要公平、公正。包括员工私人的问题，公司能帮的尽量帮他们，力所能及地尽量帮他们。"

在 C8 先生的"大家庭"中，员工对公司产生了很强的归属感。近年来，澳门博彩业大膨胀，许多年青工人都流向赌场做工，因为薪水比较高。而 C8 先生的员工始终不离不弃，使公司顺利渡过了 SARS、金融海啸等危机。C8 先生在内心是把自己也看成打工一分子，就是打自己一份工，与员工互利互信。员工都认同老板所做的事，对老板有信心，外面有再好的工作，他们也不会去做。事实证明，经过大家实实在在的努力，C8 先生公司员工的待遇现在还好过赌场。

面对 C8 先生的成功，我们试图求证其根源。C8 先生给出的答案是受家庭影响比较大。他回忆，"从小看到我外婆，我外婆是一个很虔诚的佛教徒，她很慈祥，无论受到什么冲击。所以家庭的教育，在我来说是比较重要的。"他后来的访谈中也一再强调，"父母才是孩子的偶像，是孩子学习的对象，你一举一动他都记在心里。"

C8 先生对外婆描述不多，但我们仍可以看到一位和气慈祥、坚忍淡定、与人为善的老婆婆形象。我们已无法得知老人所虔诚信仰的佛教具体教义，不过从佛教的基本教义谈起可能也不会有太大失误。缘起论是佛教基本教义和佛教伦理的理论基石之一，是佛教最根本的教理。缘起论强调的是事物之间的相互依存性、相互依赖性，任何人、任何事物都不是孤立的存在，也不以绝对决定者、绝对中心者的身份而存在。“认为唯一真实存在的只是因果关系，体现了佛教的相依关系思维，这也是其伦理思维的特点。从缘起论的原则看，佛教是深具伦理特色的宗教”①。佛家以人为本，讲众生平等。佛教缘起论所揭示的关系性伦理思维，在今天看来依然具有一定的意义。每一分子在选择自己的生存方式之时，进行必要的换位思考，关注、关爱他人，同时也是在成就自我②。C8先生耳濡目染娴熟地运用了这一佛教的大智慧。相反的是，当今大陆社会科技发达、物质丰富，然而人与人之间以往的熟悉感、亲切感却荡然无存，彼此疏离、相互利用、相互欺诈，甚至反目成仇。

二、佛教信仰与义利关系

H16先生可谓年少得志，事业的成功让他年纪轻轻就过上了优越的物质生活。受世风影响，他也曾花天酒地地度日，也许是受佛教信仰的影响最后他改变了这种生活方式③。他向我们描述：“老实说吧，以前那种生活现在不过了，但是以前日子怎么样呢？下午就泡桑拿、按脚或者怎么样，然后六点钟就和什么哥们呀一起吃饭，吃饭完了以后就卡拉OK，玩到很晚才睡觉，起得也很晚。第二天又要重复，就这样子。……不是累，我后来觉得这样不好。”之后的访谈中H16先生告知佛教徒身份后，在回答问题时就将我们的语言系统转换为佛教教义系统进行。比如我们问“您在实践中如何处理义利关系的？当有冲突时。”他的回答是这样的：“那‘利’——我们佛家说‘障’，是指障碍，把你的眼睛蒙蔽了，看事情你会看的很浅，看得很窄。那个‘利’字像看那个墙角，有时候那个义可以指导你抽身出来，这样看你的眼光就比较开阔一点。现

① 董群：《缘起论对于佛教道德哲学的基础意义》，《道德与文明》2006年第1期。

② 汪怀君：《论佛教伦理精神与和谐交往》，《济南大学学报》2011年第2期。

③ 当时我们还不知道他是佛教徒。因为在大陆与并不十分熟悉的人谈论宗教会显得唐突，所以我们的访谈提纲是把宗教放在最后部分。但在澳门调查时，我们发现因为当地宗教与文化政策的自由，人们对谈论宗教问题并无丝毫回避的态度。

在如毒奶粉呀什么的，就是没有诚信，就是被那个‘利’障了他们的双眼。当然真实的情况摆在面前的时候可能很难说，但在这一刻我还是倾向义，比较长远一点。”H16先生的说法体现了佛教的财富观。佛教认为财富本身是不善不恶，属于无记性的，首先要做到合理如法地获得财富①。对于世间普通人的代表——善生，佛陀说：“先当习伎艺，然后获财业，财业既已具，宜当自守护”（《长阿含经》之《善生经第十二》），即世人需要掌握一定的工作技能来获取财富。佛陀认可“营生之业者，田种行商贾，牧牛羊兴息，邸舍以求利，造屋舍床卧，六种资生具。”（《杂阿含经》卷四十八）也就是现代的农、工、商等行业。没有正当来源或者侵犯他人利益的财富就不是清净的财富，是世人应该避免的。对于行菩萨道的人，面对短期利益和长期利益的权衡时，佛教要求“能为此世他世顺益故名为善，人天乐果虽于此世能为顺益，非于他世故不名善”（《成唯识论》卷五）。如果一种经济活动仅仅有利于少数利益集团或者短期利益，而不利于大多数人或未来几代人的利益，那么这种经济活动则视为造作恶业，也是世人应该避免的。

理想与现实自然总是有差距的，当现实中一些合作者、竞争者或不讲诚信或违法乱纪时，佛教徒又将如何应对呢？H16先生根据自身经验做了如下解答：“其实我觉得你做生意有时候也要讲一点权谋，讲一点策略，当人家用歪招的时候，你怎么样应对，而且不超过自己的道德规范，自己的底线，这是有谋略的。我觉得谋略呀，或者怎么样令他的恶行昭然于天下，当然你不暴露你自己。我们都是商人嘛，要有策略，做一个好的商人更加要讲策略。”

Z15先生对宗教的理解是“都是度人向善的”。他的饮料制造公司是澳门本地品牌，在产品质量方面要求十分严格。当笔者询问他对义利关系的看法时，Z15先生斩钉截铁地回答：“其实讲出来会显得很假的感觉，但我一定是公众利益第一。真的！我做水这么多年，每一个原材料进来之前，我都对我的员工说：‘我们不是做文具的，是做水的，你一定要对得起自己。还有一个是我们的水是做给自己中国人喝的’。所以我经常讲‘你一定要对得起消费者’。”

① 李玲：《和谐社会经济发展与佛教的财富观》，《世界宗教文化》2006年第4期。

三、佛教信仰与现代企业制度

L31先生先是在澳门天主教学校接受中小学教育，后留学美国获得工商管理博士学位。Y7先生虽出生大陆，但一直在香港学习，直至获得经济学硕士学位。两人的共同点是均受西式教育，而且也认同西方文明。

L31先生毫不讳言他的佛教信仰是功利性的，即为了多赚钱。其实，他内心似乎更倾向于无神论，在谈到为什么没有在幼年学习中接受天主教信仰时，他的说法是："我们在澳门读书的时候，很小的时候就要读圣经，都要学那个天主教。……我被望（教）了很多年都没有信教，我根本就不信这种东西。那个宗教不是我不相信，很多人都不相信。最近我看本书，是一个英国科学家长期在搞研究，他从某个国家把那个地钻得很深很深，要找的是一种单一的、没有正负的这种能量。他们要告诉人家，全世界没有主。他的理论我也觉得是不错的。"对此，我们是否可以做这样的理解：他的佛教信仰可能只是一个空壳，是传统习俗的非自觉延续而已。现实中，L31先生声明他更认同西方文明，他要陆续将三个儿女送到西方国家接受教育。Y7先生也信仰佛教，但对其信仰并无过多陈述。他的两个子女也都在西方国家接受的高等教育。

我们仔细分析他们的企业经营，发现其共同点是：注重制度建设，公司里是"纯粹员工和老板关系"，没有额外的人情因素。L31先生说："你（指员工）要求的我会给你，我要求的你也要为我做。当然年终的时候也会一起吃吃饭啊什么的，但是不能每天都和很熟一样。"Y7先生经营的范围很广，因为精力有限，就请有经验的人进行管理。他也一再强调"公司制度一定要健全"，在他的公司中，一般是聘请多人共同管理，所以如果某位管理者不忠心，影响也不是很大。而且，"管理人都用合同聘用，干得不好就开除。"

综上所述，作者认为作为上层建筑领域范畴之内的宗教信仰，对企业家的经营意识和经营风格的形成，无疑具有一定的影响。澳门华商的宗教信仰对其企业管理的影响程度各异，表现内容也各不相同。本案例主要揭示了三种情形：

第一，佛教在产生时就对信众的行为提出了要求，四谛说中的道谛即"八正道"就属于这类内容。《中阿含经》卷第七中说："云何苦灭道圣谛？谓正见、正志、正语、正业、正命、正方便、正念、正定。”这“八正道”指要正确认识事物，并以正确的行为达到理想的目的。佛教对人在社会中行为的要求可以归为三项，即平等、克己、慈悲利他。从个体完善的角度遵从佛教教义的华商，往往能够以乐观坚忍的态度面对创业时的各种艰辛，最终达到事业成功。在与人交往方面，也能依照佛教的启示平等待人，与人为善，从而在企业管理中能以身作则，团结员工，成就自我。

第二，随着佛教伦理的世俗化，佛教区分善恶的标准也越来越与世俗伦理接近：对己对他都有利的是善，对己不利但对他有利的是大善；对己对他都不利的是恶，对己有利但对他不利的是大恶①。有的澳门华商能坚守佛教的这一伦理标准，不仅在企业经营中能够做到守法经营，勇于承担企业社会责任，而且在私人生活方式上也开始变得更为严谨。

第三，传统的功利性教徒，对所信仰宗教的虔诚程度较弱。在企业管理中，更注重现实的“科学”管理原则，缺乏相应宗教文化因素的影响。只是在事业面临难以解决的问题时，才会想起佛教中的神灵的保佑。

学习思考题

1. 组织的文化是否是不变的？
2. 组织战略的转变可以被识别吗？
3. 空间设置如何在组织中支持和抵制文化的迁移？
4. 文化如何成为阻力的来源？
5. 在文化的迁移中什么是民族志实践家的方法？
6. 对于人类学家来说，为什么关于他们介入的角色的反射很重要？
7. 通过本章案例你学到了什么？怎样以人类学的原理来理解和分析本章案例？

① 杨明：《佛教伦理及其中国化发展》，《伦理学研究》2010年第6期。

第七章

工商民族志

内容提要

经典的民族志与人类学传统越来越多地被研究者应用到社会科学中。人类学民族志和工商人类学民族志的主要区别在于不同研究课题的选择。然而，人类学家对文化的差异有着普遍的敏感，而工商民族志学家对组织的架构感兴趣。民族志是不同于任何应用定性和定量的研究技术。民族志研究方法可以广泛应用于工商界并为商业问题提供可靠的解决方案。

学习目标

1. 了解民族志在工商人类学中的价值。
2. 熟悉做工商民族志项目的核心技术。
3. 获得在现实工商世界中，关于民族志研究过程的知识。
4. 识别工商民族志研究的优缺点。
5. 在民族志研究中树立道德意识。
6. 理解临床研究模型的过程和技术。

引　言

就如我们在前面的一些章节讨论的那样，工商人类学是应用人类学的一个新领域，它运用大量的方法论和技术去研究现实世界的问题，并为之提出解决方案。在工商界中，工商人类学最有名的是其定性和主观调查的研究方法，它代表着民族志最经典的研究方法。换句话说，在商业界中，如果没有民族志的研究方法，工商人类学家所做的一切研究会大打折扣。

传统上，在人类学中寻找事业通常需要进行重大的人类学研究项目，这是一个专业人类学家必经之路。另外，他们的研究将会对越来越多的人类行为信息作出贡献，这些行为研究将为更多职业和感兴趣的人所用。在我们看来，学习如何作优秀的工商民族志研究是成为一名优秀工商人类学家的至关重要的因素。在本章中，首先我们会讨论民族志的本质和说明民族志的特征；接着，我们会描述即将讨论的实际研究模型、民族志的步骤、在工商界做民族志的优势、如何在工商民族志中的保持客观和克服偏见、民族志中的道德问题；最后我们将会用一个与工商民族志相关的小案例，来展示关于这个话题的假设性结论。

第一节　民族志和它的主要技术

民族志是一个术语，通常用于描述密集的和长期的田野观察项目，希望在当地人的文化背景下去理解被研究者。通过人类学田野调查方法，对关于人类社会的、文化的、经济的、群体的现象进行科学研究。这样，民族志可以被认为是集中研究人类社会与文化的文化人类学的一个分支。在文化民族志中，常常交替地运用田野调查和参与式观察，通常用代表性的定性研究方法，在长时间观察人的过程中，了解他们所做的、所想的、所说的，通过这样的方法去了解他们对所处环境的认识。

在人类学学科里，民族志通常被认为是基础性的文化人类学研究方法，或者通过书面文稿去报告民族志的研究成果。作为一种研究方法，民族志试图回答有关现在人类生活方式的问题。一般说，民族志问题关注文化与行为的直接关系，或者文化是如何发展起来的问题。民族志研究的基础数据通常是对社会生活细节的广泛描述或者在一些案例中的文化现象①。

工商民族志研究，就好像任何的工商研究一样，应该从选题和阅读相关文献资料开始。例如，如果一个工商人类学家对特定的消费群体感兴趣，他应该阅读大量的关于消费群体的文献资料，这将会帮助他确认影响消费者行为的各种重要的相关变量。通常，民族志通过与被研究对象共同生活来完成，观察他们的工作、娱乐，认真思考所见到的，解析并与被观察者进行共同讨论②。

在传统的人类学田野调查中，调查人员完全参与文化研究，与被调查者保持长时间的接触，在这段时间内调查者作为与被调查者文化体系中的一员来进行研究。相反地，观察研究一个组织的环境是基于一个更有针对性的参与研究的，通常是利用数段时间。在正常工作时间，致力于观察和参与工作。民族志学者的角色表现在一系列的数据收集活动中，可以放在某一个群体中，从一个被动的观察者变成一个积极参与者。在这个群体的边缘，或多或少会有一些文化交流，这将可能会极大地损坏收集的数据③。

一种对文化、社区、工商组织的民族志理解是通过多种数据紧密地联系而发展起来的。这些数据来源作为研究的基础，民族志学者会根据对一个文化框架的分析去完成任务。参与式观察就是这些基本的民族志数据来源。这个术语代表着民族志学者的双重身份：为了得到在特定情况下关于事情发展的真实理解，调查者必须同时是调查组织生活中的参与者，同时要保持作为一名观察者的距离，而且观察者要用客观事实去描述观察到的内容④。

很明显，“参与观察”这个术语并不意味着实际参与，而是涉及一定程

① The Department of Anthropology at the University of Pennsylvania home page, retrieved in February 2010 from: http: //www. sas. upenn. edu/anthro/anthro/whatisethnography.

② Delamont, Sara (2004). Ethnography and participant observation. In *Qualitative Research Practice*, Edited by Clive Seale, Giamprietro Gobo, Jaber F. Gubrium, and David Silverman, pp. 217 - 227. Sage Publications, Inc Thousand Oaks, California.

③ Lofland, J and Lofland, L. (1984). *A Guide to Qualitative Observation and Analysis*, 2nd Eds., Wadsworth Publishing Company, Belmont, California.

④ Hoev, Brian A. (2009). What is Ethnography? Retrieved in Feb. 2010 from: http: //www. brianhoey. com/General% 20Site/general_defn - ethnography. htm.

度的参与，这就允许观察者可以对所看到的进行推理，并要有说服力地去描述它。为了更加熟悉所研究的文化，人类学家需要与被调查者有不同程度的互动来了解不同族群，这样他们就能了解人们对族群的深刻见解。最后，民族志是一个归纳的过程，其数据是由调查者和被调查者重复及长时间接触产生的，调查者通常都很大程度地参与本地人的生活①。参与式观察允许调查者分享观察到的文化生活，这样观察者就不仅仅是观察和研究的群体，还参与所观察的生活当中。参与式观察的好处是，当调查者与外部人交流时，他拥有曾作为内部人经历的理解。

访谈是民族志收集数据的另外一个重要方法。访谈提供了可能被称为“有针对性”的数据收集，通过访问一些特定的但开放式的问题。就如第三章所讨论的那样，访谈的形式是多样的，每一个民族志学者为访谈过程带来他/她特有的方法。不管采用怎样的访谈方法，最重要的是要允许一个或者多个被采访人在没有任何预先定义选择的情况下回答问题，这是明确把访谈从定性、定量和人口统计方法中区分开来。在大多数的案例中，一个民族志的访谈与日常的对话看起来差别很小。的确，在长期的参与式观察中，大部分对话实际上纯粹是自发的，没有任何具体的计划议程②。例如，当田广对在北美的中国新移民如何在经济、社会和文化等方面适应主流社会进行了民族志研究，他采访了57个人，其中每一个访谈都是独立的，并对其用不同的问题进行持续长达2个小时的访谈。从访谈中得到的数据在他的研究报告中作为最重要的内容进行分析③。

在民族志研究过程当中，工商人类学家需要收集其他基于具体特征领域的数据。这可能要用不同形式的具有代表性的物品去展现其特征，例如这些话题：兴趣、政府报告、秘密商业记录、个人日志和信件、报纸和杂志文章。虽然要常常选定研究的领域，二手学术资料常常用来定位在现有文献结构下的具体研究④。罗伯特·田广在做他的关于中国难民在加拿大的民族志

---

① Lofland, J and Lofland, L. (1984). *A Guide to Qualitative Observation and Analysis*, 2nd Eds., Wadsworth Publishing Company, Belmont, California.

② Hoev, Brian A. (2009). What is Ethnography? Retrieved in Feb. 2010 from: http://www.brianhoey.com/General%20Site/general_defn-ethnography.htm.

③ Tian, Guang (1991). *Chinese Canadians, Canadian Chinese: Coping and Adapting in North America*. Lewiston, NY: The Edwin Mellen Press.

④ Hoev, Brian A. (2009). What is Ethnography? Retrieved in Feb. 2010 from: http://www.brianhoey.com/General%20Site/general_defn-ethnography.htm.

研究中，他收集了100个私人信件和许多研究对象的日记，他还从当地的中国报纸中收集了大量关于中国移民的文章和报告。同时，他还参阅了几个家庭工商记录和为他分析移民如何适应经济等民族资源信息[①]。

在几代文化人类学家的努力下，例如马林诺斯基、道格拉斯、格尔兹，民族志已经被描述为提供“详细描述”的任务，因为它努力使社会事件从一般的观察中变得有意义[②]。民族志学者面对的困难是事实上这些描述都是来自详细的观察并解析集体意识和价值内容。因此，人种学家面临的矛盾是如何用客观流行的观点去辨别文化，同时描述共同假设时要保持他们作为内部人的情绪。就如普拉塞德建议的那样，这意味着民族志学者进行观察时不能完全地根据他们自身的价值观，而是用当地的解析方法去区分不同的族群，这样能够培养他们和当地人的紧密关系。用这种方法，本土的“被调查者”帮助民族志学者解析一些在组织生活中普遍存在的文化活动[③]。

民族志研究同时依赖于主位和客位观点。客位研究尝试去理解心理过程，这样的心理过程不能是经验性的、偏激或者经过客观坚持的。主位研究关注分离、信息、调查设计等等一些围绕调查者中心的信息。就如发音学，基于经验证据表明它可以直接进行观察，客位研究以调查者可以发觉和严谨记录行为结构为中心。语言学家肯尼斯·派克辩称，由于人类和社会的复杂性，很多社会研究需要主位研究而不是客位研究[④]。

因为定性和人文方法为大多数人类学家所青睐，这反映了主位研究风格的流行，人类学家开始用主位/客位二分法去证明他们的定性研究方法。然而，这个推理，在人类学领域催生了一个主要方法论的争论。对于一些民族志学者，最初的数据收集是主位观点，也被称为内部的或原生的现实观点。与本土人发展非正式的亲密关系有助于确保民族志学者对当地活动和实践理解的真实性。另外，其他人种学者更愿意用严格的社会科学视角或客观现实的观点去定位他们的数据。这是通过解析重要事件的唯物主义和实证主义哲学内容来划定民族志范围的。根据费特曼，大多数的民族志学家是从主观观

---

① Tian, Guang (1991). *Chinese Canadians, Canadian Chinese: Coping and Adapting in North America*. Lewiston, NY: The Edwin Mellen Press.

② Geertz, C. (1973). *The Interpretation of Cultures*. New York: Basic Books.

③ Prasad, P. (2006). *Crafting Qualitative Research: Working in the Postpositivist Traditions*, M. E. Sharpe, Inc., Armonk, New York.

④ Pike, K. (1967). *Language in Relation to a Unified Structure of Human Behaviour*. 2nd edition, The Hague: Mouton.

点开始数据的收集，然后尝试同时从他们收集到的本土观点和他们本身的科学分析方面来理解[①]。

对于很多的调查者来说，他们相信不同方法的组合能够最大限度地使他们熟悉文化，允许他们建立一个对研究文化的概念性理解和一个能够真正在他们的写作当中传达的经验性理解。就如上面所说的那样，民族志研究有自己的独特性。当在工商问题上运用这种方法寻找解决方案时，我们必须了解民族志的过程是怎样开展的以及采用这种调查战略的影响。例如：田广用了五年时间做关于中国移民在加拿大社会、文化、经济适应过程的民族志研究。对于这种研究项目，人类学家很有必要长期进行他们的民族志工作，否则他们的研究结果的有效性会遭受怀疑[②]。

民族志作为一种定性研究方法和产品，它是不同于其他三种调查和写作方法的：定量研究、公共政策研究、新闻。用这三种方法来指导的性质与那些用民族志方法来处理的性质是显著不同的。定量研究通常要求到达一定的百分比（人相信某前提或事件）或者一些计数的实例现象，这是相比真正的民族志，它用更少的描述但用大量的案例。其中一种主要方法广泛地分散在调查和问卷中。公共政策研究一般是传递并提供信息，从而帮助决策者知道一个特定的被理解为更好或者更差现象的社会结果。值得注意的是公共政策研究可能表现为定性或定量或者两者兼具。新闻报道往往试图以一种快速、及时的方式提供客观的（不加以解析）外部新闻信息，这通常会有最后期限的限制。新闻记者为观众写一些报纸、杂志或者其他可达到的出版目标，他们一般不会考虑文化被看做是民族志中的主要决定因素[③]。

第二节　民族志方法的步骤和优势

在人类学领域，民族志作为一种理解“本土人”文化的工具。这种方

① Fetterman, D. M. (2009). Ethnography. *In The Sage Handbook of Applied Social Research Methods*, Edited by Leonard Bickman and Debra Rog, Sage Publications, Inc. Thousand Oaks, California.

② Tian, Guang (1991). *Chinese Canadians, Canadian Chinese: Coping and Adapting in North America*. Lewiston, NY: The Edwin Mellen Press.

③ The Department of Anthropology at the University of Pennsylvania home page, retrieved in February 2010 from: http: //www. sas. upenn. edu/anthro/anthro/whatisethnography.

法学趋向于与战略联合，这要求深入的田野调查使得参与式观察作为研究项目的最初组成部分①。尽管这和现实世界没有直接的联系，自传学家把这归因于人类学家和社会学家建议民族志过程的几个阶段共同存在。

一、地点的识别和进入

研究问题为选址和研究对象的选址提供了最初的引导。例如，一个研究项目可能要去一个特定的时间（第三轮班）、地点（第一层楼）或者事件（交接转换），并以调查的焦点为基础。其中更有挑战性的任务是协商一个可获得的地点，有时候这会遇到一些阻力。莎拉·德拉蒙特（Delamont, Sara）总结出当最初对付这些遭遇时的三个黄金定律②。

- 整个过程的每一方面都需要仔细记录，因为组织至关重要的特征往往在可获得的阶段上才可看到。
- 把没有成功获得的数据像成功的数据一样对待。
- 最难的是获得，当被作为“内部”时，工作最有可能获得自身价值，反之亦然。

为获得族群、文化或者研究组织的准许，使研究者参与到当地文化中，这是田野研究的第一步。更重要的一步是，为获得准许，研究者应该让研究社区或者族群清楚他的研究目标，并且在研究之前获得当地人的意见。民族志学者的参与程度取决于研究的组织或族群的文化。一些民族志学家为研究外国文化，需要作为其中一员与他们共同生活几个月甚至几年③。

一个提高民族志学者参与程度或被接受程度的策略是，让那些在当地有威望的中间人或者促进者去接受民族志学家。这不仅仅避免了关于民族志研究的一些潜在的令人失望的影响，还能有可靠的资源，从而提高了田野研究者在族群中的能力，并获得更高质量的数据。为获得族群的接受，民族志学者应该尽可能地去和某些人熟悉起来，这样那些参与的人就会把调查者当做

① Prasad, P. (2006). *Crafting Qualitative Research: Working in the Postpositivist Traditions*, M. E. Sharpe, Inc., Armonk, New York.

② Delamont, Sara (2004). Ethnography and participant observation. In *Qualitative Research Practice*, Edited by Clive Seale, Giamprietro Gobo, Jaber F. Gubrium, and David Silverman, pp. 217 - 227. Sage Publications, Inc Thousand Oaks, California.

③ Hall, Shane. Ethnographic Techniques. Retrieved in Feb. 2010 from http://www.ehow.com/way_5437352_ethnographic-techniques.html.

朋友。这将会引导调查者更快地去“进入本土”的一部分。

调查者需要放弃自身的观点并适应另外一个族群成员的观点。尽管如此，在田野工作中还必须保持和关注最初的目标，换句话说，那些发现和对真正现象的精确描述是由同时作为外部者和内部者的经验得来的。

二、收集数据和分析

不像其他的定性调查那样，民族志调查的数据收集和分析是同时进行的。根据菲特勒曼理论，一个民族志学家的功能就好像是人类工具，他们必须能区分不同类型的数据和分析转折点相关有价值的部分，这应该比之前做过的任何形式的分析要好①。在数据收集的多变环境中，调查不能按部就班地直接进行，这是因为调查者常常被要求反映调查情况或者重复之前的步骤。因此，民族志学者可能会在体力、情感、精神上感到筋疲力尽。

就如前面讨论的那样，民族志包括结构性和即兴的数据收集技术。在一些例子中，系统测试十分有必要，用设计有意义、公平客观的模型和分类系统去保证他们的程序是持续可信的过程②。然而，对于大部分民族志研究在本质上是定性的，它要求调查者收集大量的关于交流和事件的信息。因此，选择什么去代表记录是一个主要的挑战而且必须用一个系统的方法去定位。想想哪个是有可能调查的地点、时间和人，以及哪个需要集中关注，这些都是一个优秀田野调查者的重点和中心任务。民族志学者越结构化，他越使成千上万的数据变得有意义且简单。

用人的一生轮回（婴儿，儿童，青少年，成人期，成熟期以及老年期）来作比喻，玛丽珀利斯卡（Mariampolski）用发展顺序术语的五个可预言阶段描述民族志的过程③。人们相信坚持这些步骤能保证过程的流畅顺利，而且为获得关于参与者更好的信息，建立一定的亲密关系是有必要且重要的。这五个步骤包括：

---

① Fetterman, D. M. (2009). Ethnography. In *The Sage Handbook of Applied Social Research Methods*, Edited by Leonard Bickman and Debra Rog, Sage Publications, Inc. Thousand Oaks, California.

② Mariampolski, H.. (2006). *Ethnography for Marketers: A Guide to Consumer Immersion*. Sage Publications, Inc. Thousand Oaks, California.

③ Mariampolski, H. (2006). *Ethnography for Marketers: A Guide to Consumer Immersion*. Sage Publications, Inc. Thousand Oaks, California.

步骤1：介绍步骤（婴儿期）。

这个阶段包括介绍、问候被调查者、解析角色、交流基本规则和一个初步的会话（问题、分类、同意书等等）。

步骤2：角色执行和密切关系建立阶段（儿童和青少年）。

紧接着介绍阶段，这个阶段主要的目标是通过建立密切关系和获得参与者的信心而设置一个合适的基础项目。调查者和被调查者通过透露一些关于他们个人信息开始对话。

步骤3：一般问题阶段（成人期）。

调查者开始通过调查一般问题去获得对事实的基础理解和深入洞察被调查者的观点，进行一般可见的文化观察。

步骤4：具体问题和活动的阶段（成熟期）。

调查过程的这个阶段包括关于个人行为的直接观察，对调查者更多的指导和直接提问，更深入的情绪和情感检验。五个实地访问的步骤中，这个步骤持续最久。

步骤5：结尾（老年期）。

在这个阶段，调查团队收集到的所有存在信息，回顾和总结，验证已经出现的看法。调查者感谢被调查者的贡献，用积极和有建设性的方式去结束过去的关系。

建立在戈登工作的基础上，表7－1提供了如何获得被调查者合作的观点[①]。对于那些在寻找秘密发现的民族志学家，文化现象是很难发现的，这个表格提供了很重要的关于如何推动被调查者自由地讨论的观点和方法。

民族志的本质是保证人们在他们各自的地位和空间，完全参与学科生活中。尽管民族志方法与其他定性的研究方法有一定的相似性，还有其他的几个可以增加利益的价值。在民族志和其他定性研究方法的对比当中，玛丽珀利斯卡（Mariampolski）识别出几个不同之处使民族志与其他信息收集策略也可以区分开来[②]。尽管玛丽珀利斯卡从消费者角度去描述这些好处，我们在一个组织的文化现象中进行自己的更广讨论。

---

① Gorden, R. L. (1975). *Interviewing: Strategy, techniques, and tactics* (Rev. ed.). Homewood, IL: Dorsey Press.

② Mariampolski, H. (2006). *Ethnography for Marketers: A Guide to Consumer Immersion* Sage Publications, Inc. Thousand Oaks, California.

表 7－1　抑制和促进与被调查者有效交流的因素

抑制因素	促进因素
• 时间压力——来自于调查者需要快速完成任务的压力。 • 自我意识威胁——过早地询问信息披露或者对被调查者提出评价。 • 礼节——被调查者可能会对社会可接受的理由进行自我检验。 • 创伤——问询被调查者回忆一些不愉快的经历。 • 困惑——缺少清晰专一的民族志发现。	• 期望——对一个阶段的成果建立高的最初期望。 • 识别——通过承认他们的技能增强被调查者的专业知识。 • 利他主义——通过认可他们的贡献对被调查者的利他倾向进行反馈。 • 同情——如果被调查者需要同情心，做一个善于倾听的调查者。 • 宣泄——通过给调查者怜悯的倾听帮助他们宣泄感情。 • 意义——帮助被调查者发现他们所作事情新的意义。 • 新的经验——强度现场观察的激励性质。 • 外在的回报——给予被调查者参与的报酬。

• 以现实为基础。以日常生活的学科相互影响产生一个现实的基础性环境，一个不是通过实验基础方法发现的定语。

• 观察的使用。对探测并验证应对传统的讨论问答研讨，民族志使用观察作为数据收集的策略。由于人际关系的影响，被调查者可能会提供失实的、错误的或者损坏的数据，这样正确的信息显得尤其的重要。

• 即兴的。补充正常的访谈或者观察程序，民族志学者同样会应用归纳的、推动的策略去获得见解。因此，民族志方法相对于其他数据收集方法来说，它更趋向于一个结构性的、调查者控制的方法论。

• 全面的。为了真正完全地进入研究学科的世界，民族志学者在他们的调查中要适应一个整体包含一切的方法。留意一些关于被调查者微妙的或者不是很微妙的细节经验将会帮助他们获得所有相关信息。

• 承前启后的。由于被调查者与情景语境的相互影响，设置和研究主题都以分析为重点。这就帮助确保在分析中没有被忽略的小细节，从而为调查者提供一个关于被调查者经验的更为完整的观点。

• 合作。民族志学者在研究者和学科之间设置一些障碍，从而是在其他的定性策略中有一定的合作。

• 自发性。指出其他研究方法在一定环境下应该更加规范，民族志允许被调查者“未过滤的观点”，这在其他研究方法中常常是做不到的。

• 文化基础。与其他的研究方法不同，只有民族志把文化作为考虑因素，调查社会体系对所研究主题现象的真实性影响。因此，民族志方法为分类和解析文化现象提供了优秀的分析工具。

• 行为的。这种方法不仅仅留意人们说什么还留意他们做了什么。因此，它提供了一种方法来验证服务的有效性。

总之，民族志研究项目的最后阶段是数据分析和报告发现。从访谈、观察和其他各种文件收集得到可用的定性数据。对于他们来说，分析意味着通过组织数据使他们成为不同的模型或者类型为数据带来指令。为了寻找核心主题和模式，民族志学者通常需要仔细并反复阅读他们的田野调查记录和文件。然后，他们需要仔细解析这些材料，在观察模型中找出他们的方法和意义。工商解决方案常常在调查者进行的参与式观察和分析中浮现[①]。

第三节 民族志研究与道德考虑

尽管以定性为基础的民族志研究方法被广泛地应用于现实世界中，它帮助解决各种社会的、文化的、经济的问题，民族志研究方法的可靠性和有效性已经被该学科学者关注了多年[②]。民族志研究报告趋向于围绕一个具体的时间点或者具体事件，这些事件可能是从过去虚构推测的，成为“民族志展现”[③]。显然，民族志展现趋向于在一定的风俗下描述被研究的社会的状况，这种风俗没有关注一些被检验的组织或社区的变化或者一些内部张力。工商人类学家常常在一种静态的风俗下展现他们的民族志分析，从而说明一个工商系统是怎样运行的或者各种形式的工商业是怎么共同适应整体的风俗规定[④]。毫无疑问，这种形式的展示曲解了工商世界的真实性，因为所有的人类

① Hall, Shane. Ethnographic Techniques. Retrieved in Feb. 2010 from http：//www.ehow.com/way_5437352_ethnographic - techniques.html.

② LeCompte, Margaret D. and Goetz, Judith Preissle (1982). Problems of Reliability and Validity in Ethnographic Research. *Review of Educational Research*. Vol. 52, No. 1, pp.31 - 60.

③ Sanjek, Roger (1991). The Ethnographic Present. *Man*, New Series, Vol.26, No.4, pp.609 - 628.

④ Jordan, A. (2003). *Business Anthropology*. Prospect Heights, IL: Waveland Press.

组织或者族群是一个稳定的群体，而且他们当中总是存在竞争。在这个章节，我们将会讨论在民族志研究中所遇到的问题和道德考虑。

一、客观性和克服偏见

民族志虽然作为一个强大的工具，它的研究方法充满了陷阱；关于这个问题的讨论在费恩（Fine）的“十个民族志谎言”中展示出来。费恩指出，当定性研究者常常赞扬他们自己的方法的紧密性时，实际上会存在一些重要的毛病。例如，费恩揭穿了被称做神话般的“精密的民族志学者”、“敏锐的民族志学者”和“谦虚的民族志学者”。民族志学者通常会展示他们的发现就像完全地展示发生的事情一样，他们把仔细的记录作为认真观察的且没有任何歪曲的人们行为的证明。所以，他们声称民族志描述的都是之前发生过的事。费恩相信，事实上，民族志学者常常采用宽松的甚至小说化的方式去记录社会情境，并将它们作为完整的不加掩饰的真理。他指出民族志学者永远都不可能正在获得“事实”，这缺点需要被认可[①]。

部分民族志学者的开放性思维并不意味着精确的缺失。有人指出，本土文化的观察被认为是科学的数据研究，分散和客观地看待这些数据显得十分重要[②]。在最后，进入田野调查时，民族志学者应带有最可能少的偏见，由于他们尝试理解在一个文化体系中人们的思想和行为，就应该忽略自己的偏见[③]。为了展现一个更完整的蓝图，要求一个民族志学者适应偏见定位并且要避免任何个人的评价。所以，如果马上消除一些明显的不合逻辑、不能置信的环境，一个民族志学者需要谨慎地考虑。毕竟，这些观察最后可能会使过去的理论无效，并且要帮助在田野建立新的事件模型。

民族志学者常常表现得很谦虚，就好像是一只“在壁纸上的苍蝇”，观察是不会影响正在进行的事情。在现实中，当然，许多定性研究者会参与他们观察的组织生活，结果，他们可能会在一定程度上影响收集的数据，从而掩

---

① Fine, G. A. (1993). Ten lies of ethnography. *Journal of Contemporary Ethnography*, 22 (3), pp. 267 - 294.

② Prasad, P. (2006). *Crafting Qualitative Research: Working in the Postpositivist Traditions*, M. E. Sharpe, Inc., Armonk, New York.

③ Mariampolski, H. (2006). *Ethnography for Marketers: A Guide to Consumer Immersion*. Sage Publications, Inc. Thousand Oaks, California.

盖了数据的真实性。在不同的情况下，影响的程度和对扭曲结果解析的能力也是不同的。调查者的技能和经验同样需要进行考虑。由于他们个人偏见民族志学者收集到的信息有效性会受极大的影响。精确的描述需要民族志学家客观地对可见的文化产品描述以及在描述共同的假设是内部人时要真情实感[①]。内部人直接来回切换观点是困难并有挑战性的，这要求民族志学家时刻意识到他们的假设。

客观地说，精确的田野观察，要求一个民族志学者超越他们的偏见并且避开他们对批判启发式的依赖。对偏见有全面的认识将会保证田野式观察是民族志学者看到的现实，而不是民族志学家想要看到的情境。被调查者同样会带来偏见。当解析结果的时候，调查者应该考虑怎样收集，为什么和在什么特定的条件下等等这样的数据。被调查者通常想要帮助调查者，被调查者会故意展示和告诉调查人想要看到和听到的东西。试图夸大或者美化他们的观点从而表明他们在尝试印象管理。相反地，被调查者会尝试掩盖一些事实或者说谎话，或者由于一些隐私原因保护他们自己。基本上，要以一定怀疑的态度去看待每一个在田野中收集到的信息。一个调查者怎样确保他们收集的数据代表了对一个文化系统的精确描述。洛夫兰德（Lofland）提议的一些基本性问题可以用来评估田野观察的准确度[②]。

- 报告的直率。资料是来自直接的观察还是来自于第二手资料？如果是后者，需要谨慎地对待这些事实，即使它有准确的形象。

- 报告者的空间定位。即使是第一手资料，我（后者我的报告人）的空间定位是什么？所以这种看法在某些方面可能是准确的，但有部分是带有倾斜偏见的。

- 社会上偏差的报道。为了尊重报告的观点，个人和报告者的关系状况将会使他/她撒谎、曲解、忽略、故意造错或者偏离准确。

- 关于报告的个人错误和偏见。从我所了解的圈子中，或者其他报告者的承诺、价值、公开的偏见，足以有理由去怀疑报告的内容。是否太符合我对人们和事件的看法或者报告者想要的看法？这是自我服务所要加以警惕的。

---

① Shein, E. H. (1992). *Organizational Culture and Leadership*, 2nd Ed., Jossey - Bass Publishers, San Francisco.

② Lofland, J. & Lofland; L. H. (1984). Analyzing Social Settings: A guide to Qualiative Observation and Anaylsis.

• 报告里先前的错误。如果知道我或者报告者先前的观点，我还是一个真正的观察者/倾听者吗？报告者呢？我和报告者是否在过去存在错误？

• 报告内部的一致性。报告本身是否一致？是否在时间上和事实上以一种观点反驳了另一种观点？这些报告中的事件在报告给定的时间和空间上是否有限制？或者为其他圈子的人所知？报告中是否包含无责任的自我反驳？

• 外部的一致性；在独立报告中的协议。对于同一事件或者经历的解析是否一致？对上面的问题，我是否整理了足够的独立的解析？然后对比他们的认同程度，对于一些仍然不同意的观点，我是否做了与事件中的更多参与者或者有经验的人谈论过？为了得到真实的解析，是否和那些有资格报告的人谈论过？

为了消除潜在的偏见对研究结果的影响，最有效的方法就是在做民族志研究中，采用三角测量法。使用这个流程，一个民族志学者会检验一种信息的来源和另一种对立的来源去除一些可替代的解析。这样，使他们加强自己的主张。下面的例子说明了这种策略的好处。在一个测试的女性平等权利斗争的角色中，劳拉·米勒（L. Miller）结合定性和定量数据调查美国军队的性别歧视。从一系列的访谈中（非结构性的、深入访谈、族群访谈），米勒能够形成一系列不同的关于观察军队的性骚扰问题表格。这包括妇女权利的限制，不断的检查、八卦、破坏和间接的威胁。

即使这些信息微微的透露了各种存在的问题，单单从这些数据中无法展现出问题的严重性。为了补充更多的发现，从4100名男性和女性的问卷调查数据中可以发现男性更倾向于建议男女应该平等对待（20%男性同意，但只有4%女性同意）。因此，这好像说男性比女性更希望性别平等。然而，从定性数据显示可以得出另外的观点，许多男性认为在战争中是不应该存在女性角色的，说明一些人是“敌意的支持平等者”。米勒回到他的问卷数据中，发现那些认为男女应平等对待的人，同样持有在战争团体中女性会降低军队的效率这样的观点。从两种资源数据可以发现男性是一个敌意支持者①。

① Miller, L. L. 1997. Not just weapons of the weak: Gender harassment as a form of protest for army men. *Social Psychology Quarterly* 60: 32 - 51.

二、民族志调查中的道德问题

在最近科学工程伦理杂志上发表的文章《敏锐的面纱：民族志调查中的道德问题》，布莱恩·施拉格探讨一些在民族志调查中常常会出现的道德问题，通过一个民族志调查的历史案例阐述了他个人的观点，并且持续的道德谴责调查表明了研究的主题。对于施拉格来说，一些关于人类行为的民族志研究是有道德问题的，有些调查者没有成功用道德理论去解析隐私问题，或者没有成功地鉴别那些存在于民族志研究学科的骗术。更严重的是，有些调查者不能适当地衡量道德问题的重要意义，因为隐私侵犯或者内部受伤等都存在于调查当中。罗勒·布雷斯勒（Bresler，Liora）认为，在民族志调查中主要有两个道德问题：事实与机密的展现。第一个问题与民族志研究范畴的基本假设有关，即真理和事实是客观的、相关的和多样的。另外，在一些具体领域，例如教育方面，学科知识与专家意见在调查者与研究通常有直接交叉。因此，调查者的知识、信仰和承诺将会塑造他们的观察发现和解析。民族志学者在这个问题上采取的方法可能会对正在进行的从数据收集到数据分析的过程有一定影响。最后将会形成民族志调查报告的内容和形式。第二个问题与研究报告的机密性和在调查组织内外部的宣传相关。布雷斯勒曾指出以下的一些协议与准则，帮助在寻找更深入的理解过程中引导道德考虑，同时培养好奇心，保持脑海中有一定的概念框架①。

事实上，克鲁克（Cloke）主张说，大多数的民族志研究出现的道德困境是因为这种研究方法中阻止了事实的出现，这时不能把人当做是一个物体②。就如本章开头所述的那样，在民族志研究中，与研究主题的互动强度是多变的。最强烈的互动、参与式观察，常常形成一个在民族志学者和被调查者之间对隐私和个人信息的高度披露。在这些情况下，不仅仅需要用规则去维持并研究伦理，更需要保持那些参与者的诚实正直。不幸的是，在民族志研究中没有规定道德标准。尽管如此，三个主要关于道德研究实践中常常被提到的问题是：允许、机密性和信任。

---

① Bresler, Liora (1996). Ethical Issues in the Conduct and Communication of Ethnographic Classroom Research. *Studies in Art Education*, Vol. 37, No. 3. (Spring, 1996), pp. 133 - 144.

② Cloke, p., p. Cooke, J. Cursons, p. Milbourne and R. Widdowfield. 2000. Ethics, Reflexivity and Research: Encounters with Homeless People. *Ethics, Place and Environment* 3 (2), pp. 133 - 154.

（一）允许

“告知允许”关系到的是一个研究主体有权知道他们在被研究，有权知道研究的性质和有权在任何时候离开。关于过多使用骗术的争论已经被众多知名的社会心理实验鼓动，包括米尔格拉姆（Milgrim）的服从实验[①]以及罗德汉弗莱斯（Humphreys，L.）的茶室贸易[②]。尽管这些欺诈性的实验有各种各样值得怀疑的理由，这可能对一个民族志学者泄露过多的信息进行限制。例如：如果一个对研究主题知道过多的信息，这将会引起反馈偏差。披露过多的信息同样会增加一个研究主体从参与中退出的风险。一般的经验是，如果相关的不适被认为自身消失或被随研究报告处理后消失，那么欺骗是唯一可以接受的。

（二）机密性

民族志学者有义务保护参与者的身份和其他在现场收集到的相关个人信息。他们必须要妥善地储存田野记录和其他研究数据。当展示和分享结果时，数据应该集中把某人被认出来是参与者的风险降到最低。调查者有责任去预测自己的描述是否会导致个体或者组织在报告后被认出。任何关于研究主题的数据来源信息（学校记录，电话记录，逮捕记录等等）都需要事先向研究人员披露。最后，调查者必须认真权衡每个形势的影响，而不是简单地紧跟着指导的册子。例如在某些情况下，调查者可能需要识别更多可被接受的道德选择，就好像在一种情况下，观察一个个体的秘密可能会对另一个人的生活带来影响[③]。

（三）信任

迪阿特拉·瓦尔士（Deatra Walsh）认为，民族志既不是结构化的，也不是一成不变的，这对民族志来说特别正确。迪阿特拉·瓦尔士把民族志归

---

① Milgrim, S. (1963) Behavioral study of obedience, *Journal of Abnormal and Social Psychology*, 67: 371 - 378.

② Humphreys, L. (1975) *Tearoom Trade* (enlarged ed.) Chicago: Aldine.

③ Ryen, Anne (2004). Ethical Issues. In *Qualitative Research Practice*, Edited by Clive Seale, Giampietro Gobo, Jaber F. Gubrium, and David Silverman, pp. 230 - 247. Sage Publications, Inc. Thousand Oaks, California.

类为后现代的研究，并表明在这种研究中，调查者与被调查者在田野调查中分享他们自己的信息和故事。因此，信息交换的出现可以帮助建立关系，建立信任和亲密①。信任是维系优秀的田野调查的重要内容。尽管民族志学者调查的隐藏真正目的可能会让调查者获得感兴趣的数据，它可能难以表达调查参与者这些行为的伦理性。精心设计的伎俩欺骗一位被调查者是不必要的，这还会严重破坏民族志学者研究和解析文化的能力。建立一个完善的信任将极大影响研究人员建立良好内部关系的能力，这也是文化假设的关键内容。

第四节　临床研究模型

埃德加·沙恩（E. H. Schein）有一个对民族志方法的替代，叫临床研究模型。该模型做出一个假设，揭示了理解一个不可见文化的表现需要与当地人有非正式的合作关系。就如之前描述的那样，在民族志模型下，如果一个人花了足够多的时间与被调查者进行无意的观看和互动，文化是可以被描述的。然而，即使不断地与内部人的联系可以帮助理解一个社会系统，临床研究模型假设文化也不会很容易地被自身揭示，调查者必须积极地干预并确定基本的假设环境。因此，一个自然科学研究者必须发现在什么地方被调查者更愿意透露他们自己。在任何事件中，这个模型指出一个人可以通过尝试它进而去理解一个文化系统，因为文化会对介入者反应，从而发现一些隐藏的内容②。

根据沙恩的临界特性临床研究模式的文化数据显示，该组织的成员向调查员/研究员透露他们自身的信息是因为会得到一些好处。在临床研究模式下，临床医生在这个组织中帮助解决特定问题。由于临床调查员和当地人都参与问题解决的过程，相关数据的搜寻是他们共同的责任。结果，在解决问题的过程中，当地人揭露了关于组织的相关文化信息。图 7－1 展示了临床

---

① Walsh, Deatra (2003). Ethical Standards in Research: Contextualizing Guidelines to Fit Ethnographic Needs. Retrieved in Feb. 2010 from: http: //www. ecclectica. ca/issues/2003/1/walsh. asp.

② Schein, E. H. (1992). *Organizational Culture and Leadership*, 2nd Edition, Jossey－Bass Publishers, San Francisco.

研究模型用不同的方法进行组织研究。沙恩指出，研究者和主体最大参与的研究方法（即图7-1中的右下象限）有可能产生最多的有效结果。此外，沙恩指出局部的参与（图7-1中的代表方法表示的中间行）最有可能产生无效数据，因为研究主题在要求参与过程中价值是很小的。在这种情况下，调查者只是根据自己的议程进行工作而没有关注他们研究干预的结果。

参与的研究人员数量 →

参与研究的 ↓	低到中 定量的	高 定性的
最少的	人口：测量的“远端”变量	民族志；参与式观察；故事的情景与内容分析、神话、宗教符号，其他的工件
部分的	实验，调查问卷、评级、客观的测试、音频	投影测试；评估中心；访谈
最多的	全面质量工具，如统计质量控制；行动研究	临床研究、行动研究；组织发展

图7-1　组织研究的培养

从民族志的角度看，一个人类学家对于研究课题生活的融入需要一系列的参与主体。因此，民族志是一种只需要“最小”融入一个主体这样的观点只在“冷淡观察”中成立。有理由相信，民族志学者与被调查者之间的关系在整个观察过程中有可能改变，这在很大程度上决定新兴稳定的领域的发现。民族志方法论的灵活性允许调查者调整他们的信息，并采集活动去适应环境的需要，以获得对研究主题更深入的理解。在这种情况下，调查者可以说服文化成员提供更多的关于他们共同假设作为内部经历者的信息。之后，这章将会确定几个可以促进或者抑制参与对象的因素。

沙恩在他的文化研究中应用了临床研究模型，在他以一个咨询人员的身份去协助组织解决各种具体问题的过程中，他学习到了更多关于文化方面的东西。在这种正常运行的情况下关于文化数据的东西是被无意识地隐藏的，组织的员工对他们认为是理所当然的东西是无意识的。调查者遇到的难题是如何观察一个出现呈一定程度的现象，通过深入研究那些被员工定义为私人空间的地区，甚至通过提出员工可能从来没有想到的问题，进而无意干预这些文化。人类学家已经通过和他们研究的族群共同居住来解决这个问题，但它非常耗时，并且需要非常小心，以免过度影响文化①。

沙恩指出在一些经典的民族志研究中，以参与式观察为基础建立一个牢固的传统的民族志已经被应用，然而，这些研究存在的一些关于观察者最初是如何进入公司系统的不足，以及为什么民族志学者能够接纳和提供数据。对于沙恩来说，进入组织主要有三个路径和模型，也就是：（1）参与。明确参与者成为真正的内部者的地点。（2）一个正式的调查角色并同意成为内部人。（3）一个正式的临床角色，在那里内部人请求外部人作为一个帮助者或者咨询者进入组织。沙恩用这三种模型进行文化研究对比，并表明他们各有利弊②。

沙恩指出，对于组织文化研究，民族志的解决方案是留在系统足够长的时间并找出与被调查者新的关系是否是伪造的这样的证明。在建立关系的过程中，民族志学者必须提供一些信息，通常是一些结果的反馈。然而，这确实足以鼓励与被调查者之间的协作。因此，沙恩假设只有在被研究范围内的成员才能发现民族志学者的真正用处，他们是否真正地敞开心扉并告诉调查者一些事实。在沙恩看来，以任何形式调查组织文化，是否启动研究人员或者客户，如果想要成功，只能通过对深层文化的挖掘，保证调查者和客户端形成一个相互信任和回报的关系。他强调，不管它们是怎样开始的，研究和临床工作开始合并。如果没有直接参与组织地调查，不能清楚地看清文化深层次的东西③。

第五节 现实工商界的民族志研究

随着民族志的发展和流行，它越来越多地为学术界与工商界所感兴趣。在这方面，美国芝加哥大学的学者是最有影响力的，他们在介绍民族志时将

---

① Schein, E. H. (1999). Commentary for Handbook of Culture and Climate. Accessed in January 2010 from http://dspace.mit.edu/bitstream/handle/1721.1/2759/SWP - 4091 - 43770202.pdf? sequence = 1

② Cloke, p., p. Cooke, J. Cursons, p. Milbourne and R. Widdowfield. 2000. "Ethics, Reflexivity and Research: Encounters with Homeless People." *Ethics, Place and Environment* 3 (2): 133 - 154.

③ Segelström, Fabian, Bas Raijmakers, and Stefan Holmild (2009). Thinking and Doing Ethnography in Service.

其作为一种研究方法，研究离自己最近处在多文化边缘的群体，但这些群体并不属于他们的中产阶级文化[①]。例如，在计算机操作系统设计方面，施乐公司的案例所展示的是最早使用民族志研究的成功例子，案例中计算机支持的协同工作，参与式设计等等，当研究的兴趣从社会环境认知功能向智能操作使用转移时，在人机交互（HCI）的系统设计方面，他们引入了民族志的研究方法。

如第一章所提到的那样，今天越来越多的学者已经在现实工商界中使用他们的民族志知识和技能。例如，民族志洞察的初始人和代表人物诺曼·索托洛夫（Norman Stolzoff）博士，就是一位已经用民族志研究方法对文化和消费者行为进行了近20年研究的人类学专家。他从加利福尼亚大学戴维文化人类学专业毕业，并获得博士学位。在形成民族志洞察研究方法论之前，他在旧金山州立大学和鲍登学院教授人类学理论课。

根据他们的民族志实践，索托洛夫和他的同事指出越来越多优秀企业认识到人类学的研究价值，并且把这种方法与更多传统的营销研究方法结合起来。工商组织采用民族志研究方法的原因有很多，例如民族志是一种全面整体的技术，它超越了焦点小组通过实验室外的营销群体研究的限制。民族志学者对人们生活环境进行观察、访谈和录像，记录他们在哪里工作、居住、消费和娱乐。民族志克服了人工自然调查和他们问答的标准格式，通常这些都是以个人报告和调查者作为反馈的框架基础。最后，民族志研究揭示了无声的文化和社会模式会影响消费者行为。

民族志的见解是一个人类学和市场研究公司旨在有助于促进可再生能源和可持续的产品和服务。索托洛夫博士和他的同事相信在一个工商或市场调研中，民族志用来去发现、解释和了解消费者的观点以及环境隐藏的规则。它提供了关于消费者在他们自身背景下真实生活的整体观。例如，消费者不会与你的产品和服务孤立存在。在相似的环境里，他们被不断变化的家庭模式、看不见的文化因素以及其他产品或者物品所影响。要获取潜在形成消费者行为的文化和社会模式，民族志研究是最好的方法。它既可以当做是一个独立的技术也可以与其他定性和定量市场研究技术一起帮助研究。做民族志研究给了我们一个机会去经历消费者所经历的一些事情。的确没有任何一种

① Segelström, Fabian, Bas Raijmakers, and Stefan Holmild (2009). Thinking and Doing Ethnography in Service Design. In Proceedings of IASDR 2009.

方法可以取代民族志研究这种方法。塞格尔斯特罗姆（Segelström）等人建议说，民族志研究可以广泛而且恰当地用于服务业的设计。他们已经确定了三个可能的方向，那就是民族志合乎环境和服务设计被需要。我们必须明白的是，在这些领域实际应用和理论方法之间是有矛盾的。最先的两个领域涉及在服务设计流程中民族志的使用，第三个涉及服务设计理念的交流：

1. 应用民族志的方法来帮助理解未来客户。他们通过将人们从团队中带到这个领域和讲故事以及定义角色的方式来达到目的。

2. 应用民族志方法来激发创意的产生。这是通过收集丰富的材料而不是清除或者减少丰富的资料来完成的，而且其中还涉及与用户的交流和互动。

3. 应用民族志的方法可以帮助提供开发概念的证据。这是通过展现可能的未来服务绩效来实现的。而这种未来服务绩效的展示通常都是由来自于最初的领域研究和不同的利益相关者参与所构成的①。

来自于澳大利亚的卧龙岗大学凯茜·路德金（K. Rudkin）博士与赫曼特·迪奥（Hemant Deo）博士在民族志方面取得了很好的成绩，而且在银行研究方面得到了一些启示。他们提出民族志方法给银行研究带来了以下两个方面的好处：（1）民族志方法可以使研究员处于当地的环境中，这给了研究者足够的敏感性，帮助他们了解当地独特的文化。（2）在研究地点，民族志方法将处于社会边缘的人也函盖进来。通过他们运用民族志方法，银行研究这门学科将会更加丰富。民族志方法提供了调查金融方面特别敏感的社会、政治、历史、文化方面的一种手段。“这是一种能够满足具体要求具体情况从思想上认识到在金融研究的方法。”②

在我们看来，采用民族志的方法做商务研究可以被称为是商业志。如果让非人类学领域的专家来做商业志的话，那就需要更多的精力和时间花在科学和定量研究上。可是，对于商务研究人员来说，花费这么长时间简直是一种奢侈。因此，采用问卷的方法可快速收集数据，使用某种统计程序就可以快速分析数据。这么迅速地完成研究的确是有效并且节约成本的。然而，做

---

① Segelström, Fabian, Bas Raijmakers, and Stefan Holmild (2009). Thinking and Doing Ethnography in Service Design. *Proceedings of IASDR* 2009. *Rigor and Relevance in Design*, pp. 4349 - 4358. ISBN 978 - 89 - 963194 - 0 - 5.

② Rudkin, Kathy and Hemant Deo (2006). Ethnographic Methodology and Its Implications for Banking Studies. *The Business Review*: *Cambridge*. Vol. 6, No. 2, pp. 20 - 25.

商业志研究或许不像是做传统的民族志研究一样，需要花费大量的时间在民族领域。相反，它可能需要花费几周来做商业志，就像是田教授和他的学生在民族志领域所做的关于文化和食物消费的研究①。

而且，民族志相对于定量研究来说，可能是需要更多的劳动，花费更多的时间。至少，实地考察的工作者需要知道已经研究过的社会现状，需要一种相互作用的互动关系，并保持在这样的社会背景足够长的时间，从而来确定行为模式和反应。所有的这些当然需要比统计分析花费更长的时间，也需要投入更多。由于民族志的这一性质，商业领导者在雇佣人类学家做研究时需要谨慎考虑。

然而，考虑到民族志研究成果的质量和有效性，各行业商业领导人在此时比以往更愿意雇佣人类学家做商业志的研究工作来帮助解决实际问题和公司所面临的日常业务运作②。我们有强烈的信心相信，在不久的将来，商业志研究项目将会不断地报告给商业世界，而且市场对于商业志研究的需求将会不断地增长。当所有的商学院和人类研究学院开始培训商业志研究学者时，缺乏商业志研究者的状况将会改变。

本章小结

然而，传统的民族志是人类学的传统，它已经在社会科学领域被研究者越来越多地运用。人类学的民族志和商业中的民族志最大的区别在于两者选择的主题不同，人类学家通常都是关注于特别的和不同寻常的文化，而商业志学者对组织设置感兴趣。

---

① Boyce, Tami, Pamela Henry, Pratik Shrivastava, and Robert Guang Tian (2002). "The Influences of Gender and Reference on Food Consumption: A Case Study in the Erskine College Cafeteria." *High Plains Applied Anthropologist* 22 (2): 163 – 171; Tian, Robert (2006). "Cultural Awareness and Food Consumption: An Interpretive Study of American Perceptions of Ethnic Restaurants". Paper presented at Business research consortium of western New York, Canisius College, Buffalo, NY, April 26, 2006.

② McCurdy, D. W. "Using Anthropology", in Spradley, J. and D. W. McCurdy (Eds. 2009). *Conformity and Conflict: Reading in cultural anthropology*, thirteenth edition, Upper Saddle River, New Jersey: Pearson Rrentice Hall.

克利福德·格尔茨[①]在他的引用的《文化的解释》一书中，提供了一个关于经典民族志的重要的描述，那就是突出相关的文化背景。根据格尔茨，一个研究人员的主要任务是阐明族群的含义，并且渗透到日常的社会行动和互动中去。在一个组织环境中，这就意味着一个研究者必须去努力地读懂当地多元复杂的亚文化，然后才能得到一个全面深刻的文化大观。正如格尔茨所指出的，这种见解叙述只能通过从原居民的角度看世界才能得到。

从这个结论中可以明显得出，民族志研究方法和其他应用型的定性定量研究方法是有明显区别的。最理想的民族志研究方法和目标都是玛丽珀利斯卡[②]总结出来的。他还指出："民族志作为一种定向研究方法，既是一种科学也是一门艺术。它将有纪律和有结构性的研究所要的目标和直觉并具有创造性的工具联合在一起。这取决于实践者谁是善于寻找更深的真理，谁拥有必要的人际关系并且能够迅速地和人建立信任和亲近关系。"民族志方法在商业中已经在不断地执行，而且将会持续不断地增长。

案例一 在民族餐厅研究消费者行为[③]

本研究旨在使用民族志的方法帮助了解消费者行为。因为这个案例涉及饮食文化和消费。它调查了墨西哥文化是怎样通过 Don Pablo's 的餐厅融入美国南部文化的。这个西班牙餐厅在一个拥有 790 平方英尺和 386693 人口的大城市。其中只有 3.8% 的人口是西班牙裔族群，大约 26.2% 从大学毕业和 11.7% 的老年人口。通过一个全面的有关食品消费

① Geertz, C. (1973). *The Interpretation of Cultures*. New York: Basic Books.

② Mariampolski, H. (2006). *Ethnography for Marketers: A Guide to Consumer Immersion*. p. 109. Sage Publications, Inc. Thousand Oaks, California.

③ Adopted from Jennifer DeJesus and Robert Guang Tian (2004). "Cultural Awareness and Consumer Behavior: A Case Study of American's Perception of Mexican Food". *High Plains Applied Anthropologist*. Vol. 24, No. 1. 2004.

和模式的文献回顾，得到的假设是美国南方的饮食文化比较能够接受墨西哥食物，而且墨西哥的食物已经在美国和南部美国被接受，因为他们的烹饪方法相似。在这项研究中，总共是用了三个方法来收集数据，分别是观察法、调查法、访谈法，这些方法都可以让研究者通过比较来获得精确的数据。为了将信息转变为可理解的长度，这个案例研究只包括最有意思的结果。

一、饭店简介

当帕劳餐厅（Don Pablo's）餐厅是坐落在得克萨斯州沿海东岸拥有120家餐馆的特许经营商业区的一家餐厅。它首次出现在1985年，在鲁伯克（Lubbock）的得克萨斯镇上，然后扩展到沿东海岸。这家被研究的餐厅坐落于南部加利福尼亚的一个大城市里。在这家餐厅的周围有几家商店和企业。这家餐厅在城市主道上，这条主道是该市最大的购物中心的入口，顺着这条路你可以找到高速公路，也可以找到很多的公司和企业。而且这家餐馆位于一家大型的受欢迎的书店和商业街之间。从商业街直接穿过街道就可以看到一家饭店，她就在饭店前面。然而这儿的停车场没有很好地规划，不能容纳大量的人群，而且还要和书店以及购物街的顾客共同使用停车场，并且在这个空间内进出很不方便，因为它大多数时间都是人满为患。餐厅的标志采用明亮的色彩，处在街道的右边。当天黑了的时候，餐厅的招牌还会被点亮，发出很有吸引力的色彩光芒。

进入餐厅，里面的气氛是有趣和喜庆的，就像先前被采访的消费者所说的一样。餐厅的背景音乐是纯正的墨西哥音乐，餐厅中的女服务员的问候是温暖而友好的。整个餐厅的装修风格都强调明亮鲜艳的颜色，在里面你可以看到有彩灯悬挂的天花板、明亮的镶嵌瓷砖的台面，拥有壁画和图片的墙面。在餐厅中央也有一个功能喷泉，由真的绿色植物和一张双人桌所包围，营造出一种浪漫的感觉。在一个进餐区域还有一个墨西哥玉米饼式的看台，在这儿，顾客可以观看如何制作新鲜热气腾腾的玉米饼。

虽然餐厅用餐区的布局是敞开的，但是也会考虑到顾客的隐私。除了工作人员为客户服务，其他时间是不允许进入客人的私人空间。星期一到星期六，在餐厅后面吸烟是可以的。吸烟区由三张桌子和两个展台组成。星期天不能吸烟是因为在星期天有更多的消费者和去礼拜的人要过来用餐，这个时候在用餐区完全禁止吸烟可以提供更多的空间来举行大型的聚会。在这一天，如果想要吸烟，吸烟者必须坐在酒吧区或在院子里才可以吸烟。餐厅里音乐是中等音量，借此可以营造出一种活跃的气氛，音量不太大，不会对谈话造成干扰。在这家餐厅，不同背景不同族群的人都可以在这里吃东西。无论是什么种族的，在这里都会感到舒适。

餐厅营业时间从星期四到星期天的每天上午11：00到晚上10：00，星期五和星期六的上午11点到晚上11点。平时，午餐菜单开放时间是从开始营业到下午4点，如果节奏较快的话大约是2—3小时。所有食物都是从一篮子玉米薄冰和一碗调味酱汁开始，这也是服务员为客户服务的一种问候的方式。午餐有足够的分量，花费却很少。星期天的午餐时间是一周中最为繁忙的一天。顾客必须在狭小的等候区等待主人按照顺序帮你安排桌子。服务人员必须迅速拿饮料、食品，填写订单和巴斯表。在为教会服务之后，星期天通常都是最好的顾客流。当等候的人太多时，管理者也帮助收订单，好让服务人员出去为客户服务。

晚餐在下午5点开始。当外面的天色开始暗下来，灯光就开始变得暗淡，亭子里小灯笼就对着对面的墙壁然后打开。这样的灯光效果给了餐厅一种温柔、浪漫和放松的气氛。晚上的食物比中午更贵，但是比例也会更大，而且顾客通常会带一些食物走。这表明墨西哥食品即使是灌装，也很受人们的欢迎，所以他们想留下一些，以后再吃。这家餐厅大约有32张桌子，其中4张在喷泉的周围，有18个台子，有11个四人座的展台和7个六人座的展台。桌子和桌子之间有足够的空间让顾客感到亲密和隐私被保护。这家餐厅最多可以供应204人同时进餐。将桌子并在一起，餐厅还可以举办大型聚会。这样做的时候，餐厅还是有足够空间让服务人员走来走去，也有足够空间让顾客感到隐私安全。等候区是经过特别设计的，在高峰期，可以通过栅栏将等候外边的顾客和等候桌子的顾客分开。

客户可选择的菜式很多，菜单包括一百道以上的主菜，包括辣牛肉、鸡肉、猪肉、蔬菜组成的各种墨西哥菜，而且还可以为素食主义者特别准备食物。餐厅里也有各种各样的墨西哥甜品可供选择。餐厅还提供儿童菜单，儿童菜单由墨西哥食品和传统的美国儿童的最爱如热狗和鸡爪组成。

在平时和周末，每天有超过20个服务人员轮流值班。其中包括4个厨师，4个女服务人员（因为是高峰期，所以两个在周末一起值班），1个洗碗工，1个制作玉米薄饼，1个收集菜单，1个负责运送食物，1个总经理，3个经理助理和2个酒保。这家餐厅已经经营了7年，他前身是一家爱尔兰餐厅。除了4个服务人员有西班牙血统，其他基本上都是美国白人。厨师、收菜单、洗碗工、做玉米卷的和1个女服务人员都是西班牙裔。员工种族的多样性，有利于帮助顾客在餐厅内轻松地获得种族认同。

关于当帕劳餐厅的评论有很多。这些评论大多数都是来自于曾经在餐厅里用过餐的个人，他们描述他们的用餐经历然后给别人阅读。这对于研究消费者行为和他们做了什么以及他们不喜欢这个餐厅的哪个方面是很重要的。在2000年8月28日，一个佚名的作者在一个叫做Epinions在线杂志上写了一篇关于这家餐厅的评论。在这个评论中，根据她自身的用餐经历，指出了这家餐厅的优点和缺点，而且她还指出这家餐厅装修得就像是一家真正的墨西哥餐厅。

二、方法和研究过程

本案例通过观察和分析消费者在当帕劳餐厅的行为，调查了美国南部的墨西哥文化，尤其是饮食文化。食物的研究是一个主观的过程，为了分析和预测行为，必须观察。在本次研究中，调查、观察和访谈的方法都可以用来收集和测量数据。这些方法通常都用来预测文化意识、行为和对于其他文化和种族的态度。这个方法特别适合研究一家民族餐厅。

表 7-2 观察顾客结构——男 VS 女（2002 年 9 月）

顾客	午餐 10 日 12：30 pm		晚餐 13 日 6：30 pm		午餐 13 日 1：30 pm		晚餐 24 日 6：15 pm	
	男	女	男	女	男	女	男	女
总数	18	28	32	35	17	24	23	18
种族								
非裔美国人	2	11	1	1	0	0	1	1
亚裔美国人	1	0	0	0	0	0	0	0
白种人	13	17	31	34	16	24	22	17
墨西哥裔美国人	0	0	0	0	1	0	0	0
着装								
正装	5	6	0	0	0	10	0	5
便服	13	22	32	35	17	14	23	13

表 7-3 观察客户的人口结构（n=110）

	晚餐消费者		午餐消费者		总数	
	M（%）	F（%）	M（%）	F（%）	M（%）	F（%）
总数	22	26	30	22	52	48
学历						
高中	9	14	8	17	17	31
大学	11	7	12	7	23	14
研究生	6	1	6	2	12	3
职业						
蓝领	0	0	2	0	2	0
白领	16	10	26	22	42	32
学生或其他	7	14	1	2	8	16
同伴						
一个人	2	0	3	1	5	1
和朋友	3	4	22	11	25	15
和家人	17	21	5	11	22	34

经常光顾的客户知道要点什么，看起来似乎很了解墨西哥食物。那是因为他们知道菜单上有什么食物，他们喜欢吃什么，所以他们可以立刻点餐。该店的一个规则就是必须迅速地给顾客上菜。饮料必须在点餐后3分钟之内端上来，食物必须在点餐后15分钟之内端上来。当然除了法式达和康奎斯塔道（Conquistador），因为他们需要花费更多的时间来准备。当帕劳餐厅有一个总经理和3个助手一直会在餐厅里工作。任何时候在餐厅内都有一个管理人员在用餐区，而另外一个在厨房保证准备食物和上菜的速度。厨房组织得很好，厨师可以自由移动去取他们准备食物所要的材料和调料。餐厅也有足够的空间让服务人员自由移动，取他们所要的饮料和食物。装饮料和薯片的地方设置在餐厅内，这样方便服务人员来回取拿。

这项调查要询问一些问题是美国南部的人对于墨西哥的文化意识形态和价值观的一些看法。这些问题都会包括其中。例如，你赞同以下的那种说法："食物消费反映了文化的不同"，"这家餐厅是正宗的墨西哥菜"，"你会考虑在这里举办一个晚会或者聚会吗？"。这些问题可以帮助研究者从那些频繁出入这个餐厅的消费者身上获得一些有价值的信息。在两页纸的调查中总共19个问题。其中的3个是用来衡量消费者对于墨西哥的饮食文化有多了解，7个是用来衡量消费者对于这家餐厅的评价，其余的9个问题是通过客户的性别、种族、宗教、教育、职业来区分消费者或者他们一般是来吃午餐还是晚餐，谁通常会跟他们一起用餐。

表7-4　访问的顾客：性别/年龄和教育背景（n=25）

年龄/性别	0—19		20—35		36—45		46—64		65—		总数	
教育背景	M	F	M	F	M	F	M	F	M	F	M	F
高中	1	2	1	2	0	0	1	2	0	0	3	6
大学	1	1	2	2	1	1	0	1	1	1	5	6
研究生	0	0	1	0	1	1	1	0	0	1	3	2
总数	2	3	4	4	2	2	2	3	1	2	11	14

这项调查采用李克特的5点量表，将强烈认同和强烈反对来打分。

这 110 份调查分给了餐厅附近的公司和学校里的人来做。最初，这份调查本来要在餐厅给顾客填，但是餐厅的管理者希望顾客有一个轻松的用餐环境，而且管理者认为，这个调查可能会打扰顾客的隐私，填这份调查的人一定是已经在这家餐厅用过餐的，这样才能相应地完成调查。

表 7－3 是填写调查的客户的一个人口结构。在工作日，更多的男性会在这家被研究的餐馆用餐。根据美国人口普查局，在这个地区 25 岁及以上中 79.5% 的居民受教育水平低（高中文凭或更少），25 岁及其上的居民中 26.2% 的有较高的教育水平（大学和/或毕业后的学位），大多数被调查的消费者学历较高。这个调查结果已经交给了在本地企业工作的客户。这也解释了在调查中为什么白领人群会多一些，而蓝领人群则会少一些。

110 个被调查的对象中有 15 个愿意接受访问回答 8 个开放性的问题，（表 7－4 中）在 110 个客户中将随机抽取来回答最多 30 分钟的问题。在 25 个被访谈的调查者中，6 个是大学生，经常来这家餐厅，这个访谈包括一些开放式的问题。例如："有哪三件事情是你在这家餐厅不会做但是会在典型的美国餐厅做的?"，"如果你想让我对这家餐厅感兴趣，你会怎样描述这家餐厅?"，"你认为这家餐厅反映了墨西哥文化吗?为什么或者为什么没有?"。通过访谈所得到的数据可以用来帮助讨论，而且从管理层的角度来说，根据消费者想要什么可以提高这家餐厅的服务质量和水平。

三、研究发现和讨论

根据田广教授以前的研究，进食并不是来民族餐厅的唯一理由。来这里，不仅仅只是问候、点餐、吃饭，这里所有的相互间的互动都可以产生一种文化意识。对于有趣的文化意识和相互作用来说，观察是一个很好的方法。观察的目的是对于那些基于性别、职业、年龄和种族背景而经常出入民族餐厅的人有一个更深的认识。在观察的基础上，消费者和他们的消费行为因为不同的背景而不同，例如男女性别不同等等。一个有趣的发现是，在家庭中，家长尤其是母亲会帮她给孩子点餐，决定孩子吃什么，这种现象在民族餐馆是常见的，而且这个现象表明除非美国孩子经常来民族餐馆，否则那些和父母一起来的孩子对墨西哥口味是不熟悉的。然而这在典型的美国餐厅中是不常见的，在典型的美国餐厅中，孩子总是熟悉事物的口味而且总是自己为自己点餐。

一些数据指出，情侣来这里吃饭往往是为了正式和亲密的互动，而一群同事来这里吃午饭往往是随意的交谈。据观察表明，偶尔商业会议也会在这家餐厅的午餐时间举行，当举行大型会议时，往往会将桌子拼在一起。对于进行商业会议的确是一个好地方，因为这里气氛安静而且没有打扰。当他们进行商务会议的时候，服务人员拿走他们的菜单，送来食物之后就立刻走出去，绝对不打扰他们。在这里也观察到一些人会在这里阅读他们新买的书（这是通过购物袋和票据知道的），这里的气氛是安静和令人愉快的，所以很适合一个人吃饭并且享受书籍。基于观察表 7-5，有一个女性的顾客退了鸡肉沙拉，因为对她来说，鸡肉沙拉太辣。这表明，美国南部的人对于辛辣不是很习惯，但是辣却在墨西哥菜中很常见。将墨西哥民族餐中材料的辛辣、油炸和清淡同美国南部典型食物相比较而言，这是一个民族差异。当其他民族的烹饪方法传到美国南部其他地区的时候，一些人可以接受，而一些人却因为和他们正常的口味和烹饪方法不一样而不能接受。

另一个观察是来餐厅的一个家庭需要一个会说西班牙语的服务员。在另一个访问中，数据显示他们是忠诚的客户，研究者能够访问他们并询问为什么他们需要一个会讲西班牙语的服务员，那个人回答说他们对西班牙文化很感兴趣，想要学习西班牙语，而且想要让他们在南部长大的孩子接触另一种文化。他们感觉这家特殊的餐厅是以家庭为导向的，而且它的装潢是墨西哥餐厅中的代表。当涉及南部消费者的文化意识时，这个观察是很重要的。这表明消费者意识到了墨西哥文化，而且想要更加了解这种文化（表 7-5）。

通过调查收集到的数据可以帮助验证观察和进行关于消费者文化意识的进一步分析。问题 11 到问题 18 包括经过交叉变量列表分析的几个变量，这些分类标准，例如性别、膳食、教育、公司和职位，都可以用来检验他们和文化之间的敏感度关系。这项研究发现性别和食物、文化信仰在某种程度上是相互关系的。总体来说，女性稍微更易于比男性意

表 7－5　观察和解释

时间日期	观　察	解　释
星期四 晚餐 2002 年 9 月 19 日 19:00	一名女士向服务生询问鸡肉沙拉是不是辣的，服务生说不辣。当这位女士的鸡肉沙拉上来的时候，女士退了鸡肉沙拉。因为对于她来说，鸡肉沙拉太辣了，鸡肉沙拉就从她的账单中减掉了。	这名女士和这位服务员的口味是不一样的。 这名女士可能以前从未来过墨西哥餐厅，对辛辣的食物还不习惯。
星期天 午餐 2002 年 10 月 6 日 12:00	在祈祷和去完教堂之后，吃饭之前，通常都会有大群的人来到餐厅，尤其是以家庭为单位的。	基督徒做完礼拜后都会和朋友家人一起互相交流聚会。
星期天 午饭 2002 年 10 月 6 日 13:00	在一个共有四个成员的家庭中，父亲想要一个会说西班牙语的服务生来为他们服务。	这位父亲将来这家餐厅看做是一个练习西班牙语的机会，他们来这家餐厅主要是为了有跨文化的体验。
星期五 晚餐 2002 年 10 月 11 日 20:00	一对夫妇和两个孩子进了餐厅之后想要一个会说西班牙语的女服务员，女服务员将他们安排在一个地方的座位上。在整个吃饭的过程中，他们总是在询问一些词用西班牙语怎么说。	他们对西班牙和墨西哥文化感兴趣，想要学习更多的这方面的知识，同时想要他们的孩子也受到这种文化的影响。
星期六 午餐 2002 年 10 月 19 日 14:00	一对夫妇和一个年长的阿婆走近来坐下后，没有打开他们的菜单。当服务人员到达后，这个男士才为自己和其他两位女士点餐。	他们是忠诚的顾客而且经常来这家餐厅，也许有他们自己喜欢吃的菜式。也许这位男士比其他两位女士对于墨西哥菜懂得更多，所以才会为其他两位点菜。
星期二 午餐 2002 年 10 月 22 日 12:00	一个 6 人参加的聚会和商业会需要安排，这个聚会要持续两个小时。	他们不仅仅只是为食物而来，而且他们还享受这里的令人愉悦的安静的气氛，在他们午餐的休息时间，可以举行一个会议。

识到文化差异，并且他们对于墨西哥饮食文化也比男性更加了解，但是男性和女性之间也只是存在稍微的偏差。例如，70%的男性同意事物反映了文化差异，而女性中也是70%的人同意这一观点。然而当问到，他们是否同意美国的饮食文化已经被墨西哥的饮食文化严重影响的时候，差异出现了。26%的男性同意这一说法，但有30%的女性同意这一观点。同样，当问到他们是否同意来这家餐馆的目的不仅仅只是食物而且还有文化体验时，19%的男士同意这个说法，然而有28%的女性同意这个观点（请看表7－6的详细信息）。

表7－6　文化敏感度和意识度：男（n＝57）Vs 女（n＝53）

问题内容	强烈同意		同意		同意		不同意		强烈反对	
	M	F	M	F	M	F	M	F	M	F
食物反映了文化差异	5	5	35	32	7	7	10	9	0	0
美国的饮食文化被墨西哥的饮食文化所影响	1	0	14	16	13	11	24	23	5	3
服务员的服务很好	24	21	31	24	2	0	0	0	0	0
价格合理	15	16	39	34	3	1	0	2	0	0
所提供的服务也反映了墨西哥的文化价值	0	1	28	24	11	16	18	12	0	0
所提供的食物是真正的墨西哥食物	1	3	14	17	31	22	10	11	1	0
来这家餐厅不仅仅只是为了食物还是为了墨西哥文化的体验	0	2	11	13	5	6	38	30	3	2

在一个相似的研究中，田教授指出消费者访问某种特定餐厅的日期和时间也影响着他们的消费行为和模式。这个研究支持了这一发现，来吃午餐的消费者和来吃晚餐的消费者具有不同的期望。然而，无论是午餐顾客还是晚餐顾客，对这家餐厅的态度都是积极热切的，而且对这家餐厅的服务也是满意的。通过观察和访谈，午餐时间总是会忙一些，主要是有一大群上班族和生意人来这里吃午餐，他们往往希望服务可以再

快些。在调查的人中，有53%是消费午餐的，在这部分人中，46%是蓝领阶层，他们只有很少的时间来解决他们的午餐，希望快速的服务和可信的服务。和朋友或者约会的对象来这里的人通常都是为了私人或者社交类的聚会，他们想要的是这里不打扰谈话的一种安静的氛围，他们不介意服务慢一点，因为他们并不赶时间。消费晚餐的人中有47%对这份问卷给出了答案，他们感觉晚餐是一个放松的时刻，他们享受谈话和这里的环境，他们希望这里的服务更慢些，还要保证他们尽量少的被打扰。

就文化意识度来说，那些受过高等教育（大学教育程度或者以上）的消费者比那些教育程度低的消费者更加敏感。例如，74%的受过高等教育的调查对象对于食物消费能够反映文化的差异这一观点表示同意，但是只有53%的受教育程度低的调查对象同意这一观点。而且58%的受过高等教育的调查对象对于在墨西哥某个特定的餐厅里所提供的服务可以反映文化价值这一观点表示同意，然而只有43%的受教育程度低的受访者表示同意（详情请看表7-7）。

表7-7　文化的敏感度和意识度　低Ed.（n=53）Vs. 高Ed.（n=57）

问题内容	强烈同意		同意		中立		不同意		强烈反对	
	L	H	L	H	L	H	L	H	L	H
食物反映了文化不同点	4	9	24	33	16	10	9	5	0	0
美国的饮食文化被墨西哥的饮食文化所影响	0	3	8	15	15	13	21	24	9	2
服务员的服务很好	15	22	35	31	0	4	3	0	0	0
价格合理	13	24	36	32	4	1	0	0	0	0
所提供的服务也反映了墨西哥的文化价值	2	14	21	19	15	13	14	12	0	0
所提供的食物是真正的墨西哥食物	3	11	19	14	26	23	5	8	0	1
来这家餐厅不仅仅只是为了食物还是为了墨西哥文化的体验	0	5	15	8	12	9	20	33	6	2

研究者还发现了一些有趣的事实：在研究这些受访者的文化意识时，涉及这些受访者是否会在这家餐厅里举行聚会，99%说不会的人承认这家餐厅的服务很好，与之相比较，说会的人中只有96%承认这家餐厅服务很好。同样99%说不会的人认为这家餐厅的价格很合理，然而只有87%说会的人认为价格合理；42% 说不会的人认为这家餐厅提供的是正宗的墨西哥菜，却只有29%的说会的人承认这一点（详情请看表7－8）。值得注意的是大部分说不会的调查对象表示他们喜欢这家餐厅和同意上述说法，但是他们却不会在这家餐厅中举行聚会。通过访谈，这个问题在接下来的研究中继续调查。

表7－8　　文化敏感度和意识度：对于群体来说

Yes（n＝45）Vs. No（n＝65）

问题内容	强烈同意		同意		中立		不同意		强烈反对	
	Y	N	Y	N	Y	N	Y	N	Y	N
食物反映了文化不同点	4	8	37	19	1	24	3	14	0	0
美国的饮食文化被墨西哥的饮食文化所影响	0	1	15	10	10	24	18	29	2	1
服务员的服务很好	20	15	23	49	2	1	0	0	0	0
价格合理	17	23	22	41	4	1	2	0	0	0
所提供的服务也反映了墨西哥的文化价值	0	3	17	24	16	18	12	20	0	0
所提供的食物是真正的墨西哥食物	2	6	11	21	24	23	8	12	0	3
来这家餐厅不仅仅只是为了食物还是为了墨西哥文化的体验	5	0	13	4	7	14	20	37	0	10

因为信仰的差异，所以对种族也会进行评估。除了白人受访者，在消费者种族调查中还包括5个非裔美国人、2个亚洲人、4个西班牙裔。调查显示非裔美国人和亚洲消费者觉得这个餐厅的食物是正宗的墨西哥食物，但是白人和西班牙裔却有着不同观点。通过访谈，他们中的大多

数感觉这里的食物是被美国化的，就是说他们承认这里的食物大多数是真正的墨西哥食物，但是也有一些是带有美国色彩的。这就指出，这家餐厅提供墨西哥食物，但是为了让这些食物来适应典型的美国人的口味也做了一些改良。例如辛辣的食物在墨西哥中是常见的，但是在这家餐厅中，这个辣度被降低了，因为南部的美国人不适应辛辣的食物。

食品消费习惯，例如吃哪种类型的食物，在哪儿吃和谁吃，从文化的角度来说都是相关的，尤其是当食物的消费随着种族的不同而变化时。在这个案例中，我们发现大多数的消费者同意食物消费的确可以反映文化，这就表明美国南部的人承认墨西哥餐厅和美国的餐厅相比较而言是有不同点的。通过问卷调查和开放式访谈所得到的数据显示，大多数消费墨西哥食物的消费者或多或少都对墨西哥文化有一定的了解。当问到："是什么让美国的餐厅和墨西哥餐厅不同"这个问题时候，最典型的答案是西班牙音乐、莎莎舞、薯条、食物的分量和节日的气氛。

当问到"你在墨西哥餐厅最喜欢的三种东西和三种最不喜欢的东西是什么"，最多的答案就是服务、食物、地点；在典型的美国餐厅和民族餐厅都有的特点，那就是快乐的时光、交通和清洁。这表明，无论是民族餐厅影响了美国饮食文化还是在某些领域美国饮食文化影响了民族餐厅，他们都会美国化。正如引言所讲的那样，墨西哥菜是混合了其他饮食文化的产物，正宗的墨西哥菜所使用的调味料和干辣椒是非常辛辣的，然而因为南部的美国人的饮食文化通常都是比较清淡的，所以在这一地区的餐厅都会减少辣度。因此，具有民族特色的餐馆往往会变得美国化（详情请看表 7－9 和表 7－10）。表 7－9 和表 7－10 是采访的反应，根据性别将消费者进行分类显示男女的消费者存在的差异，从访谈中有选择性地提取所谈到的问题，可以看到美国餐厅和具有民族特色餐厅的不同点，以及消费者对于这种特殊的民族餐厅的喜恶。

在上述讨论中，作者检查了消费者作出日常购买决定的因素，正是这些因素决定了消费者在什么时间、以什么方式、为什么要购买、到哪儿去购买他们所需要的物品。

表 7-9　　访谈反应：男士 Vs. 女士

问题	男士		女士	
	典型回答	F	典型回答	F
你认为这家餐厅和其他的典型的美国餐厅不同是什么	只提供墨西哥食物	9	可以选择保持身材的葡萄酒	6
	节日的气氛	9	会说西班牙语的服务人员	5
	提供莎莎舞和薯条	6	气味更好	4
	有会说西班牙语的服务人员	5	西班牙音乐	4
	西班牙音乐	4	节日的气氛	3
			有更多的好食物	2
说出三样吸引你来这家餐厅的东西	可以选择在餐厅里用餐还是带走	8	靠近商业街/地点好	4
	靠近商业街/地点好	7	彩色的装修风格	3
	合适的食物分量	5	合理的价格	2
	有好音乐	5	开会的绝佳地点	2
	入口处明亮的招牌	5		
	彩色的装修风格	4		
	价格合理	4		

用人类学的研究方法来研究消费者行为是非常重要的，因为这种方法可直接观察人，观察他们所作的决定，并解释他们为什么作出这样的选择。进一步的研究需要进一步的发展，包括与消费者行为有关的各种因素。在将来的研究中，可能使用更多可以涵盖由田教授在他的关于中国餐厅的研究中发现的因素来评价消费者的文化意识。研究发现，在这种特别的餐厅中，消费者已经接受了这种多元的文化而且还想要更多地了解这种文化。在美国南部，文化多样性得到体现而且人们也已经接受它。可以看到不同种族的人们，包括亚裔、拉美裔、非裔美国人和白人，在 Don Pablo's 餐厅用餐。无论是哪个种族，都觉得这里很舒适，而且或多或少都对墨西哥食物和文化有着一定的了解。

四、结论和管理建议

这个特殊的案例研究的是位于美国南部的一家餐厅。这家餐厅是一个能够接受外国的饮食文化、种族以及多元文化的场所。对于餐饮业来说，消费者是很重要的因素，他们决定食物的消费和餐厅服务的提供。对于一个特定的文化餐厅来说，消费者还决定它们的成败，在这家餐厅里的大多数消费者对这里的服务和文化体验都感到满意。然而，研究者也会发现这样一种情况，那就是消费者也发现等候服务人员拿走菜单的时间太长。尤其是在周末的午餐，这个问题更为严重，因为这时候餐厅真的极度繁忙，而且顾客都赶着回去工作。大多数的民族文化将用餐时间看做是社交和休息的时间。基于这个原因，服务人员就应该更加小心，如果没有必要就不要去打扰顾客。然而，田广教授观察到，有时候消费者也需要同服务人员有更多的互动和交流，尤其是在周末午餐的时候。访谈的数据表明，语言障碍对消费者如何评价餐厅方面有着负面的影响，因此应该要解决没有民族业务经理的问题。

正如讨论所说的，在民族餐厅的消费者不一定要有很好的教育，也不一定要明白民族饮食文化差异。然而在这个案例中所收集的数据表明，在这家餐厅，白人是最受欢迎的消费者，他们主要是为了食物，但在某种程度上也是为了某种文化体验而来。这一发现可以用来建议这家民族餐厅的老板和管理者采取一些有意义的措施。经理建议重视教育消费者民族食品上的文化意义。研究者还观察到顾客会向服务人员询问菜单上有什么菜式，餐厅里有多少菜单上的菜式。管理者应该对那些墨西哥饮食文化中很常见的食物进行一些描述，因为美国南部的消费者并不理解菜单上的菜式是什么，这能够帮助消费者更好地理解墨西哥食品，也能够教育消费者理解墨西哥饮食文化。管理层应该考虑聘请一些会讲西班牙语的服务人员来增加餐厅的文化价值。

这个具有特殊风格的餐厅会在5月5日举办节日庆祝活动，这是为了庆祝墨西哥独立。这对于提高消费者文化意识来说是一种很好的方式。也许管理人员可以通过其他的节日活动来增加餐厅的消费者，还可以对消费者进行墨西哥文化价值的教育，教育最终会影响顾客去接受此文化意识，两者存在相关性，餐厅应当承认和接受这个相关性的概念。这样做的好处在于促进消费者对于饮食文化的形象的理解，以及推进对于不同种族的人的积极的理解。这不仅有利于餐厅，也有利于社会和国家的文化整合。

表7－10　访谈反应：喜好和厌恶男人 Vs. 女人

问　题	男　人		女　人	
	典型回答	F	典型答案	F
你最喜欢这家餐厅的三点是什么？	欢乐时光	8	欢乐时光	5
	节日氛围	7	食物和服务	5
	适合带很小的孩子	7	干净	4
	食物和服务	6	大的喝酒的吧台	4
	新鲜的调味汁和玉米卷	6	西班牙音乐	2
	好客	6		
	音乐	5		
	墨西哥的装饰风格	4		
	干净	4		
	很大的喝酒吧台	2		
	刚榨的柠檬汁	2		
你最不喜欢这家餐厅的三点是什么？	周末午餐要等很长时间	7	有时音乐很大声	5
	有时音乐很大声	6	服务并不总是最好的	3
	交通堵塞	4	周末午餐要等很长时间	3
	酸奶油很小份	3	交通堵塞	3
	服务并不总是最好的	3	等候区域太小	2
	食物太辛辣	2		
	带栅栏的桌子不是很舒服	2		
	语言障碍	1		

以往的研究已经表明，不使用多个数据收集方法，很难验证文化意识对于消费者行为的影响。在这个案例中，通过观察法、问卷调查和访谈来收集数据，这些数据可以为理解美国南部消费者的文化意识提供必要的信息。在餐厅内参与观察的经验对于研究消费者的行为和提供管理建议是特别有用的。然而，你也可以清楚地看到有限的数据收集和有限的时间阻止了进一步的研究分析。要进行详细的分析，肯定需要更多的观察。对服务人员和管理人员的访谈，将大大有利于更好地理解这个餐厅里的消费者行为。

案例二 YT集团内部关系网络的编织与巩固[①]

关于自己人与外人，近年在家族企业中流传着一个保姆和太太的故事，意思是说：过去，许多管家对主人忠心耿耿，甚至在主人死后，还要把他的小孩抚养大，直到成为新的主人。现在许多人做了3天管家，就想着怎样取代主人。请保姆的目的本来是为了让太太轻松一点，是为了把家务料理好一点，但是如果这个保姆当了3天保姆之后也想当太太，那么，原来的太太还不如自己辛苦一点，就不要请保姆了，免得出事。

这个故事中显示的道理，在YT集团内不仅掌权的H家父子深以为言，就连很多自己人也深以为然。

YT集团是典型的家族企业，这可以从企业的组织机构上看到，以香港公司为例，董事长与总经理是H次子本人，常务副总经理也是YT集团的高级管理者。

H次子本人经常到下属分公司过问公司的经营情况，可以说，H次子实现了对公司业务的决定性控制。笔者曾经郑重其事地忠告H次子，如果企业管理过分依赖自己人会导致其他管理者产生一种不被信任的感觉，这些人会产生短期行为，会弱化企业成员对企业的凝聚力，并列举了国内一些大型家族企业如“三株集团”、“黄河集团”等失败的例子。H对我的看法大不以为然。他告诉我：“（大陆）那么多国有企业，厂长经理都是国家任命的，为什么都不行呢？关键企业不是他的。许多家族企业倒闭，不是因为用了自己人，而是因为错误地进行了决策，有的明知不可为，非要去做，当然不行。这是企业家个人的素质和判断力的问题，还有的是被外力打垮了的，竞争就是这个样子。不管什么样的企业总有好的时候，也有不好的时候。皇帝也要轮流做，企业也是这样，世界没有永远赚钱的企业，钱都被你一个人赚走了，别人怎么办呢。家族企业比国有企业有活力，当然，我随时有最坏的打算。……”。H次子认

① 选自于泳泓：《对中国家族企业治理结构中的“圈子”现象研究》，载田广、周大鸣主编：《工商人类学》，宁夏人民出版社2012年版。

为，把国内许多私营企业的失败归结到家族制管理的说法是十分勉强的，胜败是兵家常事。

H次子的话有什么样的逻辑呢？我想了许久，可能是因为H次子因为所受美国的教育对事物的判断习惯用“两面看”，这也是他对办企业的态度和价值观。

谈到用人的问题，H次子不同意我说的YT集团有严重的任人唯亲的现象，他很看重个人的素质。他说：“我在企业用人，当然要先考虑信得过的人，自己的企业最好用自己人，这样放心。但并不是什么岗位都用他们，有的事他们做不了。在企业主要是看人有没有本事，有本事，为企业作出大贡献的，当然要多发工资。反正别人是为我打工，他们为我赚的钱比我给他们的要少得多。我的企业我是分了好多股份的，公司赚钱了给的好处也就多，这个问题我多次强调，不能因为业务骨干收入多，是外人就不行。”

H次子在用人上，非常强调忠诚。他说：“忠诚是中国人的美德，自己家里的人对我是忠诚的，我对他们也是忠诚的。我办企业为什么，不就是为了大家生活好过一些。要是光为我自己，现在就可以不干了，这辈子已经够了。忠诚的表现首先要爱岗敬业。在我公司工作，就得好好干，不然有天大本事，也是你自己的，和我无关，你可以去不喜欢忠诚的人那儿干。让一个外人掌握你企业的技术核心机密，很危险，他完全可以随时拿走，造成企业不稳定。我国法律对此没有明文规定，商业机密拿出去是正常的，不拿出去反而不正常，我只有靠家族以及可靠的自己人才能稳定，家人以及自己人背叛的可能性远比一个外人小。”

H次子关于外人的看法，让人疑惑。似乎H次子的家族企业与理论家评述的不尽一致。是H次子自以为是，还是理论家不够具体呢？H次子不是没有看到家族制的管理对他的企业“将要造成不利”，他没有改变目前状况是因为他还看到另外一种情况，即中国家族制度所以千年不衰，广为流传，是它对中国社会发生了积极的作用，包括家族企业这样的形式，也是适宜某个阶段社会特征的积极表现。对这种制度本身所起的作用，主要应看人们（是否不断在寻找）解决问题的行动和方式，而这种行动和方式之所以成功在于是否积极地适应了不断变化的内外世界，而不是妄自菲薄，妄下结论。这种不愿意改变的态度被一些人类学家形容为人们处理经济问题的“最低风险”和“最小麻烦”。

学习思考题

1. 民族志对于工商人类学的价值是什么？
2. 做商业民族志项目的关键技术是什么？
3. 在真正的商业环境中做民族志的研究过程是什么？
4. 做商业民族志研究的优缺点是什么？
5. 民族志研究中的伦理道德问题是什么？
6. 临床研究的技术和过程是什么？
7. 通过阅读本章案例你学到了什么？如何应用人类学原理来理解和分析本章案例？

第八章

工商人类学与市场营销

内容提要

市场营销在一般意义上可被理解为与市场有关的人类活动。它是个人和群体通过创造并同他人交换产品和价值以满足需求和欲望的一种社会过程和管理过程。市场营销的最终目标是满足需求和欲望。而交换则是市场营销的核心，交换过程是一个主动、积极寻找机会，满足双方需求和欲望的社会过程和管理过程。交换过程能否顺利进行，取决于营销者创造的产品和价值满足顾客需求的程度和交换过程管理的水平。作为社会科学与行为科学的人类学，注重研究在一定的文化框架和情景内容之中个体行为的特征和规律，强调人们所共同拥有的价值观、个人信仰以及个体价值观等等。人类学方法在国际市场营销、跨文化市场营销以及社会营销等领域，已经得到广泛的应用。人类学家善于应用民族志等研究方法来搜集资料，并对所搜集的信息从文化理论和内涵的角度，进行处理和分析，在此基础上对市场营销管理人员提出可供操作的具体建议。

学习目标

1. 从人类学的视野学习和理解市场与市场营销的关键要素。

2. 认识并理解市场营销过程中的人类学方法。

3. 学习和理解全球营销过程中的跨文化问题的重要性。

4. 学习和理解国内营销与国际营销以及全球营销之间的主要差异性。

5. 学习和理解与社会营销相关的理论和原则，并认识人类学家所能作出的贡献。

引　言

正如第一章所说，市场营销是日常商务运营中的一种最重要程序，具有很重要的作用。它将企业的产品和服务配置在市场中，以便满足顾客需求，实现公司利润。营销部门的销售人员通过挖掘潜在可能的买家来获得购买他们商品或是服务的合同。在商学院教科书里，市场营销通常被定义为公司计划和执行产品的设计、定价、分销和促销的经济行为①。

传统上，在处理人与社会关系的社会科学中，只有经济学、心理学和社会学已广泛被应用于市场营销。经济学是有关市场营销的大部分内容中最核心的部分；心理学被应用于各种不同的面试和投射测验的实验项目中；社会学则贡献出了例如社会阶层这样的概念作为商业运营的背景分析。作为社会科学和行为科学的结合体，人类学直到20世纪60年代才被广泛应用于这一领域，从那以后，尽管发展相对较慢，市场营销人员在市场营销中却一直使用人类学的见解和方法。与此同时，人类学家越来越热衷于通过参与市场调查和经营案例，来为市场营销作贡献。在这一章中，我们将首先通过不同的途径和视角来研究市场，随后是关于人类学方法的详细介绍及其对市场营销

---

① Madura, J. (2007). *Introduction to Business.* Mason, OH: Thompson Higher Education.

的贡献，还有就是以人类学的角度来探讨公益和环保营销，最后是关于市场营销中跨文化问题的讨论。

第一节　人类学视角下的市场与市场营销

在大多数以商业为导向的教科书里，市场被定义为一种与众不同的系统机构、程序、社会关系和相关基础设施的总和。它通过各种不同的资源、商品和服务，与个人、家庭、公司和政府机构之间进行着贸易和交换。换句话说，市场就是允许买方和卖方交换不同信息和物品的设置。市场可以根据不同的居民社区需求和不同的商品服务交易对象，在大小、范围、地理条件、位置、类型上出现不同的特点。例如，下面所列举的情况全部都是市场：在城镇广场或停车场上开放给当地农民的墟市，商业区和大型购物中心，国际货币交易所，大宗商品交易市场，有合法创立的，还有一些非法的市场，如毒品市场[①]。

在经济学中，运行在自由放任政策下的市场是自由市场。这里的“自由”是指政府不会试图通过税收、补贴、最低工资、价格上限等手段进行干预。市场价格也许会被卖方或有垄断势力的卖方，又或者是买方或有垄断势力的买方来控制。这种扭曲的价格将会对市场参与者的福利产生不利影响，并且会降低市场产出的效率。此外，组织的层次性或买方的谈判权，会明显地影响市场运作。一个市场可以被组织成如拍卖会、私人的电子市场、购物中心和更加复杂的机构如证券市场，也可以是两人之间的非正式论价[②]。每当一方对其他方所提供的商品和服务有兴趣时，需求便产生了，各种不同种类的市场就会自发产生。因此一个市场可以在监狱里表现为香烟市场，也可以是在运动场上的口香糖市场，还可以是商品合同的远期交易市场。

在主流经济学中，市场是允许所有的买家和卖家进行任何类型的货物、服务交易和信息交流的组织。为营利而进行商品和服务的交换，这就是交

① Madura, J. (2007). *Introduction to Business*. Mason, OH: Thompson Higher Education.

② Tian, R. (2008). *A Critique of Pan－Market*. Fort Worth, TX: Fellows Press.

易。市场的参与者包括了影响商品价格的买方和卖方。这种对价格影响的研究是经济学研究的重点，并且产生了关于供给与需求等等这些基本市场元素的相关理论和经济学模型。在市场中有两个角色——买方和卖方。市场存在的目的是促进贸易和使之能够进行分配，并在整体社会的基础上进行资源配置，市场允许对任何可以交易的物品进行估价和定价。市场一般而言都是自发出现的，也有因人际交互而故意建造的，这是用来获取权力交换或商资产所有权的。还有的就是一些在指令性经济中运用压力，对商品进行压制的市场。市场的起源是一个物资的集贸地，它往往会发展成小小的社区、城镇和城市[①]。

市场不可能全都集中在一个地方，但可能定期循环于城镇与城镇之间，为每个地点提供专门的产品销售。举个例子，在哥伦比亚北部的安第斯山脉上的一个市场系统就反映了当地生态和地理条件的特殊性：从周一的低洼地到周末的高地平原，这个市场上系统地提供了一系列产品，从新鲜鱼类和热带水果到玉米、土豆和山羊。当地市场也可以发展出一些特别条款，以他们自己的方法进行交易[②]；那里有专门的资源性市场如土地、人力资本等等。也有一些针对不同产品的专门化市场，如玉米期货甚至是吉普赛马[③]。

市场活动涉及相当多的拥有不同利益和背景的参与者。正如人类学家斯蒂芬·古德曼（Stephen Gudeman）所说，交易可能会因为那些控制了特殊语言的、拥有大量资源的或已被指定了“席位”的人而受到限制，正如纽约证券交易所。一个单一的市场可以涵盖众多资本雄厚的交易者，也可以涵盖那些缺乏投资基金，只能出售价格便宜的商品，来寻求高营业额的交易者。在拉丁美洲的当地市场，临近的卖家看似提供相同的商品，如谷物或衣服，但每个卖家建立起了独特的社会网络和销售方式：市场中的卖方逐渐形成了一种风格、传统或正如共同基金经理开发出来的投资风格一样。拉丁美洲销售商中很多是有家族亲戚关系的资源所有者，还有一些是需要支付酬劳的雇员。少数人可能拥有几个贩卖不同商品的摊档，他们会一个接一个地开，除非是利益方面的原因或市场环境发生变化，某些商贩还会卖一些他们

---

① Madura, J. (2007). *Introduction to Business.* Mason, OH: Thompson Higher Education.

② Malinowski, B. and Fuente, J. (1982). *Malinowski in Mexico*, London: Routledge & Kegan Paul.

③ Stewart, M. (1992). Gypsies at the Horse - Fair. In Dilley, R. (ed.) *Contesting Markets*, pp. 97 - 114. Edinburgh: Edinburgh University Press.

熟练的手艺，如皮革制品或从旧轮胎和缝制衣服中精加工的橡胶凉鞋。他们中有些人一周在市场中工作一次，在一定程度上，也有一些人想每天都赚钱。也有的则是为了在商品卖出后能保留住一些再次光临的顾客；他们在水果和蔬菜的频繁交易中收获一些微薄的利润①。

市场上的交易在形式上看是双向的，但每次交易的进行却涉及要调整其他市场的交易。当这种调整系统地发生在同样的行业之中时，一个市场系统就逐步形成了②。在传统的古典经济学理论中，完备市场体系是一个由大型或无限多的买家和卖家组成的，充满竞争的市场。他们当中的每个独立的卖方或买方将会拥有完全的市场行情信息，然而他们中的每个人对整体市场体系的影响却很有限。在完全竞争的市场系统中，每个参与者都尝试获得在特定时间中更加安全的业务；这样一来，市场活动的结果将是一场零和博弈。由于货物的流通是有限或非常紧缺的，因此每个参与者都试图优化他们有限资源的价值：买家瞄准的是购买的商品效用的最大化，而卖家则想卖出商品的最高价。

虽然有各种类型的市场，但其功能是相同的，它们都是为了给不同参与者分配商品。正如古德曼所指出的，效率是一个市场体系的关键词，因为在大多数情况下，真正竞争激烈的市场是一个帕累托最优均衡，这意味着有的参与者状况良好的同时也必会有人处境不利。这里的效率是指方法和结果之间的关系。捐赠基金的每个玩家最终都会终止，其实是为达到所需目的的手段而已。完全市场将对捐赠基金参与者的选择权进行排序。当这个市场交换的模型已经投影在生产上时，当生产投入的安排对于预期的目标能得到最好的收益时，它意味着生产是高效的。无论是在生产还是交换的领域里，效率引导了理智的行为③。

帕累托（Pareto）发现的有关有效市场的基本原理在经济学家中一直颇有影响力，这种比较流行的智慧在目前的经济学原理中指的就是效率④。在这一概念下，古德曼有一个问题：谁可以反驳“被有效”而不被标记为

① Gudeman, S. (2001). *The Anthropology of Economy*. Malden, MA: Blackwell Publishing. pp. 95-96.

② Rothenberg, W. (1992). *From Market - Places to a Market Economy*. Chicago, IL: University of Chicago Press.

③ Gudeman, S. (2001). *The Anthropology of Economy*. Malden, MA: Blackwell Publishing. p. 96.

④ Stiglitz, J. (1994). *Whither Socialism?* Cambridge: MIT Press.

"非理性"？他还说，一个不想成为有效率的或理性的人即使不是不可能的，也是荒谬的。众所周知，效率已成为市场经济中最有价值的概念。对于那些纯粹的市场经济学家而言，在有效市场体系中，货物的循环交易应该远离社会关系、政府及没有资源调配的权力。除非是为了更正失灵的市场，例如为了管理污染问题施加额外的环境税，这种解决方案被一些现代理论质疑①。市场失灵是指对于价格谈判的双方而言，出现了没有效率的结果，这个结果是不应该出现在有效市场体系中的。有人提议说在有效市场贸易中，不会产生永久的关系，即使在一些 18 世纪账户中，这也的确滋养了"温柔"的态度和审慎、诚信这些文明的美德②。正如 19 世纪的自由主义者的宣告，解放的贸易行为可以扩大和帮助改良群体和压迫性的规则。

大量的研究显示，至少有 75% 的新产品在缺少市场的情况下失败了。技术公司是尤其急于避免这种失败率的，因为新的产品、芯片、服务器和无线设备，要拿到市场上去将花费亿万美元的成本。美国英特尔公司声称拥有超过 12 个社会科学家，这些科学家在公司一直工作了 5 年以上，在早期发展阶段，这些人类学家的建议是备受追捧的。这听起来像是营销部门的工作，但其实却与之有相当大的差别。营销是指针对特定观众配对一种产品，然后卖掉它，而人类学家则是在如果真的决定销售这种产品时，负责找出该产品将如何被使用。人类学家会避开市场问卷，而赞成焦点小组的调研行为。他们通过极其详细的记录，来认识人们如何生活，如何让产品融入他们的生活，这些人类学家能学习到的信息，比营销人员被消费者告知的要多得多。因为受访者经常不能成功地在调查中告知别人他们所认为的商品究竟应该是怎样的③。

对人类学家而言，市场有不同类型，这些不同的市场有经济学家们所追捧的自由市场，也有一些所谓的非完全自由市场。在后者那里，人类学家要

---

① Coase, R. (1988). *The Firm, the Market, and the Law*. Chicago: University of Chicago Press.

② Hirschman, A. (1992). *Rival Views of Market Society*. Cambridge: Harvard University Press; (1977). *The Passions and the Interests: Political Arguments for Capitalism before its Triumph*. Princeton, NJ: Princeton University Press.

③ Walsh, S. (2001). Corporate Anthropology: Dirt - free Research. Accessed in Feb. 2009 from: http://archives.cnn.com/2001/CAREER/dayonthejob/05/23/corp.anthropologist.idg/; Fikentscher, W. (2001). Market Anthropology and Global Trade. *The Gruter Institute Working Papers on Law, Economics, and Evolutionary Biology*: Accessed in Feb. 2009 from: http://www.bepress.com/giwp/default/vol1/iss1/art4.

说的是有关市场的社会成本因素，也就是市场和形成它们的社会背景，这些与之极为相关的信息是市场营销人员急欲拿出来解释问题的确切答案，例如为什么某些人购买这些产品以及如何说服世界上剩余部分人这样做。

市场中的人类学方法强调关注市场的文化和社会方面的内容。对于人类学家而言，依靠所有权交换的市场在缺乏社会文化背景的情况下将永远不存在；人类学家已经从各种方式的探索上证明了市场位于文化上[①]。即使市场的实际布局可能反映社会的分类，如性别、阶级、种族、职业和教育[②]。在工商人类学中，几种分配商品给人类的模式是非常著名的，它们是一些通用的方法用来解释稀缺商品为什么和怎样去到那些确实需要它们的人手中。在人类学中，这些有关人的货物分配的四种方式被称为分配、互惠、再分配和市场分配，这些都意味着简单地处理资源。例如捕猎到的鹿分配给这一带的猎人和采集者（人类学书本中仅仅描述“交换”而不会提及分配，因为后者并没有交换）。互惠原则指的是当一个人收到别人的东西时，这个收到东西的人会在接下来返回别的东西给他，如在易货贸易中。再分配需要更高的组织，例如由首领或国王，他们首先会从臣民们中收集东西，然后把这些东西分配到他自己的家族、他的军队和贫穷的臣民中。最后，一个市场应该是当中的很多人聚到一起用货币进行易货贸易或交易的机构[③]。

正如第一章中所给出的定义，营销是推广、出售或分配一件产品或一项服务给消费者的技巧或过程。同时人类学则是研究关于人类的四个相关领域：文化人类学、体质人类学、考古学和语言学。因此，人类学与营销之间的逻辑关系是很清楚的，因为人类学研究各种层次中的人类活动，而营销涉及商业公司如何推销它们的产品或服务给个人消费者。

因此就为了了解独立个人而言，将人类学和营销结合在一起是自然而然的，然后再把产品和服务推销给个人。在当今的市场营销中，我们大多数人都熟悉（或至少潜意识地知道）主流社会中的交流技巧，那是一些商业产品和服务的销售商用来劝说消费者购买它们产品的技巧。广告有若干形式，

---

① Gudeman, S. (2001). *The Anthropology of Economy*. Malden, MA: Blackwell Publishing. Chapter Six.

② Gell, A. (1982). The Market Wheel: Symbolic Aspects of an Indian Tribal market. *Man*, 17, pp. 470 – 491.

③ Fikentscher, W. (2001). Market Anthropology and Global Trade. *The Gruter Institute Working Papers on Law, Economics, and Evolutionary Biology*: Vol. 1: Article 4., Accessed in Feb. 2009 from: http://www.bepress.com/giwp/default/vol1/iss1/art4.

也是这些技巧中最明显的，但消费者商品和服务的营销中还有许多其他的步骤。这些包括：（1）思考产品或服务满足哪些顾客的需求，或者本身就存在，或者可以创建，然后开发和制造产品或设计出服务内容；（2）确定产品或服务潜在的消费者和他们最有可能购买商品的地方；（3）为鼓励购买而进行产品包装，或推广服务；（4）还有就是设置一个不会打消消费者购买产品或服务念头的价格①。

上述营销活动一般被称为营销组合或4个P，它们是产品、推销、价格和地点。产品就是即将被销售的东西或服务；推销是指用来鼓励潜在消费者购买产品或服务的广告策略；价格是指要被收取的货币数量；地点不仅仅指产品和服务将被出售的位置，也指生产者为得到他们预期的消费者所用的各种途径②。尽管在学术界已经很大程度上定义了人类学的概念，这个学科也已经被很多的实践者应用到了很多领域，如卫生保健、教育、商业、营销和工业。这些实践者又一次证明了人类学方法对于商业世界有很大的作用，特别是在跨文化营销方面。在过去的一个世纪里，人类学家创建了这个科目，通过文化理念，整体分析和有关4P的实证研究来了解人类的行为③。

用人类学方法去研究市场营销既包括看待世界的方法，也包括理解世界的技巧。人类学中的关键概念是文化。对于人类学家而言，文化要素既不是随意，也不是偶然形成的。这种形成的有内部逻辑和一致自适应的系统，帮助个人能成功地处于他们的自然和社会环境中。当人类学受雇于市场营销中时，它通常更多的是与文化人类学相关。在第二章中讨论到，文化人类学起源于原始文化的研究，它通过使用比较分析来记载不同方式下文化怎样帮助他们解决生活问题。文化人类学在很大程度上与心理学和社会学是一样的。传统上，这两个行为科学比人类学更广泛地应用于市场营销。然而，这三门科学都关注个人在其社会和文化方面的审查。对于心理学家、社会学家和人类学家而言，所有人的行为实质上是相互关系的人格、社会系统和文化规范

---

① Gwynne，M.（2003）. *Applied Anthropology：A Career – Oriented Approach.* Boston，MA：Pearson Education，Inc.

② McDaniel，L.（2008）. *MKTG*，Mason，OH：Cengage Learning. pp. 25 – 26.

③ Hamada，T. & Jordan A.（Eds.，1990）. *Cross – Cultural Management and Organizational Culture.* Williamsburg，VA：College of William and Mary；Giovannini，M. & Rosansky，L.（Eds.，1991）. *Anthropology and Management Consulting：Forging a New Alliance.* The American Anthropological Association. Hoboken，NJ：Wiley – Blackwell.

的功能延伸[1]。

人类学家最初用来研究文化的手段是参与观察法（第三章中有详细内容），这种方法包括与一个群体的人一起生活，观察和把他们的行为记录下来，尽可能多地参与到他们的日常生活中。产生文化体系和其对应的成员的记录被称为民族志。如今，许多人类学家在采用定性方法的时候也更多地采用了定量分析方法（例如问卷调查），特别是当他们正在研究复杂的组织机构时[2]。当材料充分支持扩展的参与式观察时，个人的经验将使得作者信服，因为营销人员在较短的一段时期内可以成功地采用很多在营销方面中具有人类学视野的方法。这个结果可能不是民族志（也不是它们设计的那样），但它们可以完整地帮助市场营销人员去了解促使消费者在特定市场中形成信仰和行为的驱动力，例如人类学家在民族餐馆中进行的有关消费文化意识的实证研究[3]。

最近，许多人类学家亲身参与到市场调查中。举个例子，有的人类学家做的有关消费者行为研究的调查可以帮助高科技公司在基于发现的情况下开发设计新产品供应给市场。他们进行观察性研究，采用民族志的技巧，如采访，观察和录制光碟，找到隐藏的消费者。在过去的几年中，像苹果、摩托罗拉、施乐公司、英特尔以及电讯公司和有线电视公司，它们把人类学家们带到了公司中。这个目标在于应用人类学家从新产品概念上所了解到的东西。这是了解顾客的一种极端形式[4]。

与此同时，越来越多的市场营销人员开始在营销实践和调查中使用人类学方法。例如霍尔特（Holt），通过采用人类学的方法，发现文化资本结构，美国人民的消费模式和行为[5]；格里菲思（Griffith），使用半结构化的面试技巧，进行了约旦的中央市场上有关买家和卖家的调查，从很多方面阐明了

---

① Winick, C. (1961). Anthropology's Contributions to Marketing. *Journal of Marketing*. Vol. 25, No. 5, pp. 52 – 60.

② Sherry, J. (1995). *Contemporary Marketing and Consumer Behavior: An Anthropological Sourcebook*. Thousand Oaks, CA: Sage Publications, Inc.

③ Tian, R. (2001) Cultural Awareness of the Consumers at a Chinese Restaurant: An Anthropological Descriptive Analysis. *Journal of Food Products Marketing*. Vol. 2001, No. 7. pp. 111 – 130.

④ Tian, R. G. (2002). Anthropolgical Approaches to Marketing: The New Practices in the 21st Century. *Practing Anthropology*. 24 (1), 39 – 40.

⑤ Holt, D. (1998). Does Cultural Capital Structure American Consumption? *Journal of Consumer Research*. Vol. 25, June 1998. pp. 1 – 25.

文化可能会影响基于传统的社会中的零售组织的一方面[①]；罗西特（Rossiter）和陈（Chan）发现了种族划分对于企业和消费者的行为起着重要作用[②]。他们的研究表明，随后在国际贸易、迁移和旅游的增长中，有一个逐渐增强的全球商务需求，消费者行为理论也涵盖了种族划分的问题，这是一个在人类学研究中传统的主题。

第二节 营销中的人类学方法

市场营销学者们德米尔吉安（Demirdjian）和森古德（Senguder）提到营销学已从社会科学学科中借鉴了很多。经济学已成为了营销中的亚当和夏娃。在传统上，经济学更加关注运营和社会中的经济系统动力学，反而较少关注个人消费者或买家的行为。它的焦点在于如何使系统作为一个整体运作，而不管个人消费者的各自行为。此外，经济学家在假设中关于市场的运作本质还在纯理论阶段。大多数营销人员发现这些假设很难被接受。营销采取了许多经济学上的概念，如供应和需求、定价理论、效用，边际分析和收入是购买行为的关键影响因素。

德米尔吉安和森古德指出许多年来，经济人理论已经渗透到营销思想与实践中，并作出消费者是理性的假设，理性的消费者会积极寻求信息、客观地评估可用的替代方案，并进行产品或服务的理性选择，以实现他们的利益最大化。然而在另一方面，如消费者情感方面，直到营销人员开始认真探索它之前都一直被忽视。尽管经济学领域已为营销提供了根基，它却未能为营销提供所有的需要去理解消费复杂动机的概念。通过片面强调消费者作为决策者的客观性与合理性，消费者的情感方面被淡化了。因为在很多方面无法提供可行的解释，营销学者开始从其他社会科学中寻求对消费行为的认识，

① Griffith, D. (1998). Cultural Meaning of Retail Institutions: A Tradition – Based Culture Examination. *Journal of Global Marketing*. Vol. 12 (1). pp. 47 – 59.

② Rossiter, J. and Chan, A. (1998). Ethnicity in Business and Consumer Behavior. *Journal of Business Research*, Vol. 42. pp. 127 – 134.

尤其是来自心理学、社会心理学、社会学和人类学[1]。大名鼎鼎的美国西北大学凯洛格商学院营销学教授、人类学家约翰·雪利（John Sherry）曾经指出，作为关键的学科，营销学正和人类学一起为知识产权合作提供某些独特的机会。营销思想的演变已经被塑造得类似于一种土地征用权，它承诺吞没所有接壤的学科，如政治经济学，还有人类学也已通过合并和收购各种社会科学、自然科学、行为科学后不断壮大[2]。

然而，这个观点却不能被某些人类学家所认同，他们往往趋向于关注市场与交易，而非营销本身[3]。例如，来自丹麦的人类学家布莱恩·莫兰（Brian Moeran），测试出了日本熏香在生产和消费中，其气味对所处环境的价值。他提出人类学和营销（哪怕是其中某些共享方面的方法和理论的关注点）都无法特别成功地检测出气味本身，而对于其中的社会文化却未必。他论证了熏香制造商和零售商两者都需要考虑的一些因素，如颜色协调、包装和命名，这其中哪些与气味无关，就把它们纳入实践中，以创建并维持当代日本人嗅觉器官的体验[4]。

在早前的文章中曾经讨论过人类学家对营销的贡献，查尔斯·威尼克（Charles Winick）声称至少在 3 种情况下，人类学家的知识可以应用于市场营销中。这些分别是专门的学问、文化主题的认知与禁忌的敏感性[5]。对于某些人类学家们而言，不太愿意接受具有新想法的市场营销者，尽管也有持折衷主义使用态度的人类学家们，如克洛德·列维·施特劳斯（Claude Lévi－Strauss）和玛丽·道格拉斯（Mary Douglas），他们当时专注于发表一些关于二元对立、图腾崇拜、格栅和群组等观点，这些在当时而言，与营销

① Demirdjian，Z. and T. Senguder（2007）. Current Perspectives in Consumer Behavior：Is the Social Science Odyssey Over? In S. Demirdjian，T. Senguder，& R. Tian（Eds.），pp. 3－11. *Perspectives in Consumer Behavior：An anthropological approach*（pp. 12－28）. Fort Worth，TX：Fellows Press of America.

② Sherry，J. Jr.（1987）. Marketing and Consumer Behavior：Windows of Opportunity for Anthropology. *Journal of the Steward Anthropological Society*. Vol. 16，Nos. 1－2. pp. 60－95.

③ Carrier，J.（ed.）（1997），*Meanings of the Market：The Free Market in Western Culture*，Oxford：Berg.

④ Moeran，B.（2007）. Marketing scents and the anthropology of smell. *Social Anthropology*，Vol. 15 Issue 2，pp. 153－168.

⑤ Winick，C.（1961）. Anthropology's contribution to marketing. *Journal of Marketing*，Vol. 25，No. 5，pp. 53－60.

要作为一门学科和实践努力奋斗的方向背道而驰①。

对于雪利教授来说，营销行为本质上就是一种适应策略，它交换那些可以影响行为者生存机会的资源和环境，这其实是文化体系的一个基础，它不可避免地会与政治相关。他认为，营销和消费者的行为可以被看做是一个社会文化系统在遵从人类学知识的评判。在他眼中，将人类学方法运用到营销中的其中一个好处是使所有潜在探究领域合法化，结束某些头号话题的霸权地位，如决策，提升专注于过程和环境的价值②。

历史上，最广为人知的将人类学应用到营销中，作出巨大贡献的是玛丽·道格拉斯，她主张购买本身就是代表了追踪社会目标，对促进群体与他人交流作出评估，了解在周围世界发生了什么事。道格拉斯认为，从日常消费品的购买中能传送和接收到一些关于社会场景的信息，这能帮助修建桥梁或建造社会围栏。在此基础上的商品是为了寻求其他用户的标志，如用户的自我形象、等级和价值观念；有的是为了组成组织，如婚姻和家庭；有的为了减少家务，以便提供更多时间参与社会；最后，通过报纸、电视、书籍等等，来发布事件的命令，就是为了了解周围世界③。

人类学方法和观点从所有维度上看都适用于所有的市场营销领域。然而，正如雪利所指出的，国际上营销的所有子领域长久以来最适合运用人类学的方法及观点④。人类学家经过专门的培训，就是为了研究如何从民族性格和差异中将自己国家与其他国家区别开来。一个受过良好训练的人类学家，应该能够提供鉴别从个人到不同的国家或文化中微妙差别的技能。为此，国际营销中的人类学应用形成了一个成果，那就是以文化为导向，这能帮助国际市场营销人员更好地适应外国文化背景，并在那儿销售他们的产品或服务。在此域中工作的人类学家可以帮助市场营销人员进行市场细分，设

---

① De Groot, G. (1980). *The Persuaders Exposed - advertising and marketing: the derivative arts.* London: Associated Business Press; Douglas, Mary and Baron Isherwood (1979). *The World of Goods: towards an anthropology of consumption*, New York: Basic Books.

② Sherry, J. Jr. (1987). Marketing and Consumer Behavior: Windows of Opportunity for Anthropology. *Journal of the Steward Anthropological Society.* Vol. 16, Nos. 1 - 2. pp. 60 - 95.

③ Douglas, Marry & B. Isherwood (1979). *The World of Goods.* New York, NY: Basic Books.

④ Sherry, J. Jr. (1987). Marketing and Consumer Behavior: Windows of Opportunity for Anthropology. *Journal of the Steward Anthropological Society.* Vol. 16, Nos. 1 - 2. pp. 60 - 95.

计适应或标准化的发展战略、给每个部门提供独特的方法工具[1]。

雪利表示，特普斯特拉（Terpstra）的协作努力，也许是几个早期先驱中尝试让人类学成为营销学中有意义的方面中最雄心勃勃的一人。特普斯特拉将文化环境进行了8个功能板块的剖析（语言、宗教、价值观和态度、社会组织、教育、科技和物质文化、政治和法律），还有关于五个维度的对比（变异性、复杂性、敌意、非均质性和相互依存度）是最具有教育意义的[2]。然而，这与历史无关的，像轶事一样的，类似食谱的陈述却禁止将材料提升，从而得到相关理论上的或战略上的意义[3]。

这些先驱们关于修订版的努力，是为了试图弥补这一缺陷。相反，由康普里厄（Camprieu）、西斯（Sheth）和赛西（Sethi）构建的模型，其理论的潜力是巨大的，然而由于存在细节上的不充分性，而被当作在实际运作方面存在问题[4]。在当时，大部分主要的国际商业教科书中都反映出了在处理市场营销问题中描述性细节与整体框架之间的紧张关系。因此，一种关于跨文化视角的新模型被创建出来；一些学者在跨文化研究的方法学上的使用是国际市场营销中最大的贡献。在下一节中，我们会进一步讨论更多的跨文化营销问题方面的细节。

根据雪利的说法，对于国际市场营销研究人员而言，目前在探索人类学横向架构方面已经有几种途径开放给他们。一个最具挑战性的是，将从国际舞台上取得的经验转移到国内的市场营销问题中来，尽管这与他们当前的目标相背离[5]。其他必要的任务，包括运转文化概念，从普遍的消费者需求中区分出本地的需求，开发相对论（非族裔）的概念和理论用来反映本土化

---

① Eroglu, S. (1983). Cross - Cultural Consumer Research: Potential and Problems. In Proceedings of the I3th Annual Albert Haring Symposium, Doctoral Research in Marketing, ed. n. a., Bloomington, IN: *Indiana Graduate School of Business*. pp. 94 - 123.

② Terpstra, V. (1978). *The Cultural Environment of International Business*. Cincinnati, OH: South - Western Publishing Co.; (1983). *International Marketing*. New York: Dryden.

③ Sherry, J. Jr. (1987). Marketing and Consumer Behavior: Windows of Opportunity for Anthropology. *Journal of the Steward Anthropological Society*. Vol. 16, Nos. 1 - 2. pp. 60 - 95.

④ Terpstra, V. and K. David (1985). *The Cultural Environment of International Business*. Cincinnati, OH: South - Western Publishing Co.; Camprieu, R. (1980). *A Paradigm for the Cross - Cultural Investigation of Consumer Behavior*. Working Paper 80 - 8, Faculty of Administration, University of Ottawa; Sketh, J. and S. Sethi, (1977). A Theory of Cross - Cultural Buyer Behavior, in *Consumer and Industrial Buying Behavior*, eds. A. Woodside, J. Sheth and P. Bennett, New York: North - Holland, 369 - 386.

⑤ Wind, Y. and H. Perlmutter (1971). On the Identification of Frontier Issues in Multinational Marketing. *Columbia Journal of World Business*, (Winter), pp. 131 - 139.

意识，改进研究设计①。另一项重要挑战是确保长期的社会文化一体化，不是贡献出了一种用形式表示的私利概念，而是贡献出了一种接纳和推广普及创新的方法②。

如前文所述，营销中的人类学方法包括这两种方法，一个是观察世界的方法，一个是了解世界的技巧。它涉及将民族志中的数据收集运用于营销过程中。它使用参与式观察、访谈、调查及焦点小组和研究人员的帮助等不同方式。例如，广告公司和他们的客户们为了更好地了解消费者的行为，要记住的关键词是“语境”：在纸上看上去好的想法，但能让客户感同身受吗？通过观察人，例如他们在杂货店和商场购买产品，以及他们在厨房和卫生间如何使用产品。

工商人类学家可以在许多方面帮助市场营销人员们，如确定当前的产品和服务能不能满足需求，去测试和调整新产品，去通过创建指示标志和产品放置地点来达到最大促销量。为了让顾客满意，去更改或重新设计产品和服务，这里只是举几个例子③。

人类学家和人类学方法可以运用到市场营销中，是因为它们提供了独特的视角。例如使用广告，焦点小组可能会被用来寻找在当地范围内的人口统计资料，以便挑选出最好的比较特别的广告活动。这时的人类学家会研究人们对广告的反应如何。人类学家可能会注意到，有时候在广告期间，人们会去卫生间或厨房，而有的人就直接将音量调小。因为人们可能会执行多个任务，所以知道他们在做什么的唯一方法，就是通过观察，这也是人类学家在他们实地研究中使用的基本技巧之一。随着人类学在概念和方法上作出的贡献，其实营销人员也可以从专门的分析和研究技巧中受益。事实上，许多在研究消费者行为上成功的人类学研究已经论证了这些技巧是怎样帮助营销人员处理范围广泛的市场营销问题。

---

① Eroglu, S. (1983). Cross - Cultural Consumer Research: Potential and Problems. In *Proceedings of the 13th Annual Albert Haring Symposium*, *Doctoral Research in Marketing*, ed. n. a., Bloomington, IN: *Indiana Graduate School of Business*. pp. 94 - 123.

② Sketh, J. and S. Sethi, (1977). A Theory of Cross - Cultural Buyer Behavior, in *Consumer and Industrial Buying Behavior*, eds. A. Woodside, J. Sheth and P. Bennett, New York: North - Holland, 369 - 386.

③ Jordan, Ann. (2003). *Business Anthropology*. Prospect Heights, IL: Waveland Press, Inc; Baba, M. (2006). Anthropology and Business. In H. Birx, J. (Ed.) *Encyclopedia of Anthropology*. Thousand Oaks, CA: Sage Publications. pp. 83 - 117.

基于以前的工商人类学研究，市场营销人员可以使用以下的人类学上的用来进行数据收集和分析的工具去进行营销（有关详细信息，请参阅第4章）。

1. 观察法。在市场中的很多地方都可以用到观察法（车间、食堂、董事会里）记录下很多短暂的信念和价值以及社会的关系。尽管这个方法可以提供丰富的数据，但也十分耗费时间。所以相对地，使用观察法的营销人员可能会受到时间和金钱上的约束。

2. 访谈。开放式访谈是一种发现人们真实想法的技术，因为它可以了解到人们对营销者推销在市场上的商品和服务中的哪方面感兴趣。例如，被访者有关特定产品或服务的意见，从被访者的角度看提高产品或服务的建议。访谈可以与个人进行，也可以与团体进行。每种方法都有各自的优势和劣势。但是对于每个方法而言，收集数据的质量很大程度上取决于营销人员的访谈技巧（以及团体访谈的引导技巧）。在任何情况下，请务必记住，访谈者要引出的是陈述一种对市场营销的认知，而不是其现实本身。

3. 文献分析。市场趋势和消费者行为往往会留下痕迹，通过研究这些痕迹，我们可以了解很多。所有的文献，如记载、信件、报纸、电视节目、书籍、日记和电子邮件，都可以用于追踪人们的生活。我们把留下的对这些踪迹的研究称为人类学家的文献分析。文献分析在人类学传统中是主要方法之一。此方法的目的在于把信息用类似上文所述的方式存储起来，然后从中提取它的关键主题、战略、价值和信息。编码方法经常被用于系统的记录，然后分析收集到的信息。

4. 情景假设。情景假设可以通过询问被调查者一系列问题而被创造出来，例如“如果那样，什么会发生……？你通常习惯上怎么做？你为什么会作出这样的选择？你的家庭对此有什么反应？”将情景假设放在访谈的语境当中，探索出一些更贴近市场现实的，有代表性的回应，而不是标准问题下的反应，因为它们鼓励被调查者谈论他们经历过的常规行为。

5. 关键事件分析。与情景假设相似，关键事件分析尝试通过访谈过程来得到被调查者的生活体会。在这个过程中，被调查者会被要求回忆起在生活中他们觉得比较关键的事件或情境，如购买新房子。对事件的选择以及一些重复提到的细节，其实就包含了被调查者如何看待世界的这些宝贵信息。当然，围绕关键事件进行的观察行为也是很理想的。但是，营销人员不可能经常有机会来做这些。因此，要求被调查者回忆起关键事件，并要求他们重新再现当时的行为、信仰和围绕这个关键事件的态度是下一步得到规范模式和可能原因的最好方法（实际上得看关键事件是否会出现问题）。

6. 网状分析。网状分析包括追查个人与群体之间的联系，如谁花了时间跟谁一起？什么时候？在哪里和为什么会跟他一起？可以通过观测和/或访谈，来收集这些有关社会联系的数据。此类数据可以用于说明市场的非正式体系情况，包括子文化群体。

7. 焦点小组。其实对于工商人类学家而言，当焦点小组这种方法运用于尝试发现在市场营销方面，哪些产品或服务将在什么样文化语境的情况下进行正常工作，其重要性是很难被高估的。焦点小组通常包含一个受过训练的领导者和6个或8个外行人，他们被带到一起讨论，为一个特定的主题给出理想的线索。该团体中的外行人，不是领袖，都被视为在这一领域的专家。对于感兴趣的主题，通常不是直接刨根问底；而是参与者彼此之间自发地进行合作，提供给他们的各种道具往往被视为对问题的直接揭露，而不是回答。焦点小组成员会对有形的目标进行观察，并熟练地操作他们，这是为了形成有刺激性的思维和会话——这种方法是焦点小组调查中的一个常用到的部分。在商业营销实践中，这种技术被营销者和人类学家们广泛地运用。

不幸的是，没有任何的“烹饪书”公式，能够帮助市场营销人员在特定的市场营销情况下决定使用哪种方法。在市场营销实践中，有几个因素可能会影响特定某一技术或某一组技术的选择：（1）理解问题所需要的信息，并提出有效的建议；（2）可用的时间和资源（包括人和钱）；（3）营销人员的期望（通常是营销人员必须对定性数据辅以一定的定量数据，以获得决策者的信赖）；（4）与其他团队成员达成共识。在周围的同事之中，如果没有接受过人类学训练的，可能有他们自己更好的技术，这样就有必要在做市场调查项目之前，进行内部谈判（当然，如果是营销人员独自一人负责该项目的话，这不是问题）①。

---

① Tian, R. (2010). The Unique contributions and Unique Methodologies: A Concise overview of the Applications of Business Anthropology. *International Journal of Business Anthropology*. Vol. 1 (2). pp. 70 – 88.

第三节 国际营销中的跨文化问题

20 世纪 90 年代末已经被证明是营销史上最令人兴奋和充满机遇的开始。正如我们所知，大规模的营销已经是过时的了，进入 21 世纪以来，根据客户的需要而进行定制的营销变得越来越重要。在网络营销、国际营销和跨文化营销中，很明显营销人员在21 世纪将需要面临比以往更多的挑战。与此同时，这三种形式的营销给实践中的市场营销人员提供了更多的机会。就目前我所知的这三种类型，无论是从理论上，还是实践中，都是营销领域中被讨论得最多最热门的话题；它们将对整个市场营销行业产生一定的冲击和影响。

市场营销专业人员不仅需要认识到这些潜在的冲击和影响，而且还需要认真地对待的冲它带来的冲击和影响。这三种类型的市场营销，每个都能成为大学市场营销课程讲座中的一系列课题。例如，随着互联网的快速发展，新的营销技术不断增加，从而产生了电子营销；反过来，电子营销也许可以在 21 世纪中的每个阶段被发现，电子媒体、电子邮件、光盘、互联网和电视购物等发展迅速。21 世纪的市场上将会迎接每个新的营销技术，在当今市场的任何时间，将会产生大容量的成千上万的零售商和公司。

全球化在 21 世纪是一个必经的过程，这也就自然形成了跨文化。一方面，世界正在变得更统一，国家与国家之间市场之间的隔阂不仅仅会减少，甚至对于某些产品而言，区别将会完全消失。这也就意味着营销学成了世界性学科。然而，在另一方面，国家、地区和民族之间的文化因素差异却变得更加明显。这表明，近年来，国家的“文化权利”主张成了制定贸易政策、保护知识产权和保护国家资源利益的重要准则。在 20 世纪召开的一次法语国家首脑会议中，它要求文化独立于关贸总协定/世界贸易组织的有关货物贸易的规则。这些主张不会影响这些国家的公共政策，但却会影响国际贸易规则。当我们正面临着 21 世纪，经济全球化不断发展的时候，它可能会启动跨国营销中的文化贸易保护主义。从营销的角度来看，对文化的认知，作为市场营销人员而言，是十分重要的，因为世界中的文化也逐渐全球化；21 世纪是世界的市场，更是跨文化的市场。对文化差异保持一定的意识和敏感度，将成为在21世纪市场上取得成功的重要前提①。

先前关于全球市场营销问题的研究重点主要放在全球化本身及其过程中的一些不同类型的特征上，很少有研究注重全球营销中的文化差异方面的研究②。另一方面，在跨文化问题上，有较大部分的文献资料，因此很多人并不选取它作为营销的主题③。

显然在21世纪，我们需要检测的是无边界的市场，国家的界限已经不再成为市场营销、经济规划和商业决策应该考虑的准则。因为文化边界的影响，了解文化边界对于产品和行业显得尤其重要。民族文化是影响经济发展、人口行为和世界各地的一般商业策略的一个关键因素。

我们也需要认识到跨文化问题不仅会影响国际市场，而且也会影响国内市场。例如，在美国外国文化不是外国公民的专属。在这个新的多元文化时代，21世纪的美国公民可能是越南、中国、日本、海地、俄罗斯、波斯尼亚、美洲原居民或印度民族的后裔。因此，对文化的了解很重要。对于那些要与国外客户、供应商和银行家相处的人，认知文化不仅重要而且还具有强制性。已经发生改变造就了世界跨文化的过程，在这个过程中，营销人员必须充分了解国家、本地以及种族间的文化差异。谁做到了这一点，谁就是21世纪市场中的赢家。

营销人员已经普遍承认，文化差异对顾客选择产品的巨大影响力是全球市场的关键。品牌名称，以及产品的颜色和功能严重地受到当地外来市场文化的影响。例如，有些话语，对中国的消费者而言，是很不尊重他们祖先给予下来的文化传统的表现，在中国，人们应该崇拜他们的祖先④。

---

① Tian, R. (2002). Cross-cultural Issues in the 21st Century Marketing. *The Journal of the Association of Marketing Educators*, Vol. 5, No. 3. pp. 21-29.

② Czinkota, M., Ronkainen, I, Tarrant J. (1995). *The Global Marketing Imperative*. Lincolnwood, Illinois: NTC Business Books.

③ Harris, P. & Moran, R. (1987). *Managing Cultural Differences*. 2nd ed. Houston, TX: Gulf; Giovannini, M. J. & Rosansky, L. M. H. (1990). *Anthropology and Management Consulting: Forging a New Alliance*. The American Anthropological Association.

④ Marshall, Greg W. and Mark W. Johnston (2010). *Marketing Management*. New York, NY: McGraw-Hill Irwin.

一、界定人类学上的跨文化营销

在全球化的经济环境背景下，对于今天的市场营销经理而言，了解如何在不同的文化背景下做生意已变得越来越重要。根据文化差异对产品进行有效的配置，已成为成功的关键因素。

由中国年轻的专业商人所叙述的下列观察能够佐证我们的观点。据说，在20世纪80年代末到90年代期间，日本生产的彩电主导了中国的电视进口市场。在80年代初，有很多国外的电视生产厂家，主要是日本人和欧洲人对中国市场进行了广泛的综合性研究。在他们最初的调查之后，欧洲生产者决定不在中国销售它们的产品。他们的结论是，鉴于当时中国的人均GDP很低，因此根据它们对中国市场的研究，中国人民是不太可能愿意购买奢侈品，例如彩色电视机。

然而，日本的电视机营销人员，经过长时间的仔细观察，发现中国人有一代接一代储蓄的文化传统。他们还发现，中国人往往会为未来的消费而现在存钱，这有别于西方文化的消费现状，即花未来的钱进行现在的消费。此外，他们还意识到，尽管中国国内已有彩色电视机制造商，但是中国消费者似乎对进口产品更有信心。因此，日本的市场营销人员总结到，中国家庭能够调动他们的财政资源，来购买日本产的高质量的彩色电视机。正如他们所预测到的，几乎每个中国家庭会在未来2—3年内积累起他们每月的工资，以实现自己的梦想，那就是得到一台电视机。由于日本的彩色电视生产厂家对中国文化十分了解，因此他们取得了很大的利润，而欧洲的竞争者们却因为缺乏对中国文化的了解，而失去了机会①。类似这样的例子数不胜数，例如，大多数在波斯湾上取得成功的美国经销商们，很多是因为他们会针对文化敏感性，作出一些适应性和灵活性的行动和政策②。

文化对市场营销的影响是显而易见的，要探究这些影响，我们需要首先对文化本身进行探讨。有很多关于文化的定义；然而，最常被引用的是营销

① Tian, R. (2002). Cross-cultural Issues in the 21st Century Marketing. *The Journal of the Association of Marketing Educators*, Vol. 5, No. 3. pp. 21-29.

② Martin, E. (1993). Ethical consumption Experiences and Ethical Space. *Advances in Consumer Research*. Vol. 20, 1993. pp. 113-118.

学者哈里斯（Harris）和莫兰（Moran）提出的那一个①。据他们所说，根据文化给人的感觉来归属他们是谁，他们应该如何表现和他们应该做什么。它提供了一套学习、共享和相互关联的符号代码和直接指导人类行为的价值观念。在市场和消费者行为研究中关于文化概念的使用已是极小的了；这也是营销人员和消费者中常见的忽略其概念的深度及其对人类行为分析的隐暗含义②。

研究人员表示文化可以被看成是两个极端之间的一个连续体：基于传统与现代之间。这种分类随着两个相互关联的维度被进一步下定义：经济和文化之间的“边界”。在经济上，基于现代的文化，以被市场驱动、竞争的、后产业化经济系统为特征。美国、加拿大和其他西方社会被分类为基于现代的。与此相反，非洲、亚洲和中东社会通常被分类为基于传统的，这里以中央集权、合作、土地、旧产业化系统为特征。

从文化界限来说，基于传统的文化将大量的重点放在它们的历史、传统和既定的公约上，但是基于现代的文化却不将它们的传统融入社会中③。基于传统社会的文化界限可延伸到其市场体系中。赛义德（Samiee）表示发展中国家可分为两种：一种是一般的基于传统的社会，它拥有比现代文化更惊人的不同的市场系统；另一种是与基于现代和基于传统文化取向相一致的社会，他认为经济和社会因素都会影响营销机构的发展与适应④。

对商业上文化界限的理解（即一种放弃传统方法，并适应新方法的文化意愿）不仅对国际市场营销的效率是必要的，而且还为国内少数民族人口的市场营销提供必要的条件。在20世纪80年代末由中国少数民族地区作者进行的研究表明，文化影响消费者行为得看产品的分布。他注意到族裔群体消费者的文化取向有助于建立和维持有效率的，多层的网络分布，这当然离不开供应商的忠诚和大量小型零售商的支持。它将使得我国国有零售企业

---

① Harris, P. & Moran, R. (1987). *Managing Cultural Differences*. 2nd *ed*. Houston, TX: Gulf.

② Douglas, S. & Craig, C. (1995). *Global Marketing Strategy*. New York, N. Y.: McGraw - Hill; Griffith, D. & Ryans Jr. J. (1995). Strategically Employing Natural Channels in an Era of Global Marketing. *Journal of Marketing Practice: Applied Marketing Science*, 1 (4), 52 - 72.

③ Bandyopadhyay, S. & Robicheaux, R. (1993). The Impact of the Cultural Environment on Interfirm Communications. *Journal of Marketing Channels*. 3 (2) pp. 59 - 82; Harris, P. & Moran, R. (1987). *Managing Cultural Differences*. 2nd *ed*. Houston, TX: Gulf.

④ Samiee, S. (1993) *Retailing and Channel Considerations in Developing Countries: A Review and Research Propositions*, 27 (12) 48 - 66.

比外国的商业机构更有利可图[①]。同样，格里菲斯（Griffith）和瑞安斯（Ryans）表明，在某种程度上，消费者的喜好已使得文化的暗含义在营销营运中派生出来了。他们表明，目标市场的文化特征将会顺应某些有文化界限的内部结构，例如本地存储区或集市[②]。

对来自西方国家的营销人员来说，他们可能不太容易理解发展中国家的市场体系，因为他们接受的是一种基于现代的文化熏陶，而发展中国家则是崇尚基于传统。这种难以理解的情况，同样也可能发生在发展中国家人们去看待现代文化社会的时候。例如，格里菲斯就注意到，很多美国市场营销者，对于法国政府严格限制零售商店规模的政策感到难以理解，尤其是对于那些已经获得成功的高效超市。他表明法国政府采取的行动是为了保护本地家庭式的零售商，所以放弃了大型零售分销系统带来的经济效率，这很有可能是文化上的原因[③]。

有人争论说，政府的干预（如法国的案例）可能打算保护其社会文化，使其维持在现有的市场系统或结构中[④]。然而，尽管有一些冲突存在，当更高效的超市结构存在时，却仍然有传统市场集市继续生存在社会中，这种情况在中国的一些地区有出现过。有人说，只有当两个系统成为相互依存和补充时，这种和谐是可以实现的[⑤]。因此，作者才会主张说，文化因素无疑会对营销产生一定的影响，只要市场营销人员都能够意识到和并对文化差异有一定敏感度，那么其可有可无。

跨文化营销被定义为，在围绕消费者所进行的营销战略过程中，营销者自身的文化至少有一个基本文化方面与消费者的文化存在差异，如语言、宗教、社会规范和价值观、教育和生活等。跨文化营销要求营销人员意识到并对文化差异有一定的敏感度，尊重各种文化和市场中消费者的文化权利，营

---

① Tian, G. (1987). The Achievements and the Development of Commerce and Trading in West China Regions. Shi, Z. (ed.) *The West China Minority Areas Economy Development Studies.* Beijing, Minzu Press, 1987.

② Griffith, D. A. & Ryans Jr. J. K. (1995), Strategically Employing Natural Channels in an Era of Global Marketing. *Journal of Marketing Practice: Applied Marketing Science*, 1 (4), 52 - 72.

③ Griffith, D. (1998). Cultural Meaning of Retail Institutions: A Tradition - Based Culture Examination. *Journal of Global Marketing.* Vol. 12 (1), 47 - 59.

④ Griffith, D. A. & Ryans Jr. J. K. (1995), Strategically Employing Natural Channels in an Era of Global Marketing. *Journal of Marketing Practice: Applied Marketing Science*, 1 (4), 52 - 72.

⑤ Tian, G. (1988). Contemporary Social, Economic, and Marketing Strategies for Anning. *Thinking Front*, Yunnan University, Vol. 4, 1988.

销人员应该了解这些消费者有其文化方面的权利。如果营销者想要在跨文化营销中成为赢家，他们就必须创建市场营销组合，满足消费者的价值标准，并认可他们的文化权利。

以中国的文化为例。西方营销人员想要取得成功，尊重中国政府的有关国情方面的主张是很重要的，国情是指“要考虑中国的特殊情况或特征”。西方的市场营销人员应了解中国和中国政府本身就应该得到尊重国情的权利①。从人类学的角度看，所有的市场行为都是受到文化制约的。消费者行为和商业实践这两者在很大程度上要在其文化范围内执行②。因此，为了匹配市场营销组合中的消费者喜好、购买行为、潜在的市场和产品使用模式，营销人员必须彻底了解这一市场的文化环境。换句话说，他们应该根据跨文化性质进行营销。

但是，这决不是建议所有营销人员去关注文化差异方面，只通过调整市场营销计划去使其被各种市场中的消费者所接受。与此相反，有人曾说过，成功的营销人员还应寻找文化的相似之处，以便找到机会对标准化的营销组合实施修改。要能够熟练地操纵全球市场内的异同，这是 21 世纪最重要的企业营销策略之一。

二、相似与差异——跨文化意义上的营销

如上所述，跨文化意义上的营销需要营销人员确定市场的文化可行性。为了确定市场的文化可行性，就意味着市场营销人员应积极确定一些市场中营销计划的文化因素。这些因素也许明显或不明显的存在于市场中，因此，成功的营销人员能够使用的那些已经存在的因素，并同时发现其他不明显的因素。经典的人类学理论表明，虽然所有人类的行为，包括市场行为，都发生在一定的文化背景下，但是人类还是可以通过他们的行为去影响，甚至改变它们，使得文化环境适应他们的行为③。

---

① Yan R. (1994). To Reach China's Consumers, Adapt to Guo Qing. *Harvard Business Review*, pp. 66 - 74.

② Hamilton, D. B. (1987). Institutional Economics and Consumption. *Journal of Economic Issues*, December 1987, pp. 15 - 41.

③ Hall, E. T. (1976), *Beyond Culture*. New York, N. Y.: Anchor Press - Doubleday; Hamilton, D. (1987). Institutional Economics and Consumption. *Journal of Economic Issues*, December 1987, pp. 15 - 41.

因此，文化不仅影响营销，营销也会影响文化。营销人员可以作为促使文化改变的原动力。市场营销与文化之间的相互作用可以从三个角度审查。首先，文化为消费者和商业界定了可接受的采购和产品使用的行为。布鲁诺（Brunso）和格伦特（Grunet）基于从丹麦、英国、法国和德国收集来的数据，他们分析发现，跨文化因素的确对人们购买食物的行为有影响[①]。让我们以商务礼品为例，在一些文化中，如果这个商务礼品是本来预计就要送的，却没有送出，那么这是对主人的一种侮辱。在一些国家，赠送礼品是一种义务（如日本），这样可能有利于实际交往。然而，在其他文化中，提供商务礼品可能被误解为不合适的，而因此得罪收件人[②]。

其次，文化中的每个元素也会影响市场营销组合中的每个组成部分。举个例子，宣传推广就受到语言的强烈影响。产品验收就受到文化态度变化的影响。另外，服务配置也受到社会机构的影响，例如血缘关系。

再次，营销也会影响文化，特别是通过文化介入来促成变化。从长远来说，随着更多的市场逐渐融入全球化和标准化的市场，营销组合会增加，文化变迁的速度也会增加。

以语言为例，语言差异可以创造一些异常的和偶尔幽默的营销错误案例。当可口可乐公司在日本推出了节食可乐时，初期的销售人令人失望，直到公司意识到日本女人不喜欢节食的概念以及日本文化中有节食会导致疾病的说法，他们才知道这当然不会有产品需求。后来，公司把可乐改名为清淡型可乐，这在世界各地就有效得多。公司也要使它们的产品去适应当地市场。制造厨房产品的制造商发现日本市场难以渗入。科菲和飞利浦公司发现它们的咖啡壶在日本并不好卖，原因是亚洲的厨房一般都比西方的要小得多。那些大型一点的咖啡壶在美国很好卖，却与日本厨房的柜台不太适合，为此，咖啡壶的市场营销人员不得不按照日本厨房样式和大小对产品进行修改[③]。

尽管如此，文化却可能会改变得很慢，因此许多特定的产品会面临着旷

---

① Brunso, K. & Grunet, K. (1998). Cross - cultural Similarities and Differences in Shopping for Food. *Journal of Business Research*. 42, 145 - 150.

② Arunthanes, W., Tansuhaj, P. & Lemak, D. (1994). Cross - cultural Business Gift Giving: A New Conceptualization and Theoretical Framework. *International Marketing Review*. 11 (4), 44 - 55.

③ Marshall, Greg W. and Mark W. Johnston (2010). *Marketing Management*. New York, NY: McGraw - Hill Irwin.

日持久的阻力。因此，在不同市场中找到相似之处，并从战略上使其能够进入新的跨文化市场是市场营销人员的主要任务。跨文化意义上的营销是一个过程，在此期间，营销者需要不断地调整他们的行为和市场营销计划，以适应目标市场。然而，当市场营销人员进入国外市场时，他们经常会落入以自我为参照标准的“文化陷阱”中去，这是一种根据自己的文化经验和价值观去适应另一市场文化的潜意识表现。比自我参照标准更危险的是民族中心主义，他们认为自己的文化是优于其他任何文化的。

格斯特兰（Gesteland）基于他广泛的经验已经发现，在多样化的文化背景下执行业务需要特别注意四个配对的文化模式。这四个配对的文化模型是：（1）交易集中与关系集中型文化；（2）正式与非正式商业文化；（3）刚性时间与流体时间文化；（4）张扬与内敛型文化。举个例子，在关系集中型文化中，当地的公司不会与陌生人进行生意来往。在那种文化中，与合适的人发展好的关系是很重要的。在进行业务商讨前，需要花费一点时间来培养个人关系。这些特征在大多数的亚洲、非洲、中东地区和拉丁美洲中占主导地位。在交易集中型文化中，强调的是马上展开生意，甚至是与陌生人。在讨论期间，可以发展双方之间的良好关系。书面的协议被视为最重要的，在德国、英国、澳大利亚、新西兰和北美这些国家还会制定契约票据。

在正式和非正式的文化之间的确有着差异，在这当中的销售商们必须意识到，这种差异可能会产生不利影响。例如，这些正式的文化主要位于欧洲、大部分的亚洲、中东地区和拉丁美洲中，它们的社会大多数是等级森严，有自觉的身份意识和礼仪道德。在一些非正式文化中，在一定程度上如美国、澳大利亚、加拿大、丹麦、挪威和新西兰这些国家，它们的社会更加平等、开放，个人的能力超过了关系和身份地位。

格斯特兰甚至还根据他对时间的看法把文化进行了分类。在单向性时间文化中，时间是很重要的，应该最有效地使用它。讨论应按照商定的议程，像流水线那样迅速地进行。认为时间是一去不复返倾向的国家主要是在北美、西欧和亚洲东北部。在多样性时间模式文化中，业务讨论往往按照他们自己的逻辑，而不是固定在大纲里。在这些文化中，亲疏关系比最后期限更有价值。在多样性时间模式文化中，营销人员谈判达成协议的计划，最好在议程中有宽松的时间跨度。多样性文化大多存在于非洲、东南亚、中东地区和拉丁美洲①。

尽管格斯特兰的观点是有用和切实可行的，但却被告诫说有将个别文化定型区别于其他文化的嫌疑。人类学理论辩称它是危险的，并认为他将自己的行为模式投射到不同文化的本质分类上是缺乏远见的②。更具体地说，不同文化背景的人有不同的市场价值和行为。据观察，在一段很长的时间内，不只是个别中国移民的消费和购买模式，在中国的其他人的社会/经济行为对比起在加拿大的，也是完全不同③。在许多情况下，市场营销人员可能知道这些文化是不同的，但是不知道他们有何不同；要了解和知道通过什么杠杆去撬动买家/消费者，使用的唯一途径是做研究。我会论证人类学的方法是进行跨文化市场营销研究的最有效方式之一。

三、网络营销中的跨文化因素

无可否认，任何类型的先进技术将会对经济产生一定的影响；它们给公司提供了很大潜在利益的同时也会带来一系列的问题。通信高速公路或互联网，除了重塑商业环境外，还为营销人员提供了机遇和挑战。出口商、进口商、国际经纪商和其他人可以利用互联网具有非常低廉成本的优点，来进行有效的出售④。事实上，互联网在今日已被视为营销组合中日益重要的因素。据称互联网的使用是历史上最令人兴奋的市场营销创新。因此，一个新的市场营销领域，互联网营销，在学术领域和在实践行业内已成为一个热门的话题⑤。在今天已经有超过亿万网民。在2000年至2005年期间，互联网经历了160%的增速，它使得有关企业在其电子商务活动中获得了3.2万亿美元的收入来源。因此，网络的存在是提高国际市场营销成就和整体商业成

---

① Gesteland, R. (1996). *Cross - Cultural Business Behavior.* Handelsh jskolens Forlag, Copenhagen Business School Press.

② Hall, E. T. (1976), *Beyond Culture.* New York, N. Y.: Anchor Press - Doubleday; Hamilton, D. (1987). Institutional Economics and Consumption. *Journal of Economic Issues*, December 1987, pp. 15 -41.

③ Tian, G. (1999) *Canadian Chinese*, *Chinese Canadians*: *Coping and Adapting in North America*, Lewiston, NY, the Edwin Mellen Press.

④ D. Bandiwadekar, "Internet marketing: International marketing using trading portals and search engines", *Marketing Educator*, 2002, Vol. 20, No. 2.

⑤ B. Paajanen, & C. Allington, "Internet Marketing: Can you Resist a byte?" http: //www. arraydev. com/commerce/JIM/9802 -01ed. htm, accessed in Feb. 2009.

功的至关重要的因素①。

互联网与许多其他因素，例如先进的交通运输，加速了全球化的进程。从营销的角度来看，市场营销人员应该意识到就全球化而言，文化是我们关注的焦点；今天的市场是全球化市场，但也是跨文化的市场。意识到文化的差异性，并对其保持一定的敏感度，是在全球市场上取得成功的重要前提。在跨文化背景下，错误实施营销策略可能把现有品牌和商业关系消耗殆尽。因此，电子商务要取得成功，其网站必须得便于浏览，即使是面对第一次使用的用户，网站上演示的内容必须避免任何可能的跨文化意义上的误解。所有的有关方必须对互动和交易的安全抱有信心，不要违背顾客的意愿。组织必须对其用户了如指掌，还得使处理服务不受影响。要在这些情况下都能安然度过，我们需要加强我们的企业系统和很多的配套系统②。此外，电子商务业主必须认真考虑到跨文化问题。

电子商务一个最显著的特点是，它在全球范围内都发生。毫无例外的是，网络市场营销面对的必然是跨文化问题，即使它对市场营销人员而言，还是一个相对较新的概念。以前研究互联网营销问题主要侧重于技术和均质现象的特征，很少对互联网营销中文化差异的意义进行研究③。另一方面，跨文化问题有较大部分涉及文学，但却不是很多人考虑选取互联网营销这个主题④。吉恩等人（Jin et. al）已经意识到美国和中国之间的文化差异，他们商讨使用互联网和群邮件技术来消除这些差异，但他们却无法回答如何克服由商业文化差异所带来的问题，更不用说处理网络上影响数国营销的文化问题⑤。

---

① R. Sinkovics, M. Yamin, & M. Hossinger, "Cultural Adaptation in Cross Border E – Commerce: A Study of German Companies", *Journal of Electronic Commerce Research*, 2007, Vol. 8, No. 4, pp. 221 – 235.

② N. Chapin, *E – Commerce Concerns: Do We Need to Change Some Systems?* Hinghan, MA: Kluwer Academic Publishers, 2003.

③ J. Abramson & C. Hollingshead, "Marketing on the Internet: Providing Consumer Satisfication", in *Journal of Internet Marketing*, Vol. 1, No. 1, http://www.arraydev.com/commerce/JIM/9802 – 01ed.htm, accessed in Feb. 2009.

④ M. Giovannini & L. Rosansky, Anthropology and Management Consulting: Forging a New Alliance. The American Anthropological Association, 1990.

⑤ Z, Jin, R. Mason, and P. Yim, "Bridging US – China Cross – cultural Differences using Internet and Groupware Technologies". Paper presented at the 7th International Association for Management of Technology Annual Conference. Orland, FL. Feb. 1998.

预备型信息是电子商务网站发展的一个重要阶段。展示合适的信息内容对于方便消费者进行决策至关重要。在国际电子商务的设置方面，为了更好地服务于来自不同国家的用户，对待他们不同的信息选择时，必须考虑到不同国家之间的文化差异，并兼顾合适的内容准备①。这一环节是对市场边界的一个审查，国家边界已不再是国际市场营销、经济规划和商业决策中唯一相关的标准。因此，了解政治和非政治的边界对于那些有"文化边界"的产品和行业而言，是尤为重要的。就电子商务商的角度来说，那些都需要进行本土的适应。

四、互联网营销中的文化影响

电子商务是通过电子手段进行的金融交易，通常指的是在电子商务网站或在线商店进行购物。电子商务可以是商家与商家之间进行，也可以是商家与消费者之间进行。然而，从商业的角度来看，电子商务主要指的是在线市场营销或互联网营销。在过去的20年间，全球市场中的国际贸易在急剧增加。全球化的市场营销环境使得市场营销的经理认识到如何在不同的文化背景下做生意变得越来越重要。在跨文化意义上，产品的有效配置已成为全球和国际上成功的一个关键因素，从而使文化问题成为影响互联网营销成功的关键因素。互联网营销的特点：输送的信息是不受时间和空间约束的，但却受限于技术和语言。

很明显，虽然近几年非英语的网络页面迅速增加了，但它们仍然是众多互联网混合中的次要成分。一个重要的现实是，虽然这些非英语网站非常受欢迎，但他们大部分是非商业性网站，因此不是以营销为导向的，诸如中国的门户网站新浪网、中华网和东方网。同时，显而易见的是，商务网站也开始在中国的互联网市场上占有很重要的地位。最著名的以营销为导向的网站，例如阿里巴巴、www. sinobnet. com、www. oneasia. com 和包含大量买卖信息的 www. yesasia. com。打开阿里巴巴的网站，每天都会有成千上万的新交易者进行注册。那里有很多产品类别，几乎涵盖了全球范围内整个产品和服务的系列，一个人只要第二次单击进入本网站，那么他基本上可以找到他

---

① H. Liao, R. Proctor, G. Salvendy (2008) Content Preparation for Cross - cultural E - commerce: A Review and a Model, *Behaviour & Information Technology*, Volume 27, Issue 1. pp. 43 - 61.

所喜欢的任何类型[①]。互联网营销作为新的营销方式已经得到了中国商界的公共部门和私营部门两者的关注。

像传统营销一样，互联网营销不但被文化问题所影响着，它也影响着文化。文化影响商业中的一个经常出现的方面是进出口业务。其实文化对某一个商业方面确实是有影响的。这两个方面反映了一个常见的现象，一个在当今商业世界中被称为跨文化营销的现象[②]。

文化对互联网营销的作用是显而易见的，为了研究这些影响，我们首先需要探讨文化本身。正如前面讨论到的一样，文化本身有很多定义；然而，最常被营销学者引用的是由哈里斯（Harris）和莫兰（Moran）创建的那一个。根据他们的说法，文化告诉了人们他们究竟是谁，给予了一种归属感，他们应该如何表现和他们应该做什么。它由提供的一套学习、共享、有相互关联的符号、代码和价值直接来引导人类的行为。在市场和消费者行为研究中一直是极少使用这个概念的；营销人员和消费者经常忽略其概念的深度及其对分析人类行为的隐含意[③]。

跨文化的互联网营销还要求市场营销人员要意识到文化差异，并对其保持一定的敏感度；尊重各种文化和市场中有关消费者文化的权利。从人类学的角度看，所有的市场行为都是有文化边界的。消费者行为和商业实践在很大程度上是由它们所处期间的文化所决定的[④]。因此，为了将互联网营销组合与消费者偏好，购买行为和潜在市场中产品的使用模式进行匹配，市场营销人员必须对此市场的文化环境有深刻认识，必须进行跨文化意义上的营销，例如，保洁公司在加拿大进行的跨国业务营运。近年来，同时在汽车、电信等行业的公司和金融服务已经开始接受多元文化的营销，负责包装的货物业务相对发展较慢。

然而最近，宝洁公司宣布它将在整个地区加强投入力度，将组成一个

---

① D. Bandiwadekar, "Internet marketing: International marketing using trading portals and search engines", *Marketing Educator*, 2002, Vol. 20, No. 2.

② A. Goldman, "Adoption of Supermarket in a Developing Country: The Selective Adoption Phenomenon", *European Journal of Marketing*. 1992, 16 (1), pp. 17－26.

③ P. Harris, & R. Moran, *Managing Cultural Differences*. Houston: Gulf, 1987.

④ D. Hamilton, "Institutional Economics and Consumption", *Journal of Economic Issues*, December 1987, p. 1541.

60人的团队专门来协助研究美国市场。微民族营销就是很多例子中的一个①。

关于市场营销应该标准化还是适应性化的争论一直在进行，然而，在网络领域，这个讨论才刚刚开始出现。虽然从业人员都兴奋地站在网络沟通和商业浪潮中，可是，通过观察来研究在线网络标准化与适应性的人还是很有限的，并且大部分只关注了美国的公司。欣科维奇（Sinkovics）、亚明（Yamin）和互辛格（Hossinger）探究了德国国内100家公司，还有美国、英国和拉丁美洲等网站，对它们进行了文化价值分析。他们的发现表明，在相关的市场上，有关文化价值的描述并不是十分被强调，因此，产生了一定程度上的文化疏远。因此，有人建议为了更好与客户相处并达到更好的文化上的一致性，公司需要努力多建设一些文化适应力强的网站②。

然而，这决不是建议所有营销人员仅仅通过关注文化差异去调整他们的网络营销方案来适应外国市场上的消费者。与此相反，有人表明，成功的营销人员应还寻找文化的相似之处，以便确定实施标准化市场营销组合的机会。为了能够熟练地运用全球市场内的异同，采用互联网营销是当今企业最重要的策略之一。

五、从人类学角度看互联网营销目标

传统上，国际的或多国的营销方法，很大程度上会集中于地理市场，为每个市场集中开发独特的市场营销组合。如上文所述，互联网营销已突破地域的限制。这一概念有两个方面：由于规模经济而增加效率、由于技术积累而提高效率。两者都可以在不止一个市场中使用相同的市场营销组合。相比之下，全球化的互联网营销，关注的是产品市场（消费者群体共同需要的），着重强调其相似之处，无论他们坐落在哪里。但是，它不会忽略市场之间的分歧。这些差异是在实施营销计划的考虑范围之内的。例如，营销商

---

① C. Saunders, "P&G steps up multicultural commitment: Establishes dedicated team to pursue ethnic markets in Canada", Strategy: The Canadian Marketing Report. http://www.strategymag.com/articles/20000814/multi - proctergamble.asp, accessed in Feb. 2001.

② R. Sinkovics, M. Yamin, & M. Hossinger, "Cultural Adaptation in Cross Border E - Commerce: A Study of German Companies", *Journal of Electronic Commerce Research*, 2007, Vol. 8, No. 4, pp. 221 - 235.

的网站应该能为不同国家市场翻译成不同的语言。并且还应为不同分布结构的地区制订不同的分布战略。

因此，营销人员必须了解互联网对营销进程具有潜在的贡献，并识别互联网营销和传统营销的差异，搜索运用互联网更恰当的方法，来为全球的营销需要提供解决的办法。与传统的营销相比，互联网营销的目标市场应该包含一些相同的内容，即使其范围肯定会有所不同。像在传统营销中的第一项任务是开展互联网营销计划去定义目标市场。正如边伟卡（Bandiwadekar）所指出的要想在网络营销上获得成功，营销人员将不得不通过发电子邮件给潜在的客户，即在互联网上找到他们，而不是靠等待来自营销商网站上的一些来访。找到潜在客户后，营销人员可以告知他们有关的站点或特定的链接，他们可能会使用营销人员为他们提供的特定产品①。

显然，对于互联网营销的目标市场而言，其本质特征是包含了那些与跨文化营销有关联的人和那些位于不同国际之间的人。由于其存在一些局限性，如不确定在线营销者的公信力，缺乏有效的分销渠道，互联网营销人员目前针对的是企业对企业营销。Tpage 公司是一家成功的互联网营销者。至于消费市场，因为大多数雇主禁止或大大限制个人使用公司的机器，特别是关于购物和娱乐的，所以关注这一块的是那些在家里有计算机的人。

一般来说，网络消费者人口特征可能类似于那些创新者/或产品扩散理论中的尝鲜者。他们往往是年轻的、具有均等化的教育水平和较高的收入。艾布拉姆森（Abramson）和霍林斯赫德（Hollingshead）把互联网用户归类为冲浪者和购物者。他们认为，冲浪者使用互联网是为了娱乐，他们就像探索者那样进来浏览网页，从一个网站到另一个网站，而且不会重复，除非那里有娱乐方面的诱因。购物者通常是为了直接的目的来使用互联网，去得到感兴趣话题的资料，去做一些购物决策或者去进行购物交易②。尽管在线购物在北美愈来愈受欢迎，但是我们还是需要对安全问题进行思考，目前在发展中国家的互联网购物存在一些较不发达的信用体系，例如在中国，网络主要用于企业对企业的营销。

---

① D. Bandiwadekar, "Internet marketing: International marketing using trading portals and search engines", *Marketing Educator*, 2002, Vol. 20, No. 2.

② J. Abramson & C. Hollingshead, "Marketing on the Internet: Providing Consumer Satisfication", *Journal of Internet Marketing*, Vol. 1, No. 1, http://www. arraydev. com/commerce/JIM/9802 - 01ed. htm, accessed in Feb. 2009.

六、互联网营销组合上的一种跨文化方法

营销观念强调满足消费者的重要性。互联网营销的目标也不例外，也是满足消费者。然而，成功的互联网营销规则尚未清楚地阐明。我们期望某些超越视觉因素的事情可以做正确，那么营销人员和消费者都将会满足在线交易。尽管在互联网上开展商业活动有些不一样，但是仍然有一些可以遵循的准则。下面我们将讨论传统营销是怎样强调考虑跨文化问题的，可以用来提供给最后的消费者，使他们满意。营销学上有 4 个 P——产品、价格、宣传和位置，都是营销组合的要素。这些架构同样可以应用于发展互联网营销的跨文化策略上。从逻辑上第一个要考虑的是提供的产品。消费产品可以按照特色商品，购物产品和便利产品进行分类。特色商品为消费者有特定的偏好和将用相当大的努力去获得的商品。目前提供特色商品的最大机会是在互联网上进行销售。客户知道按照说明书进行寻求，甚至对品牌有一定的忠诚度①。互联网也是寻求一些很难找到的商品的好地方，像印刷的书籍或一些无名歌手录制的唱片。举个例子，万维网就是一个相当大的网站，消费者能在那里找到大型的贸易询价的项目，以及几个他或她感兴趣的项目设施及任何贸易。像阿里巴巴，它是一个多产品交易站点，并主动提供买卖数量，其每日注册的数量也是相当大的②。

购物中的商品是一些买家愿意花大量时间和精力在购买过程中的东西。其实这些内在的商品是缺乏机会去检查的，或者在互联网上营销的顾客购买的是一些有损坏的商品。另一方面，轻松地定制裁缝规格的能力，像在网上购买计算机，就是一个特定的互联网优势。此外，如果消费者为了以最优价格购物，有可能迅速通盘考虑大范围中的选项。

便利商品是经常购买的商品，买家只愿意付出最少的努力来获得商品。目前，这些商品在网上营销的机会很少。在冲动的情况下购买便利商品，这是购买决策和消费或服务可用性之间的一种延迟，并且导致严重的缺陷。对于消费者而言，他们将会在网上进行浏览，观察一些东西的同时会提醒他们

① W. Nickels & M. Wood, *Marketing: Relationship, Quality, Value*, New York, NY: Worth Publishers, 2000.

② D. Bandiwadekar, "Internet Marketing: International marketing using trading portals and search engines", *Marketing Educator*, 2002, Vol. 20, No. 2.

也需要补充一些种类产品的可能性很小。对于营销人员而言，要记住一个特定的产品可能是根据一种文化而被分类成购物商品，但也有可能根据另一种文化而被分类为专业商品。

例如，作为中国最受欢迎的交通工具，自行车也可以被视为购物商品，但他们在美国肯定被视为特色商品。此外，在传统分类中不属于其他类别的产品可能属于敏感的或个人性质的货物。进行网上购物的顾客在没有提供个人联系方式时，如果在给接收到货物的客户提供高规格服务时，是允许消费者继续维护他们的隐私的。这种产品，像性产品或服务可能需要来自美国、加拿大和一些西欧国家的消费者，让他们透过互联网进行购物。但是，这些类型的产品是不那么受欢迎的，在一些东欧国家和在中东穆斯林文化主导的市场是禁止销售的。

价格是营销组合中最重要的元素之一。当然，它提供了最明显的，进行比较的基础。在互联网上购物的消费者可以轻松地从价格上得到许多可能的供应选择。但是，必须记住的是，许多互联网供应商有双方面的运营，常规的店面和虚拟的零售商店。这些运营也许能或也许不能享受较低的开销，尤其是在大多数发展中的国家。互联网购物者能享受到的另一个价格优势是目前购买的商品在跨越国界的快递中不需要缴纳销售税。当把运货成本加入到提货价格中时，这会给消费者的利益打折扣，这种在互联网上购买货物交付的价格可能会因处理和运输费用而提高[①]。此外，在中国西北，农村地区的消费者不熟悉销售税，他们甚至也不能访问互联网。互联网营销对于他们而言毫无意义，更不用说考虑销售税。

从消费者的角度看，互联网购物的弱点之一是缺乏隐私和安全。有供应商提供不令人满意的所订购的货物的风险。商品可能是劣质的，选择错误的，或者它根本来不了。可以减少消费者担忧的两个可能的方法是有明确阐明和公平的退货政策，并强调由信用卡公司所提供的给消费者保护的保险。如果货物是由于信用卡错误送出的，那么公司可以发出信用卡去减轻消费者的消费信贷债务。消费者最终关注的是交易安全。有时信用卡信息被不正确地访问会导致向消费者收取一大批错误的收费。

事实上，我们当中的一位作者就曾经被迫去进行一项他从未听说过的网

---

① J. Abramson & C. Hollingshead, “Marketing on the Internet: Providing Consumer Satisfication”, *Journal of Internet Marketing*, Vol. 1, No. 1.

上业务，更不用说他当然没有授权用信用卡付款给这项业务。然而，他却被该业务收取了大量的钱。虽然最后妥善解决了这一争端，但是他不得不花费额外的时间和精力，与信用卡发行商和该业务对象去处理这个问题。发达国家的信用卡发行商可以通过改进电子传输安全和一些更广泛的保护政策来减少这些风险。但这对于发展中国家而言，则要花费很长的时间去执行这些政策。因此，网络营销的容量和机会在可预见的未来将是有限的。

互联网原本是作为沟通的一种手段，它能够作为广告媒介向消费者提供更多的促销广告。从消费者的角度来看这个问题，就是去寻找适当卖家的网址。这种情形就类似于在一个陌生的城市里寻找一家中国的餐厅。一种方法是围着这个城市走一圈，然后希望找到一家好吃的中国餐厅。这种没有方向性的战略其实与互联网冲浪者在网页与网页之间流连，去寻找一些有趣的东西是相似的。对于通过核查某种形式的索引或目录来进行心仪目的地选择的购物者而言，一种更有成效的策略是通过使用地图导航找到所需的地方。网络购物者有提及可以通过搜索引擎或分类目录来识别可能的供应商。要在互联网营销中获得成功，其网站应该要运用合适的翻译尽可能多地在搜索引擎中列出。此外，宣传人员在受欢迎的网站中链接一些相关的材料和旗帜上的广告，可以使得消费者更方便地访问该供应商的位置，以此建立潜在客户的交易。最后，传统媒体上的广告可以用于指引人们访问互联网网站。

民族性广告，例如为了提高其产品在中国的市场份额，耐克和巨人两大品牌运动鞋子的营销人员，通过推广策略来呼吁中国的民族自豪感，而不是使用“典型”的美国广告。耐克的这一做法不仅向中国的消费者展示了其具有相当的敏感度，同时也震惊了中国的政府官员，耐克聘请中国的艺术总监和文案人员去根据中国文化来制订商业计划，而不是把美国文化强加在中华人民共和国的国民身上①。

对于营销人员而言，要记住至关重要的一点：一个人要想在目标市场获得成功，就必须对当地的文化价值观有一定的认识，并对当地的文化价值观保持一定的敏感度。营销人员能得到当地商人世界的合作帮助是很重要。对当地文化价值观保持敏感度最好的方法是，去明确表明谁将是预期的目标受众。然而，这在现实中是很难的，人们甚至不可能完全避免这种错误，那就

---

① F. Warner, “Nike tones town bad - boy image to boost sales in China’s market”, *The Wall Street Journal Interactive Edition*, Nov. 10, 1997.

是会常常忽略当地的文化价值。互联网用户几乎可以在互联网上浏览任何网站。关于网站设计中的一个问题是创造力与利润之间的冲突。有创造力的人想要制作富有表现力的广告和有艺术价值的网站，而销售经理可能只是希望广告能帮助销售人员卖产品。使用广告和网站的目的在于使消费者选择时更方便，即容易找到、容易下载信息、容易理解和易于使用。这使得将网站转换为多种语言有必要和十分重要，来做一些跨文化上必要的修改。

互联网不仅仅是一个沟通的媒介。它还用于简便交易。消费者可以通过计算机来选择他们心中的替代供应商和替代产品，下订单，并安排付款，这些都可以靠计算机完成，而不需要移动。易于使用可能是支持消费者使用互联网进行购物的最有力的论据。在不久的将来，随着技术水平的进步，这种方便使用的性能还会增加。营销人员还需要准备好与自己文化背景完全不同的客户所提出问题的答案。互联网购物者所享有的主要优点是他们购物的地点很方便，就是从他们家里直接购物。互联网可以让购物者通过电脑到达全球范围内的每一个角落。这种方式可以一天 24 小时购物，能避免人群、交通繁忙和停车位烦恼，很是便利。就如上文所述，多个站点可能会比较快速地被连续光顾。唯一的缺点是会推迟发货，这种延迟会存在于作出选择和收到货物之间。

关于零售的传统智慧项目大多数适用于获得互联网上的客户满意度。物质感强的网站设计风格；途径、布局、气氛、外观或形象，无论是物质上，还是虚拟上，都须讲求方便客户。客户对这种网上商店的第一印象通常是其外观。如果给人的印象不好，那么客户不会购物，将来也不会再来。要将网站转变成能取悦来自不同文化背景的消费者是其能够成功的关键。虽然它可能会生成一些额外费用，但从长远的角度看，这种类型的额外成本必将创造附加价值的业务，并最终使那些在这一方面较早采取措施的人成为跨文化互联网市场营销中的赢家。

眼前的事实证明，目前还是缺乏解决网络购物安全问题的最终办法，世界人口的大多数还是无法访问互联网，因此互联网营销的局限性是显而易见的。在不久的将来，尽管在线商业将会大大增加，但是许多零售商可能还是会进行双重运营，一个实体店和一家网络店。这种两面经营是相辅相成的，他们存在于适合的市场中，进行跨职能和跨文化上的运营。

七、对营销者的跨文化影响

在21世纪，跨文化问题无疑为营销者带来了更多的挑战和机会，尽管它们也许不是营销领域中全新的东西。在理论和实践方面，有许多悬而未决的问题或争论需要学者和营销人员去探讨及解决。在理论方面，以下的主题或问题需要被探索和讨论：

- 文化对市场的影响：国际的与国内的商务沟通；
- 跨文化交际中的标准化与适应；
- 商务沟通研究方面的跨文化维度；
- 商务沟通组合的跨文化方面（广告宣传、促销、销售、公关、展览和广告）；
- 跨文化商务沟通方面的服务部门；
- 跨文化沟通对售后服务的影响；
- 跨文化商务沟通方面的教育和职业培训。

虽然它们不能构成市场营销学的全部，但是上面列出的7个话题或主题仍可以为进一步的理论学习提供指导方针。如果理论研讨继续进行下去，更多的主题和话题会被发现。作为市场营销方面的专业人士，我们需要清楚地知道，尽管主要的市场营销业务将保持不变，但是在21世纪的市场营销中仍不可避免地会有一些新的挑战。跨文化因素对市场营销的影响就是一个需要认真研究的新问题。在市场营销的实践方面，我们建议将下列各点作为帮助营销人员尽可能地减少跨文化营销错误的参考。

- 对习俗和禁忌要有一定的敏感度。在商务沟通方面培养文化认同感。
- 认可、理解和尊重他人的文化和差异。
- 保持文化中立，了解差异不一定是更好或更糟。
- 永远不要将一种文化概念假设转移到另一种文化中。

例如，当地的来自发展中国家的商界人士表示他们不喜欢美国人，这并不意味着他们不想买美国商品。这只是简单地意味着他们希望在公开场合说某些事情，但是私下里他们可能行动与此截然不同。

- 让文化知情者参与整个决策过程。文化知情者可以是本地商人或者是受过很好培训的人类学家。就像上面所说的，人类学的方法是跨文化营销的最佳途径之一。我们中的一个作者曾经在研究这一问题上有很深刻的见地，感兴趣的人可以与我们个别讨论。

与此同时，世界各地电子商务的快速发展，促使商业世界寻找更好的方式去获得全球范围内的成功。越来越多的国家和国际机构参与进来，所以制订计划以确保没有花费多余的努力是很重要的，用户所拥有的所需的数据能使得跨文化决策尽早地在可能的机会中得到实现。世界中的一切东西几乎都在改变，市场已经全球化了，而差异化正变得更有活力。高度竞争的全球村，要求公司实施跨文化的互联网营销，就是为了在竞争激烈的全球市场赢得成功。

虽然不可能去了解每一种文化，但可以朝着全球的思维进行演变。许多国家和地区都有关于文化上的主张。这种类型的主张可能具有各种各样的形式，但它们旨在同样的目标，那就是为了通过国际交流获取更多的国家利益。现在的公司都想要在市场上获得成功。无论他们是否从事传统的市场营销或互联网营销，经理和营销人员都必须能够利用国际上的资源，并在跨文化中创造长远的，可持续的竞争优势。

相比传统的营销策略，互联网营销需要更注重文化差异，这种差异是没有时间和距离上的限制。在发达国家，消费者有较高的学历，他们希望在作出购物决定之前获取更多的信息；他们日益期望和要求每周 7 天、每天 24 小时的销售和服务时间。因为互联网能满足消费者上述两项基本需求准则，因此在全球市场的互联网用户也越来越呈指数增长，这比任何其他媒体用户发展得都要快。消费者使用互联网购物，其实在一定程度上可以获得功能益处。

不过，在大多数发展中国家，其消费文化与发达国家是存在差异的，因此在发展中国家，人们对于互联网营销优势的了解远不如发达国家了解得那么清楚。不过，可以预计到，将有更多的消费者在未来将使用互联网进行购物。虽然互联网是一种新的营销渠道，但它仍然将适用大多数传统原则，这当然包括营销理念。市场营销理念的应用意味着商人必须从跨文化中去了解消费者的想法，这样才会获得成功。

简而言之，尽管将人类学方法应用于市场营销中对于商业世界而言绝不是全新的做法，但它们正变得更受欢迎，也被商界领袖和营销人员看作是更可靠的方法。如何将人类学方法应用于市场营销实践中将成为一个主题，看待这个主题应该超越人类学本身。在营销中使用人类学方法的潜力是无限的，但这仍然需要人类学家和营销人员一起通过工作去挖掘出来。

第四节 人类学与社会营销

一、什么是社会营销？

社会营销是在20世纪70年代产生的较新学科，当时著名的营销学大师菲利普·科特勒（Philip Kotler）和社会学家杰若德·查尔曼（Gerald Zaltman）意识到，向顾客销售产品的营销原则同样适用于“销售”想法、态度和行为①。社会营销与其他市场营销领域有所区别之处在于营销者及其组织的目的。社会营销力影响社会行为，惠及目标受众和整体社会，而不是为营销者谋利②。社会营销技巧已广泛应用于国际健康计划，尤其是对避孕药和口服补液疗法的推广上。在美国，社会营销技巧也正在更频繁地应用于诸如药物滥用、心脏病和器官捐赠等多种问题中③。

有效的社会营销很大程度上要提供消费品和服务的生产者所熟知的多种想法和技巧，它们有助于劝服消费者购买商品和服务。除了各种广告，这些想法和技巧包括：识别出对特定产品的特别需要的方法；识别出最有可能购买此商品或服务的细分市场的方法；让货架上的产品包装取得最佳效果的方法；让产品在货架上占据最有利的实体布局的技巧；为产品或服务设定价格的公式，这个价格足以使生产者获利但又不会吓跑购买者④。

与商业营销一致，社会营销的主要焦点在于消费者，关注人们渴求什么，需要什么而不是试图说服他们购买营销者所生产的产品和服务。因此社会营销更加关注消费者而不是产品。与商业营销相似，社会营销的计划过程考虑到消费者的关注点，涉及“市场营销组合”的以下元素：（1）产品；

---

① *Weinreich N.* （2006） What is Social Marketing? Retrieved in March，2009 from Weinreich Communications website，http：//www. social - marketing. com/Whatis. html.

② Kotler，P. and A. Andreason （1991）. *Strategic Marketing for Non - Profit Organizations*. EnglewoodCliffs，NJ：Prentice Hall.

③ *Weinreich N.* （2006） What is Social Marketing? Retrieved in March，2009 from Weinreich Communications website，http：//www. social - marketing. com/Whatis. html.

④ Gwynne，M. （2003）. *Applied Anthropology*：*A Career - Oriented Approach*. Boston，MA：Pearson Education，Inc.

(2) 价格；(3) 销售渠道（地点）；(4) 促销。如前所述，市场营销组合通常被称为市场营销的“4P”组合①。

（一）产品

在社会营销中，产品不一定是实体物质。社会营销中产品的概念可延伸至有形的、实体的产品（例如空气净化器）和服务（例如体检）、实践（例如母乳哺育，口服补液疗法或有利于心脏健康的饮食），还有更多无形的想法（例如驾驶时不喝酒）。要得到有用的产品，个人必须首先认知到自己确实有问题亟待解决，此供应品是解决该问题的好方法。此调研的作用就是要发现消费者对问题和产品的认知程度，判断他们认为需要采取行动解决问题的迫切程度（更多讨论请见第八章人类学视角下的消费者行为研究）。

（二）价格

社会营销和商业营销中的价格没有显著性差异，即消费者在获得社会营销产品时要做出权衡取舍。其中的成本也许是货币性的，也可能是要求消费者放弃无形资产，例如时间或经历，或者消费者面临遭遇窘迫和反对的风险。对于个人来说，如果成本超过收益，供应品的感知价值将会降低，将不大可能被接受。然而，如果收益被认为大于成本，尝试和采用该产品的可能性就会大大增加。

若社会营销者需要定价，尤其是对实物产品定价，有很多因素需要考虑。如果产品定价太低，或者免费提供，消费者会认为其质量欠佳。相反，如果价格太高，有些人会买不起。如此看来，社会营销者必须从各个方面平衡考量，最终会至少收取一个名义费用，以提高消费者对质量的认同，同时又赋予消费者交易的“尊严感”。与商业营销实践不同，社会营销中成本和收益的认知可以通过调研来判断，并可用于为产品定位。

（三）地点

与商业营销相似，社会营销中的地点概念描述的是产品和服务接近消费

---

① *Weinreich N.* (2006) What is Social Marketing? Retrieved in March, 2009 from Weinreich Communications website, http: //www. social - marketing. com/Whatis. html, The discussion of four Ps in this section is mainly adopted from this source.

者的方式。对于有形产品，指的是分销和物流系统，包括仓库、货车、销售队伍、零售店销售点，或者本社会营销产品免费分发的地点。对于无形产品，地点概念就不那么明确，但指的就是使信息和培训得以接近消费者的渠道。这也许包括医生办公室、大型购物中心、大众传媒工具、居家展示。选择地点的另一个因素是决定如何能确保供应品的可得性和服务传递的质量。通过判定目标受众的活动和行为，对现有传递系统的体验和满意度，研究者可以精确定位出供应品的最佳销售渠道。

（四）促销

在市场营销组合中，第四个“P”是最灵活的。由于其能见度高，促销通常被误认为构成了社会营销的全部，但是事实上，这只是4P之一。促销由广告、公关、促销、媒体提倡、个人销售和娱乐工具的综合运用构成。重点在于创造以及维持对产品的需求。除了公益广告或付费广告，社会营销产品促销还有很多其他方法，例如优惠券、重大新闻事件、社论、“特百惠”风格晚会或店内展示。调研对于判断接近目标受众并增加需求的最高效工具是至关重要的。

在4P中，人类学家或许对促销最感兴趣。因为若要成功，促销必须具备文化契合性。促销在大多数社会营销中有重要作用，但是广告仅仅是传递有利社会的消息所必需的途径之一。这一点很重要，因为依赖广告会忽视一个基本前提，即决策应该基于对消费者需求的清楚理解。这种理解只能通过密集的社会营销调研获得①。在重大新闻事件和新故事中，主要研究发现本身也可以用于对该项目的宣传。

除了传统的市场营销组合，社会营销增加了另一个4P，即公众、合伙、政策和财权。公众指的是社会营销项目中的外部和内部群体。若要成功，社会营销者通常需要与很多不同的受众打交道。外部公众包括目标受众、次要受众、决策者以及当内部公众以某种方式，不论是支持或者实施，参与到项目中时的信息传递者。合伙指的是不同参与者之间的合作，因为社会和健康事宜相当复杂，以至于一个代理机构本身难以产生重大影响。社会营销者需

---

① Stead, M. and G. Hastings (1997). Advertising in the Social Marketing Mix: Getting the Balance Right. In *Social Marketing: Theoretical and Practical Perspectives*, edited by M. Goldberg, M. Fishbein, and S. Middlestadt, pp. 29 - 43, Mahwah, NJ: Erlbaum.

要和社区中其他组织合作以达到社会营销的有效性。如此看来，社会营销者需要找出具有相似目标的组织，找出两者的合作方式。

政策指的是社会营销项目必须取得政策支持才能执行。任何社会营销项目都可激励个人行为改变，但是很难持续下去，除非政策环境支持这种长远变化。通常，政策变化是必须的，这样某一社会营销项目才可以有效进行媒体劝说。财权指的是社会营销项目所能支配的资金。大多数进行社会营销项目的组织依靠诸如基金会、政府拨款或捐款渠道提供的资金来运作。这又增加了策略发展的另一个维度，即组织能从哪里得到钱来创建和执行该项目①。

二、社会营销原理

社会营销不仅仅是简单地应用商业营销技巧来达到有益社会的目的，而是应用营销概念、商业营销技巧和其他社会变化技术来达到个人行为的改变和符合人类福祉的社会结构变化。与商业营销相似，社会营销有其自身的原理，需要进行讨论。

（一）两个基础假设

格温（Gwynne）强调社会营销依靠两个基本假设②。第一个基本假设是有行为可以被改变——并且值得改变——为了提高个体和社会的生活质量。第二个基本假设是作为一个整体的社会，或其代表，有责任帮助个人作出符合他们自己和社会的最佳利益的选择③。这两个想法隐含的概念是社会营销若要成功则必须由受过良好教育的，善意的专业人员专业地进行。他们最好能有效解决各种社会问题，成功改善无论是国内还是国外社会中具体社区的

---

① *Weinreich N.* (2006) What is Social Marketing? Retrieved in March, 2009 from Weinreich Communications website, http://www.social-marketing.com/Whatis.html.

② Gwynne, M. (2003). *Applied Anthropology: A Career-Oriented Approach*. Boston, MA: Pearson Education, Inc.

③ Smith, W. (1997). Social Marketing: Beyond the Nostalgia. In *Social Marketing: Theoretical and Practical Perspectives*, edited by M. Goldberg, M. Fishbein, and S. Middlestadt, pp. 21-28. Mahwah, NJ: Erlbaum.

生活①。

据格温称，这些基本假设说明为什么社会营销技巧最常见的使用者是负责保护和提升公众福利的公共或私人组织。多边援助组织、不同阶层政府和社会福利组织，尤其是非政府组织致力于社会发展，通过某些具体议程的推动，很大程度上依赖于社会营销活动来让有利社会信息传递到公众中，通常是具体的人口群体。例如，很多美国和其他地方的非政府组织致力于让贫穷和未受良好教育的妇女获得避孕信息和避孕药品供应。

（二）市场营销和抵制性营销

在其社会营销中，应用人类学家格温表示有些社会营销是要促进具体的有益行为，例如遵守速度限制，然而其他是用于减少具体的不良行为，例如吸烟。对于后者，社会营销要阻止这些威胁个人或者社会多数人的行为，这种社会营销就是抵制性营销或反营销。据格温称，选择积极的促销还是抵制性营销取决于要解决的问题及其背景。在工业化背景下，例如美国，大多数社会营销目标在于阻止某些具体行为，这是抵制性营销。但是在发展中国家，这种社会营销更多地促进某些具体行为。例如，在工业化和发展中国家背景下，他们都关注高危人群。但是在美国，目的通常是阻止醉酒驾驶、吸烟或者不安全性行为。而在发展中国家，意图更通常为促进早期儿童免疫、孕妇产前护理或者安全套使用。

这种差异不仅仅是因为工业化和发展中国家的社会问题种类和程度差异最大，还因为两种背景下所能获得的信息不同。例如，因为很多发展中国家的居民接受过的健康教育不完全或压根没有接受过健康教育，并不掌握西方人所熟知甚至认为理所当然的健康行为信息。相反，很多西方人对健康问题有相对较高的认知，因为有广泛的媒体覆盖和公共教育体系，不管赞成或反对，对于一些广泛报道，深入了解的话题，例如避孕、安全性行为或针具交换，他们不需要接受很多教育就有较高的认知②。

南加利福尼亚大学马歇尔商学院市场营销教授拉尔斯·佩尔奈（Lars Perner）表示，社会营销需要将想法传递给消费者而不是销售某些东西。他

① Goldberg, M., M. Fishbein, and S. Middlestadt (eds.) (1997). *Social Marketing: Theoretical and Practical Perspectives.* Mahwah, NJ Erlbaum.

② Gwynne, M. (2003). *Applied Anthropology: A Career – Oriented Approach.* Boston, MA: Pearson Education, Inc.

用马蒂·菲什拜因（Marty Fishbein）的例子来阐明观点。市场营销教授菲什拜因休假期间为疾病控制中心工作，试图减少疾病通过非法药物使用的传播发生率。显然，最好的方法是阻止非法药物使用者。但是，这是不可行的。共用针具在吸毒文化里面已经根深蒂固无法剔除。因此，利用对消费者态度的知识，菲什拜因教授发明了一种活动，鼓励共用针具前把针具漂白清洁，这个目标更为现实①。

另一个例子是，格温教授指出，社会营销脱离了市场营销，这种想法是交换理论，即人们只会支付他们所认同的产品价值这一经济原理。正如商业广告依靠交换理论来评估特定产品的最佳定价，社会营销专家用此理论评价何种公共服务值得提供给潜在的非金钱意义上的受益者。参与粮食券计划的个人付出的“价格”是失去自尊，如果价格太高，能用其他途径享受粮食券的个人就不会参与到该计划当中。但是，通过社会营销可使价格降低，使贫困母亲相信粮食券是她能够负责任地抚养孩子的众多工具之一②。

三、社会营销组合战略范例

例如，一场老年女性的乳腺癌筛查活动的市场营销组合战略包括以下要素：产品可以是任意以下三种行为：获得年度乳房X线照片，每年看医生做乳房检查，每月乳房自检。参与这些行为的价格包括乳房X线照片和做检查的金钱成本，潜在的不适和/或窘迫，甚至是发现肿块的可能性。这些医疗和教育服务的地点是移动货车、当地医院、诊所和工地，取决于目标受众的需要。促销可通过公益广告、户外看板、大量邮寄、重大新闻事件和社区外展进行。

社会营销者需要打交道的公众包括目标受众（40岁到65岁之间的低收入女性），能影响她们决定的人，例如丈夫、医生、决策者、当地无线电台的公共服务主任、董事会和职员。合伙方面，可以与当地或国家妇女团体组织、公司赞助商、医疗组织、军人俱乐部和媒体机构发展合伙关系。活动的

---

① Perner, L.（2008）. Consumer Behavior: The Psychology of Marketing. Retrieved in March 2009, from http://www.consumerpsychologist.com/.

② Brown, C.（1997）. Social Marketing and Applied anthropology: A Practitioner's View of the Similarities and Differences Between Two Research-Driven Disciplines. In *Practicing Anthropology in the South*, edited by James M. T. Wallace, 55-65.

政策方面，可强调通过减少成本，要求针对乳房X线照片的保险和医疗补助，增加针对乳腺癌研究的联邦政府研究基金，以增加乳房X线照片。财权或资金来源，可以是政府拨款，例如国家癌症研究所或当地卫生部门，基金会拨款或像美国癌症协会这样的组织拨款。当然，在项目发展过程中，这些社会营销组合要素中的每一项都应纳入考量，因为他们是社会营销的核心。调研结果用于阐明和形成最终产品、价格、地点、促销和相关决定①。

四、人类学视角下的社会营销

作为市场营销下的新子学科，社会营销采用商业营销、经济学、心理学和人类学的理论和概念为基石。无论是商业营销还是社会营销，所有营销的基本目标是影响消费者的自愿行为。无论这个行为是买巨无霸汉堡、乘坐美国联合航空公司飞机、参与大学学位项目，或者给小孩打疫苗。所有自愿行为都发生在特定文化背景下。因此成功销售某些东西——无论是商品、服务，还是对社会有益的观念——取决于对个人作出自愿购买决定时的文化环境的理解。若要成功，准卖方必须以具体人群为目标（在商业营销中，这叫“目标客户”），具有说服力的信息要迎合此人群的具体生活方式、信念和价值观②。

像之前所说的，对人类学家来说，所有营销信息都必须具备文化契合性才是有效的。这适用于商业营销和社会营销。但是，两者又有显著差异，在商业背景下，营销信息的重点是说服人们以金钱交换特定产品或服务，这项贸易才能获利。但是在社会营销中，重点是减轻或解决某些影响社会，或社会某一部分的问题，鼓励人们为了整个社会的福利改变不健康或其他无用行为③。

因为社会营销中产品或多或少是一种公共物品，这意味着消费社会营销

① *Weinreich N.* (2006) What is Social Marketing? Retrieved in March, 2009 from Weinreich Communications website, http://www.social-marketing.com/Whatis.html.

② Andreason, A. R. (1997). Challenges for the Science and Practice of Social Marketing. In *Social Marketing: Theoretical and Practical Perspectives*, edited by M. Goldberg, M. Fishbein, and S. Middlestadt, pp. 3-19. Mahwah, NJ: Erlbaum; Gwynne, M. (2003). *Applied Anthropology: A Career-Oriented Approach.* Chapter 10, Boston, MA: Pearson Education, Inc.

③ Gwynne, M. (2003). *Applied Anthropology: A Career-Oriented Approach.* Chapter 10, Boston, MA: Pearson Education, Inc.

物品的益处会延伸到整个社会。因此，社会营销比商业营销更难取得成功。主要原因是社会营销者试图引起的有利变化通常包括改变个人的文化模式（长期存在的、根深蒂固的共享想法和价值观），而不是简简单单地引诱他们买一个具体产品。例如，西方文化体现出来的一种关于人体美的具体文化模式，与特定的集体观念以及价值观相关（例如年轻比年老更美丽）。试图让人们改变行为的社会营销专家，必须明确考虑的不仅仅是整体文化背景，还有（通常根深蒂固的）文化模式。劝服人们改变吸烟品牌比让他们戒烟更容易，原因不仅仅在于吸烟让身体上瘾，还有吸烟的动作体现出根深蒂固的文化形象和价值观①。

正如人类学家在其他领域所扮演的角色一样，在社会营销中识别出文化模式是人类学的主要作用。人类学文化模式在人类群体中根据种族、年龄、性别、宗教、受教育水平、特殊兴趣和很多其他因素而不同。像布朗（Brown）所说的，社会营销者用人类学来识别出最能影响不同群体行为的社会和/或文化因素，利用此资讯来设计最有效的信息②。例如，卡通人物卡摩乔（Joe Camel）在鼓励青春期少年吸烟上取得巨大成功。设计该广告活动的商业广告专家完全明白美国青少年文化模式中的自尊和流行成分。如此看来，他们知道骆驼人物（柔和，自信，备受崇拜，从事于类似乘坐喷气式飞机那样刺激的活动）是多么吸引青少年。另一个好例子是，针对可卡因吸食者的社会营销活动设计者建立了一种普遍的文化模式，这种文化模式由和平、安全与危险、不安对峙而构成。在这种模式中，手枪的出现和不安全、突如其来的危险和恐惧紧密相连。因此，他们选择了一张悲惨的黑白照片，照片中男青年的一个鼻孔插入了手枪的枪管，完全实现了对本活动所指向的青年群体的情感冲击。这些例子清楚地反映了塑造个体行为时文化模式的重要性③。

和商业营销相似，社会营销很自然适合应用人类学家。玛格丽特·格温

---

① Brown, C. (1997). Anthropology and social Marketing: A Powerful Combination. *Practicing Anthropology*, *Vol.* 19 (4), pp. 27 – 29; Gwynne, M. (2003). *Applied Anthropology: A Career – Oriented Approach.* Chapter 10, Boston, MA: Pearson Education, Inc.

② Brown, C. (1997). Social Marketing and Applied anthropology: A Practitioner's View of the Similarities and Differences Between Two Research-Driven Disciplines. In *Practicing Anthropology in the South*, edited by James M. T. Wallace, pp. 55 – 65. Athens, GA: University of Georgia Press.

③ Gwynne, M. (2003). *Applied Anthropology: A Career-Oriented Approach.* Chapter 10, Boston, MA: Pearson Education, Inc.

(Margaret Gwynne) 在其书《应用人类学：职业导向方法》中表明，文化模式可用于产生积极和消极影响，如鼓励吸烟或阻止可卡因使用。文化人类学有识别和利用人们知识、信念和价值观的独特功能。这意味着，设计和执行有效社会营销信息时，对于应用人类学家的需求越来越旺盛。更具体而言，人类学家可以通过以下方式为社会营销作出贡献：帮助识别具体新行为的潜在早期接受者；学习如何最好地创造行为变化以使接受率最大化；说明什么单词、词组和图像适合描绘行为变化，此行为的效益就能清楚被理解，其提倡的改变也尽可能不具胁迫性；帮助选择和训练那些在与自身文化不同的特定文化中，最能移情和最高效的变革推动者①。

商业营销从认识人类未满足的需求着手，接着要设计产品（包括无形的服务）来满足此需求，用尽方法来让需要的人知道新产品的存在，然后把产品传递到正确的人正确的地方，最后从消费者中获取反馈并持续改善产品。社会营销和商业营销的逻辑是相同的，但是社会营销的过程和商业营销略有不同。社会营销至少包括四步，即：（1）识别问题；（2）背景调查；（3）设计一种解决方案，能为承受该问题消极影响的群体所用；（4）通过提高意识，创造需求来执行解决方案；（5）评估项目的成功率。现在让我们一步一步轮流检验人类学家如何为简化的社会营销过程作出贡献②。

（一）识别问题

此过程开始时，社会营销者将描述要解决的社会问题和本项目令人信服的理论基础。这些都基于对可得数据、行为理论、现有文献和解决类似问题的最佳项目实践的全面评估。通过详细的 SWOT 分析，社会营销者将找出影响正在进行的项目的因素。然后社会营销者将发展一支战略队伍，或由职员、合伙人、利益相关者组成，以帮助促进该项目。队员多数将熟悉拥有商业营销专业经验的工商人类学家，但是或许有一两个重要差别需要大家意识到。

（二）背景调查

这是成功的社会营销的核心：人类学家可在专业实践中使用不同方法来

---

① Kotler, P. and A. Andreason (1991). *Strategic Marketing for Non - Profit Organizations*. EnglewoodCliffs, NJ: Prentice Hall. pp. 420 - 421.

② Gwynne, M. (2003). *Applied Anthropology: A Career - Oriented Approach*. Chapter 10, Boston, MA: Pearson Education, Inc.

帮助社会营销人员取得成功，包括关注群体、参与观察、文献研究、被调查者采访和调查①。例如，如果营养学家首先对与食物相关的文化模式没有透彻的理解，是不可能改善人们的饮食习惯的。譬如说人们吃什么食物，在他们的环境可得的食物中，为什么他们只选择吃某些食物而不吃另一些食物，他们对不同食物赋予的象征价值是什么②。如此看来，社会营销人员需要关于不同群体的食物文化含义的第一手资讯，以便推销健康的食物摄入习惯和方法。要尽可能清楚理解受众和产品，社会营销调研就要尽可能客观。实际上，客观调查与社会营销有很大差别。正如这个词现在的用法，社会营销是更主观，更具强制性的措施，指的是政府和社会福利组织鼓励群体接受有益产品、行动或服务。

背景调查最重要的部分之一是定义社会营销所针对的具体人群。只有精确定位此群体，人类学家才能识别出相关的文化模式。尽管这类人群一般指的是目标受众，实际上它由多重受众构成，称为一级、二级、三级受众。这就要求社会营销人员和人类学家特别关注在一个大社会和/或文化群体中的不同子群体差异。如此看来，一个具体的社会营销项目策略要求研究者不仅仅要区分大社会和/或文化群体，还要关注不同细分群体的亚文化差异。

应用人类学家玛格丽特·格温和同事做了这样的背景调查，支持在加勒比东部西印度群岛国圣卢西亚岛中对公共保健项目进行社会营销。他们的发现表明比起公共保健服务，大多数圣卢西亚人强烈偏好私人保健服务。因为国民健康保险可让人们更有可能请得起私人医生，国民健康保险对他们很有吸引力。根据从关注群体收集的数据，大多数在正式部门工作的圣卢西亚人不会回避把少数收入强制上缴为国民健康保险——如果健康保险适用于私人部门。他们的人类学背景信息帮助了圣卢西亚卫生官员为推销国民健康保险这一概念而展开的社会营销活动③。

（三）设计解决方案

背景调查和目标受众定位之后，社会营销专家可利用研究结果设计针对

---

① Brown, C. (1997). Anthropology and social Marketing: A Powerful Combination. *Practicing Anthropology*, *Vol.* 19 (4), pp. 27 – 29.

② Terry, R. (1994). Needed: A New Appreciation of Culture and Food Behavior. *Journal of the American Dietetic Association. Vol.* 94 (5), pp. 501 – 503.

③ Gwynne, M., K. Roberts, and N. Compton (1993). *National Health Insurance in St. Lucia*. St. Lucia, West Indies: USAID/OECS/HPMU.

该问题的解决方案。在人类学视角下，解决方案必须具备文化契合性。有时解决方案首要目标是受众可使用的具体物品，例如净水片。设计解决方案的过程中，社会营销专家为了避免代价高昂的失误，在大规模实施解决方案之前需要检测设计方案的功效。规模和资源消耗有限的试验项目有时就作为测试案例进行。试验项目尤其适用于将要广泛实施的解决方案。试验项目有助于及时找出项目设计中的优缺点，做出必须的改变①。

当社会营销鼓励人们使用具体物品时，很重要的一点是设计一个吸引人的产品，为其命名，其包装要吸引目标受众。因其包含的文化内涵，人类学家对此尤其感兴趣。有时解决方案是一种特定活动，以此取代另一种不良行为，以使受众从中受益。例如，母乳喂养取代人工喂养。有时解决方案是一种社会服务，首要目标受众若被劝服，接受此服务也将受益②。

设计具备文化契合度的解决方案时，社会营销专家很大程度上依靠从行为心理学和商业广告中汲取的理论。例如，在这些领域的理论家发现，决策是一个过程，不是一个事件。当一个人决定购买某些东西或接受一个新观念时，他或她会经过一系列步骤，被称为效果阶层模式。此模式的顺序甚至步骤会根据将要作出的决定而不同。

（四）执行解决方案

完成方案设计后，社会营销人员要有效执行解决方案，创造需求包括两个独立步骤：首先，提高目标受众对问题和提出的解决方案的认知。其次，鼓励目标受众产生对解决方案的需要，无论是一个物品、一次行动或服务。要完成这两项任务，社会营销人员必须选定用于向目标受众传达解决方案的工具（或渠道）。选取何种工具高度取决于信息的潜在接受者的文化背景，代表着应用文化人类学家的主要社会营销工作。如果信息渠道都吸引人并且具备文化契合度，他们将会大大刺激对于解决方案的需求。

在广告和促销方面，对社会营销使用的渠道没有硬性规定。大多数社会营销人员依靠电视节目和广播广告，其他使用漫画书、简介手册或小册子，

---

① Brown, C. (1997) Social Marketing and Applied anthropology: A Practitioner's View of the Similarities and Differences Between Two Research-Driven Disciplines". In *Practicing Anthropology in the South*, edited by James M. T. Wallace, pp. 55 – 65. Athens, GA: University of Georgia Press.

② Gwynne, M. (2003). *Applied Anthropology: A Career-Oriented Approach*. Chapter 10, Boston, MA: Pearson Education, Inc.

带类似 X 的编码或标志表示对或错的海报。饶舌音乐也被成功地运用到社会营销中。然而，经验法则是，要极度谨慎并且透彻理解当地文化背景后才能使用这些工具。对文化规范的无知会给社会营销带来消极后果。例如，在尼泊尔，社会营销使用的传统卡通对话泡泡框会被村民理解为一大瓣蒜。①

（五）评估

评估就是判断现存问题是否正被适当解决或者已被满意解决。在整个项目周期，有时会多次使用和其他社会变革项目相同的方法和测量值来监控和正式评估大多数社会营销项目。我们有不同类型的评估，收集不同种类的数据，使用不同的方法，例如形成性评估、结果评估、总结性评价。需要指出的是，社会营销专家和应用人类学家应该知道社会营销并不是真实存在的。作为社会变革策略，社会营销要伴随着同样鼓励社会有利变化的商业营销活动出现才最有可能产生效果。事实是越来越多的商业营销人员以社会营销作为替代战略来推销他们的产品和服务，这可为人类学家将来致力于市场营销创造更多渠道。

本章小结

市场是促进买方和卖方完成交易的机制。买方放弃金钱或其他类型财产的所有权来交换商品或服务以满足需求，卖方放弃自己的产品所有权来交换金钱。人类学视角下的市场系统通过寻找市场机制的文化含义增加其社会内涵。市场系统本身充满活力不断演变，但是一旦体系构筑起来就会固化。营销是一个充满活力产生变化的商业进程。人类学视角下的营销以文化为核心，关注文化因素及其对营销过程的影响。

营销旨在让越来越多的消费者接受营销人员的商品和服务。人类学是社会科学，强调在特定文化背景和价值观下的个人行为。广泛而言，营销

① Dudley, E. (1993). *The Critical Villager: Beyond Community Participation*. pp. 99 - 90. London: Routledge; Gwynne, M. (2003). *Applied Anthropology: A Career-Oriented Approach*. Chapter 10, Boston, MA: Pearson Education, Inc.

和人类学都关注人类行为，因此他们有共同的理论基础。营销人员对发现人们如何生活和使用何种产品感兴趣，这堪称有关物质文化及其对个人影响的人类学研究的甲级材料。

国际市场营销实践、跨文化营销和社会营销中广泛应用人类学方法。人类学对营销的作用植根于人类学家对文化的了解。人类学方法，例如参与法、观察法、深度采访等，有助于营销人员获取定性信息更好地理解客户，反过来客户也能享受到更有利的服务，营销人员自己能赚取更多利润。现在，社会营销的重点仍在人类学家，但长远来说，越来越多的营销人员将能够并且愿意在国际和国内营销实践中使用人类学知识和技能。

案例一　玛格丽特·米德消费者现场调查①

当一种新产品需要测试消费者反应时，公司一般会使用旧市场调研支柱，即关注群体。然而，现在另一种技术能前所未有地更加深入反映产品发展周期。种族市场调查越来越多地应用到提供客户新信息中，这种方法也许对营销人员来说是新鲜的，但是其实和人类学一样古老。利用人类学家的方法和理论，种族学家让公司透析影响消费者决定的文化趋势、态度和生活方式因素。

内布拉斯加大学市场营销教授埃里克·阿诺德（Eric Arnould）称，这些研究可以使公司知道消费者需要和将会需要什么。“人种论是亲近消费者的一种方式，新产品生命周期走向衰退，成本升高，竞争更激烈时，很多公司尽量更加亲近消费者以发现新产品的使用背景。”

一、消费者调查的科学

惠尔普公司（位于密歇根州本顿港）内部人类学家堂娜·M. 罗密欧（Donna M. Romeo）博士解释道，关注群体通常是在短期的人造背景下有效，但是人种论适用于在更宏大的社会和文化背景下的消费者。人种论寻

① McFarland, Jennifer (2001). “Margaret Mead Meets Consumer Fieldwork: The Consumer Anthropologist”. *Harvard Management Update*, September, 2001.

找的不是普通观点，而是对于产品如何引起消费者在日常生活中的共鸣的360度全面理解。

例如，惠尔普最近请罗密欧为奢侈品卧喷浴缸做调查。调查样本是四个不同市场的15个家庭，罗密欧全程采用的方法是家庭采访和拍摄正在浸水的被调查者（穿着浴袍）。她请他们回答的问题诸如“想到浴缸的时候，脑海中浮现出什么形象?”这些画面有些是被调查者自己拍的照片，有些是从杂志中剪出来的图片。罗密欧说道，消费者脑海中的洗澡印象是“一次变化的经历”，“就像在天堂呆了15分钟。情感、文化、象征意义上的学习都非常深刻。”他们证实了惠尔普关于浴缸奢侈品的概念。其实在罗密欧进行调查之前，浴缸已被命名为“Cielo”，意大利语和西班牙语含义是“神仙”或“天堂”，这幅画面就是调查参与者描述沐浴经历时的联想。

然而，人种论的真正威力体现在产品发展周期的前端。B/R/S集团芝加哥办公室合伙人、人类学家帕蒂·桑德兰（Patti Sunderland）称，这个方法的可贵之处在于它是归纳性的而不是推断性的。“进入人们家里或到产品起重要作用的地方去，一部分目的是你能在他们中发现什么是有意义的。”例如，牙膏营销，以前强调的是对抗蛀牙和美白牙齿。但是民族志研究发现消费者对牙膏的概念和关注点已经改变。“人们很关注牙龈、舌头和整个口腔。当他们把牙刷放进嘴里，他们关心的不再仅仅是蛀牙。”像高露洁全效牙膏那样声称，“即使你停止刷牙依然持续有效”的牙膏，正在按照口腔保健这个更广泛的概念设计。

康州韦斯特波特市市场研究公司文化动力副总裁汤姆·马斯奇奥(Tom Maschio)博士说，他们公司为保险公司做的调查重塑了保险公司的服务形象。马斯奇奥的团队利用民族志发现大多数美国人并没有把保险视为解决一切问题的灵丹妙药。“这与美国人的自主独立感想抵触，相反，保险的理念应该是帮助人们恢复原来的生活状态，帮助他们重新拥有成功和努力的标志——财富，而保险赔偿最终可取代这些财富。”民族志调查“给了我们一种定位此保险品牌的方法，就是帮助您恢复原来的生活状态。”

类似的调查帮助AC德科重新定位其广告。马斯奇奥团队发现男性变老时，由汽车维护和修理他们会联想到为家庭提供“保护衣”。于是AC

德科发布的新广告中“赞扬男性在维修汽车，照顾家庭，关注汽车零部件的质量中起到的重要作用。”

二、买方注意

人种论市场调查正在迅速流行。为了分辨民族志调查人员中的善意从业者和盲目崇拜者，专家提供以下建议：

1. 做一场交易。惠尔普的罗密欧称，提供民族志调查服务的公司职员中必须有一名具备研究生学位的人类学家。“外面很多人说他们在做民族志调查。但是他们在人类学方法和理论上没有高深的造诣，客户得到的就是另一种市场研究方法了。”马斯奇奥补充，还要检查他们把经验转化成成功的商业模式，产品定位和产品设计的相关记录。

2. 给自己足够时间。埃里克·阿诺德认为，你应该怀疑“那些告诉你他们可以在一周之内做好民族志调查的人。获得人种论的深刻见解一般需要花费更长时间重复互动。”然而，如果你有多学科队伍，这些“快速评估流程”可以相对较快完成，大概只需几周。阿诺德提醒：“但这需要高水平的专业技术和领先的知识。”

3. 综合你的发现。罗密欧说“假设你从关注群体开始。你在关注群体中的发现有助于民族志研究。然后你做了一个定量调查来帮助你在更广泛的水平上了解民族志。不同调查地点得出相同信息的时候，你就获得有用的发现了。”

4. 跨学科人员参与。桑德兰认为，通过单向透明玻璃镜观察房间里的关注群体，公司获益良多。当委托调查的公司派代表去见证整个民族志调查过程的时候，“同样的事情可以发生在民族志研究上。”罗密欧同意并鼓励内部人类学家组成跨学科队伍。“负责品牌、适用性、设计的研究者都会跟着你到销售现场，他们当时也许会鄙视这种方法，觉得太粘人。但是突然消费者在他们心中就会变得活生生的了，最终他们会变成公司内这种研究方法的支持者。”

5. 不要节省。B/R/S 集团网站上提醒：“避免只调查少数消费者、朋友或职员，这样真相永远不会出现，结果不具代表性，这样的发现也太容易被滥用。如果你想做研究，应该使用富有经验的研究者的提案。”成本方面，阿诺德认为，你应该预期民族志调查花费高于关注群体但是低于国际性采样调查。“好的民族志调查需要花费2500美元到5万美元，需要许多人在多样背景下在一段合理的较长时间内工作。”据说，你不得不做这样的调查，因为它能帮你发现问题和机遇。

6. 认真考虑你的需求。民族志调查能满足你的需求吗？桑德兰认为，这取决于你试图回答的问题。“如果你想检验广告的效果，关注群体是个好方法。如果你已经做了很多原地调查，现在你要提炼观念，让关注群体在房间里观看广告，你将会有伟大的发现。”但是当你不知道消费者如何使用你的产品，进入一个新市场时，或者不了解一个产品如何融合到日常生活中，请抹去你遮阳帽上的灰尘，出去进行民族志调查。

案例二　零售商以质疑回应购物者的新需求①

当我们思考了两个月前的美国“9·11事件”和假日购物季后，情景研究公司（Context-Based Research Group）和卡通多诺佛力欧伙伴（Carton Donofrio Partners）的一系列商业战略检验了我们最近观察到的消费者行为是怎样改变的，这种改变又会如何影响到假日购物季。最初的研究和报告可以从网站中 www. contextresearch. com/context/911-report. pdf 看到，题为“我是谁？企业如何在全球危机下生存”。零售商可从下面得到启发，下面说的是零售商是如何积极应对消费者变化的需求。

消费者行为将引导这个季节：（1）寻找与“家”的一致性；（2）用实际行动表达怀旧之情；（3）寻找更大的个人控制；（4）极为疲劳，渴求救济。

一、摆在面前现实的难题

在2001年9月11日，整个世界改变了。在那个星期二，全球的人们从电视机上目击了那次恐怖袭击，接下来的几个星期里，所有的事件都显

---

① Context-Based Research Group（2001）. http：//www. contextresearch. com/context/pdf/h4theh_days. pdf，retrieved in Aug. 2009.

示出这是恐怖主义的一次战争，Carton Donofrio Partners 和 Context Research 开展了研究这个改变的世界将会对商业造成什么特别的影响。我们的目标是通过访谈和观察全球的人们，从全球的视野看待“9·11 事件”，然后用收集到的新闻，基于我们的研究，展开消费者行为的情况调查。我们在全球关系网中动用了 2400 多名人类学家，从下列地区收集到消费者简述的情况，如表 8－1 所示。

现时的美国	现时的全球
纽约	以色列耶路撒冷
华盛顿	巴基斯坦北部
洛杉矶	印度雅加达
西雅图	哥伦比亚波哥大
芝加哥	中国北京和南宁
费耶特维尔	法国巴黎
查珀希尔	
巴尔的摩	

人类学家们为了这项研究访谈了 70 名参加者，整合了 1000 页深入的、消费行为人类学的故事。下列是从这项研究得出的主题，它们影响了消费者在假日季节的消费习惯。另外，由季节零售专家艾伦·摩尔（Ellen Moore）、客户体验优化的 Carton Donofrio Partners 领导的战略家们，开展了给零售商的行动意见。

二、寻找“家”的认同

在所有研究发现中，最常见的思路发现了人们应该有经历个人重新审查自己的过程。我们的研究表明，因爆炸而坠下的世贸大厦，象征了恐怖分子毁坏了人们对于“他们是谁”的感觉。

这次的恐怖袭击创造了一个新的前景，人们必须重新检视他们自己的核心身份。这样的心灵搜索事件正在上演，人们尝试决定他们自己会怎样适应这个世界、国家、工作场所、社区、邻里、家庭和家。

结果发现人们正在“回家”——字面上的意义和象征意义。换句话说，人们开始将精力投入于关注家庭价值，重新找回自我意识。另外，人们更深入地了解到他们以前可能考虑过的一件事——家庭至上。

在这种新环境下，人们购买的动因改变了。一些参与者提到他们每一次购物中的最有意义的是什么，他们仔细地计算着购物时所得到的利益和存在的风险后，确定这些购物是否符合他们新的核心价值，例如家庭、心灵，甚至是一个生命的简化。

在这方面的故事。就算是细小的奢侈品也表示新的意义。丹尼（Danny）是芝加哥一名区域经理，IL 在恐怖袭击第二天出去买了一件鹿皮绒大衣给他的妻子，他的妻子为此等了好些天了。他说这是他表达爱意的方式，他还说到：“我还可以把购买那件大衣归咎于乌萨马·本·拉登（Osama Bid Laden）。”

节俭风气盛行。63 岁的莱蒂（Letty）是纽约一位学校心理学者。自从恐怖袭击后，她表明自己未来可能会更加节俭。“所有这些商品的消费，购买那些我们并不需要的东西，只是为了购买而购物——它只是没有任何意义了。”她说。

对零售业的启示和建议。零售商可以预见今年消费者们会对他们做出的每一次购买行为经过小心的决定。除“9·11 事件”外，紧张的经济环境意味着人们将会对他们每一次购物期待着得到最大的效益。消费者们更喜欢在节假日逛商场慢慢寻找他们认为是完美的礼品，而不是等到最后一刻才冲进他们看到的第一家商店购买完清单上所列的每一项物品。而且，购买者想买到与他们核心价值相符的物品，同时也在寻找一种满意的购物体验。若零售商能提供符合人们的核心价值的物品，并创造一个愉快的消费体验，他就能成为 2001 年假日季节的成功者。

1. 寻找你商店里可以捆绑和包装在一起的物品，这就可以联系新近强调的核心价值观：社区、家庭、完整性、平衡性、真实性和安全性。考虑家庭活动的采购商品，如吃饭，游戏和娱乐。打造橱窗，展示能表现家庭的主题商品。

2. 考虑出售体验式的礼品。你能否推出一两天的工作坊，教导消费者穿衣的风格和舒适度？举办家庭烹饪研讨会，可以全家一齐参加工作坊？派遣一位营销人员在傍晚去某一家庭提供餐饮。更多地宣传那些体验而不是产品本身。简化人们，那么“商品”就能亲近他们。制造“哥们券”，提供那些亲朋好友能聚在一起娱乐的服务。

3. 如果你正在销售那些没有任何主题的商品，可以考虑将它们包装成更有意义的东西。例如，一间珠宝店可以提供香草幼苗，将包装好的珠宝放于植物里去——更为真实和有意义。

4. 雇佣一个讲故事的店员招待在商店里的孩子，并提供热的苹果汁和曲奇饼给小朋友们，或者清凉的茶饮品和酒类给大人们。再次说明，这些“旧的潮流”把戏能使消费者在今年更为接受，因为人们都回归于他们的核心价值中。

5. 基于创造一个积极的顾客体验，实施员工奖励计划。如果一个员工看到了另一个在创造一个很好的体验，将他或她纳入这个奖励之中。最好的体验创新总体来说可以得到一个更大的回报。创造一个好的体验例子可能会使一位老人家购买一辆车，就像是嗅到商店内的薄荷味产生旧时的感觉，或者当人们排队结账时讲笑话。

6. 与员工们一起头脑风暴创造出清单，列出消费者可能会用你的产品或者服务的传统。预先编写好礼物意见表，创造适合不同年龄的礼物清单。

7. 与社区建立关系，邀请一个慈善机构到你的商店进行包装礼品的活动，鼓励购物者按每一个包装好的礼品进行捐赠。

三、用实际行动表达过去的价值

一个接一个的故事，我们发现人们恢复对生活的舒适度、安全性和常态的意识，建立他们的行为框架，回归旧时的价值。一位母亲找到了为她家人做饭的乐趣；一个家庭为一次前所未有的周末家庭晚餐聚集到一起；一对年轻的情侣决定执行他们的结婚计划。

自从恐怖袭击后几个月，美国人已经将他们的电视节目转成本地电视网络去看《布莱迪家庭》和其他以前的节目了。零售商店的销售量由于行销艺术开始上升，人们期待着简单的、可以与家人分享的活动。

在这方面的故事：在小事中作乐。格蕾丝是西雅图一位业余绘画设计师。在这次袭击后，她开始关心为她的家人烹调食品。“我并不是一个能为家人煮出好食物的人，我只是想他们都能吃得饱，然后有力气做下一件事情。但我现在却能在例行的小事中寻找到乐趣，就像准备一顿饭。这些有关家庭的行动让我们知道，是的，这就是我们继续生活下去的表现。

回归家庭。可比（Kirby），北卡罗来纳教堂山的一位装货人员，以前经常加班，但现在他为了他的妻子和女儿拒绝了加班，也拒绝了额外的收入。“这次的事件让我了解到家人更为重要。”他说。

对零售业的启示和建议。人们想寻回旧时简单的回忆，寻找那些物品和体验可以代表逝去了的真实简单的日子。当人们期待着旧时的价值，零售商们可以通过产品的选择和销售来吸引他们。

1. 说出你的产品故事，增加他们的可信度。例如，在一双鞋附近贴出告示表明这是某一个员工拥有的，用员工的角度讲述这个故事，将有关这双鞋子舒适度的故事写在告示上。

2. 寻找唱节日颂歌的人而不是放磁带。在提供一个真实的气氛下，真正的人会感受到购物者的怀旧情绪。年轻消费群可能会对商店的打折行为感到高兴。可以在唱诗班的附近摆放唱片，并鼓励消费者们参与其中体验。

3. 跳过必要的节日装饰，允许消费者们用手工装饰品帮助装扮购物中心或者商店的某一部分。他们将会很有创意地表达他们自己，同时与你的品牌建立一个更好的联系。

4. 如果可能，赠送你销售的产品样品，消费者们会很乐意在节日里收到小礼物。他们拿在手上时会觉得好像已经买了什么东西似的，而那会鼓励他们从你那买更多的商品。

5. 创造一个“怀旧时间”的展览，展示家庭棋类游戏，传统的食谱，古典音乐，宗教商品如圣经或多连灯烛台。

6. 寻找能给人们表达他们自己及能与社区分享他们经验的方法。选择一个家庭，让你的员工和顾客为他们提供物品。装饰一棵“愿望树”让顾客可以挂上他们所写的愿望，祝愿来年社区或世界会更好。

四、寻找更大的个人控制

许多参与者在研究中表达了自己在寻找能体验到更多可以控制他们生活的方法，特别是由于他们需要安全感。现在，恐惧和不确定因素驱动人们去做任何事情，以保护他们自己和他们所爱的人。人们为了寻找更实在的个人控制，宁可留在家里也不愿外出娱乐。他们将自己的家打造得更为舒适，同时寻求老朋友的安慰而不是扩大他们的社交网络。

同时，研究表明参与者想增加知识，能够掌握主控的方法。人们还学习美国对塔利班或阿富汗的外交政策，这样他们才能知道和有主意，他们应该怎样做才可以保护他们自己和他们的家人。

在这方面的故事：高楼大厦需要更多行动。吉姆（Jim），芝加哥一位57岁的老人家，IL说他不会因这次恐怖袭击而做出太多生活改变。但是，他留意到当他进入高楼大厦时，他会更小心地记录下紧急出口的位置。

“我想知道”。英格里德（Ingrid）是一位西雅图的音乐家，她有计划要学习了解国际事件。“我想知道为什么这些人会如此憎恨我们。我知道我们国家曾经有一些不好的外资政策。”

对零售业的启示和建议。当人们寻求个人控制时，他们会更多地选择网上购物，如此可避免外出到大型的公共场所。然而，他们还是像所有美国人那样感受到需求，想要亲自挑选能够符合他们新核心价值观的商品。

今年，商场管理者和零售商应该竭尽所能让这些脆弱的购物者感到安全舒适，提供能够传达安全有保障的产品或服务。

1. 将有关安全和保障的产品摆上架。烟雾报警器、个人防身器、手电筒和有关保安措施的书籍将会成为今年商品中的重中之重。

2. 考虑送货上门，这样人们可以留在家中挑选商品。

3. 在商店内雇佣额外的保安员，在晚上安排某些保安人员护送顾客到车上使他们有安全感。邀请社区勤务人员教导你的员工如何发现和处理在商店内行窃的小偷。准备一个评估计划并确保你的员工经培训后会使用它。

4. 在明显之处展示那些能帮助人们更好地认识他们与这个世界关系的商品，包括地图，有关伊斯兰教、政策和历史的书籍。除圣诞节和光明节外，考虑摆放出体现多元文化的商品。

5. 开放一个常规地方日夜播放新闻，并让顾客知道他们可以从哪些地方知道最新的消息。然而，要注意不要在整个商场都播放电视新闻或是广播新闻，因为当人们购物时，可能会想逃避新闻。

五、情感疲劳，渴求救济

就在“9·11事件”的第二天，参与者就向研究人员表示他们被大范围的新闻报导弄得心烦意乱。现在，随着越来越多的媒体每天都在报导生化恐怖主义和其他警报，人们对于战争的情感疲劳感越来越明显。最终，人们对在一个不断提高的生活环境中会降低容忍度，然后这种提高生活的意识会变成无处不在的、令人厌烦的压力。

在这方面的故事：运行所有引擎。格蕾丝（Grace），西雅图一位平面设计师，注意到人们最近看上去更为疲劳。“人们不能总是精力充沛……他们不能总是关注身边发生的所有事情。”

“不想听到任何消息”。贾斯廷（Justin），洛杉矶一位金融交易人员，说他从第一天起就已经厌烦听到任何关于“9·11事件”的新闻。“我站在BART车站，然后我听到有人讲，‘你听说世贸大厦被袭击了吗?’，我并不是很清楚他们到底在说什么，我只是单纯地不想知道任何消息。我只想坐上火车然后回家。”

对零售业的启示和建议。持续的“9·11事件”大范围的报导，人们的压力程度不断上升，甚至到了筋疲力尽的地步，同时大家一直很害怕再有一次恐怖袭击，因此就快要崩溃了。在这种环境下，人们升起对社区、人情味的渴望，想要从现实中逃离。

人们想要挑选符合核心价值的礼品时，购物也成了一种压力，使得人们更加疲劳。零售商就该寻找方法，提供消费者一种舒适的感受，即使只是暂时性的，也能使他们可以逃避现实。

1. 在这个假日季节，鼓励员工在销售时更关注顾客，但不能有侵略性。美国公众没有心情与强行推销产品的营销人员打交道，而且营销人员的努力可能会适得其反。

2. 尽管大家都没有耐性，还是要训练员工在接听电话时要特别表现出关心、耐心，同时还要快速。消费者不会像从前那样长时间地讨价还价，长时间的电话会让你失去生意。同时，今年可以考虑安装自动呼叫系统，派遣一名电话客服接听电话，人们渴望从商店里得到人情味。

3. 人们厌烦了夸张的广告宣传方式。考虑将你商店里的装饰最少化，然后跟随简化的潮流。

4. 雇佣演艺人员或者鼓励员工娱乐那些在结账台前排队的消费者。由于耐心变得更少，消费者在短时间内变得更容易发怒。排队是假日购物的常态，但你可以用有趣的文娱节目和游戏将排队变成一种积极的顾客体验。

5. 考虑建立一个项目，当员工认出某位年老的顾客时，员工可以为这位年老的顾客提供个人导购者服务。这位员工可以来回奔走寻找商品并将其推荐给这位老顾客。年长者因为他们走得太慢而沮丧，但这位个人导购可以帮助他们购物速度加快，他们也会被这种贴心的服务所感动。

6. 尝试将你商店内的过道变得更宽敞，人们会感觉更舒服，也会更愿意在你的商店停留更长的时间。

7. 设置更多可以坐下来的空间，让消费者可以坐在椅子或长椅上休息。

8. 记住你的员工也会感觉到疲劳，考虑设立特别的休息时间，为他们提供一些小吃以保持他们的精力和动力。

学习思考题

1. 什么是市场与市场营销的关键要素？你如何从人类学的角度进行理解？

2. 人类学方法在市场营销中能否得到实际应用？在市场营销过程中，我们应当如何应用人类学？

3. 全球营销过程中的跨文化问题的重要性是什么？我们应当如何从人类学的角度进行解释和理解？

4. 国内营销与国际营销以及全球营销之间的主要差异性是什么？我们应当如何从人类学的角度进行解释和理解？

5. 什么是社会营销？社会营销与商业营销的区别有哪些？在社会营销过程中人类学家所能作出的贡献是什么？

6. 你从本章案例中学到了什么？如何应用人类学的原理来理解和分析本章案例？

第九章

人类学与消费者行为

内容提要

过去50年内，学术界见证了关于消费者研究的井喷式发展。作为研究人的学科，消费者行为学与人类学必然有着千丝万缕的联系，而人类学由于对文化的理解和有效的研究手段也在消费者行为学领域中获得一席之地。在研究策略方面，人类学关注各种消费文化以及消费行为蕴含的文化内涵。在具体的研究方法方面，人类学发挥田野调查特长，将各种消费场合作为田野点，采用主位与客位、宏观与微观、定性与定量的方法层层剥开，探寻消费者行为背后的文化驱动力。

学习目标

1. 学习和理解消费者行为研究的不同途径与方法。

2. 学习和理解为什么说消费行为研究是一门社会科学。

3. 学习和理解从文化的角度对消费行为进行研究的意义和方法。

4. 学习和理解消费行为研究的人类学途径及其方法。

5. 熟悉和了解人类学对消费行为研究的主要贡献。

引　　言

什么是消费者行为？美国市场营销协会（American Marketing Association）把消费者行为定义为“人们在实施日常交换过程中，消费者产生的感受、认知、行为与环境因素间所发生的动态互动”①。这一定义里，“感受”指消费者的态度或倾向的形成过程及其结果：这种倾向可以是具体的，比方对某种产品的喜好；也可以是抽象的，例如对某个族群的看法。消费者的“认知”包括购买记忆的结构或自我建构的过程。消费者的“行为”则包括个体决策与行为模式两个方面，比如对媒体的利用或者食品的购买②。

起初，人们仅仅将消费者行为作为市场营销概念的一部分加以理解和实践。直到20世纪60—70年代，消费者行为研究才逐渐引起人们的重视，并成为独立的研究领域。

消费者行为领域涉及诸多方面：它是对一系列过程的研究，这个过程既是个人，又或是团队、组织为了满足某种需要而引起的，这个过程包括了对某种产品、服务或体验的选择、占有、使用和处置。这其中至少有四点值得注意：（1）消费者行为包括不同的参与者，消费者可以是一个个人，也可以是团队或组织。（2）消费者行为是一个系列过程，不仅包括对商品的使用和处置，还包括商品的购买过程。（3）消费的商品是多元的，其中包括了服务、创意这些无形商品。（4）消费者行为与社会是互为影响的。如美国的“无力买房者”通过次级贷实现“美国梦”。随着美国贷款利率的提高，还贷者的负担不断加重，而房价的下跌则使得借款人难以通过出售或者抵押住房来实现再融资。于是，一大批借款人无力还贷，次贷危机汹涌而来，从而在2007年引发了全球的金融大震荡。

---

① Bennett, P. D. (1995), *Dictionary of Marketing Terms*, American Marketing Association, Chicago, IL.

② Macinnis, D. and V. Folkes (2008). *The Field of Consumer Behavior: Criticisms, Conceptualizations, and Conundrums.* Marshall School of Business Working Paper, University of Southern California.

第一节　作为社会科学的消费者行为学

一、跨学科的消费者行为学

消费者行为学在20世纪50年代至60年代以一个独立学科的形式从营销学分离出来，并形成了自己的研究范式。古典经济学是消费者行为学的思想萌芽，“经济人”假设自然地融入消费者行为的研究之中。经济学为消费者行为提供了一个理论基础，即社会中的人都根据效用最大化的原则进行消费，但却无法解释消费行为复杂性的一面。经济学强调消费的理性，而忽略了消费行为感性的一面。营销理论家们不得不从其他学科中汲取营养，心理学（注重个体研究）、社会学（群体性研究）、社会心理学（个体在群体中如何发挥作用的研究）、人类学成为消费者行为的另一理论来源。在这些理论来源的影响下，消费者行为学中的消费者，不再是经济学中冷冰冰的以经济利益为决策依据的“经济人”，而是被赋予了情感与冲动的“社会人”。

从以消费者行为研究领域的美国主流期刊《消费者研究学报》（*Journal of Consumer Research*）的专业联合会名单中就可一窥这个领域的跨学科性。这张名单包括：美国家庭经济学联合会、美国统计学联合会、消费者研究联合会、消费者心理学学会、国际传播联合会、管理科学家研究所、美国人类学联合会、个性与社会心理学联合会、美国公共观点研究联合会以及美国经济联合会。

二、发展中的消费者行为学

作为一门新兴的学科，消费者行为研究仍处于成长期。学者们尽其所能尝试着用历史的观点，多维度的视角来理解消费者行为。但这个领域所涉及的繁杂变量却容易让研究者堕入盲人摸象的误区，研究者们从各自的研究特长入手，专注于某几个变量，往往得出“只见树木，不见森林”的研究结果。

根据两位来自美国南加州大学的学者马斯尼斯（Macinnis）和佛勒克斯

(Folkes) 的看法，消费者行为研究爆发性的发展为这门学科带来不少质疑：(1) 消费者行为研究包括什么？(2) 消费者行为研究是否需要跨学科？(3) 谁来从事消费者行为研究？可以看到，马斯尼斯和佛勒克斯指出了消费者行为领域悬而未决的问题：研究的边界；消费者行为是营销学的子学科还是一门独立的交叉学科；谁是研究的主体？

对消费者行为研究进行一番梳理后，马斯尼斯和佛勒克斯认为，消费者行为既不是一项独立的学科，也不是一门交叉学科，而是介乎两者中间。对此，他们根据学科现有的发展状况，提出了理解消费者行为学的六大模型框架（表 9－1）。

表 9－1　　消费者行为学的六个模型

模型	消费者行为如何被定义？	是否独立学科？	是否为跨学科？	谁是研究主体？
行为营销学模型	局限于市场的终端消费者或者/及？	否，它是市场营销学下的子学科	行为营销采用行为学的研究范式	营销研究者 营销执行者 政策制定者
消费者营销学模型	同上，以及包括 B2B	同上	同上	营销研究者 营销参与者 政策制定者
学科内模型	定义宽松，每个学科都有各自对消费者行为的定义	否，它是多种学科下面的子领域	否	取决于不同学科
跨学科模型	局限于特定领域的消费者	是	是	来自不同领域的，对消费行为拥有共同兴趣的研究者
多学科模型	局限于特定领域的消费者	是	研究领域是跨学科的，但研究者可能是专职的，拥有很强的专业性	来自不同领域的，在某个层面的分析中对消费者拥有共同兴趣的研究者
通用行为模型	定义宽松，把消费者行为等同于一般行为	或许，但更多是把消费者行为作为一般行为研究的某一项	是，有时会直接借用其他应用学科的研究成果	对人类行为感兴趣的学者，消费者行为可以研究语境

马斯尼斯和佛勒克斯的六模型框架虽然并不能完全覆盖消费者行为学的

发展现状，存在一定的局限性，但仍然能为我们理解消费者行为学提供了一个突破口①。

第二节　作为文化的消费者行为

一、文化理论

在人类学家看来，消费者行为具有文化性、历史性和全球性。不过，什么是文化，学术界迄今为止尚无公认的定义。1871 年，英国人类学家泰勒认为，文化，是个复合体，它包含了知识、信仰、艺术、道德、法律、习俗以及个人作为社会成员所习得的能力和习惯②。在泰勒之后的不同历史时期，不同的理论流派出于各自的关注点，都对文化有不同的理解和阐释。克虏伯（A. Kroeber）和克鲁克宏（C. Kluckhohn）在 1952 年对文化的概念进行统计，发现文化的定义多达 164 种③。在文化人类学者关于文化的众多概念中，我们发现有两个定义特别适合帮助我们理解消费者行为。其一是："文化是习得行为的过程以及行为的结果，这些行为可以在特定的社会成员中共享与传播"；其二是："文化创造且传播价值、理念，以及其他象征意义体系的内容和模式，这些因素塑造了人的行为"④。

我们认为，文化建立在人类特有的分类能力基础上，对这些分类进行"符号化"，并将这些抽象的符号授予他人。霍夫斯坦德把文化视为一套价值系统。如今，这一定义在企业文化领域已广为传播。文化通过"濡化"的过程借以从上一代传到下一代，留下不可磨灭的烙印，伴随被濡化者的一生。

---

① Macinnis, D. and V. Folkes (2008). *The Field of Consumer Behavior: Criticisms, Conceptualizations, and Conundrums.* Marshall School of Business Working Paper, University of Southern California.

② Edward B Tylor: Primitive Culture, Harper & Row, 1958, p. 1.

③ Kroeber, A. and C. Kluckhohn (1952). *Culture: A Critical Review of Concepts and Definitions.* With the assistance of Wayne Untereiner and with appendices by Alfred G. Meyer. Cambridge, MA: Peabody Museum of American Archeology and Ethnology, Harvard University.

④ Linton, Ralph, (1945). *The Cultural Background of Personality*, New York: Appleton-Century-Crofts.

与濡化相对应的，则是涵化的过程，这是文化的横向传播。特定文化语境里的社会成员通过各种物质的、非物质的途径相互传递价值观，形成较为一致的价值取向。这种价值取向成为社会成员生活行为指南，影响着个人好恶，包括每天的购买与消费习惯①。

文化难以量化，因为文化时常处于无意识状态，或是人们太习以为常以致经常被忽略。人类学者通过长期生活在特定族群里的田野工作所搜集的素材，运用比较或者跨文化的研究方法来撰写异文化的民族志。其间，人类学者在田野中通常以一个参与观察者的身份出现：以最自然的方式与人们交谈、互动收集信息，观察人们非结构性的行为。著名的人类学家，比如博阿斯（F. Boas）、涂尔干（E. Durkheim）、本尼迪克特（R. Benedict）和格尔兹（C. Geertz）都对文化概念进行过反思。他们认为，大多数早期的人类学家都把文化作为个性的集合体并研究这个集合体从一个社会扩散、传播到另一个社会的机制。然而，这些人类学家都无法解释为何有些民族的文化特性能够广为传播。文化进化论从物质文化与社会机制的关系入手，他们认为，那些特性之所以得以传播，是由于它们处于更先进的阶段。由此，进化论者根据生产模式把人类社会分为游牧、采集、狩猎、农业及工业社会，或是根据政治体系把人类社会分为自治村落、酋邦与国家②。

进化论的批评者认为，进化论假定人类演化的特定方向，并暗示了现代工业社会的“先进性”，这点尤其值得质疑。相比进化论，文化生态学者则以环境适应的概念为基础，探讨文化与生态环境的关系，解释不同文化特质与模式的缘起。结构—功能主义者将社会视为机制（如家庭和政府）的整合体，认为文化是强化这种机制的共同信仰的一套系统。

历史特殊论者把人类的各种文化看做该社会的独特产物③。象征人类学审视思维结构如何指导人类行为。结构主义者希望在不同社会里抽取出人类共通的思维语法。他们认为，这种共同的思维模式独立于日常行为外，并经

---

① Senguder, Turan. (2007). Cross-National Customer Satisfaction Judgment in Turkey and the United States. In S. Demirdjian, T. Senguder, & R. Tian (Eds.), pp. 63 – 75. *Perspectives in Consumer Behavior: An anthropological approach*. Fort Worth, TX: Fellows Press of America.

② Hofstede, G. (1980). *Cultures Consequences: International Differences in Work-related values.* Beverly Hills, London; (1983). The Cultural Relativity of Organization Practices and Theories. *Journal of International Business Studies*, 14, (3), pp. 75 – 89.

③ Featherstone, Mike, (1990). *Global Culture: Nationalism, Globalization and Modernity*, London: Sage.

常与之背道而驰。许多关于文化解释的理论都因为假定不同社会的人们有着共同的文化体验而备受批评。当代，许多人类学者都接受了关于社会不稳定体的观点。这一观点认为：社会体是脆弱的，社会中的人对社会不断进行解释、强化、攫取和抵抗。学者们并不认为文化难以捉摸，相反，他们通常采用一些具体的历史、政治、经济因素并结合跨文化比较的方法去分析文化。我们认为，文化具有以下五个基本特性。

（一）非自然性

人类学者总是对文化与自然性的关系充满好奇与探索的激情。文化与天性总是缠绕在一起以致难以区分。以艾滋病感染者为例，艾滋病是一种生理性疾病，免疫能力的缺失使感染者的生活和行为都发生巨大变化。但我们却很难凭空判断出同一感染者在不同的社会背景中会否遭遇相同。实际上在不同文化语境下，艾滋病人的遭遇是不同的，有的被标签化遭受歧视，有的却得到包容和照顾。

再以进食为例，我们饿了便需要吃饭，这是本性。但文化则让我们学会何时进食，如何进食以及挑选食物。同样，食物与进食也被赋予文化内涵[①]。许多社会里，人们在午间进食主餐，而多数北美人则喜欢把晚饭当做主餐。英国人把鱼作为早餐之一，北美人却偏向热蛋糕和冷的谷物。中西部的人在下午 5 点或 6 点吃晚饭，而西班牙区的人们却等到晚上 10 点。显然，文化不是人的本性，文化的力量激发人类内在的天性，教导我们如何恰当表达内心需求。

（二）象征性

人类学家眼中的文化是一套关于符号的体系，人类生活都建立在这套有组织的符号系统之上。人无论从吃到穿，从学习到工作，或者是看电影或是设计新的计算机软件，都离不开这套符号系统。符号可以是一个物体、一个单词，或者是一个动作，它们各自有着不同的文化意义，这些意义与它们本身的自然属性并没有必然的相关性。在米勒看来，符号具有任意性，不可预测性以及异质性的。符号的任意性使我们无法预测异文化的符号象征系统。

---

① Tian, Robert (2001). "Cultural Awareness of the Consumers at a Chinese Restaurant: An Anthropological Descriptive Analysis", *Journal of Food Products Marketing*, Vol. 7, 2001.

如西方文化中的红色主要被认为是鲜血的颜色，红色被认为是令人激动、暴力的。著名汉学家霍克斯在翻译“红楼梦”时，由于意识到 red 可能使现代英语读者联想到“暴力”“流血”，所以采用小说原来曾使用的书名《石头记》，译为 *The Story of the Stone*。

语言是最重要的文化符号，人类通过语言分享信仰，传递思想与感情。除了人与人之间的交流，语言也是文化传递的最重要手段。语言不仅使当下文化的横向传播变为可能，亦让文化得以代际传承。语言或许可作为人性与动物性最大的区别。语言学家爱德华·萨皮尔（Edward Sapir）和本杰明·沃尔夫（Benjamin Whorf）认为，语言决定人类思维。在萨皮尔—沃尔夫假说中，个人根据其母语中编码设定的范畴和区别定义来认识世界，语言塑造了文化[①]。例如，英语中只有一个单词来表示“雪”。而爱斯基摩人因为常年生活在冰天雪地之中，对雪的认知非常敏感与细致，因此也有许多关于“雪”的名词，如“堆积的雪”、“地上的雪”。20 世纪 20 年代，可口可乐已在上海生产，一开始曾用“ke kou ke le”作为宣传标志，但这些标语却被人笑传为“蝌蚪啃蜡”，产品被接受的状况可想而知。于是可口可乐专门负责海外业务的出口公司，公开登报悬赏征求译名，终于征得“可口可乐”的金字招牌。从被戏谑到街知巷闻的摩登饮料，产品本身没有变，只是消费者从“可口可乐”的商标中有意无意地获得新的认知：既可口，又可乐。

（三）习得性

由于象征符号的任意性，人必须通过学习才能成为文化中的人或是社会人。人从降生之日起，便开始文化学习的旅程。每个人都透过有意识或无意识的，正式或非正式学习以及与他人的互动，日积月累固化为一套文化系统。我们通过与他人的交谈、观察和倾听来建立自己的文化系统。我们把文化的习得性放到企业里来看，一声来自上司的“谢谢”让员工心存感激并学会欣赏自己的下级，公司对先进员工的嘉奖可能正悄悄地影响那些“后进”员工，受聘员工或许在接到人力资源部的第一个电话时便对企业文化

---

① Sapir, E.（1929）: “The Status of Linguistics as a Science”. In E. Sapir（1958）: *Culture, Language and Personality*（ed. D. G. Mandelbaum）. Berkeley, CA: University of California Press; Whorf, B. L.（1940）: “Science and Linguistics”, *Technology Review* 42（6）: 229 – 31, 247 – 8. Also in B. L. Whorf（1956）: *Language, Thought and Reality*（ed. J. B. Carroll）. Cambridge, MA: MIT Press.

建立了初步的认识。

（四）整合性

文化是可以被整合并有模式可循的体系。文化内部互相关联，文化系统中某部分的变迁最终将引起其他部分，乃至整个文化的变迁。文化不仅依靠系统内的经济行为进行整合，还依赖于价值、理念、符号与判断体系的整合。文化将不同的文化特质，经过合并、分拆、增强、削弱的方式，形成一种特定的文化。例如，广东粤西地区的“年例”习俗，本来年例与广东其他地区春节时的游神庙会习俗相似，都是一种以宗族为单位的集体祭祀祖先行为。不过，人们在“做年例”的同时又整合了“吃年例”，在年例期间家家户户摆设酒席无偿招待前来探访的亲友，甚至是陌生人。由于在吃年例环节中，主人家通常尽其所能摆出好酒好菜以求宾客尽兴而归。吃年例的重要性逐渐甚于年例期的各种祭祀行为，成为年例的代言词。不同宗族间，宗族内的各户间在酒席间暗中进行经济实力上、社会地位上的较量，由此产生一种新的年例文化。

（五）互动性与变迁性

当人们进行贸易、移民、旅游，开展国际项目，跨国通讯时，文化之间的互动和变迁便拉开序幕。文化变迁一般指某一社会由于内在的发展、环境的变化以及与异文化的接触而引起的文化改变。在我们所处的社会中，随时随地都能感受到文化的变迁与社会的变化，即使是在最边缘的社区、最稳固的群体中。当新疆喀纳斯某个年轻的牧民盘算着如何在来年的夏天招揽更多的游客时，当草原上的藏民改用电动搅拌机制作酥油茶时，当我们羞于对熟人直接说“不”而改用手机短信拒绝时，文化的变迁就发生了。文化变迁的机制来源于创新与借用。

创新是一切文化变迁的基本来源，新制造工艺、新行为方式或是被团队广为接受的新制度都可称为文化创新。文化创新通常源于某种需要，可在短时间内完成，有些创新甚至是某个群体、某个人的灵光闪现。但创新在成为文化的一部分，被社会广为接受之前都可能出现文化滞后，即文化体的其他部分未能适应文化创新的这一部分。汽车的发明与推广就是一个例子。汽车的出现把人类拉入以百公里为时速单位的机动时代，但直到汽车发明的五十年后，汽车才走入普罗大众的生活中。因为汽车的行驶需要硬质路面而非泥质的马道，汽车的动力来自燃油而非草料，汽车的维护需要修理工而非兽医，人们需要新的交通规则来牵制这些横冲直撞的机器怪兽。时至今日，交通工具的速度不断被突破，与之配套的基础设置则一直处于追赶状态以缩减文化滞后的距离。

另一种文化变迁机制是借用，或是称为传播。如玉米，最初起源于美洲，后被引入欧洲，迅速取代了欧洲传统的夏季谷类作物高粱、黍和粟，成为夏季草场休耕闲暇时的主要作物。诸如睡衣、阿拉伯数字等都是从印度传到欧洲的。人类学家拉弗林顿（Ralph Linton）在70年前的一本著作《百分之百美国人》中幽默地说道：在“全球化”一词流行前，美国人全身上下早就打满了全球化的补丁[①]。

创新与借用通常是有意识的主动行为，人们可以自由地选择变迁的内容和方向。但变迁并非总是自愿的过程，尤其当一个社会在政治上控制另外一个社会时，例如征服与殖民。这种变迁称为涵化，指两个不同文化体在持续性的密切接触后，引起一方或双方大规模的变迁现象。涵化是人类学家感兴趣的问题，变迁不仅发生在处于从属地位的社会内，还出现在占主导地位的社会中。涵化的模式可分为两种：大熔炉与沙拉碗。大熔炉来自对美国经验的总结，大熔炉中，少数族群逐渐融合到主导族群中，主导文化对从属文化进行借用和吸收最终形成新的文化。而在沙拉碗（也称为“多元化”）模式中，各个文化体共居一处却互不相扰，正如这只“大碗”中，虽然食材品种繁多，但土豆、西红柿各不相干，如美国的唐人街。

二、消费者行为的文化含义

行为是文化的表现形式，擅长研究文化的人类学家将行为作为研究的主要对象，消费者行为理所当然也应进入人类学家的视野。文化塑造了个体行为，包括消费者行为，礼物馈赠就是绝好的例证。每个文化都规定了送礼的一定场合和仪式：生日礼物是美国人的主要送礼任务，每个美国人平均每年要购买5—6件生日礼物[②]；马林诺夫斯基观察到的新几内亚跨岛群间的“库拉”交换；阎云翔在黑龙江下岬村的田野中发现很多场合都要求人们送

---

① Linton, Ralph (1937). “One Hundred Percent American”, *The American Century*, Vol. 40.

② Monica Gonzales, “Before Mourning”, *American Demographics*. April 1988: 19.

礼，如生育庆典、婚庆、盖房、拜寿等，除了节庆之外，为了特定目的如巴结他人，村民还会主动以礼物巴结上级，为办事送礼等。

近年来，文化如何影响消费者行为成为消费科学研究以及应用人类学研究的热门话题。学者们主要通过全球化视角、引进视角、族群消费视角以及文化内涵视角对消费行为中的文化影响力进行研究。

全球化视角认为消费是全球化的，不过这一个视角最常应用于高科技产品的案例中，因为消费者更易于接受这些没有文化预设的新产品。很多企业都面临着缩减生产成本的压力，企业希望通过一套标准化的流程，诸如标准化的制造、营销、配送体系等，来压缩成本。制造“全球化”产品就是这一需求的产物。如福特公司在欧洲销售的“蒙迪欧”系列汽车采用与在北美销售的“康拓”（Contour）和“水星”（Mystique）系列相同的底盘。不过，全球化视角并非包打天下，人们普遍认为产品或服务的消费是“文化绑定”的，同一模式的“全球化”的消费并不常见①。

持有“引进”视角的研究者则主张根据消费产品的类别对消费者进行归类，每一类消费行为都有一定的共性。在这种观点的影响下，学者们认为起源于西方工业社会的消费者行为理论也可用于其他社会，不过引进产品的同时也需要对其进行本土化改造。“引进”视角的方法暗示了不同地区消费行为的多样性，这确实比简单复制美国模式有效多了②。

将文化因素作为出发点和着重点的是族群消费视角。这种观点认为，不同文化语境下的消费行为具有异质性。但考虑到不同族群文化之间的互动与共享，特别是国民消费行为对外来文化的借用，这种观点并不排除某些商品具有全球化的可能性，或者说，某些消费偏好具有全球化特征。族群消费视角关注族群认同与族群亚文化对消费者行为的作用力。一般来说，消费者的生活方式受其在社会中所属团体的身份影响，这些团体被称为亚文化团体。在有些国家，比如日本，绝大部分公民都拥有共同的文化纽带，民族性与主流文化基本是同义词。在美国这样一个群体迥异的社会里，许多种文化都有各自的代表，这些消费者都尽力维护所属亚文化团体的地位，使其不至于被

---

① Alden, Dana L., Jan-Benedict E. M. Steenkamp, and Rajeev Batra, (1999) "Brand Positioning Through Advertising in Asia, North America, and Europe: The Role of Global Consumer Culture," *Journal of Marketing*, Vol. 63, No. 1, pp. 75 - 87.

② Schutte, H. & D. Ciarlante (1998). *Consumer Behavior in Asia*. London: Macmillan Press Limited.

主流社会所溶化。这些亚文化的身份认同常常是影响人们需求和欲望的最重要因素，这些身份往往预示着某些消费的变量，如民族服装、传统饮食、娱乐的喜好等等。特别是对民族传统饮食，亚文化团体的消费具有根深蒂固的消费偏好。面对同一商品或服务时，族群认同便成为潜在的影响因素。以美国西班牙裔为对象的研究表明，相比其他民族观念淡薄的同胞，具有高度身份认同的西班牙裔在品牌的选择方面具有更高的忠诚度，他们更乐于与家人朋友保持一致[①]。

文化内涵视角同样关注文化，但则把目光投向商品背后蕴含的文化意义上。这种观点认为，消费者购买商品不仅仅关注商品的使用价值，而且还关心购买这种商品带来的文化满足感。例如在美国与中国销售的同一种商品，其受欢迎的原因可能截然不同。在美国，普拉达（Prada）的手提包是个人财富与成就的象征。在中国，人们购买普拉达是为了与圈子保持一致，而不是为了凸显自己。

在《文化与消费》一书中，麦克卡拉肯用人类学[②]方法和理论来阐释消费者行为，研究商品的文化意义如何从商品本身传递到消费者身上。麦克卡拉肯指出，商品皆有文化内涵，商品的购买行为帮我们实现与加强自我认同与集体认同，不时提醒自己我是谁。麦克卡拉肯认为，任何转嫁到商品里的意义最终都来源于文化本身。文化区分不同的种类，不同的时代，例如提倡男式与女式的服装风格。

麦克卡拉肯对赋予商品文化意义的营销手段十分感兴趣。广告将品牌形象与某些价值观捆绑在一起，推销给目标人群。然而，在他看来，广告不止将品牌与现有的价值观联系起来，还创造了新的文化意义。时尚业提供了众多例子。

麦克卡拉肯（Macraken）将消费过程划分为四个仪式过程：交换仪式、占有仪式、修饰仪式和剥夺仪式，并把礼物消费列入交换仪式范畴。礼物的馈赠者赋予礼物某些象征性的信息，并通过礼物的赠送过程向接受方进行传递[③]。不过，虽然礼物可能表达了馈赠方的某些意图，但并非总是传递馈赠

---

① Chattaraman, V., & Lennon, S. J. (2008). Ethnic identity, consumption of cultural apparel and self-perceptions of ethnic consumers. *Journal of Fashion Marketing and Management.* Vol. 12 (4), pp. 518 – 531.

② McCracken, Grant (1988). *Culture and Consumption.* Bloomington, Indiana University Press.

③ McCracken, Grant (1988). *Culture and Consumption.* Bloomington, Indiana University Press.

方的内心想法。因此，我们更可能会给吸烟的人带一盒免税香烟来取悦他/她，而不是送给他/她戒烟药。

第二个仪式过程是占有，购买者拥有了对商品文化意义的使用权，他可以尽情地与人讨论、比较、炫耀新买的商品，甚至是用相机拍下来放到网络上。不过，麦克卡拉肯的论述忽略了营销人员在占有仪式中的角色作用：广告竭尽所能鼓吹商品的文化意义并且为观众营造了一种幻象，观看广告的时候似乎也体验到了商品的价值。事实上，观看广告并不能替代使用产品的实际感受，这也是观看广告无法替代商品占有仪式的原因。

消费仪式的第三个过程是修饰。修饰仪式中，人们通过重复性的消费行为（如外出晚饭）或一般行为（如洗车）对商品的文化内涵继续进行转移和更新。麦克卡拉肯将消费的最后仪式过程定义为剥夺仪式。在此阶段，人们通过剥夺商品现有的文化意义，从而截断商品原有的影响力。比方说，人们对二手房的重新装修就是为了消除房子留下的文化痕迹，割断与旧房东的联系。同样，人们在出售或送出二手衣服之前通常都会进行清洗，尽量不让别人觉得这是穿过的衣服。但敖绍横斯（O' Shaughnessy）却不太认同麦克卡拉肯的解释：装修二手房可能是因为居住品位的不同，清洗要转让的衣服是为了避免脏衣物影响个人形象，以上种种行为只不过是社会规范的体现罢了。

从以上的讨论可以看到，不同个体对相同行为拥有不同的理解。这种理解上的差异可以发生在同一文化语境里的不同个人身上，也可以发生在跨文化的个人身上。快餐王国麦当劳就是个例子。美国人把麦当劳看成填饱肚子的快捷通道，去麦当劳就是为了省时间，仅此而已。但在中国，麦当劳餐厅则是一个休闲娱乐场所，而非一个快餐店。中美两地的麦当劳有着同样的装修风格，人们吃着同样的巨无霸，却怀揣着不同的消费目的，感受了不同的消费体验——这背后隐含了不同的文化意义①。

关于消费的文化意义研究，麦克卡拉肯提出三个关注要点：（1）商品本身的内在意义：例如由于结构性和相似性，即在各自领域里都处于领军位置，劳力士表与宝马车可以被归为同类品牌；（2）文化意义注入商品的方式：如劳力士表和宝马车都通过广告向大众推销品牌理念；（3）商品已有

---

① O' Shaughnessy, John (1992). *Explaining Buyer Behavior: Central Concepts and Philosophy of Science Issues.* Oxford University Press.

的文化意义如何表现：如，巴宝莉和拉尔夫·劳伦都在不同的产品领域里建立产品线。麦克卡拉肯对品牌如何推进商品已有的文化意义尤为关心。他指出，这些品牌之所以能跨越不同的产品线在不同领域进行经营，是因为这些商品都向消费者展现了同样的象征意义。我们认为，营销者应该关心商品本身的固有属性。商品的购买行为与购买者的生活方式息息相关，购买商品是为了满足生活中的需要。道格拉斯（Douglas）和爱舍伍德（Isherwood）提出，消费者的购买行为都是在表达某种信号①。购物行为是个复合体，这个系统将人们整合到商品世界中。现实生活中，购物方式与购物习惯因人而异。

购物改变了美国人的文化，就像沙蓉·族瑾（Sharon Zukin）说的，购物主宰了美国人的生活，购买使爱国义务成为一种大众文化。人们购买的东西必须与社会的、文化的和经济的地位相匹配。正如族瑾指出的，在美国，购物已不仅仅为了满足生理上的需要，而是成为一种精神上的追求。人们相信，在恰当的时机购买恰当的商品，是对心灵最好的慰藉②。

族瑾认为，购物迫使美国人在掏出钱包之前不得不仔细盘算何种商品能够让他们的社会地位得到提升。当逛街购物成为一种社会性事务，并被赋予民主意味时，这种想象的社会地位流动便将消费者推向自由与不平等的边缘。族瑾把购物视为学习如何选择以及如何处理选择焦虑的终身行为，我们必须学习穿什么、吃什么、买什么。在民族志《卖点：逛街购物如何形塑美国的文化》中，通过对普罗大众的走访以及在各类知名百货公司、专卖店以及连锁折扣店的历史梳理，族瑾找出一条购物如何在精神上形塑购物者的线索。购物场中，消费者建构自我的经验，塑造出自我的社会地位。她指出，逛街购物是一项学习的过程，这一终身学习始于我们的孩童时期。

族瑾所观察的消费场所包括百货公司、折扣连锁店、邮件商城以及购物网站。在这些消费场所里，我们能通过审视消费者的购物模式和偏好来考察背后的社会与文化意义。人类学者擅长的是发现这些日常购物行为背后的文化通则。在族瑾看来，逛街购物的背后是一套文化系统，消费场域

① Douglas, Mary and Baron Isherwood (1979). *The World of Goods: Towards an anthropology of consumption*, New York: Basic Books.

② Zukin, Sharon (2005). *Point of Purchase: How shopping changed American culture*. New York: Routledge.

为我们展现了一个美国梦：低廉的价格。品牌消费意味着美好生活，而步入设计师的专卖店则是为了自我提升。无论消费的动机如何，逛街购物现已成为中美两国家庭每周必不可少的仪式行为。更重要的是，逛街购物是极少数社会各阶层可以参与的全民性活动，每个人都可以通过比价找到物有所值的商品。

这个以纽约为田野地点，探索逛街购物经验的民族志告诉我们，民主的消费是各取所需。疯狂购物的快感不是因为你买了一大堆东西，而是买到自己梦寐以求的商品。事实上，逛街购物已经成为美国人至高无上的日常活动之一。现如今，社会高度分工，绝大多数的人远离制造环节，人们所面对的是批量制造的成品。因此，消费者退而求其次，将逛街挑选商品“想象”为创造理想商品的过程。在购物空间里，人们拥有百分之百的判断权、自由的购物时间、自主开销，只为了一个简单直接的目标：买下“最好”的东西。人们之所以消费，是为了追求价值，这种价值是宗教、政治、工作无法给予的。

自从 20 世纪 80 年代以来，消费者时常陷入两难：按需购买还是为面子购买？虽然女性总被认为是好面子的消费者，但族瑾发现男性在购买大宗商品时，如汽车和房产，也存在同样的问题。越来越多的男性认为，逛街不仅仅为了购物，而是一次获得文化资本的机会。消费者总是或多或少地受制于主客观因素，如炫富心理，或者只是不知道卖场的地址，而无法买到心目中最理想的商品。每次逛街都是一次研究商品，积累文化资本的学习旅程。由于这个旅程费时费力，更多的人也倾向于在固定的场所进行消费，以缩短适应新环境的时间。

虽然以纽约为田野点，以美国人的消费经验为研究对象，但族瑾所试图探索的逛街购物这种司空见惯的日常行为背后的普适性原则却值得我们关注与思考。消费购物不仅使满足了个人需求的经济与文化行为，且须放在当社会结构“从生产转向消费”的范式中进行考量，检视消费者购物空间经验与主体学习、建构与转换之间的关联。消费主体在公共空间游走的社会实践行动中如何重建人与物、公与私的公共空间、自我与群体的关系，正是人类学在研究消费者行为中的强项之一。

第三节　消费者行为研究的人类学方法

消费者行为的不断变化为人类学者提供了一项挑战和机遇。消费者行为研究领域中，人类学的应用无处不在，从研究消费习惯到工业产品的设计，都可寻到人类学的踪影。传统营销策划中的消费者调查通常由于被调查者的隐瞒而缺乏真实性，人类学者则通过细致入微的观察来记录人们的真实行为与喜好。在美国，与其他专业人士一样，如会计师和分析师，人类学者逐渐成为公司不可缺少的一员。

人类学的核心命题是文化。根据甘侬（Gannon）的研究，约有25%到50%的消费者行为是有文化因素所决定的[①]。由此可见理解文化变量对研究消费者行为的重要性，而人类学正好提供了理解文化变量的可能性与途径。正如哈里斯和莫兰看到的，文化为人们提供了自我认知与归属感，树立行为规范，排列任务的重要性等等。文化为社会人提供了一套可供学习的，可共享的符号、编码、价值和知识体系，由此塑造出合乎规范的社会人。近年来，人类学家的身影多次出现在跨国商业领域，这些拥有跨文化经验的学者编写了一系列介绍异文化的指南，以减少由于忽略文化差异而导致的商业效率低下问题[②]。

文化差异导致消费行为的迥异。例如在美国西部，人们喜欢选择简短名字的品牌，名字要够特别，容易记忆，表达产品的特征。而在占世界二分之一人口的亚洲，人们则偏好带有幸运、福气内涵的品牌名字。多数美国名牌进入亚洲之前都需要进行本土化的名字再造。毫无疑问，只有理解并运用消费模式上的文化差异，外来品牌才能取得商业上的成功[③]。

从目前来看，多数市场推广的理论和策略都是从西方社会的视角出发来推测东方消费者的所思所想。实际上，东西文化差异并非仅存在于一些细枝

---

① Gannon, M. J., and Associates (1993). *Understanding Global Cultures: Metaphorical Journeys through 17 Countries*, Thousand Oaks, CA: Sage.

② Harris, P. & Moran, R. (1987). *Managing Cultural Differences.* 2nd *ed.* Houston: Gulf.

③ Schutte, H. & D. Ciarlante (1998). *Consumer Behavior in Asia.* London: Macmillan Press Limited.

末节方面，有些甚至是原则性的不同。如在饮食方面，吃狗肉在美国是忌讳的，印度人不吃牛排。这样看来，由于文化的差异性，并不存在一套普适性的营销法则，即使那些已经在某一市场取得成效的营销策略也不例外。

1980 年，霍夫斯塔德在调查 66 个国家的 117000 位 IBM 员工的工作价值的基础上，发展了基于西方文化的四个文化维度，即个人主义与集体主义、权力距离、不确定性规避和刚柔性。霍氏认为，文化是在一个环境中的人们共同的心理程序，不是一种个体特征，而是具有相同的教育和生活经验的许多人所共有的心理程序。不同的群体、区域或国家的这种程序互有差异，因此不同文化可以通过这些共同的心理程序所体现的价值观进行区分和比较。

与霍夫斯塔德的客位研究法不同，消费者行为的主位研究关注的是个人的消费体验，同时也采用价值理论来解释消费者组织信息的行为。麦克卡拉肯将这些价值归纳为“文化准则”①。他认为，社会人根据这些文化准则对环境信息进行组织、评估和建构，对周遭事物进行文化上的意义编码。常见的文化准则有“坚强”、“优雅”或是“自然主义”等等。

事实上，消费者行为的客位和主位研究虽然采用了不同的视角，但都在尝试回答同样的问题：决定消费者行为的文化因素是什么？根据霍夫斯塔德的理论，文化通过价值取向、典范力量、仪式和象征符号变量对消费者行为施加影响。来自威斯康辛大学的路那（Luna）和卡帕塔（Cupta）教授对这些变量进行了讨论，下文中，我们将根据他们的讨论来探讨消费者行为中的文化决定因素。

一、价值取向与消费者行为

价值取向是驱动行为的最重要因素。学术界普遍认同洛克车（Rokeach）的观点，即信仰可以使人摆脱短期目标最终实现终极价值。洛克车将价值取向分为两类：终极价值取向与工具性价值取向。终极价值取向反映最终的价值信仰，如追求“自由”、“愉快”、“和谐”、“幸福”等。工具性价值取向则反映某种行为的模式，如“能干”、“聪明”、“独立”等。

---

① McCracken, G. (1988). *Culture and Consumption: New Approaches to the Symbolic Character of Consumer Goods and Activities*, Bloomington, Indiana University Press.

也有学者将价值取向区分为期望的价值取向与被期望的价值取向①。另一些学者则把价值取向分类为全球取向、内部取向与产品属性取向②。

在前人研究的基础上，路那和卡帕塔把价值取向作为文化的核心变量，由此带动文化各变量间的互动。因此，象征符号是价值取向的表达方式。经历消费仪式后，商品化身为表达某种价值取向的象征符号。与此同时，象征符号也在强化甚至提升某种价值观。例如广告将名牌篮球塑造成财富的象征，通过反复的宣传将个人对财富的追求演绎、强化为社会所期望的价值取向，从而使财富追求提升为整个社会的终极取向。

二、广告：价值取向的引导者

作为消费者，我们经常遇到促使我们改变态度的信息。广告就是这样一个在消费者态度与消费者行为之间左右穿梭、不余其力的“劝导者”。由于广告的大量投放，受众的认知、信念、态度和价值观往往受其影响。有学者将广告称为文化价值观的载体。因此，广告不仅是一种商业促销活动，它已具有社会仪式和文化建构的效应。

跨文化广告传播面对的是不同国家或地区、不同族群、不同社会的消费者，政治、经济、文化环境都与本土有着巨大的差异，而所有差异中对传播影响最直接也是最深刻的是文化的差异。不同种类的文化，是根据一系列按照某种尺度或核心的价值特征建立起来的变量。这些变量包括语言文字、思维方式、价值取向、风俗习惯、宗教与法律等等。它们都可能成为跨文化广告传播中“潜在的陷阱”。

高低语境经常是跨文化传播中遇到的难题。高语境文化与低语境文化的概念由豪尔（Hall）在 1983 年提出，他主要探讨文化沟通的问题。在高语境文化的社会，通常会用较多暗示性、非口语化的信息或当地的语言进行沟通；反之在低语境文化的社会，通常是以清晰明显，口语化的信息进行交流。泰勒（Taylor）及其他研究者发现，低语境文化的消费者更希望广告能

---

① Hofstede, G. (1980). *Culture's Consequences: International Differences in Work-Related Values*, Newbury Park, CA: Sage.

② Vinson, D. E., Scott, J. E. and Lamont, L. M. (1977). “The role of personal values in marketing and consumer behavior”, *Journal of Marketing*, Vol. 41, April, pp. 44 - 50.

够直接表达商品的大量信息[①]。

格里高里（Gregory）和穆恩池（Munch）在个人文化与集体文化的维度空间里对广告有效性的跨文化差异进行比较。研究表明，那些清晰明了，采用本土文化元素的广告对促进个人消费更加有效。学者们发现，在美国强调个人感受的广告大受欢迎。而在韩国，宣扬亲情与团队精神的广告则更受青睐。企业在韩国推广产品时也充分考虑到保持与韩国文化的一致性，强调商品的共享性，减少其私密色彩[②]。

阿克（Aaker）与威廉姆斯（Williams）则提出相反意见。他们认为，个人情感诉求的信息能激发集体主义消费者的更高评价，而其他的情感诉求对个人主义者更加有效[③]。这似乎与人们的直觉相悖。路那和卡帕塔对这种反直觉的情形进行了解释，消费者之所以出现与自身价值取向不符的情感诉求，是因为人们的价值取向已经不断被广告进行加工。广告在某种程度上成为价值取向的制造者，而不是价值取向的追随者。他们指出，这些看似自相矛盾的结果恰好证实了文化价值取向在广告效应中所扮演的角色作用。由此，新产品的传播必须考虑文化因素。如在重视传统沿袭，具有较强文化认同感的社会中，人们不易接受新事物，消费者态度难以改变。相反，在创新型的社会里，快速适应新变化成为大众取向，消费者更乐于尝试创新。

三、典范与消费者行为

商品不仅通过描述它的文字产生文化意义，还通过相关的人物形象被赋予新的内涵。有这样一种人，无论他是生是死，真实或虚构，总能获得社会的认可，成为大众推崇的行为模范。霍夫斯坦德将这类人称为“典范”，代言人（明星、政界人物或是卡通形象）就是我们日常生活中经常接触的“典范”，因为过去他们曾承担过某种重要角色，从而在文化中具有某种价

---

① Vinson, D. E., Scott, J. E. and Lamont, L. M. (1977). “The role of personal values in marketing and consumer behavior”, *Journal of Marketing*, Vol. 41, April, pp. 44 – 50.

② Han, S. P. and Shavitt, S. (1994), “Persuasion and culture: advertising appeals in individualistic and collectivistic societies”, *Journal of Experimental Social Psychology*, Vol. 30, pp. 326 – 50; Zhang, Y. and Gelb, B. D. (1996), “Matching advertising appeals to culture: the influence of products’ use conditions”, *Journal of Advertising*, Vol. 25 No. 3, pp. 29 – 46.

③ Aaker, J. L. and Maheswaran, D. (1997), “The effect of cultural orientation on persuasion”, *Journal of Consumer Research*, Vol. 24, December, pp. 315 – 28.

值观的象征意义。例如，通过在电影中扮演不同的角色，阿诺德·施瓦辛格被认为具有钢铁般的意志和英雄主义人格，奥黛丽·赫本则代表着高贵与优雅。而耐克公司启用篮球明星迈克尔·乔丹作为品牌代言人为我们提供了一个例子。1985 年，耐克与当时 NBA 的芝加哥公牛队新人迈克尔·乔丹签约，生产“Air Jordan”系列篮球鞋，将乔丹“空中飞人”（Air）的绰号与把耐克的商标符号“Air”放置在相同的框架里，使耐克能利用乔丹这位篮球明星所被赋予的意义和价值。在乔丹代言的过程中，通过比喻的语言和其他方式从代言人转移到产品上。马克侩肯对文化意义如何从明星代言人转移到产品的过程进行了归纳，如图 9－1 所示。

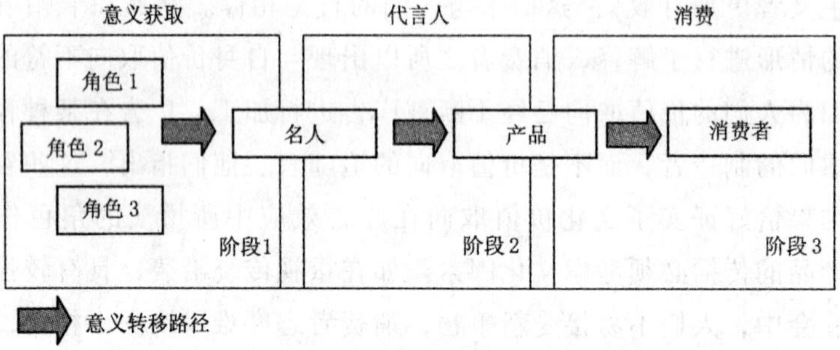

图 9－1

在代言某种产品时，名人将他所拥有的符号意义带入广告中。同时，他的身份、阶层、性格以及生活方式都被解码并传递到被代言的产品上。当消费者购买了被赋予含义的产品时这些含义就传递到消费者手中①。在名人代言的阶段中，名人通过广告向人们展示了一种可被仿效、复制的消费者状态。消费者在使用产品时将其内在的含义转移到自己的生活中，重构自身以及他们眼中的世界。

不同的文化背景下，典范对消费者行为的影响力并不一致。正如卢纳（Luna）与卡波塔（Cupta）指出的，学术界早已注意到不同族群对广告效应的不同反应与评价。种种迹象表明，当人们越发关注自身的文化或者族群认同时，采用本族群代言人的广告就越发有效②。此外，当消费者怀着种族

① McCracken, G. (1989), “Who is the celebrity endorser? Cultural foundations of the endorsement process”, *Journal of Consumer Research*, Vol. 16, December, pp. 310－21.

② Deshpande, R. and Stayman, D. (1994). “A tale of two cities: distinctiveness theory and advertising effectiveness”, *Journal of Marketing Research*, Vol. 31, February, pp. 57－64.

情感时，他们也更容易带上有色眼镜来看待产品①。

四、仪式与消费者行为：消费者行为的仪式维度

对仪式的研究是人类学研究领域中一个传统的主题。提起仪式，人们脑海中浮现的可能是各种宗教仪式，也许是基督教徒在星期天去教堂做礼拜，也可能是中国华南某个乡村中的祖先祭祀。事实上，我们的日常生活处处充满着各种各样的仪式性活动，既有生命通过仪式这种神圣与世俗的仪式、礼仪，又有那些司空见惯的日常性庆典仪式。

"仪式"一词来自英文的"Ritual"，原意是指"手段与目的并非直接相关的一套标准化行为"，也就是说仪式中所表现的行为经常是有更深远的目的或企图，这也表明仪式是象征性而非实用性。既然仪式是一种行为，那么怎样的行为才能称之为仪式?

仪式是一套表演性，象征性的行为，这套行为的发生可以是固定的，或者是偶发性的，而且在一定时间内一再重复。仪式行为严格遵循固定的模式，并以一种正式的、严肃的方式进行。首先，仪式行为是一套事件群。如传统的中式婚礼包括了"三书六礼"，三书指"聘书"、"礼书"、"迎书，六礼指"采纳"、"问名"、"纳吉"、"纳征"、"请期"和"亲迎"，无此"三书六礼"，男女婚姻就不被承认为明媒正娶。有些仪式则简单得多，如送礼。人们只要购得理想的物品，动手制作，精心包装一番再送给受礼者就完成了送礼仪式。其次，这套事件群有固定的发生频率与确定的发生时间。再次，仪式性行为具有重复性。米德（Mead）认为，个体通过重复性的仪式行为对某种理念或情感进行强化。正如格尔兹所说，仪式是一种"文化表演"。在仪式中，真实世界与想象世界借助一组象征符号得以融合，变成同一个世界。仪式的行为者通过行动、姿势、舞蹈、吟唱、演奏等表演活动和物件、场景等实物安排构拟出一个有意义的仪式情景，并从这样的情景中重温和体验这些意义带给他们的心灵慰藉和精神需求。另外，仪式的重复性意味着虽然每一次具体的仪式行为可能出现变化，但仪式本身对变化具有很强的抵制性。从这个方面来看，仪式与日常的习惯行为或习俗有一定的相

---

① Whittler, T. E. (1989), "Viewers' processing of actors' race and message claims in advertising stimuli", *Psychology and Marketing*, Vol. 6 No. 4, pp. 287 - 309.

似性。

我们很容易对宗教仪式与各种节庆、人生礼仪与日常行为进行区分。但由于日常的仪式行为与日常的习惯行为有着某些共同特征，使我们通常将其混为一谈，虽然我们已经通过这些“润物细无声”的仪式日复一日地构建自己的文化世界。一般来说，日常仪式性行为与日常习惯行为的区别主要在于象征性与意识性。行为人在从事该行为时，可能有意识地赋予这种行为特定的意义，也可能在实施的时候并无有意识的考虑，但这并不影响日常仪式性行为本身意义的表达。日常仪式性行为除了有很强的实用性以外，还代表了实用性以外的某些象征性意义。这些象征意义被受众接收后，受众会产生反应，从而达到社会交流的作用。如美国印度裔移民的饮食消费行为就是一个例子。马哈他（Mehta）与波尔克（Belk）在 1991 年发表的关于美国印度裔移民消费行为的研究报告中指出，大部分印裔移民的消费都具有仪式性色彩，印裔移民对带有印度烙印的商品维持着特殊的偏好，并通过这些消费维系与母国在物质、社会和文化的纽带①。对他们来说，咖喱不仅仅是佐饭饱腹之用，而是代表一种对祖国的记忆，一种在美国文化大熔炉里保卫民族亚文化的抗争。印度人的民族身份认同在日复一日、年复一年的品尝中强化与延续。

仪式的行为通常包含几大可见要素：仪式物品、仪式程序、仪式表演者、观众。既然有仪式物品，就必然涉及仪式性的消费，在近代一些人类学家的研究中，仪式性的消费行为常被作为一个专门的问题进行探讨。如博厄斯对流行于北美洲西北海岸各个印第安部落中夸富宴的细致描述，莫斯对“礼物之灵”的探讨，马林诺夫斯基的库拉圈研究，田汝康在《芒市边民的摆》一书中研究“摆”仪式对消费与信仰的关系等。人类学家的这些研究，都是集中于人类的仪式性消费及炫耀性消费，都体现了超出人类物质消费以外的深层文化意义。以牺牲祭品的消费行为为例，人们贡祭食品及分享食品的饮食行为，都被赋予了特定的象征符号意义，成为人与祖先与神进行交流的一种媒介。牛、羊、豚、马、犬、鸡六牲祭品，在不同祭祀中的使用频率是不同的。在统治者的祭天仪式中，最重要也是使用最频繁的是牛牲；在民

① Mehta, R. and Belk, R. W. (1991). “Artifacts, identity, and transition: favorite possessions of Indians and Indian immigrants to the United States”, *Journal of Consumer Research*, Vol. 17, March, pp. 398 -411.

间的社祭及祖先祭祀中，猪的献祭频率远高于牛、羊二牲；而犬与鸡则更为普遍的存在于民间的小型祭祀活动中。祭祀用品使用频率的差异，体现着某种社会性的等级规定①。

仪式中的消费行为，是一种特定文化场景中的人的文化活动。既然是一种文化活动，就必然可以进行文化上的解释，可以将这些特殊的消费者行为放在一个特定的文化语境中进行理解，即可以站在主位的立场上去分析。如西南少数民族的传统观念具有很浓的非商品性，其非经济性的消费观念也反映在生活习俗方面，所谓“吃在酒上，用在鬼上，穿在银上”，就是这种消费观念的反映，从而削弱了社会成员进一步追求物质利益的动力。

许多企业向消费者提供各种仪式用品，并以此获得生存。生日蜡烛、获奖证书、特制的食品和饮料（如礼仪用酒，蛋糕）等等，所有这些产品都用在消费者的仪式上。此外，也有企业特意赋予商品特定的象征意义，以仪式性的消费品进行市场推广。如女性在日常的化妆仪式中，通过对个人容貌有意识的修饰，再次确认其外部形象与社会价值相符合。玉兰油的护肤品广告投其所好，它宣布：使用玉兰油，属于你的时代就开始了。由此，玉兰油的护肤品由一瓶化学制剂升华为灰姑娘脚上的水晶鞋。女性在使用玉兰油产品时，也展开了一段日常的仪式程序。从洁肤开始，这是分离阶段。玉兰油的洁肤霜洗净污垢，女性从“灰姑娘”的群体中分离出来。第二阶段是护肤与化妆的过程，这是阈限阶段，女性在这一阶段介于美与不美之间。第三阶段，女性完成容貌的修饰，步入玉兰油宣扬的“新时代”，再次融入社会。

虽然学术界已认识到仪式性消费与消费者行为的关系，但正如卢纳与卡波塔指出的，对跨于文化背景下的仪式性消费者行为还鲜有学者展开研究，这也是消费者研究未来的探索方向之一。

五、符号象征与消费者行为

在西方大多数学者看来，文化是通过象征形式表达的意义模式，或者把文化视为意义传达的体系。更有不少学者认为，人类学研究的主要任务不是

---

① 陈庆德：《经济人类学对商品分析的文化视野》，《广西民族学院学报（哲学社会科学版）》2000年第1期。

文化的功能分析与结构分析，而是解释各种文化现象和行为背后的意义，把文化的象征和意义作为核心内容进行研究，寻求象征的多层次与深层次理解。代表人物有象征人类学大师格尔兹。他认为，象征就是信息加工的过程和载体，这套象征体系因族群的不同而各有区别①。每个族群都有自己的一套象征体系，即使象征的载体可能相同或相似，传递的文化意义也千差万别。

在消费者研究中，不少学者对消费产品与消费行为背后的象征意义保持着极大的关注。人们所消费的产品之所以具有象征意义，主要是消费行为背后的社会背景所引发的。在各种媒介，特别是广告的作用下，商品被包裹上文化意义的外衣，成为某种社会现实或信仰的传递介质。例如，迈克尔·乔丹代言的帆布鞋因为广告的渲染与引导也因此成为“个人成就”的象征之一。不少研究也显示，社会中的个人为了突出自我概念，通常都会选择带有某种文化内涵的商品②。

除了消费产品之外，作为象征体系典型代表的语言系统，也成为从事消费者研究的学者进行文化象征研究的主要对象之一。语言与文化之间的关系，究竟是文化决定语言的形式，还是语言决定文化的本质，学术界一直存在不同意见。其中最著名的论断便是“萨皮尔—沃尔夫”假说。有不少学者倾向于认同语言与文化之间的双向影响关系。人类学在象征领域对消费者研究的贡献主要集中在研究语言与消费者认知之关系上，特别是广告用语对消费者行为的引导方面。

第四节　消费者行为中的人类学

真实商业世界中，理解消费者行为对开拓市场份额赢取更高利润有着实实在在的帮助。虽然在传统的消费者行为研究中，心理学与统计学的研究方法仍然占据优势地位，但人类学的质性及观察研究方法因其对定量研究缺陷

① Geertz, C. (1973). *The Interpretation of Cultures*, New York, NY: Basic Books.

② Durgee, J. (1986). “How consumer sub - cultures code reality: a look at some code types”, in Lutz, R. (Ed.), *Advances in Consumer Research*, Association for Consumer Research, Provo, UT, Vol. 13, pp. 332 - 337.

的补足而逐渐受到学界的重视。

近年来，以人类学方法为基础的研究策略渐渐在消费者研究领域崭露头角。例如，汤普森（Thompson）和赫希曼（Hirschman）就采用人类学的经典理论来研究消费者的自身形象的自我认知和护理行为，对“社会性身体”与消费行为之间的关系进行梳理[①]。麦克法兰（McFarlane）则发现，当企业需要就市场对新产品的接受程度作出判断时，往往求助于焦点小组这种质性研究方法[②]。

现时，学术界对消费者行为的研究还主要停留在个人层面，以个体消费者为研究的出发点。不过，建立在文化整体层面上的比较研究开始受到推崇[③]。马克侩肯的整体性研究向我们展示了消费过程中，产品与服务的创造、购买和使用如何与文化产生共鸣。在他看来，文化与消费主要在三个语境中相互影响：历史、理论与实践[④]。在这三种语境之下，自20世纪后期以来，人类学的方法，特别是其民族志方法成为一种热门的消费者行为研究手段，越来越多的人类学者投身其中。

通过理解产品在消费者中的传播路径，我们认识到：（1）公司需要有充分的财务准备以应对产品推广期间的费用支出；（2）首批尝试新产品的顾客非常重要，因其对后续消费者影响重大[⑤]。因此，人类学在消费者行为研究中的作用也应体现在提升企业营销策略方面，尽可能地缩短产品从推出到畅销的时间以及提高消费者体验等等。

越来越多的企业开始采用人类学的研究成果来开发新产品，或者对消费者的服务进行改善。这些企业派遣人类学者们通过访问、观察、影像等民族志方法对消费者的日常行为进行记录，获取消费者对新产品的态度。我们所知的企业就有苹果电脑、摩托罗拉、施乐和英特尔等。在这些人类学者中，

---

① Thompson, C. and E. Hirschman (1995). Understanding the Socialized Body: A Poststructuralist Analysis of Consumers' Self - Conceptions of Body Images and Self Care Practices. *Journal of Consumer Research*, 22 (September) pp. 139 - 153.

② McFarland, Jennifer (2001). The Consumer Anthropologist. *Harvard Business School Working Knowledge Journal*, Retrieved Feb. 28, 2003, from http://hbswk.hbs.edu/item.jhtml? id = 2514&t = customer&sid = 0&pid = 0.

③ Mooij, M. de (2004). *Consumer Behavior and Culture*, London, UK: SAGE Publications.

④ McCracken, Grant (1990). *Culture and Consumption: New Approaches to the Symbolic Character of Consumer Goods and Activities.* Indiana University Press.

⑤ Perner, L. (2008). Consumer Behavior: The Psychology of Marketing. Retrieved in March 2009, from http://www.consumerpsychologist.com/

豪尔特（Holt）发现文化资本建构了美国人的消费模式与消费行为①。格里菲思（Griffith）则通过半结构性的访谈技术对乔丹中央市场的买家和卖家进行访问，并对在传统社会里文化如何影响零售结构进行实证调查②。在相似的研究中，儒斯特（Rossiter）则指出族群性在商业与消费领域都扮演了重要的角色③。

在消费者研究领域中，人类学的方法之所以有效，主要在于为人类学者及其使用的方法提供了一个创新的视角。以广告策略研究为例，焦点小组习惯盯着各种图表和数据来选择广告方案，而人类学者则直接走到消费者中，观察他们对广告的好恶与评价。在观察中，人类学者可能注意到人们有时会在广告时段上厕所或者去厨房，而有人会换台，这些信息都无法从五颜六色的图表和“客观”的数据中读取。就人类学者如何帮助企业提高消费者满意度，提升企业盈利能力，我们将在以后章节展开更多讨论。

一、在消费者研究领域中开展人类学

在全球化、高度竞争的市场背景下，巨大的生存压力迫使企业必须在第一时间内为产品找到最合适的购买者。进入20世纪以来，各种营销手段层出不穷，网络促销、蜂鸣营销（口头宣传营销）和无处不在的广告让消费者处于海量的产品信息包围圈中，商品营销也似乎变得举步维艰。一方面，消费者变得更有主见并学会质疑，他们在购物之前通常已进行了大量的信息搜索并且只选择值得自己信任的品牌。另一方面，商家对消费者的需求更为敏感并设法提供值得信赖的产品或服务。换句话说，如果企业做不到这一点，他们将面临被市场淘汰的危险④。

显然，在市场竞争白热化的环境下，企业建立与消费者之间的信任感已是迫在眉睫。跨国商业竞争中，产品之间的竞争已悄然演变为消费者满意度

① Holt, D. (1998). Does Cultural Capital Structure American Consumption? *Journal of Consumer Research.* Vol. 25, June 1998, pp. 1-25.

② Griffith, D. (1998). Cultural Meaning of Retail Institutions: A Tradition-Based Culture Examination. *Journal of Global Marketing.* Vol. 12 (1), pp. 47-59.

③ Rossiter, J. & Chan, A. (1998). Ethnicity in Business and Consumer Behavior, *Journal of Business Research*, Vol. 42, pp. 127-134.

④ Upshaw Lynn (2007). *Truth: The New Rules for Marketing in a Skeptical World.* New York, NY: American Management Association.

之间的竞争。针对这种竞争趋势，学术界展示出不同的消费者满意度模型供研究者和市场操作者使用，但这些模型基本上停留在个体消费者层面，仅能对独立文化环境中的消费者行为进行解释，这在复杂的全球化市场中显得力不从心。

商业全球化对企业提出了跨文化运营的全新要求，这一趋势在20世纪末期开始显得尤为明显。此外，外来移民以及新媒体的出现，如卫星电视的涌现创造着大量跨文化人口，这批来自异文化的外来消费者或者接受了异文化的本土消费者如同一股洪流，以至于以往专注于本土市场的企业也无法置之度外。当外来移民进入一个新文化时，他必须迅速学习新的消费习惯，学会去哪购物，选择哪个牌子以及新的产品评价[①]。而即使熟悉了新的购物环境后，移民消费者原有的文化烙印仍会或多或少的影响其今后的消费行为。

一位新闻记者曾经这样评论到，人类学在商业世界中最显而易见，或许也是最知名的应用就是零售领域的消费者研究了[②]。工商人类学家纽曼（K. S. Newman）曾就经济周期与消费模式、生活方式以及家庭关系之间相互联系展开讨论[③]。人类学家恩特希尔（P. Underhill）则在其著作《顾客为什么购买》中详细刻画了消费者是如何步入商场又如何结束购买的过程，以及购物环境是如何影响消费者的购买情绪和决策[④]。

马克侩肯在《文化与消费：探索消费品与行为象征性的新路径》一书中探讨了消费社会的起源与发展，进而论述其观点：消费是创造意义的过程。书中，马克侩肯论证了消费者如何通过使用产品来实现某种愿望，维持某种生活方式。在他看来，消费是一个包括了产品与服务的创造，购买及使用过程，而文化就是消费者用来建构世界的观念和行为。

理查德·比尔科（Richard Bierck）对哈佛大学商学院查尔曼（Zaltman）教授和昂德黑尔的研究分别进行再检验。他发现，对定量研究未必能

---

① Hirschman, Elizabeth C. (1981), "American Jewish Ethnicity: Its Relationship to Some Selected Aspects of Consumer Behavior", *Journal of Marketing*, (Summer), pp. 102 - 110.

② Mulroney, Catherine (2002). Anthropology in the workplace: Cultural context proves just as crucial to improving business as tech solutions. *The Globe and Mail*, Monday, November 25, 2002 - Page B13.

③ Newman, Katherine S. (1993). *Declining Fortunes: The Withering of the American Dream*, New York: Basic Books.

④ Underhill, Paco (1999). *Why We Buy: The Science of Shopping*, New York, NY: Simon & Schuster, Inc.

真正解读消费者行为，但定性数据和观察记录却能满足这些要求。比尔科这篇关于消费者定量与定性研究的文章刊登于哈佛商学院的《工作知识期刊》（*Working Knowledge*）上。此后，麦克法兰（J. McFarlan）也在该期刊上发表了另一篇署名文章，阐释了如何通过人类学家的眼睛来理解消费者。麦克法兰指出，当准备推出新产品时，企业往往求助于焦点小组这种传统的市场调研手法。

与传统的定量测量手法不同，民族志式的市场研究技巧及其理论，为企业提供了内部人的视角。企业不仅仅作为一个产品的研发者和推广者，而是以一个普通消费者的角度去感知、评价新产品为生活带来的改变。研究消费行为的人类学者并非简单征询受访者的感受与评价，而是寻求一种消费产品如何与日常生活进行互动的全景式理解。例如，惠而浦公司曾推动一项豪华按摩浴缸的推广计划，主持计划的是一位人类学者。这位学者分别对四个区域市场中的15个家庭进行采样，采取入户访谈甚至是场景模拟的方式调查用户体验。访问中，这位学者经常向受访者提及一个问题：你心目中的浴缸是怎样的？受访者们的答案让这位学者喜出望外："这就像一次奇妙的体验，你不是与消费者在聊天，更像是聆听一个谆谆善诱的牧师，充满了情感的、文化的、符号化的意味，同时又是充满力量的。"受访者的反馈再次确认了惠而浦豪华浴缸的设计理念。早在这位学者的研究之前，这款浴缸就被命名为"Cielo"，意大利语和西班牙语中"天上"的意思，这正是受访者们最常用来形容洗浴体验的一个词汇。

麦克法兰认为，民族志的真正威力在于产品设计的前沿领域。消费人类学家的首要方法是感知而非推论，具体正如一位受访的人类学家所说的："深入消费者的理念之一是在于发现产品的意义归属。"以牙膏市场为例，牙膏在推广中时常被定位为预防龋齿与牙齿美白。但民族志的研究却发现消费者的态度和关注点正在悄悄改变：消费者开始关心牙龈与舌头健康，而不仅仅是龋齿。高露洁全效牙膏正是该项研究成果的产物，它宣称在刷牙后仍能为口腔提供有效保护。在下文中，我们还将提供消费人类学者如何影响商业世界的更多实例。

本章小结

作为社会科学与行为科学的分支，人类学在消费者行为领域拥有独到的一面，并在学术界和商业应用领域都颇有建树。另一方面，消费者行为学形成多学科、跨学科的发展态势，而人类学视野则成为该领域中最有效的研究视角之一。人类学视野的核心价值在于对文化的关怀，对消费者社会网络的分析。越来越多的应用人类学者采用各种定性的方法来研究各种复杂的社会组织，如大型的跨国企业。近年来，许多人类学者加入市场研究的行列，而市场研究的专业人员也纷纷采用人类学的方法，特别是在消费者行为方面。可以看到，在消费者行为研究领域，人类学者还可以走得更远，而消费者行为领域也成为工商人类学者研究的前沿阵地。

案例一　餐厅中的文化觉醒：中餐馆里的故事

田广博士（Robert Tian）曾带领学生对美国各种民族餐厅的消费者行为进行一系列人类学的研究[①]。人类学家玛格丽特·米德曾指出，饮食习惯可视为一套文化标准，个人在特定的文化背景中塑造了特定的饮食行为。这些行为与其所在的文化中的其他行为进行着系统性的互动。

事实上，对于理解人类文化来说，研究饮食的魅力在于食物的多重身份。虽然食物是作为饱腹之用，但食物却常被用作维系家庭，甚至是族群间、地区间乃至国家间认同的纽带。食物可以被用来交友，或者显示地位，炫耀财富。食物甚至可称为控制他人的手段。人类学家总对饮食保持很高的关注，这是因为饮食习惯也是文化差异的最大表征之一。

---

① Demirdjian, T. Senguder, & R. Tian (Eds.), pp. 105 - 237, Part IV: Anthropological Case Studies in Food Service. *Perspectives in Consumer Behavior: An anthropological approach*. Fort Worth, TX: Fellows Press of America.

田广博士认为，由于人们外出就餐次数的增加，研究餐厅的消费行为对于理解当代美国人的饮食模式有着极大的帮助。根据全美餐厅协会（National Restaurant Association）的统计数据，1998 年间，约有半数的美国成年人（46%）会在各种特定日子外出就餐。当时预计 2010 年，将有超过 100 万间餐厅开业。在美国，外出就餐，品尝各种民族特色美味已成为一大潮流（Panitz 2000）①。

在田广博士看来，顾客不仅在餐厅中进行有形的消费（饮料及食品），还与餐厅雇员、其他顾客进行各种无形的互动。餐厅之所以能够成为检验各种消费者行为理论的试验点，如消费动机理论，消费行为的文化影响力等，就是因为顾客间、顾客与雇员间的这种互动。为此，田广博士及其团队对一家中餐厅进行了为期 8 个月的参与式观察研究。

在此期间，作者每周访问餐厅两到三次，到访的时间随机变动。访问的时间覆盖了午餐高峰期、晚餐高峰期以及周末高峰期。观察的重点包括顾客的整个就餐行为，从抵达到排队、等候、点餐、就餐、小费，再到离店。同时，作者还记录下餐厅雇员的服务态度，包括招呼入座及餐间服务。作者的正式采访对象包括 5 位员工（一位老板、两位女招待、一位男招待及两位厨师）及 35 位顾客。为了确保研究的效度与信度，作者同时亦访问了其他风格的餐厅，包括美式餐厅等，作对比研究之用。作者的研究发现，就餐人群呈现明显的时间差异性。如工作日的午餐时段，通常是成年人及司机；周末通常是小型的家庭聚餐，往往是一对夫妇和他们的小孩。而在周日中午，人们通常在教堂弥撒后携一家老小顺便在外就餐。表 9－2 显示的是餐厅消费者的详细结构。

表 9－2

	工作日午餐时段	工作日晚餐时段	周末午餐	周末晚餐
观察日期	5 月 25 日（周四）	5 月 23 日（周二）	5 月 28 日（周日）	5 月 26 日（周五）
观察时间	中午 12：30	晚上 6：15	中午 1：15	晚上 6：00
消费者（吸烟区）	33	6	8	17
男性	23	3	4	8

① Panitz，B.（2000）．"A Promising Future"．*Restaurant USA*：*The Magazine of the National Restaurant Association*，Vol. 20，No. 2，pp. 13－18.

续表

	工作日午餐时段	工作日晚餐时段	周末午餐	周末晚餐
女性	8	3	4	7
儿童	2	0	0	2
消费者（非吸烟区）	97	47	113	63
男性	62	23	45	30
女性	31	21	51	24
儿童	4	3	17	9

虽然就餐者形形色色，但工作日的午餐期间，却有两类人群特别突出，一类是在餐厅周边工作的顾客，另一类则是过路的司机及乘客。第一类的消费者通常步行至餐厅，身着工作服，有的还挂着工作证。他们通常与同事或工友结伴而来，但通常却不会在排队等位期间相互交谈。其中的常客与餐厅的职员很熟悉，通常会打声招呼。吃饭时，他们时常会聊天，虽然无法确认他们聊天的内容，不过看得出，谈话的内容应该是友好融洽的。这类消费者一般的就餐时间是25—40分钟。

第二类顾客是在路上看到餐厅招牌而停下来的过路司机和乘客，而且经常是一家子。到达餐厅时，他们饥肠辘辘，对饭菜迫不及待。由于长途跋涉，这些人疲惫不堪，很少交谈，总是匆匆点餐尽早开饭，一般的就餐时间是20—30分钟。

进入夜晚，餐厅则曾显出一派与中午截然不同的情形。餐厅的顾客变成了朋友或者情侣，特别是夫妻。他们一般搭乘交通工具抵达餐厅，到达的时间通常在晚上5：30到7：30。大多数顾客都是本地的中产阶级，其中也有不少是常客。相比午餐，这些人更乐意慢慢享用他们的晚餐和服务，一顿饭通常在45分钟到一个小时，甚至更长。

周末就餐的顾客通常以家庭为单位。像工作日的晚餐时段一样，他们搭乘交通工具来就餐。由于是周末，这些人显得不慌不忙，仔细的审阅菜单上的每道菜式。这些家庭一般会在餐厅里呆上一个小时以上。值得注意的是，周日中午的顾客多数是参加完教堂弥撒，着装正式，开车来的家庭。

在餐厅的吸烟区中，笔者发现一个有趣的现象：晚饭及周末时段，相比工作日的午餐时间，这一区要冷清得多。超过半数的消费者在饭后才抽烟，而且显得比不抽烟的人要健谈，这可能说明抽烟者倾向于通过晚餐进行社交。另外，绝大部分抽烟者均为成年男性。

在工作日的午餐时段，大多数消费者总是要求尽快上菜来缓解饥饿感，因此对排队等位缺乏耐心。很显然，这些顾客在一进餐厅时，就被食物的气味刺激得饥渴难耐，在跟老板打招呼的同时，他们也用眼睛快速的扫视空位。在访谈中，餐厅的女老板 Jun Hong 说道：中午来吃饭的客人都是饥肠辘辘的，最好就是尽快招呼他们入座。跟他们扯东扯西可不是个好主意。

晚餐和周末时段的顾客就很不一样了。他们并不着急着入座，而且还会跟一同前来的家人或朋友聊天。在等位期间，他们会研究菜单，听听背景音乐，多数是中国的流行歌。有时，他们还会和收银台旁边的经理讲话。入席时，他们会边走边与老板娘聊天。显然，顾客在晚餐时间与餐厅老板有更多的交流。这种交流让客人感到更舒服，如餐厅的一个老顾客 John 说的："老板娘的笑脸相迎让我感觉很好。她知道我和太太都抽烟，不用问就能把我们领到抽烟区去。她总会对我们说'好好享用'，我和太太都特别喜欢这种服务。"

"老板娘走后，招待都会上前招呼我们，帮我们点餐，并向我们介绍自助餐区。吃饭时，招待会给我们单独的空间。这很好，我不喜欢被打扰。但即使如此，你也可以看到他们不停地扫视餐桌，看看你的杯子是否需要加水。假如他们没看到，你拿着杯，手一扬，他们就来了。"在对 John 的访问中可以看出，顾客与餐厅员工虽然没有太多的语言交流，他们却通过各种眼神的接触，表情或者身体语言进行沟通。

尽管多数顾客有着与 John 相同的感受，但也有一些人抱怨个别员工的沟通能力。这些抱怨主要来自于员工的语言障碍。一个年轻的受访顾客曾说道："这餐厅的服务员肯定存在着某些语言障碍。例如，今天我跟服务员要了张餐巾，他却递来一把刀。一次两次没问题，可次数多了我肯定恼火。"事实上，餐厅的服务员都意识到语言交流的重要性，可由于其自身语言能力的缺陷使得他们心有余而力不足。

晓红，一位来自中国东北的持学生签证的就读于州立大学会计系的学生，是餐厅唯一能用英语流利交谈的服务员。晓红为自己取了个英文名字

"Julia"以方便顾客称呼。笔者曾经遇到一对来自邻镇的夫妇，他们每周驱车40英里来到餐厅，仅仅因为Julia曾经"在我们镇上餐厅工作过，我们成了好朋友。Julia搬到这里来后，我们决定每个星期都来这里吃一次饭。事实上，Julia不仅工作好，而且还是个好老师。得知我们计划去中国旅行时，她还教我们普通话。"

晓红对她的语言能力非常自豪。她说："沟通对我们来说很重要。当你与客人交谈时，他们会觉得你关心他们。在美国，我们的收入主要是来自客人的小费，这点与中国很不一样。在这里，你得让客人开心，这样就能得到更多小费，沟通越好，消费越多。老实说，我每天的小费大概有150美元，比别人多了50美元左右。其他的人很是羡慕，问我为什么拿的比他们多。我的答案只有一个：沟通。"

观察中，笔者发现，晓红的沟通能力的确比其他服务员强得多。她能讲笑话逗客人开心，能够在恰当的时间满足顾客的需要。例如，餐厅有一次来了一个带着婴儿的家庭，就餐时婴儿大哭。晓红立刻出现并提示婴儿的尿布可能需要更换，并愿意协助婴儿的母亲更换尿布。显然，晓红向顾客展现服务员应有的专业性：满足顾客的需求。另一个重要的发现是，晓红总能在顾客准备离开时递上账单和幸运饼干，而其他服务员则在客人们还在吃饭时就递上这些东西了。晓红说："如果客人在吃饭时就收到账单，便会让人觉得你在赶他们，或者生他们气。不过，如果是午餐期间的客人就没关系，因为他们总是在赶时间。"

笔者从客户端收集到的信息证明了晓红的正确性。有客人说道："如果中途收到账单的话，我会很不舒服。也许是服务员在暗示我该走了。"观察显示，如果客人中途收到账单和幸运饼干，他们通常会不快地放在一旁并继续吃饭。

大多数顾客都意识到饮食文化的差异性。在被问到"你是否同意这家餐厅提供的不同食物"时，所有的受访者均表示同意。而当被问到"你是否同意饮食与文化差异有关"时，绝大多数（35位受访者中的31位）给出了肯定的答案。另外4位表示不知道的受访者则均是在午餐期间，并首次到该餐厅就餐的过路司机，而且他们对访谈也缺乏耐心。

不过，大多数受访的顾客都很清楚文化的差异性。李莎（Lisa），一名40出头的护士告诉笔者："你在步入餐厅的那一刹那便能感受到不同。

食物的味道和品相不同，服务员都是东方面孔。入座时，服务员给你一把用餐巾包裹的勺子和叉子，而不是餐刀。”实际上，中式菜肴通常都被切成小块，所以餐刀也显得不那么必要了。

对李莎的采访接近尾声时，她的丈夫，一位工厂的中层，也来到餐厅。作为这家餐厅的常客，他们解释说，这是因为医生告诉他们中国菜相对健康些。“有人告诉我，吃中国菜能让女人更年轻。你看，餐馆里的女服务员看起来都很苗条。我猜，这可能是中国菜的卡路里比较少吧。”李莎表示她对中国文化知之甚少，但很乐意了解。

李莎的丈夫大卫（David）一样健谈。交谈中，笔者注意到，他是餐厅里少数使用筷子的美国人。由于工作的关系，大卫需要四处出差，他说道：“中餐馆现在很受欢迎，在国内（美国）各地都能找到。不过，很少美国人会用筷子。对我来说，吃什么菜就得配什么餐具。就像我们不会用勺子吃三文治，不会用叉子吃冰激凌一样，中国菜也不例外。用筷子来品尝中餐，味道会更搭调。这或许也是对中国饮食文化的尊重，正如中国讲究好事成双，筷子也是成双，我们何乐而不为呢？”

大卫不仅享受中国美食，还享受学习中国文化的乐趣。拉瑞（Larry）和他的家庭也同样如此。拉瑞是一位退休的工程师，他和妻子都是餐厅的常客，基本每个星期都会光顾一次。有时，他们还会邀上女儿一家上餐厅聚餐。看到他们的孙子能读懂幸运饼干上的中国字时，他们显得很开心。拉瑞觉得，幸运饼干或许是孩子们喜欢这家餐厅的原因，每次掰开饼干，总能看到写着祝福的小纸条。拉瑞和他的妻子还与两位店员成为好友，即使在他们辞职之后。除此之外，拉瑞还能用普通话叫出一些店员的名字和一些简单的问候语。就像他们说的，每次来中餐厅，都是一次娱乐的体验：“很高兴看到近年来开了不少民族餐厅，就像这家中餐馆。这些餐厅给我们生活带来不少乐趣。在我们这个小城里，能有不同民族的人，不同民族的食物，真是件不容易的事。”

笔者发现，跟工作日的午餐客相比，吃晚餐的人对文化的敏感度就高得多了。例如，当问到最喜欢餐厅的哪三样事情时，总能得到五花八门的答案，如环境、气氛、服务态度、幸运饼干等等。少数顾客甚至提到了中国的背景音乐、瀑布水幕、墙上的中国画还有前台摆放的佛像。种种迹象表明，前来吃晚餐的客人不仅仅把餐厅当做吃饭的地方，还把它作为社交的场所，例如朋友和家庭聚会。显然，这家餐厅能够满足他们的需求，无论是生理上的，还是文化上的。

通过观察和访谈收集上来的数据表明，中午时段的这家餐馆跟普通的美式餐馆没什么两样。即使人们能看到餐馆的不同，但却不在乎，也不会将这些差异跟文化联系在一起，他们关心的是如何填饱饥肠辘辘的胃。餐馆的位置，饭菜的价钱，选择的多样性，位子多不多才是他们关注的对象。事实上，这家餐馆是不是民族餐厅一点都不重要，他们的行为都遵照着美国快餐文化的惯例。从餐馆的店员那收集到的数据证实了这一点。

通过笔者对各个民族餐厅的田野调查，笔者认为，顾客是餐厅之本。诸多因素影响着顾客的就餐选择，例如餐厅的位置、餐饮和服务的质量、价格、顾客的收入和生活方式都决定餐厅经营的成败。一项非常有趣和重要的发现便是美国人到民族餐厅吃饭，不仅仅是为了品尝美食，体验服务，还为了能感受一种文化的差异。

饮食是一种文化行为，食品的消费习惯，我们吃什么，怎么烹饪，如何进食都有一套文化上的规范。例如，文化为我们什么时候进食提供了一套标准：我们应该在什么时候吃早餐、午餐和晚餐。来自不同文化背景的人往往都有一套独特的饮食制度，包括食物的来源，食物的保存与烹饪，每餐的进食量，菜品的味道，上菜的习俗。笔者的研究恰恰印证了这一点：食品的消费，进食的习惯和模式都同属于文化的范畴，同时也形成了饮食消费重要决策机制。对于当今美国人而言，餐厅消费已构成饮食模式的最重要环节之一。外出就餐，享用不同族群的美食正悄然汇聚成一股潮流和一种流行的文化氛围。笔者认为，民族餐厅，如中式的自助餐馆，在美国文化中扮演着多重角色。这些餐厅，既是食物的提供者，又是一股文化的信息源，还是一种社会体。顾客们意识到中美饮食文化的差异，但大多数人却不知道有何不同以及为何不同。笔者的这项研究把顾客作为文化的参与者进行观察，不过由于数据所限，我们仍需要在后续的研究中继续考量店员如何影响顾客的消费者行为。

案例二 人类学视野下的消费者研究和产品设计

一、产品公私分明吗？

美国工商人类学家斯克尔斯（Squires）主持了一项个人护理品的研究。这家公司希望了解消费者是否会在办公室里使用和家里相同的个人护理品。斯克尔斯和她的团队通过观察和访谈发现，尽管需要，可人们却不喜欢在办公室场合使用这些产品。不过，有些产品却是例外，例如护手霜和纸巾。这些产品的外包装经过精心设计，让它们看起来更加适合在公众场合露面。因此，斯克尔斯建议该公司不需要再开发新的产品，只要将现有的产品做包装上的改进即可。

二、文化因素比心理因素更强烈

在一项关于微型卡车开发研究中，工商人类学家派催霞·桑德兰（Patricia Sunderland）和瑞塔·邓尼（Rita Denny）对公司和它的竞争对手都进行了访谈①。这两位学者把民族志式的方法作为核心思路，对多个城市的消费者进行入户访谈，对货车的使用进行影像追踪。对他们来说，最难解决的问题是：雪佛兰、道奇和福特微型卡车的驾驶者有何不同？微型卡车的使用者和其他车型的使用者有何不同？他们是保守型的吗？

桑德兰和邓尼试着将以上问题转换为：我们用什么词汇来描述这些汽车品牌？他们发现，驾驶某个品牌的汽车可以向外界传递一些信息，如"年轻的冒险者"，即使驾驶人还不具备这种心理特质。不过，汽车公司却认为不同品牌的购买者是不同类型的人。然而，桑德兰和邓尼则看到有些雪佛兰的老客户在最近却买了道奇，汽车公司的说法显然不成立。由此，这两位学者认为，在汽车的消费者研究中，理解文化内涵比探寻消费者的个人心理因素或许更加有效，民族志方法更是一条达到该目的的有效途径。

---

① Sunderland, Patricia & Rita Denny (2003). "Psychology Vs. Anthropology: Where is Culture in Marketplace Ethnography?", in Malefyt, T. deWaal and Moeran, B. (Eds.) *Advertising Cultures*. London: Berg.

学习思考题

1. 消费者行为研究的不同途径与方法都有哪些？他们各自的特点和不同之处是什么？

2. 为什么说消费行为研究是一门社会科学？

3. 从文化的角度对消费行为进行研究的意义和方法是什么？

4. 消费行为研究的人类学途径及其方法是什么？请举例说明。

5. 人类学对消费行为研究的主要贡献是什么？请举例说明。

6. 通过对本章案例的学习，你有哪些收获？我们应当如何从人类学的角度来理解和分析本章案例？

第十章
人类学与产品设计

内容提要

在工商社会里，新产品的发展是具有决定性意义的。产品设计战略涵盖了各种学问与知识，而产品的设计与发展需要多方面的合作。在当今设计产业中所出现的种种挑战，为人类学家提供了很好的机会。人类学家的知识和技能，可以为产品设计作出许多贡献，其最重要的贡献就是通过民族志研究，从使用者的角度，为产品设计工程师提出具体的建议。

学习目标

1. 理解新产品设计和发展的重要性。
2. 增加关于产品设计的原理、过程和方法的知识。
3. 理解跨部门团队在设计和检验中所扮演的角色。
4. 识别和展现工商人类学家能够为产品所作出的贡献。
5. 熟悉民族志的设计和设计民族志时的方法。
6. 了解设计师和人类学家之间的合作过程。

引 言

维持新产品管道畅通对于公司的长期健康发展而言，常常是具有决定性作用的，工商界对此已达成共识。设计是一个整体的过程，不但包含社会、经济、文化和环境因素，而且还会考虑审美因素。产品设计指的是产品被设计或者修改成满足顾客需求的过程。适当的设计战略提高了公司的业务水平，并促进国际市场之间的沟通，与此同时还响应和显示了公司目标文化的面貌。

强调参与观察的人类学方法能够提供清楚阐明产品用途的独特观点。在产品开发行业[①]，凭借着人类学家和设计师的合作，人类学方法的应用已经成为创造突破性概念的新模式和新趋势。在这一章里，我们聚焦于理解人类行为和这些行为对产品设计过程的影响，探索人类学和产品设计之间的关系。首先，我们将会讨论产品设计及其过程，然后我们会谈论人类学和产品设计之间的联系；接着，我们会聚焦于民族志的相关知识；最后我们会分析人类学家和设计团队其他成员之间的关系。

第一节 产品设计及其过程

依据前文的讨论，产品指的是任何能够提供给市场并能满足人们某种需要或需求的东西。产品设计（开发新的或改进现有的产品）是一个涉及目标和准则的确立、合成、分析、建造、测试、评估和交付产品的新方法的决策过程。例如，诺华公司的消费品和可食用薄膜合并使用，以此作为传送产品的一种新方式。由于这种“变薄的条状”，诺华公司报告这两种产品 Thera－flu（上升 28%）和 Triaminc（上升 26%）的捆绑使得销量有显著的

① Squire, S. and B Byrne (2002). *Creating Breakthrough Ideas: The Collaboration of Anthropologists and Designers in the Product Development Industry*. Westport, Connecticut: Bergin & Garvey.

增长，Triaminc 现在声称占有 20% 的儿科感冒发烧市场。销售量已经从 2005 年的 1 亿美元增长到 2008 年的 3.5 亿美元，而且预计增长还会持续，其新的应用包括在宠物内科和寿司上①。

产品设计往往指的是新产品设计。在商业世界，新产品设计（NPD）是一个常常用来描述给市场带来新产品和服务的整个过程的术语。新产品设计过程包括两个并行的路径：一个包含概念设计、产品设计和细节设计；另一个包含市场调研和营销分析。新产品开发是新产品生成和商业化的第一个阶段②。一般而言，应该优先考虑服务顾客和满足目标市场的方式。同样的，一个新的产品包括实体产品和心理定位。

乔纳森·卡甘（Jonathan Cagan）和克雷格·M. 沃格尔（Craig M. Vogel）观察到，在新的产品设计中应该联系顾客的价值观和其所体验的世界，因此，我们需要重新思考“结构跟随功能”的传统看法③。

产品设计是一个互动过程，它混合着定性和定量技术的管理决策。其中设计过程的基本要素包括目标和准则的确立、合成、分析、建造、测试和评估。这个过程可以划分为一个多步骤的过程，包括识别需求、定义问题、进行研究工作、缩小研究范围、分析标准设置、寻找可选择的解决方案、作出决定、呈现产品、传递销售产品④。产品设计过程可以看成由管理、建造和顾客三者组成。因此，设计过程可以看成三个子过程，换句话说，就是管理子过程、建造子过程和消费者反应子过程，每一个子过程包括有多个步骤。

管理子过程包括新产品开发中的各种管理决策的分类。它包括以下步骤：识别机会或需求、定义问题和开发概念、寻找可选择的解决方案、分析可行的解决方案和作出决定。建造子过程指的是从技术上详细设计产品的过程。它包括以下步骤：进行研究、细节设计、分析标准设置、原型、验定、呈现、装配和测试产品。顾客反映子过程需要分析家进行步骤实施的分类，

---

① Weintraub, Arlene (2006). "It is on the Tip of Your Tongue", *Business Week*, Issue 2995, pp. 32 - 33.

② Marshall, Greg W. & Mark W. Johnston (2008). *Marketing Management*, Chapter 12. New York, NY: McGraw - Hill.

③ Cagan, Jonathan and Craig M. Vogel (2001). *Creating Breakthrough Products: Innovation from Product Planning to Program Approval.* Upper Saddle River, NJ: FT Press.

④ Marshall, Greg W. & Mark W. Johnston (2008). *Marketing Management*, Chapter 12. New York, NY: McGraw - Hill; Urban, Glen, and J. H. Hauser (1980). *Design and Marketing of New Products*, Englewood, NJ: Pretince - Hall.

他们研究市场、帮助管理者设计新产品，其包括以下步骤：顾客测量、顾客模型、顾客行为预测、传递和销售产品①。

一、管理子过程

（一）识别机会

产品设计的管理子过程从识别机会开始。管理人员会选择那些最有潜力来达到公司目标的选项。当产品被开发出来之后，应该持续地更新和改良对市场的界定，直到最终的战略能够为正式的测试做好准备。产品设计者通常不会自己识别顾客需求。情况往往是这样的，决策者带着自己的想法和主意去到设计师那里。"需要"这个术语相当的模糊，但是它常常是指对想要的和缺少的东西的渴望。这个"需要"有时候对于某些人来说是必需品，但是对于其他人来说是奢侈品。需求的识别是产品设计的基本阶段，没有它，产品就不可能被设计出来。

（二）定义问题和开发概念

在这一步，设计者应该根据识别机会和定义的问题来格式化一个关于新产品的构想。产品的构想需要被清晰地定义和检验。管理人员和设计者必须恰当地定义问题，这也是为了要解决它。解决一个并不重要的问题会花费一家公司数以百万计的资金和浪费宝贵的时间。为了开发新产品，应该制作产品说明书来明确产品的功能和性能标准。管理者和设计者应该依据产品来创建一个或者多个工业设计草图，这些工业设计草图用来概念化产品在视觉上的外貌特征。此时，根据产品的概念，公司的人力物力都被分配来推动产品开发，同时还要创建一个预算来开发产品。

（三）寻找和分析可能的解决方案

在这一步，管理者和设计者应该创建一个可能的解决方案的清单，然后

---

① The steps discussed in this section are summarized from the following sources: homepage of Innovative Design Engineering, Inc (http: //www. ide - nc. com/product_design_process. htm, accessed in July 2009); Urban, G. and J. Hauser (1980). *Design and Marketing of New Products*. Englewood, NJ: Pretince Hall; Ullman, David G. (2009). *The Mechanical Design Process*, New York: McGraw Hill, 4th edition; Eide, A., R. Jenison, L. Mashaw, L. Northup (2002). *Engineering: Fundamentals and Problem Solving*. New York City: McGraw - Hill.

详细讨论每一个解决方案的利与弊。他们还可能不得不创建一份关于需要被处理和监控的特征清单。很多人曾经建议说“头脑风暴”是一个很有效的方法，它可以确定什么对于解决方法来说是好的和需要做什么改变来改善它。同时，管理人员和设计者必须分析全部可供选择的解决方案来评估它们的潜力。根本上，管理人员和设计者利用技术上的和其他标准（包括常识）来分析和评估解决方案。

（四）作出设计决定

通过分析前面几步得出的结果，可以作出很多决策，但是在其他情况下疑惑仍然存在。选择某个解决方案而不选择其他解决方案的权衡标准是什么？在其他条件都一样的情况下，拥有尽可能多的关于全部可选择解决方案的信息将会更好。清晰理解需要被解决的问题和度量问题的重要标准，对于有效的决策来说是至关重要的。

（五）评估和改良

管理人员评估考虑比如费用、政治限制、技术限制、原料的可获得性、公司形象、生产线的补足、市场行情和引进新产品的其他方面。根据这些评估，产品可能会被接受或者被拒绝。即使到了产品被接受之后，一般还需要更深入的产品微调。

二、建造子过程

建造子过程指工程师从技术上详细设计来帮助开发新产品的过程。这个子过程所包括的步骤有：实施调查、细节设计和标准分析、原型与分析、呈现、装配和测试产品。这里列出的步骤是典型的和具有代表性的，并不是普遍通用的[①]。

（一）实施调查

在大多数情况下，为了完成设计任务，产品设计者会把大部分时间花在

---

① The discussion about engineering sub - process below is mainly based on the information from Wikipedia "Engineering Design Process", from website http://wapedia.mobi/en/Engineering_design_process, accessed in Nov. 2009.

研究、定位、应用和传递信息上。为了创作出最好的解决方案，设计者必须对尽可能多的信息有很好的了解。一般的问题可能是："有没有关于这个问题的文字记录?"，"市场上是否存在可以解决这个问题的东西?"，"这样做有什么问题?"，"它存在的方式有什么错误?"，"谁正在创造目前已经有的解决方案?"，"需要花费多少钱?"，"如果更好的产品会更贵，人们会愿意支付吗?"，"他们愿意多支付多少?"，"如果问题被遗留下来而没有被解决，情况会有多坏?"。像以上那样的问题会帮助设计者对问题有更好的把握。

有效地确定可利用的信息来源是实施调查这一步骤的另一个主要部分。分类整理全部搜集起来的信息，来确定其有何重大作用是设计者的责任。早已存在的解决方案将会成为直接可得的资源。如果市场上早已存在的其他"解决方法"是可得的，那么逆向工程是一个有效的手法。其他有效的信息来源包括互联网、当地的图书馆、可得的政府文件、个人联系、行业杂志、供应商目录和个人专家。用书目的设计形式来记录这些发现，以便以后需要的时候容易找到这些信息，这是非常重要的。直到这一刻，问题的调查研究和定义应该保持广泛，以允许大量可能的解决方案。在这个阶段的约束和限制当然也是有必要的，因为它们消除了任何极端的解决方案，而创建这些解决方案可能会使得效率低下，花费很多，而且从生理结构上来看不可能实现。

（二）细节设计和标准分析

这一步骤包含一个基于概念模型和规格的细节设计计划。随着产品的发展，其物理特性会逐渐向明确和详细的产品特点呈现。在不同的零售价里，都包含了设计原型①。产品开发运用的不是工程设计师软件②或工程结构软件③，而

---

① Girotra, Karan, Christian Terwiesch, and Karl T. Ulrich (2007). "Valuing R&D Projects in a Portfolio: Evidence from the Pharmaceutical Industry", *Management Science*, Vol. 53, No. 9, pp. 1452 - 1466.

② Pro/ENGINEER is a parametric, integrated 3D CAD/CAM/CAE solution created by Parametric Technology Corporation (PTC). It was the first successful, parametric, feature - based, associative solid modeling software on the market. The application runs on Microsoft Windows, Linux and UNIX platforms, and provides solid modeling, assembly modelling and drafting, finite element analysis, and NC and tooling functionality for mechanical engineers.

③ Solid Works is a 3D mechanical CAD (computer - aided design) program that runs on Microsoft Windows and was developed by Dassault Systèmes SolidWorks Corp. ——a subsidiary of Dassault Systèmes, S. A. (Vélizy, France). It is currently one of the most popular products in the 3D mechanical CAD mark.

是使用三维计算机辅助设计技术来设计实际或者虚拟的物体。计算机辅助设计模型的创建包含单个零件和展示部分如何一起运作的程序集。在制作任何实体部分之前，这些虚拟的原型设计考虑到校对干扰和动作幅度研究。建立计算机辅助设计模型能够稳健地保证下游修正最低限度的影响。部件设计需要考虑到如何制造、装配和使用它们。

在这一步，标准和特性必须从体验、研究、市场调查和消费者渴望的消费偏好建立起来。解决方案应该经过设计师和工程师的定性和定量分析的对比，例如外观、坚固性、产品特征和费用。为了找到问题最合理的解决方案，每一个特性的重视必须与设计团队一致。

（三）原型与分析

一旦设计完成了，工程师能够建造原型。塑料注塑模制品可以快速通过立体光刻①或者其他工具被模拟。如果需要多个部分，可做成一个硅模型和聚氨酯注塑部件，工程师互换配件、创建细部并送往机械车间。当实体外观已经开发了，工程师通过分析评估设计，确保没有任何性能问题。执行分析的改变取决于目前的设计，但可能包括许多像压力或耐温性分析，这些可以通过人工计算或运用有限单元法来解决这些问题②。

（四）呈现、装配和测试

通过工程师的示意图，能使产品细节视觉化。为了向技术人员和绘图人员描述设计理念，精确的示意图是非常重要的。为了完善和解释规格要求，需要凭借书写、口语和图形化语言进行有效设计师沟通。为了使产品符合性能规格，工程师和设计师应该装配和测试零部件，如果需要任何改变，设计师连同工程师应该更新 CAD 模型和重做原型的过程。

例如，摩托罗拉公司在制作两个主要的下一代产品中运用了非常与众不

① Stereolithography is a common rapid manufacturing and rapid prototyping technology for producing parts with high accuracy and good surface finish. A device that performs stereolithography is called an SLA or Stereolithography Apparatus.

② FEA is a numerical technique to solve engineering analysis problems for structural and field applications. The FEA is to break a complicated structure into smaller elements and each element is based on the physical law using numerical computing techniques and all elements are assembled into a big matrix of algebraic equations. This matrix is solved by computer. Finally, the solution is obtained according to the engineer's requirements.

同的方法。摩托罗拉 RAZR2 的挑战是使得下一代受欢迎的手机更好，当前的使用者愿意更新换代。另一方面，与苹果同期发展的 ROKR 的表现相当不佳，因为其音乐功能非常有限，未能实现最初预想的热议。第二代的 ROKR 的特点是大大扩展了音乐功能，拥有一个新商标和来自摩托罗拉公司完整的辅助程序①。

(五) 产品发布

这一步是发布产品。文档包已经交付，其中包括了定制部件细部图和组装图的材料清单。关于加工部分，计算机辅助设计数据可以在各种格式中输出，确保来自计算机辅助设计数据的直接加工，确保精确度和加快加工过程。产品发布对于产品的长期成功十分关键，一个产品糟糕的开始往往是从糟糕的发布缘起，并且很难弥补②。

三、顾客反映过程

顾客反映过程包含设计者和市场营销人员必须经历帮助管理者通过学习目标市场来开发新产品的阶段。产品设计信息通过人类感觉系统而"获得"，并且融入顾客对一个品牌的概念上的认识与理解。更具体地说，有人提出产品设计要素的顾客信息处理和它对品牌分类的影响构建出对新产品开发的有效消费者反映的一般理论框架。同样地，就是产品设计信号被形象化地感知，并且在顾客的记忆中变成精神上的表现且被组织成为品牌概念的过程。这个框架能够用来研究顾客对于一系列新设计出来的替代品或者是现有品牌的延伸可能作出的反应③。顾客反映过程包含的多重步骤包括：顾客度量、顾客模型、预测顾客行为、沟通和销售产品。

(一) 顾客作为产品构想的来源

顾客是极好的产品构想来源。解决顾客的问题能够引出创新的拥有超越

---

① Crockett, Roger O. (2008). "Motorola Sets Its Phone Unite Free", *Business Week*, Issue 4078, p. 36; Crockett, Roger O. (2007). "Honing the RAZR Edge", *Business Week*, Issues 4038, p. 38.

② Cooper, Robert G. (2008). "Perspective: The Stage Gate Idea to Launch Process-Update, What's New and NexGen System", *Journal of Product Innovation Management*. Vol. 25, No. 3, pp. 300 – 318.

③ Kreuzbauer, Robert & Alan J. Malter (2007). "Product Design Perception and Brand Categorization", *Advances in Consumer Research*, Vol. 34, pp. 240 – 245.

即时顾客的市场潜力的解决方法。许多公司鼓励顾客通过发电子邮件和在线讨论组直接在线输入。福特、宝马、奔驰和其他公司赞助用户组公告板来讨论对现有产品的改进①。当吉百利、史威士想要扩大超越它的核心巧克力业务时，首先要做的一件事情是调查140000名顾客对于糖果的偏好。结果公司研制出来的是Trident Splash这种产品，一种三层的新口香糖，包括糖果的外形，无糖口香糖和中间包裹的液体馅。这个产品取得了成功，并且自从产品发布之后，新的风味调料也被加进了产品②。

（二）顾客测量

消费者希望产品被设计出来够满足他们特定的需求，这意味着公司的目标市场要更小更聚焦。一个管理消费者特定需求的有效方法是创造更多专门来解决较小顾客群体要求的产品③。早在设计过程的时候，应该把重点放在增加对消费者的了解上，因此，消费者反映调查从定性的消费者测量开始。定性的测量通过提供什么能够刺激消费者，消费者是怎样看待市场的，消费者是怎样购买产品的以及消费者将如何使用产品上的深刻见解，把管理部门和市场联系起来。

（三）顾客模型

重点围绕认识、知觉、偏爱、区隔、获得性和选择，能够帮助决策者了解市场。消费者模型还能够帮助确定对消费者反映影响最大的设计特点和产品特色。知觉确定了与消费者最相关的关键维度。偏爱确定了消费者如何利用感知维度去评估产品。区隔决定了最好的策略是向所有的消费者提供一种产品，还是提供多种产品，每一种产品服务于一个特定的顾客群。

---

① Marshall，Greg W. & Mark W. Johnston（2008）. *Marketing Management*，Chapter 12. New York，NY：McGraw－Hill.

② Wiggins，Jenny（2007）.“Take a Bite from the Gum Market Wrigley is Going on the Defensive as Cadbury Plans an Aggressive Launch”，*Financial Times*，Jan. 2007，p. 21；“Cadbury Launches Trident Xtra care”，*Business Wire*，May 28，2008.

③ Urban，Glen，and J. H. Hauser（1980）. *Design and Marketing of New Products*，Englewood，NJ：Pretince－Hall；Marshall，Greg W. & Mark W. Johnston（2008）. *Marketing Management*，Chapter 12. New York，NY：McGraw－Hill.

（四）预测顾客行为

顾客经常突然地改变他们优先考虑购买的产品，并且产品生命周期越来越短。这是还没有赢得品牌忠诚度的新产品特有的问题。知觉模型预测新产品将会如何被消费者感知，消费者将会怎样把新产品和现有的产品进行对比以及确定任何给定的消费者会真正购买新产品的可能性。

（五）沟通和销售产品

设计者必须能够以一种有说服力的方式来销售和解释产品。人类学家能够帮助他们。销售精神需要渗透进设计的过程并且在报告中表达出来。书面报告在正式格式方面会有差异，但是通常包含适当的封面页、摘要、目录、正文、结论与建议和一个附录。另外一个常见的沟通新产品的方式就是通过一个口头报告，在口头报告中，发言人会介绍他们的新产品方案。他们需要提供足够的信息，然而却不会引起信息过载。

当然，上文概述的设计过程不是对于全部的设计者或者全部的过程来说都是适用的。个体设计者可能会利用他们的个人知识，展现他们自身的风格。为了缩短新产品开发流程所用的时间，许多公司会使设计过程流线型化，并且同时完成几个步骤。设计能力是一个关键的企业资产。许多行业领袖把新产品开发看成是一个需要培育的持续过程。当技术工艺正在改变，并且产品策划者正在跟随一个移动的目标，公司可能需要一个更加灵活的方案①。特殊的区域包括了产品老化、生物医学、个人健康系统、工具设计、效能、智能产品、灾难管理和新兴经济的需要。由于变化的人口统计资料，产品越来越多地为了老年人的头脑而设计。同样地，对诊断系统的需求将会更大。诊断系统将会提供持续的反馈，允许人们连续不断地使他们的日常生活福利最大化。

目前已经有一个主要的商业贡献来服务于过去 20 年的设计研究，普遍认为它是人物角色研究（形象研究），在这个人物研究中，消费者“原型”通过深入的，上下文联系（前后联系）的人种志研究为真的消费者做定位替身而发展起来。每一个人物角色代表一个广泛的个体，这些广泛的个体表

---

① Cagan，Jonathan and Craig M. Vogel（2001）. *Creating Breakthrough Products：Innovation from Product Planning to Program Approval.* Upper Saddle River，NJ：FT Press.

现出相似的需求、挫折、欲望、动机和行为。人物角色研究（形象研究）依赖于允许研究小组模拟在一定背景下的特定目标市场的民族志研究方法①。根据阿兰·库珀（Alan Cooper et al）②、哈雷·曼宁（Harley Manning）③、罗伯特·巴罗—布施（Robert Barlow - Busch）④ 以及格雷·格拉法姆（Gray Graffam）⑤ 等其他人的观点，这个方法依赖于民族志技巧。在下文，我们将会讨论在产品设计产业中的人类学方法以及民族志方法的价值。

第二节 人类学与设计行业

自从克里斯汀娜·瓦森（Christina Wasson）在2000年出版《民族志在设计领域》⑥ 以来，设计师越来越多地把设计学中人类学研究看成一种资产。但是，正如格雷·格拉法姆（Gray Graffam）所提出，产品设计中人类学方法的使用对许多公司而言，已经成了一个挑战。强调理解人类行为的人类学研究常常不能与市场细分模型简单地整合，它宽松地以考虑影响消费者购买的因素为基础。玛丽珀利斯卡（Mariampolski）通过分析大量的实例，建议人类学方法特别地适用于新产品的探索、设计和开发⑦。

人类学关于理解目标市场和通过双眼观察世界的观点。人类学家能提供给设计师这些深刻见解。通过结合内外部的透视，新观念能设想去帮助新产

① W5 on Personas. Accessed in Oct. 2009, from http: //www. w5insight. com/w5docs/W5% 20on% 20Personas. pdf.

② Cooper, Alan, Robert Reimann, and Dave Cronin (2007). *About Face 3: The Essentials of Interaction Design.* Indianapolis: Wiley Publishing Inc.

③ Manning, Harley (2004). "Persona Best Practices: Developing Your Customer Research Plan". Retrieved in Nov. 2009 from: http: //www. forrester. com/Research/Document/Excerpt/0, 7211, 35482, 00. html.

④ Barlow - Busch, Robert (2006). "Marketing versus Design Personas". In John Pruitt and Tamara Adlin, (eds.) *The Persona Lifecycle: Keeping People in Mind Throughout Product Design.* pp. 556 - 601. San Francisco, CA: Elsevier, Inc.

⑤ Graffam, Gray (2010). "Design Anthropology Meets Marketing". *Journal of Anthropologica.*

⑥ Wasson, Christina. 2000. Ethnography in the field of design. *Human Organization.* Vol. 59, No. 5, pp. 377 - 388.

⑦ Mariampolski, H. (2006). *Ethnography for Marketers: A Guide to Consumer Immersion* Sage Publications, Inc Thousand Oaks, California.

品设计项目。吉纳维芙·贝尔（Genevieve Bell）是美国英特尔公司的一位文化人类学家，她从根本上改变了我们思考设计和技术的方式。因为同样的产品的基本使用在不同的文化环境中可能是不相同的，因此，从文化的角度看，它们被使用于独特的方式。比如，贝尔观察到印度尼西亚人为了祈祷使用它们的移动电话找到麦加。这个现象导致印度尼西亚手机设计的改变。贝尔（Bell）观察：

> ……我们作为一个团队最大的成功在于转变了企业的思考方式。我认为，我们有责任使他们考虑事情时能与其他事物联系在一起，例如“家”、“商业”和“移动性”。我们常常将这类事情思考为一系列的文化习俗，而不是技术解决方案，当受到挑战的时候，英特尔越来越多地将这种观点看成一种有帮助的方法。当然，我们也和各类企业集团密切合作，帮助灌输一些我们对日常生活的理解，加入他们大量的关于如何建立更好的技术平台的问题中去。最近，在桌面平台组，我们与互动型设计师和实用型工程师团队一起工作，帮助在中国市场创造一种新的技术平台。这台个人电脑提供一种新的形状系数和一种与众不同的界面模型，真实反映在中国实行的各种教育过程。
>
> 实际上，思考文化实践塑造技术用途意味着思考如同界面和交互作用的事物。毕竟即使有些如同“桌面”那么简单的事物，组织的基础结构可能不像我们想象中那么简单。同样的，关于隐私和安全的理念，我们常常想象成普遍的关注点的事物，这些可能实际上稍稍更加不稳定的文化概念，在不同的文化环境有不同的呈现。有时当地或者本土的文化实践和价值观念的范畴很难想象能正好配合当前的技术路线图。在某些文化中，家被看做是体现如简单、质朴、优雅和谦卑的价值观念——什么技术体现这些价值观念呢？怎样使一个用户界面看起来体现了和谐或者平衡呢？我不知道答案，然而思考合理的设计方法及其包含不同的价值理念的技术，是件非常有趣的事①。

据格拉法姆（Graffam）所说，人类学家已经对设计的内容引进了更加理论化的理解，在不同的社会和文化环境中，通过更广泛的人类学透视帮助

---

① Goto, Kelly and Subha Subramanian (2004). Culture Matters: An Interview with Genevieve Bell, retrieved in July 2009 from: http://www.gotomedia.com/gotoreport/november2004/news_1104_bell.html.

人们了解技术。对人类学家而言，社会和文化环境的研究包括文化变迁的研究、社区、跨国主义、移民、全球化、社交网络、种族、贫困、性别和行动主义。格拉法姆（Graffam）提出我们理解设计人类学新兴的观点是非常重要的，设计人类学不仅仅是一系列的方法步骤或者民族志方法的运用。格拉法姆（Graffam）强调理解人类学工作也是非常重要的，人类学工作已经提供了一种解读框架，评估技术的角色，解释现代化和道德可能使这个问题变得模糊①。

布里吉特·韦勒（Brigit Weller）指出，全球化和人口学的改变证明同类产品、服务等等被许多的个体和团体排斥。总之，多样化存在且需要在产品设计中被普遍认可②。设计师可以信赖人类学家关于对最终用户的需求和产品如何被使用的深刻见解。其中最有价值的贡献之一是人类学家可以使设计产业能更好地理解最终用户的需求③。

据美国产业设计师协会所言，设计领域中预想使新的、改良的产品与服务条理化④。人类学家可以帮助设计师避免大众化的错误想法。例如，贝尔（Bell）指出，在美国，至少传统观点认为美国是世界的技术中心。美国认为，这里行事的方式是"正确的方式"。美国人分享着这样共同的想法，其他国家和文化仅仅是在扮演着追赶的角色，或有时仅仅有跳跃式的特殊技术，但常常是沿着美国设定的"正确观念"和产品的轨道发展的。

近年来，因为人类学研究报告填补了这一空白。因为人类学家是社会科学家，他们特别擅长分析关于购买和消费的丰富的社会和文化环境，人类学研究和报告在设计领域已经变得流行起来。人类学家强调文化因素影响设计产业。文化差异应该影响产品设计。在亚洲，个体的想法总是难以胜过更加集体主义的取向，人们更多的认为自己是家族和家庭的成员。这会影响技术拥有权。在印度尼西亚，贝尔遇到至少有一个案例关于家庭成员共用他们的手机，而不是私人拥有手机，无论是哪个人掌控，且有时间的限制。顾客联系是一个社交网络而不是单独的个体。

---

① Graffam, Gray (2010). "Design Anthropology Meets Marketing". *Journal of Anthropologica.*

② Weller, Birgit (2009). "Diversity Needs Universal Design", *Design for All Institute of India*, Vol. 4, No. 7, pp. 13 – 22.

③ Jordan, Ann T (2003). *Business Anthropology.* Prospect Heights, IL: Waveland Press, Inc.

④ Wasson, Christina (2000). "Ethnography in the Field of Design". *Human Organization.* Vol. 59 (4), pp. 377 – 388.

另一个案例是关于家用无线路由器的设计，大多数情况下这些路由器设计成美国家庭通用的约 1800—2200 平方英尺。然而在新加坡，生活空间大约是 500—600 平方英尺，大小方面需要技术的调整。面临的挑战是接受目标市场它们的方式，而不是假设它们是同质化的。就这点而言，人类学家在这方面担当着他们的角色。贝尔（Bell）指出，在美国人们假定最好的技术能够改变社会。这种信念不是通用的。有许多技术辅助宗教活动的实例，而不是关于效率或者变迁和“进步”。在中国，农历（习惯上挂在起居室和厨房之间的墙上）是手机的其中一项服务，任何人可以从某人的手机中获得。在马来西亚，任何人可以使用手机找到麦加的方位（手机是一宗教和心灵的工具，使人们和一组的宗教圣地联系起来）。在为不同文化背景的使用者设计手机时，优秀的设计师必须考虑到这些文化差异①。

人类学家可以为包含在设计中的这些问题提供可行性的建议。人类学家苏珊·斯克尔斯（Susan Squires）概括了三个人类学研究纲领（发现、定义和评估）和相关快速的定量和定性方法。她探索快速的民族志研究和建议，他们在国际化产品的开发中发挥着重大的作用②。在美国，如同贝尔（Bell）记录的那样，两个常见的看法可能误导那些设计技术产品的人：（1）作为消费者和家用技术的使用者，女性所扮演的角色经常是被低估的。甚至在女性不是原则上的家用技术使用者的文化中，也同样如此，然而，她们常常监视家庭成员的使用模式。（2）美国人常常从他们的经验中推断假定其他人采取与他们相似的行动。例如，美国的技术人员常常不能理解宗教的影响，人们怎样观察世界和感知时间、空间、当地景观，反过来，这些怎样影响他们对技术的使用③。

人类学和民族志在设计产业中的使用不仅仅是西方世界的发展趋势。在过去的几年里，通讯环境快速扩展，这要求通讯设备公司不断地设计新产品

① Goto, Kelly and Subha Subramanian (2004). Culture Matters: An Interview with Genevieve Bell: http://www.gotomedia.com/gotoreport/november2004/news_1104_bell.html.

② Squires, Susan (2002). “Doing the Work: Customer Research in the Product Development and Design Industry”. In Squires, S. and Bryan Byrne (Eds.) *Creating Breakthrough Ideas: The Collaboration of Anthropologists and Designers in the Product Development Industry*. pp. 103 - 124, Westport, CT: Greenwood Publishing Group.

③ Goto, Kelly and Subha Subramanian (2004). Culture Matters: An Interview with Genevieve Bell, retrieved in July 2009 from: http://www.gotomedia.com/gotoreport/november2004/news_1104_bell.html.

或者改良现有的产品来迎合消费者需求。例如，固定电话已经让位给多重固定和移动电话、电子邮件、即时通信、手机短信、免费网络电话（或接近免费）服务和视频会议、其他互动渠道如博客和维基百科。这个扩展的通讯环境带来了一些问题：有特定的沟通设备使用的结构和模式吗？新的渠道也会影响现有渠道的使用吗？瑞士通信公司是瑞士最大的电信运营商，其雇用人类学家去发现每一种新渠道或媒体好像在慢慢地重新定义现有渠道。人们对越来越多的通讯工具似乎并没有感到不堪重负，但是他们似乎区分对它们的使用。研究者推断人们擅长为每一个情境选择最好的媒体（详细信息见表 10－1）。

表 10－1　　媒体渠道和功能

媒体	功能	目的	用途
固定电话	集体型渠道	为整个家庭分享和组织的工具	大多数的电话呼叫是在“公共场所”，因为它们与家中其他成员相关。只有25%来自卧室和书房的电话呼叫是“私人的”
手机语音	微协调型渠道	紧急时刻调整计划或者改变人们在哪里和正在做什么	约占80%的所有交流只有4个人
短信传送	亲密、情绪和效率	只有在最亲密的朋友和家人的范围中使用短信联系（SMS）	短信的内容常常与“打扮”和情绪化交流相关
电子邮件	管理型渠道	支持在线活动	旅行预订和购物，协调扩大的社会群体，或者交换图片、音乐等其他密切的社交网络
即时通讯和网络电话	连续型渠道	多任务——会话的介入和退出	某天使用者开启即时通讯渠道，接着在保持开启的背景下，他们进行其他的活动
写博客	广泛网络型渠道	拓宽在大型社群中的联系范围	个人主页常常是与朋友和网友主要的交流中心

资料来源：Giussani, Bruno (2006). “How About an E－mail on That?” *Business Week*, Aug. 8, 2006.

当然，这些信息对设计师和那些计划新产品的人是非常有价值的①。

第三节　民族志和体验设计

格雷·格拉法姆（Gray Graffam）观察到，设计人类学家最普遍的是在项目中工作的，这些项目是处理原型设计的改进设计方案。根据格雷·格拉法姆（Gray Graffam）的观点，人类学的研究为研究技术在社会中的角色提供了一个雄厚的基础，因为它能够调查产品是怎样、什么时候、为什么、为谁和通过谁来被使用的。人类学家帮助设计者理解支配人们怎样使用技术的潜在动机②。

卡甘（Cagan）和沃格尔（Vogel）观察到，民族志方法被设计者在新产品开发的初始阶段所使用③。在这一节内容中，我们想要采用民族志的模型，它是由美国专业设计协会（AIGA），一个专业的设计协会和切斯金（Cheskin），一个通过理解人类、文化和变化来指导创新的咨询公司共同研发出来的④。盖里（Gary）陈述说，杰出的设计包含为人而设计，而不是为细分市场、人口统计资料和心理统计特征等等而设计。民族志调查了人们怎样利用技术来实现某些目的和目标。搜集故事和进行观察关于人们怎样与事物作斗争提供了宝贵的深刻见解。民族志和相关的活动能够提供前所未有的关于构成成功设计的中心问题的洞察力⑤。

为了设计，他们对民族志方法的实用性和效用所进行的探究中，布隆伯格（Bloomberg）和她的同事总结了和民族志与技术设计相关的六点内容。第一点，民族志的工作能够帮助设计者更好地理解产品使用的设置，从而改进设计。第二点，设计者需要避免把他们的世界观强加于使用者。第三点，尽管目标市场还没有被识别出来，一些设计者仍然可以进行技术创新。在这

---

① Giussani, Bruno (2006). "How About an E-mail On That?" *Business Week*, Aug. 8, 2006.

② Graffam, Gray (2010). "Design Anthropology Meets Marketing". *Journal of Anthropologica.*

③ Cagan, Jonathan and Craig M. Vogel (2001). *Creating Breakthrough Products: Innovation from Product Planning to Program Approval.* Upper Saddle River, NJ: FT Press.

④ See AIGA home page http://www.aiga.org and Cheskin home page http://www.cheskin.com for more information.

⑤ Graffam, Gray (2010). "Design Anthropology Meets Marketing". *Journal of Anthropologica.*

样的情况下，了解潜在使用者的职业能够识别可能的使用者，并且帮助改善设计。第四点，技术的体验会受到使用该技术的环境所影响。第五点，为了帮助使用者恰当地使用技术，设计者必须对使用者的工作有一些了解。第六点，设计者需要避免简单地集中于单个任务，或者是任务的单一的使用者，并且要注重人们是怎样相互影响的[①]。

和在先前章节中讨论过的一样，民族志是一种独特的方法，被人类学家在对人类和他们的行为的研究中所使用。作为一种研究方法，民族志基于在他们的自然状态下观察人类，而不是在正式的研究环境下。为了真正的接触，设计者需要关心他们的受众，并站在他们的角度看问题。此外，设计者需要理解他们设计和生产什么与使用者之间的关系。民族志以这种重要的方法来告知设计者。

应用于商业也一样，新产品民族志能够用于预测消费者的偏好。此外，民族志能够帮助管理者，市场营销人员和设计者通过观察用户的反应，在市场发生变化之前就能遇见这些变化[②]。正如戴劳·瑞亚（Darrel Rhea），一个专业的设计研究顾问所表明的那样，民族志能够帮助创造更多引人注目的、创新的并与使用者密切联系的设计[③]。

人类和文化的联系和关系是非常复杂的。民族志提供了了解这些复杂关系的方法。它帮助设计者越过他们的偏见去看待事物，并且用理性和直觉的方法从其他的角度观察世界。民族志是一个系统的研究过程。当有用的想法在非正式的观察中浮现时，最强大而深刻见解来自于对系统地收集的资料的一个严格的分析，可能包含照片、视频录像、音频和其他相关的资料。富有经验的和受过良好训练的民族志学者从观察到的和身临其境的研究中得出深刻的见解。就像专业设计师一样，专业的民族志学者通常拥有良好的框架结构、过程和工具。这些结构、过程和工具能够帮助他们变得更加有效率和创造性。一个富有经验的民族志学者能够帮助设计者和其他决策者开拓他们的思路、行动和预见。

---

① Blomberg, J., J. Giacomi, A. Mosher, and P. Swenton - Wall (1993). "Ethnographic field methods and their relation to design", in Schuler, Douglas and Aki Namioka (Eds.) *Participatory Design: Principles and Practices*. pp. 123 - 153. Mahwah, NJ: Lawrence Erlbaum Associates.

② Cagan, Jonathan and Craig M. Vogel (2001). *Creating Breakthrough Products: Innovation from Product Planning to Program Approval*. Upper Saddle River, NJ: FT Press.

③ Retrieved from "http://www.aiga.org/resources/content/3/7/4/5/documents/ethnography_primer.pdf", July, 2009.

人们在他们的日常生活中需要意义。民族志提供了人们怎样理解他们的世界，他们的生活以及他们的文化的丰富见解。例如，人们在他们的生活中混合各种仪式，但是有些仪式是大型的公众的，另外一些是小型的私人的。富有经验的民族志学者通过民族志研究反映人们生活的人工产品，将能够帮助和他们合作的设计者了解人们重视什么和爱惜什么。结果是，那些设计者能够设计出对消费者来说有意义的体验的产品和服务。

人类的行为是文化导向的和有约束的。文化规范需要对设计方案有强烈的影响。民族志揭示了文化规范塑造人们观念的方法。例如，一些文化强调体型并且寻找各种方法去突出它，然而其他文化却尝试忽视它，甚至颜色所扮演的角色和它的使用也会因地方不同而相差巨大。通过检查人们怎样凭借他们的风格和装饰品表达自己，人类学家能够获得人们怎样定义自己的深刻理解。这个信息能够帮助与顾客产生共鸣。

产品设计是一个绝对不能仅仅由设计者完成的任务，它是集体的努力且要求有效沟通。像设计理念和预期的新产品功能那样的事情需要被各种各样的个体所理解。人类学家能够帮助设计者学习怎样通过适当的方式更有效地和目标受众沟通。例如，通过观察人们怎样处理信息，工商人类学家能够帮助设计者学会什么话语和设计元素会唤起想到的反映并且发现沟通是否有效。

民族志使设计面向全球市场。人类学家所做的民族志的相关工作能够帮助设计者、工程师和市场营销人员学习产品、技术和沟通是怎样在全世界流动的。品牌化、体验设计和购买点等元素日益全球化，而不是孤立的和地方性的。比较全球各地的体验是怎样运作的，即使是对于相同的产品和服务，对产品设计者来说也越来越重要。通过审查当地人的品味偏好，新的产品能够被识别并且产品能够被设计成既是全球性统一的，也是与地方相关联的。

请牢记，人们所说的和所做的常常不一致。民族志研究能够突出人们感觉自己在做什么和他们实际在做什么之间的区别。例如，也许人们会说他们通过健康的方式饮食，这也许不完全真实。观察人们的行为能够帮助管理者和设计者学会更多关于人们的选择和他们怎样感知与过滤自己的行为的知识。这些事实蕴含着重要的设计内涵。

准备充足和训练有素的人类学家能够成为管理者和设计者的宝贵资源。通过民族志的相关工作，人类学家能够获得关于少数人的深入知识，而不是收集关于一个大群体的表面数据。消费者的行为和日常生活经历能够从整体的方式来获取。当他们与设计者合作解决复杂问题的时候，他们以讲述故事的方式代替仅仅列出事实，并且在过程上实现从调查到战略决策和创新的飞跃。行为举止提供了哪里存在问题的线索。人类学家民族志的相关工作能够识别问题并且引导找出解决方案。例如，一位工商人类学家做一个关于针对儿童设计新的早餐食品的项目。该项目形成了两个团队，每一个团队包含一位社会学家和一位设计者。

实施了第二手资讯研究之后，两个团队聘请符合要求的家庭来参与他们的研究。例如，凯利（Kelly）的家庭被聘请了，因为该家庭的母亲参与了一项早期的研究，该研究针对同样的客户研究人们对早餐和早餐食品的看法。斯克尔斯（Squires）和她的同事想要知道早餐活动实际上和人们说的什么内容相匹配。两个团队携带摄影机、磁带录像机等设备在早上6点到达研究的家庭来记录他们的清晨日常活动。他们带来了一长串问题："凯利家的清晨日常活动是什么?"，"谁在那里，谁不在那里?"，"还有其他什么食品是可以提供的?"，"什么样的东西可以哄诱一个4岁的孩子在早晨6点30分吃?"，"其他事情需要在全部家庭成员离开之前完成的?"，"家庭成员在离开了家之后去了哪里?"，"离开家之后有没有人拿着食物?"。

用磁带录好了早上的活动之后，团队成员回到他们的办公室去回顾磁带录音和抄本，并且决定下一步要做什么。他们想要了解凯利家庭生活中的早餐，所以他们在接下来的日子里都跟随着凯利家的成员。他们观察在托儿所的儿童和接触工作中的父亲。他们一直监测家庭，直到一个模式浮现：他们发现母亲对食物的营养感兴趣而儿童对食物的乐趣感兴趣。另外，儿童（甚至是父母）常常不在家里吃早餐。

现代的北美家庭从早上6：30到7：00开始他们的一天并且还没有饥饿感。幼童不吃或者寻找更有乐趣的食物来吃，比如是能够把牛奶变成蓝色的大量含糖的谷类食物，而忽视了母亲的营养早餐。这种缺乏营养的早餐经常导致儿童在上午10点左右就感到饥饿。斯克尔斯（Squires）的录像带记录到一个4岁的儿童上日托中心时，在早上10点的休息时间就吃他的午饭。这个民族志计划帮助公司为儿童设计出了一种新的有趣的和便于携带的早餐食品，这种早餐食品是一根棒状物体里面装有酸奶酪，儿童使用这种早餐的时候就像在吃棒冰①。

设计需要体现有意义的特点和功能，还有用户会理解和受益的用户界面。设计者可能不了解人们需要什么。莱因巴克（Leinbach）认为，产品开发人员，包括设计师将会在以下方面做好：（1）把创造当作心理的和社会的过程去对待；（2）使用综合的方法定义产品，形成包含技术、艺术和商业的，有文化意义和深刻的设计；（3）渴求创造知识产权而不是有形产品②。

第四节　人类学家和设计师之间的合作

合作作为工作过程，学者将之定义为两个或者更多的个体或组织经过长期协助完成两者都不能独立完成的任务。在这个过程中，每个参与者贡献一些与众不同但同等重要的东西，从中获得一些个人和（或）组织的优势；另一方面，每个参与者要意识到相互依赖是达到预期的共同结果是必须条件③。在本节内容中我们将会集中讨论设计师和人类学家的合作。

查克·莱因巴克（Chuck Leinbach）是一位从知识产权律师转行的设计师，在他看来，设计师必须调整组织架构、专业假设以及管理流程等事项来支持设计师与社会科学学者之间的合作关系。他以自己与罗恩·西尔斯（Ron Sears）的合作作为例子，说明了产品的设计与开发是如何从社会科学

① Squires, Susan (2002). "Doing the Work: Customer Research in the Product Development and Design Industry". In Squires, S. and Bryan Byrne (Eds.) *Creating Breakthrough Ideas: The Collaboration of Anthropologists and Designers in the Product Development Industry.* pp. 103 – 124, Westport, CT: Greenwood Publishing Group, cited in Jordan, Ann T (2003). *Business Anthropology.* Prospect Heights, IL: Waveland Press, Inc.

② Leinbach, Charles (2002). "Managing for Breakthroughs: A View from Industrial Design". In Squires, S. and Bryan Byrne (Eds.) *Creating Breakthrough Ideas: The Collaboration of Anthropologists and Designers in the Product Development Industry.* pp. 3 – 16, Westport, CT: Greenwood Publishing Group.

③ Uhl, S. C. and S. E. Squires (1995). Enhancing Systemic Change Through Effective Collaboration: A Formative Perspective and Approach. Paper presented to the American Anthropological Association. Washington, DC; Squires, S. and Byrne, B (2002). "Introduction: The Growing Partnership between Research and Design". In Squires, S. and Bryan Byrne (Eds.) *Creating Breakthrough Ideas: The Collaboration of Anthropologists and Designers in the Product Development Industry.* pp. xiii – xviii, Westport, CT: Greenwood Publishing Group.

学者与设计师的联盟中受益的①。

迅速变化的商业环境和管理策略的转换推动着设计师与社会科学家建立密切的工作关系，特别是人类学家、社会学家和心理学家。就像斯克尔斯（Squires）和伯恩（Byrne）提出的那样②，虽然设计师们并不主动采用"文化"这一术语，但他们已经使用"语境"一词来描述影响个体行为、视角和偏好的生理与社会因素，对产品设计与消费者之间文化联系的掌握愈发娴熟。一方面，越来越多的设计师和管理层认识到各种埋藏在文化价值观之下的文化潮流、社会准则可以通过快速的民族志分析法来获得，特别是影响记录与快速建模（rapid ideation）方法的应用③。

然而，斯克尔斯与伯恩也指出，应用文化创新（applied cultural innovation）说起来容易做起来难。创新的参与者必须充分明白，也有能力挑战自身原有的文化假设。他们不得不或多或少地抛弃旧有的理念，甚至包括那些他们曾经最为珍视的价值观、专业性以及观察视角。理想状态下，这一锻造过程将让设计师们以对文化的洞见为工具，搭建起一座沟通现在与未来趋势的桥梁。个人的单打独斗显然无法实现这一野心④。

人类学家约翰·雪利（John Sherry）曾经与英特尔公司一起研究纳瓦霍人之间的通讯技术，他是设计民族志团队中的一员。如前所述，人类学家被训练成能一边长时间连续耐心地观察人的行为，一边记录下这些行为的微小细节。雪利（Sherry）团队的目的是通过人类学方法，尽可能学习关于在人们的日常生活和工作中，他们如何使用高科技工具，所以英特尔公司能够在未来设计出更高效的工具。英特尔公司，连同其他一些像 AT&T、惠普公

---

① Leinbach, Charles (2002). "Managing for Breakthroughs: A View from Industrial Design". In Squires, S. and Bryan Byrne (Eds.) *Creating Breakthrough Ideas: The Collaboration of Anthropologists and Designers in the Product Development Industry*. pp. 3 – 16, Westport, CT: Greenwood Publishing Group.

② Squires, S. and Byrne, B (2002). "Introduction: The Growing Partnership between Research and Design". In Squires, S. and Bryan Byrne (Eds.) *Creating Breakthrough Ideas: The Collaboration of Anthropologists and Designers in the Product Development Industry*. pp. xiii – xviii, Westport, CT: Greenwood Publishing Group.

③ Kelly, T. (2001). The Art of Innovation: Lessons in Creativity from Idea, *American Leading Design Firm*. New York: Doubleday.

④ Squires, S. and Byrne, B (2002). "Introduction: The Growing Partnership between Research and Design". In Squires, S. and Bryan Byrne (Eds.) *Creating Breakthrough Ideas: The Collaboration of Anthropologists and Designers in the Product Development Industry*. pp. xiii – xviii, Westport, CT: Greenwood Publishing Group.

司、IBM、摩托罗拉和施乐公司，它们相信使用洞察将会显示那些微小的细节。为了说明这个人类学的应用，雪利（Sherry）的团队在20世纪90年代后期花费了大量时间在青少年的房间里“闲逛”，与超过100位的青少年进行深度访谈，分析受访者的影响资料。团队最后得出结论：青少年喜欢用网络相互传递照片，并把照片展示在床头的电子相框里。随后，英特尔针对青少年的这一需求进行了一系列相关产品的开发①。

雪利（Sherry）促使设计师、管理者、工程师和人类学家一起组成一个工作团队并不难，现代商业社会高度推荐和充分肯定跨领域团队和跨功能工作组。使参与者通晓人类学民族志方法和民族志分析是一个更复杂的任务，尽管这绝对不是不能克服的问题，特别是当一个人类学家成为了工作组的一部分。当人类学家帮助管理者和设计师领会“熟悉”当成“奇怪”时，新产品设计和开发将会跨越到一个完全与众不同的计划中。同样的，人类学家和设计师一起工作将民族志融入设计过程，这是非常重要的②。美国专业设计协会（AIGA）是专业的设计协会，其总部设在纽约，他们提出设计师和人类学家在一起工作时，需要考虑到的一些问题③。

1. 定义问题。在设计史上，依据格雷·格拉法姆（GrayGraffam）所提出的理论，人们普遍认为，更好地理解一个需要被解决的问题，需要尽可能在设计中找到正确的解决方案。这也适用于设计人类学。理解人们怎样使用产品，或者他们怎样使用特定的产品去解决特定的问题，这在很大程度上有助于对设计提出建议④。团队成员也许会有非常特别的问题，或者只是一般意义上的问题，回答这些问题需要更多的信息，例如问题是什么？他们将会用语言表达这些问题，给予问题结构和明确的目标。在寻求洞察中，这相当于“创意简报”。

2. 寻找人群。寻找最有可能阐明我们所关注问题的合适个体是非常重要的。那些个体可以是实际使用产品以实际方式行动的人。他们也可以是那

---

① Perraro, Gary, P. (2006). *The Cultural Dimension of International Business* (5th edition). Upper Saddle River, NJ: Pearson Education, Inc. p. 11.

② Sherry, John F. Jr. (2002). “Foreword: Ethnography, Design, and Customer Experience: An Anthropologist's Sense of It All”. In Squires, S. and Bryan Byrne (Eds.) *Creating Breakthrough Ideas: The Collaboration of Anthropologists and Designers in the Product Development Industry*. pp. vii - xi, Westport, CT: Greenwood Publishing Group.

③ For detailed information about AIGA please visit its homepage: http: //www. aiga. org/

④ Graffam, Gray (2010). “Design Anthropology Meets Marketing”. *Journal of Anthropologica*.

些影响他人的人。我们也需要找出是否人们居住在特定的环境、文化或者地理位置中。

3. 计划方法。为了观察且与调查对象互动我们要决定一种适当的策略，这是至关重要的。我们需要创建一套聚焦和系统化研究的指导方针。

4. 收集数据。这是执行调查研究的实际过程。在人类学研究过程中，通常包含慢速和细致的观察，如态度、特殊习惯、词汇以及集体动态的细节都可能是非常有价值的线索。人们的行为会与他们所说的话相矛盾吗？我们可以通过照相、拍视频、录音、手写记录和画示意图来观察。

5. 分析数据和解释情境。在所有的调研调查当中，这是最具挑战性的部分。民族志学者寻找深刻的情景和文化理解，从随机观测中得到明显而深刻的理解。分析是一个非常耗费时间的过程。分析的结果可能包括设计准则、模型、外观形象、使用情景和（或）体验框架。一旦分析完数据，团队需能够像各种类型的受众明确表达调查结果，同时应该有一套清晰的评估标准，为进行下一步做好准备。

6. 分享见解。对于整个研究团队和委托人的组织而言，通过民族志调查得到的深刻见解是非常有用的。讲故事和信息构思常常用于传达调查研究的价值和生产出一个可行产品的可能性。通过视觉化和引人注目的形式呈现信息，这更能激起兴趣、产生灵感和吸引参与。民族志学者和设计师可能是必须说服他人的发言人①。

一般而言，产品设计师需要了解最终用户需要什么。那么帮助设计师获得相关信息的人类学家扮演怎样的角色？设计学者山姆·拉德纳（SamLadner）指出，使用人类学家的“价值观导向模型”开始分析最终用户，这是一种很好的方法。据拉德纳（Ladner）所说，任何成功的产品必须符合使用者目前的价值观体系。以汽车为例，设计师需要找出最终用户是跑车型、生活用车的还是小型生活用车的使用者。她提出，这里有几个关键点设计人类学家在设计实践中需要关注的，即人的本性、时间概念、人与自然的关系、社会关系和空间。我们将拉德纳（Ladner）的提议概括如表 10－2 所示②。

---

① AIGA（2007）．“An Ethnography Primer”，retrieved in Nov. 2007 from AIGA homepage，http：//www. aiga. org/resources/content/3/7/4/5/documents/ethnography_primer. pdf.

② Ladner，Sam（2008）．“Knowing your end－user：an anthropological primer”．Retrieved from：http：//designresearch. wordpress. com/2008/09/03/knowing－your－end－user－an－anthropological－primer/，July，2009.

表 10-2　　最终用户的价值观和他们的行动

价值观	内容描述	解释和行动
人的本性	描述了一个典型的最终用户是哪种类型的人（例如相信人一般是好人；人一般是坏人；人一般不好不坏）。	跑车型生活用车的驾驶者认为人一般是坏人；例如他们可能需要用大型车来保护自己。
时间概念	描述了一个典型的最终用户与时间的关系（例如注重未来；注重现在；注重过去）。	小型生活用车的驾驶员可能认为未来很重要，所以他们更偏爱购买小型但是更环保的车。
人与自然的关系	描述了一个典型的使用者对自然的态度取向（例如支配自然；敬畏自然；无视自然）。	跑车型生活用车的驾驶者可能认为自然应该统治他们的，因此他们选择大型车。
社会关系	描述了一个典型的最终用户与他人之间的关系（例如个人主义的或者弱肉强食型的；集体主义的或“我们全体在一起”）。	跑车型生活用车的驾驶者可以明确地划分为弱肉强食的类型，因此他们喜欢大型车。
空间	描述了一个典型的最终用户与空间的关系（例如人控制空间；人与空间和谐相处；空间控制人）。	小型生活用车的驾驶者相信人应该与空间和谐相处，因此他们购买了小型车，不仅可以泊车于城市环境中，而且能够获得空间和周末驾车去乡村。

另外，拉德纳（Ladner）提出一套围绕技术设计师探测技术设备的关键问题。这些问题包括：(1) 典型的最终用户主要的交互设备是什么？(2) 典型的最终用户拥有哪些其他的交互设备？(3) 典型的最终用户对其当前的主要设备的主要失望是什么？我们知道这些问题的答案吗？通过一些简单的步骤，我们可以找到这些问题的基本要素：(1) 回顾所有基于价值观的研究，包括综合性调查；(2) 快速而较为粗糙地完成主要的最终用户的观察；(3) 调查大量的主要最终用户；(4) 总结和细分这些调查结果，创造基于价值观的外观设计；(5) 设计产品！①

同时，贝尔（Bell）提供了五个比较直观价值的建议给所有人尝试在公司环境中使用民族志：(1) 到当地去。作为外来者，你永远无法真正理解那里的文化所发生的事情，除非你融入他人的世界。因此，你必须走出办公室，走出熟悉的环境，到真实事件所发生的地方去。(2) 在那里。仅仅到当地是不够的，你还必须参与到当地人的生活中，在参与中观察，在观察中

① Ibid.

参与。(3) 做好惊讶的准备。对于贝尔(Bell)来说，保持好奇是不断挑战与摆脱原有惯性思维的绝好办法。持续地探究习以为常的平凡琐事背后的原因是一个不小的挑战，但却非常值得。(4) 开放性。当你想向当地人提问的时候，你必须做好回答问题的准备，这是对受访者最好的回馈。(5) 诚实性。保持田野工作的真实性与准确性①。

设计不仅仅是一个工程学的机械过程，也是一个创造和创新的过程，设计师必须首先保证他们的最终用户内心的需求和需要②。据斯皮勒(Spillers)所言，思想设计指的是设计影响认知的过程(符合思想)，其包括解释和理解的体验。以下有三种用于思想设计的设计方法：

(1) 用户界面设计。屏幕布局和集中于用户互动的设计和屏幕行为。用户界面(UI)的设计是以用户为中心、以工作为导向的设计的重要组成部分。UI设计关注于改善“用户体验”或设计的使用性。自20世纪80年代中期以来，UI设计已经改善了对人类行为和屏幕设计的理解。

(2) 信息架构。骨架模型或屏幕互动的“框架”、布局、导航和特性。它们用于检查概念和测试最初的功能。信息结构(IA)未通过理论体系被正式认可，因为其与现存的UI设计领域有过多的交叉。很少有人了解IA最初是由阿格斯联合公司发明的，而且仅用于商业用途。但发展到20世纪90年代末，信息结构促进了管理咨询并增加提升了有关书籍销售量。此消息是据阿格斯联合公司的前员工凯斯·英斯顿(KeithInstone)几年前在俄勒冈州的波兰特关于“字母系统加速”的一次谈话中透露的。

(3) 交互设计。聚焦于用户怎样与页面、应用程序和产品相互操作。交互设计遵循以任务作为中心的设计方法，确保交互流程作为中心目标。交互设计比网络世界出现得早，且起源于人机交互的延伸领域。自从出现IA插入网页中心的模式后，活动设计成为了一种更加普遍的伞形结构，这种伞形结构作用于网络2.0界面和网络应用程序的升级。

对斯皮勒来说，感情设计指的是影响感知过程的设计(例如，适应情

① Goto, Kelly and Subha Subramanian (2004). Culture Matters: An Interview with Genevieve Bell, retrieved in July 2009 from: http://www.gotomedia.com/gotoreport/november2004/news_1104_bell.html.

② 富兰卡·斯皮勒是经验与情绪设计专家，他发展了一种可称为“认知考古”的田野调查新技术。他主要从事情绪与产品设计研究。下文中的讨论内容主要取自他的博客。斯皮勒通过电子邮件同意我们在本教科书中使用其博客内容。

感)，包括感觉和情绪或经历的情感特性。此外，以下有三种用于感情设计的方法：

(1) 平面造型设计。“养眼或观看和感觉”。平面造型设计是众所周知的，它与UI设计很相似，在雅虎上，它常常被称作“视觉设计”。在使用过程中，只要完成了网架，它们会被生动地处理，增强了交互设计的审美性。

(2) 交互设计。这是一种艺术大学学位类型，它是大量获取各类学科的相关内容的混合产物。交互设计师创作优质的 Flash 片段、动画、平面造型设计和一些数据库编程或 HTML 语言。交互设计师善于设计，对使用性具有敏感性和识别力。

(3) 情感设计。情感设计来源于使用性领域和产品设计。情感设计涉及特定社交的、情景的、个人的和私密性的用户体验。作为一项边缘学科，情感设计领域的用户研究来自于像苹果公司的 iPhone 这类产品所创造的新体验（如 iPhone 的用户用“ooooh, ahhhhs”来表达“我告诉你”之意)。情感设计是一种可以报告各种设计类型结果的方法。举例来说，使用者受感觉、期望、颜色、形状、心情的影响。”

平面造型设计集中讨论优化布局、按键、颜色、图示和品牌元素。平面造型设计关注的是改善“观看和感觉”或者设计风格方面。因为平面设计师遵循内心来设计，他们常常被指责创作“失误”。然而，如果我们给平面设计师用户界面的说明书，他们创作的成果是非常出色的（我们每天可以在网上看到“体验动力学在波特兰”，其链接：http: //www. experiencedynamics. com/)。

据斯皮勒（Spillers）所言，身体设计指的是影响拟人化过程的设计（适应人体)，包括社交和身体的情境体验。以下有三种用于身体设计的方法：

工业设计：我们都可以联想到的物质产品……最明显的——移动设备。如同平面造型设计，在每天的生活体验中很容易发现工业设计。“优秀设计”的物质产品是凭直觉获知的：他们的感觉、声音、观看和优雅的工作。

以用户为中心的设计：这是一个比较新的术语，补充了先前的术语和 UCD 学科或“使用性工程学”。用户体验为设计用户体验的技术增加了更完整的要素（在网页或者网络应用程序上)。用户体验或 UX 设计，不是一种设计本身的类型，因为UI设计方法的可传递性，它的执行员将必然引领UI设计。

体验设计：体验设计常常被用来当成用户体验设计的简便方法，但它很大程度被考虑用于支持环境设计、体验的细节设计或开放空间的环境设计。此外，体验设计是一种普遍的伞形结构方法或方法论，但随着体验性议程的发展，它渗透到所有设计决策当中。这绝对是星巴克体验的设计者曾经思考过的。零售和公共空间通过提高忠诚度（眷恋的感觉、舒适和个性化）和生产率（学习、探索、浏览）显示出能带来巨大的利润。体验设计不但使用环境、社会和周围的现象，也使用在特定环境用户的感觉、感知和直觉①。

奎瓦（Cueva）的体验设计模型是很成熟的，通过深思熟虑地设计众多渠道体验图解，这些图类似于脚本、连环画，甚至剧本。这些体验图解展示了一个产品怎样编造进入用户使用的实际环境中。在奎瓦（Cueva）的模型中，分析导向性的活动内容将提供给设计师，这能产生关于消费者的深刻理解，包括受众细分、角色模型、消费者调查、环境探究、市场调研、探索分析和用户测试。奎瓦（Cueva）提出，图解体现了创造性方法导向型的思想不但体现出对于平衡消费者目标与经营目标的重要性，而且它还顾忌了技术考虑和限制因素。在上述示例中，每一个图解通过接收通信、呼叫客户中心和（或）一个网页的体验来跟踪消费者。每一个剧本的目标是把关键绩效指标推向一个合理的方向，同时提高顾客保留的可能性②。

依据情境性和实践能够解释情景实践的概念。情境性包含环境的特定语境，包括当前的各种角色和出现在一个给定的环境中的非当前的角色。环境的浮现是通过角色扮演，发生在一个特定的社会/环境的语境中。组合的表达方式在环境中形成，它是知识、规划和计划的产品。社会实践是指人们表现出来的社交性和个人性。它是日常的活动，常常包含无意识的特性，其发

---

① Spillers, Frank (2007). What is Design? (Yes, all 10 definitions). Retrieved in July, 2009 from web page: http: //experiencedynamics. blogs. com/site_ search_ usability/2007/10/what - is - design -. html.

② *Cueva*, *Amy* (2008). "Inside Product Design & Development Factor the full customer experience in design". Published in *Mass High Tech* on Oct. 17, 2008 (http: //www. masshightech. com/stories/ 2008/10/13/focus1 - Factor - the - full - customer - experience - in - design. html), retrieved in Nov., 2009.

生无意识的解释①。

观察实践被认为是文化习惯和独有特征之间相互影响的产品。文化习惯是通过规范、社会价值观、性别的文化架构等等在其他现象中表现出来。对于涉及人类学来说，它对于结合个人传记、体验和文化习惯变得越来越重要②。对斯皮勒（Cueva）而言，整体研究方法指的是当代设计师运用到他们实际当中的方法论③。这些方法和方法论包含设计理论和人类学方法。

本章小结

对公司的长期成功至关重要的是新产品的开发和仔细地评估新产品概念的潜力之后促进新产品开发的过程。新产品开发包含不同的过程；产品设计是成功的新产品开发的关键元素之一。有形商品和无形服务都需要被仔细地考虑和设计。

专业的设计实践包含各种学问的知识和合作。现今绝大多数的设计挑战需要分析的和综合的研究技巧，这些研究技巧为人类学家提供了良好的与设计者合作的机会。专业设计者已经广泛地和迅速地意识到和领会到人类学在设计过程中的有用性。人类学家能够为设计产业所作的贡献越来越多。

---

① Sperschneider, Werner, Mette Kjersgaard, Gregers Petersen (2001). "Design Anthropology - When opposites attract", poster submitted to First Danish HCI Symposium. IT - parken, University of Aarhus, Nov. 27, 2001.

② Ibid.

③ Spillers, Frank (2007). What is Design? (Yes, all 10 definitions). Retrieved in July, 2009 from web page: http://experiencedynamics.blogs.com/site_search_usability/2007/10/what-is-design-.html.

案例一　两个设计人类学短语的厄运①

一般而言，公司会聘请人类学家进行一项内部或外部的民族志研究，原因很简单：揭露新的方法来获得竞争优势。除了其他方面，这通常包含了解产品和服务的新机遇的调查，或者内部专注于改变组织的问题。不幸地，我们的客户常常不知道怎样处理调查结果。多年来，我经常听到客户对社会科学家的种种抱怨。客观来说，这并非只是人类学家本身的局限性。事实上，那些渗透到商业领域的专业学科都存在着同样的问题。假如听到客户的抱怨，你能做的就是把材料重新整理直到他们能看懂为止。

“它太学术了。”解译：“我不是雇佣你来提供一个理论上和方法上的研讨会的。我真的不在乎那个。它难以置信地啰嗦，而且我不得不阅读40页纸或者听你讲一个小时来获得它的实质。”

他们为什么会如此反应：对杂事缠身、大小会议不断的管理者来说，你（指研究者）的长篇大论简直是一场灾难。那些能花上两小时听你演讲的人根本做不了主。那些高级总裁通常在演讲五分钟内就离开会场了。实际上，你只有两分钟来开宗明义。

解决方法：“告诉他们你将要说的内容是什么，接着讲述你的内容，然后告诉他们你说过的内容，”这是一个律师曾经告诉我的老方法。因为他掌握能够说服一只饥饿的狗离开一辆装肉卡车的演讲技巧，我倾向于遵循它的意见。企业报告不是一场发现之旅，人们并不期待着直到报告完结的那一刻才有恍然大悟之感。从五个说明为什么他们要关心这一切的简单句开始。例如，如果你的调查以“20年来，你一直认为人们喜欢你的酸奶酪。我们已经发现，他们会扔掉酸奶酪，并且把容器作为有趣的帽子。”作为开始，他们将会逗留在这里看接下来会发生什么，如果人们仅仅出于病态的好奇心。

“我不知道该怎么做。”解译：事实上，客户是想说：“这个故事挺有趣的，我们都喜欢录影带里那个被迫用切肉刀来割开我们包装的那位主妇。可这又怎样呢？”

---

① Dawson, Mark (2007). “Two Design Anthropology Phrases of Doom”, accessed in Nov. 2009 from: http: //www. ethnography. com/2007/05/two - design - anthropology - phrases - of - doom/.

他们为什么会如此反应：人们真的需要在以下两者之间架起非常坚实的桥梁，就是深刻理解与清楚地讲出新步骤：基于你的调查结果，你将会怎样改变一个产品或者一项服务？许多专业学者跳进企业界，把自己看成《国家地理》的消费者研究版本。甚至曾经有一个前任的负责做一些初期的设计民族志的人类学家告诉过我，对于人类学家来说做研究是好的，只要他们不参与公司的实际策略。这就好比那些狮子追捕瞪羚令人惊心动魄的电视节目，假如你碰巧是那头瞪羚，这个节目又有何用呢？客户聘请人类学家并非为了透视人们如何看待世界，而是为了知道人们如何被规训地接受事物。

解决方法：跳过那些把你的研究视为收集和解释数据的任何建议。你是不是设计领域的专家并不重要，但务必询问客户的真实需求。假如只有你一个研究者，确保产品的设计师，市场推广人员能为你提供帮助。我总喜欢把客户带到田野点去，甚至让他们一起分析问题。只有通过不断与客户的交流、磨合，为企业文化量体裁衣，才能为他们提供真正有价值的专业意见。

案例二　诺基亚的人类学基因①

有效的调研是软实力。建立和维护手机与人的关系，符合一些似不经意的生活习惯，或许就是产品受欢迎的主要原因。诺基亚每年花费大笔资金进行人类学的研究。调研、设计、制造和销售，种种复杂元素的整合，都是为了将产品推向消费者。

设计有多重环节。公众所熟知的金属材料、工艺造型往往是展露于台前的部分。比起隐身幕后的人类行为研究，前者只是设计的冰山一角。

30 多岁的英德混血儿杨·吉普切斯（Jan Chipchase）来自诺基亚东京设计实验室。与人们印象中长期呆在室内工作、白皙秀气的设计师形象明显不同，他有着属于户外的麦田肤色和运动员的气质。作为诺基亚全球 250 人规模设计团队中的一员，他以田野调查的方式参与这家手机巨擘的

① 崔瑜：《诺基亚的人类学基因》，《互联网周刊》2007 年 7 月。

产品设计。他的工作是人类研究，研究全世界的人们：他们的行为方式、如何交流、与他人如何互动以及与其他密切相关的事情。“诺基亚对于人类学的研究差不多和手机产业一道起步。我的工作已经形成了自己的一套理念：着重未来3年至15年的发展趋势，了解今天的人类行为动机、探询新流行趋势的早期信号，并将这些知识与对科技发展的理解结合起来，有机地融进诺基亚长远的整体设计战略。”2006年，杨·吉普切斯访问了15个国家，帮助设计团队激发对于未来产品功能、应用、服务和技术平台的设计灵感，“这是对诺基亚理解文化间差异的有力支持”，他这样解释。

一、寻找设计基因

“我会常常和设计师们分享发现和观察所得，创造出关于手机外观、功能和未来使用方式的新创意，设计师们也会选择与我们一起外出考察。”吉普切斯的大部分工作时间花在室外的调查项目上，行迹遍及南非、印度、中国、日本等世界各地的国家和地区，在乡村和城市的私人场所以及公众场所观察、记录和分析个人以及群体的生活样本。

吉普切斯有两个大包，里面装满了做研究的设备，比如相机、录音设备等，每天日记会记录观察所得。他通常在一个城市逗留8天到9天，拍6000张照片，做10个到15个深入的采访，以及30个到40个路边采访，“需要强调的是，提供的不只是事实，更多是进行观察后的判断。”他粗略地描述日常工作。

这些调查极其庞杂，比如跟随使用者到办公室或者家里，实际看到手机的使用情景。一个吉林的矿工戴在腕上的手机套可能会提醒他们手机的某些型号应该适当保持轻薄和短小；东京银座街头追求时髦的年轻人将翻盖手机如同夹子一般插在裤带上，则可能会提醒他们手机的外壳有必要注意时尚；而在韩国，当地人对于细菌的极度畏惧使得很多手机商店专门备有消毒剂和喷雾剂来保持手机的清洁，这也可能提醒他们谨慎选择手机的材质。

如果把这些看成是手机设计的前奏，最恰当的称谓莫过于“搜集设计基因”。看似零散的一个个案例汇集成诺基亚庞大的数据库，为手机设计提供坚实的参考依据，最终由外至内实践并应验着“科技以人为本”

的标语，诺基亚优秀的人机交互系统可能正是在这样一次次的用户接触中得到提升。据吉普切斯介绍，诺基亚在设计新的能收发短消息的手机时，功能键排列位置安排可能来自对于盲人使用手机的观察，而在考虑交互系统设计时，考虑到世界上大概有将近8亿人是文盲，而在某些特定市场比如印度，有2.7亿人是文盲，为这些既不能读又不能写的目标消费者设计手机就成了诺基亚一个为期三年的调研课题。

二、创意对接

研究结果在内部平台上与设计师们的创意对接时，也可能发生一些碰撞或者摩擦，在研究这些人类行为朴素的本质之后，出场的将是设计师们的新想法。诺基亚多媒体事业部的首席设计师、日本人江口俊二郎曾经提及过“设计一款产品的难点是达到完美的平衡，如果过多关注某一种功能，另一种功能可能会大打折扣，比如N93i，如果设计时只考虑作为一部摄录机使用，那么打电话和发短消息的功能就会受到影响。”吉普切斯致力的方向倾向于人性与手机的简便互动，而江口俊二郎则正在努力使多媒体电脑手机成为市场上的潮流。

好的交互系统可能会在某些程度上解决这些摩擦，但公司的主流取舍必定会影响一定的用户群体 。那些落后地区的使用习惯和发达国家的电子化追求差异会越来越大。在这种前提下，如何为内部的实际设计提供合理可行的建议常常就会成为吉普切斯的工作重点。“我们是自己研究工作的最大的质疑人，经常思考这项研究弱点在哪，到底是不是一个值得可信的研究，最后会基于众多的信息和数据的收集和分析之后，提供一个客观的分析，而相关的设计师，他会基于此考虑进一步推进的方向。”

根据持续增长的手机用户调查报告，在今后几年内，将会有时10亿人第一次用手机，作为诺基亚的雇员，理解全世界消费者的行为习惯以推测今后手机的设计方向，是吉普切斯的职责所在。

三、战略性创新

“了解人们的使用习惯，以此为基础创造出最佳人机交互界面是诺基亚的强项”，诺基亚中国区资讯总监杨大鹏称。

诺基亚对产品与人性的关系投入了巨大金钱与精力，在手机如何设计之外，显然还有另一重考虑。这家手机巨头，在25年以前并不是手机制造商，正是对于移动通信的先机洞察让它成功转向了手机业务，而如今它又开始思考新的发展方向，希望成为一家移动互联网公司。

“人类学研究与消费习惯的研究并不一样，消费者研究主要了解产品是否适合最终用户、需要做出哪些改进，而人类行为的研究则更多是为了公司的发展方向，关于公司应该做哪些更具前景的业务，以此来决定应该设计什么，或者不设计什么。”吉普切斯的这番解释，正好暗合了诺基亚积极奔走移动互联网的动机。

学习思考题

1. 你对在现今高度竞争的商业环境中，新产品设计和开发对商业企业的重要性的理解是什么？

2. 什么是产品设计？什么是产品设计原则？什么是产品建造子过程和方法？

3. 一个跨职能团队在体验设计过程中扮演的角色是什么？

4. 工商人类学家能够为设计产业作什么贡献？

5. 人类学家怎样实施设计民族志？并且他们将会用什么方法做设计民族志？

6. 设计者和人类学家之间合作的关系和过程是什么？

7. 通过阅读本章的案例，你学到了什么？我们应当如何从人类学的角度来理解和分析本章案例？

第十一章

人类学、竞争情报与知识管理

内容提要

典型的竞争情报涉及对二手调查数据以及对知情者的访问进行复杂的整合行为。其他形式的信息或知识可能在意想不到的方面得到应用。随着竞争情报的不断发展前进，对联系的多样性和知识渠道的多样性较深入细致的理解变得很重要。正因为这样，知识管理领域比以前需要更多工商业领域里领袖们和战略家的关注。人类学的理论和方法在竞争情报和知识管理领域中的应用具有很大潜力。

学习目标

1. 理解竞争情报的角色和方法。
2. 理解人类学研究方法在竞争情报实践应用中的价值。
3. 清楚意识到知识管理及其在工商业中的应用。
4. 理解领会人类学研究方法在知识管理方面的应用。
5. 辨别出竞争情报和知识管理之间的相似之处和不同之处。

引　　言

近年来，竞争情报成了上层决策者最重要的管理问题之一。这一现象深受全球竞争性不断上升现状的刺激，这种竞争以高度化企业合并和市场细分为特征。工商企业的决策，比以往任何时期都更需要把竞争情报作为决策依据。

知识管理同竞争情报是相关的。作为一个新的商业功能，知识管理包含了一系列的实践应用，这些实践应用包括用在工商业组织中去识别、创造、重现、传递、保护企业知识，其中企业知识也包含由个人体现出来的，或植根于组织过程与实践中、对企业有用的深入理解和经验。

工商人类学有着通过收集、分类和分析信息的途径，来服务于竞争情报研究应用的潜能。在这个简短的引言后，我们将讨论竞争情报的定义，分析其与人类学重叠的部分。然后我们会从人类学的视角来谈论一下竞争情报工作的过程，随后是竞争情报领域中有关跨文化战略的讨论。此外，我们也会对知识管理进行人类学诠释。

第一节　什么是竞争情报?

竞争情报是有关收集、分析和应用有关产品、成分范畴、顾客和竞争对手等信息的一系列行为，这类行为意在满足企业组织短期的计划需要和长期的战略需要。就收集、分类、分析和使用有关竞争领域的信息而言，竞争情报是一个过程，也是一个产品。这可以满足人们需求的产品是指那些具有可操作性的信息。基于此领域的增长情况，分析师短缺情况长期以来就存在了。

人们经常认为竞争情报这一术语与竞争对手分析术语相似，但是事实上竞争情报比分析竞争对手涉及的范围更广。它着力于使公司组织比当前的和潜在的竞争对手更富有竞争力。顾客和主要的外部股东为组织发现一系列的竞争对手，描述出了能够作为业务、投票、捐助或者其他有关组织的活动的替代品情况。竞争情报这一术语经常被缩写成 CI，目前大部分大公司的业务中都有一些竞争情报功能，并且有员工在其中进行作业，这些公司通常成为专业协会的成员①。

竞争情报可以被广泛地定义为有关收集、分析和传递信息的行为，所传递的信息涉及产品、消费者、竞争对手和环境等各方面。这类信息也用来支持主管和经理们对组织进行战略决策的制定②。在这个定义中，有三个关键点需要我们着重指出来：（1）竞争情报是符合道德且合法的商业实践。这一点非常重要，因为竞争情报专家强调这学科与行业谍报行为不同，谍报行为是不道德的和违法的；（2）该学科的关注点是外部的商业环境；（3）这里的过程涉及信息收集、将信息转变为情报，然后利用它进行商业决策等。竞争情报专业人员强调，如果所收集的情报无用，或者不具备可操作性，那么它就不是情报了。

狭义的竞争情报定义把竞争情报看做是组织的功能，此功能的任务是，趁市场中那些危险因素和机会变得明朗前将它们识别出来。这一定义关注广泛可用的真实信息的传播和竞争情报之间的不同之处。这些真实信息包括市场数据统计、财务报表、报章剪辑等，它们由类似图书馆和信息中心这样的功能部门来完成。而这里的竞争情报则是有关产生竞争优势的发展情况和相关事件的看法。理解并接受竞争情报的重要性时，一些重要的跨国公司，例如埃克森美孚公司、宝洁和强生，就创建了正式的竞争情报单位。重要的是，企业组织实施竞争情报活动时不仅把它作为抵御市场威胁和变化的防护手段，同时也把它作为一种寻找新机会和新趋势的方法。

在实际应用中，工商业中的企业组织会利用竞争情报将自己和其他企业进行比较，来辨别出他们在市场中的危险因素和机会，同时针对市场反应来对他们的计划进行压力测试。这一测试可以促使他们根据可靠的信息来制定决策。目前，大部分公司都意识到了解竞争对手正在做的事情和行业正在进行的变化的重要性。这些收集来的信息能够帮助公司明确他们自身的优势和

---

① Dynamic Integration Home Page: http: //www. dynamiCI ntegration. net/default. aspx, retrieved in July 2009.

② Gilad, Ben (2008). "The Future of Competitive Intelligence: Contest for the Profession's Soul", *Competitive Intelligence Magazine*, 2008, 11 (5), p. 22; Haag, Stephen (2006). *Management Information Systems for the Information Age.* Third Edition. McGraw - Hill Ryerson.

劣势。正如竞争情报专家埃斯特尔·马特（Estelle Metayer）所描述的那样，公司感兴趣的情报大多数都是相似的，这些情报大体可以分为四类：战略性的、策略性的、专门性的和持续性的信息。这些不同种类的信息对于公司的实际重要性不同，其重要性取决于公司的市场竞争力、企业文化、公司高层决策者的个人特质和所持有的个人观点，还有公司内部有关竞争情报的报告结构。

竞争情报专业人员协会（SCIP）是这个行业中的贸易协会。1986 年成立的 SCIP 为商业专业人士提供培训和必要的网络咨询，还有最新的市场研究和分析资料。其目的是，“通过领导力、教育、主张和沟通来继续提升我们成员的地位”。SCIP 中成员的背景包括市场调查、战略分析、科学技术等领域[①]。SCIP 的成员数量一直保持着增长趋势，在 20 世纪 90 年代末，在世界范围内拥有约 6000 名成员，这些成员集中在美国和加拿大地区，在英国和德国的成员也很多。2009 年 5 月，SCIP 与福斯特和沙利文（Frost & Sullivan）完成了合并，并以“福斯特 & 沙利文协会”（Frost & Sullivan Institute）的名义继续开展各项活动[②]。

大部分文献都与竞争情报有关，这一说法在克雷格·弗莱舍（Craig S. Fleisher）和他同事一起整理的详细书目中得到了相关实例证明，同时它也发表在 SCIP 推荐的《竞争情报与管理期刊》学术期刊中。根据弗莱舍的观点，竞争情报有着很长的历史，它的历史甚至要追溯到久远的时期。人们经常提及商业战略思想家迈克尔·波特（Michael Porter）。1980 年迈克尔·波特发表了他的研究报告《竞争策略：分析产业和竞争者时的技术应用》，人们广泛认为该研究报告是现代竞争情报的奠基石。波特关于竞争情报的初步想法得到了进一步地扩展，尤其是在克雷格·弗莱舍和芭比·班索山（Babette Bensoussan）的努力中得到了扩展。他们在其备受欢迎的有关竞争分析的书刊中，将许多普遍实用的竞争情报分析技术推荐给实务者以便在其职业当中应用。

---

① SCIP home page：http：//www. scip. org/，retrieved in July，2009.

② Nowlin，Terrence（2009）.“SCIP Merges With Frost & Sullivan Institute”，retrieved from SCIP web site，http：//www. scip. org/NewsRoom/PRDetail. cfm？ItemNumber = 7556，July 2009.

一、教育计划

有人为大专教育的学科进展努力出谋划策，有作者在他们的书中提及了这些努力成果，其中包括布伦克霍恩·弗莱舍（Blenkhorn & Fleisher）①、弗莱舍②、富尔德（Fuld）③、普莱斯考特（Prescott）④和麦克格纳尔（McGonagle）⑤。虽然通常人们都会认为在全球范围内，竞争情报概念可以很容易在众多商学院中得到发掘和传授，但实际上在这一领域里，专门的学术项目、相关专业和学位仍然非常少。这一现状成为该领域中学术人士的心头之石，他们希望这一现状能够得到进一步的调查研究。数十个学识丰富的人曾在《竞争情报杂志》的独特版本中广泛讨论过这个问题，该杂志就是专注于讨论这个问题的。另一方面，实践者认为竞争情报专业的资格认证更为重要。

在美国公司中作为一种正式运营活动的竞争情报制度，它可以追溯到1988年，那时本（Ben）和它玛·吉拉德（Tamar Gilad）发表了第一个正式的公司竞争情报运行组织模型。后来该模型在美国公司中得到了广泛的采用。1996年随着富尔德·吉拉德·赫赢竞争情报学会（ACI）在剑桥大学的成立，第一个专业认证计划（CIP）出炉了。ACI是一个教育组织，它专注于对职业经理人和公司进行培训，使他们能够通过使用熟练的竞争情报分析手段来更好进行风险管理和市场机遇预测。目前，它是唯一一个能够提供通过认证的竞争情报训练项目的组织。

---

① Blenkhorn, D. and C. S. Fleisher (2003). "Teaching CI to three diverse groups: Undergraduates, MBAs, and Executives," *Competitive Intelligence Magazine*, 6 (4), 17 - 20.

② Fleisher, C. S. (2003). "Competitive Intelligence Education: Competencies, Sources and Trends," *Information Management Journal*, March/April, 56 - 62.

③ Fuld, Leonard M. (1985). Competitor Intelligence: How to Get It, How to Use It. NY: Wiley.

④ Prescott, J. (1999). "Debunking the Academic Abstinence Myth of Competitive Intelligence," *Competitive Intelligence Magazine*, 2 (4).

⑤ McGonagle, J. (2003). "Bibliography: Education in CI," *Competitive Intelligence Magazine*, 6 (4), 50.

二、全球范围的发展

作为专业领域和学术学科，竞争情报在世界各地的发展情况不一样。有几个学术期刊报道了这个学科在全球的发展动态，尤其是《竞争情报与管理期刊》里面论述了这一学科发展情况。例如，1997 年埃科勒·盖尔经济学院（The Ecole de Guerre Economique）（也叫做经济战争学院），在法国巴黎成立。它是第一个传授在全球一体化世界中运用有关应对经济战争策略的欧洲协会。在德国，直到 20 世纪 90 年代早期，竞争情报都没有引起人们足够的关注。在 1997 年，术语“竞争情报”第一次出现在德国的学术文献上。1995 年，德国竞争情报职业协会分会成立，它成为 SCIP 欧洲范围内的第二个成员。日本是目前唯一一个官方运营经济情报中介的国家，这个中介叫做日本对外贸易组织，简称 JETRO。它是一个与政府相联系的组织，其主要功能是促进日本与世界其他国家的双边贸易和投资。1958 年建立之初，JETRO 主要用于促进日本的海外出口。不过，进入 21 世纪，JETRO 的关注核心已经发生了转变，如今它主要致力于为日本引入外资，以及帮助日本的大中小公司尽可能发挥它们的出口能力。

三、与其他领域的不同之处

许多人认为竞争情报与商业领域中某些功能或领域或多或少有交集，也有人直接误将知识管理、商业情报、市场情报和市场调研等这些工商业领域，当做了竞争情报来讨论。尽管在工商领域里竞争情报的确和这些学科有一些交集，但它们之间的差异还是显而易见的。本·吉拉德（Ben Gilad）和简·赫赢（Jan Herring）界定了竞争情报独特的本质，并且将它与其他一样富含信息的学科区分开来，这些学科包括市场调研和工商业发展等。他们表示，知识的共通性和一系列独特的应用工具使得竞争情报与众不同。还有，当商业组织中其他感性行动只是关注市场中单一的主体时（例如消费者、供应商或者收购目标时），竞争情报是唯一一个着力于将所有参与者的资料数据进行整合的综合性学科，这些参与者都在市场中具有一定的影响力①。

后来，吉拉德将其关于竞争情报研究的注意力更多地放在信息和情报的差别中去。根据吉拉德的说法，多数组织中信息搜集功能的共性是，在实际应用中它们都只是传达事实和信息，而不是情报，即使它们也叫做市场调研、商业情报，或者是市场情报。用吉拉德的话来说，情报是从事实或资料中提取出来的有用信息，而不仅仅是事实和资料本身。竞争情报在所有企业功能中有着独一无二的地位，它为提升企业的整体绩效提供了具体细致的指导意见。就这方面来说，它是组织中风险管理活动的一部分，而不是信息收集活动。

举例来说，商业情报（BI），以其狭义或目前的定义来说，它比竞争情报更看重信息技术和内部焦点。实际上较为广泛或历史传统上的定义中，它包含的内容比竞争情报当前的实践应用范围更广。知识管理（KM）被认为是技术导向型的驱动组织实践应用的力量，它依赖于数据的挖掘、公司内部网和组织资产的陈述等等，以此来使得它在制定决策时可供组织成员利用。竞争情报和知识管理的区别在于，知识管理更多关注组织内部，更多运用信息技术，同时它只有较少的定性分析、非数字化的人工智能、创造性以及对于外部现象的关注。

市场调研是一个策略上的、方法论导向的领域，它由很多无偏性的原始研究数据组成。这些研究数据侧重于通过调查问卷或焦点小组方式来搜集有关信念和认知方面的消费者资料数据。这些资料都是利用统计学的调查研究方法进行分析的。相反，竞争情报的数据来源就比较多样化，既有一手数据也有二手数据，数据来源于众多利益相关者，例如供应商、竞争者、分销商、替代者、媒体等等。而且，竞争情报不仅回答那些现存的问题，还会提出新的问题，并且指导行动。

四、战略情报（SI）

战略情报的关注核心是长期发展，即那些影响公司在未来几年里竞争力

---

① Gilad, Ben and Jan Herring (2001). "CI Certification - Do We Need It?" *Competitive Intelligence Magazine*, 2001, 4 (2), 28 -31.

变化的问题。战略情报实施的实际时间范围取决于公司所在的产业以及其变化的速度。竞争情报通常回答的几个问题是："在×年之后，公司应该处于哪个位置?"，"我们正面临着怎样的战略风险和机遇?"这类情报工作包含了对微弱信号进行识别和应用那些称作战略预警（SEW）的方法学和分析流程等内容。根据吉拉德的说法，在战略预警框架下，竞争情报工作人员20%的工作应该分配到对微弱信号进行战略早期识别方面去。

五、策略情报（TI）

策略情报的重点是，为改善短期决策提供相关信息，这些信息通常与当前市场份额或收入增长情况有关。通常我们把策略决策方面所需要的信息用来实施企业的营销方案。策略情报运用营销矩阵来调查研究产品或产品线营销的不同方面。第一，产品——卖方销售的产品是什么？第二，价格——卖方的定价是怎样的？第三，促销——他们针对产品进行何种促销活动？第四，渠道——他们在哪些渠道销售产品？第五，其他——销售力量的分配，试销实验的设计，技术问题，还有消费者行为。根据这些可靠的有价值的信息，组织能够通过事前预测竞争对手行动，并缩短反应时间来避免出现竞争对手采用出奇制胜策略获得成功的局面。例如，主要的航空公司在一天之内将价格进行上百次的改变，来应对竞争对手的竞争策略。他们运用策略情报信息来计划自己的营销、定价和产品战略。

六、市场情报（MI）

市场情报主要关注的是竞争情况实时变动的方面，这些竞争情况主要围绕产品和服务市场中营销矩阵的4P组合，由此我们可以更好地发现市场具有吸引力的地方。作为基于时间的竞争策略，有关市场情报的深入理解通常被营销经理和销售经理用来调整营销方面做出的努力，从而使得在快速变化、垂直化的市场中更快地响应消费者的需求。菲莱舍（Fleisher）认为，市场情报没有传播得像竞争情报那样广泛，因为竞争情报也能传播到其他非营销部门的决策制定者手上。比起其他情报领域，市场情报关注的时间范围较为短暂。通常它以天数、周数来计量，在一些变化速度较慢的产业中，它也会用月数来计量。

七、过程

竞争情报的基础过程是信息收集。举例子来说，那些对自己产品的竞争能力感兴趣的公司会招聘一些经过专业训练的员工专门从事研究从竞争对手那里得来的类似产品或产品组合。这些员工需要尽力收集大量的有关产品成分的公共信息。通常人们通过这些努力来揭露竞争产品的共同性和差异性等信息。

这类信息可以帮助我们设计市场营销活动，因为它能真实地展现产品 A 如何能做到产品 B 做的所有事情，同时避免一些令人不悦的情况发生。收集有关竞争产品的情报时，竞争情报过程可能也会关注分销网络，利用分销网络将产品传送到消费者市场中去。当产品 B 可能会通过特定的批发零售商店来分销出去时，可能产品 A 已经不仅在同样的批发零售商店中有得出售，还在多个其他商店中出售。让消费者知道目前哪个市场和批发店都能提供这些产品，这对企业来说非常有用，因为这样可以促使消费者尝试购买在本地批发店出售的产品 A，而不会开车穿过城镇去购买产品 B①。

第二节 人类学方法在竞争情报中的应用

前摩托罗拉执行委员会主席罗伯特·高尔文（Robert Galvin）指出，如果我们能把握整个世界有关文化人类学真实而深入透彻的理解，那么我们就可以解释那些影响不同国家实践操作的特别因素。另外，当我们对这个复杂而多样的世界进行深入理解的时候，情报部门很可能也会开始着手研究人类学知识，并将其传递给其他部门。罗伯特·高尔文在他的一本书中写道：

> 举例来说，当我们试图打进日本电子市场的时候，我们意识到日本人对权力尊重的程度。这不同于表面上我们看到的恭敬礼貌的礼仪文化。最后当我们意识到这个时，我们知道应该做什么了。我们利用每一

① Tatum, Malcolm (2003) "What is Competitive Intelligence?" http: //www. wisegeek. com/what - is - competitive - intelligence. htm, retrieved in July, 2009.

个我们可以利用的合法政治力量——从参议院外教关系委员会的权力上升到国家领导人——去击溃日本建立起来的市场进入壁垒。最后，摩托罗拉打开了日本的电子市场，日本人为此都尊重我们，并购买我们的产品作为响应。他们尊重权力。这是人类学中的一个原理，也是一个非常重要的情报①。

我们的学生常常问人类学是否能被应用于工商业中，而我们对这一问题的回答变得越来越长，从一个简单的“是”到好几个句子，再到阐释人类学是什么和人类学家如何在工商业领域作出贡献等。在过去的一个世纪里，人类学家创立了一个新学科，这个学科通过文化概念、整体研究方法和观察式调查等方式，在人类行为中提炼出有用的信息来。当前我们主要在学术范畴内进行有关人类学相关概念定义等等的探讨，不过实际上很多实用型人类学实践者已经在卫生保健、教育、商业、市场营销和工业等领域中进行实践，并作出了贡献。这些实践者再次说明了人类学方法能为工商业领域提供大量实用的东西，尤其在竞争情报和市场调研人类学方法运用方面。阿尔夫·瓦利（Alf Walle）是一个在人类学方面有着深厚造诣的跨文化领域专家，在企业竞争方面他也有着丰富的经验。他一直从事着工商业中市场营销方面的顾问工作，并且在大学里传授工商业、人类学和旅游业领域的知识。根据瓦利的话，竞争情报是关于建立竞争优势的信息收集和信息分析过程。虽然竞争情报和目前的市场调研从不同的情报和定量传统分析方法中发展进步，但是它们都是受惠于调查和分析的定性方法。人类学家在这方面就受到了良好的训练。瓦利认为，竞争情报在很大程度上属于定性分析和直觉分析的领域，这一领域经常利用多种微弱信息的来源去发现新趋势和得出结论。

瓦利谈论了竞争情报领域如何为工商业调查研究带来有用的定性分析工具的问题，而且他认为，在众多工商业学者和实践者非常依赖定量分析技巧的时代里，竞争情报专家一直拥护定性、主观和直觉的分析方法，这一方法为许多成功案例提供了适时而有意义的信息。但是在商业战略中人类学定性方法的重要角色长时间受到忽视，这一现象在竞争情报和知识管理中尤其严重。他指出，在过去的第二次世界大战时代，当商业调研变得更倾向于定量

① Galvin, Robert W.（2001）. “Competitive Intelligence at Motorola”, in John E. Prescott and Stephen H. Miller（Eds.）*Proven Strategies Competitive Intelligence: Lessons from Trenches.* Wiley, John and Sons.

化研究时，竞争情报开始进行定性方法研究，这些定性方法研究没有通过正式的论证就得出结论。结果竞争情报在工商业中得到了人们的重视和应用。竞争情报重视人类学中凭直觉获取信息的研究分析方法和市场调查者如何借助定性社会科学和人文学科的相关技能进行调研。他强调竞争情报可以而且应该在这两个定性传统分析方法中相互联系起来。

瓦利展示了目前在工商业中的当代首创精神，这一首创精神通过在商业分析中为竞争情报专家运用定性方法找出一个较为合理的理论根据，从而将社会科学、人文科学同工商业研究分析联系起来。对于瓦利来说，竞争情报从本质来说属于定性分析，它是一个以谍报活动为基础的学科，因此说它有一个特别的研究方法，而它的前提是其他的竞争情报专家应该不会相互分享这个研究方法。竞争情报职业在其业务范畴中有着强烈的拥护有关社会科学和人文科学方面的传统。

竞争情报属于定性分析，一定程度上它起源于策略上的谍报行为，这些谍报行为把信息从相对折衷的不完整的数据中提取出来。人类学家的背景知识和调研风格为他们提供了与竞争情报相啮合的分析工具。瓦利通过将情报和其他传统的定性分析工具整合起来，在新领域中获得了突破，并提供了有关实用性人类学发散性的视觉，这一视觉与目前的工商业世界息息相关。如今许多实用性人类学家从社区中心到大公司方面进行多种人类学调查研究时，都采用了定性分析技巧，同时也采用了一些定量分析方法，例如调查问卷[①]。

近来，许多人类学家即使没有涉足到竞争情报领域，他们也会投身到知识管理领域中去。同时，越来越多的营销人员将人类学方法应用到他们的营销实践和调研中去。在实际情形中，随着人类学家将传统的调研和观察的人类学方法应用到工商业中，工商人类学家几乎研究了从营销战略到公司风气的所有方面。情况会是在竞争情报收集和市场调研方面，人们会热衷于寻找实用性人类学家作为公司的工作人员，填补多样化研究和分析等职位的空缺。

正如先前章节中讨论过的那样，人类学家最与众不同的调查方法是参与式观察。这个需要人类学家花费一段较长的时间在研究对象中进行实地调

---

① Walle, Alf H. III (2001). *Qualitative Research in Intelligence and Marketing.* Westport, CT: Quorum Books.

查，并尽量获得与调查对象有关的深入理解。得益于人类学的折衷性本质和基于它能帮助我们加深对各种社会制度和社会现象中变化过程的理解这一事实，我们有理由相信人类学能够为竞争情报的实施和操作作出重要贡献。下面我们探讨下人类学能够为竞争情报提供的内容。

通常来说，我们对人类学家观察不同文化的差异性这一工作角色较为熟悉。他们对符号、宗教仪式、传说和故事等非常留意。理解好暗藏在这些线索背后的意义，可以使人类学家感知人们如何看待这个世界。因此，人类学家能看到文化如何指导和引导人们的行为。霍夫斯泰德将文化定义为思想路线的共同规划情况，这一规划将一个群或一个类别中的成员与另一个群或类别中的成员区分开来。每一个组群都有着一个清晰明确的运作方式，无论它只是一个较大的部门或是组织中的一部分，又或者从人类学角度来说，它只是一个家族和部落①。

深入理解部门相关情况的基本原则是，理解这个部门的运作方式——它的组织结构和操作流程，也可以说是它的文化。尼尔·西蒙（Neil Simon）和大卫·格尔扎克（David Grzelak）发现许多公司建立了独立的竞争情报单位，这些单位有自己一套组织结构和操作流程。以另一种方式来说，每一个单位中的文化都是独特的。通过调查研究它们建立的原因，我们发现每一个情报单位都是为实现其所属部门特定的目标而建立起来的。这些组织中都出现了各自独具特色的有关竞争情报的观念，这些观念都是基于组织的整体需要而形成的。

根据西蒙和格尔扎克的观点，竞争情报专家可以从人类学方法中获益，这是通过利用他们调查对象的视觉从而观察企业组织的方式来实现的。竞争情报经理应该在目标客户表达他们的需求时努力去观察留意他们的需求，利用目标客户的“传说”、“符号标志”和“固定程序”去阐明他们的需求。如果能理解好目标客户的价值观和有关工商业应该以何种方式进行的理念，竞争情报经理就能得到与这些目标客户互动的好机会。那些觉得自己得到理解的顾客更有可能参与到竞争情报的搜集过程当中去，而且会相信并采用公司提供的产品服务。

西蒙和格尔扎克强调说，组织理论学家提醒我们，当两个部门之间的差

---

① Hofstede, G. (1980). *Cultures Consequences: International Differences in Work - related Values*. London: Beverly Hills.

异变得较为明显时，问题就很容易会出现。竞争情报实践者需要和调查对象发展好关系，但是周围引起的紧张状态会对他们之间的关系造成负面影响。竞争情报分析家则可以快速通过了解调查对象的文化和价值观来避免这些问题的出现。竞争情报实践者也应该像人类学家那样进行参与式调查和观察。

就像西蒙和格尔扎克解释的那样，在人类学家看来文化展示就像是一个“人工制品”。这些都是文化表层的现象，就像人的外貌。作为符号标志来说，这些人工制品展示出文化中的价值观和信念，它们通常由我们所说的“传说”婉转地表现出来。辨别出和理解好调查对象文化中的含义，可以使竞争情报实践者将一些调查对象的价值观整合到与其一起进行的商务活动中去。这些价值观和信念的相互分享，可以帮助调查对象和竞争情报专家更好地相互理解和增进彼此的信任。

应用人类学方法能够帮助竞争情报分析家辨别出哪类信息对目标客户来说是重要的，还有如何最有效地展示调查研究的结果。这能够在分析家和调查对象之间产生更强的亲密感和内聚力。

一、符号标志

这些是组织文化中最明显的现象。这里讨论的符号标志包括语言、行动和目标。这其中的目标有着一个特定的意义，这意义由那些有着共同文化核心的成员所理解。符号标志，例如尤其针对调查对象的特定术语，能够帮助竞争情报专业人员找出目标对象的共同点。表现得与调查对象较为熟悉的话，可以帮助我们减少一些困难，这些是指当不确定因素存在于竞争情报员工和调查对象之间时就会出现的困难。人类学家将他们从实地调查中发现的所有事物进行分析研究。竞争情报专业人员也可以进行与人类学家类似的程序和操作，从而深入理解调查对象的文化环境，得出有用的信息。

一个简单的例子就是调查对象的办公室。看着办公室的布局设计，竞争情报专业人员可能会得到有关调查对象如何看待商业较好的理解。高层管理人员的私人办公室、社交领域（例如休息室）、员工的寝室（或者缺少寝室的情况）都能够为竞争情报专业人员提供重要的深入洞察信息。这些信息我们都看作与调查对象有关的价值观和信念的信息。它们的符号如何显示、它们如何相互联系和它们当中人们如何表现等，都对深入理解调查对象方面来说很重要。将这些人工制品联系起来，可以帮助竞争情报专业人员得到调查对象类型方面的感知，还有助于理解如何将项目进行下去。

二、固定程序

在人类学方面来说，固定程序是那些能够帮助定义一个文化的礼节。这里讨论的固定程序指的是属于调查对象运作方式中普通一部分的活动，这个运作方式是指竞争情报专业人员的调查对象每天都会进行的运作方式。通常人们为了特定的原因而实施这些固定程序，他们认为这些程序是调查对象企业组织中社交方面的主要元素。固定程序的例子包括会议、绩效审查、组织中成员相互问候的方式和工作之余的社交活动。如果人类学家能够参与这些固定程序中，也能够理解它们代表的意义，人类学家就能够更好地得到调查对象的企业组织的接受和认可了。如果竞争情报技工人员能够从一个局外人转变为圈内人的话，上述过程就显得很重要。

三、传说

对于工商人类学家来说，传说是那些有关个人的故事，调查对象将那些个体看做如同他们的英雄那样重要。他们可以是活的或者是死去的，当前的或者是以前的。那些英雄人物的性格特征可以帮助竞争情报专业人员理解那些调查对象看重其成员中的什么东西。组织中的英雄人物，例如亨利·福特（Henry Ford）、比尔·盖茨（Bill Gates）或是摩托罗拉的罗伯特·高尔文，都对他们的公司有着重要意义。确认在调查对象企业组织中取得成功的这类型个体，可以告诉竞争情报管理者如何能够最好地将自己展现给调查对象看。同时，这一知识可以帮助竞争情报专业人员显得对调查对象更加熟悉，因而使得调查对象对他们更加接受和信任①。

四、外部和内部文化

为了使竞争情报变得有效，公司文化必须是能够对其给予支持的。对我

---

① Simon, Neil and David Grzelak (2001). "Business anthropology: clues to culture", SCIP, *Society of Competitive Intelligence Professionals*, Vol. 04 No. 04, July – August.

们来说，管理优先、组织结构和那些对自主性有积极影响的资源等支持形式都具有重要地位。公司的内部文化在如何实施竞争情报、如何看待竞争情报、如何利用竞争情报、竞争情报哪些方面显得较为重要等方面具有重要的影响作用。它影响着信息的收集方式和信息收集的内容。外部文化对发挥竞争情报作用方面也同样重要。通过探究外部的影响因素，例如政治、社会和经济方面的因素，商业组织可以作出有关那些国家竞争情报适用性的结论，从而开展竞争情报活动。稳定的环境能更加有效实施竞争情报工作，因为这种情形下外部情况可以让实践者较为容易获得和利用相关信息①。

调查研究一个新的文化需要我们理解掩藏在它当中社会和政治方面的变动。举例来说，我们知道美国公司的文化是以商业交易方面短期的考虑而出名的，因此这相应地影响他们的决策。与之相反，日本企业注重长远的首创精神，对他们来说耐心是最关键的因素。因此，了解文化对商业实践的影响作用能使竞争情报专业人员做出较好的分析。除了竞争性分析和案例研究分析外，历史背景也可以帮助我们获得上面所提及的知识。尤其是，全球性的竞争情报需要收集基于社会学、教育学、经济、政治和地理方面的标准信息。这些环境因素能够指明竞争中的机会和威胁②。

研究文化和其对人类行为的影响作用是人类学家最主要的任务之一，而事实上人类学方法最好的是应用到文化研究中去。就这一点而论，人类学家能够帮助竞争情报专业人员更好理解内部和外部的文化环境，这些文化环境决定了竞争情报项目的成功与否。对竞争情报专业人员来说，一旦我们能区分出所有的影响因素和发掘出它们潜在的影响作用，那么我们就能够开展一个有关内部和外部文化的构想。它们一起构成了讨论会的大纲，我们会在这个讨论会中对竞争情报进行实践。下一节我们会讨论更多竞争情报过程中的文化因素。

---

① Kahaner, Larry (1996). *Competitive Intelligence.* New York: Simon Schuster; Fleisher, Craig S. and David Blenkhorn (2003). *Controversies in Competitive Intelligence: The Enduring Issues.* Westport, CT: Praeger.

② Toczydlowski, Betty (2005). "Knowledge, Skills, and Abilities of Domestic and International Competitive Intelligence Practitioners". In Blenkhorn, David and Craig S. Fleisher (Eds.) *Competitive Inteeligence and Global Business.* Greenwood Publishing Group.

五、伦理问题的忧虑

在竞争情报实践者当中伦理问题一贯都是备受争议的。本质上说，对于这些问题，大家考虑的是竞争情报实践者活动中允许做的事情是什么、不允许做的事情又是什么。许多非常好的资源都可以为我们所利用，它们多数都常常出现在竞争情报专业人员协会的出版物中①。

竞争情报人类学家需要在它们的竞争情报实践中把人类学专业的伦理准则和竞争情报专业的伦理准则同时考虑在内。许多资料来源都包含了有关这个课题的重要探讨。举例来说，麦克格纳吉尔（McGonagle）和维拉（Vella）在他们的书中用了一整个章节讲“伦理和法律问题”②。《竞争情报伦理：在灰色地带中操作》（*Competitive Intelligence Ethics: Navigating the Gray Zone*）书中提供了20个有关竞争情报伦理的不同的观点，同时也额外提供了10个被不同个体和公司组织采用的伦理准则。将上述的观点与20多篇在不同竞争情报文献目录中的学术性文章或者研究结合起来，这很明显反映出大家都是仔细考虑到了伦理问题的。竞争信息很可能从公众场合或者订阅资料中得来的，从竞争对手或调查对象的网络系统中，又或者从实地调查访问中得来。竞争情报调查与行业间谍活动是不同的，因为竞争情报实践者遵守当地法律的指导方针和商业伦理规范③。

就这一点而言，竞争情报的工作人员通常受到鼓励，从而利用公共的资料去寻找和发掘有关竞争情况、竞争对手和市场环境的信息④。

有一个分析将竞争情报定义为合乎伦理和法律的信息收集行为，这些信息是早前就可以为人民所利用的。因此不合法的和不合乎伦理的活动无意识中被贴上了间谍行为的标签。这两个领域很相似，以至于竞争情报专业作家艾特维（Attaway）认为，我们有必要列出那些他明确看做是间谍情报的活

---

① Fleisher, Craig S. and David Blenkhorn (2003). *Controversies in Competitive Intelligence: The Enduring Issues*. Westport, CT: Praeger.

② McGonagle Jr., John J., and Carolyn M. Vella. (1993). *Outsmarting the Competition: Practical Approaches to Finding and Outsmarting the Competition.* (New ed.). London: McGraw - Hill, 1993.

③ Fehringer, D. and B. Hohhof, (Eds), (2006). *Competitive Intelligence Ethics: Navigating the Gray Zone.* Alexandria, VA: Competitive Intelligence Foundation.

④ Vella, C. M. and J. J. McGonagle (1987). *Competitive Intelligence in the Computer Age.* Westport, CT: Quorum Books.

动，例如从竞争对手那里偷来笔记本电脑、拦截他们的沟通信息，或者偷偷收集他们屋子外面的垃圾。注意这里有很好的区分：偷笔记本电脑在哪里都是犯罪行为；在大多数社区中人们都不会把偷偷收集垃圾视为犯罪行为，不过如果它是在竞争情报收集目的下操作的话就会是不道德的了①。

瓦利曾经对本书的编著者表示，他注意到漏洞有时候会存在。就像驾驶一架飞机到一间工厂上空去拍照是违法的，但是我们可以从网上下载相同的相片，而且这是合法的。

麦克格纳吉尔和维拉将行业间谍行为定义为通过违法的方式收集信息，这些违法的方式包括弄坏、进入、非法闯入或者收集一些一旦获知它就很可能属于违法行为的信息，例如其他公司的机密文件。后一个类别大概会包含那些当作垃圾的公文文件②。竞争情报专业人员伦理准则协会要求所有成员都要预防所有不道德的实践活动，但是却没有将这些实践活动解释得详细具体，然而成员必须不断地努力增加人们对这一专业的认可和尊重。具体的要求是，成员必须遵从所有的适用法律；成员要所有的访问之前精准地揭露所有有关的信息，包括身份和组织，并且充分尊重所有有关保密性的要求③。

在许多边缘案例中，意图比实际行动更加重要。为了招聘员工而访问竞争对手以前的员工和问及他们以前进行过什么项目，如果他们真正的意图是提供工作机会的话，这是合乎道德的，但是如果真正意图纯粹是信息收集的话，那就是不道德的了。与竞争对手联系、讨论一个具有可能性的联合经营计划，从而从他们那里获得信息，这是合乎道德的，只要他们的意图真是着手于合资企业计划的。然而如果他们这样做只是获取信息、商业秘密、设计等等的话，这就会是不道德的了。一些学者提出了一个可以将合乎道德的和不道德的区分开来的黄金法则：行政主管将他们自己置身于信息收集活动接受者的位置当中，这些收集活动都被我们考虑过了；他们应该问问自己在这位置中是否会感到受到不公平的对待了，或者其他人在自己身上做了不公平的事情。这里明显存在着主观性，但是这可以说是人们面临进退两难困境问

---

① Attaway Sr, Morris C. (1998) "A Review of Issues Related to Gathering and Assessing Competitive Intelligence". *American Business Review* 16, No. 1: pp. 25 – 35.

② McGonagle Jr., John J., and Carolyn M. Vella. (1993). *Outsmarting the Competition: Practical Approaches to Finding and Outsmarting the Competition.* (New ed.). London: McGraw – Hill, 1993.

③ McCarthy, Cavan (1998). "Internet as a Source for Competitive Intelligence: A new field of activity for Special Libraries and Information Centers". A paper presented to the Sixth Annual Conference of the Special Libraries Association. Bahrain, Nov. 1998.

题时最贴切的方法了①。

人们对这个问题表示非常忧虑。但是当接受调查时，大部分行政管理者都说，他们是不会愿意参与到不道德情报收集实践活动中的②。实际上这是不必要的，尤其在互联网环境中，互联网作为一个公共可用的信息渠道，人人都可以从中获得各种各样的信息。人们指出，竞争情报的一个关键点是，那些业务层需要用来制定决策、理解市场和竞争情况的信息90%都早已公开了，或者说我们可以从公共信息渠道进行收集。在特定的图书馆和信息中心工作的专业人员尤其忙于探究互联网中信息的丰富多样性，以至于他们无暇去进行不道德的活动，或者仅仅对此类活动产生兴趣③。

第三节　竞争情报中的跨文化战略④

长期以来，有些企业不理会国际上市场营销的增长总量，而目前也没有一点有关企业如何在跨文化的国际领域里收集市场营销信息的知识。这一问题不仅影响到企业在国际竞争力方面的效力，同时作为整体来看，它也产生了一个有关全球营销资源使用效率的负面影响。为了使业务能在国际上获得成功，他们有必要加入一个跨文化的竞争情报计划中去。

一、在国际营销竞争情报中的文化因素

在国际竞争情报中，要想实施成功的市场进入或防守策略，我们必须从国外市场中获得情报信息。其过程与在本国市场中的过程相同，但这个分析

① McGonagle Jr., John J., and Carolyn M. Vella. (1993). *Outsmarting the Competition: Practical Approaches to Finding and Outsmarting the Competition.* (New ed.). London: McGraw - Hill, 1993.

② Gordon, Ian (1989). *Beat the Competition: How to Use Competitive Intelligence.* Oxford: Basil Blackwell.

③ McGonagle Jr., John J., and Carolyn M. Vella. (1993). *Outsmarting the Competition: Practical Approaches to Finding and Outsmarting the Competition.* (New ed.). London: McGraw - Hill, 1993.

④ *Originally Published in Competitive Intelligence*, V.7 n.5 September/October, 2004, by Robert Tian with Byron Tobar.

必须考虑到国外环境的特征和细微差别，例如文化问题①。通常我们会将公司进入国外市场中的失败归因于严重的决策错误和涉及社会、文化和政治等环境方面的错误判断。很明显，如果在全球基础上进行管理竞争情报搜集的话，这会比在国内进行更加复杂②。

普莱斯考特和吉本斯（Gibbons）曾经找出进行国际化竞争情报和/或跨文化竞争情报的五个理由：（1）对于数据收集方面，不同国家在类型、及时性、精确性和驱动因素方面都有所不同；（2）不同国家之间涉及个人对数据收集的意图和获取信息的道德标准方面的态度有所不同；（3）不同国家之间有关生产、储存、运输、分析和时间安排的技术有所不同；（4）语言障碍问题对于收集和分析信息来说都很重要；（5）不同国家独特的表现形式需要我们的注意。试图关注不同国家独特的表现形式时，竞争情报分析家需要考虑到文化方面③。

竞争情报专业人员需要避免文化偏见。然而这有可能出现困难，因为霍夫斯泰德提及到，民族优越感不仅在调查设计和测量方法中普遍存在，而且在数据收集和数据分析中也是普遍存在的。他进一步指出，翻译和回译常常不是一件简单的工作，翻译和回译的质量取决于翻译者的技能。为了克服跨文化调查中的文化偏见问题，霍夫斯泰德建议采用一组双语的并且对内容的文化问题比较熟悉的读者，这样做可以减少费用，而且可能可以像纯粹的回译一样得到好结果，甚至会得到更加好的结果。最后他提出，定量分析（例如因素分析）对我们有用，但是我们需要小心，要保证所有的不同之处都是受到文化而不是其他因素的影响，例如社会地位、性别、年龄等④。

基于之前的由塞宁（Sheinin）⑤ 和辛普金斯（Simpkins）⑥ 主导的研究，我们建议竞争情报专业人员在跨文化观点方面考虑 15 个文化变量（见表

---

① Tian, R. G. (2000). "The implications of Rights to Culture in Trans - national Marketing: An Anthropological Perspective", *High Plains Applied Anthropologist* Vol. 20, No. 2.

② Feiler, G. (1999). "Middle East CI Sources: Problems and Solutions", *Competitive Intelligence Review* Vol. 10 (2).

③ Prescott, J. and Gibbons, P. T. (1993). *Global Competitive Intelligence: An Overview*, Alexandria, VA: Society of Competitive Intelligence Professionals.

④ Hofstede, G. (1980). *Cultures Consequences: International Differences in Work - related Values.* London: Beverly Hills.

⑤ Sheinin C. (1996). "Assessing Global Competition", *Competitive Intelligence Review* Vol. 7 (3).

⑥ Simpkins, R. (1998). "The Global Mind", *Competitive Intelligence Magazine.* V. 1 no 2.

11－1）。在全球背景下竞争情报实践者的目标是进行调查、收集有质量的精确且相关的信息来完成研究分析。如果分析家没有考虑到上述的变量，他们可能会在判断上出现严重错误。我们必须加以小心，因为竞争情报调查员很可能在不注意的情况下将他们自己的文化偏见强加进去、作出基于文化的臆断，或者忽略了相关的实际感知情况。缺乏文化意识的分析很可能会使人误解现实状况和削弱战略决策的有效性。

表 11－1　　我们需要考虑到的文化变量

变量	内　容
行动	文化是以关系为中心的吗？也就是说这文化中人们将压力置于工作的经验上而不是成就上。抑或相比而言它是倾向于任务导向的，也就是说人们将压力放置于达到目标的行动上？
竞争力	人们更多把重点放在比赛的奖励上，还是生活和关系之间利益的协同上？
沟通	人们更喜欢纯粹的一对一交流方式，还是较为含蓄的对话和冲突的避免？沟通交流是正式的，即此时人们将重点放在礼节和社交习惯上，还是非正式的，即此时约束都被摒弃掉了？
环境	他们会觉得他们可以支配环境来使其合乎他们的需要，应该与环境和谐共生，抑或他们觉得他们的世界由命运和机会所控制着？
个人主义	个人比集体更加重要，抑或个体的需要应该服从集体的利益？人们忠诚于自己还是社会？
结构	社会可能会在固定程序和灵活性两者之中进行学习。固定程序与其可预测性和规则联系在一起，而灵活性中人们对难以预测的情形和模糊性的容忍度就比较高。
想法见解	该文化支持以经验和试验为基础的归纳推理，还是基于理论和逻辑的演绎推理？
时间	为保证进度而每次都只集中精力完成一个任务，还是由于关系成为最重要的东西而将工作重点放到多个任务上去？这个规则是明确而固定的，还是松散而无固定的？
权力和权威	权威的主要观点 vs 下属观点。权力使得个体之间的关系疏远。
工会和管理	为实现公司成功而制定的工会管理协作范围。
社会价值观	有关财富和物质获取态度的主要观点和对物质财富的欲望 vs 宗教的满足感，美好的生活或其他非物质性刺激物，我们可以更多在传统社会中找到这些刺激物。
风险观	将有关冒险的观点作为对期望中成功的测量计算方式。
改革和创新	社会中的人们拥抱和适应那些有望提升生产率的改革，还是他们对传统和做事的旧方式保持着基本的信赖。
道德价值观	有关伦理标准和道德观的看法。
性别	男子气概 vs 女性特质的程度。

二、文化实践活动中的一个重要回顾

商业中传统的国际性和多国性的方法很大程度上着重于地理区域和为每一个市场制定清晰明确的营销组合方面。传统的方法利用多个地方相同的营销组合来进行经验曲线效应的测试。相反，全球发展的业务着重产品方面，强调产品的相似性而没有顾及它们业务位于哪个地理区域。然而，这不是忽略了差异性；人们在实施营销项目策划时会将这些差异性考虑进来。举例来说，广告因不同国家的市场而转译成不同的语言，与此同时我们也需要不同的分销策略①。

所有这些商业决策都应该以对跨国视角和跨文化视角差异性的清楚理解为基础。同样，当在国际营销中采用竞争情报计划时，我们需要认真地考虑所有这些差异性。很明显大部分当前的国际竞争情报实践者都忽视了这方面。上面的阐述确实深入分析到，目前所有的国际竞争情报实践活动是无效的。许多出口商一向精通于跨文化的信息获取，例如众多学者关注的卡勒夫公司（Calof）②。这些出口商比那些精细化程度较低的出口商更有可能利用所有的信息来源。他们努力更加深入去理解东道国，通过对文化差异的考虑成功地实施国际营销战略。举例来说，由于文化的敏感性，要想在波斯湾（Persian Gulf）获得成功，大部分美国特许经销商就需要在他们的运营和公司政策中调整自己，并且需要变得较为灵活③。

在国际竞争情报实践活动中，精细化程度较高的出口商也能利用私人的国外联系方式来获得重要的信息和资料。用于收集信息的人类学方法能够在这类型工作中得到很好的应用④。例如，应用人类学家田广曾经作为国际业

---

① Tian, R. G. (2000). "The Implications of Rights to Culture in Trans - national Marketing: An Anthropological Perspective", *High Plains Applied Anthropologist* Vol. 20, No. 2; Tian, R. G. & Emery C. (2002). "Cross - cultural Issues in Internet Marketing", *The Journal of American Academy of Business*, Cambridge, Vol. 1, No. 2.

② Calof, J. (1997). "So You Want to Go International? What Information Do You Need and Where Will You Get It?" *Competitive Intelligence Review* Vol. 8 (4).

③ Martin, Josh (1999). "Franchising in the Middle East", *Management Review*, June, pp. 38 - 42.

④ Tian, R. G. (2004). "Anthropology, CI, and Market Research" *Scip. online*, Issue 52, April 12.

务顾问于一间加拿大企业中工作。为了运用他的人类学技能，他利用他的私人联系方式和关系去搜寻有用的信息，并帮助那家加拿大企业在中国成功地开展项目。我们能把这个看作是一个“社会资本池”，其价值观是灵活可变的并取决于环境形势。商业领域中也有一些其他成功的国际竞争情报实践活动，不过这一节最重要的目的是，在进行国际竞争情报实践活动时发掘出那些机会和了解实施过程。

三、网上信息资源的机会与局限

技术的进步对这个行业产生了一些非常积极的影响。除了改造商业环境外，互联网正在为竞争情报实践者提供益处。互联网不仅使得获取有质量的二手资料和一些基本信息更加容易，同时它也使现存的产品和服务增加了价值，帮助我们跨文化发展商业竞争情报①。互联网也能促进那些能称为“合作情报”的事物的发展。这指的是竞争情报专业人员与同事一起合作来补充企业的情报资本的过程，这过程通过帮助进行设计和发布“知识库”来实现。同时，这也是一个发现和开发用于克服信息分享和协作中困难障碍的有效途径。合作情报项目的另一个功能是，向高级行政管理者传授有关互联网的知识和创作“学习模块”来帮助其他员工学习信息搜集技能②。

确定资料来源质量有困难这一问题与互联网有关，尤其当我们跨文化才能获得这些资料来源时。批评的声音涉及那些与引用和分类的标准有关的方面，人们将出版物通过科目、日期和来源等类别进行分类。这些实践活动中没有一个可以在互联网上较好地建立起来，或者进行实施。另一个问题是，在互联网上超过90%的信息都是英文，不过这个正处于改变中③。目前，许

---

① Emery, C. and Tian, R. (2003). “The Effect of Cultural Differences on the Effectiveness of Advertising Appeals: A Comparison between China and the U. S. ”, *Journal of Transformation in Business and Economics*, Vol. 2. No. 1 (3), pp. 48 - 59; Tian, R. G. & Emery C. (2002). “Cross - cultural Issues in Internet Marketing”, *The Journal of American Academy of Business*, *Cambridge*”, Vol. 1, No. 2; Graef, J. (1997). “Using the Internet for Competitive Intelligence: A Survey Report”, *Competitive Intelligence Review* Vol. 8 (4).

② Calof, J. (1997). “So You Want to Go International? What Information Do You Need and Where Will You Get It?” *Competitive Intelligence Review* Vol. 8 (4).

③ Tian, R. G. & Emery C. (2002). “Cross - cultural Issues in Internet Marketing”, *The Journal of American Academy of Business*, Cambridge, Vol. 1, No. 2.

多语言在互联网上都没有得到相关技术的支持；这一局限性使得我们获取有关国外竞争对手的特定信息变得非常困难。

因此，我们可能需要其他信息渠道的帮助。传统的图书馆、书籍、日报和期刊都很有用。适应特定行业和区域需求的商业期刊尤其有用。当地报纸和国际报纸也提供了相关和详细的信息。相关的事实也能够从企业组织自己的销售队伍、顾客、贸易展览和分销商那里进行收集。

一旦竞争情报单位收集、评估和分析了那些原始的数据，他们需要将那些信息传达给决策制定者。然而，在众多案例中，复杂的研究也需要基本的信息，这可能包括调查问卷、访问和观察。在实际中，从廉价的二手资料来源中获得数据后，企业就上升到一个较为有利的位置进行实地研究，来获取真实详尽的资料。获得二手信息和详细的基本数据后，通常企业能够解决他们面临的问题。我们需要记住，需要用来支持决策制定的信息大概90%都能够通过竞争情报获得。

四、开展跨文化竞争情报项目计划的过程

竞争情报项目计划能够帮助企业组织在今天的全球经济中胜出。项目计划应该反映出企业的需要，使信息过程变得更加容易，还有帮助管理者进行战略决策制定。跨文化竞争情报项目计划的结构和范围取决于个别企业和他们的需要。基于之前的调查（罗伯森 1989）和我们自己的经历，我们建议建立一个正式的跨文化国际竞争情报项目时，企业需要遵照下面这个包括八个阶段的流程（表 11－2）。

表 11－2　　跨文化竞争情报项目计划的八阶段过程

步　骤	主要的问题
第一阶段：定义需求	意识到本国和潜在东道国之间的文化、社会和经济方面的不同。
第二阶段：辨别主要竞争对手	分析该企业所在行业在世界中的特征，然后辨别出最先的几个主要竞争对手，还有在强调文化问题时将那些竞争对手在行业中进行定位。
第三阶段：评估资源	确定那些存在于内部的现有信息。确保完成对内部资料的评估应该优先于对外部资料的收集和分析工作。
第四阶段：任命领导人	挑选那些热心于跨文化差异性的、能流利地讲多个语言的、能够听取内容而摆脱文化背景约束的人。

续表

步　骤	主要的问题
第五阶段：制定竞争情报项目	定义该项目计划的目标和为其制定预算。将直接目标和间接目标分离开来很重要。
第六阶段：国际竞争情报构造	对于员工来说，这团队有考虑到文化背景的差异。 为跨文化竞争情报项目创建一个共通的语言和道德伦理框架。
第七阶段：收集和分析数据	在国外的那些行业中尽可能学习其中细微的东西；大脑应保持意识，因为文化的挑战会在任何时间里出现，所以我们应该在文化上提高敏感度。
第八阶段：展示调查研究结果	使最后的展示一直只由决策制定者获取和利用；如果没能做到这样，则很可能会导致知识产权方面的巨大损失。

第一阶段 定义需求。在这一阶段，协调人员必须对本国和潜在东道国之间文化、社会和经济方面的差异产生思想上的意识。较早之前陈述的七个基本问题为那些需要解决的问题提供了一个良好的指导方针，因此我们建议进行调查/分析领域的研究。有人建议说，当评估新市场和竞争对手的优势和劣势时，目标国和本国文化之间的规章制度方面和立法方面的差异，还有影响竞争市场的相关变化，都是需要我们考虑到的重要部分。情景化内容、时间优先、敏感度和多任务处理技能可以深化我们分析的内容和情报的有效性①。

第二阶段 辨别主要竞争对手。一个关键的事情是我们要辨别出竞争对手或潜在的竞争者。这样做可以起到防守和进攻的效用。进攻方面来说，企业可能会想寻找可利用的薄弱环节来进攻对手。防守方面来说，企业可能会想通过选择可以避免直接竞争的利基市场策略来防备对手。许多竞争情报分析家都会在定期和持续的基础上对竞争情况进行审视。

第三阶段 评估资源。公司需要明确周围存在着什么可以利用的私有信息。人们证实对知识、专家意见、外籍员工和现场材料的评估在差距分析中是有益的。移居国外而从该国回来的人能够提供有关竞争情报有价值的资料。这一阶段中人们建议战略应该包含对专家的访问，这些专家对我们关心的问题比较熟悉，而且已经在谈论问题中的国家住过、工作过或进行过研究，他们能够为我们提供有关跨文化价值观方面的重要资料。完成对内部资

① Robertson, M. (1998). "Seven Steps to Global CI", *Competitive Intelligence Review* Vol. 1 (2).

料的评估应该优先于对外部资料的收集和分析工作。

第四阶段 任命领导人。对于这种类型的工作，一个能够欣赏文化差异，能够熟练地运用多种语言，并且能够摆脱个人成见、善于倾听的人将会是一个好的候选者。另外，竞争情报分析也需要建立一个有关专业人员的国际沟通网络。这样的情况下，我们就能较容易获取一些基本信息。通过分析这些数据，竞争情报分析员们有责任让组织持续获知他们所处行业的变化及竞争对手的发展动态。普莱斯考特（Prescott）和吉本斯（Gibbons）建议创建一种项目导向型方法，实施这种方法意味着我们会将利益关系不同的管理者所支持的人集中到一个临时组建的部门中①。

第五阶段 制订竞争情报计划。在确定目标时，我们需要强调任务和预算这两个维度。对于竞争情报计划，我们应该从一个间接的、抽象的总目标中抽离出一个直接的、具体的目标，并且应该把握任务的总体性并且区分任务的不同种类。根据罗伯森（Robertson）的说法，有时候预算能够控制那些需要被派往海外的外派人数。除了日常的行政支出以外，以下的因素也需要考虑：购买新的物资（书本、地图、期刊等）费用；雇佣那些负责信息搜集、分析、翻译的人员以及一些信息搜集过程中一些负责其他工作的全职或兼职人员；可能需要对人员进行专门的有关文化、贸易或国际商业等问题的培训；商业会议；任何为了搜集资料所需要支付的实地访问的费用②。

第六阶段 国际竞争情报构造。在这个阶段，需要对项目的员工需求进行分析。如果人力资源有限，那竞争情报分析可能需要单枪匹马的工作了。罗伯森建议如果竞争情报团队有能力为了国际性的情报任务而雇佣专门的人员，那么那些有当地背景和生活经历的本土化人才是更好的，但是培训和国际化导向才是主要目标③。同时，为竞争情报开发出一种通用语言是十分重要的。一个信息搜集的理论框架包括：行为规范、与竞争情报主题相关的技能培训工作，还有一种关于竞争情报如何与公司使命相契合的设想④。道德和专业行为规范必须是适当的而且能够被使用在不同的文化和国家中。

---

① Prescott, J. and Gibbons, P. T. (1993). *Global Competitive Intelligence: An Overview*, Alexandria, VA: Society of Competitive Intelligence Professionals.

② Robertson, M. (1998). "Seven Steps to Global CI", *Competitive Intelligence Review* Vol. 1 (2).

③ Robertson, M. (1998). "Seven Steps to Global CI", *Competitive Intelligence Review* Vol. 1 (2).

④ Prescott, J. and Gibbons, P. T. (1993). *Global Competitive Intelligence: An Overview*, Alexandria, VA: Society of Competitive Intelligence Professionals.

第七阶段 搜集和分析数据。在前往国外进行调查之前，调查者有各种各样的原始资料需要搜集并学习。例如，尽可能多地了解行业在其他国家的发展详情。准备那些进行采访时能够相互交流的信息，能帮助分析人员获得真相。竞争情报分析需要进一步地明确调查之旅的特殊需求和目标。当处于调查现场时，竞争情报分析员需要谨记文化差异带来的挑战，并且需要对文化差异十分敏感。为了搜集有关的和有价值的材料，针对社会、文化、政治因素对市场表现的影响，以及对于财政、经济因素的传统依赖，调查人员需要精通这些方面的知识。缺乏对于社会、政治动态发展的理解会导致时间、资源及金钱的浪费①。

第八阶段 展示调查结果。解读、分析还有转换信息，最后剩下的一步就是散布或者传播情报。竞争情报计划需要被设计用来传递精准的、完整的可靠分析给那些能够有效运用情报的人。它需要被用来帮助制定具有时效性并且有效的竞争决策。情报展示的形式可能会有所不同，但是展示的基本内容基本上要一致。根据管理者的偏好，采用何种形式来最好地呈现调查发现的结果以及建议还是取决于竞争情报分析专业人员。对于全体的竞争情报分析专业人员来说，需要注意的一点是最终的结果展示只能对于决策制定者来说是有用并且易得的。如果做不到这一点，将会导致情报有效性的巨大损失。我们同样建议竞争情报分析专业人员不要高估管理者的文化敏感意识，所以要给予他们适当的有关于跨文化方面的教育。

简而言之，在如今经济全球化的大环境下，知识还有资讯都应该被分析并且被转换成有用的情报。对于任何公司来说，从一个跨文化的角度去了解竞争对手以及它们的产品、分销渠道还有营销策略都是十分重要的。在一些案例中，一些公司生产的是类似的产品并且在同样的市场中短兵相接，这一点就更加重要了。竞争情报计划通常能够有效地用来弥补公司对于国际市场研究的不足。

竞争情报，无论是国内的还是国际的，都是相对比较新潮的。在如今竞争白热化的全球商业环境中，单靠竞争情报是不能确保成功的。然而，如果一个公司实行竞争情报计划，那么那种因跨文化所造成的盲点是可以被避免的。

---

① Werther, G. (1998). "Doing Business in the New World Disorder: The Problem with 'Precision'", *Competitive Intelligence Magazine*. V. 1 no 2 July - September.

第四节 竞争情报、知识管理与人类学

某种程度上来说，竞争情报的焦点转向公司内部是为了优化公司内部的情报。同样，无论那些现存的和潜在的竞争者是谁，竞争情报也应该对外关注他们。竞争情报搜集信息并监控发展趋势，同时它也发展出一些战略方法，针对那些趋势进行传统思维突破式的思考与分析。正如希拉里·麦克莱伦所说，如果竞争情报是关于竞争情况和情报的，那么接下来竞争情报人员必须做的就是运用情报来提高公司的竞争地位。那些用来提升竞争地位的情报不仅要关注某个竞争对手的情报，而且它也要开始于对公司内部的关注。

因此，竞争情报是从系统性地管理和发展公司内部知识开始的。知识越来越多地被认为是一种关键的组织资产，为了竞争的需要，它会被调节并开发。同样的，在当今的产业世界以及信息研究世界，知识管理也变成了最火的话题之一①。数据只不过是记录实际发生的情况，它仅仅是日后可用的且具有可执行性的信息的原材料而已。这也就是为什么知识管理是必不可少的原因了。不幸的是，对于什么是知识管理没有一个公认的定义，正如关于在最开始的时候是什么使得知识的形成，也没有一个定论。我们采用以下的知识管理定义，是因为它与本书的目的一致，而且语言简洁且又具有宽广的内涵。

一个知识管理系统将一个公司的智力资产组织起来。这些智力资产包含已记录的信息、合作经验、第三方信息还有存在于员工中的隐性知识。知识管理是最新形成的跨领域的商业工具，它是用来管理公司上下的各方面知识，包括知识的构建、整理、分享、保护以及如何运用这些行为来提高学习及创新能力。知识创造的关键部分是一个合理的信息结构设计。这个设计包含了网络技术开发、图书馆管理学、文化人类学还有文献理论②。

---

① McLellan, Hilary (2001). "Introduction to Competitive Intelligence", retrieved in July, 2009 from http: //www. saratogamedia. net/CI 2004/CI ntel1. htm.

② Toczydlowski, Betty (2005). "Knowledge, Skills, and Abilities of Domestic and International Competitive Intelligence Practitioners". In Blenkhorn, David and Craig S. Fleisher (Eds.) *Competitive Inteeligence and Global Business.* Greenwood Publishing Group.

许多大公司和非营利性组织都有专门的资源来致力于内部的知识管理系统构建，而且通常把知识管理作为自身的商业战略、信息技术或人力资源管理部门的一部分①。近日来，随着计算机应用的普及，特殊的工具例如知识库、专家系统、知识储存库、群体决策支持系统以及企业内部网，还有计算机支持的协同工作都被引进来用以增强知识管理。

在实践过程中，知识管理包含了技术工具和组织惯例的重叠部分。知识管理可以帮助个人或团队分享有价值的组织观点、减少多余的工作、避免白费力气地做些重复的事情、减少新员工的培训时间、在员工流动的过程中保留组织的知识资本以及帮助组织更好地适应环境和市场的变化②。如果有了人类学家的帮助，就能取得更好的效果。

对于知识管理来说，人类学具有什么或者能够做什么事情是有利的呢？国际工作坊的创会理事、应用人类学家帕特里夏·柏克（Patricia Burke）通过她长时间的实践为知识管理建立了一个人类学模型。柏克指出，人类学家对于那些拥有不同背景的人是如何构建知识的以及他们如何对知识进行管理是十分有兴趣的。她建议在组织环境中去理解知识管理能够使得人类学与其他许多学科结合起来，包括心理学、社会学、商业理论以及信息模型。这种整合能够使我们更好地理解知识管理并且能够促使新形式的组织知识出现。人类学方法与知识管理有许多的相关点，例如适当的文化概念、种族、全球化、快速变化问题、差异性与相似性问题还有组织是如何构建的解构问题③。

正如我们在前面章节讨论的那样，人类学区别于其他学科的一个主要的判别方法在于参与观察。参与观察是指人类学家花费长期的时间用于实地调查，这是为了在研究中获取关于当地社会的深层次的理解。人类学能够为知识管理的实施起到重要的促进作用，是因为它的折中性以及实践经验性能帮

---

① Addicott, Rachael; Gerry McGivern & Ewan Ferlie (2006). "Networks, Organizational Learning and Knowledge Management: NHS Cancer Networks", *Public Money & Management* 26 (2): pp. 87 – 94, avilable at SSRN: <http://papers.ssrn.com/so13/papers.cfm?abstract_id=889992>

② McAdam, Rodney & Sandra McCreedy (2000). "A Critique Of Knowledge Management: Using A Social Constructionist Model", New Technology, Work and Employment 15 (2), Available at SSRN: <http://papers.ssrn.com/sol3/papers.cfm?abstract_id=239247>; Thompson, Mark P. A. & Geoff Walsham (2004), "Placing Knowledge Management in Context", *Journal of Management Studies* 41 (5): pp. 725 – 747, available at SSRN: <http://papers.ssrn.com/sol3/papers.cfm?abstract_id=559300>

③ Burke, Patricia (1998). "Anthropological Approach", *Inside Knowledge*, Vol. 2, Issue 1.

助理解不同制度及不同社会现象中的变化进程中起到推动作用①。根据柏克的说法，观察员工对于每天的工作任务的表现情况是一种重要的发掘隐性知识的方法，并且也是人类学促进知识管理实施的方法之一。柏克曾经讨论了许多运用于知识管理中的人类学方法的关键要点，这些在后面的讨论中被我们称为"柏克模型"。柏克认为，模型的使用是一种能够加速对商业环境分析及确认关键的知识资本的技术。该模型提供了一系列的蓝图，这些蓝图涵盖了特殊环境中80%的公司需要。她认为，模型的形成是来源对许多相似场景的观察，并将观察结果转换成一个能包含许多关键变量及普遍决策规则的模板②。

一、参与式观察

知识管理面临的一个困境在于一个组织中的知识大部分都是与个人有关的信息和事件。同样地，商业程序、规则、决策，还有沟通的应用与实行很大程度上都依赖于个人知识的可用性，个人知识存在于个人的头脑中，混合了个人经验、表现、态度还有能力。这样的个人知识可能不会被存储在任何的数据库、知识库或者任何形式的公司资产之中。如果某些重要的人离开了组织，那么他们的个人知识也将随之离开。

有些重要的问题需要知识管理的专业人员来解答：组织如何获取那些属于个人的知识、对其进行评估并有效地运用它？怎么样激励员工使之成为知识管理的一部分？有可能将隐性的知识转换成显性的形式么？即使个人准备将他们的知识转化成具体的形式，那该用什么样的标准来判定这些知识是否对组织有益呢？这些知识又该怎样展示呢？这些明确的有关于判断和解释的问题，都是知识管理专业人员应该谨慎思考的课题。

参与观察为解答以上问题提供了一个有用并高效的起点。柏克认为，简单地来说，员工个人履行日常的任务、进行日常工作还有决策制定的过程都是能够被看见的。观察是为了将某件事详细地记录下来，并且最终的目的是

---

① See Gwynne, M. (2003). *Applied Anthropology: A Career – Oriented Approach*. Boston: Allyn & Bacon. Chapter 9 for more information on knowledge management.

② Burke, Patricia (1998). "Anthropological Approach", *Inside Knowledge*, Vol. 2, Issue 1. We termed her discussion on anthropological applications in knowledge management as Burke model and sincerely accredit the discussion hereafter to Patricia Burke's work on this topic.

将那些被观察到的活动重建类别并且构建起一个框架。如我们在第五章讨论的那样，这样详细的观察引发了许多道德还有实践问题。例如，如何观察才能避免过度地影响被调查者。最终的结果是一个创造性的重组工作。这一点已经通过在实地环境中应用其他的调查方法，检查调查的前提以及通过向被调查者解释得到了验证。

二、理念和价值

对于柏克而言，理念和价值是将一个组织团结成一个完整实体的粘合剂。对于企业文化还有理念和价值能够通过许多不同的方式被影响从而产生所期望的改变的想法来说，这个观点是首要的前提。根据这个观点，文化主要是一种意识形态的构建，并且是开放的。文化概念保留了自身的首要意义，那就是在组织环境中，文化能够被转换成一种占主导地位的单一的驱动文化，这能够在公司合并还有收购中弥合地区差异。认为文化能够滋生行为模式的观点促使了行为主要是社会文化调节的产物的假定出现，并因此认为行为方式模型成果能够被用来影响行为。

三、隐性知识

柏克指出尽管许多的组织运用涵盖了多年，与顾客交易历史中积累了大型数据库的许多详细信息，但大部分的组织知识都是隐性的，并且不能够被储存在较为传统的信息库中。关于这方面的思考有许多的问题：隐性知识是否能够并且是否应该被更多显性地展现出来？是否能够获取个人知识并且将其转换成公司的智力资产？正如柏克所强调的那样，针对这方思考的一些关键问题包括这其中所涉及的成本问题。成本问题涉及将知识商品化的工作所耗费的金钱与因此获得的益处比较，还有建立那些将个人知识转换成可靠事实的个人的奖励或补偿制度。例如，一个个人知识市场可能会导致将有用知识与虚假信息剥离之需要的产生。

柏克进一步认为，传统的数据处理过程是一个将现有数据重组成新的结构的庞大过程。相比之下，将隐性知识显性化并用于反思和对话的行动很难被编入日常繁忙的工作流程的日程表中去，因而通常需要耗费更多的经历和时间。因此，将隐性知识外化的过程的成功，部分取决于选取适当的展现方式。

一个先进的英国金融机构最近的研究证明了用一种基于模型的形式将获取的知识展现出来要比用文件的形式展现同样的信息要灵活得多。这个模型还常被用来描述潜在的内部逻辑、那些特定信息之所以有价值的原因以及上下文中的知识所涵盖的信息。柏克认为，通过一个社会化的过程将隐性知识从一个人传递给另一个人将会比直接传递更为有益。在这样的情况下，组织成了个人和群体间知识传递的完成者。一个适当的组织文化和群体关系能够创造一种环境，在那种环境之下知识、新方法以及创造力将会成为商业优势形成的关键驱动因素。

四、分类系统

柏克认为，人类学的另外一个优势在于能够持续推动知识分类，以解决或重组识别系统中的内部隐性逻辑问题。人类学的工具在这个过程中为其提供了一个有益的起点。因为人类学工具能够提供一种通用的分类以及一系列涵盖了基于常见的管理学理论和实践而形成的关于组织结构、战略和能力等领域的定义。

五、冲突

对柏克来说，一种用于知识管理的人类学方法同样是有用的，这是因为人类学方法与组织的政治本质的共鸣性。就任何情况下的知识生产而言，思考以下的这些问题通常来说都是很有帮助的，例如：什么样的知识是有趣的、有用的以及适当的？在调查、实验、传播还有接收的过程中存在怎样的限制？怎么样才能使得主题还有论述变得权威化、概念化、规范化且有监督的并具有颠覆性？无疑的，这些问题并不是只与组织相关，现在同样也会出现在网络上及那些意图为知识管理制定标准规范的知识管理会议上的辩论中。在一定程度上，知识管理本身也会涉及一个消除差异的过程，因而变成一种解决冲突的形式。

六、管理知识空间

随着许多强大的组织或商业理论的成功，知识管理如果想要取得成功，需要仔细的思考和详细的计划。柏克指出有一种能够帮助组织去探索知识管理中许多重要领域的改变的模型就是知识空间管理。根据柏克的说法，这个模型由四个焦点模块组成，分别是个人知识、智力资产、可持续的优势以及允许操作的工作空间。这些领域的每一个都需要被探索，从而理解知识管理对于一个商业组织来说的潜在价值。另外，这四个焦点领域之间的界限代表了整合知识管理各种形式的一系列过程。

1. 个人知识。了解在组织中哪种个人知识存在并且被使用，这一点十分重要。一些关键的问题应该被考虑：当个人在决策制定以及完成工作任务时，他们使用了哪种类型的个人知识？他们是怎么获取这种知识的？他们有将个人知识从外部带到组织内部么？他们从工作中或从同事身上获取了什么样的知识呢？有一些额外的知识能够帮助个人或团队取得更好的表现么？如果一旦这种知识的获取中断了或不再存在了，那么会发生什么呢？

2. 智力资产。一个商业组织去探索自己拥有或应该拥有的智力资产，这是十分重要的。需要回答一下几个关键的问题：什么类型的智力资产早已经存在于组织中？在未来的时间里，什么样的智力资产可以被创造、发展或管理呢？这样的资产应该归属于谁呢？怎样对它们进行保护？怎样使得这样的智力资产对于组织里的人员来说都是可利用的？

3. 可持续的优势。探索如何怎样将个人知识和智力资产转变成组织的可持续的优势，这一点也同样重要。有几个最重要的问题应该回答：组织现有什么形式的优势？它理想中的形式应该是什么样的？个人知识如何能够促进可持续的优势的形成？怎样能够使得个人知识还有智力资产的使用更加有效？怎样去使用个人知识和智力资产，使得其不可能被竞争对手所模仿？

4. 允许操作的工作空间。任何知识管理计划的决定因素都在于组织是否具有一种支持知识管理发展、使用以及有效地应用知识的企业文化。换句话说，就是工作空间是否能够允许知识管理的操作？这方面的几个关键问题包括：是否有足够的时间能够用于知识的学习和保护？在组织内部知识如何传播扩散？每个人都需要去运用相同的知识和信息么？谁拥有知识？谁管理知识？什么样的角色和技巧是重要的？什么样的奖励制度是适当的？

5. 链接过程。战略过程是组成知识空间的四部分之间的链接环节。这些过程为更多的结构化元素增加了动态方面。他们包括了知识保存过程、信息管理过程、所有权以及治理过程、创新过程以及个人发展过程。这些过程不像一个制作过程或者一种产业经济的简单定义那样灵活。任何试图用一种传统的方式去管理、控制或者定义这些过程的举动都能够运用一些额外的技巧来弥补自身不足，这些额外的技巧包括一些即兴创作、他人的支持性创新行为以及在分析和解释方面的创造性。

前文中提到的柏克的知识管理的人类学方法验证了这个过程和一些人类学知识、技巧和方法在知识管理中应用的一些关键问题。柏克的模型为我们提供了针对人类学的知识管理所需的所有的理论和方法，我们接下来需要做的就是从人类学的角度，在从事知识管理实践的过程中运用其模型。当然，柏克的模型也并没有包含所有的知识管理中的人类学的观点，必然还有一些新的东西需要我们去探索。在我们看来，通过所有工商人类学家在知识管理实践中所付出的努力，柏克的模型仍然在继续发展。

本章小结

在当今的商业社会，竞争情报和知识管理是发展速度最快的两个领域。情报能够被用来发现供应商、调动资本、赢取消费者和击败竞争对手。那些拥有一种有意识的、系统化的获取情报的方法的经营者能够在争取成功的竞争之中占据有利的位置。例如，那些公司的高层领导者在制定决策的时候应该根据更多可靠和有价值的竞争情报。竞争情报分析员应当开拓自身搜集、储存以及分析情报的方法，以此来满足高层领导的决策需要。因为自身所接受的独特训练和拥有的技巧，工商人类学家通常能够胜任竞争情报分析员的职位。

随着竞争情报的发展，对于有形资源和知识资源之间各种联系的更好的、彻底的理解变得十分的重要。因此，知识管理领域应该得到商业领导者更多的关注。知识管理涉及在一个组织中最有效地运用内部和外部的知识创建一个评估组织无形资产的过程。知识管理人员已经运用社会网络分析技术来定位组织中的知识流和探测知识缺口。社会网络分析源自于人类学和社会学科，但在组织内部为了补足竞争情报方法，它能够提供很好的协助用来定位知识流。

案例一 人类学家的知识管理方法[①]

我从来没有想过自己会成为一名知识管理人员，并且以此为生。直到我本科毕业，这个专业才出现。当我读研究生的时候，开始学习知识管理。在一段时间里，我很难去相信组织需要一名知识管理人员去促进和编纂那些被我认为是优秀的传统常识。然而，在几年前在我接受了一个电脑科技公司的知识管理人员职位之后，我也跟随了知识管理的潮流。但是直到现在，作为一名为美国海军服务的内勤知识管理人员，我都不能说我所服务的每一个人在他们逐渐了解知识管理的目的的过程都对知识管理十分信服。对于一名知识管理人员来说，理解是一个巨大的挑战。但是我们能够通过将更多人类学的方法运用到我们的工作中来克服这个挑战。

无论你服务于什么类型的组织，任何一个从事知识管理的全职工作人员都应该意识到这样的称号和责任都将你与组织其他人区分开来了（但你作为一名承包商或者咨询顾问时，情况更是如此）。不管你之前和组织的过往联系是怎么样，作为一名知识管理人员将会改变外界看待你的方式。在许多方面，你都是一个外人，他们才是一个国人。尽管你可能能从传统的观察和调查中获取一些见解，但是这些都还不足以使得你推动组织的进步。在我看来，通过一种建立信任的方法处理自己的工作和引导自己是十分必要的，信任的建立可以靠关系构建来完成。这样做是为了搜集数据，这些数据能够使得你的观察更具价值从而提高最佳的可能的解决办法。

我假设大部分在法律事务所工作的知识管理人员都从来没有做过律师，就例如我从来没有身穿制服为美国海军服务过。仔细思考其中的差

① *Hatch, Jamie* (2009). "Opinion: An anthropologist's approach to knowledge management". *Inside Knowledge*, Vol. 3, Issue 4.

异，我回想起了曾经从一部民族志电影中学到的一些东西，那部电影是我的一位大学教授拿破仑·查冈（Napoleon Chagnon）拍摄的。他曾经长时间的在南美的雅诺马人部落中工作。不管研究者以及他主要工作的有争议的本质，我从查冈身上学到的是一个人对于文化的理解，以及一种将自己融入当地的文化中却又始终保持一个局外人的身份的技能对于人类学家来说是最关键的，因为如果一个人类学家想要获取有价值的真相就必须发展这种技能。像我们一样试图去学习在我们的组织中知识是如何流动的，以及如何分享并推荐我们的发现，从事这样的活动知识管理人员无疑能从中获益。

作为一名知识管理人员，你很可能曾经有被人问过（疑问甚至是质疑的语气）：那么，你究竟做了什么呢？有的时候，你会被要求来简单地定义下知识管理。比起对那些问题有个清晰的回答更为重要的是用一种对你的受众来说有意义的方式来清楚地叙述这些回答。就例如一个好的律师在面对那些对法律术语并不熟悉的受众都会避免用一些专业的法律术语。我们作为知识管理人员应该通过制定和规范需要运用组织语言表达的内容，从而来提高沟通的效率并在企业内部形成一种积极的影响。例如，在美国海军中，当我们知识管理的团队在询问那些服务军用还有民用的那些被我们成为“参战人员”的所有工作人员时，我们想讨论的是知识流动的无效性，却在实际中常常谈起的烟囱模式影响决策过程。在平常的观察来看，这一点似乎看起来微不足道，毕竟从本质上来说，我们只是运用不同的语言来谈论同一件事物。但是如果能够将我们习以为常的语言翻译成“参战人员”的话，那么我们所想要传递的信息就能够被更好地接受和理解。

不管可能被误解的挑战（尽管有的组织能够很顺利平稳地克服这一点），作为一名知识管理人员还是拥有很与众不同的特权。你被授予成为一个社区中的一分子的机会，并且同时能够被允许站在一个较高的角度去观察和评估它。你能够影响那些最高层的决策制定者，同时能够影响在每一个层次工作的个人和社区。通过理解组织文化和在组织中工作，我们能够将一种谨慎的一致的方法带入我们的工作中。我们有机会大大的改善行为还有产品的质量，并且最终改善那些我们所服务的人们的生活质量。

案例二　中国企业社会责任与农民工“逆流动”研究[①]

随着市场化的改革不断深化，我国经济全面融入全球化经济的进程，同时，企业社会责任运动也全面兴起。如何使企业在创造巨大物质财富的同时，自觉担当起应当承担的社会责任（包括对员工、对消费者、对社区和环境的社会责任，遵守商业道德、保障生产安全、职业健康、保护劳动者的合法权益以及保护环境、节约资源、支持慈善事业、捐助社会公益、保护弱势群体等等），以推动企业、社会、与人的和谐共存与健康发展，已成为我国企业界和学术界所面临的新课题。近年来，企业中大量的一线职工为外来农民工。

以笔者任职的某公司为例，在东莞同时存在两个工厂，产品加工完全相同，但由于前者（称为A厂）系为ADIDAS/NIKE/Puma等国际知名客户生产运动鞋、背包等产品，而B厂则主要为国内用户生产。由此，A厂要按客户要求严格执行CSR，结果反而出现了不导入企业社会责任的B厂对农民工更有吸引力。

一、A厂与B厂，不同生产背景下产生的两兄

笔者观察的A厂与B厂同处于东莞某工业区中，论起来，他们都是QL公司的下属工厂。QL公司总部位于中国台湾，以大陆为生产基地，主要为国际知名品牌如ADIDAS/NIKE/Puma等作代工。但也有一部分加工厂面向的对象是国内消费者，如笔者所言的B厂。

二、A厂与B厂针对农民工的企业社会责任状况观察

1. A厂与B厂相比，工资与福利相差不大。在A厂，工时执行的是ADIDAS/NIKE/Puma标准工作时间（A厂主要生产ADIDAS/NIKE产品），每周工时为60个小时，其中包含加班20个小时，周一至周五每天不超过11个小时，周六5个小时上班；而B厂的工作时间则为每天至少12个小

① 节选自陈裕棋：《中国企业社会责任与农民工“逆流动”研究》，载田广、周大鸣主编：《工商人类学》，宁夏人民出版社2012年版。

时，周日则是看有无紧迫订单而定是否休息。A厂还规定如果一个人每天在厂里工作超出4个小时，可以免费在厂里吃一顿午饭，如果一个人每天在厂里工作超出8个小时，也可以在厂里免费吃一顿晚饭，员工每天早晨都是吃完早餐去厂里上班的，午餐和晚餐一般是米饭加一荤一素两个菜，如果遇到哪天没有米饭，厂里就发两袋"康师傅"或"统一"方便面代替，员工普遍对厂里的饭菜还是满意的，感觉比在农村老家吃的好多了，有的员工说在家乡很少吃菜，肉更是过节时才会买，对于厂里每顿都有肉和蔬菜，员工很满足。

B厂虽然也有最低工资，但工资核算完全实行计件制，根据生产或包装产品的数量来计算每个人的工资。按照作业标准和时间定额，规定不同的工资率，对完成和超额完成工作定额的工人，以较高的工资率计件支付工资；对完不成定额的工人，则按市最低的工资水平支付工资。

2. A厂居住条件略好于B厂。从我们的调查来看，A厂与B厂现在绝大多数的农民工住的集体宿舍，都与他们的工作场所在同一个大院里，与外界有高大的围墙所隔，而且还有保安监管。无论上班还是生活时间，都不得随便外出，都要获得专门人员的许可方可离开工厂。由此可见，这样的宿舍制度，使得工厂成为一个农民工应该尽量脱离外边的世界，而由里至外划出一条清晰的空间与道德的分界线的权力场域。这样，实际上，工厂就成为一个受规训的农民工的小社区。

"住宿跟学生一样的，基本上4个人一个房间。有的差点的，8个人一个房间。当然，这是工厂安排的，也可以自己出去住。还有自己出去住的，因为他们那个厂和镇是结合在一起的。"（A厂程艳，因涉及个人隐私，文中所提到的农民工姓名皆为化名，以下同，不再特别说明。）

"我们公司的大部分工人都住我们的集体宿舍，整个公司是一个大院，有保安，上班时间是不能随便出去的。"（A厂李东）

从以上可知，A厂在集体住宿上与B厂差别几乎不存在，但A厂与B厂相比，还为已经结婚的农民工在外面租房住，B厂农民工则只能自己租房且不提供补助。如A厂赵蕊由于已经结婚了，所以没有在公司集体宿舍住，而是住在工厂为其租的厂外平房，面积大约10平方米，有一个简单的厨房，没有卫生间，厕所在户外与他人共享，每月租金在450元左右，由于赵的爱人不在本厂，所以要付一半房租，如果夫妻双方都在本厂工作，那么就由公司负责全部房租。

3. 人身权利：A厂远强于B厂。作为一个企业社会责任完备的企业，在A厂，虽然农民工由于社会环境以及其他原因，不免受到一些不公平待遇，但至少在制度与日常工作中，农民工的人身权利得到了切实的保障，这也是很多农民工愿意留在这里的原因，因为他们觉得至少人格尊严受到了尊重。

“我那车间上有监工，就是不干活专门监管的，是与主管一起来的，会厌恶我们做得慢、做得不好。训人，但基本不会骂人，骂人的往往是两人间关系反而不错的，而且骂得也不凶。不会搜身。”（A厂程艳）

从我们所调查的这些结果来看，在A厂，农民工仍然会受到许多来自于企业、主管的身体限制与规训，而他们大多数人觉得这是正常现象，没有觉得是人格尊严受到了侵犯，毕竟农民工不像一些刚大学毕业的学生心理比较敏感，而且在A厂城镇职工在这一点上并没有与农民工有什么区别。而随着A厂农民工权益的增加，更多的农民工也会运用法律手段以及其他手段来保护自己的人格与尊严。

“主管会因为工人不服从领导安排而训工人，一些工人故意搞丢东西。犯了很大错误，会训得很厉害，工人也会顶撞反抗。骂人的还是有的。不过都带着方言的，真真假假的。在前天，管工的就用广州话骂了一个干活不得力的几句。反正我们装听不懂就行了。搜身有啊！这是很正常的。我们公司不叫搜身，我们有专门检查的仪器，有电子门，扫描仪器，如果身上装了电子类的东西就会响。我们公司发生过几次员工偷拿物料的事情了。完后，人就消失了。第一天偷的，第二天就不见人了。有个新员工，进公司不到一个月，偷了许多贵重物料，公司就报案，抓到他们。”（A厂李兵）

在B厂，农民工的人身权利遭到一定程度的侵犯，主要表现在以下方面：

首先，在B厂，常常发生借口内部管理而侵犯农民工的人身自由权利的事。较为常见的就是扣留居民身份证，或是在进厂前交纳一定数额的“保证金”，或是在年底滞留一部分工资作为下一年必须报到的“保留金”。他们上班时，连喝水、上厕所都受到严格控制。

其次，人格尊严遭受侵害。农民工的人格尊严经常受到侵犯，主管任意打骂、处罚农民工，污辱农民工人格等事件时有发生。

“我们出去时都要询问去哪，还搜身（厂里上有布、皮等各种材料啊，怕我们拿）。保安看谁不顺眼就搜身，还打工人，但没听说过打死人的事儿。去年我那工地上就有一保安打伤了一名工人。这保安只被扣了3个月就出来了。大老板还给他发奖金，说他立了功，工资从2500元涨到4000元。好像是因为天气太热了，这个工人想通上电吹电扇，保安不许就吵了起来，然后那保安就把全部的十来个保安都喊来，把这人就这样打进了医院。最后，给那个人赔了点钱，就这样了。我们打工的没什么，打不死就算了。我们干活都不会迟到，要是跟人打架就要罚款，很少因为这个受体罚。你根本没有办法反抗，反抗也没有用啊！为了挣钱啊！”（B厂李大明）

4. 社会保障：A厂比B厂更为健全。农民工的社会保障问题是企业社会责任关注的一个重点问题。在这一点上，虽然不是国际品牌查厂的重点，但A厂也作出了自己的努力，这一方面是因为这一问题是政府近年关注的重点，另一方面也是因为A厂在推行企业社会责任制度过程中，从被动而为，逐步开始走向主动而为。在农民工保障上，A厂目前主要作了以下几项努力：第一，按东莞市的规定为农民工建立了养老保险、失业保险、医疗保险等基本保障的账户，并保障资金及时到位；第二，虽然A厂作为轻工业企业，工伤发生率很低，但A厂仍然为农民工购买了人身意外保险，目前每份保险是20万元，全部费用由工厂负担，虽然此项保险费用很低，但不仅给了农民工必要的人身保障而且也有利于减轻企业的负担。

与此相比，目前B厂，唯一为职工作的只是同A厂一样购买了人身意外伤害保险。A厂做的虽然不是非常完善，但相对同类工厂已经是相当不错了，然而A厂的所作所为并没有得到农民工们的普遍认同。

对于养老保险，绝大多数农民工认为，“我们又不是城里人，以后还要回老家种地呢，这东西（指养老保险）又不能带走（指养老保险目前往往不能随人走），我最多干到35岁以后也就不再打工了，要它干什么用。还不如多攒点钱，回家开个小店”。甚至，每年工厂一方面为农民工交纳保险，一方面农民工在离开或准备离开东莞前将保险的个人账户部分“提现”。这样的结果不仅保险的作用没起到，反而是使工厂损失了一部分资金，因为按当前规定，一旦农民工提走自己的个人账户，由工厂缴纳的部分是不能归还工厂的，而是充了“公”。

而对于意外伤害保险，农民工一方面乐于接受，但在大部人眼中还是没当回事，甚至觉得是工厂故意推卸自己的责任，比如就有的农民工认为“真要是出了意外，如工伤，厂子里就得赔，不赔就找劳动局。谁怕谁！”

三、两厂间农民工的“逆流动”现象

通过比较，我们发现A厂的企业社会责任虽然还不是很完善，但于一地之内的B厂相比，在农民工权益保障上要好得多，这一点得到了无论是管理者还是两厂的农民工的承认。但就在这种情况下，我们却发现，在A厂与B厂间出现了一种“奇怪”的流动现象，说它奇怪是因为，不是企业社会责任实践更好的A厂吸引B厂农民工来A厂工作，而是A厂部分农民工，尤其是年轻体壮、技术水平较高的农民工纷纷跳槽到B厂，这一现象最初也引起企业社会责任工作者的困惑，然而仔细分析起来却发现，有其发生的必然性。

A厂与B厂的渊源很深，不仅他们是一个东家，更重要的是在B厂建立时候，从A厂过去了一批人员，这些人中既有管理者，也有为了多挣些钱而去的农民工。B厂里90%以上员工的工资一般在2500—3000元之间，如果不算加班费，也可以拿到1500元左右，而A厂农民工加班受到限制，对于非技术工种而言，收入往往要少五六百元甚至上千元。虽然B厂员工一般从早上7点工作到晚上9点钟，除去午餐、晚餐各一个小时的吃饭时间，一个员工一天至少要工作13个小时，超出国家规定正常工作时间8小时的5个小时。但B厂大多数是1985年以后出生的工人，大多数人自觉身体比较好，比较愿意加工，甚至一些A厂工人也觉得在B厂有更多的加班费可拿，平均下来要比A厂每月多七八百元甚至上千元钱，所以跳槽到B厂的原A厂工人不乏其人。

来自于河南的农民工李大明家里弟兄姐妹5个，他最小，当地称之为“老小”，李大明前面还有一个哥哥、三个姐姐。李大明初中毕业后，没有考上高中，家里让他去市职高去学电焊，他上了一个学期，感觉没有兴趣，去了东莞投奔姐姐和姐夫。李大明的大姐夫替他在A厂找了一份车间的工作，虽然李大明上学没心情，而且也是家里的老小，但上班却一点不偷懒而且不是一个大手大脚花钱的人，一个月1500多元的工资，每个月总能攒下1000多元。他的想法是要用自己挣的钱给父母置办家用电器之类的。

李大明在A厂工作的一年里，除了轮班休息，他没再请过一次假休息，甚至有一次生了一个月的病都没有休息。“那时候厂里有个特别的规定，就是这一年里除非厂里放假了，你如果一天都不休息，厂里会奖励给你300块钱的。300块钱对于一个农村来说还蛮多的。那时候我玩命的，有次我病了一个多月都没休息。”

后来，他听B厂的同乡说，B厂不像A厂那么不许超额加班，每个加班都可以多收入十几块甚至三四十元的额外收入。由于是计件，尽管B厂不像A厂那样有基本工资，但很多技术熟练的农民工更愿意去B厂，一个同样的农民工，第一个月在B厂的收入竟然比A厂最高时候多出了六成多。由于想多挣些，李大明主动要求调动到了B厂，其实也不算调动，他只是跟B厂那边说好了，直接从A厂办了离职，反正两个厂子都是一个老板，像他这种情况的还有很多。

据李大明讲，像他这样的男的女的总得有一两百人，还有的只在A厂干了不到几个月甚至一个月的就“跳”到B厂。这是一个不小的数目的，相反，从B厂到A厂的不能说没有，但的确少之又少，少到连笔者想找这方面的例子，连人力也不知道，而笔者认识的农民工朋友更是觉得是天方夜谭。

笔者在B厂认识的几个农民工，发现她们越是技术好、年龄比较大的越是有从A厂到B厂的跳槽经历。正如笔者熟悉的李大明所说的，这些农民工普遍不关心养老保险，也不觉得自己能在城市呆一辈子，更大的目标是跟她一样，回家开个小店，实在不行回家种地也是一条出路。其实她们“跳槽”的目的很简单——挣钱，因而对工作环境、劳动权益的诉求也相对较低。虽然她们就业选择不仅看重硬件——工资，更看中软件——福利待遇、工厂环境、企业声望及发展机会等。但工资还是最重要的，而对本身低薪很低的农民工而言，几百到几千元的加班费的的确确是很有吸引力的。

前面所提到的李大明的看法可以说代表了所有从A厂跳到B厂的农民工。

问：为什么要离开A厂呢？

答：那里加班少，一个月要少拿几百块钱甚至上千块钱的加班费呢，这个在我们老家抵得上一两月工资了。

问：不怕身体吃不消吗？

答：有啥可怕的，我的身体壮着呢，我可是骑自行车来东莞的。嘿嘿嘿！（说着还向笔者展示了一下自己的肌肉）

问：B厂没有养老保险，就不怕以后老了没保障。

答：有了又有什么用呢，咱就一农民，要怪就怪咱当初没好好读书，不能像村里的LK能考上大学，吃皇粮。谁还能在这里干上一辈子啊，家里还有几亩地呢，干上几年，攒点钱，回家开个小店才是正经，其他的都是胡思乱想。

问：理解！那要是出了意外或者得病怎么办啊！

答：公司给免费买了意外险，最多能赔20万元，再说了真要是出了意外，工伤，厂子里就得赔，不赔就找劳动局。谁怕谁！至于得病，我的身体没想那么多，要真得病了，那就只能怪自己倒霉。

显然，像李大明这样的农民工对意外伤害还是很在意的，而对其他保险或养老什么的满不在意，毕竟他还不到时30岁，也从来没打算在东莞干一辈子。

在获取更高工资性收入这一目标的驱使下，对于农民工而言，工资收入是第一位的，为寻求更高的工资收入，他们跳槽换工作。当然，换工作是很有讲究的，对工资涨额的预期是与心理期望密切相关的。对于新工作的工资期望的度，农民工有自己的揣度标准。这个度就是“拿多少钱，就要能干多少活”。这种原则是必须要坚持的，像要求过高的工资这种冒险行为是不在他们换工作时所考虑的。

学习思考题

1. 竞争情报在工商世界扮演的角色是什么？竞争情报的主要方法有哪些？

2. 人类学研究方法在竞争情报实践应用中的价值是什么？

3. 什么是知识管理？知识管理在工商业中的重要性和应用是什么？

4. 在知识管理方面怎样应用人类学研究方法？

5. 竞争情报和知识管理之间的相似之处与不同之处有哪些？为什么会有不同？

6. 通过本章案例你学到了什么？如何从人类学的角度来理解和分析本章案例？

第十二章 全球化、国际贸易与人类学

内容提要

从1980年开始，随着技术的发展以及国际上出游和交流机会的指数增长，世界经历了影响深远的变革。这样的趋势给公司带来了机遇和挑战，促使公司要去理解这些变革中的文化内涵。在这样动荡多变的时势下，人类学家在当中扮演了极其重要的角色。于是，国际贸易给这些具有文化敏感的人类学家提供了许多机会，并做出相关的战略重心的调整。

学习目标

了解全球化及其对人类和商业策略带来的影响。

1. 熟悉霍夫斯塔德（Hofsted）的文化维度理论和费拉罗（Ferraro）的文化价值模型以及它们对国际贸易的影响。

2. 探索跨文化沟通的相关议题及其对国际贸易的影响。

3. 培养如何在全球竞争激烈的商业环境下实现有效沟通的能力。

4. 认识商业和文化的习俗以及它们在商业交往中的重

要性。

5. 探索在变化迅速和不同文化交流频繁的环境下，人类学和人类学家所要扮演的角色和定位。

引　言

科迪·斯维恩（Cody Swain）是一个决定转专业到文化人类学并且辅修市场营销的在校大学生，他相信这样做能为他在跨国企业中赢得更多的就业机会。由于疑惑自己的决定是否正确，他写邮件向工商人类学家拉尔夫·萨利尔（Ralph Salier）请求帮助，邮件内容如下：

我对人类学的相关信息和国际贸易很感兴趣。我的专业是文化人类学，并且辅修市场营销，因为这能够帮助我掌握文化知识，锻炼第二语言的能力和培养商业思维。

因为你的职业正是我想要选择的道路，所以我非常希望可以知道你在以下方面的见解：（1）国际化的工作机会；（2）四处游历的能力；（3）薪水水平；（4）教育水平的要求；（5）你的其他任何建议。

萨利尔作为一个经验丰富的专业工商人类学家，提供了具体的建议，如下：

30 年的工商人类学家生涯是非常有趣的。你所需要学习的是国际采购法，国际贸易实务，最后是人类学，帮助你尽可能多的去明白很多不同的文化，以此来选择最好的资源配置方案，帮助你在不同的社会群里得以最大化地展露。最好能在那些会给人提供各种资源配置方案的公司里面工作。我已经游历过将近 70 个不同的国家，看到他们频繁地上演着工艺谈判，还有劳动力和技术上的谈判。

在初入门时候，如果幸运的话，你可以得到 $50000，但一旦成熟了，你的薪水可以提高到 $100000 或者更多。我强烈地建议你修读一个 MBA 学位去更深入地了解你的同事们的宗教信仰和精神追求，以及他们在互动和建立关系中的更微妙的方式。大部分的美国人在这些领域上都不擅长。

同时，尽可能地多去旅游，去尽可能多的地方，使你可以了解到不同的人群以及他们的不同语言下的礼貌用词（例如“谢谢”）。你需要知道每种主要语种中的这些关键词，或者至少一小部分语种。

再者，要习惯吃下任何提供给你的食物，不要拒绝任何提供给你的食物。如果你有其他的问题，可以再问我。

这是一份大学学生和一个国际贸易、服务的“老手”之间的书信，也是一个很好的例子，阐明国际贸易与人类学之间的关系①。

国际贸易指的是所有的发生在两个国家之间的商业交易（私人或者政府的销售、投资、物流和交通运输）。通常来说，私营企业是因为利润而从事这项交易，而政府则因为利润还有政治原因②。人类学在国际贸易过程中的作用是保证公司和它的员工能够更加适宜各种文化的行为举止。在这一章里，我们会处理这项问题。首先我们会探索全球化的进程以及对国际贸易的影响。接下来，会讨论在国际贸易中的文化维度理论及相关议题。

第一节 全球化、区域合作和国际贸易

自从20世纪80年代冷战结束以后，世界和它的经济结构发生了巨变，这种变化通常被认为是“全球化”。另外，原本只有地理上联系的各国，如今他们之间的区域经济合作变得越来越平常了。因此，对工商人类学家的需求持续增加。

在这个日益变化，相互联系越加紧密的新兴世界里，学习理解、激励和授权各种各样的员工的技术和技能越来越变得必不可少。世界是由不同的群体组成，国际贸易的成功取决于公司本身与不同群体之间的有效沟通的能力。工商人类学家在帮助一个组织检测和回应各种文化价值观和其他文化维度上扮演了一个非常重要的角色。这一部分将讨论全球化、区域经济合作和国际贸易之间的关系。

---

① http://en.allexperts.com/q/Anthropology-2291/2008/7/International-Business-Anthropology.htm, retrieved in July 2009.

② Daniels, J., Radebaugh, L., Sullivan, D. (2009). *International Business: environment and operations*, 11th edition. NJ: Prentice Hall.

一、全球化是一个过程

在当今世界，每一个国家都会受到强大的外部力量和文化接触的深远影响。就其本身而言，当今世界已经实现全球化，所谓全球化是一个过程，世界各国的人们被集合成一个单独的社会，并在此互动。这个过程被称为全球化。从意识形态来看，这个词通常被用来描述新自由主义下的经济全球化。同时，全球化也用于定义跨国主义。值得指出的是，“全球化”并非暗示“单一世界”，而“国际化”也承认人的不同，文化的差异，国境的存在，语言的多样性，经济的不同模式等等①。

罗伯森所指的全球化是一种整个世界的压缩和一种这样的观点——将世界想象成一个单一整体。怎样在这种复杂的相互关系中间实现全球化引出很多的问题，也启发了很多相应的策略。这些议题在不同的个人和社会中引发了不同的回应。②。

在费里德曼（Friedman）看来，全球化代表了市场、国际和技术相互整合的深刻发展，能够促使个人、公司和国家更长远、更快捷、更深入和更有效率地开拓世界。另外，许多经济学者断言，全球化进程将在20世纪到达巅峰。全球化的进程将导致商品、服务、文化、交流等方面的整合，以及全球范围的环境污染③。

而戴维·赫尔德（David Held）和安东尼·麦克格鲁（Anthony McGrew）则认为，全球化是一个历史进程，它形成了横跨大陆和区际间的互动网络，产生了巨大的影响力。他们认为，全球化主要的三个维度分别是

---

① Friedman, Thomas L. (2000). *The Lexus and the Olive Tree.* New York: Anchor Books; Micklethwait, John and Wooldridge, Adrian (2000). *A Future Perfect: The Challenge and Hidden Promise of Globalization.* New York: Random House, Inc., 2000; Gilpin, Robert (2000). *The Challenge of Global Capitalism: The World Economy in the 21st Century.* Princeton: Princeton University Press.

② Robertson, Roland (1992). *Globalization: Social Theory and Global Culture.* London: Sage; (1995).

③ Friedman, Milton (1999). "Capitalism and Freedom", www.globalpolicy.org/globaliz/econ/chmsky99.htm. Cited in Yücel, Recep, Halil Elibol, and Osman Dagdelen (2009). "Globalization and International Marketing Ethics Problems", *International Research Journal of Finance and Economics*, ISSN 1450-2887 Issue 26.

经济、环境和政治[①]。事实上，全球化这个词常常指的是通过贸易、对外直接投资，现金流流动，移民和技术的传播将国民经济集合成为国际贸易。加拉尔德·A. 苏米达（Gerald A. Sumida）争辩说，全球深远地改变了我们对商业、策略和战略的看法。这个历史性进程，特别是在无处不在的经济层面上，继续加强社会、经济和区域之间的相关性[②]。

全球化的脚步无人能挡，我们能做的便是保障所有的人、所有的国家都能在全球化的进程中获益。我们认为，作为全球事务以及历史进程的全球化创造了越来越多的跨国商业机会。从商业的角度看，全球化不仅仅是销售的全球化，而是运作的全球化。诚如 BHP 公司的首席经济学家罗宾·斯特瓦德森（Robin Stewardson）博士所说，企业在境外设厂的原因主要基于两点：资源与市场。资源主要指廉价劳动力。例如，日本企业向亚洲其他国家转移的原因主要是第三世界国家充足的廉价劳动力。

促使企业境外设立基地的另一原因主要是当地的市场潜力与市场需要。举例而言，BHP 为了促进其信息服务与工程服务的销售而在当地设立分支机构，以便提供售后服务。在销售当地设立机构，使得企业能够更快、更灵活地与当地消费者进行互动，评估他们的需求，更快地改进产品。正因为此，BHP 钢铁公司在每个亚洲国家都设立了自己的轧钢厂。轧钢厂是钢铁制造业的下游产业，钢铁的最终产品形式能够根据当地的具体需要进行特别的生产。

简而言之，在资本主义市场体系的推动下，全球化进程在 20 世纪完成了。然而，在 21 世纪的转折点，资本主义经济却经历着一场危机。有些学者认为，全球化热潮谢幕的钟声正在敲响[③]。

---

① Held, David and McGrew, Anthony (2002). "Introduction" in David Held and Anthony McGrew (ed.), *Governing Globalization: Power, Authority and Global Governance.* Malden MA: Blackwell Publishers Inc. p. 2.

② Sumida, Gerald A. (2004). "Doing Business in the Era of Globalization: What Kind of Lawyer Do I Want?", a paper presented at Conference on Educating Lawyers for Transnational Challenges, JW Marriott Ihilani Resort at Ko Olina, Oahu, Hawaii. May 26 - 29, 2004.

③ Wallerstein, I. (1998). *Utopistics: Or, Historical Choices of the Twenty - First Century.* New York: The New Press.

二、区域经济合作

从经济的角度来看，两大宏观因素似乎成为全球化浪潮的基础。第一是自第二次世界大战以后，商品、服务和资本流动的屏障在减少。第二是技术变革，特别是近几年在沟通、信息处理和运输技术等方面的急剧发展①。经济学家已经表明很多正在经历着加速经济发展的国家正是那些出口额增长最快的国家。对于那些只有少数人口的国家和地区，出口导向型的经济增长是工作和政府收入的首要来源。最成功的区域经济合作的例子是欧盟。单一欧洲法案力图通过消除欧盟国家之间自由贸易和投资所面临的行政障碍，以寻找和创造出一个真正的单一市场。有人预言欧盟将会变成一个像美国一样的政治联盟②。

在其他区域中的经济合作也同样得到巨大的成功。比如说，在中亚的一些国家中，包括中国的自治区新疆，国际贸易和区域经济合作在他们的经济发展中扮演着重要的角色③。目前，五个中亚国家和新疆之间的经济合作包括了边际贸易、正式贸易、双方政府或企业的代表到访、产品方面的相互控股、经济技术合作事项（举个例子，十届的乌鲁木齐博览会，从1992 年到 2001 年，进出口交易额总共是 108.7 亿美元，外贸经济和技术合作方面的总交易额是 38 亿美元，与哈萨克斯坦、吉尔吉斯斯坦、乌兹别克斯坦、塔吉克斯坦的交易额分别是 1000 万美元）、合资公司、合作社或者外资企业和专家、技术人员、教授和学生的相互派遣和交流等等（表 12－2）④。

---

① Frankel, J. A. (2000), "Globalization of the Economy", National Bureau of Economic Research, working paper No. 7858, 2000; Yücel, Recep, Halil Elibol, and Osman Dagdelen (2009). "Globalization and International Marketing Ethics Problems", *International Research Journal of Finance and Economics*, ISSN 1450－2887 Issue 26.

② Swann, D. (1990). *The Economics of the Common Market*, 6th ed., London: Penguin Books.

③ Tian, Robert G. (2009). "Xinjiang and Its Role in Greater Central Asian Regional Economic Cooperation", *Central Asia and the Caucasus*, No. 1, 2009.

④ Chai, L. (2006). "General Thinking on Xinjiang and Central Asian Countries Economic Cooperation". *Science and Technology Information*, Vol. of 2006, No. 2, pp. 17－23.

表 12－1　　中亚各国在 SCO 上对新疆的贸易份额　　单位：百分比

年份	总计	进口	出口
2006	80.8	81.4	78.8
2005	74.3	75.6	75.1
2004	68.5	71.4	66.3
2003	59.2	56.9	61.6

资料来源：新疆不同年份的统计年鉴。

2006 年，新疆 80% 的贸易额都来自于这些国家，比起 2005 年的 75% 和 2003 年的 60% 的份额，都上升了，特别在出口方面。然而，尽管中亚对于新疆的对外贸易扮演着重要的角色，中国（主要是新疆）在中亚的贸易中所占的份额却不是那么的让人满意。中国（主要是新疆）在所有的指标上都落后于俄罗斯，如果想要成为中亚的最重要经济强国，它就必须提高新疆在这些国家中的贸易表现。此刻，从国际贸易的角度，我们可以看到，比起其他地区，中亚对中国（主要对新疆）是最重要的①。

在莫图克石油地已探明储量是将近 5 亿桶，哈萨克斯坦的报告指出能生产出 8500 万桶石油。一个中国国有的石油企业已经与哈萨克斯坦合作一起开采石油和天然气，建造石油管道，两个合作的企业都处于一个双赢的局面。比方说，2007 年 7 月，新疆中信股份有限公司花费 2.5 亿美元购买了哈萨克斯坦在阿克托比的私人石油公司②。

中国对中亚不同种商品出口的高潮发生在近几年，我们以鞋类产品作为例子，2006 年，它的总贸易额是 9.63 亿美元，比起 2005 年的鞋类产品贸易额提高了 8.9%，超过了所有的从新疆西北部码头运去中亚市场的商品。中国的鞋类产品占据了五个中亚国家市场 80% 的进口份额。这种水平和规模的经济和技术合作已经在不断地增长，从初级商品到多领域、多层级、多形式、多渠道和全方位的合作，包括劳务输出原材料加工，轻工业生产和食品生产，项目承包，专利转移和制造，基础设施和工程项目的大规模投资等

① Schicor, Y. (2008). China's Central Asian Strategy and the Xinjiang Connection: Predicaments and Medicaments in a Contemporary Perspective. *The China and Eurasia Forum Quarterly*, Vol. 6, No. 2, pp.: 55－74.

② Tian, M. (2007). "Xinjiang Zhong－Xin Company Purchased Mortuk Oil Field of Kazakhstan". *Xinjiang Daily*, 2007－07－18.

等（表 12－2）①。

表 12－2 **中亚 SCO 成员贸易中中国的份额（2006）***

国家	出口		进口	
	俄罗斯	中国	俄罗斯	中国
哈萨克斯坦	10.9	11.6	19.3	36.4
吉尔吉斯斯坦	4.8	19.3	14.4	38.1
塔吉克斯坦	0.7	4.7	8.6	24.6
乌兹别克斯坦	10.4	23.4	10.3	27.6

注：*百分比，与俄罗斯的对比，因为中国与这些国家的贸易主要来自于新疆。

资料来源：美国中央情报局（CIA，The World Fact Book）2007 年。

到目前为止，新疆举办了 16 次乌鲁木齐国际贸易对话会议。这种会议是中国西北部国际贸易和经济方面最大的活动。这些经济活动包括谈判、工农业交易会，这些投资机会会吸引很多来自各地的商人，特别是来自中亚的商人。举个例子来说，2006 年第十五届的乌鲁木齐国际贸易研讨会，签订的合同总额是 28.2 亿美元，比起上一届增加了 5.7%。在合同中，中亚是领先的。新疆的公司最终和哈萨克斯坦达成了 11.9 亿美元的交易份额，和吉尔吉斯斯坦达成了 1.7 亿美元的交易额，和乌兹别克斯坦达成了 1.6 亿美元的交易额②。

2007 年的前半年，自治区政府最新批准了 52 家公司的国外投资，与 2006 年同期对比，提高了 10.64%；签订合同的外国资本达到了 2.37 亿美元，与上年对比，提高了 152.76%，实际使用的外国资本是 8.702 千万美元，提高了 68.12%。阿富汗和北非最先投资新疆的。这是最大的外国资本投资，达到 5.212 千万美元，并资助了 11 个项目③。同时，根据联合国的食品和农业组织的标准，几年内新疆城市里的恩格尔系数（食品占收入的比例）下降到 35%，表示新疆城市里的居民的生活水平达到了富裕社会的

① Shi, J. (2007). "Xinjiang Becomes Export Base of Chinese Shoes and Trade Volume of $9.63 Hundred Million USD". *Chinese Management*, 2007－08－09.

② *Xinjiang Statistical Yearbook*, 2006. Beijing: China Statistics Press.

③ Zeng, S. (2007). "Contract Foreign Investment Increased $2.37 Hundred Million USD in Xinjiang in the First Half of the Year of 2007", *Xinjiang Daily*, 2007－07－13.

标准①。

三、全球化和国际贸易

在国际贸易里，全球化涵盖了市场的全球化与生产全球化②。全球化，对米切尔·塞奇威克（Mitchell Sedgwick）来说，指的是全球运动和对商品、资本、技术、人员和图像的控制，逐步发生在工作组织中，或许影响最大的就是跨国公司③。市场全球化指的是从历史角度来看是不同，分离的国际市场合并成为一个大的全球化市场，生产全球化指的是产品和服务来源于世界各个地方，帮助企业去利用国际上在成本和质量上的不同，这里所讲的资源包括生产要素如人力、能源、原材料、土地和资本。市场解放基本上指的是对两国进行国际贸易之间关税和非关税壁垒的根除。在不同的领域里，全球化是一个更加复杂的现象，包括经济、政治、技术以及人类学家所关心的文化因素。因为市场的全球化使得越来越大比例的商业活动跨越了国家边界，市场体系需要为管理和规范全球的市场提供帮助，也要促进跨国条约的建立，以管理全球国际贸易体系④。

20 世纪下半叶，许多全球机构致力于全球市场行为的规范化。这些机构包括关税与贸易总协定（GATT）和它的继任者世界贸易组织（WTO）；国际货币基金组织（IMF）和他的双胞姐妹，世界银行；还有联合国（UN）。所有这些机构的建立是依靠各个国家签订的自愿协议，它们的功能被载入国际公约⑤。这些机构在制定国际贸易的商业道德准则和制度上扮演了许多重要的角色。比如说，世界贸易组织主要负责监管世界贸易体系，并确保各个国家坚持遵守成员国签名通过的贸易协议中的规定。目前它有 145 个成员，中华人民共和国是新加入的成员。WTO 同时负责促进成员之间额

---

① Tian, Robert G. (2009). "Xinjiang and Its Role in Greater Central Asian Regional Economic".

② Hill, C. W. L. (2004). *Global Business Today*, 3rd edition, New York: McGraw Hill/Irwin.

③ Sedgwick, Mitchell (2007). *Globalization and Japanese Organizational Culture: An Ethnography of the Japanese Corporation in France.* Japanese Anthropology Workshop Series. London and New York: Routledge.

④ Yücel, Recep, Halil Elibol, and Osman Dagdelen (2009). "Globalization and International Marketing Ethics Problems", *International Research Journal of Finance and Economics*, ISSN 1450 - 2887 Issue 26.

⑤ Hill, C. W. L. (2004). *Global Business Today*, 3rd edition, New York: McGraw Hill/Irwin.

外的跨国合同的制定（www. imf. org）[①]。

为了扩大他们的客户群，得到更多的资源，包括资本、人力、技术和其他商品，以实现公司利润的最大化，越来越多的公司正在其他的国家里制定扩张的目标。一些组织实现了他们的愿望，因为他们对全球和市场自由化的不断努力和坚持。不断增长的国际交易只是政府和私营企业所面对的发展挑战中的一小部分。他们还需要预备好充足的人力去推动全球化，其中最好的方法是通过增加对教育的投资来提供更多工作待遇优越且技术要求高的职位，这是任何商业发展的必需。因此，今天随着全球化和国际贸易变成了像咒语一般的应验，出现了对国际贸易专业人员的大量需求，这个需求将随着全球经济的持续扩张而增加。作为主攻商科的专业人士，你也需要拥有理解和处理多样化全球事务的能力。由此，既有商科的基础，又有理解异文化的能力，才是全球市场所需的专业人才。

不少保守的企业仍然希望沿袭原有的发展模式。但在全球化下，任何参与国际贸易的美国公司只有具备不断开发新市场的能力才能生存，而要具备这样的能力，他们必须对于变革和他们在各国的顾客们的新需求保持开放心态，这是他们的一个大调整。这些从目前大学训练中学到的技能和知识将极大地帮助这些公司。全球化对国际贸易的影响是多方面的，然而，认识文化多样性和文化环境的必要性成了工商人类学家的首要关注问题。全球化意味着公司必然会面临着新的挑战，去了解不同国家的不同的文化、社会和环境的价值观。国际贸易是一个非常重要的领域，是一种综合性高水平学科。这对于任何想要参与其中的职位也是如此要求的。作为一个商学或者人类学专业的学生，你的大学学位所塑造的你的个性和商业直觉将会一路为你的职业生涯开路，比起那些不懂的人，你的人类学技能和知识会帮助你在职业上得到更好的晋升。你需要确保你是精通于不同国家的文化差异，这是值得你花费时间的，花费时间去学习多种文化下的商务礼仪，保证你会成为你所在组织的一份有价值的资产。这也是为什么我们要将这本书写给你。

欧洲的社会学家罗纳德·多尔（Ronald Dore）在国际贸易理论上作出

---

① Yücel, Recep, Halil Elibol, and Osman Dagdelen (2009). "Globalization and International Marketing Ethics Problems", *International Research Journal of Finance and Economics*, ISSN 1450 - 2887 Issue 26.

了巨大的贡献。20 世纪 80 年代，日本公司正在改变世界国际贸易的经济格局，国际贸易的学者尝试去了解日本的公司形态以及他们扩张中的环境，对此，罗纳德·多尔（Ronald Dore）的工作是非常有价值的资源。多尔在 *British Factory Japanese Factory* 上对于雇佣关系和工厂组织开创性的比较研究，为理解日本在全球内设立生产基地的模式，提供了坚实的基础①。

多尔深入调查了日本日立公司在一个特定时间里的雇佣和晋升决定主要是根据成绩还是根据归因特征。归因特征是社会科学中的用语，指的是拥有一定性格特征的人普遍会与社会其他成员表现不同，他会让人感觉到不公平。多尔在这个探讨中指出，正如我们常常指出的，以成就为基准的决定更加可靠，比起根据特有性格特征而作出的决定。他虽然如此认为，部分明确，部分含糊的，在这个道德判定上依然有很多难题，包括：

• 一些成绩的取得是与一些归因特征呈正相关性的。例如，“指挥能力……可能更多体现上层贵族家庭里”。就这一方面来看，指挥能力被看做是一种绩效量度，晋升决定选择高绩效的人员，这样的话，是无法完全与晋升根据上层家庭来决定的机制相区别。因此，这是非常困难的，在现实生活中，去判定一个晋升机制是基于公平还是不公平的理由。

• 你可以“获得可以养成的性格特征”，甚至有目的地去做。例如，你可以皈依一个新的宗教或者结婚。大部分人同意根据归因特征的歧视是不好的，但更差的是根据性格特征而造成的歧视，虽然不是归因的，但依然不能影响其工作表现。

• 将一些归因特征看做是影响雇员绩效因素是合理的。在日立，比如说，收入与业绩和年龄是正向相关的。后者是一个归因特征，但多尔建议说，这是一个完全合理的考量因素——日立公司的开支特别是在雇佣期间的孩子照管费用在增加。

多尔同时指出，一种所谓的归因特征可以根据社会内容而不同。在评估雇佣标准的公平性时，他将申请者在教育体系中的成功大概看做是一种好的成就。在多尔的研究过程中，他发现了日立公司的雇佣决定是由非常严格的限制挑战所规范的，这些并不特别被归因特征所影响。然而，当他把注意力转向评估公司内部的晋升机会，多尔发现教育证书限制了一个人能够达到的

---

① Dore, Ronald (1973). *British Factory*, *Japanese Factory*; *The Origins of National Diversity in Industrial Relations.* University of California Press.

岗位水平，这意味着如果一个个体的成绩水平提高，这个人可能因为缺少必要的教育水平证书而依然留在原来的岗位上。由此看来，在晋升机会的观察中，教育水平成为另一种形式的归因特征①。

多尔继续发展他目前关于商业系统的比较研究，并成了一个学者和评论家，研究过去的20年里全球化讨论中的关键议题。他的对于自己研究的实证环境的理解和对理论成果作出的贡献，得到了社会学家、经济学家、人类学家、历史学家和商业体制比较研究的学者们的高度尊重和肯定。多尔很多的贡献证实了个人社会中学问的深潭，也照亮了国际贸易研究的内容。1983年，他的文章——《信仰和资本市场精神》在英国社会学杂志上发表了，里面体现了他对社会科学中的经济关系，特别是联盟里的国际贸易的研究成果，已经被翻译成五种不同的语言②。1986年他写的书《灵活的刚性》，更以对比的方式深刻地探讨了公司之间和公司与政府之间的关系③。

第二节　国际贸易中的文化维度

在之前的章节里，我们从人类学的角度探讨过文化特征和它们对商业的影响。这一章里，我们会更多地将重点放在对国际贸易中的文化维度的讨论上。在加里·费拉罗（Gary Ferraro）的《国际贸易中的文化维度》中详细阐述了文化因素对国际贸易的影响。

下面来看一个案例：一家美国的肥料生产商将总部设在明尼阿波里斯，计划开发第三世界的市场。这家企业向东非派遣了一支农业考察队，考察当地的土地、气候条件和地形情况，以便可以开发更适合当地的肥料。当完成了调查和肥料产品的生产以后，一个初步的营销策略也就产生了，就是免费地派送100磅一袋的肥料给所选地区的农民。

---

① Knowledgerush, Encyclopedia, "Ascribed Characteristics", retrieved in Feb. 2010 from http://www.knowledgerush.com/kr/encyclopedia/Ascribed_characteristics/.

② Dore, Ronald. (1983). Goodwill and the spirit of market capitalism, *British Journal of Sociology*, Vol. 34, pp. 459 - 82.

③ The information about Ronald Dore is adopted from AIB website: http://aib.msu.edu/fellow.asp? FellowID = 163.

他们想当农民使用这些免费的肥料而使得他们的稻麦产量得到了巨大的提高时，人们会将这种产品介绍给他们的朋友、亲戚和邻居。销售人员队伍走访每一间小木屋，给作为一家之主的男性每人一袋免费的肥料，并且附有关于肥料如何能提高稻麦产量的说明书。虽然当地人都非常有礼貌，但是他们全都拒绝了这些免费的肥料。营销员工总结道，是因为当地的人们要不就是愚昧，要不就是对如何帮助他们提高产量没有兴趣。

在这个案例中，企业对当地的化肥需求做了仔细的研究，却忽视了市场推广所面临的文化环境。第一，这家公司正在努力说服这些农村男人接受农业创新，但事实上，在那个地方，是女人负责从事农业的。第二，巫术会伤害族群里的人。在这两种信念的影响下，每个东非农人都不会考虑提高作物的产量，否则会被认为使用巫术将邻居的土地肥力偷走了①。

这个例子所强调的是公司要加入国际贸易需要认真地考虑当地的文化维度。有能力的公司常常失败，是因为他们没有理解和适应不同的思考和行为方式。在本土的成功轨迹不一定适用于国际上②。

一、霍夫斯塔德的文化维度理论

对文化差异的研究以及怎样将文化差异应用在国际战略和运营中成了国际贸易的核心。大部分的国际贸易教材也会花较大的篇幅去讨论文化差异和他们对商业过程中的影响③。吉尔特·霍夫斯塔德提供了一个标准的框架来使文化维度概念化。霍夫斯塔德的文化维度理论包括权力距离指数（PDI）、个人主义（IDV）、男性化（MAS）、不确定性规避（UAI）和长期取向（LTO）④。

---

① This case is reported and discussed in Ferraro, Gary P. (2006). *The Cultural Dimension of International Business.* 5th Ed., Upper Saddle River, NJ: Pearson Prentice Hall. p. 45 and p. 190.

② Ferraro, Gary P. (2006). *The Cultural Dimension of International Business.* 5th Ed., Upper Saddle River, NJ: Pearson Prentice Hall.

③ McDonald, Frank and Fred Burton (2002). *International Business.* Florence, KY: Cengage Learning.

④ Hofstede, G. (1980). *Culture's Consequences: International Differences in Work - Related Value.* Beverly Hills, CA: Sage Publications; Hofstede, G. (1991). *Cultures and Organizations: Software of the Mind.* London: McGraw - Hill Book Company; Geert Hofstede Cultural Dimensions Home Page: http: //www. geert - hofstede. com/, retrieved in July, 2009; International Business Center Home Page: http: //www. internationalbusinesscenter. org/, retrieved in July, 2009.

对霍夫斯塔德来说，权力距离指数指的是社会对权力分配不平等所能接受的情况。换句话来说，它表明了社会对待拥有不同社会地位、威望、财富和权力的人的差异。在PDI指数高的国家里的社会规范，可以使得有权力的人看起来更有权威。那些有权力的人通常被认为是好和正确的。有权力的人通常会得到优先权。如果一个国家有着很大的权力距离，行使权力会给人带来成就感，因此有权力的人会努力地保持和提高他们的地位。

霍夫斯塔德解释，个人主义维度指的是个人所作出的决定多大程度上是被社会所支持的。这个维度反映人们是如何彼此依存地生活的。在一个集中主义的社会里，低程度的集体主义，统一体或者是个人主义的行为都被看做是自私。个人主义更多地关注与政府是个人主义的还是团队合作的。一个拥有低个人主义的国家会更加集权，有一个更稳固的组织和家庭，这就意味着更不看重个人主义，在一个团队中，每个人要为另一个人的行为负责。如果他们在一个高个人主义的国家，他们更多看重的是个人的行为多过于团队的行为。

霍夫斯塔德所提到的男性化维度指的是传统男性价值观（自信、成就、野心、注重物质）在社会中的重要程度。它的反面被称做是女性主义。在一个高男性化维度的国家里，因为看重成就和大男人主义，社会规范是要求人努力做到最好。男性化指的是更多地关注男性在社会中扮演的角色。如果一个国家是高度男性化的，男性和女性的性别定义上会存在差异。比方说，男权统治下的社会，妇女是受男性控制的。当然在一个低男性化的社会下，男女才能平等。

霍夫斯塔德提到的不确定性规避指的是一个社会不愿意接受和面对不确定的程度。人们运用法律、宗教和技术来应对不确定性。这个维度是与焦虑、安全感的需求、对专家的依赖和对信息的依赖相关。不确定性规避指数关注一个国家对未知情况的接受程度。如果一个国家是高度的不确定性规避的话，这个国家会不喜欢不确定性的环境而加强法律规定以剔除不确定因素。如果他们是低不确定性规避的话，他们会更能适应变革。

长期倾向维度是关注一个国家的价值和传统是否倾向于做出长期承诺。一个拥有高长期倾向的国家更注重长期的承诺，并认为支持一个能使未来得益的工作，需要今天的努力和付出。因此，他们对外部的变革更有防御能力，他们的商业也就需要更多的时间来发展壮大。如果一个国家正好相反，那么他们更难抵御变革，他们的变革也会更加迅猛地发生。

对于霍夫斯塔德来说，国际贸易中的商业说到底就是文化。为了更好地了解霍夫斯塔德的文化系统，我们拿美国和中国做一个对比。1980 年，霍夫斯塔德所做的关于 PDI、IDV、UAI 和 MAS 研究的时候，他还不能测度整个中国大陆的文化[①]。费尔南德斯和其他人更新了解霍夫斯塔德的研究，这是第一次包括了中国大陆的文化维度在里面。之后，霍夫斯塔德自己也将中国大陆作为他的 LTO 研究中的样本。根据费尔南德斯等人和霍夫斯塔德 1991 年做的关于 LTO 的研究，表 12－3 列出了中国和美国在 PDI、IDV、UAI 和 MAS 上的得分情况。需要重点说明的是，在费尔南德斯等人的研究中，他们是选择了在校大学生作为他们的研究对象的[②]。

表 12－3　　霍夫斯塔德文化维度的对比

维度	中国	美国
MAS	2.20	－0.58
UAI	0.31	0.59
IDV	－0.96	1.52
PDI	1.05	－0.01
LTO	118	29

资料来源：1990 data accepted from Fernandez，Carlson，Stepina，& Nicholson（1997）.

从表 12－3 可见，美国有更小的权力距离指数，更高的个人主义排名，更高的不确定性规避指数，更低的男性化排名和一个更低的长期导向排名。中国的权力距离指数更高，这意味着中国人非常尊重有权力的人物，例如如果我们在中国经商，我们需要避免派一些职位低的员工去中国做交易。中国的个人主义指数更低，像这样的话，中国会更关注团体活动。

中国有相对较低一点的不确定性规避指数。因此，中国人一般不会有非

① Hofstede's 1980 study used the cultural values of IBM employees in offices around the world. China did not have IBM offices and access to comparable employees was denied，cf. Hofstede，G.（1991）. *Cultures and Organizations：Software of the Mind.* London：McGraw－Hill Book Company.

② Fernandez，D. R.，Carlson，D. S.，Stepina，L. P.，& Nicholson，J. D.（1997）. "Hofstede's Country Classification 25 Years Later". *The Journal of Social Psychology*，17，21－18；Hofstede，G.（1991）. *Cultures and Organizations：Software of the Mind.* London：McGraw－Hill Book Company.

常严明的法规制度以剔除和减少不确定性因素，这使得在中国做成一项商业活动显得更加困难。因此，建立诚信机制对于规避不确定性显得非常重要。比起美国，中国的男性化指数更高，这表明在中国经商，我们的对象更有可能是男性而不是女性。中国的长期导向指数更高，这就意味着中国人常常会抵制其他国家的企业，变革的发生需要花费更多的时间。

霍夫斯塔德的研究发现帮助我们能够更好地去理解不同国家之间的文化差异。这些文化差异毫无疑问会在多方面上影响你的商业决定。作为一个商业领导，通过应用霍夫斯塔德关于文化维度的研究，我们需要决定用怎样不同的方式来应对不同的国家。比如说，如果我们正在做一个对中国的商业评估和计划，我们需要深入地了解霍夫斯塔德的文化维度并从中找出美国和中国之间较关键的文化差异。为了使我们能够在中国经商，我们最起码需要先赢得他们的信任，也要明白他们的长期导向指数，让他们对我们保持忠诚需要花费时间。如果我们想要取得成功的话，我们需要随时做好准备，要花费大量的时间去了解一个国家。

显然，霍夫斯塔德的工作帮助我们更容易地接纳美国和其他国家之间的文化。为了明白每一个维度，尊重每一个国家，像尊重一个个体一样，是非常重要的。我们不能带着其他国家也跟我们一样这样的想法去从事商业。如果我们将一些在美国商业中理所当然的做法带到其他国家的商业环境中去，人们会拒绝购买很多外国公司的商品，也会拒绝我们的商业部门。因此，对于我们想要提供产品或服务的国家，我们需要对它做更充分的调查。

二、国际贸易中的费拉罗文化维度模型

通过以上的讨论，我们认识到商业活动也是文化活动的延伸。事实上，文化影响力甚至决定着商业组织的政策、类型以及结构。当管理一个金融公司时，文化的影响是无处不在的、无形的，当不同文化接触时，冲突就会产生。比方说，美国的经理被认为是一个问题解决者，而来自法国的经理则会认为是一个专家。这些文化定义下的角色和牵连会妨碍这些跨文化工作的经理们①。一个外国公司的成功与否取决于它的员工能多有效

① Adler, Nancy J. *International Dimensions of Organization Behavior.* Canada: Southwestern.

率地在新的工作地方中发挥他们的技能，这又取决于员工们的专业技能和文化敏感度。

对于从事跨国业务的公司而言，无论是在处理市场营销、公司管理、融资或者商业谈判时，其成功与否都与公司是否能在当地成功实现本土化密切相关。如何实现本土化，成为企业海外扩张亟待解决的首要问题。

盖里·费拉罗（Garry Ferraro）（文化维度和文化价值理论是由弗洛伦斯·克拉克洪（Florence Kluckhohn）、佛瑞德·L. 贝克（Fred L. Strodtbeck）①、约翰·康登（John Condon）② 和霍夫斯塔德等人发展而成的）采用了一种有用的框架去分析文化差异。他的工作检测出文化差异如个人主义和集体主义，平等主义和等级主义制度，坚强和柔弱的社会，不同水平的不确定性规避和时间的某些方面，包括时间计算上的精确和模糊，过去、现在和未来的时间导向，时间的连续性和同时性。费拉罗在国际贸易的文化维度上的工作是难得的一个文本，很好地平衡了理论和实践的关系，使其可以帮助学生更有效地掌握国际贸易中运用文化敏感度的基本知识和技能。下面简要讲述费拉罗的模型理论③。

（一）个人主义和集体主义的维度

根据费拉罗的研究，个人主义的社会强调个人的尊严与财富，个人的独立性，弱化个人对社会的义务和责任。诸如美国、加拿大、英国、荷兰，都是主张个人主义的国家。而其他国家，如日本、中国、危地马拉则是集体主义国家的代表，这些国家强调团队的力量，鼓励个人对集体的奉献精神，强调集体长期目标的实现。个人主义和集体主义维度被总结在表12－4当中：

---

① Kluckhohn, Florence and Fred L. Strodtbeck (1961). *Variations in Value Orientations.* New York: Harpar and Row.

② Condon, John (1984). *With Respect to the Japanese: A Guide for Americans.* Yarmouth, Mass: Intercultural Press.

③ Ferraro, Gary P. (2006). *The Cultural Dimension of International Business.* 5th Ed., Upper Saddle River, NJ: Pearson Prentice Hall. We term Ferraro's discussion on cultural dimension of international business as Ferraro Model, all the discussion about Ferraro Model in this section should be accredited to his original work, we are just simply presenting his theories and discussion as Ferraro Model to the readers.

表 12-4　　　　　　　个人主义和集体主义维度

个人主义为主的社会	集体主义为主的社会
个体是社会知觉的主要单位	集体是社会知觉的主要单位
根据个人的特征来解释他人的行为	根据集体规范来解释他人的行为
成功归功于个人的能力	成功归功于集体的帮助
在个人实体中定义自己	在集体当中定义自己
更多地了解自己而不是其他人	更多地了解他人而不是自己
成就只是因为自己的利益	成就是为着集体利益
个人的目标高于集体的目标	集体内部的目标高于个人目标
看重自信	看重谦虚
看重自主性和独立性	看重相对依赖性
害怕依靠别人	害怕被排斥
与很多组织的随意关系	与少部分组织的强烈关系
对他人较少的责任义务	对他人较大的责任义务
对抗是可以接受的	和睦是共同所追求的
任务的完成是最重要的	关系的建立是最重要的

资料来源：Ferraro，Gary P.（2006）. *The Cultural Dimension of International Business.* 5th Ed.，Upper Saddle River，NJ：Pearson Prentice Hall，pp. 103－104.

费拉罗提醒我们，虽然集体主义社会会强调关系，但我们不应该简单地从字面上去理解。举个例子，当年，宝洁公司试图在日本推广佳美肥皂，在投放的广告中，一个日本男人走进浴室，而他的妻子正在浴室里淋浴。浴室里，妻子对佳美肥皂细腻的泡沫赞赏有加，而丈夫则痴迷地看着漂亮的妻子。这则广告在欧美国家非常普通，但在日本却掀起轩然大波。对日本人来说，贸然闯入浴室是大不敬的行为，即使夫妻间的关系被视为极其紧密和极其重要。费拉罗为处理集体主义社会的问题提出了以下建议：

1. 在个人主义的国家中，如美国，通过强调个人利益以达到激励个人的方法很奏效。但在集体主义国家，如日本，人的首要任务是为集体作贡献，而非考虑自己的个人利益。因此，在日本，着重表扬团队里的某个个人可能会对他以及团队带来不必要的尴尬。

2. 必须意识到建立长期关系的需要。如果建立长期关系是与集体主义社会里的人们做生意的唯一方法，那么美国人需要花费时间和精力去经营他们的关系。

3. 美国人需要培养耐心，因为与人培养关系需要花费时间和精力。

4. 小心代词“I”的使用。通常美国人更多使用“I”而不是“we”。集体主义社会的人们有时候会对美国产生这样的印象，认为美国人是“我行我素不顾后果的人”（约翰·韦恩类型的人，鲁莽地做事），更多代表自己说话而不是他们的组织。

5. 不要怀疑他们对家庭、种族、国家的忠诚。

6. 使用第三方来做接触和介绍的工作。

7. 认识到在个人主义社会里，裙带关系是普遍不为人接受的，但在集体主义社会里，却被认为是有效的、道德的。

8. 赞扬事件的社会效应，而不仅仅是小团体自身的利益。

9. 强调你对公司的忠诚度，因为忠诚度和责任感在集体主义社会都是非常重要的①。

（二）平等主义和等级主义维度

对于费拉罗，等级制度就是人们怎样与不同权力等级、声誉和地位的人互动，不管是相同还是不同的。一些国家，像加拿大、瑞典、澳大利亚和美国，一致地认为应该同等对待，这些国家强调绝对的平等，他们倾向于最小化权力和地位的差异。而另一端是高度等级文化，像马来西亚、巴拿马和菲律宾这些国家就属于这一方的。在这些国家，人们期待维持地位和权力的等级制度。事实上，他们认为阶级不平等是一个正常社会所必需的，因为这满足了组织、命令和安全的需要。表 12－5 对这个维度进行了总结。

表 12－5　　平等主义和等级主义维度

平等主义社会	等级主义社会
低地位差异	高地位差异
权力分布给多数人手中	权力集中在少数人手中
授权	较少授权
非正式的社会关系	正式的社会关系
对上级持最小限度的顺从	对上级持最高的顺从
较少敬重老年人	非常敬重老年人
有救济和申诉的机构	没有救济和申诉的机构

资料来源：Ferraro，Gary P.（2006）. *The Cultural Dimension of International Business.* 5th Ed.，Upper Saddle River，NJ：Pearson Prentice Hall，pp. 107－108.

① Ferraro，Gary P.（2006）. *The Cultural Dimension of International Business.* 5th Ed.，Upper Saddle River，NJ：Pearson Prentice Hall，p. 106.

费拉罗指出，美国人倾向于认为不拘礼节是真诚的前提。当面对欧洲的典礼仪式、传统和定型的社会规定时，他们会感到不舒服。再者，当其他人对他们太过顺从时，也会使他们感到很不自在。而且，美国人总体来说相当乐意看到那些在特别高和强的职位的人在街上能表现得跟普通人一样。但许多人会建议千万不要带着这样的想法来和像中国、日本等其他的推崇社会等级制度的国家做生意。因此，费拉罗为处理等级主义社会的问题提出了以下建议：

1. 在像美国这样的平等主义社会里，人们预期高地位的人会淡化自己优越的等级。在等级主义的社会里，人们需要从你的外在来判定你的位置，以此来决定应该要怎样合适地对待他们。因此，在介绍你的地位、职责、文凭、专业技能和爱好时，不能傲慢也不能自夸。

2. 不要故意平等地对待你的主管，因为不是所有的人都期待得到民主平等的对待。在这样的社会里，领导就是领导，需要被特殊对待。

3. 在平等主义的社会里，决策过程需要更长的时间，因为要咨询所有人的意见。在等级主义的社会里，决策过程则更迅速，因为一些决策不需要所有人达成一致共识。

4. 你要在多大程度上尊敬、认可这些社会阶层呢？对于一个来自平等主义社会，而在其他国家工作的经理来说，减少组织结构不是特别明智和富有成效的做法。

5. 你要在多大程度上去质疑你上司的决策呢？在等级主义的社会，一个老板并不能接受下属质疑他/她的决策和判断。你要冒着危险来实现你的民主理念。

6. 在与人们相处时，要注意留心不同水平的社会地位。不要期待那些组织当中地位低的人们会和地位高的人进行商业谈判和沟通。

7. 不要假定所有人都能平等地获得信息。

8. 使用地位高的个人（第三方）来作为你的代理、联系人和中介机构。

9. 做好地位高和地位低（年轻和年老的，或者男人和女人之间）的人在每天的互动中紧张状况的准备。

10. 认识到下属想要得到亲近的指导。

11. 期望下属能够更多地微笑和抒发他们的负面情绪①。

---

① Ferraro, Gary P. (2006). *The Cultural Dimension of International Business.* 5th Ed., Upper Saddle River, NJ: Pearson Prentice Hall, p. 110.

（三）阳刚型和阴柔型维度

根据费拉罗的观点，阳刚型和阴柔型维度帮助人们去定义成功，是关于一个文化在多大程度上更倾向于成就、自信、权力、竞赛和物质财富还是子女的教养、社会关系和合作。阳刚型社会比起阴柔型社会对性别角色有更严格的要求。费拉罗强调阳刚型社会更倾向与严格限制一些职业只能由一种性别来担任，对于达成外部的、可量度的目标或者实现个人的目标给予很高的评价。阴柔型社会则强调团队、性格、个人素质、子女的教养、生活的质量和社会关系的维持。像澳大利亚、意大利、日本和墨西哥这样的国家被归为阳刚型社会，而大部分的斯堪的纳维亚国家和荷兰这些国家则被归为阴柔型社会。阳刚型和阴柔型维度可以用表 12-6 来表示。

表 12-6　　阳刚型和阴柔型维度

阳刚型社会	阴柔型社会
高的性别职业隔离	低的性别职业隔离
性别不平等	相对的性别平等
男性的职业选择是强制的	男性的职业选择是随意的
很少的女性担任权力大的职位	更多的女性担任权力小的职位
高度看重成就	高度看重子女的教养
高程度的工作压力	低程度的工作压力
高度竞争	高度合作
任务导向	关系导向
重视斗争的艺术	重视协调的艺术
越大越好	小就是美
家庭和工作分离	在工作地方也会关心家庭事情
活着是为了工作	工作是为了活着

资料来源：Ferraro，Gary P.（2006）. *The Cultural Dimension of International Business.* 5th Ed.，Upper Saddle River，NJ：Pearson Prentice Hall，p. 111.

费拉罗强调在工作地方，阳刚型社会的人们最关心的是任务的完成，而阴柔型社会里的人们最关心的是工作满意度问题，例如与上司和同事的关系、工作环境和这份工作怎样的有趣和富挑战性。在阳刚型社会里，人们相信成就和目标，根据他们的表现来判断人，而阴柔型社会里，人们更关注怎样作出有意义的选择来提高生活的质量，如服务他人和更脚踏实地地工作。作为从事国际贸易的商人，我们需要认识这些差异并更小心我们的行为举止。费拉罗提供了以下的建议帮助我们应对阴柔型社会：

1. 敏感性别议题和对性别平等的期望。

2. 不要假定所有人都会被物质奖赏所激励。当管理员工时，我们需要明白，与整体工作环境、时间和假期相关的问题比薪水问题更加重要。

3. 要意识到人们和政府会更关注于帮助处境困难的人而不是那些有钱和有权力的人。

4. 强硬的推销没有软式推销那么成功。

5. 尝试去控制你的胜者为王的竞争意识。如果人们不愿意花一个晚上的时间和你玩大富翁游戏，就不要冒犯别人。

6. 要认识到你的营销和管理决策可能在实际情况中产生负面影响。那么尽一切可能去防止这些负面影响的产生。

7. 当与人谈判的时候，寻求双赢方案总是最好的。

8. 不要愚蠢地认为养育儿女和帮忙家务活的男人是懦弱的表现。

9. 处理任何类型的商务时，要愿意投入时间，表达同情心和建立关系。

10. 看到一位女性在公司或政府里担任重要的职位时，不要感到吃惊①。

（四）不确定性规避维度

费拉罗认为，霍夫斯塔德的不确定性规避理论反映了社会成员试图去最小化不确定性来处理其焦虑的程度。高不确定性规避的国家倾向于完备的法规，如关于宗教和食物方面的，还有组织良好的环境，员工更倾向于长期保持现在的上司。地中海文明、拉丁美洲和日本是在这个维度中得分最高的国家。另外，低不确定性规避的人们会倾向于忍受不同于平常的选择，更喜欢少规章和简单化的组织架构，他们的信仰、哲学和宗教更多样化。像新加坡、丹麦、中国和美国等国家就是属于低不确定性规避的。表 12－7 描述了关于不确定性规避维度的几个关键组成部分。

① Ferraro，Gary P.（2006）. *The Cultural Dimension of International Business.* 5th Ed.，Upper Saddle River，NJ：Pearson Prentice Hall，pp. 113－114.

表 12－7　　不确定性规避维度

低不确定性规避社会	高不确定性规避社会
愿意过一天算一天地生活	对未来有很大的焦虑
对于变革，更少情绪上的抵触	对于变革有大的情绪抵触
更能承担风险	更少承担风险
愿意更换雇主	倾向于维持同一位雇主
渴望成功	害怕失败
对雇主较低忠诚度	对雇主有足够的忠诚度
在特定时期，制度法规是可能被破坏的	法规是不能违背的
冲突是正常的，是可以接受的	冲突是大家不乐意发生的
鼓励主动的服从	鼓励下属的创新
容忍差异	差异化被认为是危险的
低压力	高压力
更少情感的表达	情感表达是可以接受的
上司会说我不知道	上司了解所有关于公司问题的答案
更少正式的组织架构	正式的组织架构

资料来源：Ferraro，Gary P.（2006）. *The Cultural Dimension of International Business.* 5th Ed.，Upper Saddle River，NJ：Pearson Prentice Hall，p. 115.

费拉罗认为，霍夫斯塔德的不确定性规避理论与21世纪全球经济高速发展步调有重要关系。我们在今天这个世界上从事商业的方式发生了很大的变化，主要因为互联网的使用增加，在今天电子商务的环境下，商业管理者需要快速地作出决策，以胜过竞争对手，这样反过来又增加了商业活动中的不确定性和风险。在新经济中，当与来自低不确定性规避的公司竞争时，高不确定性规避的公司被认为是处在劣势中。费拉罗为应对高不确定性规避的社会提供了以下的建议：

1. 在与人工作中，尽力去最小化他们对未来的焦虑。换句话说，在作建议书和决策时，尽可能地去预测未来的处境。

2. 预先奖赏员工对组织的忠诚度。

3. 制定更温和而不是激进的方案来应对变革。

4. 避免聘请与员工年龄相差无几的管理层。

5. 协助员工克服对失败的恐惧，与员工分享可继承的工作经验。

6. 确保组织的指导方针、规章和条例是合适的、明确的或者高预见性的。

7. 避免你的观点和建议太另类。

8. 对谈判的艰难性有充分的预见性。无论在谈判什么样的计划书，里面都需要包含内部的保护措施，这样可以更好地预测未来。

9. 不要对你的员工的模仿能力、创造力和远见有不切实际的期望。

10. 多数员工并不欣赏将权力下派的管理层①。

（五）文化价值的时间维度

根据费拉罗（Ferraro）的观点，文化的要素之一就是时间观。他从这三个方面探究时间维度：（1）时间精确计算的重要性；（2）该文化对序列时间或同步时间的应用程度；（3）文化是过去、现在还是未来导向的。费拉罗对两对时间价值观进行了研究，如表 12-8 所示。

表 12-8　　时　间　维　度②

精确 Vs. 宽松		连续 Vs. 同步	
时间计算精确的社会	时间计算宽松的社会	连续性社会	同步性社会
守时 严格的日程表 视时间为稀缺的/有限的 时间就是金钱	不守时 宽松的日程表 社会关系	单个任务 关注任务 严格的日程表 短期关系 时间是一个威胁	多任务 容易分散注意力

时间具有价值标准，这对于我们来说是一个常识，但是，正如费拉罗所言，每个文化可能都有其特有的时间词汇和生活节奏。莱文（Levine）和沃尔夫（Wolfe）对六个文化的生活节奏进行研究，指出六个文化之间在时间观念和生活节奏方面的差异相当大。日本显而易见地具有快节奏的生活和对速度和精度的关注，紧随其后的是美国，然而印度尼西亚的得分

① Ferraro, Gary P. (2006). *The Cultural Dimension of International Business.* 5th Ed., Upper Saddle River, NJ: Pearson Prentice Hall, p. 117.

② Ferraro, Gary P. (2006). *The Cultural Dimension of International Business.* 5th Ed., Upper Saddle River, NJ: Pearson Prentice Hall, p. 118, p. 120.

则大相径庭[①]。费拉罗认为，时间在某些方面比语言更能说明问题，因为时间是传递关于人们如何与世界和其他人联系的强有力的信息。除了精确或宽松的时间计算，一些社会也必须选择去做事情是顺序的还是同步的。人们在连续型和同步型的社会里的行为表现各不相同，同样地，在进行国际商务活动时，我们也需要识别我们将要经商的国家的时间观念。这里，费拉罗给我们提供了在对待宽松和精确时间观念的社会的一些建议：

1. 抑制把事情快速做完的冲动（因为“越快越好”和“时间就是金钱”）。愿意花时间去建立长久的关系。

2. 不要表现不耐烦，否则，你可能会被视为不可信赖的或者想要欺骗合作伙伴的人。

3. 让日程表更加灵活，把可接受的时间期限延长。

4. 意识到高地位的人可以让低地位的人等候，而反之则不然。

5. 当生意伙伴在同一时间做不止一件事情时，不要惊讶。做好在同一时间进行不同对话的准备。

6. 理解和尊重当地传统和长期承诺。

7. 使用过去的榜样和情景激励员工。

8. 随时随地推销你的公司的声誉和成功[②]。

总而言之，为了证明文化人类学的理论和视角如何确切地影响国际商务的行为，费拉罗的模型探索了文化人类学对如何在国际商务中更有效的人类行为上所能作的贡献。费拉罗模型采用了四种方法：（1）一般文化方法，联系人类学理论和国际贸易；（2）理解语言和非语言的沟通型态；（3）文化自我意识，将自己的文化价值观与其他文化价值观进行比较；（4）特定文化方法，发现并利用相关的文化信息。

就我们所理解到的，费拉罗模型的要点在于我们在国际贸易中要有文化敏感性。国际贸易专家需要注意某些领域，尤其是在外国兴办企业。例如，英国牛津布鲁克斯大学的一位人类学高级讲师，米切尔·塞奇威克最近出版了他的著作《全球化与日本组织文化：在法日企的民族志研究》。在这本书

---

① Levine, Robert, and E. Wolf (1985). “Social Time: The Heartbeat of Culture”. *Psychology Today*, March, pp. 29 – 35. Cited in Ferraro, Gary P. (2006). *The Cultural Dimension of International Business.* 5th Ed., Upper Saddle River, NJ: Pearson Prentice Hall.

② Ferraro, Gary P. (2006). *The Cultural Dimension of International Business.* 5th Ed., Upper Saddle River, NJ: Pearson Prentice Hall, p. 123.

中，塞奇威克基于他对法国一家日本消费性电子产品精英企业的子属公司的日常工作场合行为中的跨文化社会互动进行深入调查，并进行理论和当代全球动态学的民族志分析后认为，日本的专门技能不仅仅反映了依靠财务影响力的技术革新的组合，而且是日本社会关系的映射，在日本组织动态强烈地表现出来。他论证了日本组织权力能或者不能适应海外环境：日本管理者和工程师如何就行为的冲突，与具有鲜明的文化和组织倾向的非日本籍员工、法国管理者和工程师展开谈判。塞奇威克主张，对组织内和跨组织间的人际互动的密切研究能够提高洞察力，对过度强调全球化至关重要。

三、理解跨文化的商务礼仪和敏感性

专栏作家桑迪·科塞（Sandy Cosser）对跨文化商务礼仪做了问卷调查[①]。科塞指出，跨国企业的职员需要对文化差异敏感而有意识。在自己的语言和文化下进行商业交易和处理是一件困难的事情，不同文化国度工作更是难上加难。沟通障碍是最明显的隔阂，即使有翻译者的帮助，也远远不够。我们还需要去了解其文化行为和偏好，以确保恰当的礼仪，避免发生冲突。通过运用正确的礼仪，你可以在商业同伴的眼中变得更加专业。这将给你在参加会议时拥有更多的自信，也能让你将竞争者甩在后头。

礼仪被认为是行为的密码，能够根据一个群体、社会阶层、社交圈的典型规范，影响对绩效的期望。礼仪规则包括一个特定社会大多数的社会互动，往往是不断被实践的，而不是书面的。在商业世界中，礼仪被用来使社会互动更加有效。礼仪有不成文和成文的规则。礼仪在办公室的同事之间不可或缺，因为这些规则贯穿于整个商业和经济并通常保持不变。美国的全国大学及雇主协会 2005 年的一份报告证明了办公室礼仪的重要性，报告指出 49% 的雇主说非传统的服装会对一个潜在工作的应试者产生很强的影响[②]。

礼仪因文化而不同。例如，在一个文化背景下是正确的礼仪的某些事

---

① Cosser, Sandy (2009). "Understanding Cross Cultural Business Etiquette". Retrieved in July 2009 from: http: //ezinearticles. com/? Understanding - Cross - Cultural - Business - Etiquette&id = 779435. Cosser's discussion on cross cultural business etiquette is termed as Cosser Model in this section. We tend to present her original discussion as much as we can and we sincerely accredit all our discussion on this topic to Sandy Cosser.

② National Association of Colleges and Employers (2005). Retrieved in July 2009 from BLS homepage: http: //stats. bls. gov/opub/ooq/2006/fall/grabbag. htm#B.

情，在另一文化背景下可能会是粗鲁的、令人震惊的。科塞模型展现了社会在基本事件上的不同，如介绍。在日本，他们会以一个鞠躬和交换名片的方式正式地进行介绍。对一个西方人不要指望其会鞠躬，但是在日本人的社会里鞠躬是非常重要的，是正确的礼仪。在西方社会，握手至关重要，而日本文化则不然。轻轻的握手不能代表坚强或者软弱的性格，更多的只是他们的文化方式罢了。在日本文化中，鞠躬非常重要，是打招呼和介绍时恰当的方式。可意料的是，在第一次会面中，如果对方向你鞠躬，你必须以同样低的鞠躬回敬他。另外，名片交换仪式被称为 *meishi*，名片要用双手接递。名片的一面应该印着本国的语言，另一面应该印着日文，印着日文的一面应该向上，以示尊重，名片必须保持没有写上字，不能放在钱包和口袋里。

然而，在南美国家，推荐信在初次会面中更为重要。假如你的公司在南美默默无闻，那么，找一个有名气的引荐人将是明智之选。初次见面，相互介绍比直接讨论商业合作更为重要。给南美的合作伙伴留下良好印象将是顺利开展业务的第一步。南美人喜欢通过有力的握手来表达自己的情感，他们还喜欢眼神的交流。他们或许还会拍拍你的后背，或许还会牵你的手，这些都是友好的表达方式。

科塞明确指出，跟南非人拥有良好的个人商业关系是成功的关键。在获得信任的首次会面上，要发送一封信，然后回顾在首次会面中作了什么决定以及接下来需要做什么。南非文化中，有许多不同的沟通类型，对于某人使用大量的隐喻，而别人则使用另外的方式描述他们的观点。一个关注的主要问题是尊重，尤其是对老人的尊重。如果你对老人缺少尊重，你的商业关系就会毁于一旦——即使你的生意与长者毫无关系。与南非人共事，在咨询中使用实际数据是重要的，因为他们不喜欢讨价还价。他们讨厌在说话的时候被打断。先让他说完他的观点，然后再说出你的想法，这也许不自然，却是重要的。

国际或跨文化商务成功的很大部分是拥有一个百事通和敏锐的翻译者。科塞认为，一个翻译者应该意识到细枝末节的东西，因为它们将是成功和一败涂地之间的差别。譬如，在会议前必须知道的一个社会生活的细节是日本礼节的高水平。尤其是首次会面中，一个重要的事情是一直保持专业水平，因为日本人会根据你的能力判断是否能成为商业伙伴。科塞解释了三个主要因素，能够决定跟一个日本伙伴建立一段成功的长期关系：第一个因素是真诚，显示你想要在个人层面正当地进行交易，签订协议；第二个因素是相容，显示你不单单是为了经济利益，而是为了整个公司的成功；第三个因素是信赖，使他们对你信任：你是来建设成就而不是带来灾难的。

科塞描述了日本人是含蓄的沟通者，因为他们假定对方在相关话题上是受过良好教育的，只给对方最低限度的细节。一个专家团队是会议的惯例，而不仅仅是一个发言人。见多识广或者带着一支能够回答他们抛给你的每一个问题的团队是必要的。日本人因注重细节而著称，会问许多的问题，很多是相似的，只是以不同方式表达出来。科塞解释说，拥有大量可得的信息并采用书面形式是极其重要的。在你的计划书和建议书里，概括出你的公司、服务和产品的基本信息是重要的。谦虚是必要的，因为日本人非常讨厌傲慢、轻率或者跟别人直率讨论的人。了解己方的倾向是至关紧要的，因为他们要与你所习惯的不同。例如，日本人喜欢安静地、甚至闭上眼睛深思和考虑问题。他们不鲁莽，宁愿沉浸于思考之中，你不能毫无理由地打破这种宁静。很少有日本人在会议上作决策，他们更习惯建立双方之间的联系，预先讨论信息和决策①。

当需要理解的文化差异和信息显得浩若烟海，我们不必要去知道所有的细节。更重要的是有一个能够打破沟通的障碍和展示适当的礼仪的翻译者。在商业中有恰当的礼仪对成功来说极其重要。如果有一个翻译者帮助人们通过了过程，人们无需去记忆每个文化及其方式。假如这实现了，跨文化商务能够获得令人惊异的成果。

专业的公司训练者金柏莉·罗伯茨（Kimberly Roberts）女士认为，如今全世界已经用电话、邮件和视频会议来优化商业活动，可是，与合作人和客户进行个人会议的重要性并没有被现代科技所取代。有时，会议将在共事多年、值得信赖的同事们之间进行。在其他时候，首次见面会在带着建立一个有利可图的和有回报的关系的希望下展开②。

罗伯茨女士建议，当安排与来自其他文化的人进行见面时，认识到其文化礼仪是明智的。奠定会议的专业基调，留下一个良好的印象，熟悉你打算会面的那个国家或者那个国家内的文化群体的标准问候。例如，握手在全世

---

① Cosser, Sandy (2009). "Understanding Cross Cultural Business Etiquette". Retrieved in July 2009 from: http: //ezinearticles. com/? Understanding - Cross - Cultural - Business - Etiquette&id = 779435.

② Kimberly Roberts (2007). "International Success Tips", retrieved in July 2009 from: http: // international - business - center. com/international_ success_ tips. html.

界范围内都是被用来问候的。尽管握手在西方国家中是标准行为，但是在其他国家它被更传统的问候替代。对于使用握手的国家来说，除了它是传统的问候外，也有助于了解双方。于是，在问候他人时，需要停顿并等待你应该使用何种问候方式的线索出现①。

根据罗伯茨的观点，一个男人向另一个男人伸手是安全的，但是，当一个男人向一个女人打招呼，或者说一个女人向一个男人，甚或向另一个女人打招呼，规则可能就要改变。为了避免可能的窘迫，罗伯茨女士提供以下的技巧，能简化问候，给你一些有用的信息：

1. 德国人和美国人握手强而有力，跟德国人握手要简短干脆，跟美国人握手时要持续三四秒钟。

2. 法国人、危地马拉人和日本人喜欢轻柔的握手。

3. 新加坡人握手更久点（10 秒以上）。

4. 在新西兰、新加坡、朝鲜或者中国台湾，女士应该是首先向男士伸手。

5. 中国内地、中国香港地区以及日本则使用传统的鞠躬。

6. 印度传统的问候礼仪是合十礼——将双手放在祈祷的位置，手掌和手指合并，摆在下巴下方，鞠躬并口称合十。

7. 泰国传统的问候是手掌合十，将手放在下巴前，点头到接触手指上为止，一边说“Sawasdee”——意思是“你好!”

8. 在智利、哥斯达黎加、萨尔瓦多、洪都拉斯、墨西哥、尼加拉瓜或巴拿马，妇女会通过轻拍右臂或肩膀来问候其他妇女。

9. 具有印度教和伊斯兰教信仰的国家禁止男人与女人公开接触。在这些国家时，要根据主人的提示，决定是否要遵从其宗教传统。

10. 在一个印度教或者穆斯林国家，如果要进行西方式的握手，女士应该等待男士首先伸出手②。

商务礼仪专家莉迪亚·拉姆齐在她的网站写到，古老的谚语“入乡随俗”在今天仍然适用，访问美国的业务客户和同事应该受到其独特的文化敏感性且具有意识性的对待。不在理解不同文化上下工夫将会对你未来的事

---

① Kimberly Roberts (2007). “International Success Tips”, retrieved in July 2009 from: http: //international - business - center. com/international_success_tips. html.

② Kimberly Roberts (2007). “International Success Tips”, retrieved in July 2009 from: http: //international - business - center. com/international_success_tips. html.

业产生不可挽回的损害。一步不慎，如不恰当地使用人名，没有遵循时间规则或者在欢迎花束中使用错误花色的花朵，后果会很严重。没有放之四海皆准的规则，所以有必要对顾客所在的国家进行调查。对美国商业人员来说，铭记着这一点是非常重要：有多少做生意的国家，就有多少做生意的方式。下面是拉姆齐对美国商业世界提出的与外国人打交道的一些建议①：

1. 建立关系。很少有其他人跟美国人一样急于着手干正事。所以在急忙达成结果前，花点时间去了解你的国际客户，建立密切的关系。商业关系是建立在信任的基础上的，这需要时间去培养，尤其是与亚洲和拉丁美洲的人一起时。

2. 谨慎穿着。美国人喜欢着装时尚舒适，而来自全球各地的人通常要保守得多。你商务着装的选择是你对其他人或组织尊重的信号。在你跟你的外国客人会面的时候，让你时髦的衣服躺在衣橱里吧。

3. 遵守级别。当你在接待一群人时，了解谁是级别最高的客人，这不总是一件简简单单的事情。如果你与日本人交往，了解到日本人从群体内最年轻的成员开始，通过统一意见制定决策，这是很重要的。相反，拉丁民族按着年龄形成一个清晰的等级制度。

4. 理解握手。除了少数国家和地区的例外，全球的商务人员用握手来作为见面和问候的礼仪。然而，美国式握手是牢牢握紧，快速地晃动两下，眼神接触，外带微笑，并不通用。握手的不同之处是建立在文化差异上，而不是个性和价值观。日本人轻轻地握手。德国人结实地摇动一下。法国式握手是轻柔的，快速摇动一下。中东人在整个问候过程一直握着手。不要惊讶于你会偶尔在某处沿途遇见一个吻、一个拥抱和一个鞠躬。

5. 使用头衔和正确的称呼语。在美国，我们非常不拘礼节，很快用他们的第一个名来称呼人。当对待来自其他文化的人们时，使用首名要慎重。在得到别人的邀请而使用别人的第一个名字称呼前，使用头衔和姓氏。在某些情况下，这种情况可能不会发生。在某些文化中，首名的使用留给家人和密友。头衔在全球比在美国有重更要的意义，是称呼商务人员的另一重要方面。获得的学历是被普遍公认的。例如，一个德国的工程师被称为“赫尔工程师”和“赫尔教授”。当你被介绍给某人时要认真倾听，拿到商业名片

① Lydia Ramsey (2009). “International Business Etiquette Tips”. Retrieved in July 2009 from http: //www. sideroad. com/Business_Etiquette/global - business - etiquette. html.

时要重视。

6. 交换名片。在任何文化发送名片的关键是对他人表示尊重。赠送名片时要方便他人不用反过来读你的信息。用双手递赠名片给来自日本、中国内地、新加坡或者中国香港的访客。当你接到他人的名片，通常要看着它并致谢。当你要收起名片，把它小心地放在名片夹里或者跟商业文书放在一起。随意地放在口袋里是对赠予者的不敬。在多数情况下，等待直到你被介绍给某人并向他递交名片。

7. 珍惜时间。不是世界上的每个人都像美国人一样有时间意识。如果某人来自一个更宽松的文化，让你保持等待或者比平时在会议和就餐花更多的时间在产品上，不要认为是个人的事情。坚持严守时间的规则，但与其他不关心时间的国家接触时要谅解。

8. 空间观念。美国人对自己的物理空间特别重视，当别人闯入他们的领域会感到不舒服。后退会传递错误的信息。接触也是。你不能冒侵犯他人空间的风险以任何方式接触他们，除了握手。对国际客户的最大赞美是学习他们的国家和习惯。理解行为上的不同，用行动尊敬他们。当访客按照他们的习俗表现时，不要因此生气。其他国家的人会感激你适应他们而付出的努力，你也将发现自己获得了国际客户①。

第三节　跨文化商务沟通

沟通技能是极其重要的。一个企业的利润在某种程度上决定于其沟通策略和技能。不幸的是，高层管理者有时会忽视因文化不同而产生的无形沟通障碍的重要性。文化因素起了一个重要的作用，如同无形的障碍一样。

正如世界正变得全球化，许多国家越来越多地力图保留他们的特色。一如既往地可以预测到，国家文化将继续成为一个关键因素。因此，这些特色将会影响到贸易政策、知识产权保护，为国家利益创造资源。在更微观的层面上，文化差异性会给具有全球抱负的企业带来无形障碍。

---

① Lydia Ramsey (2009). "International Business Etiquette Tips". Retrieved in July 2009 from http: //www. sideroad. com/Business_ Etiquette/global - business - etiquette. html.

在世界各地，当地传统正在得到强化和重申。回想一下加拿大魁北克省是如何再次确认它的法国传统的。随着文化权利和优先次序的声音增强，企业在国际上进行商业将面临大范围的文化挑战。从管理的视角来看，认识到现今的市场同时是全球范围和跨文化的本质对企业来说非常重要。意识到并敏锐地感觉到文化差异是在当代的国际市场获得成功的一个主要因素。缺失文化敏感度会削弱企业及其关系网①。

一方面，世界变得更加同一化，国际市场的差别正进一步消亡。另一方面，国家、地区和族群间的文化差异不会消失；在某些情况下，它们的强度还增加了。这意味着，全球的或跨国的商务沟通要求管理者对国家的、当地的、族群的文化差异知之甚深，以便行之有效②。

跨国界和族群边界的国际商务沟通往往是困难的。各国家之间广告内容的宣传文本制定各不相同③。宣传信息包含的价值观、规范和特征跨文化间差异很大。国际商务沟通策略的制定时应该考虑文化观念的差异性④。忽视广告中的文化意义的做法已导致了国际市场的失败⑤。

理解政治和非政治边界对文化关联的产品和企业来说很重要，需要本地化调查。它探查文化观念在沟通中的意蕴。它将从人类学的视角分析国际商务沟通中关键的跨文化问题。它检验了在当今世界的数种跨文化沟通的策略。根据这些检验，打破无形沟通障碍的框架已经出现了。

---

① Tian, R. G. (2000). "Understanding Consumer Behavior: Psycho - Anthropological Approach". *North American Journal of Psychology*, Vol. 2, No. 2, 273 - 279; Tian, Robert G. (2000). "The Implications of Rights to Culture in Trans - national Marketing: An Anthropological Perspective". *High Plains Applied Anthropologist*, 20 (2), 135 - 145.

② Emery, C. R. & Tian, R. G. (2003). "The Effect of Cultural Differences on the Effectiveness of Advertising Appeals: A Comparison between China and the US". *Transformations in Business & Economics*, Vol. 2, No. 1 (3) 48 - 59.

③ Emery, C. R. & Tian, R. G. (2003). "The Effect of Cultural Differences on the Effectiveness of Advertising Appeals: A Comparison between China and the US". *Transformations in Business & Economics*, Vol. 2, No. 1 (3) 48 - 59; McLeod, D. M., and Kunita, M. (1994). "A Comparative Analysis of the Use of Corporate Advertising in the United States and Japan". *International Journal of Advertising*. Vol. 13, No. 2, pp. 137 - 152.

④ Tian, R. G. (2000). "The Implications of Rights to Culture in Trans - national Marketing: An Anthropological Perspective". *High Plains Applied Anthropologist*, 20 (2), 135 - 145.

⑤ Mueller, Barbara (1992). "Standardization vs. Specialization: An Examination of Westernization in Japanese Advertising". *Journal of Advertising Research*. Vol. 32 (January /February): pp. 15 - 24.

一、跨文化沟通中的文化冲击

市场人员跟消费者进行跨文化沟通的能力是成功与否的关键。商务沟通是双向的互动沟通。市场人员在沟通的同时收集、整理、翻译、运用采集到的信息。任何细节的失误将会导致破坏性的影响。我们在第八章中所讨论的日本彩电进入中国市场案例，就有力地支持了这一论点。在20世纪80年代后期和90年代，日本电视节目在中国占据主导地位。

在20世纪80年代早期，日本和欧洲的电视制作商对中国市场做了综合调查。根据他们的调查，欧洲市场人员决定不在中国推出产品。他们推断，鉴于中国人均国内生产总值较低，中国人不可能愿意购买奢侈品，如彩电。而日本电视台市场人员作出了相反的决定，根据他们的调研和观察，中国人有一个文化传统，就是将积蓄一代传向下一代。此外，中国积蓄钱财以供未来的消费，不同于西方文化——人们为目前的消费花未来钱。几乎每一个中国家庭都已存蓄了两三年的金钱去实现他们购买一台彩色电视机的梦想。而且，他们的调查显示，尽管中国公司也在制造彩电，中国消费者对进口产品更有信心。因此，日本市场人员作出结论，中国家庭愿意够买高质量的日本彩电。结果，日本彩电市场人员在中国市场获利颇丰，因为他们理解中国文化，而他们的欧洲竞争者则没有做到①。

在一个有趣的调查实验中，谢尔（Sheer）和陈（Chen）研究中国和西方国际商务谈判人员在互动的过程和结果中对文化和职业偏好的注意程度。调查的结果显示，中国和西方谈判人员的期望和策略有一些相当显著的差异。例如西方人比中国谈判人员更多地强调适应性。这样的例子数不胜数。例如马丁报告，为了在波斯湾获得成功，大多数美国经销商在美国的连锁业都要相应地改头换面，以适应当地的文化要求②。文化对商业的影响是显而易见的。为了研究这些影响，我们需要首先研究文化本身。市场营销方面的学者将文化定义为人们如何感知自我，如何规范行为的机制。文化提供了一套可学习的、可分享的、可联系的象征、代码以及价值观，并指导和修正着

---

① Tian, R. G. (2000). "The Implications of Rights to Culture in Trans - national Marketing: An Anthropological Perspective". *High Plains Applied Anthropologist*, 20 (2), 135 - 145.

② Martin, J. (1999). Franchising in the Middle East. *Management Review*. June 1999, pp. 38 - 42.

人们的行为[①]。在市场及消费者行为研究领域，文化的概念是最小和最基本的单位，而营销人员却容易忽视文化概念所蕴涵的深度以及重要性[②]。

文化是发展的连续体，从传统步入现代。传统与现代的分类来源于经济的维度以及文化的边界。在经济上，现代导向文明以市场驱动、竞争、后工业化经济体系为特征。而美国、加拿大和其他西方化社会都是以现代为基础的，市场化的、竞争的、后工业化的体系。

从文化边界上看，传统导向文明强调他们的历史、传统和既定惯例。相反，现代导向文明较弱地依赖于他们的历史和传统。惯例是不断变化的[③]。传统导向社会的文化有限性下产生的市场体系显著不同于现代文明市场体系。萨米伊（Samiee）提示经济和社会因素影响市场体系的发展和变化[④]。

了解到商业的文化局限性（例如，某一文明愿意放弃他自身传统模式并采用新模式的意愿程度）对成功的国际商务沟通和国内种族群体营销不可或缺[⑤]。一位学者在中国（一个传统导向文明）少数民族地区开展的研究论述了文化在产品分配方面影响消费者行为。他注意到，同种群消费者的文化导向有助于建立和维持众多的小型零售商，利用供应商的忠诚度和无效率、多层级分销网络获得支持。这使得中国国有零售业务和外资商业机构比他们本应该获得的利润要少[⑥]。

同样，格里菲思（Griffith）和瑞安斯（Ryans）认为，在某种程度上，营销业务的文化色彩起源于消费者的偏好。他们认为，一个目标市场的文化特征会对确定文化限制的渠道结构作出反应，如当地商店和集市[⑦]。对西方

---

① Harris, P. R. & Moran, R. T. (1987). *Managing Cultural Differences.* 2nd ed. Houston: Gulf.

② Douglas, S. & Craig, C. (1995). *Global Marketing Strategy.* New York, N. Y.: McGraw - Hill; Griffith, D. (1998); Cultural Meaning of Retail Institutions: A Tradition - Based Culture Examination. *Journal of Global Marketing.* Vol. 12 (1), 47 - 59.

③ Bandyopadhyay, S. & Robicheaux, R. (1993). "The Impact of the Cultural Environment on Interfirm Communications". *Journal of Marketing Channels.* 3 (2) 59 - 82.

④ Samiee, S. (1993). "Retailing and Channel Considerations in Developing Countries: A Review and Research Propositions", *Journal of Business Research*, 27 (12) 48 - 66.

⑤ Reese, S. (1998). "Culture Shock". *Marketing Tools.* May 1998, pp. 44 - 49.

⑥ Tian, G. (1987). The Achievements and the Development of Commerce and Trading in West China Regions. Shi, Z. (ed.) *The West China Minority Areas Economy Development Studies.* Beijing, Minzu Press, 1987.

⑦ Griffith, D. A. & Ryans Jr. J. K. (1995). Strategically Employing Natural Channels in an Era of Global Marketing. *Journal of Marketing Practice: Applied Marketing Science.* 1 (4), 52 - 72.

国家的市场人员来说，理解发展中国家的市场体系是困难的。譬如，格里菲思报告，美国市场人员难以理解法国政府制定决策限制零售商店的规模，保护当地的夫妻店，尤其考虑超级商场。他认为，政府保护小型经营者，放弃扶持更有效率的规模经营，更主要是内在的文化动力所致①。跟中国人做生意，因为中国是一个巨大而发展中的市场而且是处于传统导向文明的地方②。

政府干预，正如法国意图保护其存在于市场体系和结构中的社会文化，会受到争议③。可是，尽管存在一些冲突，传统市场集市和现代高效超市并存于社会中，如同在中国的一些区域。这种和谐在这两个系统相对独立和相互补充的情况下是可以实现的④。因此，作者争辩道，尽管文化因素影响市场，但是当市场人员意识到并敏锐地捕捉到文化的差异时，这种影响会变到最小。

跨文化商务沟通是在消费者或顾客之间的商务沟通，他们的文化与市场人员自身文化至少在文化的一个基本方面（如语言、宗教、社会规范和价值观、教育以及生活方式）是不同的。跨文化商务沟通要求企业对文化差异有意识和敏感。为了尊重不同文化和市场的消费者的文化权利，市场人员应该理解到他们的消费者对其文化的权利。如果市场人员想要在跨文化市场成功，他们必须以尊重消费者价值观念和文化权利的方式工作。例如，对在某一商业情景下沟通的西方市场人员而言，对他们来说相当重要的是尊重中国政府对国情的要求，这意味着他们必须顾及中国的特殊环境和特色⑤。商务沟通不是一个独立的行为，而是与所有其他的商业或市场行为有关。从人类学视角来看，所有市场行为都是为文化所限制的。买与卖都在文化的语境

---

① Griffith, D. (1998). Cultural Meaning of Retail Institutions: A Tradition – Based Culture Examination. *Journal of Global Marketing*. Vol. 12 (1), 47 – 59.

② Emery, C. R. & Tian, R. G. (2003). "The Effect of Cultural Differences on the Effectiveness of Advertising Appeals: A Comparison between China and the US". *Transformations in Business & Economics*, Vol. 2, No. 1 (3).

③ Griffith, D. A. & Ryans Jr. J. K. (1995). Strategically Employing Natural Channels in an Era of Global Marketing. *Journal of Marketing Practice: Applied Marketing Science*. 1 (4), 52 – 72.

④ Tian, G. (1998). Anthropological Research among Chinese Refugees in Metro Toronto. *Cultural Anthropology Methodology*, Vol. 2. pp. 10 – 13.

⑤ Yan R. (1994). To Reach China's Consumers, Adapt to Guo Qing. *Harvard Business Review*. September – October, pp. 66 – 67.

下进行①。

因此，为了使营销适应于消费者偏好、购买行为、产品使用模式，市场人员得益于对市场文化环境的理解。厂商不应该关注于文化差异只是为了调整商务沟通程序，使它们能够为消费者所接受。建议企业还应该识别文化相似点，以便能够识别机会，并根据倾注了文化信息的商务沟通理论来修改标准的营销策略。如何在全球市场中有技巧地处理这些文化相似和差异之处，对商务活动来说是个重要的营销任务。

二、跨文化沟通的异同点

跨文化商业交流要求企业通过对当地文化的研究去发现可能的商机。因此，公司必须弄清楚开拓异国市场时可能遭遇的异文化要素。经典的人类学理论认为，人类的所有行为，包括市场行为，都是在一定的文化语境下发生的。反之，人类也可以通过各种行为来影响文化语境②。

相应地，文化影响商务沟通，商务沟通影响文化。企业可以成为这种互动过程的代理人。商务沟通与文化之间的相互作用能够从三个方面得到检验。

首先，文化界定可接受消费者和企业的购买和产品使用行为。根据他们从丹麦、英国、法国和德国收集到的数据分析，卜伦所（Brunso）和格兰内特（Grunet）发现跨文化因素影响人们对食物的购买③。以商务礼品为例，在对商务礼物期望的文化里，例如在日本，没有赠送礼物给主人，是对主人的侮辱。而在其他文化中赠送商务礼品会被理解为贿赂，属于不恰当地冒犯接受者，这种商务沟通的重要作用将会对寻找商机的企业产生不利影响④。

其次，人类学理论认为文化是一切社会互动的中心。由此，从文化对商业交流影响性入手比分析其他要素清晰的多。例如，广告强烈地受到了语言

---

① Hamilton, D. B. (1987). "Institutional Economics and Consumption". *Journal of Economic Issues*, December, p. 1541.

② Harris, P. R. & Moran, R. T. (1987). *Managing Cultural Differences.* 2nd ed. Houston: Gulf; Hall, E. T. (1976). *Beyond Culture.* New York, N. Y.: Anchor Press - Doubleday.

③ Brunso, K. & Grunet, K. (1998). "Cross - cultural Similarities and Differences in Shopping for food". *Journal of Business Research.* 42, pp. 145 - 150.

④ Arunthanes, W., Tansuhaj, P. & Lemak, D. (1994). "Cross - cultural Business Gift Giving: A New Conceptualization and Theoretical Framework". *International Marketing Review.* 11 (4), pp. 44 - 55.

的影响，而语言是文化的关键要素。此外，广告预算和形式建立在购买习惯和消费行为的文化习性的基础上的。这些又会受到接触到的媒介和物质文化状态的价值观和规范的影响。包括阿尔伯斯—米勒（Albers - Miller）、霍夫斯塔德、波莉（Pollay）和盖拉格（Gallagher）在内的无数理论家都提出，文化影响广告所描述的角色类型和主题选择①。

最后，商务沟通也影响文化，有助于文化的借鉴和变革。随着越来越多的市场变得更加全球化，营销组合变得更加标准化，文化变革的速度预期会提升。在当代中国发生的文化变迁提供例子证明了这点。例如，性别认同可能影响消费行为是被广泛相信的。可是，由埃默里（Emery）和田广（Tian）最近发起的一份性别研究证明，美国调查者和中国调查者行为一致。一个可能的解释是中国传统文化的性别地位发生了变化。因此，美国市场人员可以成功地使用相同的性别因素吸引中国的年轻人市场，正如他们在美国所做的一样②。

尽管如此，文化倾向于缓慢地改变，因此，个别产品可能会受到抵制。企业的一个基本要务是在进入新的市场时，在不同的市场定位相同点，并在战略上利用他们。市场人员需要继续地调整他们的沟通策略以适应目标市场。不幸的是，许多决策制定者在国外市场进行交流沟通时无意识地根据他们自身的文化经验和价值观在制定策略。民族优越感，认为自己的文化比其他人的优越的信念，也能削弱有效的商务沟通。

格斯特兰（Gesteland）③ 指出，在不同文化背景下从事商业需要特别注意四对文化模式。这四对文化模式是：（1）以任务为中心与以关系为中心的文化；（2）正式与非正式的商业文化；（3）严格和宽松时间观念的文化；（4）外向和保守的文化。在以关系为中心的文化中，企业不会与陌生人进

① Albers - Miller, N. D. (1996). "Designing cross - cultural advertising research: A closer look at paired comparisons". *International Marketing Review*, 13 (5), pp. 59 - 76; *Hofstede, G.* (1991). Cultures and Organizations: Software of the Mind. *London: McGraw - Hill Book Company; Pollay, R. W.*, & *Gallagher, K.* (1990). *Advertising and Cultural Values: Reflections in the distorted mirror.* *International Journal of Advertising*, Vol. 9, pp. 359 - 372.

② Emery, C. R. & Tian, R. G. (2003). "The Effect of Cultural Differences on the Effectiveness of Advertising Appeals: A Comparison between China and the US". *Transformations in Business & Economics*, Vol. 2, No. 1 (3).

③ Gesteland, Richard. R. (2004). *Cross - Cultural Business Behavior.* Fort, Mumbai, India: Jaico Publishing House.

行交易。在这样的文化中，跟正确的人发展良好的联系是重要的。这需要花费时间去建立个人关系。这在进入商业谈判前是重要的。这些特点主要集中在亚洲、非洲、中东和拉丁美洲。在以任务为中心的文化里，强调的是立即进入商业活动，即使是与陌生人。双方的默契在谈判的过程中建立起来。相比之下，在德国、英国、澳大利亚、新西兰和北美，书面协议被认为是最重要的，构建了一个契约。

至于正式与非正式的商业文化，在正式的文化中，主要是在欧洲，大部分的亚洲、中东和拉丁美洲，社会是等级森严、具有地位意识的，遵从严格的礼仪。在非正式的文化如美国和澳大利亚以及一部分的加拿大、丹麦、挪威和新西兰中，社会是平等、开放的，重视个人能力甚于关系和地位的。格斯特兰也根据他们的时间观来划分文化。在共时性文化中，时间是重要的。谈论按照约定的会议议程进行，以线性方式采取行动。具有这种时间导向的国家大部分在北欧、西欧和东北亚地区。在历时性文化中，商务会议倾向于遵循他们自己的逻辑而不是一个固定的纲要。在这些文化中，关系比期限更重要。对于打算在历时性文化中谈判的企业，在议程表里保留充裕的时间余地是明智的。历时性文化大部分在非洲、东南亚、中东和拉丁美洲。

尽管格斯特兰的建议是实用的，我们仍然要避免对异文化的刻板印象。人类学理论指出，将我们自身的行为范式映射到完全不同的文化上是不明智和短视的①。不同文化的人有不同的市场价值观念和行为。例如，通过长期的观察可以发现，迁居加拿大的中国移民的消费和购买模式以及其他的社会一经济行为跟居住在中国的人的模式是完全不同的。因此，企业需要有针对每个群体的不同市场沟通策略②。在某种情况下，企业知道文化是不同的，但是不知道他们不同在什么地方。调查是发现和获知以什么样的方法来吸引驱动购买者和消费者。我们主张人类学方法是一个实施跨文化研究特别有效

---

① Giovannini, M. J. & Rosansky, L. M. H. (1990). *Anthropology and Management Consulting: Forging a New Alliance.* The American Anthropological Association; Harris, P. R. & Moran, R. T. (1987). *Managing Cultural Differences.* 2nd ed. Houston: Gulf; Hall, E. T. (1976). *Beyond Culture.* New York, N. Y.: Anchor Press - Doubleday.

② Tian, G. (1999). *Canadian Chinese, Chinese Canadians: Coping and Adapting in North America.* Lewiston, NY, the Edwin Mellen Press 1999.

的方法[①]。

三、跨文化沟通的启示

在20世纪50年代，人类学家爱德华·T. 霍尔（Edward T. Hall），一位著名的工商人类学家，为美国国务院的“伯英孚水管理有限公司”（Point Four）培训项目担任教练，这个项目的目的是教导将在北美外工作的技术人员。霍尔清楚地了解到文化对沟通效率的影响的重要性。霍尔在跨文化沟通领域上开创事业，最终撰写了几部在商业、人类学、沟通以及许多其他领域的开创性著作。

霍尔在跨文化沟通和跨文化训练的实践和影响是具有里程碑意义的。他清楚地了解到跨文化沟通的失误会毁坏一个企业订单或者一项和平协议。在他的第一本书《无声的语言》（*The Silent Language*）中，他解释文化作为一种沟通，更多的不仅仅是语言。沟通包括了非语言的特性，需要放在文化背景下去理解。在接下来的书中，他探索了审视空间和时间的不同文化方式以及他们对商业的意义。霍尔对商务沟通的实践和理论贡献对他人产生了很大的影响，如费拉罗继承了霍尔在国际背景下沟通的工作[②]。

当前，霍夫斯塔德[③]是最盛名昭著的跨文化沟通专家。他已经构建了一个全球模型帮助商业专业人员识别文化差异。他的工作产生了所谓的“文化模型四维度”，由权力距离、不确定性规避、个人—集体主义、性别四个部分组成。此外，一些研究人员像罗兹、埃默里和田广等（Rhodes，Emery and Tian et. al.）[④]、雷德帕斯和尼尔森（Redpath and Nielsen）[⑤]，在霍夫斯

① Tian，R. G.（2000）.“Understanding Consumer Behavior：Psycho – Anthropological Approach”. *North American Journal of Psychology*，Vol. 2，no. 2，273 – 279；Weise，E.（1999）.“Anthropologists adapt technology to world's cultures”. USA Today. May 26，1999.

② Hall，E. T.（1981）. The Silent Language，New York：Doubleday；Ferraro，G. P.（2002）. *The Cultural Dimension of International Business*（Fourth Edition）. Upper Saddle River：NJ：Prentice Hall.

③ Hofstede，G.（1991）. *Cultures and Organizations*：*Software of the Mind.* London：McGraw – Hill Book Company.

④ Rhodes，D.，Emery，C. & Tian，R. et. al.（2004）. A Cross – cultural Comparison of Leader Ethics. A paper presented to Academy of Organizational Culture，Communications & Conflict.

⑤ Redpath，L. and M. O. Nielsen.（1997）.“A Comparison of Native Culture，Non – Native Culture and New Management Ideology.” *Canadian Journal of Administrative Sciences*，Vol. 14，No. 3，pp. 327 – 339.

塔德模型上增加了一个维度“儒家动力”，以区别中国和西方文化价值观区。

在一个案例研究中，埃默里和田广论述了广告作为一个重要的商务沟通方式，随着我们继续走向一个全球化市场，跨文化差异对其的重要性变得更加清晰。重要的是，营销人员不应该让陈旧的刻板印象驱动他们的广告策略，这在亚洲市场尤为重要，因为中国大陆和台湾成了 WTO 的正式成员。研究结果指出，像霍夫斯塔德的文化维度等的启示太过于广泛，而无法捕获到发动一场行之有效的广告活动所要求的详细的差异。虽然埃默里和田广的研究结果没有对改进广告提供明确的建议，他们提供了一些基本信息给寻求在中国做生意的营销从业者。例如，应该考虑七项诉求（例如效率、安全、易用、耐用、自然、教育和保险，按重要度降序排列）。相反的，这十项诉求应该避免（例如临时的、区别、社区、地位、冒险、昂贵、家庭、难以控制的、奇异和流行的，按不重要度降序排列）。强烈建议在为市场制定广告前需要考虑市场细分和咨询一位中国消费行为的专家①。

在商务实践中，意识到沟通的差异是必不可少的，尤其在进行商务谈判时。商务谈判是另一种重要的商务沟通方式。常（Chang）的一个近期课题总结说，在中国社会，人们在大部分商业竞争活动中强调“零和博弈”。建议一个谈判应该创造“双赢”局面②。正如汤普森（Thompson）所强调的，一个真正的双赢谈判是谈判者达成的任何协议应该涵盖双方的大部分利益。但是，如果促进一方的成果，同时不伤害另一方的成果，这是非常困难的。正因如此，诚实是走向与中国企业界达成更好协议的第一步。坦诚个人的目的、目标和利益能促使双方建立诚信和良性的议价空间。尊重他们的文化，耐心等待他们的回复，将会是一个成功谈判的第二步。最后而不是最终的，额外服务或者实际支持将需要被提供以显示友谊和真诚③。

有两个近期的研究提出，在现实商业世界中，企业在他们的商务沟通实践中学习霍夫斯塔德的文化模型，接受文化差异和练习这些技巧将帮助他们

---

① Emery, C. R. & Tian, R. G. (2003). The Effect of Cultural Differences on the Effectiveness of Advertising Appeals: A Comparison between China and the US. *Transformations in Business & Economics*. Vol. 2, No. 1 (3), pp. 48 – 59.

② Chang, L. (2003). “An Examination of Cross – cultural Negotiations: Using Hofstede Framework”. *Journal of American Academy of Business*, Cambridge, Vol. 2 (2), pp. 567 – 670.

③ Thompson, L. L. (2001). *The Mind and Heart of Negotiator*. New Jersey: Prentice Hall.

获得预期的或是更好的结果。显而易见的是，有许多因素影响跨国商务，但一个成功的跨国企业的基本前提是高效的沟通，这或多或少涉及商务人员对其他文化的认识。正因如此，跨文化问题确实给21世纪的企业们带来了更多的挑战和机会，尽管它们在商务沟通领域或许不是全新的。许多悬而未决的问题和难题需要专家和市场专业人员在理论和实践方面去解决和讨论。在理论层面上，以下的主题和议题需要去探讨：（1）营销的文化影响因素：国家和国内的商务沟通；（2）跨文化沟通的标准化和适应性；（3）商务沟通研究的跨文化维度；（4）商务沟通组合（宣传、推广、销售、公共关系、贸易展览和广告）的跨文化部分；（5）服务行业商务沟通的跨文化方面；（6）次级市场的跨文化沟通影响；（7）跨文化商务沟通教育和专业训练。

上述所列的七个论题和主题可以被视为更深层次的理论研究的指导方针。随着理论探究的深入，更多主题和论题将会被发现。作为营销专家，我们需要清楚地知道，尽管营销原理可能保持不变，但新的挑战等待着我们。应对跨文化影响对营销的冲击就是这样的一个例子。对于营销实践，我们建议用这个指导方针来减少跨文化营销的失误：

- 识别、理解和尊重他人的文化和差异。对文化禁忌保持敏感。保持文化中立，并认识到差异未必就是更好或更坏。对商务沟通建立文化共感。
- 不要生搬硬套地嫁接文化概念。例如，如果发展国家本土的商业人员宣称他们不喜欢美国人，他们可能不是在说他们不想购买美国商品。这仅仅意味着他们预计是在公开讨论某些事情，而他们可能在私底下表现不同。
- 鼓励来自不同文化背景的员工分享他们的知识和经验。设计方案使沟通人员能够将这些经验转化为组成公司沟通战略的完整部分。
- 使文化知情者参与决策制定。文化知情者可以是当地商务人员或者受过训练的和有经验的专业人类学家，他们能够帮助管理者更好地与其他文化的业务经理沟通。

简而言之，沟通是需要熟悉的最重要的能力之一，以便任何组织在现今的全球化社会和经济环境中取得成功，尤其是那些从事跨国商务的企业。正因为如此，跨国和/或跨文化沟通策略在决定企业的盈利能力中扮演了一个越来越重要的角色。最近的商务研究结果表明，为了相对有效地与来自不同的跨国文化交流，我们必须有相关的知识和对多元化文化的欣赏。不幸的是，文化差异及其影响经常被忽略①。对于商业领导者来说，人类学研究异文化的方法是可靠的。而如何挖掘人类学方法对于跨文化交流领域的贡献，则有赖于人类学者与商业交流专家的共同努力。

本章小结

自20世纪80年代以后，生产能力、交通运输和交流沟通的迅猛发展正在改变世界。全球化和区域经济合作创造了机遇和挑战。在某种程度上，全球化力量占据主导地位，而在其他情况下差异性依然保留，文化特殊性甚至正在变得更强。无论如何，国际商务要求把注意力集中在文化差异上。人类学视角扮演了相当重要的角色，当企业和决策制定者努力克服文化多样性及其冲击时。

在这章中，我们研究了霍夫斯塔德的文化维度理论，并参考了费拉罗的文化价值模型。对商务礼仪及其国际维度的问题也进行了处理。跨文化沟通的作用及其施行得到了检验。了解到如何在一个全球化竞争商业环境中高效地沟通是在今天的全球化经济中获得成功必不可少的，而人类学也为我们提供了掌握交流方法的法门。

案例一　大众汽车的全球战略②

总部位于沃尔夫斯的大众汽车集团是全球领先汽车制造商之一，欧洲最大的汽车生产商。在西欧，也就是世界上最大的汽车市场，几乎每五辆新汽车就有一辆出自大众集团。这家公司获得了全球12.1%的市场份额。

---

① Cambié, Silvia and Ooi, Yang - May (2009). International Communications Strategy: Development in cross - cultural communications, *PR and Social Media*, London, UK: Kogan Page.

② Retrieved in July 2009 from the Global Business School Homepage, hhttp: //en. reingex. com/en115volks. asp.

集团在11个欧洲国家和7个美国、亚洲和非洲的国家开办了44家生产工厂。世界各地每个工作日有多于320000位员工生产了超过21500辆车或者从事车辆相关的服务。大众汽车集团在超过150个国家销售它的车辆。集团的目标是提供吸引人的、安全和环境友好型的车辆，在一个日益激烈的市场具有竞争力的，并在这些车辆各自所属的类别上设定世界标准。

集团的客车业务被划分为两大品牌集团。在集团的领导下，奥迪和大众品牌对他们各自品牌集团在全世界范围的结果负责。

奥迪品牌集团由奥迪、西亚特和兰博基尼品牌组成，着重于运动型的价值。大众品牌集团有大众、斯柯达、奥拓、宾利和布加迪品牌组成，代表更古典的价值标准。每个品牌保持它的差异化的品牌形象，在市场上作为一个相互独立的实体运作。合起来，产品范围从低消耗型的3公升汽车延伸到豪华汽车。集团的商务汽车产品由大众商务汽车品牌负责运营。品牌集团在它所有的品牌中利用产品的灵活调整以应对下滑的市场。

一、风险管理系统

所有商业活动的目标在于识别和利用机遇增加商业价值。对此，作为一个在全球范围内运行的集团公司，大众也面临着风险。负责处理全球不确定性构成了大众运行的风险管理系统的一部分。这个系统的目标是及时地识别商业风险，并限制它在这样的范围内，即相关商业活动的经济利益超过风险。

依靠目前的报告和预警系统，风险形势根据书面或者口头的调查进行例行评估。风险管理系统是构成集团管理实践整体必不可少的部分，并由公司外部审计员进行评估。因此，它遵循德国法律管理控制和商业透明度（KonTraG）的要求。

二、电子商务活动

与供应商密切合作，大众已经发展了它的电子商务活动，开始于2001年，从一个B2B市场转变为一家B2B供应商平台。位于http://www.vwgroupsupply.com的门户网站优化了大众集团与它的合作伙伴的信息流，同时建立了供应商与集团之间更加紧密的联系。

系统的核心是新的“VWGroupSupply”供应商数据库，在未来它将涵盖大众集团所有的供应商，标志着汽车行业最大的组件供应商清单之一。在这里，所有的供应商将能够记录他们各自的呼叫记录，那是他们提供给大众集团的产品和服务范围。

那个虚拟应用程序包括了电子供应商链接（Electronic Supplier Link，ESL）、在线调查设备、在线谈判、在线目录采购、“eCAP”能力管理、在线标准文本等，将会节省时间、减少成本，以及因此而增加大众集团竞争力。这个交流平台现在也是组成其他过程（例如技术调试和在线发票处理）整体必不可少的部分。

大众集团已经通过互联网差不多管理了它全部超过500亿元的采购量。这个网络平台在2000年的初夏开始建立并运行。在域名" VW Group Supply. com" 下，最重要的组成部分，在线目录、在线查询、在线谈判和能力管理等，已经介绍了大众集团全部的品牌和地区。

案例二　日本跨国企业八佰伴何以在中国香港经营失败？[①]

八佰伴是一家将经营重心放在连锁超级市场的日资企业。它的前身是20世纪30年代日本静冈县热海市的一家地方小蔬果店，该蔬果店在和田良平及整个和田家的苦心经营下，在短短的60年中，发展成为20世纪80年代享负盛名的跨国零售集团。在八佰伴的发展史中我们可以发现它的主要特色。首先，与其他日本家族企业一样，和田家族不但是公司的大股东，家族各成员更分别在公司的高级管理阶层中担任主要的领导职位。和田家族对八佰伴的控制，不但反映在公司的拥有及管理权上，还体现在对公司员工的思想控制上。在1964年和田一夫更把“感谢”与“奉献”写进八佰伴的公司宣言中去：透过学习与实践“生命的实相”的信条，八佰伴国际集团立志成为一间能为顾客提供更好服务的企业，并期望因此成为其他公司的典范。

---

① 节选自王向华：《日本跨国企业经营本地化失败原因之人类学探究——香港八佰伴个案研究》，《日语学习与研究》2007年第5期。

八佰伴公司还有一个特色，就是以公司总裁和田一夫为中心的企业行动模式。和田一夫是八佰伴第一代总裁和田良平的长子。根据和田家的传统，长子是公司第一继承人，尤有甚者，作为长子的和田一夫对公司有绝对的控制权，即使八佰伴在日本上市，不再是和田家族的私人企业，和田一夫仍然享有绝对的领导权，和田一夫的个人意愿及理想往往成为八佰伴的业务目标及行动纲领。换句话说，和田一夫个人对八佰伴的发展方向及企业目标有决定性的影响力。

和田一夫热切推动八佰伴本地化，企图把八佰伴发展成一家真正的全球化企业。基于这样的决心，有人可能会认为，八佰伴在中国香港的子公司，一定是一家本地化程度很高的公司吧。然而，事与愿违，就以1992年香港八佰伴的组织为例，我们惊讶地发现，香港八佰伴的高级管理人员全是日本员工。导致和田一夫本地化政策失败的元凶，就是日本跨国企业普遍采用的“二元人事制度”。和一般日本企业一样，中国香港八佰伴对本地员工及日本员工采用两种截然不同的人事制度。在这个“二元人事”制度中，日本员工享有比本地员工更好的待遇、更大的权力以及更高的地位，造成日本与本地员工之间的一种结构性不平等。有趣的是，这种结构性不平等进一步引发了日本与本地员工的种族意识，这种种族意识不但可以用以解释日本与本地员工之间的结构性不平等，更促使了这种不平等存在的合理化。这一过程中，香港八佰伴员工形成了一个包括日本人和中国香港本地人的一个多种族团体。

我们必须指出，日本与本地员工的种族意识绝不是与生俱来的，而是被一个特定的会、历史环境所激发、引导出来的。本地员工对公司内部升迁与流动的不平衡所抱持的态度也成为间接促成公司本地化失败的原因。本地员工把公司内日本与本地员工的结构性不平等，看成是理所当然的，他们不会直接挑战这个结构性不平等的根源——二元人事制度。他们对制度的反应可分为两大类。第一是刻意与日本员工建立良好的关系。第二是在日本员工面前故意表现出他们像日本员工一样。尽管这两大类的策略在个人想要获得晋升时或许能发挥作用，但这些策略却无助于改变本地员工的集体命运，更无法去除日本与本地员工之间结构性不平等的根源。

因为这两大类的策略都以接受种族决定命运为前提，因此，尽管这两种行为能帮助本地员工个别的升迁，但他们的集体行为却在不断确认并强化日本员工比本地员工优越的假设，进而延续两者之间结构性的不平等。总之，香港八佰伴本地化失败的原因在于，本地与日本员工如何执行并理解公司二元化人事制度的精髓，更取决于本地与日本员工如何进行互动以及这些社会活动对他们的影响，根据这些反馈来经营他们在公司内的社会生活。因此，问题的关键在于社会行为的意义及这些意义与日本及本地员工间社会行为的关系。

学习思考题

1. 你对全球化进程及其在商业世界的影响的知识的理解是怎么样的？

2. 什么是霍夫斯塔德的文化维度模型和费拉罗的文化价值模型？它们在跨国商务实践中的启示如何？

3. 阐述在从事国际贸易时跨文化沟通的原理及其如何实施。

4. 为什么高效的沟通在全球竞争的商业环境中对取得今天的全球化经济的成功至关重要？

5. 你学到的关于跨文化商务礼仪和对跨国商业世界的关键点有哪些？

6. 人类学家如何能够为国际商务作出他们的贡献？

7. 通过阅读本章案例你学到了什么？如何从人类学的角度来理解和分析本章案例？

第十三章
企业家精神的工商人类学研究

内容提要

企业家在商业领域扮演着越来越重要的角色，他们是创新和变革的推动力，创造性地服务于个人、组织和政府。虽然对于企业家的人类学研究才刚刚起步，但是它对人类学、商业、政策科学、领导艺术和经济发展作出了重要的贡献。人类学家独特的视角和调查方法，为企业家精神的研究提供了可信和有效的方法。

学习目标

1. 综述企业家如何成为商业动力，并且促进经济增长。
2. 熟悉各种有关企业家和企业家精神的文献。
3. 识别和理解有关企业家精神的三大人类学思想流派的重要性。
4. 理解种族对于企业家精神的影响。
5. 感知企业家精神和性别之间的关系。
6. 认识文化因素对于企业家精神的影响。

引　言

企业家（entrepreneur）是经济增长的动态驱动力。企业家精神（entrepreneurship）为一个新的组织或者一个成熟的组织注入活力，尤其是对独特的机遇的识别和把握。所以，企业家和企业家精神是社会变革的重要推动力。

传统方法将对商业和经济领域中企业家的研究聚焦在企业家行为和经济发展的相互关系和（或）它们和商业周期的关系。但是，除此之外，它们还可以被认为是一种社会和文化现象，因为它们和亲属关系、性别以及种族有关。

本章讨论了企业家精神研究的人类学方法。首先，我们将会研究企业家精神的主流著作。接着是介绍近期有关亲属关系和种族研究的作品。最后，是有关性别的讨论。由此我们可以看到，人类学将会扩展对于企业家精神的感悟方法，从一个战略的视野来看待这个关键的现象。

第一节　企业家精神理论：从经济学到人类学

企业家精神是识别独特的挑战和机会并且付诸行动的过程。它可以在个人和社会层面产生。企业家拥有独特的品质，包括创造性思维、创新精神、勇于冒险和领导才能等。虽然这些因素很重要，但是从多种角度去理解，它们可能以不同的方式展现出来。我们在接下来将讨论其中的一些因素。

一、经济学方法

在大部分的学术研究中，企业家指的是那些为了特定的目的、能够用独特的方式充分调动可利用的资源的个人。企业家精神则指的是将企业家要做的事情进行系统化的过程。卢瑟尔·S. 索贝尔（Russell Sobel）和詹姆斯·

克拉克·考夫曼（James Clark Coffman）认为，企业家是企业中组织、管理和承担风险的人。因此，企业家是变革的代名词，而企业家精神是发现有效地整合资源新方法的过程。追溯到1730年，理查德·坎蒂隆（Richard Cantillon）曾将企业家定义为那些能够在商业冒险中承担财务风险的人。

在英语中，企业家精神和企业家都来源于法语中的“从事”（entreprendre）一词，它的意思是“做某件事情”或者“着手进行”。在经济学中，企业家精神指的是设计新产品或者找到生产现有产品更有效的方法的才能；它还指创立全新的商业组织或者是抓住机会复兴已有的成熟的商业组织的能力①。在平常的使用中，企业家可能仅仅指的是企业主，但是企业家精神的定义显然要更加广泛。事实上，事业心不只是局限在企业所有权和资本主义市场经济，相反，正如霍金斯（Hawkins）所强调的那样，它和识别挑战和机遇有很大的关系②。

一些人认为，企业家创造了市场潜在需要的产品或者程序。另一些人则认为，企业家的角色就是将创造的新事物推向市场的改革者。他们把企业家精神和有效益的改革联系在一起。还有人认为，企业家具有为了变革而甘冒风险的精神和意愿③。

举例来说，经济学家约瑟夫·熊彼特（Joseph Schumpeter）研究了企业家对于创新和进步的推动作用如何引起变动和改革。他把企业家看做是“创造性毁灭（creative destruction）”的推动力。因为他们总是让现有的事物成为过去。这样一来，结构性的方法总是被更好的方法取而代之④。激光唱片取缔黑胶唱片只是创造性毁灭的一个例子，还有更多的例子，比如便携式电话、个人电脑、汽车、电、飞机的产生等等。

经济学家伊斯威尔·柯兹纳（Israel Kirzner）和约瑟夫持相反的观点。

---

① McEachern, William A. *MACRO ECON*, Mason, OH: South - Western Cengage Learning; Boyes, William and Michael Melvin (2008). *Microeconomics*. New York, NY: Houghton Mifflin Compnay.

② Hawkins, Robert B. Jr. (1991). Foreword. in *The Culture of Entrepreneurship*. B. Berger (ed.) San Francisco, CA: ICS press.

③ Libecap, Gary D. (Ed.) (1993). *Volume VI——New Learning on Entrepreneurship*; (1999), *Volume XI - New Evidence on Entrepreneurship and its Impact on Economic Performance*; (2000), *Volume XII - Entrepreneurship and Economic Growth in the American Economy*, *Advances in the Study of Entrepreneurship, Innovation, and Economic Growth*, JAI Press.

④ Schumpeter, Joseph Alois (1949). "Economic theory and entrepreneurial history", in Research Center in Entrepreneurial History (ed.) *Change and the Entrepreneur Postulates and Patterns for Entrepreneurial History*. Cambridge, MA: Harvard University Press.

他把企业家精神看做是发掘的过程。对于柯兹纳来说，企业家能够预见性地发现并且利用隐藏的机会。和约瑟夫的毁灭性理论不同，柯兹纳认为，企业家是平衡力①。举个例子，这样的企业家可能是大学城的某个人，他发现大学入学人数增加给他带来了盈利的机会，于是他把房子重新装修成出租公寓。

今天，很多的经济学家一致认为企业家是促进经济增长和职业机会中不可或缺的因素。经验主义研究试图寻找企业家行为对全盘经济增长的贡献。这个研究的大部分运用国际化的数据，充分利用了《全球创业观察》（*Global Entrepreneurship Monitor*）中发表的有关每个国家的企业家行为的索引。这些研究得出这样一个结论：不同国家经济增长率的差异大概有三分之一到二分之一是和企业家行为的差异有关系的。这个结论在不同的行政区或者地区同样适用②。

在发展的社会中，小企业需要为就业岗位的创造、收入的增长和贫困的减少负责。因此，这些企业所在的政府就会倾向于支持企业家精神并且把它看做是经济发展战略的重要部分③。经济合作与发展组织（OECD）的商业和工业咨询委员会（the Business and Industry Advisory Committee）在 2003 年说道：政策对于企业家精神的促进在就业岗位的创造和经济增长方面具有重要作用。政府官员经常提出激励政策，通过授予企业产权以鼓励企业家开辟新的商业，或者促进竞争性市场机制的形成④。但是，诺夫齐格（Nafziger）认为，很多有关企业家精神的研究在发展中国家并不能适当地衡量经济行为⑤。

在发展中国家，企业家所扮演的角色也是非常重要的，这是政府不会忽

---

① Kirzner, Israel M. (1973). *Competition and Entrepreneurship.* Chicago: University of Chicago Press; Kirzner, Israel M. (1997) "Entrepreneurial Discovery and the Competitive Market Process: An Austrian Approach." *Journal of Economic Literature* 35, No. 1 (1997): 60 – 85.

② Sobel, Russell S. (2007). "Entrepreneurship", in *The Concise Encyclopedia of Economics.* Indianapolis, IN: Liberty Fund, Inc.

③ Holden, Jeanne (2008). Principles of Entrepreneurship. U. S. Department of State publications. Accessed in September 2009 from: http: //usinfo. org/zhtw/DOCS/enterp. pdf.

④ Cited in Holden, Jeanne (2008). Principles of Entrepreneurship. U. S. Department of State publications. Accessed in September 2009 from: http: //usinfo. org/zhtw/DOCS/enterp. pdf.

⑤ Nafziger, E. W. (1977). *African Capitalism: A case study in Nigerian entrepreneurship.* Stanford, CA: Hoover Institution; (1978). *Caste, Class, and Entrepreneurship.* Honolulu: University of Hawaii Press.

视的。根据索贝尔（Sobel）的观点，在20世纪80年代和90年代之间，美国自治州和地方的政府把重点从大的加工企业转移到企业家精神的提升。同时，经验主义研究的增加从经济增长方面分析了企业家精神。一些研究检验了基于人口学和社会经济学的背景去理解如何成为一个企业家的效果。但是，自治州层面的企业家精神的经济学研究因为缺少了确切的衡量标准而被搁置。

然而，正如索贝尔所指出的，这些研究并没有明确地计量国家层面的企业活动。那段时期，经济学者通常会使用的数据是个体户数量，然而有些个体户会部分地或者完全地逃避所得税和工资税。例如，有些研究表明，所得税率越高，自我创业率就会越高。这个反常思维的结果，很有可能是因为所得税率高就会引发偷税漏税，故而个体经营的申报就有所增长。经济学家还发现，遗产税率高让人们更不愿意成为企业家。

成功的企业家很可能增加社会的财富并且有助于提高居民的生活水平[①]。比尔·盖茨（Bill Gates）就是这样的一个企业家。他在哈佛大学就学期间就为微型计算机开发了BASIC语言，并且在1975年开发了微软。20世纪80年代，IBM公司和比尔·盖茨签立合同，为公司的电脑提供操作系统，这个系统就是现在的微软磁盘操作系统（MS-DOS）。这款软件是比尔·盖茨从其他公司获得的，但是却把它从30美元的产品变成数亿美元计的资产。世界上90%的电脑使用的是微软公司的Office和Windows的操作软件。软件让人类的生产力大大地提升，比尔·盖茨让我们的产能和收入增加，从而提高了我们的生活水平[②]。

企业家精神对于社会的贡献是多样的。成功的企业家影响了人民的生活[③]。山姆·沃尔顿（Sam Walton）在分销仓库和库存管理中的创举让沃尔玛在短短的30年之内从位于阿肯色州（Arkanasas）的一家小商店成为美国最大的零售商。它的低价格和便利的地址让很多的消费者受益。沃尔顿和其

① Boettke, Peter J., & Christopher J. Coyne (2003). "Entrepreneurship and Development: Cause or Consequence?" *Advances in Austrian Economics* 6 (2003): 67-87.

② Sobel, Russell S. (2007). "Entrepreneurship", in *The Concise Encyclopedia of Economics*. Indianapolis, IN: Liberty Fund, Inc.

③ Kaufmann, Hans Ruediger (2009). "The contribution of entrepreneurship to society". *International Journal of Entrepreneurship and Small Business*. Vol. 7, No. 1, pp. 59-73; Reynolds, Paul D., Michael Hay, and S. Michael Camp (1999). *Global Entrepreneurship Monitor*. Kansas City, Mo.: Kauffman Center for Entrepreneurial Leadership.

他企业家，像CNN公司的特德·特纳（Ted Turner）、福特公司的亨利·福特（Henry Ford）、麦当劳的雷·克拉克（Ray Kroc）、联邦快递的弗雷德·史密斯（Fred Smith）提高了世界上成千上万人民的日常生活水平①。经济学家将企业家精神刻画成经济发展中最重要的因素。企业家行为对于就业和经济增长具有积极影响②。霍顿（Holden）认为，经济学家通过分析企业家的成功和失败案例，总结了三个要素，提供给那些准备创业的人。这些因素值得严肃仔细地考虑。相反，如果不注意这些因素，就可能加速新企业的失败。

动机：开创一个新事业的动机是什么？只是和钱有关吗？即使盈利，很多企业家在新事业开创的前几年甚至不拿薪水。

战略：产品或者服务与其他企业战略的差别是什么？价格很重要，但是很多经济学家认为只在价格上竞争是非常危险的。那些大量生产的大企业对成本有更大的影响力，而新的小企业通常不具备这样的影响力。

现实的眼光：目标和计划具有现实性吗？很多企业的失败都是运营基金不充足的结果。很多企业家在创业计划中经常低估了创立成本并且高估了收入。一些分析师建议把成本增加50%并且减少预期收入。这样，企业家才能真正检验预计现金流，然后作出现实的决策③。

二、管理学者和他们的方法

经济学概念强调了政府在激励企业家精神所扮演的角色。而经济学家把企业家精神定义为一个"经济系统"，这个系统由三个元素组成：（1）企业家渴望达到他们的目标：经济的维持和增加；（2）社会体制；（3）企业家自由经营权的获得。政府可以通过调整经济体制的手段激励创新性的经济活动，并且刺激企业家为经济发展和增长作出贡献的动力④。

---

① Sobel，Russell S.（2007）."Entrepreneurship"，in *The Concise Encyclopedia of Economics*. Indianapolis，IN：Liberty Fund，Inc.

② Piotr，Dominiak and Marek Rekowski（2008）. *The Relationship between Entrepreneurship and Economic Growth*：*A Review of Recent Research Achievements*. Springer Berlin Heidelberg.

③ Holden，Jeanne（2008）. Principles of Entrepreneurship. U. S. Department of State publications. Accessed in September 2009 from：http：//usinfo. org/zhtw/DOCS/enterp. pdf

④ Lowrey，Y.（2003）. The Entrepreneur and Entrepreneurship：A Neoclassic Approach. Economic Research Paper，Office of Advocacy，U. S. Small Business Administration；George Washington University.

从20世纪80年代开始，商学院学者占据了企业家精神的研究领域的主要地位。他们认为，企业家精神是对资源的创新性整合后创造出具有价值的产物。虽然这个术语在过去的几十年间被广泛应用于商业的生命周期的所有阶段，但是现在它强调的重点在于开设一个新的企业。企业家被看做是掌控压力型环境的革新者，而这些环境常常被认为会导致失败。当然，商人往往都是注重收益性的。工商管理学者感兴趣的话题通常包括但不局限于这些：(1) 商业计划设想；(2) 组建并且领导一个团队；(3) 营销知识；(4) 有效的定价和推销；(5) 财务和现金流管理；(6) 建立竞争性优势；(7) 发现全球商业机会；(8) 资产/负债和选址①。

工商管理学者还注意到，一个企业家可能遇到的挑战和难题。他们认为，全球的企业家所面临的挑战大部分都是可识别的：(1) 有限的初始投资资源；(2) 企业建立和运营的法律问题；(3) 商业经验的缺乏；(4) 有效的员工管理②。一些企业家甚至面临更严峻的挑战：旧的商业模式、新的竞争、失败的产品，更不要说政治压力和政府规章了。在这种状况下，企业家必须用长远的眼光看待挑战，保持新颖的思想，并且找出达到成功的途径③。

工商管理学者认为，不存在所谓的最佳创建企业时间，成功地经营一个企业的关键是识别独特的竞争优势然后从中获利。学者们探索创业精神的目的是为了更好地理解成功开设并且管理一个企业所需的工具。一些教授声称他们对于创业精神的研究提供了建立一个商业计划的蓝图。这个商业计划让企业成功，帮助下一代充分发挥他们的潜能，还能够引领私营企业主到达成功的彼岸④。

对于工商管理学者来说，根据组织创立的形式，企业家的行为是有本质的区别的。创业精神的范围非常广，从一个单独的小项目到大型的企业。很多不同类型的组织是为了支持那些想要成为企业家的人的，比如政府专门机

---

① Zimmerer, Thomas W., Norman M. Scarbourough, Doug Wilson (2007). *Essentials of Entrepreneurship and Small Business Management*. Prentice Hall.

② Swedberg, Richard (2002). *Entrepreneurship: The Social Science View*. Oxford, UK: Oxford University Press.

③ Reynolds, Paul D., Michael Hay, and S. Michael Camp (1999). *Global Entrepreneurship Monitor*. Kansas City, Mo.: Kauffman Center for Entrepreneurial Leadership.

④ Zimmerer, Thomas W., Norman M. Scarbourough, Doug Wilson (2007). *Essentials of Entrepreneurship and Small Business Management*. Prentice Hall.

构，企业孵化机构，科学园以及一些非政府组织①。

创业精神被认为是全球经济增长和再生的推动力，而美国则常常被认为是这个领域的先驱。虽然做了很多的研究，但是贝格（Berger）和斯威德伯格（Swedberg）抱怨工商管理学者和经济学家没有把精力放在创业精神、经济行为、政策和文化之间更广泛的联系上②。这些学者和经济学家甚至忽略了亲属关系、性别和种族作为社会文化背景下创业精神发展因素的重要性③。

迈克尔·李利斯（Michael Lilis）提供了一个三圈理论（Three - circle model）"创业能力交集过程（entrepreneurial abilities convergence process）"。图 13 - 1 展示了这个模型，它从三个变量衡量企业成熟度。这三个变量分别是："准备（readyness）"、"意愿（willingness）"和"能力（ableness）"。如图 13 - 1 所示，每一项能力都由三个同心圆表示。圆圈的大小代表了每项能力的可获得性。因此，随着每项能力的可获得性程度的增加，圆圈也相应地扩大。最后，圆圈的交集表示了企业成熟度的最佳区域，即"创业能力交集区域"。正如这个模型所示的，对于能力可获性范围水平内，这个交集是可能实现的。所以，通过融合较高和适当水平的能力，就可以达到足够水平的企业成熟度。

近年来，创业精神的全盘概念化趋势导致了企业家首创精神（包括社会、政治和知识创业精神领域）的涌现。这些全盘概念化的创业精神让学者从不同的学科研究背景下审视创业精神④。本书的作者们相信，人类学家在对于创业精神在理论上以及实践中的理解扮演十分重要的角色。工商人类学者通过亲属关系、性别和族群的比较调查来研究经验绩效，从而为创业精神的理论和实践创造新的理念。

---

① Wikipedia：The Free Encyclopedia. Entrepreneurship. http：//en. wikipedia. org/wiki/Entrepreneurship，accessed in Oct. 2009.

② Swedberg，Richard（2000）. *Entrepreneurship：The Social Science View.* Oxford University Press；Berger，B.（1991）. *The Culture of Entrepreneurship.* San Francisco：CS Press.

③ Smart，Josephine（2003）."Ethnic entrepreneurship，transmigration，and social integration：an ethnographic study of Chinese restaurant owners in rural Western Canada." *Urban Anthropology and Studies of Cultural Systems and World Economic Development*，Vol. 32.

④ Steyaert，Chris and Daniel Hjorth（Ed.）（2006）. *Entrepreneurship as Social Change：A third movements in entrepreneurship book.* Northampton，MA：Edward Elgar Publishing，Inc.

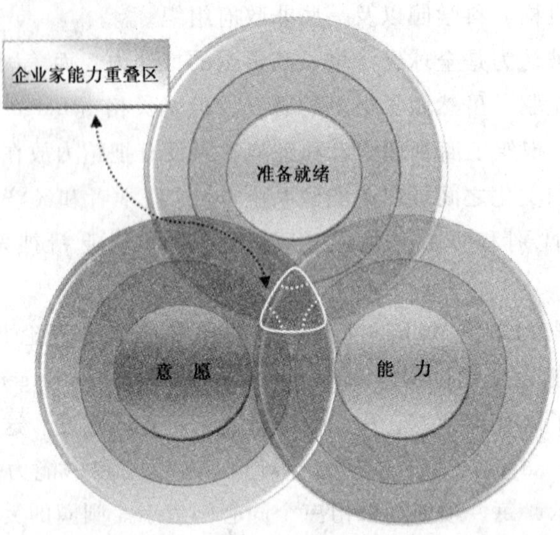

图 13－1 李利斯企业家三圈理论图示

三、人类学方法

如前所述，人类学家从社会和文化背景下看待人类的行为。这个对于社会的关注为企业家研究方面作出了很大的贡献。早期对于创业精神的研究把重点放在通过检验领导力如何引领企业并且在社会组织中反映来评估原始或者农业社会小企业的功能。随着社会的变迁和经济增长，人类学家开始注意到企业家在这些进程中作为个体的存在。20 世纪 60 年代，人类学家在研究中把企业家看做一个小群体运作的一部分，他们多多少少都和独立于商业组织的文化元素结合在一起①。

人类学中关于创业的早期研究主要关注的是对企业在原始或小农社会经济中的作用评估，分析组织中所展现的领导层。随着社会变迁和经济增长，人类学家更多地关注到了企业家个人。在 20 世纪 60 年代，人类学家研究在现代经济管理制度下，企业家作为小组工作的一方面，如何受商业组织的文化因素影响。

---

① Firth, Raymond (1970). *Themes in Economic Anthropology*. London, UK: Tavistock Publications, Limited.

人类学对于创业精神的兴趣是在第二次世界大战之后兴起的，并且在 20 世纪 50 年代达到顶峰。它主要集中在对社会变迁和经济发展的研究。

1949 年《创业历史探索》(*Explorations in Entrepreneurial History*) 这一期刊的创办反映了当时对于社会变迁的研究兴趣的增长。对于经济发展的关心则是体现在 1952 年创办的《经济发展和文化变迁》(*Economic Development and Cultural Change*) 这一期刊中。亚历克斯·斯图尔特 (Alex Stewart) 争论说，这两个方面的兴趣的兴起和提高或者推翻结构性功能主义的主导地位的努力有关，因为功能主义似乎已经不能解释这些进程了①。斯马特 (Smart) 指出，西方和非西方社会的人类学家早就意识到社会/经济矩阵在生态学、历史传统、文化体系等多种构型相互交织、紧密镶嵌。经济和社会领域的相互交织不仅仅体现在供应和需求方面，记住这一点非常重要②。

根据亚历克斯·斯图尔特 (Alex Stewart) 的观点，对于企业家的研究让人类学家把焦点放在个人意图、代理和目标寻求战略行为。在此期间，一些有关创业精神的人类学研究关注个体及其职业以及合资企业的特质。"集体创业 (Collective Entrepreneurship)" 以及对于行为而不是个性的研究代表了研究的主流。对于个体因素的关注符合 "创业精神" 总会和具有成效的特质行为。

人类学有些关于发达国家中创业的研究将小经营、管理和创业混淆了③。然而，其他学科的学者将小经营和创业区分得十分明确④。同时，亚历克斯·斯图尔特 (Alex Stewart)⑤ 还认为，尽管创业一词过于广泛的含义

---

① Stewart, Alex (1991). "A prospectus on the anthropology of entrepreneurship". *Entrepreneurship Theory and Practice.* 16 (2), pp. 71 - 91.

② Smart, Josephine (2003). "Ethnic entrepreneurship, transmigration, and social integration: an ethnographic study of Chinese restaurant owners in rural Western Canada". *Urban Anthropology and Studies of Cultural Systems and World Economic Development*, Vol. 32.

③ Cole, A. H. (1965). "An approach to the study of entrepreneurship: A tribute to Edwin F. Gay". In H. G. J. Aitken (Ed.), *Explorations in Enterprise*, pp. 30 - 44. Cambridge, MA: Harvard University Press.

④ Beveridge, A. A. & Oberschall, A. R. (1979). *African Businessmen and Development in Zambia.* Princeton, NJ: Princeton University Press.

⑤ Stewart, Alex (1991). "A Prospectus on the Anthropology of Entrepreneurship." *Entrepreneurship: Theory & Practice* Vol. 16, No. 2, pp. 71 - 91.

可能会造成语义学上的混淆，但是许多关于微观投资的研究还是与创业相关联的。在这类研究中，许多研究者将创业与机会主义联系起来。这种扩展可以在许多具体的案例中发现，例如，研究大宗买卖中交易量的增长时①，或者关于集市经济的研究②，以及有关族群企业的研究③。

对于创业精神的人类学研究展现了知识和技能的重要性。科技和市场知识以及基础管理技能的缺乏，通常被认为是创业精神的障碍。其中常被提及的问题包括信息网络的贫乏④，学习过程中伦理的阻碍⑤以及吸收能力的缺少⑥。人类学著作中另一个有关创业精神的主题是非正式方法的重要性，比如个人网络（建立区域外和较大社区内的联系）⑦ 人类学研究指出，文化倾向在非正式的社会网络和塑造企业家精神和实践中的重要性。大部分的研究都是以深入访谈或者问卷调查为基础的，它们将焦点集中在：（1）开创一个新企业的壁垒；（2）内部/外部定位的矛盾；（3）生存战略、营销、产品选择、地理位置；（4）更广泛的社会文化支持网络的影响；（5）政策支持的角色⑧。

总之，对于人类学家来说，创业精神是一个社会和文化的进程⑨。一个创业机会可以帮助建立企业进程和经济社会进程的联系，引起了那些专注于社会文化领域研究的人类学家的共鸣。当然，正如亚历克斯·斯图尔特（Alex Stewart）所说，人类学家在理解创业精神的社会文化进程的规范和传

---

① Strathern, A. J. (1971). *The Rope of Moka.* New York: Cambridge University Press.

② Geertz, C. (1962). "Social change and economic modernization in two Indonesian towns: A case in point". In E. E. Hagen (Ed.), *On the Theory of Social Change*, pp. 385 – 407. Homewood, IL: Dorsey.

③ Hannerz, U. (1974). Ethnicity and opportunity in urban America. In A. Cohen (Ed.), *Urban ethnicity*, pp. 37 – 76 London: Tavistock.

④ Lall, S. (1990). *Building Industrial Competitiveness in Developing Countries.* Paris: OECD.

⑤ King, K. (1976). "Skill acquisition in the informal sector of an African economy: The Kenyan case". *Journal of Development Studies*, Vol. 11, pp. 108 – 122.

⑥ Nafziger, E. W. (1977). *African Capitalism: A Case Study in Nigerian Entrepreneurship.* Stanford, CA: Hoover Institution.

⑦ Stewart, Alex (1991). "A prospectus on the anthropology of entrepreneurship". *Entrepreneurship Theory and Practice.* 16 (2), pp. 71 – 91.

⑧ Masurel, Enno, Peter Nijkamp, Murat Tastan, and Gabriella Vindigni (2001). "Motivations and Performance Conditions for Ethnic Entrepreneurship". Tinbergen Institute Discussion Paper, T1 2001 – 048/3.

⑨ Greenfield, S. M., & Strickon, A. (Eds.) (1986). *Entrepreneurship and Social Change.* Lanham, MD: University Press of America.

统中扮演重要的角色。再者，对于社会文化喜好的关注可以产生有趣并且有意义的贡献。比如对于创业精神产生的环境和企业结构和增长的综合性方法的考察。有关前者的一个例子是对于社会约束的研究，比如区域网络中未开发的资源。后者的一个例子是对于家族企业、以社区为中心的业务、组织化企业以及政府作为一个企业的研究①。

第二节　亲属关系和家族企业管理

家族企业为以亲属关系为主的人类之间的相互交流提供了最重要的场所之一。在人类学中，亲属关系系统包括通过血统以及婚姻建立关系的人。通过婚姻建立的关系通常被称为“姻亲关系”，虽然这和血统关系可能会有部分的重叠。在把个体组织成为经济的团队和社会群体以及定义行为角色和规范中，亲属关系是最基础和普遍的手段之一②。

古典人类学理论主张，亲属关系作为个体人际关系的有形网络是最好的研究方法。亲属关系包括家庭关系，这种家庭关系可以用关系的程度或具体或抽象地表达。

一段关系可能有相对的交易，或者是绝对的，比如一个母亲和一个没有儿女的妇女的地位不同。关系的亲密程度与遗传和法律继承是不同的。在亲属关系产生的义务中，相对于陌生人，很多道德法规更多地考虑具有相互关系的人之间发生的义务，比如儒家的孝③。在家族企业的人类学研究中，亲属关系非常重要④。比如现代资本主义的开始，在16世纪到18世纪中期，

① Stewart, Alex (1991). “A prospectus on the anthropology of entrepreneurship”. *Entrepreneurship Theory and Practice*. 16 (2), pp. 71-91.

② Trautmann, Thomas R. (1988). *Lewis Henry Morgan and the Invention of Kinship*, University of California Press.

③ Baker, Hugh D. R. (1979). *Chinese Family and Kinship*. New York: Columbia University Press.

④ Jones, Andrew M. (2005). “The Elementary Structures of the Family Firm: An Anthropological Perspective”. *Human Organization*. Vol. 64, Issue 3, pp. 276-285.

都和家族企业有很大的关系[1]。有人甚至提出亲属关系决定了家族企业的成败[2]。

术语“家族”指的是一个因血亲、姻亲或同居而相互联系的群体。虽然血亲一词常指血缘关系，但是它也有可能超越血缘，比如领养。家族最基本的功能是生养培育下一代[3]。随着时间的流逝，家庭的角色和个人在家族的关系会发生改变，例如，市场营销人员经常讨论家族生命周期，从一个个体到婚姻组成一个家庭，再到下一代，直至一个家庭的消失。

作为社会文化的存在，像家族、社会阶层、参照群体、意见领袖这些群体会产生强大的影响。而价值是文化价值导向中最具有影响力的。孩子们最初是通过家庭的影响在一个社区和它的价值体系中被社会化的。他们从父母那里习得风俗习惯、价值观和道德伦理，并且深受其影响。在经济危机时，家族还是个人最重要的资源。中国家庭在这个方面给出了最好的证明[4]。

家族经常创办并且经营一个企业。从最广泛的层面来说，在一个家族企业中，家族成员影响了企业战略的制定，从而达到维持家族生意，维护自己的重要权益并且掌控董事会的目的[5]。其他衡量一个家族企业的尺度包括其创办者或其后代持续拥有并且经营这个公司，多代的家族成员参与日常运营以及承担重大的管理责任[6]。

因此，我们定义家族企业是一个大家庭的一个或多个成员建立并经营的企业，这个大家庭拥有大部分的所有者权益并且承诺公司经营的全面成功。此外，家族企业的一个重要特征就是家族成员作为管理层和员工团队的重要组成的积极参与者。关于家族企业的人类学研究表明，相比非家庭成员，家

---

① Tadmor, Naomi (2001). *Family & Friends in Eighteenth - Century England: Household, Kinship, Patronage.* New York: Cambridge University Press.

② Choi Chi - Cheung (1998). “Kinship and business: paternal and maternal kin in Chaozhou Chinese family firms”, *Business History*, January Issue, 1998.

③ Schneider, David (1984). *A Critique of the Study of Kinship.* Ann Arbor, MI: University of Michigan Press.

④ Tian, Guang (1991). *Chinese Canadians, Canadian Chinese: Coping and Adapting in North America.* Lewiston, NY: The Edwin Mellen Press.

⑤ Shanker Melissa Carey, Joseph H. Astrachan (1996). “Myths and Realities: family Businesses' Contribution to the US Economy—A Framework for Assessing Family Business Statistics”, *Family Business Review*, Vol. 9, No. 2, pp. 107 - 119.

⑥ Holland, P. G. & Bolton, W. R (1984). “Balancing the ‘family’ and the ‘business’ in family business”. *Business Horizons*, Vol. 27, pp. 16 - 21.

庭成员会更加忠诚、努力工作更长时间来服务于企业。由于家庭成员对于员工和企业的了解，他们更容易协调合作并且适应工作①。家族成员的忠诚也是价值的重要体现②。

家族企业可以变得有活力、令人满意并且有利可图。它们结合了家庭生活和工作，让相爱的人成为工作伙伴，还可以提供灵活的时间安排。在17世纪和18世纪，家族企业是英国资本主义孵化的重要因素③。它常常在经济发展中扮演重要的角色，并且为发达国家创造很多的就业岗位。举例来说，家族企业在北美经济活动中占有很大的比例。40%—60%的国民生产总是来源于家族企业④，家族企业在美国职业中达到59%⑤。

家族企业的范围可以从少于20人的小型零售（mom and pop）企业到更大的家族公司。家族独资企业代表了美国1700万个以上的组织机构，其中10%是家庭农场⑥。合伙制企业则代表了150万个的组织机构⑦。3人或以上的私有制企业代表了380万个的组织机构，并且在管理层雇佣了大量的家庭成员⑧。此外，在很多国家，很多公开上市的企业都是家族企业，而它们都没有在我们的讨论范围之内。

家族企业的影响在其他国家甚至更大。据估计，在工业化经济体中，大

---

① Steward, Alex (2003). "Help One Another, Use One Another: Toward an Anthropology of Family Business". *Entrepreneurship Theory and Practice*, Vol. 27, No. 4, pp. 383 - 396.

② Poutziouris, Panikkos Zata, Kosmas X. Smyrnios, and Sabine B. Klein (Eds.) (2006). *Handbook of Research on Family Business.* Northampton, MA: Edward Elgar Publishing, Inc.

③ Grassby, Richard (2001). *Kinship and Capitalism: Marriage, Family, and Business in the English - Speaking World*, 1580 - 1740. New York: Woodrow Wilson Center Press and Cambridge University Press.

④ Neubauer, F. and A. G. Lank (1998). *The Family Business: Its Governance for Sustainability.* London: MacMillan Press.

⑤ Dyer, Gibb W. (2003). "The Family: The Missing Variable in Organizational Research." *Entrepreneurship Theory and Practice*Vol. 27 (4), pp. 401 - 416.

⑥ Shanker Melissa Carey, Joseph H. Astrachan (1996). "Myths and Realities: family Businesses' Contribution to the US Economy—A Framework for Assessing Family Business Statistics", *Family Business Review*, Vol. 9, No. 2, pp. 107 - 119.

⑦ Neubauer, F. and A. G. Lank (1998). *The Family Business: Its Governance for Sustainability.* London: MacMillan Press.

⑧ Shanker Melissa Carey, Joseph H. Astrachan (1996). "Myths and Realities: family Businesses' Contribution to the US Economy—A Framework for Assessing Family Business Statistics", *Family Business Review*, Vol. 9, No. 2, pp. 107 - 119.

概有三分之二的企业是家族企业[①]。就如我们之前所述，家庭企业区别于非家庭企业最关键的因素就是家庭成员的参与。但是，就如杰斯·乔（Jess Chua）等人详细地阐述的，我们并没有完全理解这一区别的性质和它对企业绩效的影响，而且我们对于家族企业成员如何影响家族企业的视野和目标的理解也是有限的。我们还缺少了解家庭成员如何创造独特的资源、能力、成本和问题，使得家族企业变得与众不同[②]。

虽然沟通、规范化和计划常被认为是企业成功和长期生存的关键，但是在现实中，规范化和“条文化”的运营形式通常是难以实现的，因为一个组织是爱和信任的产物。不过，对于一个盈利的家族企业的理想化概念经常向家族压力妥协。冲突和竞争会随着财务和个人因素而产生，并导致一个复杂的情形。以家族为基础的企业管理者必须谨慎地监控和培育企业发展的每个阶段。家族企业家让他们的企业在第一代创始人之后生存、兴旺和壮大，因为他们理解家族企业的独特结构并且制定合适的战略和战术[③]。

对家族企业的调查不同于其他的组织，因为它要考察家族及其对于企业的影响[④]。大部分的调查者都认为，造成家族企业区别于非家族企业的是家族成员的参与。然而，我们对于这一特征的理解尚未成熟[⑤]。在家族企业领域中，“三圈理论（Three - circle model）”常被用来描述一个家族企业，因为它有三个相互作用的三个组成部分：企业、家族和所有者[⑥]。

家族企业造就了家族导向的环境。这样可以激励员工的忠诚度，提高员工绩效并获益于家族成员之间的信任。企业文化在家族的信仰、价值和目标中滋长。代代相传的家族信仰和价值创造了稳定的企业文化和家族企

---

① Jones, Andrew M (2005). “The Elementary Structures of the Family Firm: An Anthropological Perspective”. *Human Organization*, Vol. 64, Iss. 3, pp. 276 - 285.

② Chua, Jess H., James J. Chrisman, & Lloyd P. Steier (2003). “Extending the Theoretical Horizons of Family Business Research”, *Entrepreneurship: Theory and Practice*, Vol. 27, pp. 331 - 338.

③ Spatola, Jamie, Steve Holley, Ginger Veal, and Shawn M. Carraher (2006). “New business start - ups with family business and entrepreneurial ventures: Success factors for each”. *Proceedings of the Allied Academies Internet Conference*, Volume 8 2006, p. 4.

④ Nordqvist, Mattias, Annika Hall, & Leif Melin (2009). “Methodology and family business studies: the interpretive approach”, *Journal of Management & Organization* 15 (2009).

⑤ Chua, Jess H., James J. Chrisman, & Lloyd P. Steier (2003). “Extending the Theoretical Horizons of Family Business Research”, *Entrepreneurship: Theory and Practice*, Vol. 27, pp. 331 - 338.

⑥ Gersick, K. E., Davis, J. A., Hampton, M. M., & Lansberg, I. (1997). *Generation to generation: Life cycles of the family business.* Boston: Harvard University Press.

业。再者，家族目标和企业战略的紧密结合，保证了更加成功长远运作的战略①。

现有的研究为那些实施调查和咨询的工商人类学家提供了很好的基础。家族企业学者和人类学家分享很多感兴趣的话题。举个例子，亚历克斯·斯图尔特（Alex Stewart）声称推动家族企业领域研究最大的未用资源就是关于亲属关系和婚姻的人类学著作②。家族企业获益于家族的凝聚力，并且家族成员能够提供精神上的支持而促进精神健康③。家族企业还为培养下一代提供了环境，这样的环境中包括了首选的社会规范④。此外，一个成功的家族企业可以团结家族成员并且培养核心的、团结的和庞大的家族⑤。典型的妇女角色，比如组织和辅助家庭成员的交流就可以作为家族企业的一个优势⑥。斯图尔特讨论的家族企业中亲属关系的利益总结在表 13－1。

表 13－1　　家族企业中亲属关系的利益

利益	内容	实现
资源的利用	在创业期间，亲戚不但提供资金，还提供日常经费；他们汇总资源，从而筹集足够的资金。	亲戚提供广泛长期的社会支持的资源，保证企业家能够承担短期性的风险。

① Brice, William David & Wayne D. Jones (2008). The Cultural Foundations of Family Business Management: Evidence from Ukraine Eurasian. *Journal of Business and Economics*. Vol. 1, No. 1, pp. 3－23.

② Steward, Alex (2003). "Help One Another, Use One Another: Toward an Anthropology of Family Business". *Entrepreneurship Theory and Practice*, Vol. 27, No. 4, pp. 383－396.

③ Schweitzer, P. P. (2000). "Introduction'. In P. P. Schweitzer (ed.), *Dividends of kinship: Meanings and uses of social relatedness*, pp. 1－32. London: Routledge, cited in Steward, Alex (2003). "Help One Another, Use One Another: Toward an Anthropology of Family Business". *Entrepreneurship Theory and Practice*, Vol. 27, No. 4, pp. 383－396.

④ Goody, J. (1996). *The east in the west*. Cambridge: Cambridge University Press; cited in Steward, Alex (2003). "Help One Another, Use One Another: Toward an Anthropology of Family Business". *Entrepreneurship Theory and Practice*, Vol. 27, No. 4, pp. 383－396.

⑤ Song, M. (1999). *Helping out: Children's labor in ethnic businesses*. Philadelphia: Temple University Press, among many other scholars as cited in Steward, Alex (2003). "Help One Another, Use One Another: Toward an Anthropology of Family Business". *Entrepreneurship Theory and Practice*, Vol. 27, No. 4, pp. 383－396.

⑥ Johnson, C. L. (2000). Perspectives on American kinship in the later 1990s. *Journal of Marriage and the Family*, Vol. 62, No. 3, pp. 623－639, among others as cited in Steward, Alex (2003). "Help One Another, Use One Another: Toward an Anthropology of Family Business". *Entrepreneurship Theory and Practice*, Vol. 27, No. 4, pp. 383－396.

续表

利益	内容	实现
广泛淡薄的联系；战略性稳固的联系	为了得到信息，企业家族能够充分利用他们在家族和姻亲中广泛淡薄的关系；为了和远亲建立工作关系，需要稳固的联系，这不仅仅是为了家族企业中员工激励和管理带来的价值。	战略性联姻非常重要，因为它是建立工作关系的一个途径，它基于和能够产生重要间接影响的出身名门的人 建立稳固联系。
激励家族成员	家族成员参与家族企业是因为较低的机会成本；家族成员对劳动贡献中财务需要的意识；家族成员吸收家族价值观，比如长期互惠、孝道义务和为家族努力工作。	亲属关系系统的职权差别可以为家族领导人调动家族资源提供机会；基于家族的集权制可以为经济领域中有组织的行为建立模型。

注：该表以历克斯·斯图尔特（Alex Stewart）（2003）关于亲属关系和家族企业的研究为基础。

但是，这些利益并不是没有成本的。根据亚历克斯·斯图尔特（Alex Stewart）所说，家族企业中亲属关系的成本来源于三个方面：（1）亲属关系的常规特征；（2）亲属关系逻辑（kinship logic）；（3）裙带关系。家族企业家必须抵抗常有的压力来支撑庞大的家族，家族中可能存在对家族企业经营效果产生负面影响的因素。而且，领导力和决策力可能是基于家族地位而不是专门知识或者能力。当亲属关系凌驾于商业意识，家族企业就会为家族成员提供工作。这样，如果非家族成员更具专业能力，家族企业就无法从中获益①。

此外，家族成员作为企业的经理人或者所有人可能引发一些问题，而这些问题反映的是与企业无关的家族关系紧张。根据杰斯·乔（Jess Chua）等人所说②，当一个家族企业在个体水平运行良好，考虑他们作为一个团体时，其争论如何阻碍对于社会财富的创造是很有用的。缺乏对家族企业的特殊性和它们的经济贡献的理解，阻碍了家族企业整合理论的发展。虽然其目

① Steward, Alex (2003). "Help One Another, Use One Another: Toward an Anthropology of Family Business". *Entrepreneurship Theory and Practice*, Vol. 27, No. 4, pp. 383 – 396.

② Chua, Jess H., James J. Chrisman, & Lloyd P. Steier (2003). "Extending the Theoretical Horizons of Family Business Research", *Entrepreneurship*: *Theory and Practice*, Vol. 27, pp. 331 – 338.

标会随着家族企业生命周期发展①，但是企业目标和家族优先权的牵连总是不变的②，这样就有可能会直接关系到企业的表现。

家族企业仍然是世界经济中的重要组成部分。它们也可能成为家族成员之间冲突的来源，一个重要的争论点可能是“谁是企业的继承者”。继承指的是把所有权和控制权传递给下一代的过程。理想的继承包括有效和公平地分配资产，保证有效的企业领导，维持促进家庭和睦，并且保证所有的成员对过程和结果的满意③。成功地从第一代到第二代的家族企业继承的比率非常低（大概占了家族企业的30%），而从第二代到第三代的比率就降到了10%。研究家族企业继承的人类学家对于家族成员的冲突以及其解决冲突的方式很有兴趣④。

伊丽莎白·罗杰斯（Elizabeth Rogers）和艾伦（Alan Carsrud）认为，家族企业和工业革命前的酋邦有很大的相似之处，因为它们所处的经济环境限制了它们的大小和规模。调查者列出了所有可知的容纳多个继承人的程序，然后把他们的发现应用于有关现代家族拥有并且管理的企业继承的分析。根据这一分析，人类学中应用的主要理论概念是政体研究。它是金融机构和组织支持的独立系统，比如资源控制和治理。他们探究工业革命前组织和运用首领文化的现代家庭企业之间的相似点，并且发现每个容纳多个继承人的计划都可以分归为以下的两个类别：（1）人事战略；（2）资产战略。

---

① Ward, J. L. (1987). *Keeping the family business healthy: How to plan for continuing growth, profitability, and family leadership.* San Francisco: Jossey - Bass, cited in Chua, Jess H., James J. Chrisman, & Lloyd P. Steier (2003). “Extending the Theoretical Horizons of Family Business Research”, *Entrepreneurship: Theory and Practice*, Vol. 27, pp. 331 - 338; “Extending the Theoretical Horizons of Family Business Research”, *Entrepreneurship: Theory and Practice*, Vol. 27, pp. 331 - 338, cited in Chua, Jess H., James J. Chrisman, & Lloyd P. Steier (2003). “Extending the Theoretical Horizons of Family Business Research”, *Entrepreneurship: Theory and Practice*, Vol. 27, pp. 331 - 338.

② lderfer, C. P. (1988). “Understanding and consulting to family business boards”. *Family Business Review*, 1, pp. 249 - 261, cited in Chua, Jess H., James J. Chrisman, & Lloyd P. Steier (2003). “Extending the Theoretical Horizons of Family Business Research”, *Entrepreneurship: Theory and Practice*, Vol. 27, pp. 331 - 338.

③ Churchill, N. C., and Hatten, K. J. (1987). “Non - Market Based Transfers of Wealth and Power: A Research Framework for Family Business.” *Journal of Small Business Management.* Vol. 25, pp. 51 - 64; Goldberg, S. D. (1991). “Factors Which Impact Effective Succession in Small Family - Owned Businesses: An Empirical Study.” Ph. D. dissertation. Amherst: University of Massachusetts; Stempler, G. L. (1988). “A Study of Succession in Family Owned Businesses.” Ph. D. dissertation. Washington, DC: George Washington University.

④ Marriage and Family Encyclopedia. Accessed in Oct. 2009 from: http: //family. jrank. org/.

因此，他们从人类学的视角出发，为家族企业的继任过程提供了一个实证的、全面的模型，并且为家族企业展示了更实际的方法①。

显然，继承被认为是检查家族企业的最终环节，因为公司的传承是每一个成员都关心的议题②，因此，有效地解决继承中的冲突对于保持家族企业的正面角色是至关重要的。在本次讨论中，“冲突”包括两个或两个以上的独立团队的分歧，他们感受到不一致的目标，稀缺的资源和他人对于他们完成重要事项的阻碍。这样的冲突对于家族企业来说是致命的破坏。因此，领导者作为家族企业继承的一部分，他们需要意识到以下几个可能的状况：（1）对于角色的相互接受；（2）持续经营的认可；（3）对于接管的继承者的倾向；（4）对现任者退位的考虑；（5）继任计划③。

有关家族企业的研究强调家庭企业和职业管理在文化、目标设置和策略上存在一些差异。家族目标和价值，包括发展以及家族成员的支持是非常重要的。家族的目标和需要指导选址、财务考虑和企业战略决策。在家族企业中，家族价值决定企业价值，这很有可能成为企业的持续竞争优势。当成功的关键价值因素融入家族以及组织，就可以成为持续竞争优势④。

伯纳德·黄（Bernard Wong）在有关中国民族志和创业精神的案例研究中提到，家族在中国企业中扮演重要的角色。他识别了5个有关家族企业的优势：（1）家族成员在企业经营中容易培训；（2）信息和企业机密的控制；（3）家族成员投入更多的时间；（4）家族是融资的重要来源；（5）男家属构成企业重要的人力资源。除了这5个优势之外，中国的家族企提供了企业生存的灵活性。他认为，家族企业环境中低的边际利润和降低的生产成本使得中国的服装企业在经济低迷时期生存下来。他总结了湾区华人家族企业的三个类型⑤，如表13-2所示。

---

① Rogers, Elizabeth D. & Alan L. Carsrud (1996). "Chiefdoms and Family Firm Regimes: Variations on the Same Anthropological Themes", *Family Business Review*, Vol. 9, No. 1, pp. 15-27.

② Le Van, G. (1999). *The Survival Guide for Business Families.* London: Routledge; Gersick, K. E.; Davis, J. A.; Hampton, M. M.; and Lansberg, I. (1997). *Generation to Generation: Life Cycles of the Family Business.* Boston: Harvard Business School Press.

③ Marriage and Family Encyclopedia. Accessed in Oct. 2009 from: http://family.jrank.org/.

④ Brice, William David & Wayne D. Jones (2008). The Cultural Foundations of Family Business Management: Evidence from Ukraine Eurasian. *Journal of Business and Economics.* Vol. 1, No. 1, pp. 3-23.

⑤ Wong, Bernard (1998). *Ethnicity and Entrepreneurship: The New Chinese Immigrants in the San Francisco Bay Area.* Boston, MA: Allyn and Bacon.

表 13－2　中国家族企业的所有权和经营

家族企业所有权	特征	利与弊
由核心家庭所有和经营	通常是小规模的，家庭是生产和消费单位，家庭成员没有正式的薪资体系，家长主要决策者。	更具成本效果，家族成员分享利润；经营规模有限，更低的效率。
兄弟姐妹共同拥有并管理	通常具有较大的规模，员工经常是从家族外部招聘的，通常没有父亲这个角色，兄弟姐妹搭档，并且兄长通常是领导者。	兄弟姐妹之间可以汇总他们的资源；容易产生个人冲突和不明确的领导责任。
由家属和外人所有和管理	通常规模很大，雇佣父系亲属或者同姓家族成员，所有权和管理权可能不属于同一个人。	享有规模经济优势；决策机制不明确。

简而言之，虽然所有的企业都必须考虑合法有效地管理资源、财务、运营和营销来维持企业增长，但是家族企业需要解决更多的问题以生存。这些问题包括以下几点：（1）与婚姻、亲属关系有关的资本；（2）家族成员参与企业的经营；（3）家庭生活和工作密不可分；（4）家长拥有并且管理企业；（5）家族成员提供企业资金；（6）企业所有权和管理控制代代相传①。家族企业作为经济组织的一个独特形式，给人类学家提供了一个很好的开展调查的田野。人类学家有关家族企业的研究发现不仅仅拓宽了已有家族企业研究的框架，同时也有助于实践中家族企业的运营和盈利。例如，有人类学家的研究表明，从高度抽象的层面来说，企业家的盈利是通过连接社会生活的不同区域来获得跨空间和实践的不同价值的。

当然，家族企业面对一系列特殊的问题。凯文（Kevin Bosner）认为，对于家族企业来说，这些问题通常更多的是心理上的，而不是组织导向的。因为家庭和事业是融合的，所以，作为同事，家庭成员对于一个问题的不同甚至对立的看法很有可能让冲突恶化②。亚历克斯·斯图尔特（Alex Stewart）认为，家族企业需要处理这一情形的特殊才能。

① Taylor, Bill (2006). "Characteristics of the Family Business." *The Enterprising Rural Families Newsletter*.

② Bosner, Kevin (2007). "Trouble at the to: Possible causes, possible solutions". Paper presented at USASBE (United States Association for Small Business and Entrepreneurship) Conference, Orlando, FL, January 2007.

领导者必须学会利用广泛的社会资源，但是这样可能会承担道德责任。在家族义务和开发之间有一条分界线，这很有可能成为冲突和争论的源泉①。在下一节，我们将扩大讨论的范围，从工商人类学的角度来看待民族和创业精神②。

第三节　族群性与创业精神

族群性涉及共同的文化来源和（或）人们对过去在族群间互动的持续感知。也就是说，族群性是指由于人们所感知的文化独特性而产生的族群认同，从而使该族群成为独特的与众不同的群体。这种独特性典型地表现在许多文化特质当中，包括语言、音乐、价值观、艺术、风格、文学作品、家庭生活、宗教、仪式、饮食方式、命名、公共生活和建筑文化等。文化全面性（cultural comprehensiveness）描绘了族群性的概念。文化全面性被视为一种独特的文化实体，是指群体中的成员以独特的方法表达的一系列独特的文化特征③。

舍默霍恩（Schermerhorn）认为，族群性是由多个特征或多个部分组成的一个整合性术语。族群性暗含了一个因被共同接受的身份、血统和（或）命运而产生的边界④。巴恩（Barth）指出了族群边界和边界维系的重要性，强调如果一个群体能与其他的群体明显区分开来，那么该群体的团结性会增强。运用社会组织学处理族群性问题时，巴恩强调族群性需要在它的社会背景下进行解释。因此，族群需要利用社会边界来界定，甚至用领土边界来界定。巴恩相信，不同族群边界间的频繁的社会生活，将会产生复杂的行为模

① Steward, Alex (2003). "Help One Another, Use One Another: Toward an Anthropology of Family Business". *Entrepreneurship Theory and Practice*, Vol. 27, No. 4, pp. 383 - 396.

② Stewart, Alex (1991). "A prospectus on the anthropology of entrepreneurship". *Entrepreneurship Theory and Practice*. 16 (2), pp. 71 - 91.

③ anthropology. (2009). In Encyclopaedia Britannica. Retrieved in October 2009, from Encyclopaedia Britannica Online: http://www.britannica.com/EBchecked/topic/27505/anthropology.

④ Schermerhorn, R. A. (1974). "Ethnicity in the perspective of sociology of knowledge", *Ethnicity*, No. 1. pp. 1 - 14.

式和社会关系[①]。

对一些学者来说，族群分类包括生物遗传和文化继承之间的一种联系。一个族群人口的多或少可能取决于参照系。比如，在美国南部边境的一些城镇，墨西哥人有着压倒性的人口数量，并控制着当地最重要的社会和政治机构，但他们仍然被州政府和国家定义为少数民族。在小规模的同质化社会中，如在猎人、采集者和牧民中，基本上只有一个族群，而没有少数民族[②]。通常，公认的美国族群包括美洲印第安人、拉丁裔、中国华裔、非裔美国人、欧裔美国人等[③]。

个体的族群认同感可能产生于自我认同或由他人的观念来强加。族群中占主导地位的人口可以掌握着强大的政治工具，可以控制、边缘化甚至消除族群中的其他人。从20世纪30年代初到20世纪40年代中期，德国纳粹将很多跟他们不一样的人贴上了犹太人的标签。在大多数情况下，这个标签等同于被判了死刑[④]。特定族群的成员通常使用族群标志作为身份标志，以便自己能从其他族群中明显地区分开来。语言、宗教和服装都是典型的族群标志。某些情况下，族群只会有松散的群体认同，并只有很少或根本没有共同的文化传统。相反，一些族群间拥有着共同的语言和主要传统，形成连贯一致的亚文化。新移民群体，比如北美的中国移民就符合这种模式[⑤]。

族群认同通常是复杂的。无论少数民族中的个人如何突出强调他们的种族，情况也有可能会有所不同。举个例子，很多移民到美国的孩子更愿意讲英语而不愿意说父母的母语，而且他们的穿着和谈吐都会选择跟校内的美国孩子一样。然而，这种模式，可以通过时间的改变而发生动态变化。融入，往往是一种减少被贴上污名的战略。尽管刻板印象会影响别人如何评价他们，但他们也可以通过行动来深刻影响他人和群体如何看待他们[⑥]。

---

① Barth, Fredrik (1969). *Ethnic Groups and Boundaries.* London: Allen & Unwin.

② O'Neil, Dennis (2006). *Ethnicity and Race.* Retrieved in October 2009, from http://anthro.palomar.edu/ethnicity/Default.htm

③ Encyclopaedia Britannica. (2009). Retrieved in October 2009, from Encyclopaedia Britannica Online: http://www.britannica.com/EBchecked/topic/27505/anthropology.

④ O'Neil, Dennis (2006). *Ethnicity and Race.* Retrieved in October 2009, from http://anthro.palomar.edu/ethnicity/Default.htm

⑤ Tian, Guang (1999). *Chinese – Canadians, Candian – Chinese: Coping and Adapting in North America.* Lewiston, NY: The Edwin Mellen Press.

⑥ O'Neil, Dennis (2006). *Ethnicity and Race.* Retrieved in October 2009, from http://anthro.palomar.edu/ethnicity/Default.htm

族群和“人种”的定义，在世界范围均有着巨大的政治重要性。通常有很高公众知名度的那些族群，会获得更多的政治影响力，而那些影响力在很大程度上是无形的。转变正在发生，族群认同一度被视为是一种软弱[1]，但随着各族群的人口不停增长，他们的权力也相应增加。自20世纪70年代以来，值得特别注意的是族群在发达国家的企业所有权一直在增长。因此，自力更生的战略越来越多地被一些族群主张和支持。在美国，族群成员被视为塑造该族群的创业成果的重要因素。了解族群和企业之间的关系很重要，因为少数族裔的创业精神与社会经济流动性有着联系。在美国，一些少数族裔群体被描述成“创业家的”（entrepreneurial），比如韩国人和古巴人，因为他们的企业所有权参与率远远高于其他群体[2]。

渐渐的，“族群企业”的研究在创业研究中逐渐发展起来。正如斯马特（Smart）所说的，我们当今复杂社会，更加多族群了，也同时越来越多的族群融合。因此有关“族群企业”和“族群经济”概念的分析就越来越重要。事实上，有关族群经济和族群创业的研究已经加深了我们已有的对美国和其他地方移民和安置的理解。斯马特非常注重在加拿大和美国的中国裔企业家的研究，这些研究关注移民、国家政策、社会结构和族群关系等之间的牵连，同时也关注家庭企业和跨族群、族群内部的动态。

族群创业（Ethnic entrepreneurship）广义为移民和族群成员所拥有的企业所有权。族群创业的文献认为，族群的渊源和相关文化因素可以用于解释创业成果[3]。马叙雷尔（Masurel）等人认为，族群创业的概念指的是企业家在特定的社会文化或种族背景下进行的商业活动（一般为中小型）[4]。少数民族或移民群体中的那些有着精明预见的“族群”企业家，通常从事着

① Masurel, Enno, Peter Nijkamp, Murat Tastan, and Gabriella Vindigni (2001). “Motivations and Performance Conditions for Ethnic Entrepreneurship”. Tinbergen Institute Discussion Paper, T1 2001 - 048/3.

② Valdez, Zulema (2002). Beyond Ethnic Entrepreneurship: Ethnicity and the Economy in Enterprise Working Paper 63, The Center for Comparative Immigration Studies, University of California, San Diego.

③ Valdez, Zulema (2002). Beyond Ethnic Entrepreneurship: Ethnicity and the Economy in Enterprise Working Paper 63, The Center for Comparative Immigration Studies, University of California, San Diego.

④ Masurel, Enno, Peter Nijkamp, Murat Tastan, and Gabriella Vindigni (2001). “Motivations and Performance Conditions for Ethnic Entrepreneurship”. Tinbergen Institute Discussion Paper, T1 2001 - 048/3.

"中间人"的活动，比如东南亚的中国商人、东非和中非的南亚裔、中世纪欧洲的犹太人、北非的黎巴嫩人等①。

马叙雷尔等人认为，族群创业家通常从服务自己的社区开始创业，并以此找到机遇，在情况允许下发展扩大。在一个"多肤色"的现代城市，族群创业日趋成为一种土生土长的非常重要的当地经济体。城市族群创业给社会经济带来的好处主要有以下几个：（1）文化网络中的社会组带创造了灵活的方式来吸引人才和资金；（2）因为少数族裔人士通常跨越两个或两个以上的文化，这对服务多个目标市场的企业来说有很大潜力，比如餐馆、旅行社等；（3）有创造力的族群创业者可能促使族群商品进入主流市场（比如意大利比萨、中国菜）②。

霍华德·埃德维斯（Howard Aldrich）和罗杰·沃丁格（Roger Waldinger）提出，族群创业精神的框架包括三个相互作用的元素：机会结构、群体特征和族群战略。他们主张机会结构包括可有利于服务单族群、多族群的市场条件，并且（或者）在更广泛的、非族群的市场状况进行服务。机会结构同时包含那些简单明了的成分，即使这些成分的无障碍性高度依赖于族群间的竞争水平和（或）政府的政策。群体特征包括调动资源的可能性、族群社会网络、整体组织能力和政府的政策，其中政府政策会限制或有利于资源采购。群体特征还包括一些诱发因素，如选择性迁移、文化和抱负水平。族群战略由机会和群体特征的相互作用产生，导致适应该环境③。

族群战略是研究族群创业精神的核心。例如，对北美的新中国移民的适应过程进行人类学研究时，田广（Robert Guang Tian）发现中国大陆移民（MCR）主要的战略是建立并经营商业活动。然而，在加拿大，有关中国大陆移民创业的政策很难出台。由于这些移民缺乏信用记录，他们很难通过正规的财政机构来获得启动资金。同时，也由于他们的法律状况，他们不能得到政府机构的财务支持。

---

① Smart, Josephine (2003). "Ethnic entrepreneurship, transmigration, and social integration: an ethnographic study of Chinese restaurant owners in rural Western Canada." *Urban Anthropology and Studies of Cultural Systems and World Economic Development*, Vol. 32.

② Masurel, Enno, Peter Nijkamp, Murat Tastan, and Gabriella Vindigni (2001). "Motivations and Performance Conditions for Ethnic Entrepreneurship". Tinbergen Institute Discussion Paper, T1 2001 - 048/3.

③ Aldrich, Howard E. & Roger Waldinger (1990). "Ethnicity and Entrepreneurship", *Annual Review of Sociology*, Vol. 16, pp. 111 - 135.

面对这些障碍，这些移民企业家开始使用他们自己的族群社区作为一种资源，来获取所需的资源。比如金晓琥，用自己的积蓄加上从她的朋友处借来的钱购买了一家餐馆。她每个星期大约工作 80 个小时来服务当地的中国人社区。慢慢地她建立了好名声，可以赚到稳定的收入并且为其他人创造了岗位。金晓琥的餐馆生意非常成功，主流媒体也对她的故事进行报道，并把她描述成一个模范中国族群创业家①。

与其他许多人一样，田广的研究指出，族群对于北美新移民来说是一个重要的经济来源。人类学家伯纳德·黄（Bernard Wong）记载了中国移民在美国如何有效调用他们的族群资源（比如民族企业、价值观、传统、社会组织、族群压力和接近族群消费者）来挖掘机会。中国创业家必须评估他们能做什么和什么是有价值的，他们需要判断什么适合放弃和什么样的才能或能力需要培养。不必说，他们的决定是在他们的族群飞地和庞大的社区背景下做出的②。

很大程度上，中国人的生意依赖于家族和族群的关系网络。他们常常提供了成功所需要的资源。族群和家庭关系比友情、专业联系或区域联系更重要。总的来说，一致的观点认为，成功的中国商业利用的是族群和亲属关系所构成的广阔的关系网络③。

事实上，斯玛特证明，全球的大部分中国餐馆都是家族所有的，而且经营的都是中小型生意。在业务的起步和扩张阶段，族群和家族劳动力的获取是重要的④。此外，在资本主义社会中，世界各地的各族群人民所采取的策略是极其相似的，因为几乎全部的族群创业家都利用他们的族群网络去调配资源和把握机会。究其核心，族群创业家的做法反映了嵌入型商务的理念：

---

① Tian, Guang (1999). *Chinese – Canadians, Candian – Chinese: Coping and Adapting in North America.* Lewiston, NY: The Edwin Mellen Press.

② Wong, Bernard (1998). *Ethnicity and Entrepreneurship: The New Chinese Immigrants in the San Francisco Bay Area.* Boston, MA: Allyn and Bacon.

③ Smart, Josephine (2003). "Ethnic entrepreneurship, transmigration, and social integration: an ethnographic study of Chinese restaurant owners in rural Western Canada." *Urban Anthropology and Studies of Cultural Systems and World Economic Development*, *Vol.* 32; Choi Chi – Cheung (1998). "Kinship and business: paternal and maternal kin in Chaozhou Chinese family firms", *Business History*, January Issue, 1998.

④ Smart, Josephine (2003). "Ethnic entrepreneurship, transmigration, and social integration: an ethnographic study of Chinese restaurant owners in rural Western Canada." *Urban Anthropology and Studies of Cultural Systems and World Economic Development*, Vol. 32.

在社会关系和亲属纽带中，可以限制或促进经济行为①。中国大陆移民（MCR）的例子强调了族群可以打开资金后盾的大门。如果金晓琥小姐并没有从她的社区得到资金，那么她就不可能开展餐馆业务。美籍韩国人被称为典型的创业族群，因为近30%的韩国男性有可能成为创业家。跟中国人一样，韩国族群创业家开展他们的商业时，向亲属或同族群借的钱远远高于其他群体②。

家族和同族群的劳动力对小型族群商业来说至关重要。这些劳动力通常得到的报酬很低，工作时间却很长。族群创业家可能会利用自己的优势来操纵亲属和同族的忠诚，但他们也会承担这种行为的义务③。田广对来自中国的移民创业家的研究指出，族群企业为其同族人提供了主要的就业机会。马叙雷尔等人支持田广的观点，并认为族群创业带来的主要好处，就是在年轻的族群中起到了降低高失业率的作用。这样的话，它可能有助于城市复兴④。

创业的创新程度和风险与族群企业是密切相关的。许多小型的族群企业只是简单复制和重现旧式的商业，而没有创新。这种方式最可能在零售业和服务业中出现。而且，风险对绝大多数的企业来说都是很高的。新颖性和精细化影响到所有的企业，包括族群企业⑤。然而，族群企业家似乎是独特的，有待研究考察。特别的、非正式的关系网络的作用，经常被认为是一个关键因素。族群创业家和独特社会网络的关联性需要更多的研究。在下一章节，我们将从人类学角度探讨性别及其在创业精神形成过程中所起到的作用。

---

① Granovetter, Mark (1985). "Economic Action and Social Structure: The Problem of Embeddedness". *American Journal of Sociology*. Vol. 91, pp. 481 - 510.

② Light, Ivan and Edna Bonacich. 1988. *Immigrant Entrepreneurs: Koreans in Los Angeles*. Los Angeles: University of California Press.

③ Aldrich, Howard E. & Roger Waldinger (1990). "Ethnicity and Entrepreneurship", *Annual Review of Sociology*, Vol. 16, pp. 111 - 135.

④ Masurel, Enno, Peter Nijkamp, Murat Tastan, and Gabriella Vindigni (2001). "Motivations and Performance Conditions for Ethnic Entrepreneurship". Tinbergen Institute Discussion Paper, T1 2001 - 048/3.

⑤ Aldrich, Howard E. & Roger Waldinger (1990). "Ethnicity and Entrepreneurship", *Annual Review of Sociology*, Vol. 16, pp. 111 - 135.

第四节 性别与创业精神

从20世纪60年代的妇女解放运动以来，性别方面的研究变得流行起来，人类学家也长期关注着此问题。人类学家在20世纪初主要是关注小型社会，其中亲属关系为生产和再生产提供了组织结构。有关亲属关系的人类学研究发现，社会和物质的生产与再生产实际上是相关联的过程，他们之间的关系是差别规则来决定的。而且，人类学文献表明，在全世界范围，用性别来定义人的繁衍是构建和合法化人类差别的最有力的象征符号①。

人类学家研究性别时，由研究仪式和其他文化习俗（比如经济和政治关系）开始。再者，人类学的研究认识到，暴力和剥削与性别有着相关性②。人类学研究性别角色时，通常关注权势、领导权和威望。特别在美国（和整个西方），性别研究通常持有一种绷紧的反对压迫的立场③。

文献中指出，在历史上创业精神是以男性为主导的。这样的话，女性创业家就不得不为自己辩解，因为她们努力的价值和合法性可能不会立刻显现出来。正如阿提拉·布鲁尼（Attila Bruni）等人的主张，确定性别角色在任何一种文化中都不是绝对的：它们往往随着时间和空间而呈现动态变化④。

---

① Science Encyclopedia, *Gender Studies: Anthropology.* Access in Oct. 2009 from Science Encyclopedia webstie: http: //science. jrank. org/pages/9472/Gender - Studies - Anthropology - Conclusions. html# ixzz0UuZ319S9; Collier, Jane Fishburne and Sylvia Junko Yanagisako (1987) (Ed. s). *Gender and Kinship: Essays toward a Unified Analysis*, Stanford, Calif.: Stanford University Press; Mead, Margaret (1949). *Male and Female: A Study of the Sexes in a Changing World.* New York: Morrow.

② Science Encyclopedia, *Gender Studies: Anthropology.* Access in Oct. 2009 from Science Encyclopedia webstie: http: //science. jrank. org/pages/9472/Gender - Studies - Anthropology - Conclusions. html# ixzz0UuZ319S9; Ginsburg, Faye, and Rayna Rapp (1955) (Eds.) *Conceiving the New World Order: The Global Politics of Reproduction.* Berkeley: University of California Press. Malinowski, Bronislaw (1927). *Sex and Repression in Savage Society.* London: International Library of Psychology, Philosophy, and Scientific Method.

③ Science Encyclopedia, *Gender Studies: Anthropology.* Access in Oct. 2009 from Science Encyclopedia webstie: http: //science. jrank. org/pages/9472/Gender - Studies - Anthropology - Conclusions. html# ixzz0UuZ319S9.

④ Bruni, Attila, Silvia Gherardi, and Barbara Poggio (2004). "Doing Gender, Doing Entrepreneurship: An Ethnographic Account of Intertwined Practices". *Gender, Work & Organization.* Vol. 11, Issue 4, pp. 406 - 429.

这种灵活性为女性提供了机会。然而，阿提拉·布鲁尼等人只着重强调了创业精神和男性的联系，而忽略了其他妇女的作用[①]。

创业精神的传统文献着重于经济理性模型，那是社会性别化的并且经常被认为具有普遍性。研究男性与女性在企业机构和作为“创业家”的地位是很重要的。阿提拉·布鲁尼、西尔维娅·格拉迪（Silvia Gherardi）、芭芭拉·泊朱欧（Barbara Poggio）分析性别和创业精神是如何实践的，以及分析性别身份的观念是如何演变的。他们特别地指出了性别和创业精神的标志性构架的五个过程：（1）管理两方面的存在；（2）执行仪式；（3）补救工作；（4）维持边界；（5）性别商品化。对他们来说，创业精神不仅适用于男性，也可以适用于其他不同的性别角色[②]。

在20世纪70年代的美国，女性创业精神成为一个必不可少的研究和论题。而自20世纪80年代起，女性创业精神成为发展中国家的政策制定者和发展组织的主要议题之一。女性创业精神受到了孟加拉国的学者和政客越来越多的注意。事实上，特别是在格拉明银行（Grameen Bank）的余努斯博士（Dr. Yunus）倡导后，女性创业已成为许多国家发展政策的重要组成部分。实证研究说明在发展中国家，女性创业发展面临着两个主要的挑战：（1）合法化并巩固现存的女性所有企业的基础；（2）在高增长潜力下促进女性创业精神和商业机会。这样，性别敏感的政策和程序会明确认识到男性与女性的不同，并且会在创业精神发展进程中着重强调这种区别。在现在的背景下培育事业时，性别关系可以被视为一个涉及女性和创业精神的特殊问题[③]。

托马斯·詹摩尔（Thomas Zimmerer）和诺曼·斯卡伯勒（Norman Scarborough）宣称，美国的小型企业在雇佣和创业方面为女性提供了经济表现的机会。他们写道：“越来越多的女性发现，打破阻碍她们升职到组织高层的‘玻璃天花板’的最好办法，就是开办自己的企业。”事实上，女性开办

---

① Bruni, Attila, Silvia Gherardi, Barbara Poggio (2005). *Gender and Entrepreneurship: An Ethnographic Approach.* New York, NY: Routledge.

② Bruni, Attila, Silvia Gherardi, and Barbara Poggio (2004). “Doing Gender, Doing Entrepreneurship: An Ethnographic Account of Intertwined Practices”. *Gender, Work & Organization.* Vol. 11, Issue 4, pp. 406–429.

③ Hossain, Amzad, Kamal Naser, Rafiqul Islam, Asif Zaman (2009). “Differences between Public and Private Universities: Women Graduates in the Development of Small Enterprises: Evidence from an Emerging Economy”. *Journal of Applied Business and Economics*, Vol. 9, No. 3, pp. 24–45.

企业的速度是全国平均水平的两倍。即使69%的女性所有企业都是零售业和服务业（正如大部分企业一样），女性创业家也迅速分支到以前由男性主导的行业。根据妇女事业研究中心，女性所有企业中发展最快的有建筑业、运输业、通讯业、公共事业和农产企业①。

创业同时被认为为女性提供了一种参政的手段。例如，里欧尔·卡赞斯丹教授（Liora Katzenstein）认为，创业家的努力为女性提供了一个获得政治权力的方法。1988年，“中小企业管理法案”给予了女性所有企业某些明显的优先权（比如更容易获得贷款、公开竞标时有优先权），这样她们可以得到成立企业所需的初始资金资源。结果，大量的女性进入了一些非传统行业（如建筑业）。直到20世纪90年代末，在美国大约三分之二的小型企业所有者为女性。卡赞斯丹相信只有将经济上的权势和影响力转换成政治上的影响力，女性才可以与男性平起平坐（相提并论、看齐、平等）②。

女性的创业机会并不是平均分布。在发达国家，比如美国、加拿大、英国，女性作为创业家扮演着越来越重要的角色。而在发展中国家，女性参与到创业中是很少的，即使女性创业比例在全国范围内的差异很大。据马斯菲德（Maxfield）的观点，两性创业差距衡量了参与创业活动的男性与女性的数量差别。她的研究成果表明，两性创业差距最大的国家有波兰、阿根廷、挪威和希腊；而两性创业差距最小的国家有南非、秘鲁、葡萄牙和日本。

借鉴有关国际性的两性创业差异研究的最新文献，马斯菲德总结出以下几点：（1）在贫穷和中等收入国家，两性创业差距最大；（2）对于女性创业者的融资供求情况，我们的认知和信息是有限的；（3）不同性别的创业者的社会网络特点和其运用关系网络的方式都有着很大的差别；（4）国家文化方面，比如集体主义和对不确定性的恐惧，很可能塑造了男性和女性潜在的创业精神，因为他们必须与文化和其他环境相适应③。

---

① Zimmerer, Thomas W. & Norman M. Scarborough (2008). *Essentials of Entrepreneurship and Small Business Management* 5th edition, Upper Saddle River, NJ: Pearson Prentice Hall.

② Katzenstein, Liora (2009). "Women in Business & Politics: The Entrepreneurial Perspective." Accessed in Sept. 2009 from website of Institute for the Study of Entrepreneurship & Management of Innovation: http://www.entrepreneurship-isemi.com/index.php?option=com_content&view=article&id=193&catid=72&Itemid=54.

③ Maxfield, Sylvia (2005). "The Entrepreneurship Gender Gap in Global Perspective: Implications for Effective Policymaking to Support Female Entrepreneurship", CGO Insights, Briefing Note, Number 22.

社会科学家和人类学家所做的关于性别和创业的研究总体而言还在发展之中，仍然有许多待探讨的问题。这也需要工商人类学就与其他学者一起来探索。来自不同领域的学者界定除了许多影响女性创业的因素，这就要求我们进一步地深究，以求更好地理解创业中的性别议题，从而制定出更好的政策，促进女性在创业中的参与率。表 13－3（改编自赫赛恩（Hossain）等人的研究①）就列出了影响女性创业的主要因素以及研究发现和对策。

表 13－3　　　　影响女性创业精神发展的因素

因素	学术发现	研究实践
文化	文化和社会背景影响个人的创业活动和企业文化；多种文化因素都会影响女性创业的启动情况。	发现关键文化价值，关注文化差异。
教育	教育与创业、企业业绩之间有着重要联系；发达国家的女性创业者的平均教育水平比发展中国家的高。	强调教育影响企业运作的重要性。
社会文明	在日益增大的民族差异和相关宗教价值体系与创业率之间没有相关性；在发展中国家，比起单身女性和寡妇，已婚女性的劳动参与率是最低的。	判断所有相关的社会文明的重要性，并充分利用现有资源。
动机	个人的需求和动机（如成就感、归属感、个人追求和社会目标）影响着一个人是否成为企业家；在发达国家，女性企业家以对成就的需要作为动机，而在发展中国家，她们的动机则同时受推动因素和拉动因素影响。大多数情况下，机遇、成就的需要、自我实现和希望帮助他人等，都是促使女性成为企业家的动机。	将自我动机与个人成长经历、家庭富裕度及他人对成功企业家的看法等因素联系起来。
市场信息	比起男性，女性很少涉足关系网络，而且她们所建立的关系网络可能与男性的有所不同；女性的关系网络一般与家庭联系在一起，而且这种关系网可能会成为商业领域的阻碍；在发展中国家，女性可能只能获得有限的财政投入和支出的信息。	定义信息的重要性，并且尽可能找出所有获得市场信息的正式和非正式渠道。

① Hossain, Amzad, Kamal Naser, Rafiqul Islam, Asif Zaman (2009). "Differences between Public and Private Universities: Women Graduates in the Development of Small Enterprises: Evidence from an Emerging Economy". *Journal of Applied Business and Economics*, Vol. 9, No. 3, pp. 24－45.

续表

因素	学术发现	研究实践
经营理念	在发展中国家，大部分的女性从非正式关系网、配偶、亲属或家族中获得成功创业的主意。发展中国家的女性在其成功之后，则缺乏适当的技术和相关设备的支持。	探讨主意产生的各种方式，比如头脑风暴和与家庭成员或朋友分享想法。
企业创新力	对于研究创业态度的学者来说，家庭背景所扮演的角色似乎比国家相关文化因素更重要；早期社会化、童年经历、行为榜样等对鼓励女性开始业务均起了巨大的作用。来自家庭的支持特别是丈夫的支持会影响女性事业的成功；由于负有家庭责任，发达国家和发展中国家的女性都相对缺乏进行创业活动的时间。	强调家庭支持和与家庭成员、亲属有效沟通的重要性。
倡导和决策	在发展中国家，女性企业家往往缺乏适当和有效的组织，这会影响到企业发展；大部分女性自主作决策，极少数的女性会与其家庭成员商量总结得出结论。	指出作出对的决策的重要性和作出错误决策的可能风险。
金融环境的有利性	在发展中国家，很难实行专为女性创业的法律法规；女性很难获得信贷机构的贷款，她们的资金来源一般都是自己的积蓄或者从家人和朋友中借得；融资和相关程序手续对发展中国家的女性来说都是困难重重的；女性企业家发现难以筹集启动资金，因为她们不具备所需的财富；她们并没有取得银行贷款所需的抵押品；因为性别歧视和成见，他们不能与银行建立良好的合作关系。	定义法律和规章制度对企业经营的重要性。确保有足够的与企业经营有关的信息；建立企业信用并熟悉金融机构的运作程序和标准。

本章小结

企业家是经济活动的发起和促进者，他们利用独特的洞察力、能力和技能来动员和组织资源，以进行创新和生产活动。企业家的使命就是刺激财富和发展经济。完成了这些使命，也就造福了全社会。

创业，是有着深远意义的社会经济过程，为公共事业和私人事业提供了创造性的、有价值的解决方法。对创业的人类学研究（虽然相对比较新）有助于人类学、企业管理、管理学、领导力、发展学等学科的研究。

人类学的研究方法为探索创业精神提供了可靠、有效、高效的研究方法。

本章主要从亲属关系与家族企业经营、族群与民族企业家、性别与创业等角度，对创业精神进行了人类学研究。其他的研究角度还包括：创业与区域经济发展、跨文化和/或跨国家族企业经营、合作与创业发展、社区文化及其对创业的影响、不同的创业水平及其关系等。人类学研究方法为研究创业精神提供了一个可靠、有效和高效的方法。

企业家精神已经扩散到企业经营之外。这会使致人们日益认识到社会企业家的作用。人类学家在探索盈利性企业家和社会企业家中扮演了重要的角色。

案例一　Pat – A Cake 烧烤店[①]

当我走进 Pat – A Cake 烧烤店，我看到我的朋友阿里·帕波尼（Ali Pabani），餐厅的主人，跟他的朋友尔敏（Ermin）和商业伙伴托尼（Tony）坐在桌子旁。尔敏来自伊朗沿岸的一座小岛，而托尼来自英国。他们正就各自不同的行业进行热烈的讨论，还邀请我坐下参与讨论。其实我对他们的业务经历和故事有一定了解，但考虑到我将要开展自己的家族企业，我便坐下并希望了解更多。

阿里在巴基斯坦长大，他的父亲是那里的宝石商人。多年来，他一直在学习宝石交易，并打算定居澳大利亚以帮他父亲经营宝石生意。在他的父亲去世后，即使长大后的阿里和他的家人都很擅长经营宝石生意，但因为各种的法律和政治因素，阿里不能够继承父业。失去父业后，他的资金状况变得很糟糕。

阿里在 1977 年来到美国，并在加利福尼亚州的圣杰辛托大学（San Jacinto College）学商。学成后，他来到帕萨迪纳市，他的伯父在那里有一家便利店。在那里，他第一次接触到并喜欢上了便利店行业。虽然他是

① Prepared by David E. McClendon Sr., who has more than twenty years experiences in running his own businesses at different locations and is preparing to incorporate a retail business in Wharton, Texas with an over four million dollars investment plan. When preparing this case he is working on his MBA at an AACSB accredited business school.

一个外国人，但他的英语讲得很好，所以这对他来说并不是一个问题。对刚从巴基斯坦来的他来说，唯一困扰他的问题就是文化差异的问题，因为他需要与其他不同国家的人（如孟加拉国）进行业务来往。

跟着伯父工作几年后，阿里用自己存的钱在得克萨斯州的休斯敦买了一家路边卡车停靠站。几年后，阿里的生意开始有了起色，他在附近又购买了一家山顶卡车停靠站和一家饭店。阿里很快就意识到，如果他不再做汽油买卖和便利店，而将注意力集中在餐饮业的话，那他的生意将会做得更好。

他卖掉了路边卡车停靠站，因为它离山顶卡车停靠站很远，并用这些钱买了另外4家便利店。这些店分别位于沃顿、博陵和路易斯的城镇。随着他业务的增长，他聘请了一位经理来为其管理位于沃顿的泰格店和埃克森加油站，还有位于路易斯的埃克森加油站。他每两天就去各个店看一次，并发现他的经理并不忠诚于他。

阿里很好地融入了当地社会。西班牙裔居民给了他一个绰号"普里莫（Primo)"，这大概可以译成"表亲"。在得克萨斯州沃顿，"普里莫"常被用作称呼店长；而现在，绝大多数人都将阿里称为"普里莫"。

最后，他把博陵以外的便利店都卖掉了，将博陵的便利店从"牛头犬便利店"（牛头犬是附近一家高中的吉祥物）改成"食物与燃油之友"（下面简称为"友谊店"）。在"友谊店"，阿里主要供应食物，如比萨、热狗和用新鲜绞牛肉做的汉堡。"友谊店"的生意很不错，但因为他有几个经常偷东西的员工，阿里有严重的现金流问题。

阿里卖掉了"友谊店"。这时候，他已经将所有的店都卖掉了。他开始经营 Pat – A Cake 烧烤店（主页：http：//patacakewharton. com）。Pat – A Cake 烧烤店（下简称为 PAC 店）处于一座很有韵味的古老建筑中。这座建筑曾因为资金流和其他问题关闭了几个月，而现在在阿里和托尼的经营下又重新开张。他们在这里供应非常精致的餐饮，包括主菜、汤和沙拉等。

托尼告诉我他们在脸书（Facebook）中已有超过150位粉丝。这看起来比在当地报纸登广告的效果要好。PAC 店只开张了2个月，但业绩一直在渐渐增长。他们不仅仅提供休闲餐饮，还提供盒饭和餐饮送货服务。

阿里日常的工作日从每天早上5点开始，首先他去餐饮食材供应店，然后他会处理一些其他业务相关的差事，大约早上9点到达店里开始工作。他打开门，让员工进店并开始为中午的人群准备午餐。下午，托尼和另一些员工到达，开始帮忙准备晚餐。晚上，随着客流量渐渐减少，餐店就会关门。如果运气不好，阿里可能要等到晚上11点或半夜才能离开。平常餐店会在星期天关门，但这个星期PAC要为一个婚礼举办酒席。

餐店划分为2个区域，前部分是一个比较休闲随意的用餐区，单个的客人可以坐在用餐柜台或在随便一张餐桌旁用餐。后部分的用餐区则比较正式，那里有精致的摆设，并一直播放着柔和的音乐。

对于阿里来说最大的经营问题就是现金流问题和员工偷窃问题。他从来没有因为不是美国本土人而困扰过。他说他一直很受当地人欢迎。托尼认为，经营这家餐厅的最大问题是偷窃问题，特别是员工偷窃问题。他转向敏尔，问敏尔在经营中是否也遇到过员工偷窃的问题。敏尔在休斯敦外围拥有几家购物中心。

尔敏告诉我，在飓风艾克袭击后，他的几个租客因为生意惨淡而付不起租金。租客请他帮忙申请拖延6个月的租金，否则他们就要搬走了。尔敏拿着他的租客的申请信件来到银行申请延期，并问银行是否可以延迟他的物业偿还贷款。但银行并不愿意延期，因此他只能用他的积蓄支付按揭。

这3人都认为，作为身处美国的外籍企业主，在人们谈到拖欠款项时，他们总是被第一时间想到。然后我问阿里，经商需要面对什么样的风险。他说，对于他来说就是他没有人可以求助。如果他生意失败，却没有家人可以帮助他。很多时候，都是他家乡巴基斯坦的朋友和孟加拉国的朋友多次帮助他贷款，以使他可以开始或维持生意。

好几个来自孟加拉国的人都问阿里借了钱以开始或维持生意，却没有一个还钱或主动还钱的。这些商人已经在一个豪华的地段购买了昂贵的房子。即使他们借了阿里的钱开展生意并从来不还，但他们卖东西给阿里时却不打折。我问阿里是什么促使他要自己做生意的。他大笑，说："我需要一份工作。"阿里一直在美国开展生意、使其盈利和转卖生意，这些花费了他生命中的大部分时间。

话题又转回了员工偷窃问题，我问他们3人曾采取过什么措施以处理这个问题。托尼耸耸肩，说："你能做什么？我们知道碗碟的数量在减少，但除非你当场抓到他们带着碗碟离开，否则你真的不能做什么。”他还说食物也会不见，甚至放在柜台卖的糖果也会被员工偷吃。他曾发现柜台后面的垃圾篓里有糖果包装纸，问是否有人出售过糖果时，却没有人知道；直到当天结束，记录本上都没有记录这些糖果的去向。他说这只是一件小事，却说明了你需要赚得足够多以补偿被偷窃的损失。阿里赞同托尼，并说安装摄像头需要花费太多，对目前的情况来说是不划算的。

表面上看，如果他们的家族成员为他们工作的话，就不会受员工偷窃问题的困扰。很不幸地，托尼没有家族成员在美国；而阿里的家庭成员没有一个是做餐馆生意的。我问阿里为什么他的家庭成员不过来帮忙，他说他的家庭成员就只有妻子和孩子。他还说，这与文化有一定关联。在巴基斯坦，他可以让这个家庭都留在身边帮助他；但他的妻子是墨西哥人，她并不会那么做。

我看了看桌子周围，阿里的小女儿正在玩一罐腌菜并对着她爸爸笑。阿里年幼的儿子正在黑板上画写并快要把今天的特色菜给覆盖掉了。很快，阿里的妻子在店门外出现，阿里将小女儿抱出去上车，他的儿子也跟着出去了。两个孩子跟着他的妻子离开。

敏尔之前主要从事购物中心的零售物业。托尼以前在英国和美国经营餐饮业和其他生意。令人惊讶的是，3个来自世界不同地方的人，竟然都来到了沃顿得克萨斯州的小镇开展他们的生意，现在相聚一起，并且愿意跟我这个印度裔美国人谈论商业。这样看来，即使我们相互不同，都来自不同的背景，但我们却共同分享着一种世界性的语言，一种关于如何经商的、企业家的语言。

案例二　布莱恩·斯丘达莫尔的1—800废品回收[1]

1989年高中毕业后，布莱恩·斯丘达莫尔（Brian Scudamore）用700美元和一台破旧的卡车开始了他的1—800废品回收公司（1—800—GOT—JUNK）。如今，他们在北美有95个特许经营合作伙伴，而且，他

① Author unknown，retrieved in Feb. 2010 from http：//entrepreneurs. about. com/od/casestudies/a/1800gotjunk. htm

们的经营范围覆盖了北美50大城市中的47个。

斯丘达莫尔是一个冒险主义者，但开一家公司是他的愿望。“为了实现创造一家废品回收的‘联邦快递’的愿望”，斯丘达莫尔说道，“即使还剩一年就从大学毕业了，我还是选择了退学并成为一个全职的‘拾荒者’！是的，我的父亲，一个肝脏移植外科医生，当时极力反对。”他轻笑，“但现在他已经插手了。”

很多企业家都用外包这种方式使自己的风险最少化，而斯丘达莫尔却选择了一条截然不同的路。

“开始一星期后，我雇佣了我的第一个员工。我知道我需要助手。他是我的好友，叫大卫·斯尼德门（David Sniderman）。我不知道如何招聘，所以我只是请了一个伙伴。”刚开始时，他不知道还有什么可以做，但事情渐渐地变得清晰明了。“公司发展到更高水平，我总是相信用合同的方式或以请教顾问的方式招人。我觉得如果我不愿意对此投资的话，那我会对自己在业务上自信产生疑问。”

在另一方面，他也认同让他人承担部分的风险。他选择特许经营作为商业模式，这使他的生意无需借助外部投资者或其他资金来源就得到了快速的增长。

“这是个基本的杠杆模型。人们给你预付费用以帮助他们成长，而不是跟着主流人群而迷失方向，所以我选择特许经营权。它是一个基本的杠杆模型。”

他们成功的方法很简单。接收离散的业务，以清洁发亮的卡车作为移动广告，穿着整齐的司机，准时的服务和领先的效率，再融入年轻、有趣并专注于稳定、健康成长的企业文化。他维持着100%的公司拥有权，并且将现金流管理的很妥当，没有断流现象，这样的情况在当今很少见的。

即使这是一个简单的业务，但如果没有技术的帮助，他们是不可能得到如此高速的成长的。在低技术要求的业务中植入高技术设备，这令他们很快地从竞争者中区分开来。全部的电话都会进入1—800废物回收的电话中心，并由电话中心为他们的特许经营合作伙伴处理预定和派遣业务。然后特许经营合作伙伴就会在他们的公司网站JUNKNET上，收到他们的实时报告、安排、消费者信息等。这样使特许经营伙伴能够快速地投入业务运营并专注于业务增长。

2004 年，1—800 废品回收的营业额达到 3200 万美元——有 70 万美元的客观收入！当时布莱恩的 BHDG（宏伟的目标，Big Hairy Audacious Goal）是在 2006 年末达到 10000 万（1 亿）美元的营业额和 320 个特许经营伙伴。他很自信地说："我们会达到目标的。"

学习思考题

1. 你如何理解创业家是经济增长的产生过程和驱动力量的最强有力的内在因素？

2. 你能简单地概括有关创业家和创业精神研究的经济、商业和人类学文献吗？

3. 你能辨别并列出 3 个对创业精神发展的人类学研究方向吗？

4. 你认为族群对创业精神发展有何影响？

5. 你如何理解创业家和创业精神中的性别问题？

6. 文化因素对创业精神发展有何影响？

7. 通过阅读本章案例你学到了什么？我们应该怎样从人类学的角度来理解和分析本章案例？

第十四章
工商人类学的未来展望

内容提要

虽然人类学对商业世界作出了巨大的贡献，但是工商人类学被接受的程度还不及其他的定量社会科学。人类学强调参与式观察和民族志，近年来这些定性方法融合了更多"科学"的定量方法，那种认为定量方法比质性研究方法更好的论断是不正确的。随着定性方法被越来越多人认可，我们可以预见到对工商人类学家的需求会增加。

学习目标

1. 了解商科教育和人类学的关系。
2. 能够分辨和展示商科教育中人类学方法的特征。
3. 了解工商人类学是一个有前途的学科，知道工商人类学家的工作性质。
4. 熟悉工商人类学咨询公司和他们的特别之处的案例。
5. 清晰地描绘出一个关于工商人类学未来发展的景象。

引　言

人类学家的身影出现在许多专业领域，在现实的商业世界中，不同种族的人群在同一企业里工作的情形是常见的一种现象，而人类学家对文化差异性的了解和敏感性，使他们在研究企业人际关系和跨文化交流方面变得很有价值。人类学对消费者行为、人力资源管理、跨文化的市场营销、国际业务、商品设计、组织变化、竞争情报、企业家研究等领域都能作出贡献，因此，它同时受到学院派和实践派的关注。对学生来说，在研究影响企业运营的文化差异并为其建模时，人类学就是一个很有用的工具。不少课程需要利用人类学的知识，如消费者行为学、市场研究、国际业务、竞争情报和人力资源管理。基于上述人类学的发展趋势，我们有必要了解人类学的教学内容及其教学过程。

第一节　商业教育中的人类学方法

员工和研究者都需要了解企业的文化背景①。由于研究结果随着研究方式的改变而改变，把人类学方法编进商科课程是必要的。你如果打算在跨国企业里工作，人类学能让你以全球性的视野看问题。作为工商人类学课程的一部分，你也许会尝试着将学到的知识应用到暑期研究、实习、出国留学或者以志愿者的方式在本土企业工作。

在消费者行为这个特殊的领域里，像人类学这些定性方法的重要性和权

① Emery, C. & Tian, R (2003) "Schoolwork as Products, Professors as Customers: A Practical Teaching Approach in Business Education", *Journal for Business Education*, Vol. 78, N0. 2; Emery, C., Kramer, T., & Tian, R. (2001). Customers vs. Products: Adopting An Effective Approach to the Business Students. *Journal of Quality Assurance in Education*, 9 (2), 34 -41.

威性不断提高①。许多人类学家把人类学融入商业教育中，巴伯（Baba）和巴蒂奥（Batteau）就是其中的代表。他们证明，国际业务失败的原因往往是因为管理者不能理解和适应外国的思考和行动方式②。因此，他们强烈建议各商学院应该全面地接受人类学的方法和理论。

一、人类学和商业课程的发展

了解本地企业的文化非常重要，而在全球范围内处理文化方面的问题时，它就显得更为重要了。当同时研究本地社会和国际社会时，需要辨认和解释影响企业战略和战术的行为模式，而人类学家就受过这方面的专业训练③。

商业教育者常常把最新的方法技巧加入他的课程里面，包括一些定性方法（如工商民族志学和工商人类学），商学院的学生需要知道这些方法技巧。另一方面，虽然商学院学生能够在课堂上学到许多有关工商人类学的知识，但他们会在运用这些知识的时候学到更多。通过参与实地项目、出国留学、实习以及自主研究或自主开展项目，有助于他们提高实际操作的能力，并感到人类学的规律有助于改变他们对商业世界的看法。

乔丹（Jordan）通过研究发现，从20世纪80年代开始，人类学在各商学院中的影响并无多大改变，教育工作者有必要反思这种情况。在商业教育中，人类学家对消费者研究的贡献是独一无二的。举个例子，哈佛大学的杰瑞·索德曼（Jerry Saltman）和马克侩肯，圣母大学的约翰·谢利，内布拉斯加大学/林肯大学的埃里克·阿诺德（Eric Arnould），纽约州立大学的芭芭拉·奥尔森（Barbara Olsen），犹他大学的杰林·科斯特（Janeen Costa），肯高迪亚大学的阿拉玛·乔伊（Annamma Joy）都是影响商业教育界的人类学家代表。另外，商业教授罗恩·希尔（Ron Hill）和卡萝·考夫曼·斯卡

---

① Sunderland, Patricial and Rita Denny (2007). *Doing Anthropology in Consumer Research*, Walnut Creek, CA: Left Coast Press, Inc; Tian, Robert G. (2007) "From Theory to Practice: Anthropology in Business Education", in Demirdjian, Senguder, and Tian *Perspective in Consumer Behavior: An Anthropological Approach*. Fort Worth, TX: Fellows Press of America, Inc.

② Baba, Marietta & Allen Batteau (2003). Wayne State University, Department of Anthropology homepage, retrieved in Feb. 2003 from: http://www.anthro.wayne.edu/ant3150/

③ Jordan, Ann T. (2003). *Business Anthropology*. Prospect Heights: IL, Waveland Press; Bennett, John, C. (1954) *Christian Values and Economic Life*. Manhattan, NY: Harper and Brothers.

布罗（Carol Kaufman - Scarborough）曾经接受他们的教导，他们接受了民族志的方法并将其运用到他们的研究中①。他们所做的一切有助于学生了解人类学，并为这个领域里的有志之士树立了好名声。

相对于几年前人类学刚进入商业范畴的时候，如今人类学在商业领域里的重要性有了大幅度的增长，学生们对其中的原因很感兴趣，这就需要学生对人类学的理论和方法有一个初步的了解。商学院的知识常常被认为过于定量，定性的方法（如民族志）就可以消除这种偏见，并有助于让更多的企业雇用人类学家。实际上，在过去的20年里，消费者研究的一个重大突破就是研究者在研究中使用了更多自然主义的研究方法②。其他研究消费者的学者也强调了他们在研究过程中使用的那些以人为本的方法和定性的方法。商业教育中的人类学方法与这种首创精神相符，而且特别适合与消费者行为相关的课程③。

因为定性方法在商业中的应用越来越多，因此学生们越来越需要掌握这种方法。在企业中，大部分人类学的工作涉及不同类型的定性调查，因此学习和掌握民族志方法是很重要的第一步。有一点被商业组织广泛接受，就是在研究人类行为的时候，应该从其社会背景和文化背景出发，而研究者应该根据实际情况作出相应的调整④。

在开展一个现场调查的项目之前，接受人类学定性方法的技能训练是必要的。理想的情况是，导师也同时参与现场调查并随时提供建议。同时，要记住的一点是，为企业工作的研究者常常为得到迅速而且成本低的信息而精简调查。如果存在一种方法能够提供有用且符合成本效益的信息给决策者，

---

① Jordan, Ann T. (2003). *Business Anthropology.* Prospect Heights: IL, Waveland Press.

② Gremler, Dwayne D., K. Douglas Hoffman, Susan M. Keaveney, and Lauren K. Wright (2000), Experiential Learning Exercises in Service Marketing Courses. *Journal of Marketing Education*, Vol. 22, No. 1, April 2000 35 - 44.

③ Tian, Robert G. (2007). "From Theory to Practice: Anthropology in Business Education", in Demirdjian, Senguder, and Tian *Perspective in Consumer Behavior: An Anthropological Approach.* Fort Worth, TX: Fellows Press of America, Inc.

④ Jordan, Ann T. (2003). *Business Anthropology.* Prospect Heights: IL, Waveland Press; Bennett, John, C. (1954). *Christian Values and Economic Life.* Manhattan, NY: Harper and Brothers; McFarland, Jennifer (2001). "The Consumer Anthropologist," *Harvard Business School Working Knowledge Journal*, retrieved in July 2009 from: http: //hbswk. hbs. edu/item. jhtml? id = 2514&t = customer&sid = 0&pid = 0; Tian, Robert G. (2007). "From Theory to Practice: Anthropology in Business Education", in Demirdjian, Senguder, and Tian *Perspective in Consumer Behavior: An Anthropological Approach.* Fort Worth, TX: Fellows Press of America, Inc.

那就是正确的方法。在商业调查中，无论使用定性还是定量的方法，都会出现金钱和时间的限制。

那些定性研究感兴趣的人需要知道相关的道德问题，因为研究中存在一些令人感到困扰并导致冲突的道德问题，所以学生们需要研究相关的道德准则，如美国人类学协会（American Anthropological Association，AAA）、应用人类学协会（the Society for Applied Anthropology，SfAA）和国家人类学执业协会（the National Association for the Practice of Anthropology，NAPA）所制定的专业标准和规则。

在商业研究中，理论、概念、范例以及它们的重要性所组成的四要素是学生们需要思考的。举个例子，工商人类学家经常研究家庭、亲戚朋友及性别对消费者行为的影响，以及研究一个广泛的文化模式影响消费者反应和消费渠道的方式①。要记得人类学在这个领域里作出的杰出贡献，还有你如何能作出贡献。

最后一点是处理报告和分析现场调查所得到的数据。没有合适的分析，数据永远不会变成对决策制定有用的信息。定性的数据要显得有说服力是很艰难的，因为企业领导通常更信任定量的方法，常常认为定性的数据是无力的。

根据林斯特德（Linstead）② 的说法，人类学的贡献体现在三个领域里。

第一个领域是文化。调查的理论会进一步发展，我们可以重新评估分享的意义和在特殊背景下利益冲突的意义。举个例子，我们可以批判性地阐述管理中的象征意义和应用问题。对这些研究感兴趣的学生可以选择像文学批判和宗教研究作为他们的选修课。

第二个领域是评判，因为民族志可以用于重新审视同意和拒绝的方式和反应。比如说，一些新的或者前所未闻的信息来源和信息形式，能够有效地使管理者变得对周围更加敏感。相对于已经适应了现状和失去了质疑能力的老员工，年轻的员工在这些方面表现得更好。

第三个领域是变革。民族志作为一种调查的方法，增加对民族志的理解

---

① Jordan，Ann T.（2003）. *Business Anthropology*. Prospect Heights：IL，Waveland Press.

② Linstead，Stephen（1997）. "The Social Anthropology of Management". *British Journal of Management* 8（1），pp. 85－98.

可以增加对管理的理解，同时也可以鼓励人们保持开放的态度[①]。

二、人类学和消费者行为

田广（Robert Tian）在其消费者行为课程教学中采用了人类学的方法[②]，包括基于现场调查的实践与练习，以及教授学员如何在精简研究过程，降低了严谨度和精确性的情况下，仍然能够提供可行的信息[③]。民族志是以消费者的方式了解消费者的有效方法。为了帮助学生了解人类学是什么，田广教授采用了短片来展示人类学的现场工作，并强调了解操作方法的重要性。

为了解决调查时遇到的矛盾，调查者可以在调查报告中加入被调查者的评论，这样可以增加主要观点的深度。如果被调查者的评论中存在矛盾，那么需要表明并解释。分析矛盾和有争议问题可以丰富分析的内容，调查者不应避而不谈。掌握这些技巧可以使学生从中获益。

学生们也需要记得人类学家在研究中运用的数据收集方法，包括有结构和无结构的采访、假设的情况、焦点事件的分析、社交网络、流言和民间传说、传记以及历史的重构。在实际操作中，特别是研究复杂组织的时候，人类学家在运用定性方法的同时会使用更多定量的方法，比如说测量。不过即使定性和定量的方法相结合，深入的现场调查（至少耗费几个月）才是有效的人类学调查的核心部分。作为一名学生，你需要增强适应能力并且学会使用数量庞大的研究工具。

尽管消费者行为的教科书包括了有关文化的讨论，但常常是经过删减的，因此难以对学生作出充分的影响。然而文化对人类反应的深远影响是不可否认的[④]。因此你不能仅仅通过教科书来扩大知识面。那些教授市场营

---

① Fernie, Scott and Anthony Thorpe (2007). "Exploring change in construction: supply chain management". *Engineering Construction and Architectural Management* 14 : 4, p. 319; Linstead, Stephen (1997). "The Social Anthropology of Management". *British Journal of Management* 8 (1), pp. 85 – 98.

② Tian, Robert G. (2005). "Anthropological Approach to Consumer Behavior: A Marketing Educational Case of Teaching and Learning". *Journal of Advancement of Marketing Education*, Vol. 7: 36 – 46, 2005.

③ Tian, G. Robert (1998). "Anthropological Research among Chinese Refugees in Metro Toronto", In *Cultural Anthropology Methodology*, Vol. 2.

④ Griffith, D. A. & Ryans Jr. J. K. (1995), "Strategically Employing Natural Channels in an Era of Global Marketing". *Journal of Marketing Practice: Applied Marketing Science*. 1 (4), 52 – 72; Douglas, S. & Craig, C. S (1995) *Global Marketing Strategy*, New York, N. Y.: McGraw – Hill.

销、消费者研究、广告学等科目的教育者也需要确认他们是否有充分介绍有关文化的章节。

学生们可以阅读谢利（Sherry）的《当代市场营销和消费者行为》，这本书提供了额外的资料，展示了人类学的理论和方法是如何应用于研究消费者行为的。其他书籍如帕高·恩特希尔（Paco Underhill）写的《我们为什么购物：购物科学》显示了为什么消费者会忽视放在架子底部的商品，为什么消费者喜欢触摸商品等等。书中讨论了消费者在百货商场里、饭店里和商品陈列室里想做什么，不想做什么。这些讨论显然跟销售、零售和消费者反应很有关系。

上述书籍证明了人类学和定性的方法是如何应用到消费者研究中的（比如说贝尔克（Belk）、谢利（Sherry）和瓦伦多夫（Wallendorf）的自然主义方法①）。营销涉及商品设计和市场定位。在研究营销的过程中，人类学家需要弄清楚特定商品的销售情况和评价情况，还有特定人群对这些商品的想法。当记录人们生活方式和商品融入生活的过程时，使用定性的方法往往能提供有用的信息，而且使用其他方法很难做到。因此，制造业雇佣的人类学家会越来越多②。

三、通过参与式观察来研究消费者行为

为了帮助学生了解消费者行为的规律，田广设计了两个作业来加强人类学和市场营销的联系。第一个是小型报告，另一个是综合性更强的研究项目。在这个小型报告里，学生需要根据他们在任何一个餐馆的观察或经验，用简洁的语言来分析其中的消费者行为。导师需要鼓励他们在真实的环境中，运用在课程中学习到的1—2个概念和方法来记录和分析消费者行为，然后阅览并评价他们的小型报告，指出其中的优点和缺点。在这个过程中，学生们就可以了解观察并记录现场调查数据的方法。除此之外，这个练习还教会了学生如何收集一手数据并基于这些数据写一份调查报告。这个练习为完成一个大型的调查项目奠定了稳固的基础。

---

① Belk, Russell, John Sherry, and Melanie Wallendorf, (1989) "A Naturalistic Inquiry Into Buyer and Seller Behavior At a Swap Meet". *Journal of Consumer Research* 14 449 - 70.

② Walsh, Sharon (2001), Business Gets Brainy, The Standard (May 14, 2001). Retrieved in July, 2009 from http://www.thestandard.com/article/0, 1902, 24163, 00.html.

为了完成一份综合的调查项目，学生们通过参与式观察以及其他方法如采访和问卷调查，来研究进餐的消费者。学生需要合适地记录并保留现场调查的记录原件，因为这些会和他们的最终报告一起评分。为了帮助学生完成调查，导师要陪同每个学生到被调查餐馆进餐。当导师在场的时候，他们应该鼓励学生去做采访，这样学生就可以及时得到他们需要的建议。

这个练习可以使学生熟悉观察的研究技巧以及观察中固有的主观性。除此之外，这个练习有助于学生们意识到：在做消费者分析时，调查的趋势和模式会呈现出来，同时能够加深对教科书所说的年龄、性别、族群及其他消费者特征的印象。这个练习也提供了一个范例，那就是随机样本和非随机样本之间会存在差异。此外，学生们更加了解自身的消费行为。

学生们承认，相对于在学习教科书上的知识以及在课堂上听老师讲课，他们从亲身经历中学到更多，因为人类学的研究方法让他们直接进入到消费者群体中，使他们更加了解消费者行为（参见表 14－1）。

表 14－1　学生的评价（2002 年秋）

可选择的评价项目	该课程平均值	学院的平均值	移动平均*
学习到解决问题的技巧	5.00	4.26	4.29
写作能力	5.00	4.23	4.08
文章评论	5.00	4.26	4.51
目标和组织	4.67	4.34	4.12
课文和材料	4.67	4.14	3.97

注：*移动平均是记录中所有课程的平均值。

举个例子，通过参与式观察，学生会意识到自身就是研究的工具，这有助于他们了解其他类型的研究工具，如采访和问卷调查。更重要的是学生们学习到如何用专业方法来收集调查数据。一个学生写道：

“我知道为了成为一个成功的观察者，你必须那样做。如果你想知道消费者正在说什么和做什么，那么你必须坐下来观察。作为一个观察者，你需要留意消费者的肢体语言、面部表情还有他们的谈话内容。这是一个很好的方法但需要用一小段时间来习惯，不过在此之后你会收集到许多你一般会错过的资料。在开展调查的时候，我利用眼睛和耳朵来调查，并发现它们就是你最好的研究工具。我喜欢这个作业。在大学里我们经常陷于定义和讲义，很少在真实场景中应用我们所学的知识。我觉得，这个练习使我具备了将课堂上学到的知识运用到真实世界里的能力。”

四、把餐馆作为现场调查的场所

根据马尔罗尼（Mulroney）的说法，在商业调查中，对零售业的消费者行为研究是人类学最明显的应用之一①。纽曼（Newman）是一个工商人类学家，曾经研究过经济衰退对消费模式、生活方式以及家庭关系的影响②。

恩特希尔（Underhill）很详细地讨论了在零售业中的消费者行为。他探究了为什么消费者为了买一样商品而去百货商场，但是最终却买了别的东西；哪一种商场气氛最能影响消费行为等等③。导师选择餐馆作为现场调查场所的原因有很多。在餐馆里面，消费者同时获得有形的商品（食物和饮料）以及无形的商品和气氛。许多关于消费者行为的概念和理论都能在餐馆中得到验证④，例如消费的动力、其他消费者对消费行为的影响、文化对于消费行为的影响等等，所有学生都能从在餐馆里练习民族志的方法，并从中受益。

食品消费是消费者获得文化含义和建立自我认同的方式，通过研究食品消费，我们可以阐述文化制度和价值观的不同之处。“跨文化阐释”是一种分析消费者的方法，它可以验证文化制度和价值观的不同之处⑤，文化信仰和态度会影响消费选择，这一点特别适用于带民族风味的餐馆。通过现场调

---

① Mulroney, Catherine (2002). “Anthropology in the workplace: Cultural context proves just as crucial to improving business as tech solutions.” *The Globe and Mail*, Monday, November 25, 2002 - Page B13.

② Newman, Katherine S. (1993). *Declining Fortunes: The Withering of the American Dream*, New York: Basic Books.

③ Underhill, Paco (1999). *Why We Buy: The Science of Shopping*. New York, NY: Simon & Schuster, Inc.

④ Doern, R. R. and Kates, S. M., 1998. The Social Meanings of Drinking: Strengthening the Social Bonds of self in Everyday Life. Doubleday, New York; Goffman, E., 1959. *The Presentation of Self in Everyday Life*. Doubleday, New York.

⑤ Tian, Robert G. (2000). “The Implications of a Right to Culture for Marketing: Towards an Anthropological Approach”, Paper presented in the Society for Applied anthropology 2000 Annual Meeting, San Francisco, March 21 - 26, 2000; Schau, H. J., Gilly, M. C., 1997. Social Conventions of a Fast Food Restaurant: An Ethnomethodological Analysis. *Advances in Consumer Research*, Volume 24, 315 - 321.

查和课堂讲授，学生们可以探索许多人的进餐习惯并观察其中的不同之处①。

因为进餐是一项日常的活动且充满变数，所以在餐馆里面，学生能够看到文化上的差异②。另外，选择食物是一项难以计量的、特别复杂的行为。许多难以计量的因素影响了消费者对于食物的选择，这些因素包括但不限定于：环境、传统习俗、社会地位和感知③。环境因素影响消费者的选择。烹饪特殊的食品需要特殊的材料，生产这些材料的能力是同化社会中特殊菜式的关键。没有这些特殊的材料，我们就不能体验或接受来自不同文化背景的食物。特殊地区的传统习俗决定了消费的规模和类型。人们对某事物的习惯程度以及将其当作某特别地区的标准的程度，可以让我们确认对该事物的熟悉程度④。

通过现场调查，学生们发现印度、墨西哥和中国的菜式在美国是最知名的民族菜式。随着美国人口的增长，这些食物变得普遍并逐渐成为主流。米尔斯（Mills）通过调查发现，消费者渴望得到一次完整的、美好的餐馆经历，包括亲切的服务和美味的食物，不管是在典型的美国餐馆还是异国餐馆⑤。去餐馆进餐是人们认识民族菜式的基本方式。因此，对民族菜式了解不多的人经常基于一次进餐经历，就判定了该菜式的全部，这也最终决定了他们会不会再次到这个餐馆消费⑥。

美国全国餐馆协会（National Restaurant Association）做过一项对民族餐

---

① DeJesus, Jennifer and Tian, R. (2004). Understanding Cultural Factors in Food Consumption: An Experiential Case Study at an Ethnic Restaurant. *High Plains Applied Anthropologist*, No. 1, Vol. 24, pp. 27 – 40; Witte, Elizabeth, & Tian, R. G. (2003). Cultural Awareness and Consumer Behavior: A Case Study on Southern American Understanding of the Chinese Food. *High Plains Applied Anthropologist*, No. 1, Vol. 23.

② Mead, M. (1943). *Growing up in New Guinea*, London, UK: Penguin Books; Mooij, M. de (2004) *Consumer Behavior and Culture*, London, UK: SAGE Publications.

③ Schiffman, G. L. and Kanuk, L. L. (2004). *Consumer Behavior.* Seventh Edition, Upper Saddle River, NJ: Prentice – Hall Inc.

④ Pillsbury, R., 1998. *No Foreign Food*: *The American Diet in Time and Place.* Boulder, Colorado: Westview Press.

⑤ Mills, Susan. (2000). "A Cultural Melting Pot". *Restaurants USA.* Washington D. C: National Restaurant Association. *www. Restaurants. org*, Accessed by authors in 2002.

⑥ DeJesus, Jennifer and Tian, R. (2004). Understanding Cultural Factors in Food Consumption: An Experiential Case Study at an Ethnic Restaurant. *High Plains Applied Anthropologist*, No. 1, Vol. 24, pp. 27 – 40.

馆的分类研究，发现了进餐可以分成三个截然不同的种类：文化导向、餐馆导向和准备导向。文化导向的消费者是那些积极寻找新菜式并将其当成探险的人。餐馆导向的消费者认为民族餐馆仅仅是一个进餐的选择。准备导向的消费者感兴趣的是民族菜式的烹饪方式和材料①。学生们通过现场观察和研究会发现，当消费者的行为跟对待民族菜式的态度相结合的时候，占主要地位的是两种消费者："国际主义者"和"城市专家"。"国际主义者"追求的是异国风味的体验和真实性，他们更倾向于去尝试辛辣的和独特风味的食物，比如说墨西哥菜和泰国菜。从餐馆装饰到说外语的服务员，他们寻求的是完整的体验。相对于"国际主义者"，"城市专家"的年纪往往较大，他们喜欢尝试新的菜式，但会观看菜单并详细地列举他们的食物里面的材料。这些分类证明了美国人接触民族菜式的方式是不同的②。

消费者对于商品和服务的反应以及对商品和服务的展示方式的反应，跟消费者行为的关系是很明显的。为了了解消费者本身和他们所作的选择，学生们必须研究大量的人类反应，这些反应包括但不限于情感上的（感受）、认知上的（想法）和行为上的（行动）。通过参与式观察可以了解这些反应，而基于实际的观察，我们可以评价行为的主要基础。对需要了解消费者行为的学生来说，餐馆是个很理想的地方，因为消费者在餐馆消费的不仅有形的商品，还包括无形的商品和服务。通过参与式观察，学生可以更好地理解消费行为的主要动机和消费者的决策。

前文已经讨论了消费者行为课程所采用的人类学方法，这些人类学方法显然是有效的。十篇学生编写的小组论文被刊登在学术期刊上或出现在学术会议中，学生们都十分高兴，他们也很喜欢学习过程，而且在评论中提到他们对人类学和消费者行为的理解都有所提高。他们特别喜欢亲自参加项目和现场调查，并从中认识到他们所学的知识是有现实意义的。

有三个框架是为了这类课程而设计的。第一个是文化认知模型，改编自

---

① DeJesus, Jennifer and Tian, R. (2004). Understanding Cultural Factors in Food Consumption: An Experiential Case Study at an Ethnic Restaurant. *High Plains Applied Anthropologist*, No. 1, Vol. 24, pp. 27 – 40.

② DeJesus, Jennifer and Tian, R. (2004). Understanding Cultural Factors in Food Consumption: An Experiential Case Study at an Ethnic Restaurant. *High Plains Applied Anthropologist*, No. 1, Vol. 24, pp. 27 – 40; Witte, Elizabeth, & Tian, R. G. (2003). Cultural Awareness and Consumer Behavior: A Case Study on Southern American Understanding of the Chinese Food. *High Plains Applied Anthropologist*, No. 1, Vol. 23.

摩根（Morgan）[①] 对范式的观点，这个模型能够阻止新观点、新角度的融入。第二个是关键组织法则（Key organizing principles，KOPS）。第三个是一个映射模型，该模型的设计目的是让研究者绘制自身的文化定位，以及判断被研究者所属的文化范围，这往往是调查环境的中心[②]。

然而，跟其他方法一样，研究消费者行为的人类学方法也包括了权衡。传统的消费者行为研究注重的是心理学方法，而人类学方法相对新颖，使教学变得很困难。因为许多研究消费者行为的学生缺乏人类学的知识，因此投入一些课堂时间用于补充该方面知识是必要的。

田广在其教学过程中认识到一个很严重的问题，就是学生们倾向于花费更多的时间去描述而不是分析所观察到的事物。结果就是，分析流于表面，而且缺少跟消费者行为的理论和概念的联系。为了减少这个问题带来的影响，老师需要在课堂上分析大量案例，帮助学生理解如何将他们所学的理论和概念跟他们观察到的事物连接起来。另外一件事是课程项目的准备。根据田广的经验，第一次让所有学生们共同研究同一个市场或商场，以完成他们的小型报告，这样导师就可以当场示范并及时帮助他们，这样做效果会更好。不过在之后的主要项目中，应该让学生自己选择研究地点。

简单来说，人类学方法并不是人类学研究和消费者行为研究的简单组合。根据田广的理解和经验，人类学的研究重点是文化和社会对消费者个人行为的影响，并需要同时站在管理者的角度和消费者的角度上。虽然，通过人类学方法教授消费者行为的教学方式相对新颖，但是它很有效。

第二节　作为职业领域的工商人类学

主修人类学的学生经常对他们未来的职业之路感到疑惑。一个在校生想通过写信给一个毕业生以得到一些建议，那个毕业生在工商人类学的领域里

① Morgan，W. P.（1980）"Test of champions：The iceberg profile". *Psychology Today*，14，92－99，102，108.

② Whiteley，Alma（2001）Anthropology and International Business Research Methods in DBA Teaching：Frameworks for Cultural Awareness. *Journal of Teaching in International Business*. Vol. 12，Issue：2，pp. 7－22.

取得不错的成就。该在校生在信中写道：

“我很想知道你是如何成为一名工商人类学家的？我获得了一个人类学的学士学位，而且我很喜欢这个科目。我在大学里学习这门课程，而且我打算获得人类学的硕士学位，但是接下来怎么办？我真的很喜欢学校的氛围，因此我也许会去教书或者在博物馆里面工作，但是你的想法是什么？你是怎么找到合适的工作的？谢谢。”

那个毕业生回答了那个在校生的问题，并附带了自己的建议，以下是引用部分：

“我有一个硕士（学位），属于人类学一个很窄的领域——空间关系学。在为撰写毕业论文做研究的过程中，我发现了企业对人类学某个方面的知识的潜在需求。这个方面的知识能够广泛应用于各个企业，或者专门为如零售商店等设计一个更吸引人的环境。广义上来说，了解不同文化及其细节，就足以使我在跨国采购行业工作很多年。无论哪种类型的商业业务，包括一小部分政治业务，协商都有助于解决文化差异和达成协议。教书是一个很光荣的职业，我过去也曾做过。我也打算在将来某一天回到这个行业里。

“你问我怎么找到自己的生存之道，其实某种程度上是个意外，当时的政治环境有一定的影响。我过去大多数时候做考古学的工作，但是由于资金用光而不得不放弃。我也曾经在学校的采购部工作，而且很喜欢那段日子，虽然那个部门只需要人类学的硕士学位就能工作得很好，但我还是辞职了。我也抱着去跨国企业工作，希望去学习不同的语言，因此很偶然的，我成功了。对于你来说，你最喜欢哪方面的知识？把你的注意力放在那里，然后看一下这些知识在这个宽广的世界里的应用。”[①]

实际上越来越多的家长希望自己的孩子接受教育能够增加就业机会。费拉罗（Ferraro）指出，很多家长经常对此感到疑惑：他们的孩子获得人类学学士学位之后，能得到什么工作？[②]

---

① The information was retrieved in Aug. 2009 from http://en.allexperts.com/q/Anthropology-2291/Thoughts-career-Anthro.htm.

② Ferraro, Gary (2009). “With Video Highlights from Anthropologists at Work: Careers Making a Difference”, retrieved in Aug. 2009 from http://www.wadsworth.com/anthropology_d/special_features/anthro_careers.html.

一、人类学和人才市场

人类学家的工作就是研究人。任何需要了解人的职业，比如研究人类行为，评价人的意见、信仰或者需要等，都通过雇用人类学本科生解决。美国人类学协会发现人类学毕业生很称职地完成政府的工作，而且，越来越多的人认识到，他们在企业管理和国际商务中的价值。在很长的一段时间里，人类学的技能仅应用在卫生行业和社会服务。由于我们持续生存在世界上，所以需要人类学帮助我们了解多元文化、国际化和全球性的业务①。

对于那些主修人类学的毕业生来说，人才市场需要对他们所具有的调查能力。然而，如约翰·范·维尔利根（John Van Willigen）指出的，人才市场并不清楚人类学家拥有技能的价值，这限制了对人类学毕业生的需求。另外，虽然存在很多就业机会，但很少是为人类学家量身打造的。这样的就业环境虽然没有限制人类学学者找工作，但却更适合社会科学学者和人文学学者就业②。

大部分专业的人类学组织的网站上都有职业指导，描述了成为一名职业的人类学家的过程。他们的网站上通常包括了这样的信息：如何将人类学和其他领域的知识相结合，以提高自身的竞争优势。美国人类学协会（AAA）网站上关于人类学职业的部分，是综合性很强的职业指导（详细资料可以浏览网站 http：//www. aaanet. org/profdev/careers/index. cfm）。虽然国家人类学职业协会（NAPA）的网站资料有待更新，但是可以在那询问在职的人类学家有关人类学在工作场所中的应用问题（详细资料浏览 NAPA 网站 http：//anthro. fullerton. edu/napa. pdf）。网站上也有视频以供参考。

最近数十年间，由于学术性职位的减少，加上美国联邦政府立法需要研究环境影响和保护历史资料，因此应用人类学的普及程度在不断上升。更多接受过职业训练的人类学家到非学术性的单位就职，而不是去大学里工作。对学习人类学的人来说，无论有无博士学位，都有更多的非学术性职位和就

---

① See American Anthropological Association homepage for more information：http：//www. aaanet. org/

② Van Willigen，John（1993）. *Applied Anthropology：An Introduction*. Westport，CT：Bergin & Garvey.

业机会。如今，与经济相关的部门，无论公共的（政府），还是私人的（企业），都会雇用那些接受过文化人类学培训的人[①]。

在非学术性的领域里，人类学可能扮演的角色包括行政官员、经理、顾问、项目主任、项目指导和社会服务协调员等等。威利斯·西布利（Willis Sibley）指明：拥有博士学位的人类学家中，大约50%不在学术机构里工作[②]。由此我们可以假定，大部分硕士毕业的人类学家以及几乎所有本科毕业的人类学家在非学术性部门里工作。一部分人可能会成为私人顾问（其中一些人更喜欢自称为“管理顾问”，而非人类学家）。由于学术性职业市场的规模并无改变甚至缩水，因此到私人企业工作的人类学家会不断增多。

费拉罗认为，人类学属于人文科学，因此大学不应为本科毕业生提供任何专业证书。然而，要成为工商人类学家，就需要接受更高等教育，专业证书就是读研必须的敲门砖[③]。

经济全球化使人类学和企业之间有了联系。最近几十年，尤其是北美，人类学越来越受到全球各方的关注。但是如戈登（Gordon）提到的，从国际业务研究中得到相关的知识，并没有随着咨询理论和咨询业务的发展而让企业给予足够的关注。因此，管理层有时会缺乏必要的知识处理国际业务和跨文化的业务[④]。

人类学家和跨文化专家并不是标准的工作种类。然而，最近几十年内，一些政府和其他行业的工作都需要面对某些跨文化问题和来自不同文化或亚文化背景的人，这需要他们投入足够的关注。就如之前讨论所提到的，人类学的技能可以应用在不同的专业领域。比如说，人类学的技能和见解有助于建筑师设计适合亚文化的人群居住的房子，或者在海地开展一个成功的造林

① Ferraro, Gary (2009). "With Video Highlights from Anthropologists at Work: Careers Making a Difference", retrieved in Aug. 2009 from http: //www.wadsworth.com/anthropology_d/special_features/anthro_careers.html.

② Sibley, Willis E. (1994). "Preface". In *Anthropological Perspectives on Organizational Culture*. Tomoko Hamada and Willis E. Sibley, eds. pp. v - vii. Lanham, MD: University Press of America.

③ Ferraro, Gary (2009). "With Video Highlights from Anthropologists at Work: Careers Making a Difference", retrieved in Aug. 2009 from http: //www.wadsworth.com/anthropology_d/special_features/anthro_careers.html.

④ Gordon, John (1998). "The Resurgence of Applied Anthropology in a Post - Exotic World: An Australian Perspective". *Human Organization*. Vol. 57, No. 2, pp. 127 - 133.

项目，或者向公众说明艾滋病的传染性，还有向法院提供文化相关的信息，以帮助他们解决案件①。

人类学毕业生寻找工作时一定要随时准备好处理这种情况：雇主不熟悉他们独特的能力，而且可能会对定性调查方法持有偏见。面对这些挑战，人类学家们可能需要教育他们的潜在雇主，并展示他们真实的本领和展示这些本领对于组织的用途②。

费拉罗强调，在某些方面人类学毕业生发挥的作用比人文学科的学生更大。第一，在多元文化的社会中，跨文化的不同之处和相似之处是非常重要的专业知识，而人类学的毕业生非常熟悉它。这意味着，人类学毕业生有能力适应陌生的社会和专业的环境，有能力评价世界上的多元文化行为，而且了解如何敏感地、灵活地、理解地面对来自不同文化背景的人。第二，人类学的训练让学生掌握了采访的技巧、调查研究的经验，并拥有敏锐的观察能力和全面的洞察力。第三，对潜在雇主来说，人类学毕业生拥有许多宝贵的技能，比如说统计方法、电脑技能、流畅的外语和沟通能力等经验。

当学生对他们所拥有的能力有所了解，他们就处于竞争的优势地位：当找到一份特别的工作时，他们可以根据情况提交简历。所有待业者都需要知道企业对工作的要求，而且需要清楚了解：雇主重视他们什么能力？为什么？③

表14－1、表14－2、表14－3、表14－4、表14－5是一些工作广告的例子，这些例子是我们从国家人类学执业协会的主页（http://www.practicinganthropology.org/）上收录的，人类学毕业生应该会对此感兴趣。

---

① Ferraro, Gary (2009). "With Video Highlights from Anthropologists at Work: Careers Making a Difference", retrieved in Aug. 2009 from http://www.wadsworth.com/anthropology_d/special_features/anthro_careers.html.

② Van Willigen, John (1993). *Applied Anthropology: An Introduction.* Westport, CT: Bergin & Garvey.

③ Ferraro, Gary (2009). "With Video Highlights from Anthropologists at Work: Careers Making a Difference", retrieved in Aug. 2009 from http://www.wadsworth.com/anthropology_d/special_features/anthro_careers.html.

表 14－1

文化人类学家

我们正在寻找曾经在世界级品牌公司里工作并得到介绍信的高级人类学家。我们的一些项目经常需要在中国、俄罗斯、印度、日本、巴西、阿根廷和其他一些欧洲国家开展民族志调查。我们现在的项目就需要在上述八个国家及美国开展调查。有意者请回复列出的邮箱地址。

表 14－2

高级市场研究助理

高级市场研究助理的工作是设计并管理相关机构与客户的调查项目。应聘者要了解常用的概念，有运用最新的技术和方法的能力。该工作需要收集和分析属于现有的或潜在的顾客经营范畴的一手数据和二手数据，应聘者必须熟悉定性方法和定量方法。这些方法很普通但很实用。最重要的一点是，应聘者要熟悉非裔美国人的市场（应聘者不一定要是非裔美国人——EOO）

表 14－3

民族志学者

公司位置：多伦多　　　基础：合同

爱迪尔服装设计（Idea Couture）正在寻找一名人类学家或社会学家来计入我们在多伦多的定性研究小组，我们会与应聘者签订合同，应聘者可以选择是否全职工作。应聘者要有对现场调查的热情，有确定顾客观点并将其清晰地传达给内部人员和客户的能力，而且要根据企业需求，足够灵活地运用学术理论、各种调查方法和创造性的设计理念。

职责：

- 设计，实施定性研究以及报告结果。
- 将对研究的见解转换成未来的商品、服务和经验。
- 参与内部人员和客户的构思研讨并提供协助。
- 与设计师、策划师、技术人员及其他相关人员合作。
- 频繁的全球性出差。

对技能/经验的要求：

- 高级社会科学学位。
- 医疗卫生、科技、社会媒体和设计的专门知识。
- 参与民族志调查项目的证明。
- 敏锐的观察能力。
- 一对一采访和群体采访的经验。
- 有很强的写作和编辑能力。

续表

- 获得奖学金或刊登文章的记录。
- 对“数字文化”有很深的理解和研究的热情。
- 熟悉微软办公软件。
- 会用基础视频编辑软件（ie，imovie）的优先。
- 有以用户为中心研究的设计 & 调查经验优先。
- 有工作经验的优先。
- 会外语的优先。

报酬：

- 视经验而定。

表 14－4

用户体验分析师

AutoTrader. com，Atlanta，GA。用户体验团队隶属 AutoTrader. com 的产品管理部门，职责就是增加对顾客的理解，并负责总结迎合甚至超越顾客需求的相关经验。该团队与产品管理部门密切合作，共同定义 AutoTrader. com 的下一代商品和服务。

用户体验分析小组是这些工作的前线，他们通过调查以增加对顾客的理解，并将调查结果传达给产品经理、用户体验设计师和产品研发小组。

用户体验分析师的工作是开展用户调查，并分析初级调查和次级调查的结果，然后向组织传达他们的发现并提供建议。角色模型、情景说明、文档文件、口头演讲和一对一商谈都是向整个组织传达顾客需求的价值方式。当然也可以分析竞争对手和同行业最佳，以传达近期的竞争环境状况。

在 AutoTrader. com 里工作的用户体验策略家的工作：

- 设计并开展用户调查。
- 与其他部门合作分析调查结果，总结出用户的需求和其中的商机。
- 跟产品管理部门密切合作，识别新产品的商机以及新产品对现有产品未来发展的影响。
- 确保产品研发的每一个环节都体现了顾客的要求。
- 创建并维护顾客角色模型、情景模型和思维模型。
- 调查的结果有评估作用和实用性。
- 编写的文档条理清晰，内容包括调查发现、顾客描述和相关建议。
- 向组织传达顾客需求的价值。

理想的应聘者：

- 了解顾客调查方法，并且有实践经验。
- 精通信息构建、互动设计、可用性测试和网页设计（包括电子商务和信息报告）。
- 熟悉用户界面评估技术并且有操作经验。
- 有收集、分析和总结初级调查和次级调查的经验。

续表

- 精通以顾客为中心的设计方法的规则和流程。
- 将顾客需求转化为经营目标的经验。
- 有出色的口头表达能力、写作技巧以及演示和沟通能力。
- 能够与跨职能小组密切合作。

要求：

- 至少有4年研究用户体验和研究网络产品的经验。
- 另外有人类学或民族志调查经验的优先。
- 大专或大学专业要求：人机交互学，认知心理学，人类学，设计学或其他有关专业（高学历优先）。
- 出差的能力的比重占20%。

AutoTrader.com创立于1997年，总部位于亚特兰大GA，是网络汽车分类广告市场和消费者信息网站的领头羊，AutoTrader.com上有超过300万条交通工具的条目，每天更新，每月访问量达1100万人次。

表14－5

民族志市场调查

市场调查需要民族志学家参与：时薪高达22美元！Smart Revenue（http：//www.smartrevenue.com）是一家市场调查企业，他们正在寻找文化人类学家。研究员通过用传统的民族志调查方法，例如观察、采访以及结构性市场调查，以增加对消费者的偏好和习惯的了解。我们很快就会在全美国各大城市开展这个项目，而且需要民族志学者的参与。我们倾向于聘请接受过人类学或社会科学教育的人，以及有民族志调查经验或定性调查经验的人。

我们将在以下城市开展项目：波士顿、罗德州岛、费尔菲尔德郡、费城、匹兹堡、巴尔的摩、坦帕、奥兰多、盖恩斯维尔、迈阿密、塔拉哈西、芝加哥、丹佛、达拉斯、圣安东尼奥、奥斯汀、休斯顿、洛杉矶、旧金山、西雅图。最后一站是亚特兰大（急招），一月份我们会在那里结束工作。

对于接受过社会科学教育的人来说，这是一个绝好的机会，他们的民族志知识和写作技能会在工作的过程中得到锻炼，同时也能赚取不少的钱。Smart Revenue公司有大量项目计划，工作范围遍布全国，所以这是一个收入的好来源。

项目范例描述：Smart Revenue调查顾客对商品的选择，民族志学者到那些每天营业8小时的商店进行采访，每间商店采访15—20个顾客。一般每个社区调查2—3间商店，因此我们每个项目雇佣2—3个人。工作时间不定，一些项目持续3—4天，一些只用1天，一些项目会持续几个周末。

许多项目需要观察和采访。采访过程中要使用手提电脑，我们会通过发邮件到那台电脑上。你需要根据学到民族志知识来观察，包括观察顾客的行为、关注招牌及其他广告的内容，或者记

续表

录该地区的市场动向。我们会在电话商谈中解释相关细节。 有兴趣及符合条件的人可以发邮件到 jobs@ smartrevenue. com。请附上你的简历以及工作能力的描述。邮件的标题需要注明你所在城市的名字。谢谢!

二、工商人类学专业咨询公司

有人类学学位的学生能够在很多领域中找到工作，像法律、公共健康、社会服务以及文化管理或自然资源管理。研究生的水平足以胜任人类学的专业岗位，当然也可以考虑博士学位。一些咨询公司提供人类学方面的服务，下面通过对这些公司的概览，描述如今在私营企业里工作的工商人类学家的状况。

（一）4 人团股份有限公司（Unity 4 Humanity. Inc，简称 U4H）

U4H 位于纽约，是由赛恩斯·詹姆斯（Saint James）建立的一个商业咨询公司。这个公司在不同层面上研究万维网（World Wide Web）上的文化和风气。该公司也研究一些议题，如科学技术、国际业务的失败、跨文化的普遍性以及年龄/经济/教育/人口的评估等等。

4 人团股份有限公司声称，他们自主开发出一套有效的人类学程序，可以根据客户的需求而调整。他们的人类学程序是跟非人类学家一起合作开发的，那些非人类学家都是某个领域的专家或者企业的一分子。所有的工商人类学小组成员是根据用户需求而定，通常由一名人类学家或受过人类学培训的企业高管，加上四名胜任助手的专家组成的（详细浏览 U4H 的主页 http：//www. unity4humanity. com/ formoreinformation）。

（二）潮造公司（Trend Influence）

潮造公司是一家坐落在亚特兰大的市场策略公司，该公司的工作就是帮助客户持续地获得回报。潮造公司成立于 2000 年，主要业务是品牌方面的策划。该公司的工作小组的见解和策略技术都是标准化的，他们通过这一独特的方法致力于市场营销和商品改革。这公司通过总结顾客的需求和文化的走向以识别其中蕴含的商机。他们曾经帮助一些全球顶尖的公司去制定策略，例如里维斯、大众汽车以及可口可乐，潮造公司的策略使这些公司成为世界级的品牌。

这个公司的总顾问使用的方法是观察，并强调这是一个竞争优势。他们的组员的共同点是——他们都是消费者情报，市场信息和战略制定的专家。通过使用人类学的方法，潮造公司就能识别市场潮流和推动市场的巨大力量，这有助于客户了解他们的商业机会。知道这些可以促进新商品，新品牌和沟通策略的革新。

这个公司聘请专业的民族志学家来开展消费者调查项目。民族志学家深入参与潮造公司的洞察力服务的发展和执行。为获得最理想的结果，民族志学家要确保每一个项目的设计都涵盖了最合适的观察范围和最合适的策略工具。每个参与者必须熟悉传统跟非传统的观察方法和策略的开发工具，同时也要提供可行的建议。在潮造公司的主页 http：//www. trendinfluence. com 上可以得到更多资讯。

（三）环境调查团队（Context – Based Research Group）

环境调查团队（CBRG）由人类学家罗比·布林科夫（Robbie Blinkoff）于 1999 年建立。这个公司把文化人类学家的定性调查技巧跟市场专家的沟通能力和商业策略结合起来，并据此提供咨询服务。

根据文化人类学的理论知识，环境民族志学家为了完成民族志调查会走进人们的家里和工作环境等地方，并将据此得出的战略见解传达给客户。首席顾问都曾接受过人类学和环境民族志学的专业培训，这有助于客户以更友好的方式了解消费者。

该公司的民族志研究有不同的调查方法和报告方式。他们的客户包括产品设计团队；世界 500 强企业；大型的营销和传媒机构；战略咨询和调查企业。在每一项业务中，他们根据客户的需求专门制定民族志调查方式，帮助顾客从战略的角度增强客户关系。下面是他们参与的代表项目：

1. 消费者的内在需求。在民族志调查过程中，特定环境中的消费者内在需求就是观察消费者行为的放大镜。当需要深入了解消费者的生活、态度和行为以寻求更深刻的见解时，对消费者内在需求的深度研究可以提供有用的信息。这些为客户制定的调查深入消费者的生活，把目标锁定在与组织需求有关的某一特殊方面的消费者行为和态度。这些调查的结果有许多不同的形式，包括消费者的分类和详细地描述了消费者行为和态度的图表。

2. 有待开发的产品需求（产品研发）。最好的产品是能够填满人们生活中的空缺的产品。不幸的是，消费者往往不明白他们的需求，或者甚至不知道他们的需求是什么。在特定环境中，有待开发的产品需求的研究对象是消费者某些方面的行为，并找出消费者已有的与他们需求之间的缺口。这个研究通常跟产品设计企业合作开展。产品设计者跟环境人类学家一起走进人们的家里和工作场所，寻找有助于产品研发的信息。研究结束之后，参与研究的顾问和产品设计企业会以一个民族志模型来展现消费者的需求和满足这些需求商品的概念。

3. 市场细分的深入研究。在营销工作中，要识别出核心目标市场，将消费者分类是很重要的第一步。环境顾问通过民族志调查去发现市场的分类，以及消费者的行为及其行为原因。

4. 营销与传播的深入研究。为了设计出有意义的促销活动，销售人员必须了解他们的商品如何融入消费者的生活以及对他们的生活有什么帮助。很多企业不了解他们的品牌，也不了解将展示给消费者的方式品牌。环境民族志学的研究目的就是让这些企业了解他们的品牌。这个研究通过了解产品融入消费者的生活的方式，提供客户所需的信息，以帮助客户迅速地找到产品的市场地位，以及保持消费者的忠诚度和提高市场占有率。这个类型的研究有助于更加全面地了解现有的和潜在的目标市场。

5. 产品测试。评价一件产品的最好方式就是研究该产品在现实生活中的使用情况。环境产品测试的目标是加深对消费者本身和消费者行为的了解。工作人员在某一时间段内，调查顾客使用商品的情况，并询问被调查者以获得产品使用情况的可见记录和书面记录。这个研究需要定期进行直接观察。这个研究可以很详细地得到人们对于这个产品的使用和感受的反馈，包括对该产品的改进、销售方式甚至是互补产品等方面的建议。

6. 整体局势或前景。为了计划将来，经理们必须评估现在。环境民族志学者通过观察消费者现在的行为，找出有待开发的产品需求。这个观察结合了深入访谈和影射式面谈，帮助他们的客户设计出能够得到消费者认同的产品规划或服务规划。

7. 民族志座谈小组。研究期间，环境人类学家需要与一群经过筛选的参与者多次会面。在不同的会面期间，人类学家要保留纪录会面内容。因为这些研究会持续很长一段时间，所以研究的主题也会不断更新。为了监控他们的研究结果，环境调查者经常会跟客户密切合作，使研究保持相关性和时效性。人类学家会定期发布研究的发现，并在研究结束时做最后的总结。

8. 评估消费者内在需求的走向。企业常常需要迅速且低成本地了解消费者的内在需求。消费者内在需求的事件树分析可以在几个星期之内完成，而且成本十分低廉。另外，使用事件树分析法可以了解特定人群的需求或者了解人们在某些情景下的感受和行为。该研究的结果由参与人群的照片和采访证据组成，还包括更长篇幅的采访报告、观察报告及相关总结。如果企业想了解准备投资的新项目，或者需要在开展一个大型研究项目之前做相关的探索性调查，这个研究方法是一个理想的选择。

9. 抓住行业的潮流。使用事件树分析法研究某一特定的行业及相关人群，以寻找"热门的"行业。环境人类学家以新兴事物为目标，同时开展观察和访谈。这些研究的结果由被研究人群的照片及话语组成，还包括一份必须随时监控的潮流清单。

10. 组织发展研究。了解员工的工作经验变得越来越重要，因为企业需要保持进步以跟上市场的步伐。不幸的是，管理者通常很难得到员工真实的反馈。组织发展研究使用民族志的调查方法，揭示员工在工作场所的真实行为、真实态度和真实情绪。从整个组织到一个规模很小的特定群体，这些研究精确地定位到每一个调查对象。研究目标从企业整体到每个人的感受，最后集中在一个特定问题上。研究结果的变动幅度依赖于研究本身的范围。

三、工商人类学家的工作情况

如今，由于世界上许多公司打算在本土以外的地方发展业务，而且人类学家能够给予他们关于文化差异的建议，因此对人类学家的需求是空前的。举个例子，根据戈登的说法，人类学自从20世纪90年代就在澳大利亚本土传播了。当越来越多的人类学毕业生在澳大利亚开展工作，海外调查（特别是东南亚）的工作机会也同时增多了。澳大利亚的人类学家为那些希望在澳大利亚投资的企业服务，就如澳大利亚和亚洲的人类学家给予在亚洲投资的西方企业建议一样①。

在美国，越来越多的人类学家在新兴行业中找到了自己的出路，尤其是

---

① Gordon, John (1998). "The Resurgence of Applied Anthropology in a Post - Exotic World: An Australian Perspective". *Human Organization*. Vol. 57, No. 2, pp. 127 - 133.

私人企业。人类学家在许多方面能够为私人企业提供帮助，包括为广告公司做市场调查，训练准备出国公干的员工和训练在人力资源部门工作的员工。为了使企业文化和员工文化之间的冲突最小化，企业需要收集不同文化的工作场所的信息，因此企业需要聘请文化人类学家。一些企业在外国开展业务，当他们遇到不熟悉的文化时，他们通常需要人类学家的见解。另外，某些组织要派遣员工到国外公干或者本国的工作场所就含有多元文化，为了响应这些组织的需求，越来越多人类学家成为这些组织的跨文化培训员。下文是一些由费拉罗收集的、最近发生的例子，讲述的是接受过人类学教育的人们的工作经历①。

一家广告传媒公司聘请了斯蒂芬·巴尼特（Steven Barnett），让他负责为史泰龙主演的《第一滴血Ⅲ》设计广告，于是斯蒂芬·巴尼特就美国影迷对《第一滴血Ⅲ》的看法展开调查。斯蒂芬·巴尼特的调查结果显示，几乎所有人都把第一滴血看做是漫画式的英雄剧。因此之后的广告减少了宣传冷战政策，而更多宣传第一滴血的传奇色彩。

摩托罗拉公司在中国农村（电话很少）完成了关于传呼机的民族志调查之后，决定在中国农村销售自己的传呼机。珍·卡奈文（Jean Canavan）是一名在摩托罗拉公司工作的人类学家，根据她的说法，要研制出适应人们生活的科技产品，就必须知道他们真正的生活方式。

露西·萨奇曼（Lucy Suchman）是施乐公司的研究员，为了知道机场工作人员如何了解顾客、飞机、行李和空运的动态，她就使用人类学方法观察他们。施乐希望利用调查结果帮助公司提高处理文件的速度，设计出更人性化的设备，还有提高工作流程的效率。

艾莉森·科亨（Allison Cohen）对消费者的厨房餐柜，冰箱和药品箱展开直接调查，以确定他们的购买模式。相对于在很多传统调查中使用的问卷调查，人们更喜欢类似于科亨这种更自然的调查方式。广告传媒公司认为这个研究可以让他们的广告宣传活动更加有效。

罗娜·麦克杜格尔（Lorna McDougall）是亚瑟安德喜中心（Arthur Andersees Center）一名负责专业教育的员工，她利用人类学的数据收集方法

① Ferraro, Gary (2009). "With Video Highlights from Anthropologists at Work: Careers Making a Difference", retrieved in Aug. 2009 from http: //www. wadsworth. com/anthropology_ d/special_ features/anthro_careers. html.

研究课堂讲授和互动学习影响学生学习效率的原因。这个研究的结果可以使这个中心的老师在授课时选择最有效的方式。

第三节　工商人类学的未来

大量调查结果证明，雇主们正在寻找接受过大学人类学教育的员工。人类学涉及的范围是很广泛的，对于在新闻业、政治、公众关系或公众部门等需要调查技能以及需要跟不同人群打交道的岗位上工作的人们来说，人类学让他们提前做好了准备。许多学生视人类学为法律、教育、医药、社会工作和顾问等专业工作的基础知识。

科技更新换代的速度很快，全球化让世界的经济成了一个整体，这一切都正在改变世界，而且对世界的影响越来越大。在这样的一个环境里，我们必须在更广泛的文化关系中思考。人类学就让我们做到了这一点。

澳大利亚应用人类学家约翰·戈登强调，人类学为开展现场调查的人们提供了工作机会。根据他的说法，在过去的几十年里人类学非常受欢迎，而且为人类学本科生提供了许多工作机会。因此假设这个趋势会持续下去是很合理的。

在讨论澳大利亚状况的过程中，约翰·戈登提出，人类学未来很可能跟国际业务联系在一起。在澳大利亚，一段时间来对人类学家的大量需求，一部分原因是因为土著产权法（Native Title Act）的出台，以及编写用地申请意见书时（land claim submissions）需要人类学家的建议。另外，由于澳大利亚在亚洲的特殊地理位置，以及大量组织需要聘请社会科学家担任顾问，导致了对人类学家的需求。在思考人类学的未来时，重点是不能仅仅关注现在，也不能忘记要站在全球化的角度看问题①。

工商人类学的未来很明显地跟商业的未来联系在一起。科学的进步和全球化不仅仅改变了人们办理业务的做法，也改变了他们的想法。企业必须重新思考：他们生产了什么？他们如何倾听消费者的声音？他们的合作伙伴说

① Gordon, John (1998). "The Resurgence of Applied Anthropology in a Post - Exotic World: An Australian Perspective". *Human Organization*. Vol. 57, No. 2, pp. 127 - 133.

了什么？做了什么以及如何看待他们的承诺？等等。人类学很适合提供该方面的建议。就如安·乔丹（Ann Jordon）所说的："一想到工商人类学涉及的行业，以及这些行业的企业会雇佣更多的人类学家，我就感到十分激动。我认为，在我们赖以生存的全球化的世界里，商业咨询、产品设计和销售以及消费者行为的研究，都需要大量的人类学家。"①

商学院和人类学机构应该一起合作，培养更多人类学家，因为这个领域的前途一片光明。

本章小结

与其他人文类学生相似，人类学专业的学生给雇主带来的包括口头交流、书面交流、人际关系、解决问题和批判性思维等能力。另外，他们的文化技能对企业来说十分重要，而且他们有开展定性调查的能力。人类学让毕业生为进入政府部门、商业机构和社会服务工作做好了充分的准备。

尽管人类学为商业世界作出了重大的贡献，但这个方面的理论和方法没有被合适地加以总结并加入到商业课程里②。虽然如此，越来越多老师教授定性的方法，定性方法的形象和地位急速上升。

越来越多商学院的导师围绕定性方法开展课程，比如说人类学和民族志。在教授商业理论和实践方法的时候，使用人类学的方法可以提起学生的兴趣并让他们得到启发。就如田广的例子所证明的：人类学可以帮助学生理解消费者行为的规律。商业教育需要加以修订以反映社会对工商人类学家的需求。同时，学生们很有必要自学人类学的方法，或者通过选修人类学来作为商业课程的补充。

---

① Jordan, Ann, retrieved in Aug. 2009 from http://anthropology. unt. edu/facultybio – jordan. php.

② Jordan, Ann T. (2003). *Business Anthropology*. Prospect Heights: IL, Waveland Press.

案例一 奥尔森公司的人类学家①

过去，当一名年轻的人类学家从学校毕业时，他面临的选择是研究非洲的部落或者研究巴布亚新几内亚的献祭仪式。

但是最近的毕业生都希望在国外工作：明尼阿波利斯的罗林公园（Loring Park），那里是一间营销机构——奥尔森的所在地，该公司的一些业务让人类学家找到全日制的工作。

在过去的5年内，奥尔森公司的职员从50个增加到180个，其中大部分是文案人员和设计者。如今，该公司宣称，有6名研究消费者想法和行为的人类学家希望与他们的客户建立联系，他们的客户包括通用磨坊（General Mills）、李尔牛仔裤（Lee Jeans）和耐克鲍尔曲棍球设备（Nike Bauer hockey equipment）。

这家公司因"品牌第一"的理念而广为人知，他们的全部业务都应用了人类学的方法。如今，消费者想要跟那些反映了他们生活和价值观的品牌建立联系，而奥尔森公司的新口号："我们在社会范围内思考"，就强调了这一点。

"品牌社区是一个已经发展成熟的想法。"公司副总裁和策划主任马克·布布拉（Mark Bubula）说，"但是你怎样了解它的内在？人类学就是答案。"

艾蜜莉·希契（Emilie Hitch）是这家中介公司的第一个文化人类学家。抱着她的本领能够在大企业里发挥作用的想法，她跟公司的创始人约翰·奥尔森（John Olson）进行了一次谈话，然后放弃了另一个工作机会到奥尔森公司工作。

一、寻找内涵和动机

希契对她的工作的看法是她从消费者身上得到消费的内涵——不仅仅

① Reinan, John (2009). "Olson's anthropologists bring meaning to marketing", retrieved in Sep. 2009 from http://www.minnpost.com/johnreinan/2009/04/13/8015/olsons_anthropologists_bring_meaning_to_marketing.

问他们喜欢什么商品，还有商品对他们意味着什么。她在采访中用眼观察，并询问一些关于神圣空间和仪式的问题。但是想想你们的生活。你的烛光泡泡浴是神圣的空间吗？为了约会或为重要的会面而打扮是一种仪式吗？如果一样商品包含了对这些事情的理解，就能够更深层次地接触你，而不仅仅是吸引你的眼球和钱包。

而她的工作的内容远不止问问题。“我曾经观察过床底下。”希契一边笑一边说：“我也曾经进入了一个放曲棍球设备的地下室，设备到处都是。”跟她其他研究农村村民行为的大学同学类似，希契观察目标人群的行为并寻求对他们动机的理解。

二、产业的激进改革

这个方法“出现得正是时候”，布布拉说：“工业如今正在急速改变，过去的几十年内，它完全基于这样一个理念：我们延迟对地球的消耗。”

“我想这就是你会看到那么多为避免广告而研发的技术的原因，人们想要建立人与人之间的联系。”他说：“现在的社会，品牌就是其中的一部分，而且消费者也是其中的一部分，并不是权势大品牌就一定会赢。”

谈到社交圈子和一些马上会出现的新的社会媒体如脸书（Facebook）和推特（Twitter）时——即使是这些媒体也需要周全的方案——希契说：

“你必须思考，如果品牌是一个人，他的行动是怎样的？”她说：“如果鲍尔（Bauer）是推特的一名组员，他会持续地在更衣室里派发优惠券吗？或者他会说‘我有一根真的很伟大的拐杖，它提高了我的准确性？’”

这是一个很出色的方法，而且面对该公司的业绩，我们很难提出反对意见。也许是派一名人类学家去研究奥尔森公司的时候。

案例二 人类学家戈登·布鲁尼斯基的故事①

我是一位人类学家，同时也是布鲁尼斯基公司及其协会的创立者和会长。在过去的15年里，我们一直与世界各地的土著人合作共同工作致力于表演艺术和节日发展。在这篇短短的文章中，我将叙述自己是从何开始，又如何实现，及如何在人类学和工商业，土著表演者和表演艺术之间获取交集的过程。

1977年我在美国亚利桑那大学获取了人类学博士，也一度在学校内从事人类学专业的学术研究。最近我和身处罗马的同行召开了一次电话会议，共同商讨在不丹建造一个亨德尔剧院。这正是我一直在致力的美洲印第安人表演艺术项目的一部分：在三个大洲的三个国家分别建立土著歌剧院。美国驻埃及大使曾联络我带领拆迪克舞蹈团到开罗进行表演，而美国驻厄瓜多尔的大使则嘱咐我带领纳瓦霍艺术家和表演者到基多展开活动。建立土著歌剧院或是带领土著艺术团外出表演，这些事情听起来并不像大多数人类学家该做的事情，但它的确是我的工作所在。接下来的内容里我会慢慢予以解释。

我常常被问到是如何走到现在的工作道路上，要同世界各地从事传统或现代艺术表演的土著一同工作致力节日文化的发展。天知道我是怎么做到的，在无数次的“扪心自问”后我也没得到任何答案。那我将如何结束这种称作为事物发生创造空间的事情呢？最佳方式应该是在一开始的时候就停手。

我生长于新墨西哥州的阿尔伯克基，在这里印第安人口大概占全州人口的10%，也是美国此比率最高的州之一。与印第安小孩一起念书，与印第安人一起共事，在共同的相处中我对这个人群越来越了解。12岁的时候我的兴趣已经是做个考古学家，研究美洲印第安人的过去和现在，更难以想象还有什么能比人类学和美洲印第安人研究更有意思的科目。怀揣着成为考古学家的强烈渴望，当我在新墨西哥大学求学时，在主修的人类

---

① 节选自《两则工商人类学自传民族志》，载田广、周大鸣主编：《工商人类学》，宁夏人民出版社2012年版。

学课程外另选择两门外语为副修科目，以便在顺利掌握这门语言中抢得先机。

之后我在亚利桑那大学继续了人类学深造。这一阶段的学习让我不仅关注到人类经验的总体研究，也研习了人类学的四个分支——考古学、文化人类学、体质人类学和语言学。后来我就把学习重点放在对美国西南部和墨西哥的考古研究，不但从课堂上得到了许多人类学其他方面的有价值经验，同时也通过项目工作获取了很多东西。

我的学业生涯自1977年拿到博士学位后暂告一个阶段。作为人类学家，我开始在各种院校之间穿梭。通常我教授的科目是人类学专业基础和美洲印第安研究入门。没有任何市场运营和商业运作背景，我一直认为自己脚下只有一条学术之路，而且路的终点是身着传统斜纹软呢外套的常春藤学校终身教授。

不过两件事情的发生把我引上了与这种理想人生道路的另一条道上。首先是1984年到1985年，我先在法兰克福的一家大学担任享有富布莱特奖学金的高级教授，接着又在西德的历史与民族研究院继续研究工作，正是这一年的时间改变了我的生活轨迹。这个阶段我的教学领域主要是美洲印第安人研究，同时还把整个欧洲大陆和以色列作为研究的延展和考古焦点纳入授课范围。可以说我把这些研究视作供求方程式的需求一端，期待以此获取等式那侧的未来所得，并在这种期冀里度过美好的一年。

接下来，我成为圣达菲美洲印第安艺术机构下文化研究部门的一名教授，这所机构是美国唯一的美洲印第安人自己管理掌控的从事艺术教育机构。我被他们提供给我的思考宽度和学生的才华深深震撼，也是在这一刻我看到了提供给我真正未来的等式的另一端。

一、开始自我业务：给事物的发生创造空间

在学术道路的漫游中，我曾在9年时间里更迭了6次工作，直到最后也未能获取任何一项终身教授的职位。我站在人生的十字路口开始正视未来，是继续作为学术附属物般的吉普赛流浪者，前途一片黯淡唯有辗转各地教书奔走营生，还是痛下决心转身立即离开。我曾在欧洲和许多印第安人交谈，谈论他们的工作，谈论他们遭遇的挫折。基于诸多对印第安人研究，在1994年我决定全身心投入新的生活中。

我花费了很长时间去思索如何来称呼，最终选定了国际文化营销这个术语。我在学校和新墨西哥大学的红雷歌手（Red Thunder）一起唱过歌，而且一直都很享受音乐带来的快乐，但是我不想仅仅只关注到那些团体仪式的巡回演出。我更渴望的是向世界展示出美洲印第安人长久以来真实的行为表现及其不可思议的深度和广度。

在我跟随梦想下决定不久后，我很幸运地遇到了钦利谷歌手们，这是一个由颇具造诣和专业素养的传统纳瓦霍印第安人歌手兼舞蹈家组成的团体。纳瓦霍传统音乐和舞蹈与“人人皆知”的印第安音乐舞蹈有很大不同，不是那种平原印第安人用于祈祷的华而不实的个性化音乐舞蹈。一些纳瓦霍人甚至说我不能为他们做任何事，因为他们的歌舞并非是在祈祷，还因为他们集团中的大部分成员是女性。但是纳瓦霍人团体的领导者琳达·戴维斯（Linda Davis）告诉我他们热爱并深以本部落的音乐舞蹈为傲，而且也很想外出看看这个世界。这怎么能让我拒绝呢？眼下我已经带领他们到爱沙尼亚、拉脱维亚、菲律宾、英国、荷兰、意大利和阿拉伯联合酋长国的迪拜进行过巡演。

我开始观看到越来越多的印第安表演者，不论是传统形式还是现代形式，不论是作家还是剧作者，也不论是某位现代舞蹈家还是某支摇滚乐队，他们的多才多艺留给我极大震撼。我一直想知道为何没有更多的人观看这些充满力量活力的表演，或是那些想要看的人从未听到或是得到过相关表演信息。

换句话说，我应该研发出一个行销的方式方法，能为顾客和客户创造出一些价值。于是富有人类学经历的我投入这种崭新的行动中，也就是当许多人类学家把视角投放在传统文化自身时，我却想要推销这种作为传统文化体现的土著表演艺术者。

二、核心原则

在工作开展的初期我已经制定了要坚持的两个原则：

第一个原则是商业原则，也就是我称作的“一站式购物”。不论表演地在哪里，我可以判断出谁能做并快速找到所需的人。这就需要将人类学知识整合起来，以消费者需求为重点，并把它作为营销的信条。

第二个原则偏哲学思辨，我不是印第安人也从来没有伪装成为其中一员，我为成为自己而高兴。在我的观念里，土著居民能够自主选择要传达的信息，不论是传统的纳瓦霍音乐团体，还是一位纳瓦霍语言作家，抑或澳大利亚土著摇滚乐队，这些与我共事的人们都可以做到。不过我的工作不是对这些信息修补点缀，这儿添加根羽毛或是那儿添加一些装饰，我的工作是调高音量，是把这些信息大声传递出去。

有时我称它为嗡嗡声，或是叫它新线段，无论怎样它都是我所做生意的核心，也是我一直为之而努力的事物。不论是获得的纳瓦霍作家作品在爱尔兰以纳瓦霍语言、英语还有爱尔兰语出版，还是带领一个祖尼舞蹈团体从普韦布洛到蒙古的巡演，或是携墨西哥乐团歌舞帝国到亚美尼亚表演，也有最近带领来自加拿大、美国、澳大利亚、新西兰土著歌舞剧院的人们前往伦敦舞台大展身手，都为创立国际土著表演艺术节打下了坚实基础。

在我早期的非学术生涯里，有人和我聊天时说我是"为（要发生的）事物创造空间"，我也一直把它看做是对我所作所为的最好形容。接下来我会用国际土著电影节为例体现这一点。

国际土著电影节2009年5月4日始于伦敦，是第一个国际土著表演艺术节。我是这个节日的创立者和执行人，若追溯起源的话可以说这个节日的小种子早在11年前就已经种下。1998年，我居住在科罗拉多州的丹佛，无意看到一个很有意思的剧集叫做瑞兹姐妹（The Rez Sisters），是加拿大第一位民族剧作家汤姆森·海威（Thomson Highway）的作品。我询问导演在很多本土剧作家的作品层出不穷后为何会选择这种异国的剧本，他回答说戏剧现在不再关注本土剧和本土剧作家，看重的是如何重回"重要作品"上。本土的剧作家，本土的演员，本土的声音，本土的信息，可以传达出一些愤怒、一些有趣、一些丑陋、一些美丽，这些强有力的事物为何就不再重要了呢？这激起了我的愤慨。

我开始观察四周，发现几乎很少有机会让公众看到本土戏剧。很多情况是一部戏剧在今年内没有上映的机会，有的剧则是在近几年内完全淡出人们视线。相较于他们的作品，写本土剧作家的学术论文似乎更容易。这情景看上去真的很荒谬。

我开始考虑创建一个带有巨大的产品价值和更大范围知名度的年度活动，并接触到更多相关人士讨论。很多年来我都以自己的信仰——有必要为地方剧团建立一个代表性节日为个人最大福音。巫师表演和土著艺术都拥有年度节庆活动，展示最佳的个人才能，吸引更多观众参与。那土著剧团为何就不能有呢？我觉得应该创立一个活动，为这些土著剧团定期表演开辟空间。

在这几年里，我听到了太多为何土著剧团无法向别的活动那样进行的各种理由，例如没有观众，或是没有剧作家（这点在我看来是最莫名其妙的评论），还有没有从事土著剧团的表演公司，也没有足够的运转资金，没有对此感兴趣的演出场所等等。我驱车去见那些潜在听众或相关的研究者，和他们讨论事情的可行性，但总是无功而返一无所获。我开始陷入无尽的绝望。

直到2003年，米歇尔·博朗（Michelle Broun）还有西澳大利亚艺术协会邀请我前来佩斯在西澳大利亚土著艺术展览上发表演说，这个势头才得以转变。西澳大利亚的传统和现代土著艺术简直就是世界奇迹之一，也是在那里我遇到伦敦某个团体致力于跨文化表演的艺术总监。在我们的交谈中开始探索开展土著活动的可能性，在接下来的几年里我们一直通过邮件相互联系。

借数次在新墨西哥召开的关于土著剧团建立会议的机会，我认识了大卫·维拉尔德（David Velarde），一个吉卡里拉阿帕切剧作家。虽然会议上我们并未取得太多共识，但是我被他的决心和兴趣深深打动，于是我经常会驾车4个小时到他家所在的新墨西哥州西北部一个叫杜尔塞的小镇里见面，然后自己再开车回家。2005年，我得到在苏格兰爱丁堡创立土著剧作家协会的座谈会邀请。大卫对这个建立土著剧作家的想法很赞同并决定参与进来，用他游历各地所筹得的钱款作为资金支持。当然这个会议主旨也是我的想法所在，可是无法脱身前去参会，我就交给大卫一篇关于土著戏剧节的论文来代表自己的看法，另外还鼓励他去多多接触参会的那些伦敦艺术总监们。由于以上的努力，国际土著电影节已经初见端倪。

我们开始把目光放在最初和那些本土剧作家的会面上。这样看来将伦敦作为首选，是因为它作为戏剧世界的首府，又是拥有众多殖民地的帝国心脏，世界上还有比伦敦更好的地方来开始聆听土著的声音么？答案当然是没有。

名称被不断提议着，日期和地点也通过邮件和电话进行讨论。

最终在2007年，我们启动了国际土著电影节项目，并投放市场，参与其中的有大卫·维拉尔德（David Velarde）、澳大利亚的大卫·米尔罗（David Milro）和特雷沃·贾米森（Trevor Jamieson）、自称瑞典萨米人的哈里特·诺德隆德（Harriet Nordlund）、艺术总监罗莎娜·雷蒙德（Rosanna Raymond）和我。一个星期的研讨会讨论确定了合适的时间，我们相互了解彼此、所组团队和团队工作，西澳大利亚艺术协会为我们提供了资金来源，美国大使和其他人员，还有澳大利亚驻伦敦的高级专员公署先后对我们进行了盛情款待，让我深感欠了他们很大的一笔人情。

我们决定把国际土著电影节项目，作为一个土著剧的国际性节日继续做下去，把自世界各地小人物的大梦想一起汇聚在伦敦。我知道它还有很长的路要走，何况我们也想把这个发展的势头保持下去，所以我们把国际土著电影节项目发展成“国际土著电影节大道”，从而把来自世界各地的土著剧制造者带到世界其他国家的土著或是非土著剧场和人们那里。在把一些人从这个国家带到另一个国家的时候费用要尽可能便宜，但前提是这些花销能够让我们继续创造国际土著电影节项目的美好愿景，并给我们彰显过去成就的机会。

我一直在努力回忆大卫·米尔罗（David Milroy）是如何成为走在国际土著电影节项目之路上的第一人，虽然记不清他是自愿的还是被迫，但我清楚记得是我在2008年决定把他带到美国巡演，后来证明这是一个多么有趣、美好、刺激而又富有教育意义的决策和经历。在联系到美国各地的大学和民族院校后，我们从那些可能前来做观众的人们那里募集资金。在2008年9月我带领大卫来到美国开始了一段20天的巡演旅程，我们受到像凯鲁亚克和披头士那般的喜爱。巡演的学校包括南达科他州的明尼苏达大学、辛特格莱斯卡大学、沃格拉科塔学院、利特温德学校、北达科他州的贝特霍尔德堡社区学院、堪萨斯大学和车程几公里的哈斯凯尔印第安大学，还有拉什莫尔山和朱厄尔洞穴国家保护区的人们。不仅如此，我们通过大卫的作品展、学校剧作系的学生、八年级的同学，以及一些部分观众和民族戏剧爱好者进行了关于演出、剧作品研讨会。利特温德学校一位让人尊敬的巫师，还有来自曼丹印第安联邦部落的委员会和主席，贝特霍尔得的希多特萨人和阿里卡拉人的各方褒奖，关于生活和戏剧，民俗和观光在内的大范围讨论，这都成为我得以永久珍存的最宝贵经验。

我和大卫·维拉尔德前去参加瑞典的萨米人戏剧作品会议，结识了一位来到美国的萨米剧作家哈里特·诺德隆德，后来这两位都成为“国际土著电影节大道”的一员。最终在2009年5月，一个伦敦的毛利团体向“国际土著电影节大道”公司发来邀请，并欢迎我们在开幕式发表演说，甚至还在伦敦桥附近的地区发布特讯。在11年间的思索、梦想、讨论、工作、计划当然还有筹款中，我一直企盼的国际土著戏剧节正在步入正轨。最初的表演是新西兰塔基街制作公司（Taki Rua Productions）的作品《陌生的栖息地》（*Strange Resting Places*），由保罗·罗腾多（Paolo Rotondo）和罗布·蒙卡莱卡（Rob Mokaraka）创作，里奥·吉恩·彼得斯（Leo Gene Peters）导演，保罗·罗腾多（Paolo Rotondo）、罗布·蒙卡莱卡（Rob Mokaraka）和果林·普哈图（Maaka Pohatu）表演。

《陌生的栖息地》讲的是一战时蒙特卡西奥山战役背景下，一个在意大利的毛利营所发生的故事和某些经历。这个作品由英语、意大利语和毛利语呈现，具体说的是毛利人和意大利人在战争冲突时被共同捉住，他们在劫后余生之后相互相处的表现——有恐怖的内容，也有捧腹的内容，还不乏一些愤怒的内容。我认为它是一个沉稳有力而又动人心弦的作品，也是对这自己在这11年内不断追索和辛勤工作予以实现梦想的一个极好开端，这种感觉非常美妙。英国的驻新西兰高级专员德里克·利斯克（Derek Leask）作为主人在苏荷剧院（Soho Theater）招待了我们，趁着这个美好的机遇我又遇到了许多才华横溢的导演和演员。

我的这个开始于虚幻的梦想，经历了一次次的生气和绝望，最终却制造出很多出乎自己意料的事情，关键是我也比想象中学习到了更多东西。我能够为这些土著人们创造出让他们发声展现自我的活动，能够让他们相应的资金支持，还能让他们被更多人知道、让更多人喜爱、让更多人参与其中。

三、关于未来

但是到了2009年我将要跨入60岁的门槛，从事这项工作即将15年，那接下来要被引向何处呢？对这个问题我一直思绪万千。还思考了在整个过程中我得到了什么，以及自己来自何方又要向何处。

在这几年里，我突然意识到土著艺术家和表演者他们几乎都处在边缘地带，每场活动或者节庆表演几乎只有一个而且仅仅只有一个土著艺术家或是表演者在场，特别是那些现代艺术家的行为艺术就更为少见。这种边缘化经常是表演者、观众还有演出场地陷入的对土著人所做的“人人皆知”认定上，而不是把土著人所真正具有的生命力和多样性由盲点位置带到众人面前。确实只有美洲印第安音乐才包含有仪式歌曲和长笛音乐，其实远不限于此，它还包括了室内音乐、嘻哈音乐和重金属音乐。一些人提到美洲印第安人的音乐就是祥和的圣歌，可是喧吵、愤怒和欢乐还有更多的要素都能在那里得到展现。

现在的问题是哪里能够让观众（人类学领域里的顾客和会社）还有票务代理和场地所有者（市场框架里的概念）前去聆听那些不为大众所知的土著音乐，观看那些表演和喜剧。在和美洲印第安人艺术家和表演者的交谈中，我经常问他们哪里可以听到最好的祈祷仪式音乐，或者是欣赏最好的手工艺作品，他们都会很轻易地说出脑海里蹦出的10个名字。但是如果我问他们哪里我能欣赏到最好的土著嘻哈音乐，看最好的土著戏剧，享受最好的土著时尚，答案往往只有摇头表明我不知道。

但这种不为所知并不是因为土著的时尚、嘻哈乐和戏剧不存在，而是因为没有一个空间可提供给那些国际性的土著团体定期表演。许多国家都设立了定期的节庆活动旨在把他们国家的“退关货物”展示给世人，这些未被出口的产品有澳大利亚的《梦境》（*The Dreaming*）、加拿大的《星球土著美国》（*Planet IndigenUS*）和《想象加原始》（*Imagine + Native*），还有新西兰的《帕西费卡》（*Pasifika*）。可以发现这些英语国家成为了活动的主导。那么西伯利亚、墨西哥、秘鲁还有美国的土著表演怎么办？

最终我制定了当下的主要目标是推出一个年度土著演艺节：

1. 选择土著组织或群体为初期的合作伙伴；

2. 通过书面或口头方式展出世界各地最佳土著演艺家的作品——戏剧、现代舞、音乐、时尚、电影或是录像、相片；

3. 培养土著青年人运作和最终接管这个节日活动；

4. 代理人、合同这些词汇对来自相对孤立的乡村或城郊社区的人们很陌生，需要让土著艺术家了解和接纳商业运营；

5. 安排表演艺术展，这也是把土著艺术介绍给世界各地的场馆拥有者和票务代理人一个极好的机会。

这是让人激动的目标，而且其中的每一点都要努力实现。我不确定我能否做到，但我确定我会尽全力去做。那么现在我们要走向何处呢？2010年这个充满更多机遇、更多挑战也更激动人心的一年似乎就有答案：

《美洲墨西哥帝国》（*Mariachi Imperial de America*）在美国驻阿尔巴尼亚和马其顿大使的主持下进行巡演；

《美洲墨西哥帝国》在美国驻立陶宛的大使主持下进行巡演；

努勒维特的因纽特人之喉露易斯·苏禄可·洛克（Lois Suluk Locke）前去阿尔伯克基和圣塔菲表演，他也成为在美洲印第安市场上表演的第一位非美国国籍的人。

2012年不丹的翰得（Hande）创作的歌剧《埃西斯与格拉蒂》（*Acis and Galatea*）的讨论以及筹款开启土著开始！（IndigeNOW！）项目包括澳大利亚的德博拉·奇塔姆（Deborah Cheetham）、瑞典萨米的哈里特·诺德隆德（Harriet Nordlund）、美国的布伦特·米歇尔·戴维森（Brent Michael Davidsand）和拉兹·茄库拉（Lyz Jaakola）合唱团这些来自三个大洲三个国家的土著歌剧作曲家。

四、如何使用到人类学？

毕竟相关人类学的理论、文章、观点和著述都讲明人类学是研究人的学科，我也在很多情况下采用人类学及其方法。当然它能够帮助我找到譬如谁是西伯利亚的土著人，他们如何组织，他们和俄罗斯人有着怎样不同的历史这些问题的答案。

在和土著群体成员相处的过程中，我何时应该毫无保留地讲话，何时应该保持沉默不作答？人类学背景也在这些方面帮助着我，它构建了一个整体前景，让我了解内外不同群体间观点的差异，让那些在学校学习到的主位和客位知识更加深入理解。

不仅如此，人类学也让我了解和反思自身经历，并逐渐形塑出了自我人生信仰。土著人群被“了解他们”的善意专家所围绕，他们针对如何处理社区问题环境问题等充满了建议。可是人类学也开启了我对许多土著人群声音探讨的另一扇大门。最终，学术人类学家的研究市场开始分崩离析，工商人类学在自身繁荣发展的市场中一片光明。

学习思考题

1. 商科教育和人类学的关系是什么？

2. 如何在商科教学中应用人类学的方法？商科教育中人类学方法的特征有哪些？

3. 为什么说工商人类学是一个有前途的职业？工商人类学家的专门工作都有哪些？他们是怎样工作的？

4. 工商人类学咨询公司有几种类型？他们各自的特点有什么？

5. 工商人类学未来发展的愿景是什么？

6. 从本章案例中你学到了什么？如何从人类学的角度来理解和分析本章案例？

后 记

工商人类学是一门全新的交叉边缘学科，是近年来在美国和欧洲新兴和发展起来的。目前美国和欧洲的许多高等教育机构都已经开设了这门课，有的还开办了工商人类学研究生学位课程，招收硕士生和博士生。在我国工商人类学还处于初始发展状态，汕头大学商学院是全国最早开设这门课的高校之一，虽然我们只讲授了两轮，也就是两个学期，但我们感觉到这门课受学生欢迎的程度在增加。云南大学从2013年开始招收工商人类学专业硕士学位研究生，我们也期待着有更多的高等院校能够开始教授这门实用性很强的课程。

当然，工商人类学毕竟是一门新兴的交叉边缘学科，其理论体系和方法论还有待完善。具体到教学而言，我们认为有这样几个问题需要我们给予特别关注：第一个就是教材建设问题。由于该门课程非常新颖，迄今尚无中文版教材，由我们主编并由宁夏人民出版社于2012年5月出版发行的《工商人类学》，严格地说还不是一部系统的教科书，因此，我们编写本书的目的之一就是要将这个空白给填补上。但这本教科书毕竟是第一本，因此必然存在不同的问题，我们自然会不断完善，也希望有同行编写出新的教科书来。第二个问题就是缺少必要的辅助阅读材料和可供学生分析的案例。当然，这个问题主要是由于我国从事工商人类学研究的学者还为数不多造成的。我们在编写这部教材时，虽然非常注意选用与中国工商社会相关的材料，但遗憾的是，可供选择的范围的确有限。需要说明的是，这部教科书中的许多案例都是针对美国学生的，对中国学生来说可能比较陌生。因此，我们急需加快工商人类学教学案例的编写工作。

我们郑重地向人类学专业的学生、商学院学生、法学院学生、新闻学院学生以及文理学院的学生们推荐这门课，因为这门课不仅理念比较新颖而且实践性也很强。学生通过参加这门功课的学习，一定会有很大的收获。最后，由于我们的水平有限，这本书肯定有很多错误，请读者不吝赐教。

田广　周大鸣

2013 年 4 月 12 日